鄞州年鉴

2017

YINZHOU YEARBOOK

总第31册

宁波市鄞州区人民政府地方志办公室 编

方志出版社
Publishing House of Local Records

图书在版编目（C I P）数据

鄞州年鉴. 2017 / 宁波市鄞州区人民政府地方志办公室编.--北京：方志出版社，2017.12
ISBN 978-7-5144-2832-2

Ⅰ.①鄞… Ⅱ. ①宁…Ⅲ. ①鄞州区—2017—年鉴Ⅳ.①Z525.54

中国版本图书馆CIP数据核字（2017）第314480号

鄞州年鉴（2017）

编　　者：宁波市鄞州区人民政府地方志办公室
责任编辑：梅中英
出 版 人：冀祥德
出 版 者：方 志 出 版 社
地址　北京市朝阳区潘家园东里9号（国家方志馆四层）
邮编　100021
网址　http://www.fzph.org
发　　行：方志出版社图书经销中心
（010）67110500
经　　销：各地新华书店
印　　刷：南京凯德印刷有限公司
开　　本：889×1194　1/16
印　　张：27.25
字　　数：784千字
版　　次：2017年12月第1版　2017年12月第1次印刷
印　　数：0001~1500册
ISBN 978-7-5144-2832-2　定价：200.00元

编辑说明

一、《鄞州年鉴》由中共鄞州区委、区人民政府主办，鄞州区委党史办公室（鄞州区人民政府地方志办公室）主持编纂，是一部系统记述全区自然、政治、经济、文化、社会和生态等方面基本情况的年度资料性文献。1987年创刊，每年编辑1册，《鄞州年鉴（2017）》为第31册。

二、《鄞州年鉴（2017）》以马克思列宁主义、毛泽东思想、邓小平理论、"三个代表"重要思想、科学发展观、习近平新时代中国特色社会主义思想为指导，系统准确地反映区委、区政府的工作，如实反映2016年全区各领域事物变化状况，为全区的改革开放和经济建设服务，为领导决策提供依据，为中外人士了解和研究鄞州提供资料，也为地方留下宝贵史料。

三、《鄞州年鉴（2017）》采用分类编辑法。基本结构为类目、分目、条目3个层次，其中条目为主要的信息载体。卷首设"特载""专记""大事记""鄞州概览"4个类目；百科设"中共宁波市鄞州区委员会"等29个类目；卷末设"附录""索引"2个类目。

四、《鄞州年鉴（2017）》围绕区委提出的"名城强区"建设，彩页内容设置数字鄞州、热点聚焦、创新引领、服务强区、品位都市、美丽乡村和幸福民生7个板块，全面反映区划调整后新鄞州亮点。内容和图片以当年度为主，个别有上溯和下延；图片来源较广，因部分单位提供和特别征稿的图片拍摄者不明，故每幅图片后均无署名，将特征图片的摄影者署名于书前。

五、《鄞州年鉴（2017）》框架结构基本保持稳定，稍有调整。取消"质量新鄞州建设"类目；取消"纪检・监察"类目，相关内容置于"中共宁波市鄞州区委员会"类目下；取消"建筑业・房地产业"类目，相关内容置于"城乡建设与管理"类目；取消"组织机构及其领导名录"类目，相关内容置于"鄞州概览"类目；调整"城乡建设・环境保护"类目为"城乡建设与管理"和"生态环境"类目。

六、年鉴的栏目设计和编排次序根据年鉴基本体例和行业分类特点设置，与每个部门行政级别高低无关。收录的资料和记载的事件未予以特殊说明的都局限于2016年度。各单位领导干部名录也以2016年度在职者为准。文中所述领导职务以事件发生时的相关主要职务为准。

七、根据行文实际需要，文中部分机构使用规范简称，机构的全称与简称对照表列于目录前。文中未标明党派的"区委"均为"中共区委"，"党员"均为"中共党员"（各民主党派内容除外）。"缩略语"随文注释，简短的在文中括注，较长的在篇末注释，多次出现不重复注释。

八、年鉴卷首有详细的中文目录和英文要目，卷末有按汉语拼音顺序排列的主题分析索引、图照表索引等，文中信息可由目录、索引、书眉获得。《鄞州年鉴（2017）》有纸型版、光盘版及网络版3种版本，其中网络版首次通过手机微信二维码扫码实现移动阅读。

九、《鄞州年鉴（2017）》所采用的稿件由全区各机关单位、镇乡（街道）、工业园区提供，经《鄞州年鉴》编辑部整理编辑，并经相关单位领导审核。文中所列数据，原则上依据《鄞州区统计年鉴（2017）》，统计年鉴中没有的以主管部门统计为准，有部分数据因统计口径不同或有所差异。

十、《鄞州年鉴（2017）》编纂出版工作得到全区各机关单位、镇乡（街道）、工业园区等单位的大力支持，广大编纂人员为之付出了艰辛劳动，借此表示衷心感谢。由于成书仓促，水平有限，多有疏漏或不足之处，敬请广大读者批评指正。

《鄞州年鉴（2017）》编纂委员会及编辑部人员名单

编纂委员会

编辑部

《鄞州年鉴（2017）》主要供稿人

（按姓氏笔画排序）

丁红艳　丁志国　于玲玲　于　骏　万　犇　马亚峥　马霞维　王欢艳　王杨乐　王君娜
王　凯　王冠宇　王梦云　王　晶　王　雷　王　静　毛孟波　毛科杰　毛超芳　毛颖颖
乌晨平　孔卫飞　卢海丁　叶金洲　叶　盛　史启明　史海良　朱红雷　朱迪松　朱科苗
朱　渊　朱锦良　任　宁　任艳琼　任　萱　庄　健　刘　飞　刘　洋　汤拥军　许　瑛
孙　侃　寿施军　严世高　严桢立　严燕南　苏文清　巫利民　李川韶　李文博　李　荔
李　斌　杨宏云　杨　磊　肖　华　吴柯莹　吴新艳　岑　雅　何　晶　但涛波　余佳子
余稼祥　邹一娜　汪科达　汪益刚　沈　丹　忻贤滨　忻春意　宋春儿　宋　韬　张小枝
张　丹　张文理　张汉江　张旭君　张　杰　张欧琼　张　迪　张　茜　张　硝　张银飞
张敏儿　张淑贞　张　寅　张鹏飞　张　衡　陆　昕　陆　斐　陆瑞康　陈飞永　陈立基
陈应拓　陈武耀　陈凯跃　陈唐波　陈　盛　陈　晨　陈　晛　陈淑蓉　陈　琴　陈葛泉成
武建强　范光明　林寻忠　林泽天　林　楠　竺可心　金岐伟　周银环　周耀伟　郑柳艳
郑秋妍　郑绿枝　郑　磊　赵　奇　胡俊俊　施诗韵　施　南　施　洋　闻成军　洪定迪
姚剑峰　姚　燕　袁浩杰　贾俏丽　夏伟奔　夏　颖　顾宇峰　顾鹏翔　柴华艳　钱怡丰
钱　毅　徐昆英　徐　荣　徐柯英　徐海蛟　徐清幽　翁东辉　唐永华　唐志慧　黄小坤
黄宁为　黄宏璋　黄娟娟　曹庭盛　戚　朝　麻万掌　葛行忠　董　琳　蒋存行　蒋松澔
蒋　敏　程　怡　程学佳　童怡心　童钱东　谢　魁　楼文元　蔡开浩　蔡忠明　蔡依宁
蔡展峰　蔡萍萍　穆时洪　戴亚红　戴庆来

图片主要供稿人

刘立中　史久阳　林银海　李　超　林幼娟　杜朝辉　徐永晋

2016年是“十三五”开局之年，也是行政区划调整之年。全区实现地区生产总值1358.8亿元；财政总收入338.4亿元，其中一般公共预算收入207.8亿元；固定资产投资772.7亿元；社会消费品零售总额655.5亿元；规模以上工业总产值1625.2亿元；金融机构本外币存贷款余额分别为4452.9和3728.0亿元，商品房销售面积349.9万平方米；实现“十三五”良好开局。

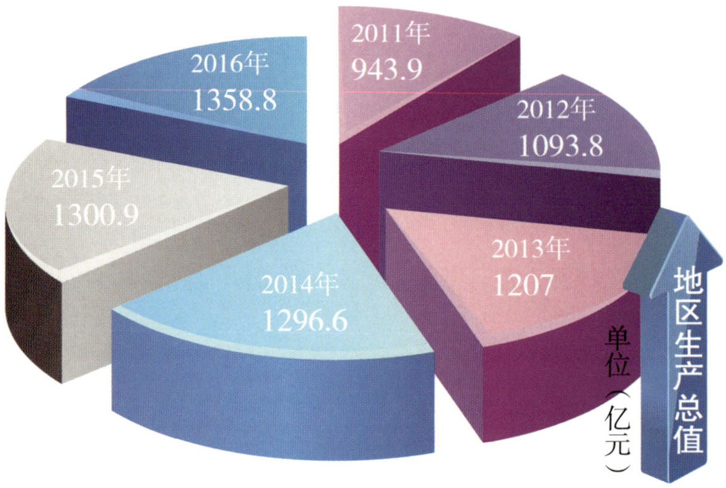

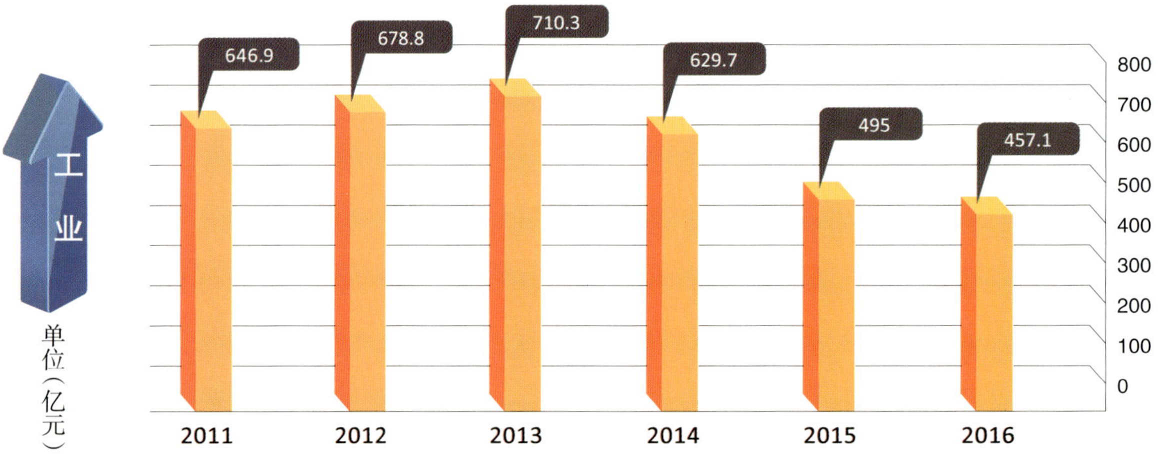

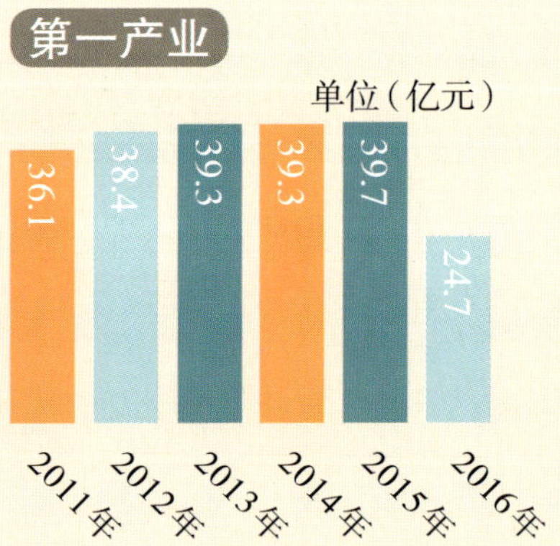

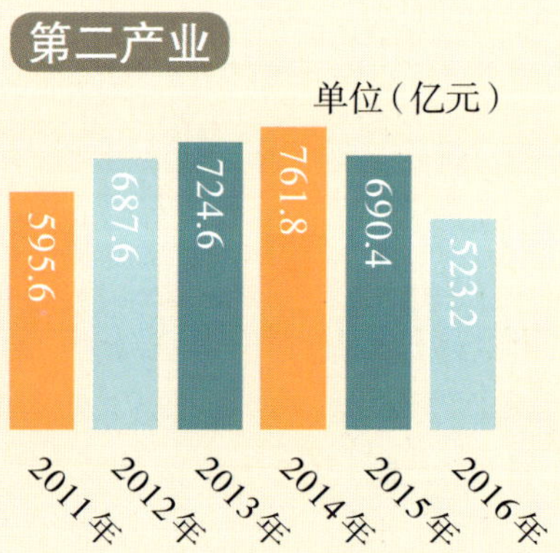

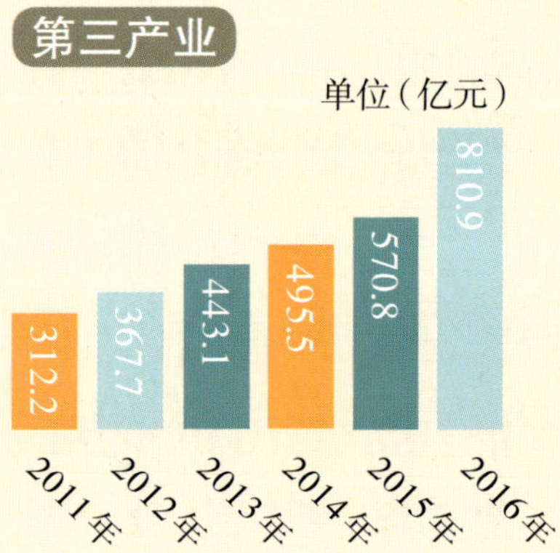

人均地区生产总值

单位（万元）

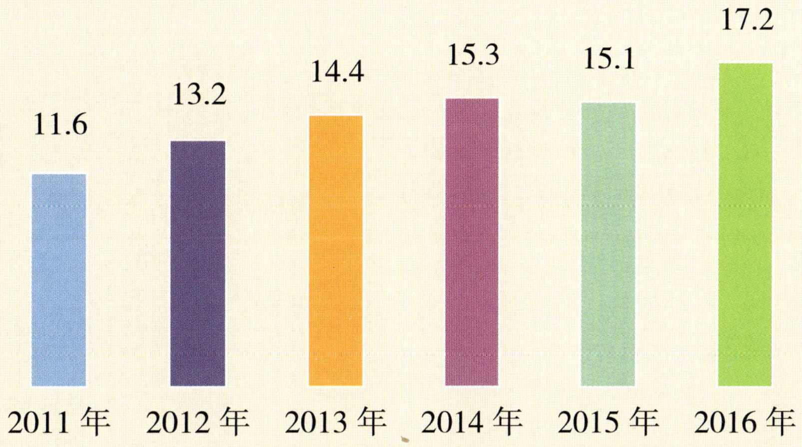

固定资产投资

单位（亿元）

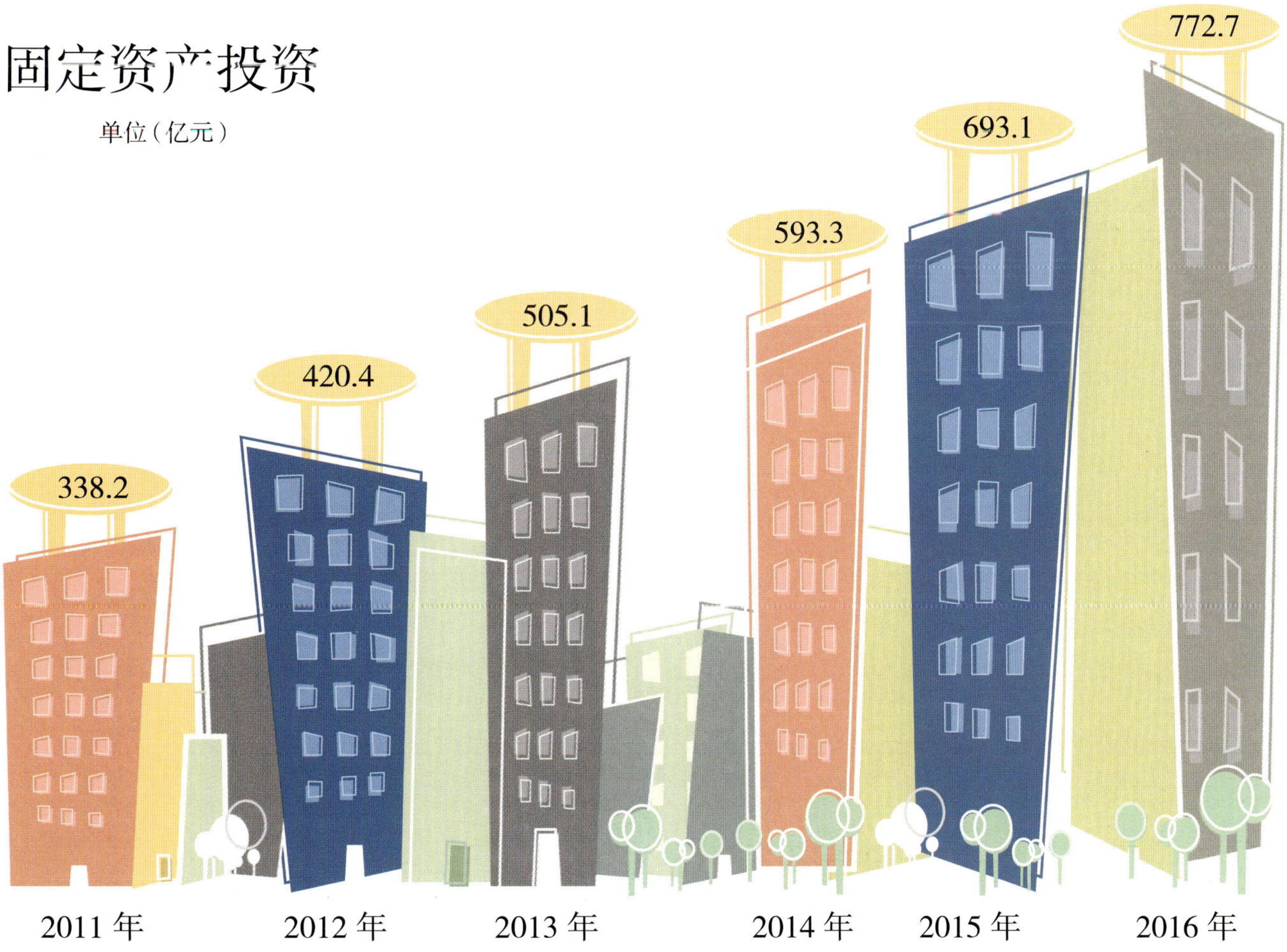

社会消费品零售总额

单位（亿元）

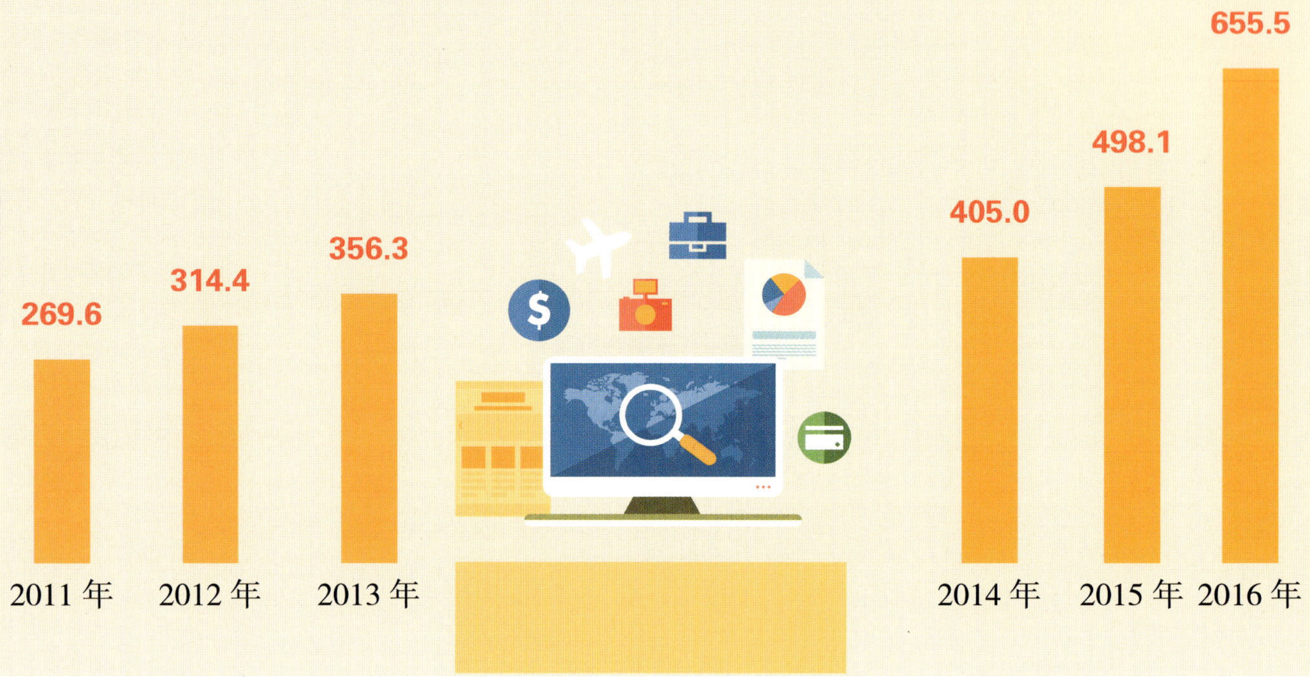

进出口总额

单位（亿美元）

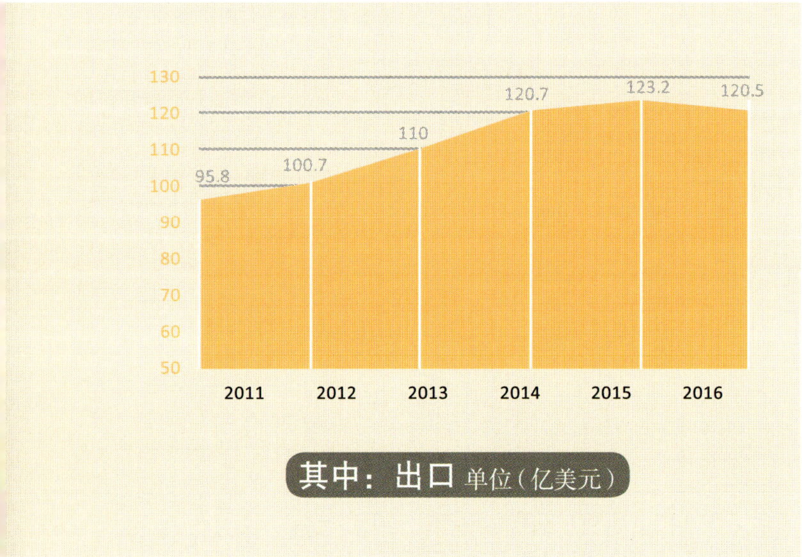

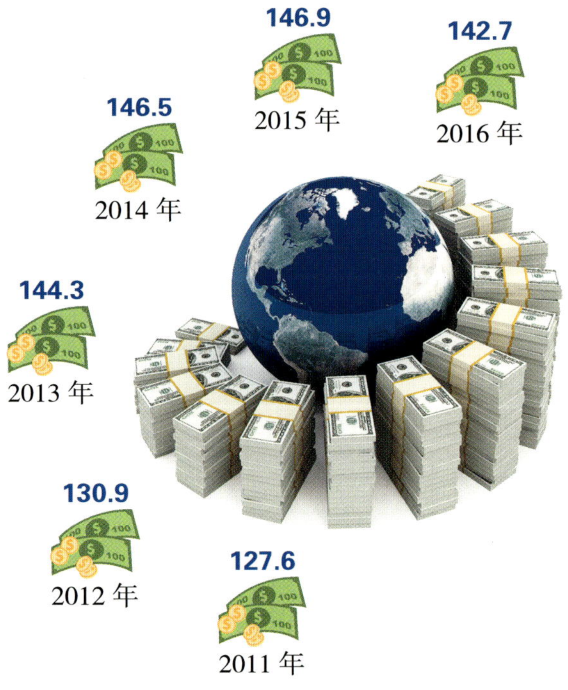

财政总收入

单位（亿元）

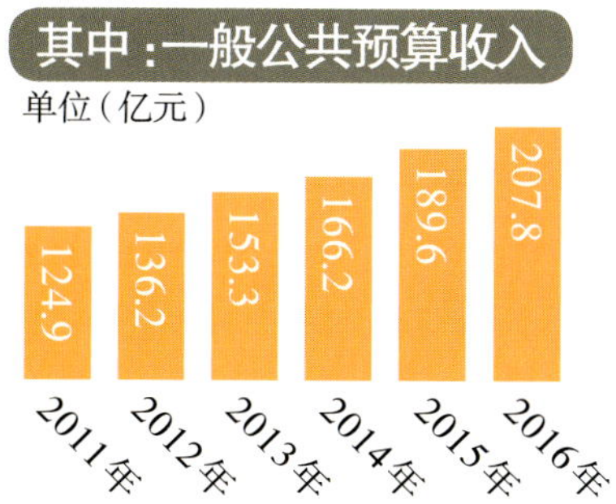

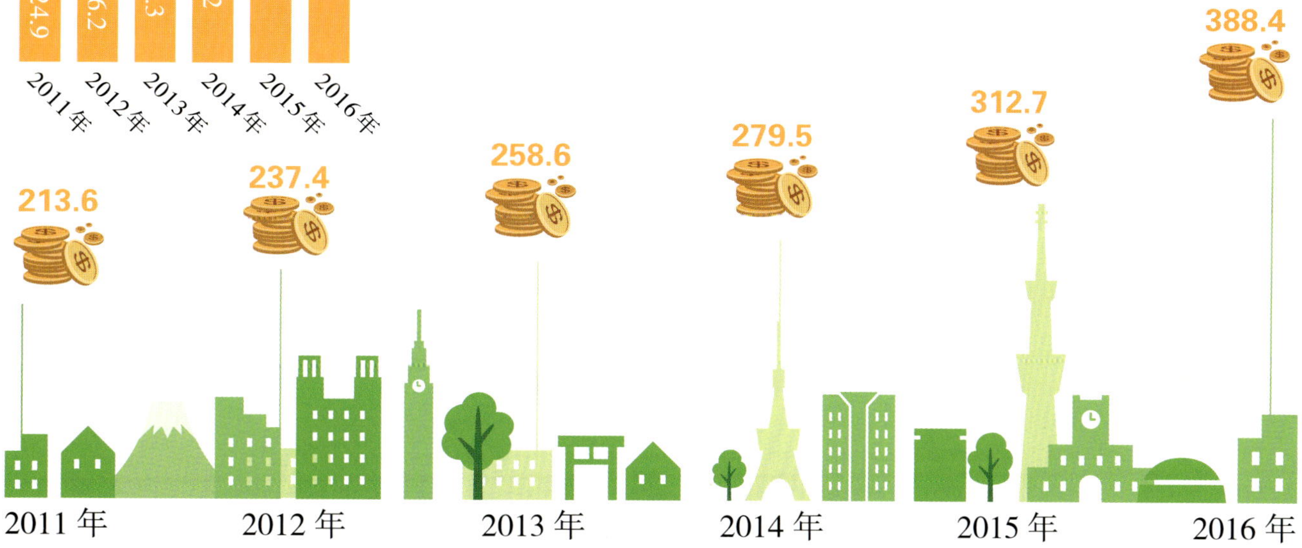

城镇常住居民人均可支配收入

单位（元）

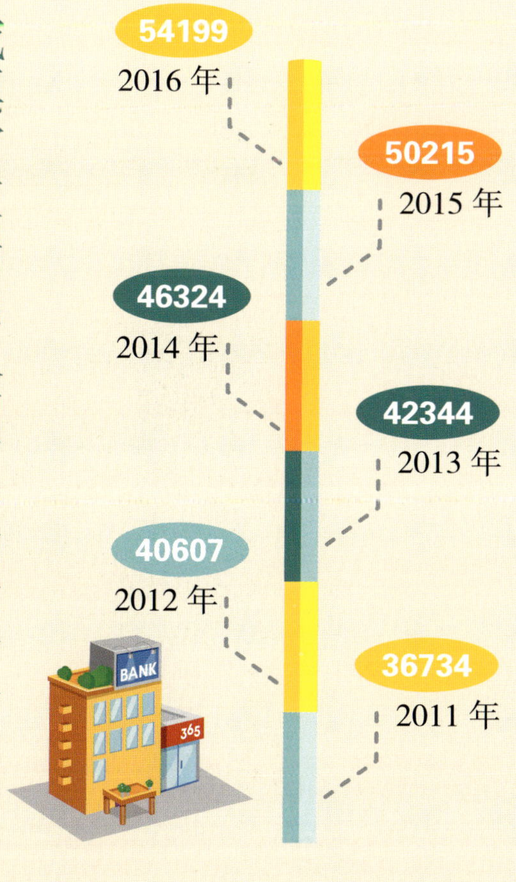

农村常住居民人均可支配收入

单位（元）

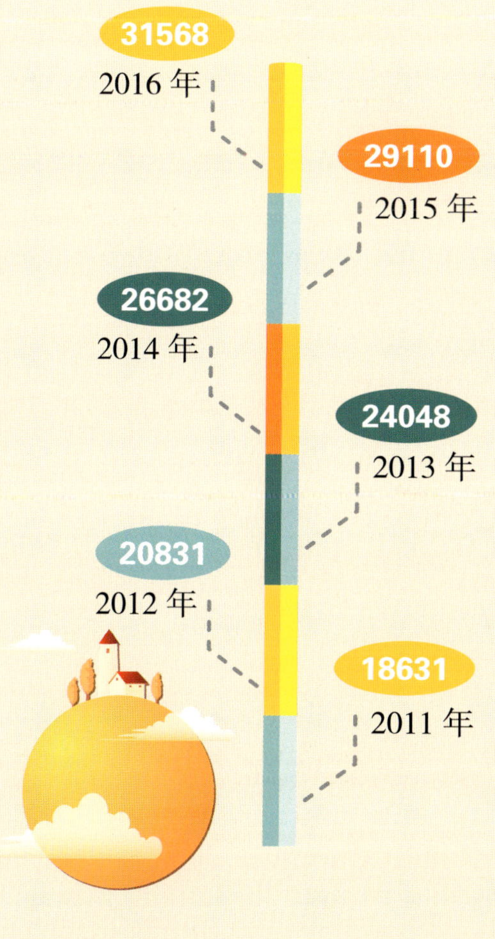

鄞州的一天

单位（万元）

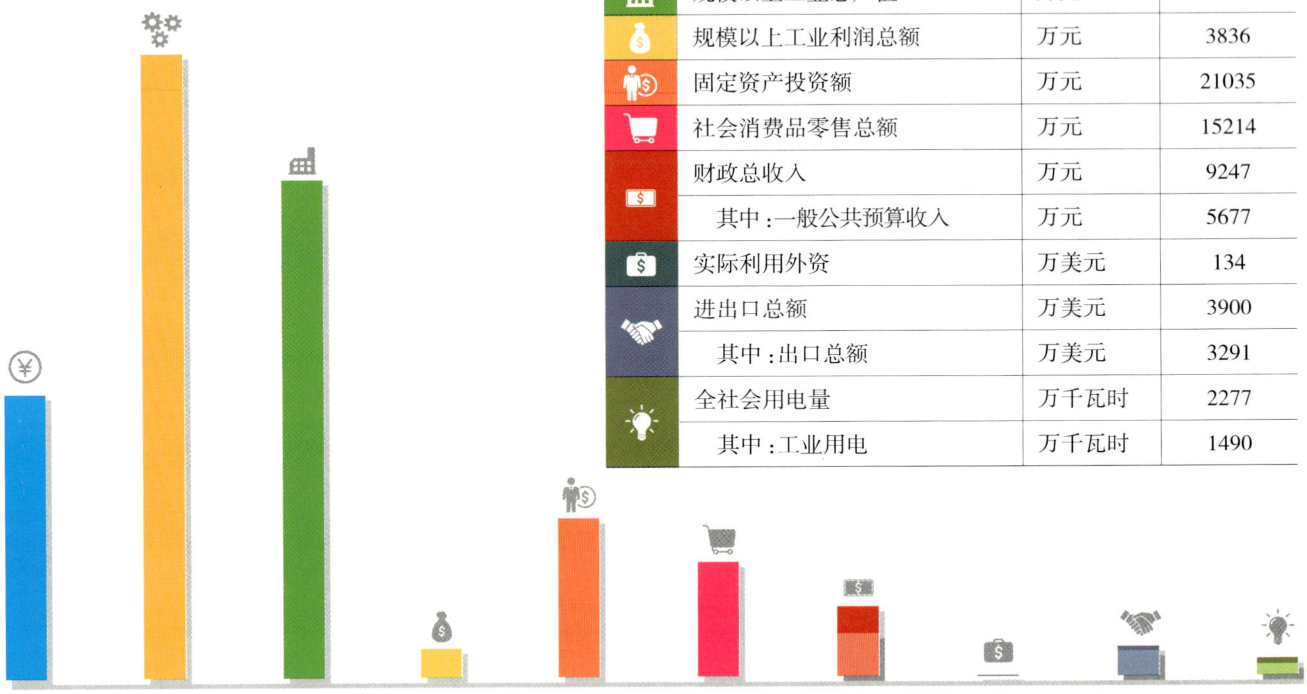

地区生产总值	万元	37731
全部工业总产值	万元	82815
规模以上工业总产值	万元	66038
规模以上工业利润总额	万元	3836
固定资产投资额	万元	21035
社会消费品零售总额	万元	15214
财政总收入	万元	9247
其中：一般公共预算收入	万元	5677
实际利用外资	万美元	134
进出口总额	万美元	3900
其中：出口总额	万美元	3291
全社会用电量	万千瓦时	2277
其中：工业用电	万千瓦时	1490

主要经济指标占宁波市的比重

指标名称	计量单位	宁波市	鄞州区	占宁波市比重（%）
地区生产总值	亿元	8541.1	1381.0	16.2
规模以上工业总产值	亿元	14440.2	2417.0	16.7
规模以上工业利润总额	亿元	993.8	140.4	14.1
固定资产投资额	亿元	4961.4	769.9	15.5
社会消费品零售总额	亿元	3667.6	556.8	15.2
财政总收入	亿元	2145.7	338.4	15.8
其中：一般公共预算收入	亿元	1114.5	207.8	18.6
实际利用外资	亿美元	45.1	4.9	10.9
出口总额	亿美元	660.9	120.5	18.2
全社会用电量	亿千瓦时	646.5	83.3	12.9
其中：工业用电	亿千瓦时	476.7	54.5	11.4
金融机构人民币存款余额	亿元	16196.0	2022.6	12.5
金融机构人民币贷款余额	亿元	15806.8	1792.3	11.3

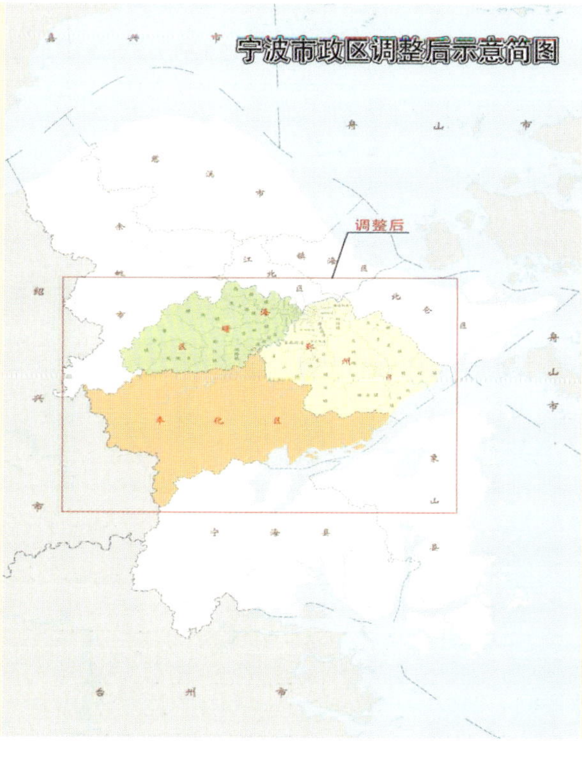

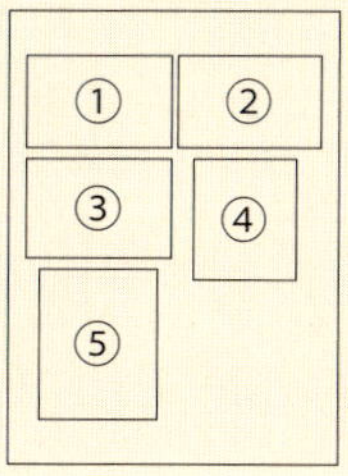

① 2016年11月17日，鄞州区召开领导干部大会，宣布行政区划调整和省市委关于鄞州区领导班子换届人事安排的决定，鄞州区新的行政体制正式运行

② 新鄞州领导班子合影

③ 鄞州区政府大楼

④ 原江东区政府大楼

⑤ 调整后宁波市涉调整区域内政区示意简图

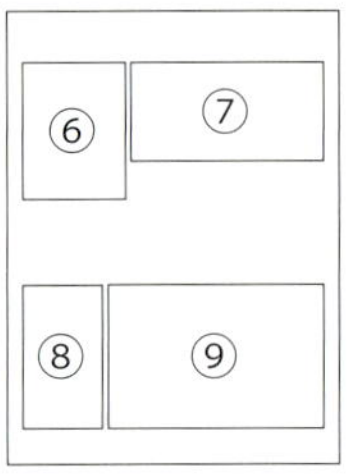

⑥ 2016年7月1日，下应街道湾底村党委获评全国先进基层党组织

⑦ 2016年1月12日，首届鄞州区道德模范颁奖典礼举行

⑧ 2016年2月29日，鄞州区获2015年度浙江省“五水共治”工作优秀县（市、区）“大禹鼎”

⑨ 2016年9月30日，宁波市暨鄞州区向烈士敬献花篮仪式在宁波樟村四明山烈士陵园举行

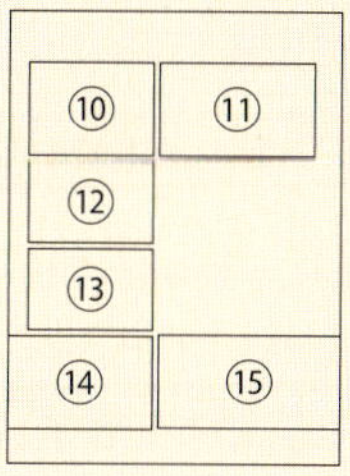

⑩ 2016年1月8日，在全区经济工作会议上，市委常委、区委书记胡军向获得“大力神鼎”奖的企业代表颁奖

⑪ 2016年3月30日，汤加王国驻华经济贸易旅游（宁波）中心签约和授牌仪式举行

⑫ 2016年9月24日，鄞产超级电容储能式现代电车参加第66届德国汉诺威商用车展

⑬ 2016年12月28日，日月重工股份有限公司在上海证券交易所挂牌上市

⑭ 2016年3月12日，俞梦孙院士工作站在云龙镇易中禾仙草园成立

⑮ 2016年9月22日，第五届“创业鄞州·精英引领”活动周综合签约仪式举行

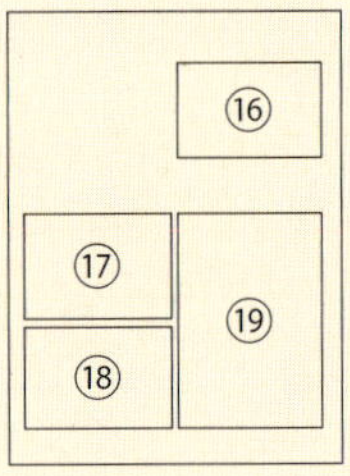

⑯ 2016年12月30日，宁波中车新能源科技有限公司（超级电容）全球研发制造基地开工奠基

⑰ 2016年5月3日，全区最大的单体商务综合项目“亚洲之窗”结顶

⑱ 2016年7月27日，鄞州区23个重大项目集中开工

⑲ 2016年12月21日，鄞州区第二医院二期竣工启用

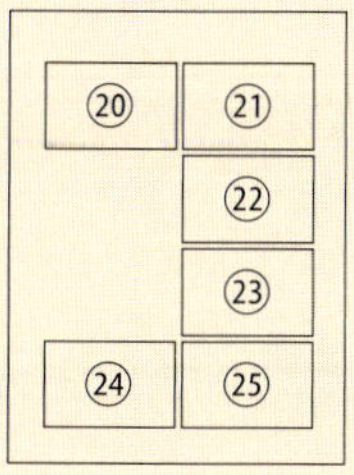

⑳ 2016年8月24日，2016鄞州动漫节在环球银泰城举行

㉑ 2016年10月13日，中韩日佛教茶道交流会在天童禅寺举行

㉒ 2016年11月1日，中国插花艺术馆在下应街道开馆

㉓ 2016年3月29日，《乾隆鄞县志》《同治鄞县志》影印再版发行

㉔ 2016年12月5日，《宁波市江东区志》出版

㉕ 2016年12月28日，《宁波市鄞州区志（1978—2008）》出版

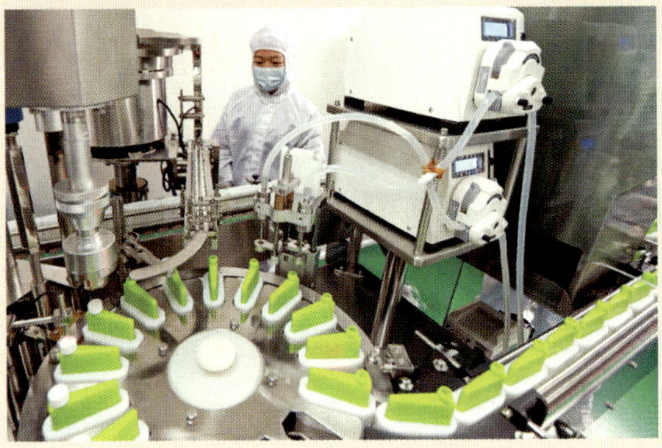

① 高端汽配产业龙头企业博格华纳汽车零部件（宁波）有限公司数字化生产车间

② 新材料领域龙头企业韵升控股集团有限公司产品研发中心

③ 医药健康产业龙头企业宁波美康生物科技股份有限公司自动化流水线

④ 智能电器领域龙头企业奥克斯集团有限公司空调生产车间

⑤ 新一代信息技术领域龙头企业宁波康强电子股份有限公司电子产品检测

⑥ 时尚服装产业龙头企业杉杉集团有限公司

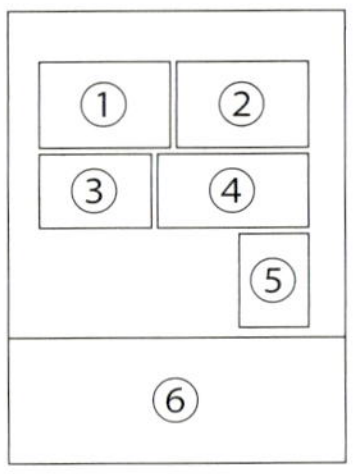

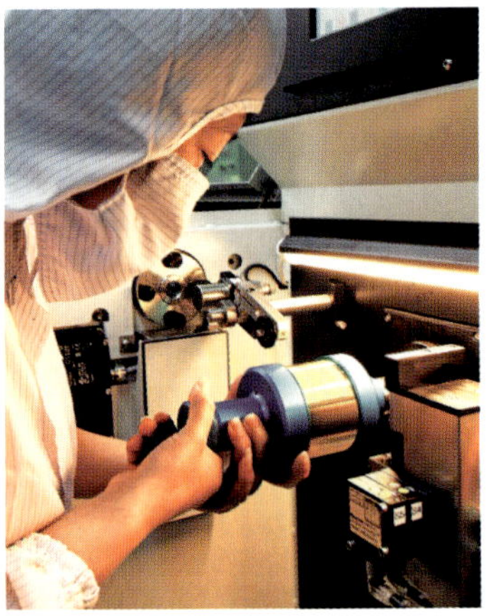

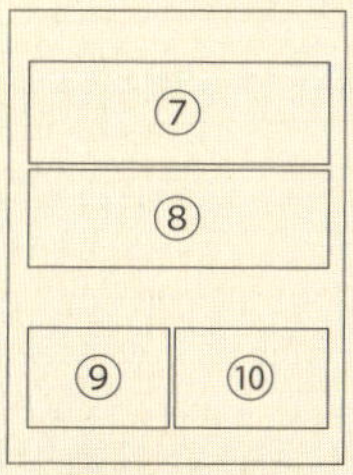

⑦ 鄞州工业园区

⑧ 鄞州经济开发区

⑨ 中国中车宁波产业基地

⑩ 鄞州区潘火街道（投创中心）

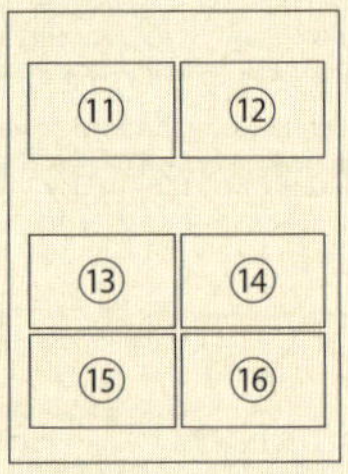

⑪ 中物科技园

⑫ 盛世方舟

⑬ 集合跨界产业园

⑭ 和丰创意广场

⑮ 浙江清华长三角研究院宁波科技园

⑯ 鄞州科技信息孵化园

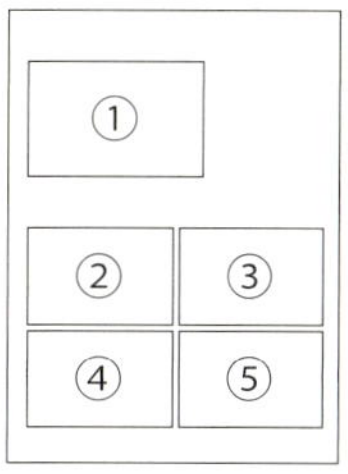

① 世纪东方商业广场

② 天伦商业广场

③ 印象城广场

④ 鄞州万达广场

⑤ 滨江商业广场

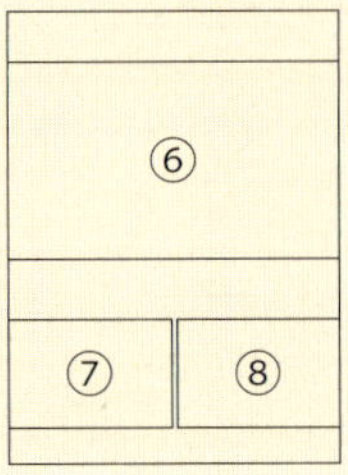

⑥ 东部新城中央商务区

⑦ 南部商务区

⑧ 宁波财富中心

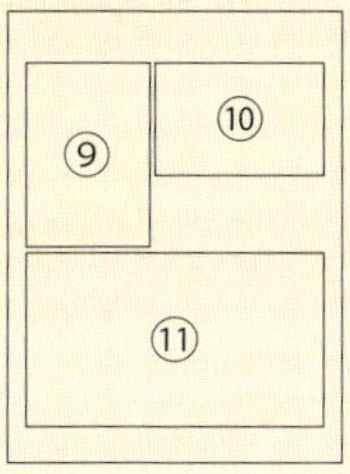

⑨ 宁波国际金融服务中心

⑩ 宁波国际航运服务中心

⑪ 宁波国际会展中心

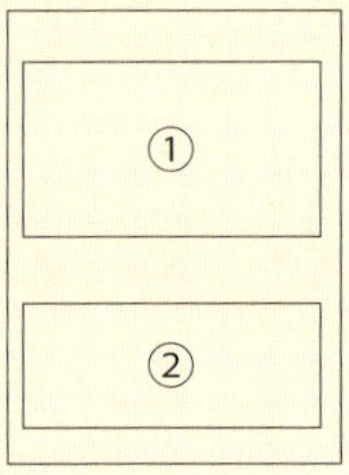

① 东部新城

② 南部新城

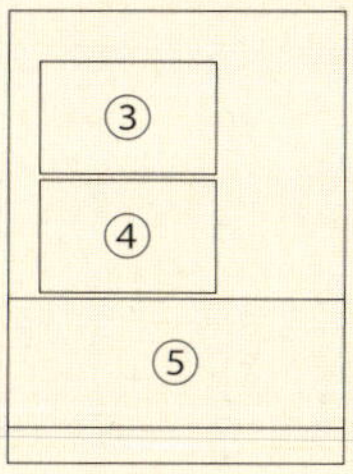

2016年11月11日，划船社区、丹顶鹤社区、都市森林社区入选宁波市首批“品质社区”

③ 丹顶鹤社区

④ 都市森林社区

⑤ 划船社区

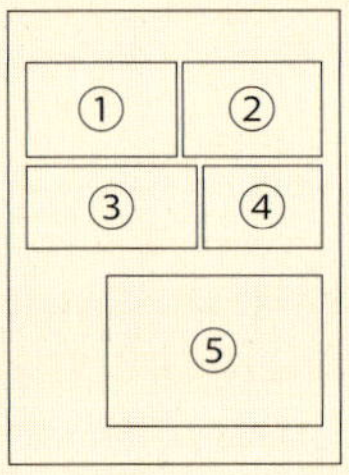

① 国家级生态镇东吴镇

② 国家级生态镇瞻岐镇

③ 国家级生态镇五乡镇

④ 国家级生态镇云龙镇

⑤ 国家级生态镇咸祥镇

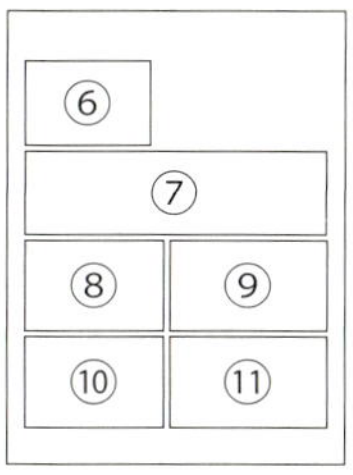

⑥ 国家级生态村、中国最美休闲乡村湾底村

⑦ 国家级美丽宜居示范村勤勇村

⑧ 省级美丽宜居示范村走马塘村

⑨ 省级美丽宜居示范村南头村

⑩ 省级美丽宜居示范村小白村

⑪ 浙江省美丽乡村特色精品村上李家村

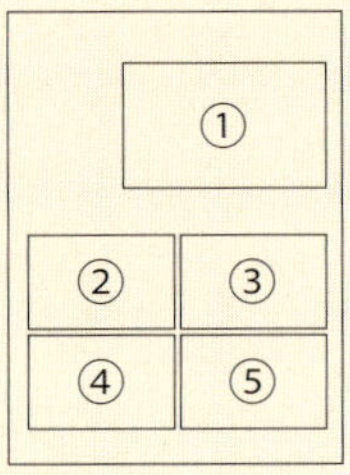

① 2016年9月，宁波市第七中学建成投用

② 2016年9月，潘火街道德培小学新校区建成投用

③ 2016年9月，横溪镇中心小学新校区建成投用

④ 2016年9月，中国教育科学院鄞州中海实验小学建成投用

⑤ 2016年10月，下应街道中心小学建成

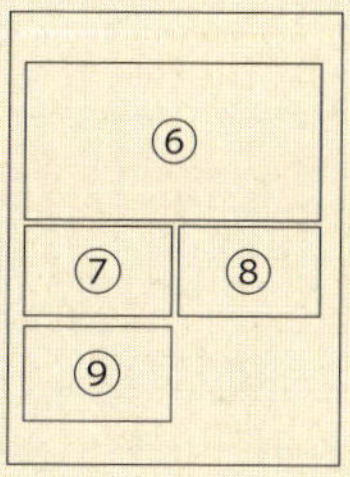

⑥ 宁波文化广场

⑦ 宁波书香文化园（宁波书城）

⑧ 鄞州区文化艺术中心

⑨ 鄞州区（大学园区）图书馆

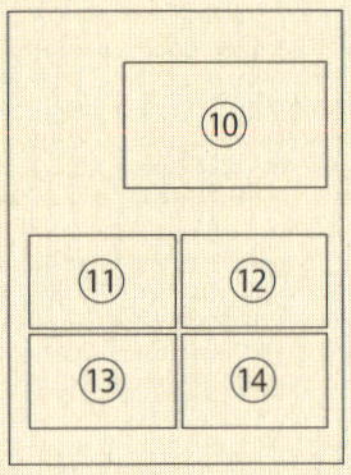

⑩ 2016年4月23日，第六届王应麟读书节开幕

⑪ 2016年4月28日，“义乡鄞州——家风建设年”活动启动

⑫ 2016年6月5日，鄞州区“新火相传”首届非遗文化节开幕

⑬ 2016年6月15日，2016中国（宁波）海商文化周开幕

⑭ 2016年6月26日，鄞州区第五届天天文化艺术节活动开幕

有关组织机构全称、简称对照表

全 称	简 称
浙江省全省	全省
浙江省	省
中共浙江省委员会	省委
浙江省人民政府	省政府
中共宁波市委员会	市委
宁波市人民政府	市政府
宁波市全市	全市
宁波市	市
宁波市鄞州区全区	全区
宁波市鄞州区	鄞州区或区
中共宁波市鄞州区委员会	区委
宁波市鄞州区人民代表大会常务委员会	区人大常委会
宁波市鄞州区人民政府	区政府
中国人民政治协商会议宁波市鄞州区委员会	区政协
中共宁波市鄞州区纪律检查委员会	区纪委
宁波市鄞州区人民法院	区法院
宁波市鄞州区人民检察院	区检察院
中共宁波市鄞州区委组织部	区委组织部
中共宁波市鄞州区委宣传部	区委宣传部
中共宁波市鄞州区委政法委员会	区委政法委
中共宁波市鄞州区委区政府农村工作办公室	区农办
中共宁波市鄞州区委区政府信访局	区信访局
中共宁波市鄞州区委老干部局	区委老干部局
宁波市鄞州区教育局	区教育局
宁波市鄞州区民政局	区民政局
宁波市鄞州区司法局	区司法局

全　称	简　称
宁波市鄞州区财政局	区财政局
宁波市鄞州区交通运输局	区交通运输局
宁波市鄞州区水利局	区水利局
宁波市鄞州区农林局	区农林局
宁波市鄞州区商务局（粮食局）	区商务局（粮食局）
宁波市鄞州区审计局	区审计局
宁波市鄞州区统计局	区统计局
宁波市鄞州区“三改一拆”行动领导小组办公室	区“三改一拆”办
宁波市鄞州区“五水共治”工作领导小组办公室	区“五水共治”办
宁波市国家税务局第一稽查局	市国税局第一稽查局
宁波鄞州出入境检验检疫局	鄞州出入境检验检疫局
宁波海关驻鄞州办事处	海关驻鄞州办事处
宁波市鄞州区烟草专卖局	区烟草专卖局
宁波市鄞州区气象局	区气象局
宁波市鄞州区档案局	区档案局
中共宁波市鄞州区委党校	区委党校
宁波望春工业园区管理委员会	望春工业园区管委会
宁波市鄞州区长丰开发建设指挥部	长丰开发建设指挥部
宁波市鄞州区桃源湾休闲度假区开发建设指挥部	桃源湾开发建设指挥部
宁波市鄞州区投资合作局	区投资合作局
宁波市鄞州区房屋征收管理办公室	区征管办
宁波市鄞州区石碶市场区管理委员会	石碶市场管委会
宁波市客运中心站区域综合管理办公室	综管办
宁波市鄞州区森林鄞州建设工作领导小组办公室	区森林鄞州办
宁波市鄞州区人民政府咨询委员会	区咨询委
宁波市鄞州区总工会	区总工会
宁波市鄞州区慈善总会	区慈善总会
宁波市鄞州区红十字会	区红十字会
宁波市鄞州医药药材有限公司	区医药公司

目录
CONTENT

特载

专记

大事记

鄞州概览

中共宁波市鄞州区委员会

宁波市鄞州区人民代表大会

宁波市鄞州区人民政府

政协宁波市鄞州区委员会

民主党派·工商联·人民团体

法治·军事

农业·农村·水利

工业·工业园区

个体私营经济

开放型经济·国内经济合作

商贸·现代服务业

旅 游

城乡建设与管理

生态环境

交 通

邮电·信息

财政·税务

金融

综合管理

科学技术

教 育

文化·新闻

卫生和计划生育

体 育

人力资源和社会保障

社会民生

街道·镇乡

人物·先进集体

统计资料

附录

索引

Main Contents

Democratic Parties & Association of Industry and Commerce & People's Groups

Rule of Law & Military Affairs

Agriculture & Rural Area & Water Conservancy

Industries & Industrial Zones

Private Economy

Open Economy & Domestic Economical Cooperation

Commerce and Service Trade & Modern Service Industry

Tourism

Urban and Rural Construction and Management

Ecological Construction

Traffic

Postal Service and Telecommunications & Information

Fiscal & Taxation

Finance

Comprehensive Administration

Science and Technology

Education

Culture & News

Health and Family Planning

Sports

Human Resources and Social Security

Social Livelihood

Subdistricts & Towns and Townships

Figures & Advanced Collectives

Statistical Data

Appendix

Index

特 载

南部新城核心区一隅

抢抓新机遇　扛起新使命　为建设都市核心区打造品质新鄞州努力奋斗

——在中国共产党宁波市鄞州区第十四次代表大会上的报告

政府工作报告

——在宁波市鄞州区第十八届人民代表大会第一次会议上的报告

抢抓新机遇 扛起新使命
为建设都市核心区打造品质新鄞州努力奋斗

——在中国共产党宁波市鄞州区第十四次代表大会上的报告

市委常委、区委书记 胡 军

（2017年1月6日）

中国共产党宁波市鄞州区第十四次代表大会，是在鄞州区行政区划调整、经济社会发展开启新局的关键时刻召开的，具有承前启后的里程碑意义。大会的主题是：认真贯彻中央和省委、市委的决策部署，回顾总结过去五年工作，研究部署未来五年经济社会发展和全面从严治党各项任务，号召全区党员干部群众，抢抓新机遇、扛起新使命、建设新鄞州！

立足新起点 继往开来迈向新征程

去年9月经国务院批准调整鄞州区行政区划，鄞州由此翻开了新的历史篇章。站在新的起点，回望过去五年走过的辉煌历程，区委团结带领广大党员干部群众，认真贯彻中央和省委、市委的决策部署，抓牢主题主线不动摇，锐意进取、奋力拼搏、争先创优，为未来发展打下了更加坚实的基础。

过去五年，综合实力持续增强，为未来发展增添了潜能后劲。聚焦发展稳增长、调结构、促转型，综合实力继续领跑领先。转型升级成效扩大，制造业提档升级，高新技术产业比重提高至51.6%，工业强区综合评价连续4年位居全省第二，创新型试点城区测评、“两化融合”发展水平全省第二；现代服务业快速发展，金融、航运服务、会展等行业在全市确立龙头地位，商贸、文化创意、信息服务等行业优势明显，成为省软件和信息服务产业示范基地；现代农业提质增效，获得“全国粮食生产先进县”等称号。创新能力不断提升，拥有国家高新技术企业231家、总量全市第一，新增授权发明专利4514件，建成国家级众创空间6个，引进培育国家和省“千人计划”人才27人，建成全省首个省级人力资源产业园，授权专利、高端人才、院士工作站等指标省市领先，连续4年获得省科技人才工作考核优秀，成为全国优秀科技进步示范区。发展活力有效激发，开放开发提速提效，招大引强成效明显，重点平台能级提升，特色小镇创建进展顺利，外贸出口产品、结构、市场得到优化；重点领域改革推进，85个改革项目取得实效，土地资源市场化配置、审批服务、商事登记等改革成为省市试点。

过去五年，城区品质不断提升，为未来发展拓展了平台空间。坚持城市化带动，联动推进城市建设、功能提升和精细管理，城区在全市的核心地位快速凸显。形态面貌持续优化，高强度推进开发建设，投入449亿元，拆迁523万平方米，改造棚户区、危旧房和老小区358万平方米，东部新城核心区域展现形象，南部新城重点区域基本建成，老城区有机更新，重要街区、沿路沿河、背街小巷等面貌焕然一新。综合功能明显增强，高起点打造功能区块，中央商务区、南部商务区、核心滨水区、宁丰区块等建设提速，万达广场、世纪东方广场、印象城、银泰城、环球城等综合体形成集聚效应，宁波文化广场、区综合活动中心等建成投用；交通路网、公共服务等体系健全完善，城区集聚承载能力持续提升。城市管理趋于精细，高标准推进精细管理，理顺城市管理体制，深化智慧城管建设，打响“百姓城管”品牌；狠抓示范街区创建和重点领域管理，城市社区建设成为示范，东部新城城市管理成为样板。

过去五年，城乡环境明显改善，为未来发展拉长了生态短板。坚持问题导向，驰而不息打好组合拳，成为中国美丽乡村建设示范县，创建为省级生态区。美丽镇村彰显特色，以美丽镇村幸福家园建设为抓手，拆旧建新2347万平方米，城镇功能提升，乡村面貌改观，东吴、云龙、姜山等镇成为市级先进镇，翻石渡、小白等村成为美丽乡村典型，实现省新农村建设"六连冠"。"五水共治"成效明显，铁腕攻坚治污水，联动实施污水处理、防洪排涝、清淤疏浚等工程，黑河、臭河、垃圾河动态消除，"五水共治"获得全省"大禹鼎"，成为省"清三河"达标区，取得抗击"海葵""菲特"等强台风的胜利。标本兼治抓源头，高标准改造提升电镀园区，基本完成电镀、铸造、印染、化工、畜禽养殖等重污染行业整治，有效遏制环境违法多发势头。城乡环境整治取得实效，以"三改一拆"为抓手，统筹推进"四边三化""两路两侧"和城乡清爽行动，改拆总量全市领先，重点区域脏乱差问题得到初步解决，城乡环境面貌逐步好转。

过去五年，民生事业齐头并进，为未来发展打牢社会基础。深入实施民生百亿工程，群众的获得感与社会的凝聚力同步增强。群众生活持续改善，多种渠道促进增收，城乡居民收入稳步增长，社会保障、救助体系健全完善，慈善事业实现新发展。文明程度不断提高，深化文化建设和文明创建，"海商文化""周日文化""义乡鄞州"形成品牌，《主义之花》《小巷总理》等15件作品获得全国级奖项，涌现4名全国、省"道德模范"，成为首批全国公共文化服务体系示范区、第二批省文明区，实现省双拥模范城"七连冠"。公共服务高位拓展，推进教育综合改革，成为全国"两基"工作先进区、首批义务教育发展基本均衡区；加快公立医院和分级诊疗改革，省卫生强区地位巩固提升，成为"云医院"建设全国试点；养老服务走在前列，成为省社会化养老示范城区。社会总体稳定和谐，深化平安建设，强化社会治理创新，"两网"融合、基层信访改革、流动人口管理等成为全省试点，形成"网上枫桥"经验；狠抓矛盾纠纷化解、违法犯罪打击、公共安全监管、平安护航G20等工作，矛盾多发势头有效遏制，实现省平安区创建"十一连冠"。

过去五年，党的建设全面加强，为未来发展提供坚强保障。坚持全面从严治党，党建水平不断提升，获得省创先争优先进区等荣誉，划船社区党委、湾底村党委成为全国先进基层党组织。思想政治建设持续强化，深入开展党的群众路线教育实践活动、"三严三实"专题教育和"两学一做"学习教育，强化理论武装和党性锻炼，进一步坚定理想信念。民主法治建设深入推进，坚持科学民主依法执政，大力支持人大、政府、政协依法履职，有效发挥统一战线、群团组织、人民武装、老干部等作用，进一步凝聚共识、增进团结；深化法治建设，切实保障依法行政和公正司法，扎实开展普法教育，成为省法治创建先进区。干部队伍建设不断优化，坚持正确的用人导向，创新实绩量化考核、干部综合研判、胜任素质清单等办法，建立双向挂职、能上能下、容错免责等机制，完善以德行正反双向测评、亮绩竞标等为重点的选任体系，干部选任工作满意度持续提高。基层组织基础有力夯实，着眼"整镇（街道）推进、整区提升"，建立党建工作责任清单、向全会述职等制度，健全基层党组织星级评定、村干部专职化管理、廉效激励等机制，加大村社党组织书记队伍建设和软弱落后党组织整转力度，"俞复玲365社区服务工作法"、"谋事进农村、服务进民心"双进工作法、"两新"组织开放式党建机制等在全国、全省推广，成为省城市社区党建工作示范区。党风廉政建设全面加强，全面落实"两个责任"，建立责任清单、廉政函告、巡察工作等机制，实现区纪委派驻机构全覆盖；大力整改省委巡视组反馈问题，扎紧扎实重点领域、薄弱环节的制度笼子；狠抓正风肃纪，严格执行党章党规党纪和作风建设系列规定，主动运用监督执纪"四种形态"，加大日常监督、教育警示、执纪审查力度，坚决查办一批违纪违规的典型案件，形成风清气正的良好氛围。

过去五年的成绩来之不易，是中央和省委、市委正确领导的结果，是全区各级党组织和广大党员干部群众团结拼搏的结果，也离不开历届区委打下的坚实基础。在此，我代表区委，向全区广大党员干部群众，向所有为区域发展作出积极贡献的同志们、朋友们表示衷心的感谢，并致以崇高的敬意！

过去五年的探索实践，经验弥足珍贵，我们深刻体会到：

——理念引领行动，只有把握大势、解放思想，才能科学谋划、创新发展。五年来，我们坚定道路自信、理论自信、制度自信、文化自信，主动适应新常态，牢固确立质量优先的理念，与时俱进、解放思想、科学谋划，大力实施"质量提升""两强两品"战略，既服务省市大局，又推动区域发展。

——作为决定地位，只有拉高标杆、争先创优，才能当好标兵、率先发展。五年来，我们坚持领跑领先不动摇，主动对标先进地区，以改革创新增动力、以比学赶超创一流，加快从注重速度规模向提升质量效益转变，既创出许多亮点和特色品牌，又巩固提升在省市领跑领先的地位。

——实干成就实绩，只有聚焦重点、集中攻坚，才能破难而进、加快发展。五年来，我们大力弘扬敢为、求实、争先的精神，主动应对发展中的困难和挑战，盯牢重点抓攻坚，围绕难点抓突破，聚焦痛点抓治理，既破解一批制约区域发展的突出问题，又干出各方认可的工作业绩。

——团结就是力量，只有发动群众、干群联动，才能凝心聚力、合力发展。五年来，我们始终坚持群众的主体地位，把人民利益摆在至高无上位置，问政于民、问需于民、问计于民，充分调动普通群众、广大企业、社会各界的积极性，既凝聚同心同向的思想共识，又形成强区兴区的强大合力。

——党风带动民风，只有领导示范、以上率下，才能优化作风、保障发展。五年来，我们牢固确立作风建设永远在路上的意识，党建责任担在前、纪律规矩挺在前、领导班子示范在前，从严从紧狠抓作风建设，既改进党风政风，又优化社会风气，也形成廉洁干事、奋发干事的良好氛围。

认清新形势
鼓足信心描绘新蓝图

自行政区划调整以来，区委坚决拥护和带头落实省市的决策部署，坚持调区划与促融合、做实当前与谋划长远一起抓，一方面着眼“理顺关系、平稳过渡”，统筹推进行政区划调整工作，加快区域融合和工作融合，确保人心齐、秩序好、大局稳；另一方面着眼“谋划五年、开创新局”，广泛调研、深入思考、集思广益，努力找准发展的新定位、绘好发展的新蓝图。

未来五年，站在新的发展起点看鄞州，正迎来许多发展机遇。从微观层面看，最大的历史机遇是行政区划调整带来的转型机遇。行政区划调整，不是简单的分拆合并、区域重组，而是深层次的空间大重构、生产力大解放，更是鄞州发展史上又一重大历史性变革，带来的“强强联合”效应、转型发展机遇十分明显。新鄞州综合实力巩固提升，无论是地区生产总值、财政收入等规模性指标，还是创新能力、质量效益等质量性指标，总体上升而且位次提高，主要指标稳居全省中心城区前列。新鄞州战略地位更加凸显，城区面积扩大，全市的政治中心、经济中心、科教中心集聚在鄞州，东部新城、南部新城等精品城区在鄞州，金融、航运服务、会展等一批功能性平台也在鄞州，成为核中之核。新鄞州产业结构更趋协调，三次产业比例优化，制造业与服务业的比例趋于合理，产业的互补性增强，制造业强的优势与服务业层次高的优势有机互补；产业的融合性增强，主导产业与优势行业优化组合，二产与三产齐头并进，形成了先进制造业与现代服务业“双轮驱动”的格局。新鄞州潜力后劲得到增强，资源丰富、形态多样，既有繁华都市，又有美丽乡村，既有江河湖海，又有山林田园，龙头企业、高端人才、创新资本有效集聚，都市文明、特色文化相互辉映。这些，都为未来鄞州提升经济硬实力、城市竞争力、文化软实力提供了支撑。从宏观层面看，最重要的机遇是深度开放、全面改革带来的发展机遇。今后，随着国家“一带一路”、长江经济带等战略实施，有利于鄞州加快融入全球化和区域一体化步伐；依托省里培育“八大万亿产业”和市里打造港口经济圈和宁波都市圈、建设“中国制造2025”试点示范城市等决策部署，有利于鄞州借势借力做强都市经济、促进产业高端发展、提高国际化水平。今后，在经济新常态下，我国经济保持中高速增长、产业迈向中高端水平，形成了加快转型升级、提高质量效益的机遇，这有利于鄞州在保持合理增速的基础上，增强定力转方式、调结构、提质量。今后，依托中央主要领域“四梁八柱”性改革出台，特别是以“三去一降一补”为主要任务的供给侧结构性改革的深入推进，将为区域发展降成本减负担、做强实体经济、培育新动能等带来红利。

未来五年，从更高标准审视鄞州，一方面鄞州进入了“后行政区划调整”的加速融合阶段，区域发展、政策体制、资源要素等还需深度融合；另一方面鄞州也将迎来一个挑战趋多、补短板更紧迫的阶段。今后一段时期，鄞州处于新旧动能的转化阶段，面临的困难问题也不少。在经济发展新常态下，鄞州过去依靠要素投入、中低端竞争的路子难以为继，产业投入不足、主导产业大而不强等素质性问题，传统产业贡献率下降、新兴产业支撑力不强等结构性矛盾日益突出。今后一段时期，鄞州处于综合优势的重塑阶段，面临的竞争压力也不小。与先进地区相比，目前鄞州无论是创新能力、产业层次、发展质量，还是城市品质、核心功能、国际化水平等都有较大差距，特别是有的党员干部闯劲冲劲不如从前，或小富即安、小进即满，或怕苦怕烦、畏难不前，区域发展面临“标兵在前、追兵紧逼”的双重压力。今后一段时期，鄞州处于高水平全面建成小康社会的决胜阶段，面临的惠民任务也不轻。对照群众多元化的需求，公共服务供给与群众需求不够匹配，少数群众生活离全面小康还有差距；城乡发展不够协调，交通、水利等基础设施还存在短板；生态环境治理任重道远，水体、大气等领域污染治理任务艰巨，部分农村和城乡接合部脏乱差问题仍然突出；社会治理还需创新深化，精神文明建设、平安建设、法治建设有待提高实效。对此，我们既要坚定信心、抢抓机遇，又要保持清醒、直面问题，上下同欲、砥砺奋进，着力推动鄞州新一轮跨越发展。

未来五年，全区工作的指导思想是：高举中国特色社会主义伟大旗帜，以邓小平理论、“三个代表”重要思想、科学发展观为指导，深入贯彻习近平总书记系列重要讲话精神和治国理政新理念新思想新战略，全面落实省委、市委的决策部署，坚持稳中求进、好中创优，坚持强区富民并进，坚持全面从严治党，以争创践行“五大发展理念”先行区为引领，大力实施“名城强区”战略，建设都市核心区、打造品质新鄞州，跻身全国一流强区最前列。

未来五年，建设都市核心区、打造品质新鄞州、跻身全国一流强区最前列，是区委立足宁波发展坐标、站在浙江历史方位、放眼全国前进方向确立的鄞州目标定位，这既体现了鄞州“当好标兵、服务大局”的责任担当，又体现了鄞州“干在实处、走在前列、勇立潮头”的锐气劲头，也将激励和鞭策鄞州当好宁波“建设国际港口名城、打造东方文明之都”的排头兵，为全省乃至全国提供更多的鄞州实践、鄞州经验。

未来五年，全区上下要紧盯这一目标定位，以“名城强区”战略为总抓手，坚持创新驱动、质量优先、均衡协调、生态绿色、国际化带动。创新驱动，就是把创新摆在发展全局的核心位置，让创新成为驱动发展的第一动力。质量优先，就是以提高发展质量和效益为中心，促进经济、建设、生态、文化、社会等领域集约发展和质效提升。均衡协调，就是坚持统筹均衡和协调发展，推进二产与三产相协调、城市与农村相协调、建设与管理相协调、均衡保障与优质服务相协调、做强优势与补齐短板相协调。生态绿色，就是深入践行“两山”思想，攻坚推进生态文明建设、城乡环境综合治理，走生产发展、生活富裕、生态良好的路子。国际化带动，就是用国际化的视野谋划和推动发展，用国际化的标准建设和管理城市，用国际资源要素支撑和提升综合竞争力，成为全市、全省的标杆。

——打造创新引领的标杆。创新能力持续提升，创新主体集群发展，创新投入成为主导，创新服务体系健全完善，高新企业、创新人才、发明专利等总量和层次省市领先；创新效益明显提高，全要素生产率、亩均产出效益、单位能耗水平、“两化融合”水平全省领先，成为全省乃至全国的创新强区。

——打造都市经济的标杆。产业结构更加协调，先进制造业提质增效，现代服务业高端拓展，新经济业态蓬勃发展；主导产业做大做强，高新技术行业成为支柱，生产性服务业形成优势；平台基地能级提升，产业园区、功能平台融合发展，成为全市的智造创新、金融服务、航运服务、文化创意、现代商务“五个中心”，成为全省的智能经济、服务经济强区。

——打造品位都市的标杆。建设管理展示高品质，规划布局科学合理，建设形态大气精致，精细管理全面覆盖；核心功能提升首位度，创业创新、文化示范、公共服务等功能明显增强，集聚辐射带动效应持续放大；城市发展体现国际化，建设管理、产业层次、文明程度、投资环境等符合国际化要求，成为宁波核心功能的承载区和国际化程度最高的精品区。

——打造美丽生态的标杆。城乡环境持续改善，水体、空气等质量不断提高，劣Ⅴ类水、环境脏乱差等问题全面消除，创建为市污水零直排区、省无违建区；生态质量不断优化，节能减排成效明显，资源利用集约高效，发展方式低碳绿色，人与自然和谐共处，创建为国家生态文明示范区。

——打造先进文化的标杆。大力丰富和发展鄞州精神，以争先创优为特征的创新文化蔚然成风；以社会主义核心价值观为引领的先进文化深入人心，市民文明素质、城市文化品位明显提高；以地域特色文化、公共服务文化为依托的品牌文化相得益彰，成为全国文化先进区。

——打造幸福民生的标杆。城乡发展更均衡，特色小镇、美丽乡村、城市社区协调发展，基础设施、公共服务、社会保障对接融合；群众生活更安康，城乡居民收入翻番，民生福祉持续增进，社会总体稳定和谐，成为高水平全面小康样板区。

抢抓新机遇
奋发有为建设新鄞州

行政区划调整，为鄞州新一轮跨越发展提供了千载难逢的机遇，要着眼把这些机遇转化为现实生产力，聚焦重点、主攻难点，着力抓好七方面工作。

（一）围绕“高端拓展”，加快转型升级步伐，构建智能经济、服务经济为主导的新体系

鄞州经济底子实，既有主导产业优势，又有科技创新优势，也有企业主体优势，正处于转型升级、融合发展的加速期。要抢抓宁波打造港口经济圈和宁波都市圈、建设“中国制造2025”试点示范城市等机遇，坚定不移打好转型升级系列组合拳，深化工业化、信息化“两化融合”，狠抓先进制造业、现代服务业“双轮驱动”，加快产业层次从中低端向中高端拓展，产业形态从加工制造、生活性服务业向智能制造、生产性服务业跃升。

培育壮大创新主体。坚持企业主体地位和人才第一资源，发扬“工匠精神”，形成一批创新群体。主抓“三类企业”，培育领军企业，支持本土企业做大做强，引进集聚智能制造标杆企业和高端服务企业；壮大高新企业，扶持专精特新中小企业，催生一批行业巨人和单打冠军；优化上市企业梯队，多种渠道做大鄞州板块。壮大“三支队伍”，实施企业家素质提升计划，壮大优秀企业家群体；深化“创业鄞州·精英引领”计划，完善人才政策、拓展引才平台，扩大国千省千、市“3315计划”等人才规模；实施专技人员倍增计划，培育和引进高技能、实用型人才，促进人才总量结构与转型发展需求相协调。

做大做强主导产业。以工业4.0、“互联网+”为方向，优化产业布局，提升规模能级。做强以智造创新为引领的先进制造业，启动实施“中国制造2025”鄞州行动，积极发展都市工业，深入推进“两化融合”，创建省级军民融合创新示范区。加快装备的高端化，加大机器换人、智能装备应用、生产自动化改造力度。加快生产的智能化，推广电子商务、物联网等信息技术，大力发展软件信息服务、芯片研发设计、硬件设备制造等行业，做大做强信息经济核心产业。加快传统产业的高新化，运用新装备新工艺，做强高端汽配、时尚服装、智能电器三大优势产业。加快新兴产业的集群化，提升新材料、高端装备、新一代信息技术三大战略性新兴产业的能级，培育光电、医药健康等高成长性行业，打造一批能级高、竞争力强的产业集群。做优以生产性服务业为主导的现代服务业，主攻金融服务、信息服务、航运服务、文化创意、现代商贸、旅游休闲、商务服务、公共服务“八大产业”。优先发展金融服务业，主动参与国家保险创新综合试验区建设，壮大金融和类金融产业，引进集聚总部型、功能型、法人型的金融机构，推动金融与中小企业、实体经济的互促共进。大力发展信息服务业，依托龙头企业和优势平台，以电子商务、移动支付、智慧服务为重点，推动信息服务向制造环节融入、向消费领域覆盖。提升发展航运服务业，依托航运服务中心，拉长物流、信息、保险等航运产业链，打造优质无水港。积极发展文化创意业，做强工业设计、时尚创意、广告、影视传媒等行业，提升规模能级。繁荣发展现代商贸业，错位建设一批核心商圈、商贸综合体、特色街区和社区邻里中

心，综合开发轨道交通站点，完善多业态、多层级的消费链。加快发展旅游休闲业，以东钱湖、千年古寺等为龙头，统筹规划和整合都市、山海、田园、人文等资源，串点连线打造特色精品。做精以高效安全为特征的现代农业，深化农业"两区"建设，调优农业的结构和产业，壮大新型经营主体，提高农产品标准化生产、土地规模化流转、组织化经营水平，完善科技兴农、政策保险等体系；拓展农业的综合功能，依托田园风光、美丽乡村资源，培育精品设施农业、休闲观光农业、都市生态农业等业态，把传统农业变成美丽产业、富民产业。

整合提升平台能级。充分发挥平台集聚要素、培育产业、助推转型的作用。提升核心商务平台的集聚能力，以中央商务区、南部商务区为龙头，深化门户区、城市之光等项目建设，加快南部商务区一期产出扩大、二期项目集聚、三期四期开发；统筹利用楼宇资源，加大整规去化和产业培育力度，打造一批专业特色楼宇、亿元税收楼宇和企业总部集聚区，做强做优总部经济、楼宇经济。提升智能制造平台的能级层次，坚持高端引领、错位发展，深化鄞州工业园区、鄞州经济开发区、鄞州创业创新基地建设，加快优质项目集聚、存量产业升级和产业链延伸，狠抓闲置土地盘活和低效厂房改造，千方百计提高产出贡献率。提升特色小镇的产城融合度，加快四明金融小镇、现代电车小镇、时尚创意小镇、海湾风情小镇等的创建培育，加大政策扶持力度，促进业态、生态、形态的有机融合。提升科创众创平台的成果转化率，加快中物院宁波军转民科技园、清华长三角宁波科技园、科技信息孵化园、盛世方舟、人力资源产业园、集盒跨界产业园、摩米创新工场等建设和专业化运作，用好市高教园区等资源，促进项目集聚化、成果产业化，努力成为创新转型的策源地。

（二）围绕"动能转换"，着力转变增长方式，形成创新驱动、改革开放为引擎的新动力

鄞州经济开放度高，随着外需拉动下降、有效投入减弱、资源要素相对紧缺等问题凸显，正处于新旧动能的转换期。要深入实施创新驱动发展战略，推动重大项目、社会资本向创新领域集聚，财政资金、产业基金向创新企业倾斜，让未来的增长动力、发展效益、内在活力主要依靠创新和改革来驱动。

强化有效投资的拉动力。抓牢有效投资不放松，启动实施一批重大项目投资计划，千方百计扩大民间投资，想方设法优化投资结构。主攻高质量的产业投入，在统筹基础设施、生态项目等重大投资的同时，把产业投资作为重中之重，大力实施一批千万元以上工业技改项目、新兴产业项目，联动建设一批信息服务、文化创意等服务业项目和功能性平台，引导企业在注重土地、厂房等投入的同时，着力提高装备、科技、人才、管理等投入的比重。打造高效率的投资环境，健全项目滚动开发机制，加大征迁"清零"、闲置土地盘活等力度，完善快速审批、项目代办等服务体系，打造成本低、服务优的投资高地。

增强科技创新的驱动力。以产业升级为导向，狠抓重点领域的创新。提升鄞州制造水平，发挥"政产学研用"战略联盟平台作用，支持企业品牌建设、专利申报、国家行业标准制修订，鼓励企校联合组建工程技术中心、开展技术攻关，打造质量强区、标准强区、品牌强区。增强系统创新能力，把握"互联网+"的大势，引导企业强化产品创新、管理创新、商业模式创新，借用云计算、大数据，发展个性定制、电子商务等业态，"+"出高效益和新优势；完善现代企业制度，鼓励有条件的企业加快股改、上市、跨国并购步伐。完善创业创新生态链，大力发展科技服务业，引进培育科技孵化、成果交易等专业机构，完善科技项目库、创新人才库，扩大天使投资、风险投资等基金规模，加快构建以创新企业为主体、高校院所为支撑、科创平台为载体，项目孵化、市场融资、成果转化紧密对接的"创新生态链"，让更多人才来鄞州创业、创新成果在鄞州转化。

提升开放发展的带动力。坚持开放带动不动摇，加快融入全球产业链，提高经济国际化水平。虎口夺食招大引强，抓牢招商引资这个"一把手"工程和"生命线"工程，紧盯外企央企引进和浙商甬商回归，依托基金公司、投资机构和协会商会，加大机构招商、专业招商、以商引商力度，既要招引一批短期见效快、成熟度好、投入产出比高的优势项目，又要集聚一批带动力强、产业链长、发展后劲足的龙头项目。创新举措拓展空间，坚持科技强贸、品牌兴贸，一方面货物贸易与服务贸易并举，加大优质外贸主体培育、重要产品出口基地打造力度，大力发展离岸服务外包、跨境电子商务等新型贸易方式；另一方面走出去与走回来联动，引导企业以多种方式走出去发展的同时，积极回归反哺家乡。依托平台做强服务，依托大宗商品交易所、航运交易所、世贸通等综合性公共服务平台，以及各类专业性平台，加快跨境电商、电子商务等园区建设，促进国际贸易、大宗商品交易、电子商务向高层次发展。

激活深化改革的内动力。以推进供给侧结构性改革为主线，主抓重点领域改革。深化经济领域改革，围绕做强实体经济，优化经济发展、产业扶持、考核激励、企业降成本减负担等政策，提高财政资金的使用绩效和政策体制的前瞻性；坚持亩均效益导向，实施企业综合评价，推进资源要素的差别化配置和市场化交易；深化投融资体制改革，发展专项基金、PPP等新型模式，引导社会资本扩大投资；加快发展普惠金融和科技金融，积极防范金融风险。深化行政体制改革，加快简政放权，深化行政审批制度改革，完善"四张清单一张网"，强化事中事后的全程监管；推进镇（街道）体制改革，切实理顺关系、明晰权责、激励发展。深化城乡统筹改革，加快户籍制度改革，深化农村产权制度改革，全面构建生产、供销、信用"三位一体"农民合作经济组织体系，推进城乡服务保障的对接。

（三）围绕"品质提升"，加快城市内涵发展，打造现代大气、品位精致为

标志的新都市

鄞州市区同城、一体融合，正处于形态、功能的全面提升期。要坚持现代化、国际化、绿色化、品质化、均衡化的方向，大力推进新一轮城市发展，加快工作重心从“外延拓展”向“内涵提升”、城市功能从“常规功能”向“核心功能”、管理方式从“相对粗放”向“精致精细”转变，成为宁波综合品质最优、核心功能最强、管理水平最精、国际化程度最高的城区。

一张图谋划总体布局。坚持规划一盘棋，统筹区域布局。健全规划体系，启动“十三五”规划、城乡空间布局规划、城镇总体规划等的修编工作，加快与市级规划、梅山新区等区域规划的对接和多规融合，提高规划的前瞻性、体系的兼容性和执行的刚性。完善空间布局，积极构建“一核三带多点”的空间格局：“一核”，以东部新城、南部新城、老城区为主体组成核心城区，发挥好龙头引领、组团带动作用；“三带”，以甬江奉化江右岸组成滨江文化休闲带，以东钱湖周边镇组成滨湖生态旅游带，以鄞州经济开发区和大嵩片区组成滨海海洋经济带，形成新型工业化、城镇化、生态化有机融合的复合型功能带；“多点”，以姜山、咸祥、云龙、五乡等镇为依托，促进鄞西南、鄞东南、鄞中、鄞东北等功能板块特色化发展。

高起点提升核心功能。抓牢功能提升这一关键，着力增强集聚辐射带动力和核心竞争力。坚持产业与城市联动、提升经济功能，以打造“五大中心”为牵引，主抓龙头项目引进、产业集聚和功能性平台建设，加快中央商务区、南部商务区等开发，打造现代商务中心；推进国际金融服务中心、四明金融小镇等建设，巩固金融服务中心地位；依托市航交所、环球航运广场等载体，提升航运服务中心的能级；整合国家广告产业园区、和丰创意广场等平台，打响文化创意中心品牌；强化产业园区、科创基地、生产性服务业平台等建设，打造智造创新中心。坚持文化与城市交融、提升文化功能，以文化来提升品位和服务城市，加快建设一批有品位、多功能的标志性文化设施，积极培育一批有特色、有竞争力的文化业态，组织开展一批主题突出、特色鲜明的重大文化活动，在文化与城市、文化与产业、文化与文明交融中提升软实力。坚持人与城市和谐、提升公共服务功能，从企业和市民需求出发，一方面优化软件环境，整合公共服务平台，培育专业化的社会服务机构，促进服务的高效化和便利化；另一方面完善硬件设施，打通金达路、首南路等一批城区“断头路”，健全公共出行网络和换乘体系，整合教育、卫生、文体、养老等服务设施，健全邻里中心、垃圾分类等配套体系，加快保障房建设进度，努力让城市生活更美好。

多方位展示综合品质。坚持品质优先、景区化打造，加快城市“建设提标、改造提质、品质提升”。规划先行、提高设计品质，高起点修编城区规划体系，完善城市设计、修建性详规，做精做美景观、灯光、标识等专项规划。放宽视野、提升国际化品质，用国际化视野谋划城市发展，一方面理念上向国际标准看齐，在制度规则、建设管理标准、投资发展环境等方面主动与国际接轨；另一方面发展上加快融入全球化，培育壮大国际贸易、航运服务等优势产业，积极承办国际经贸、专业会展、文化交流等重大活动，有效集聚高端人才、外资企业和国际学校等特色资源。改旧建新、改善形象品质，抓牢棚户区改造的契机，高标准推进城市有机更新，组团开发下应东南片区、甬江东南岸片区、宁穿路片区、中河钢材市场片区和长丰、宁丰、庆丰等区块，成片实施城中村和旧居住区、旧市场、旧厂房改造，狠抓征迁“清零”、危房解危，促进形态与品质相协调。景观改造、优化生态品质，坚持点线面与江河路联动，狠抓主要河道、主干街道和城市门户、重要街区、关键节点的改造提升，“一河一景”提升甬江奉化江右岸、甬新河两岸、中塘河等滨水生态带，“一路一品”打造中山路、鄞县大道等东西向精品复合轴，宁南北路—江东南路、钱湖路—中兴路等南北向城市景观轴；“一街一特色”统筹文化街区打造和背街小巷整治，加快鄞州公园二期等建设，彰显水绿相映的生态特质、人文交融的文化韵味。

全域化推进精细管理。着眼全市当示范、全域创一流，以东部新城管理为样本，提升整个城区管理的规范化、精细化、信息化水平。优化常态管理机制，完善洁化、序化、美化、亮化、绿化“五化”管理标准，狠抓路面、墙面、水面、街面、草坪面“五面”网格管理；深化城市执法体制改革，理顺管理体制，明确职责权限，重心下移综合执法。用好智慧管理手段，深化智慧城市建设，以智慧城管为平台，拓展在市政维护、交通管理、民生服务、应急救灾等领域的应用，推进信息共享、专群联动、线上线下互动，最大限度发挥综合效应。

（四）围绕“全域美丽”，狠抓生态环境建设，展示山清水秀、宜居宜人为特征的新面貌

鄞州半城半乡、资源丰富、形态多样，但生态建设短板较多、城乡环境不够协调、日常管理相对粗放等问题突出，正处于生态治理、环境整治的攻坚期。要深入践行“两山”思想，聚焦问题短板，为美丽环境而战、为品质鄞州而战，打好环境治理的攻坚战，加快城乡面貌从“反差较大”向“同步美化”、生态环境从“点上美”向“面上美”转变。

打造美丽乡村样板。围绕全域美，以小城镇环境综合整治、农村安居宜居美居专项行动等为主要抓手，把城乡作为一个整体来打造，努力成为全省样板。因地制宜建设新型城镇，突出问题导向，以治脏、治乱、治差、治危为重点，加大环境卫生保洁、镇容秩序维护、危房解危、示范街区建设等力度，促进面貌大改观；以规划为引领、资源禀赋为依托，巩固姜山、咸祥省级中心镇的地位，加快邱隘镇与东部新城一体发展，推动五乡、云龙镇产城融合，促进横溪、东吴、塘溪、瞻岐镇特色发展。多种方式建设美丽新村，坚持规划、政策、配套、管理“四个统一”，科学编制村庄布点、拆迁建设、综合配套等规划，大力开展以整体改

建、联拆联建为主和整村拆建、统拆统建为辅的旧村改造新村建设，因村制宜推进近郊村融合、偏僻村搬迁、相邻村合并、保留村提升，培育一批经济强村、文化名村、生态美村。治管并举巩固建设成效，深化“整洁田园、美丽农业”和“四边三化”“两路两侧”等行动，加大清脏、增绿等力度，提高保洁市场化、环境整治常态化、农民新村物业管理社会化水平，促进农民移风易俗和文明习惯养成，让城乡环境持续改善、更加协调。

铁腕推进生态治理。围绕决不把脏乱差、污泥浊水、违法建筑带入全面小康，治污、拆违、监管一起抓。打好“五水共治”的攻坚战，大力开展污水零直排区创建、劣Ⅴ类水质断面消除行动，提速实施污水处理系统、污水处理厂扩容等重大项目，加快截污纳管、污水管网建设、农村污水治理进度，加大河道清淤疏浚、日常保洁等力度，切实营造水清景美的环境。打好“三改一拆”的持久战，围绕创建省无违建区，狠抓城乡危旧房治理、违法建筑拆除，着力改拆涉及公共安全、破坏生态环境的违法建筑，严禁新增违法建筑，强化拆后空间利用和后续管理，确保问题不反复不反弹。打好污染防治的联动战，坚持标本兼治，深入整治化工、印染、铸造等重污染行业，推进畜禽养殖场生态提升、农田土地污染物综合防治、垃圾无害化资源化处理，联动治理工业废气、汽车尾气、建筑扬尘、餐饮油烟等问题；严格监管执法，强化属地管理、分级负责、上下联动和公众参与，共同守护好绿水青山。

完善基础设施网络。着眼“适度超前、互联成网”，加快统筹联建步伐。构建城乡大交通网，扎实推进轨道交通、高速公路及连接线建设，加快鄞城大道、鄞县大道、宝瞻公路复线、雁湖路等一批主干道的建设和改造，积极推进世纪大道南延、环城南路东延、鄞州大道等一批快速路建设，完善城乡次干道和联网公路。完善防洪排涝网，加快实施城镇防洪排涝、老旧管网改造、地下管廊等市政工程，全面完成奉化江、东江、大嵩江等堤防加固工程，加大易涝积水区改造、标准海塘维修等力度，积极建设海绵城市，增强抵御自然灾害的能力。

（五）围绕“文化繁荣”，加大文化建设力度，形成创新实干、崇德尚礼为内核的新风尚

鄞州历史悠久、人文荟萃、文化品牌响亮，既是文明之区，又是文化大区，正处于传统农村文明向现代都市文明的转型期。要坚持文化引领，以文化建设来提升市民素质、拉高城市品位，形成传统文化与现代文明相协调、区域特色与国际风范相辉映的文化气质，不断提升文化名城的影响力和美誉度。

大力弘扬创新文化。坚持以创新文化来推动率先发展。丰富发展鄞州精神，着眼用文化融合促进人心融合，与时俱进地赋予鄞州精神新的内涵，积极拓展海商文化的深度和广度，让敢为、求实、争先的精神和大气、开放、包容的品格成为鄞州人的精神内核。大力开展争先创优活动，着眼鼓舞士气、激发干劲，在各行各业、多个层面开展争先创优活动，挖掘一批创新企业、创业先锋，宣传一批先进人物、典型事迹，大力营造“企业创大业、干部创事业、百姓创家业”的浓厚氛围。

培育践行先进文化。大力践行社会主义核心价值观，在狠抓落细落小落实中引领风尚、服务社会。深化精神文明建设，坚持农村、城市社区两手抓，以深化全国文明城市创建为契机，大力开展文明家庭、文明单位、文明社区等创建；以“义乡鄞州”“最美鄞州人”评选等为载体，深化素质教育、道德实践等活动，加大典型示范、家风乡风培育等力度，引导群众增强文明意识、养成良好习惯、提高文化素养。营造清朗社会环境，加强和改进对意识形态工作的领导，创新舆论引导方法，强化主流媒体打造、新兴媒体管理、网络舆情综合管理平台建设，旗帜鲜明开展意识形态斗争，弘扬主旋律、凝聚正能量。

打造提升品牌文化。着眼成为宁波“东方文明之都”文化交流、文明展示的示范窗口，挖掘历史人文、现代文化等资源，打响一批具有鄞州特色的文化品牌。打造知名度高的文化名片，加快推进“海丝申遗”，高起点建设“海丝文明风·天童禅意谷”等项目；以“海丝文化”为主线，依托天童禅寺、阿育王寺、七塔禅寺和庆安会馆等，融合宁波帮文化和海商文化，串点、连线、带面打造特色文化；深入实施“鄞州记忆工程”，强化名人故居、革命史迹、非物质文化遗产等的保护利用；深化文艺精品工程，创作一批主题鲜明、既叫好又叫座的文艺精品。优化覆盖面广的公共文化，以“周日文化”“天天文化”等为载体，完善多主体参与的文化服务体系，整合利用文化场馆、博物馆群、文化礼堂等资源，启动沙孟海书学院重建等文化项目，培育有特色的村落文化、社区文化品牌，让群众在家门口享受文化大餐。

（六）围绕“民生优化”，完善服务保障体系，共享均衡优质、全面小康为内涵的新生活

鄞州民生事业总体领先、走在前列，但城乡公共服务、社会保障覆盖还不均衡，正处于高水平全面建成小康社会的决胜期。要坚持以人民为中心、以群众需求为导向，推动公共服务的优质普惠、社会保障的全面覆盖、民生政策的对接融合，让广大群众的生活质量更高、现实获得感更强。

多渠道促进群众增收。坚持就业增收、创业增收、股改增收、物业增收、支付转移增收等相结合，促进收入增长与经济发展相协调。完善就业创业扶持体系，强化政策引导，鼓励扶持灵活就业、产业吸纳就业和群众自主创业，培育新的收入增长点；优化就业服务，加强劳动纠纷调解和监察执法，形成和谐的劳动关系。健全困难群体帮扶办法，坚持精准帮扶，加大基本保障覆盖、公益岗位开发、技能培训力度，健全因病因残因灾致贫返贫帮扶、多方力量参与救助等机制，以“输血+造血+活血”的方式，努力让每个鄞州人在小康路上不掉队。

多途径优化公共服务。坚持政府“重普惠、兜底线、促公平”与市场“作补充、扩多元”相统一，统筹整合城乡

资源和规划布局，鼓励社会资本参与投资，为群众提供多样化的公共产品。促进教育现代化，围绕创建省首批教育现代化区，完善教育管理机制，全面提升学前教育、义务教育、民办教育发展水平；探索智慧教育，深化教学改革、课程改革等改革，壮大名学校、名校长、名教师群体，促进教育均衡发展和内涵提升。加快建设健康鄞州，以人的健康为中心，建立健全分级诊疗服务体系，深化公立医院改革，做优做精综合医院、特色专科医院，引进培育名医名家和学科带头人，推进国家和省卫生镇建设，统筹做好计生、防疫等工作；积极构建健康服务体系，普及健康生活知识，推广体育健身运动，促进群众身心健康。

多层次完善保障体系。按照“全覆盖、保基本、多层次、可持续”原则，统筹相关政策，完善保障体系。推进社会保障扩面提标，扩大全民社保覆盖面，全面实施城乡居民基本养老保险、基本医疗保险政策和机关事业养老保险制度改革，推进被征地人员养老保险、医保付费制度改革；健全住房保障体系，大力发展慈善事业，完善社会救助体系。提升养老服务保障水平，坚持“居家为基础、社区为依托、机构为补充、医养相结合”，统筹建设区、镇、村三级养老服务中心，鼓励社会力量和专业机构兴办养护型、医护型养老机构，创新医养融合、家院互融等模式，构建城区十分钟、农村二十分钟的养老服务圈。

（七）围绕“社会和谐”，深化社会治理创新，营造民主法治、安定有序为底色的新秩序

鄞州政通人和，是最具安全感的区域之一，但随着社情区情的变化，正处于社会治理创新的推进期。要坚持依法治区，加快治理方式向现代化、法治化、社会化、规范化、信息化转变，把鄞州建成一个民主和谐、充满活力、安定有序的社会。

深化民主法治建设。牢固确立法治思维，提高依法治区水平。加强民主政治建设，健全区委总揽全局、协调各方的领导体制，完善区委领导方式和决策机制；支持人大及其常委会与时俱进开展工作，在依法履行监督、决定、任免等职能中推动中心工作；发挥人民政协作为协商民主重要渠道和专门机构作用，完善政治协商制度，健全民主监督机制，增强参政议政实效；巩固发展爱国统一战线，加强同各民主党派、工商联、无党派人士的合作共事，统筹做好民族、宗教、侨务等工作；支持工会、共青团、妇联等组织开展工作、发挥作用；加强党管武装工作，促进经济社会发展与国防后备力量建设相协调。加强法治社会建设，深化法治政府建设，加快转变政府职能；扎实推进司法体制改革，支持和保障法院、检察院公正司法，加强律师队伍建设，完善公共法律服务体系；深化“七五”普法，在全社会形成尊法、学法、守法、用法的良好氛围。

优化平安鄞州建设。突出问题导向，标本兼治维护稳定和谐。推进矛盾源头防治，加大社会稳定风险评估、联合接访调解、积案包案化解等力度，扎实推进信访责任落实、信访件规范办结、违法信访依法处置等工作，切实减少增量、化解存量。强化社会治安防控，完善人防、物防、技防相结合的立体化防控体系，严防严打各类暴恐活动、严重刑事犯罪和网络诈骗、非法融资等涉众型经济犯罪，创新重点群体有效管控、流动人口引导调控等办法，不断增进群众的安全感。狠抓公共安全监管，坚持党政同责、一岗双责、失职追责，压实企业主体责任、职能部门和镇（街道）监管责任，狠抓重点领域的专项整治，健全食品药品安全监管、防灾减灾救灾、保险服务等体系，着力遏制重特大事故，共同守牢公共安全的底线。

强化基层基础建设。主动顺应新形势，创新治理方式，着力夯实基层基础。完善系统化的治理体系，按照“权责清晰、功能集成、扁平一体、运行高效、执行有力”的原则，加快镇（街道）综治工作、市场监管、综合执法、便民服务4个平台建设，建成区级综治工作中心。推进科学化的社区治理，健全以社区党组织为核心、居委会为主导、社区居民为主体、社会组织为补充的治理架构，发挥划船社区等先进的示范作用，健全完善物业管理机制，在明晰权责、理顺关系、多方协同中提高治理水平。健全社会化的治理机制，坚持专群结合，强化网格化管理、组团式服务，发挥“小巷法官”“社区老娘舅”的作用，引导社会组织参与治理，形成社会共治的格局。运用信息化的治理方法，加快大数据技术、信息化手段的应用，大力推进部门之间的平台整合、资源对接、信息共享，以信息化手段促进社会治理现代化。

展示新作风
党建引领强化新保障

建设新鄞州，党建保障是关键。要深入贯彻党的十八届六中全会精神，重点针对少数党员理想信念不够坚定、“四个意识”不强的问题，少数党组织责任落实不够到位、软弱落后的问题，少数党员干部干事劲头减弱、不敢担当作为的问题，党风廉政建设和反腐败工作还需深入推进的问题，突出问题导向、全面从严治党，为新鄞州建设提供坚强有力的保障。

（一）不忘初心、继续前进，把思想政治建设抓得更紧。始终把思想政治建设放在首位，常抓不懈、常学常新。在深化理论学习中坚定“四个自信”，加大理论学习、干部轮训等力度，重点学习习近平总书记系列重要讲话精神，强化理论武装、增强党性修养，坚定道路自信、理论自信、制度自信、文化自信。在强化“四个意识”中维护党中央权威，牢固确立政治意识、大局意识、核心意识、看齐意识，紧密团结在以习近平同志为核心的党中央周围，在想问题、做决策、谋发展、抓落实上，主动向党中央看齐、向习近平总书记看齐、向党的理论和路线方针政策看齐、向党中央决策部署看齐，自觉在思想上政治上行动上同党中央保持高度一致。在严肃政治生活中着力增强“四个性”，加强和规范党内政治生活，按照《准则》要求，坚持民主集中制，认真落实集体领导制度，发扬党

内民主，保障党员权利；坚持“三会一课”制度，全面落实民主生活会、组织生活会和谈心谈话、民主评议等制度，动真格开展批评和自我批评，严格执行重大问题、个人有关事项请示报告等制度，着力增强党内政治生活的政治性、时代性、原则性、战斗性。

（二）不忘初心、继续前进，把党员干部队伍建得更优。围绕忠诚、干净、担当，“上、下、管、育、爱”联动，打造一支能力作风双过硬的鄞州铁军。优化机制选准人，严格落实好干部标准，完善科学考察、竞争性选拔等机制，优化班子的知识和能力结构，培育年轻干部、女干部和党外干部，探索亮绩竞标同台比选、不同年龄段干部合理使用等办法，让优秀干部脱颖而出。明确导向激励人，突出实干导向，以实干论英雄、凭实绩用干部，注重在项目建设、征地拆迁、治水拆违、信访稳定等急难险重任务中比选干部；突出担当导向，建立容错纠错等机制，大力支持锐意进取、敢闯敢干的干部，选拔重用能打硬仗、干得成事的“狮子型”干部，坚决调整关键时刻撂担子、占着位子不干事的干部，旗帜鲜明为敢于担当的干部担当、为敢于负责的干部负责，形成“干部为发展担当、组织为干部担当、上级为下级担当、一级为一级担当”的浓厚风气；突出基层导向，注重从基层一线艰苦岗位培养和选拔干部，关心关爱基层干部。科学合理考评人，健全正向激励、反向淘汰相结合的考评机制，推行胜任素质清单、专线考量、综合考绩和动态分析，强化考核结果的刚性运用；实行领导干部负面清单制度，畅通不称职干部下的渠道，不断激发干事创业的劲头。

（三）不忘初心、继续前进，把基层组织基础打得更牢。主动适应基层党建工作的新变化，狠抓基层组织建设，打造城乡融合党建示范区。完善党建工作机制，加大党建工作述职评议、目标管理考核等力度，探索建立“书记项目”“一诺一督一述”“多对一联合约谈”等工作制度。提升基层组织战斗力，一手抓村社党组织巩固提升，强化堡垒指数、锋领指数管理，运用“俞复玲365社区服务工作法”和“谋事进农村、服务进民心”双进工作法等做法，加大矛盾复杂村、软弱落后党组织整顿转化力度；一手抓“两新”组织培育壮大，加强社区党建、商圈党建和楼宇党建，完善开放式党建机制，通过优化组织架构、打破地域限制等方式，促进全领域覆盖。培育建强基层队伍，发挥党组织书记领头雁作用，深化“强雁六策”、“两新”组织书记工作室培育孵化等体系，完善选优配强、激励保障机制；发挥党员先锋模范作用，加大党性教育、严格管理和不合格党员处理力度，不断增强基层组织的凝聚力战斗力。

（四）不忘初心、继续前进，把从严治党规矩立得更严。深入贯彻全面从严治党要求，做到真管真严、敢管敢严、长管长严。严格落实“两个责任”，推进全面从严治党的专门机构、人员、机制、平台建设，完善责任清单、痕迹管理、廉政函告、年度述职、督查考评等制度；全面落实一案双查、责任倒查、追责问责、廉政巡察机制，层层压实工作责任。严字当头强化纪律约束，严格遵守“六大纪律”，严格执行廉洁自律《准则》、纪律处分《条例》，加强党章党规党纪学习、典型案例警示和廉政文化建设，引导党员干部心中有规、从严守规。健全完善监督机制，建立健全党委（党组）全面监督、纪律检查机关专责监督、党的工作部门职能监督、党的基层组织日常监督、党员民主监督体系，加强对党章党规党纪、作风建设规定等执行落实的监督，加大对重点部位、关键领域的监督力度，积极稳妥推进监察体制改革，增强监督合力、提高监督实效。深化党风廉政建设和反腐败工作，坚持标本兼治、抓早抓小抓常，驰而不息加强作风建设，坚决防止“四风”反弹变异；扎密土地征收、工程招投标、基层小微权力、防范利益冲突等方面的制度笼子，把握和运用好监督执纪“四种形态”，加大廉政预警、纪律审查、监督执纪的力度，以零容忍的态度坚决查处各类腐败行为，进一步营造风清气正的良好氛围。

各位代表、同志们，作为新鄞州的开拓者和建设者，此时此刻，我们肩上挑的是沉甸甸的担子、走的是建设新鄞州的创业路，没有什么比同心同德更显珍贵，没有什么比团结干事更为重要。全区各级党组织和广大党员干部要始终坚持“鄞州是我们共同的家、鄞州人是我们共同的名字、开创鄞州美好明天是我们共同的责任”，以“同是鄞州人、同干鄞州事”的团结精神和昂扬劲头，在加快区域融合、工作融合、人心融合中，提振精气神、共建新鄞州。我们要一心一德、团结干事，始终牢记“人心齐、泰山移”，把团结干事、和谐共事作为政治品格，要同唱一首歌，区委牵头抓总、四套班子分工负责、镇（街道）部门联动推进、社会各界齐心协力；要同下一盘棋，分工不分家，相互多支持、多协同、多补台，做到心往一处想、劲往一处使、拧成一股绳。我们要一马当先、争先干事，始终坚持“争先才能领先、有作为才有地位”，要跳出自身服务鄞州，思想真解放、快解放，工作大胆闯、拼命干，在精准定位中服务发展、多作贡献；要比学赶超建设鄞州，对标先进地区、对准问题短板，以争先进、创一流的胆略和拼劲，与高的比、和强的赛，在争先进位中当好标兵、领跑领先。我们要一往无前、担当干事，始终围绕“促一方发展、富一方百姓”，每一位领导干部都要以上率下、当好带头人，责任挑在前、工作抓在前、攻坚冲在前；每一名党员干部都要当好主人翁，在发展中找准定位、在岗位上主动作为，合心合力破难事、干实事、做好事，不断形成“人人为鄞州奉献、个个为发展担当”的生动局面。

各位代表、同志们，一代人有一代人的使命，一代人有一代人的作为。让我们更加紧密地团结在以习近平同志为核心的党中央周围，以“翻篇归零再出发”的责任担当、“敢教日月换新颜”的雄心壮志、“踏石留印抓铁有痕”的实干作风，团结一心、奋力拼搏，为开创鄞州更加辉煌的明天而努力奋斗，以优异成绩向中国共产党成立一百周年献礼！

（区委办公室）

政府工作报告

——在宁波市鄞州区第十八届人民代表大会第一次会议上的报告

区长　陈国军

（2017年3月4日）

过去五年发展回顾和2016年主要工作

2016年9月经国务院批准调整鄞州区行政区划，鄞州发展由此掀开了新的历史篇章。站在新的起点，回望过去五年走过的不平凡历程，原鄞州、江东两区在市委、市政府和所在区委的正确领导下，在人大、政协的监督支持下，在广大干部群众的共同努力下，主动适应新常态、积极展现新作为，深入实施"质量提升""两强两品"等战略，实现了经济社会持续健康发展，为新鄞州踏上新征程打下了坚实基础。

一、综合实力在质量提升中稳步增强

五年来，我们坚持稳中求进、进中求好，推动经济保持中高速增长、发展迈向中高端水平，增添了新鄞州引领未来的底气。

领跑地位得到巩固。面对持续加大的经济下行压力，主动把握发展规律、创新发展理念、破解发展难题，制定实施了一系列稳增长、调结构、促转型政策措施，经济运行保持在合理区间，规模总量始终走在省市前列。地区生产总值稳居全省前三，人均地区生产总值增加到16.8万元；一般公共预算收入总量居全市第一、全省第二。连续4年位居工业强县（市、区）综合评价全省第二，"两化融合"发展水平、创新型试点城区测评居全省第二，获得全国粮食生产先进县、全国科技进步先进区、国家知识产权强县工程示范区、国家服务业综合改革试点一等奖等荣誉。

转型升级步伐加快。深入实施"四换三名"等战略，积极培育新产业、新业态、新模式，产业结构调整实现新突破。服务业成为支柱产业，占地区生产总值比重超过工业，金融、航运、商贸、会展、文化旅游等产业快速发展，建成投用108幢379万平方米商务楼宇，税收超亿元和超千万元楼宇分别达到18幢和78幢，金融业增加值占地区生产总值比重达到12.1%。工业经济提质增效，汽车零部件、纺织服装等传统产业优势提升，新材料、高端装备等战略性新兴产业加快发展，高新技术产业增加值占规模以上工业增加值比重达到52.4%，装备制造业增加值增幅高于规模以上工业2.9个百分点，拥有国家级企业技术中心7家、行政认定中国驰名商标20个，新增授权发明专利4514件。现代农业稳步发展，提升粮食生产功能区5400公顷，建成现代农业园区1600公顷，土地流转总面积12666.67公顷。

产业平台特色明显。坚持产城融合、集聚发展。东部新城中央商务区影响力不断扩大，国开行宁波分行、东海航运保险、宁波舟山港总部等龙头企业相继入驻，金融、航运、会展"三大中心"全面形成；南部商务区一期、二期集聚企业3062家，通过国家广告产业试点园区验收。四明金融小镇、现代电车小镇分别入选省级特色小镇创建名单、培育名单，和丰创意广场成为中国工业设计示范基地，建成首个省级人力资源产业园区。鄞州工业园区、鄞州投创中心产出加快，鄞州经济开发区升格为省级经济开发区，宁波中车产业基地成为市战略性新兴产业专业园。中物院宁波军转民科技园、清华长三角研究院宁波科技园、摩米创新工场集聚光电企业159家，科技信息孵化园入驻企业180家，鄞州大学生（青年）创业园成为全国创业孵化示范基地，世贸通入选国家外贸综合服务试点平台，盛世方舟、集盒跨界产业园等一批新型产业平台开业运营，建成国家级众创空间6个，众创孵化器面积达到34万平方米。

综合支撑更加有力。及时出台支

持企业发展政策措施，加大减税清费、融资扶持力度，有效减轻了企业负担。调整完善土地利用总体规划，建立健全城乡建设用地增减挂钩、阳光征迁等制度，创建为全国国土资源节约集约模范区。实施“人才强区”战略，院士工作站达到18个，拥有高层次人才6575人，引进培育国家和省“千人计划”专家27人。大力推进“个转企、小升规、规改股、股上市”和小微企业三年成长计划，上市公司、国家级高新技术企业分别达15和231家，“新三板”和宁波股权交易中心挂牌企业分别达20和122家，累计完成“个转企”1752家、“小升规”510家。对内对外开放相互促进，进出口总额全市领先，累计实到外资37亿美元、内资652.7亿元、“浙商回归”资金517.1亿元，引进千万美元以上项目55个，与衢江等地的合作进一步加强。

二、都市品位在补短强优中不断提高

五年来，我们坚持区域统筹、生态优先，促进中心城区与广大镇村均衡协调发展，拓展了新鄞州今后发展的空间。

城乡形态更精致。坚持规划引领、建管并重，联动推进新城开发、老城改造和美丽镇村幸福家园建设，城乡融合发展水平位居全省前列。中心城区扩容提质，累计投入449亿元，拆迁523万平方米，改造棚户区、危旧房和老旧小区358万平方米；东部新城核心区域展现形象，市行政中心正式入驻；南部新城重点区域基本建成、城市框架全面拉开；东外滩文化走廊、核心滨水区、下应东南片区、宁丰、长丰等功能区块加快建设，万达广场、世纪东方广场、宁波文化广场等综合体形成集聚效应，宜家、印象城、环球银泰城等项目建成投用，仇毕、天伦广场、丹顶鹤社区等城中村、专业市场、老旧小区实施改造。镇村建设投入加大，姜山镇区建设、咸祥街景改造等取得明显成效，翻石渡、小白等村成为美丽乡村典型，累计拆旧建新2347万平方米，建成小城镇“五个一”项目183个，创建中国传统村落2个，市级幸福美丽新家园先进镇3个、精品线2条、历史文化名村7个以及全面小康村、中心村、特色村21个，连续6年获评省新农村建设先进单位。

生态环境更优美。深入开展美丽鄞州建设，创建为省级生态区。联动推进污水处理、清淤疏浚等工程，完成101个村生活污水治理设施建设任务，滨海污水处理厂投入运营，黑河、臭河、垃圾河动态消除，“五水共治”摘得全省“大禹鼎”，成为省“清三河”达标区。持续开展“四边三化”“两路两侧”“一打三整治”“城乡清爽行动”等专项整治，累计完成“三改一拆”1927.9万平方米，拆除桥下空间违章建筑22万平方米。深化“森林鄞州”建设，开展铸造、化工、印染、造纸和畜禽养殖等专项整治，电镀园区实现整治提升，禁燃区建设、黄标车淘汰、主要污染物减排任务全面完成，空气质量优良率达到83.1%。加大城市管理力度，完善联合执法模式，深化智慧城管应用，打造“百姓城管”品牌，开展了三轮车、工程车、群租房、户外广告、交通拥堵和“六小十题”等专项整治，垃圾分类、环卫保洁、园林绿化、内河养护等水平进一步提升。

配套设施更完善。交通网络内畅外联，福庆路南延建成通车，沧海路、永达路、曙光路、桑田路、达升路、广德湖路等“断头路”顺利打通，铁路北环线平改立下穿通道竣工验收，鄞城大道加快建设，建成运营轨道交通站点12个、公交场站21座、公共停车位5752个、公共自行车租赁网点438个。防洪排涝、供水保障能力明显提升，基本建成鄞东南沿山干河、东江堤防、铜盆浦和大石碶强排泵站等项目，加快推进奉化江堤防和中心城区管网清淤修复、提标改造等工程，整治加固山塘水库59座，改造道路积水点203个。新建扩建110千伏及以上变电所16座，实施高压线“上改下”50千米，基本完成农用电力设施改造。菜市场、信息网络、市政设施、金融便民服务点等得到加强。

三、民生福祉在共享发展中持续增进

我们坚持兜底思维、包容理念，让发展成果更多更公平惠及全区人民，夯实了新鄞州安定团结的根基。

群众生活有效改善。多渠道促进居民就业增收，城镇和农村居民人均可支配收入分别达到5.4万元和3.1万元，城镇登记失业率控制在3.6%以内。社会保障扩面提质，实现养老、医疗保障城乡并轨，户籍人口养老和医疗保险参保率分别提高到95.6%、95.8%，建成保障性住房66.9万平方米。社会救助体系更加健全，城乡居民最低生活保障月标准提高到744元。政策性农业保险规模全省第一，困难人群意外伤害险和食品安全、电梯安全等责任险率先推出。农村经济合作社股份合作制改革深入推进。实现省双拥模范城“七连冠”。

横溪镇金鹅湖

文化建设成效显著。深化文明创建，积极做好宁波市创建全国文明城市相关工作，涌现了4名全国、省"道德模范"，成为省文明区。"海商文化""周日文化""义乡鄞州"形成品牌，《主义之花》《小巷总理》等15件文艺作品获得国家级奖项，修编完成《宁波市鄞州区志（1978—2008）》《宁波市江东区志》，庆安会馆成为世界文化遗产，区综合活动中心建成投用，获评中国书法之乡、国家级数字档案馆。文化惠民活动实现全区域、全时段覆盖，成功创建为国家公共文化服务体系示范区。体育事业走在全省前列，篮球、网球、马拉松等赛事影响力日益扩大。

公共服务优化提升。深入推进教育综合改革，新建迁建扩建中小学（幼儿园）60余所，成为全国义务教育发展基本均衡区、全国"两基"工作先进单位。深化公立医院和分级诊疗改革，新建改建医疗用房面积26.3万平方米，社区医疗机构门诊比重提高到75%，区域卫生信息互联互通工作全国领先，慢性病防治经验做法全国推广，获评全国计划生育优质服务先进单位。老年人养老床位达到6267张，家院互融养老模式打响品牌，基本实现村（社区）居家养老服务中心全覆盖。民办社会事业加快发展，赫德实验学校、鄞州眼科医院和一批特色民办博物馆、体检中心、养老机构建成并投用。

社会保持和谐稳定。切实加强和创新社会治理，实现省平安区创建"十一连冠"。基层民主法治建设稳步推进，健全公共法律服务体系，完成"六五"普法。积极推进流动人口控量提质，加大安全生产整治、信访积案化解和社会治安防控力度，平安建设信息系统与网格化管理实现"两网融合"，刑事立案数、信访总量、安全生产事故三项指标持续下降，网络舆情防控体系基本形成，创建为国家级餐饮服务食品安全示范区。成立区应急指挥中心，成功应对"海葵""菲特"等自然灾害，农村应急广播实现行政村全覆盖。社区建设全面加强，积极探索社区微自治模式，"俞复玲365社区服务工作法"在全国推广，成为全国社会组织建设创新示范区。

五年来，我们积极转变政府职能，加快建设法治政府，以政府自身改革撬动经济社会各领域改革。建立向人大报告和向政协通报工作的常态化机制，承办代表建议2201件、政协提案2035件。出台政府集体学法、政府法律顾问、重大决策合法性审查等制度，主动公开政府信息50397件。实施"四张清单一张网"、商事登记制度"五证合一"等改革措施，编制发布政府权力清单和部门责任清单，行政审批提速60%以上，非行政许可审批事项全面取消，区公共事务受理中心、政务微博微信等一批电子政务平台上线运行。按照"为民、务实、清廉"要求，深入开展党的群众路线教育实践活动和"三严三实""两学一做"等教育活动，认真落实"八项规定"，积极整改"四风"问题，财政预算管理、政府债务管理和国有资产监管不断加强，公款存放和"三公"支出更加规范，公务用车改革和办公用房清理全面完成，政府执行力、公信力得到提升。科普、慈善、工青妇、残疾人、红十字、关心下一代、革命老区、扶贫帮困、外事、侨务、对台、海关、检验检疫、国防动员、军民融合、民族宗教、烟草管理等工作取得新的成绩。配合做好宁波国家高新区、东钱湖旅游度假区开发建设工作。

各位代表，刚刚过去的2016年是"十三五"开局之年，也是行政区划调整之年。面对复杂多变的外部环境、艰巨繁重的目标任务，全区上下始终保持发展信心不变、创新力度不减、攻坚步伐不停，稳住了经济发展基本面，跑出了转型升级加速度，确保了人心齐、秩序好、大局稳。

一年来，我们坚持发展为要，紧扣目标抓落实。2016年，全区实现地区生产总值1342.5亿元，增长7%；财政总收入366.4亿元、增长13.2%，一般公共预算收入230.4亿元、增长10.4%；固定资产投资772.7亿元，增长13.7%；社会消费品零售总额615.3亿元，增长9.5%；规模以上工业总产值1549.2亿元，增长2.4%；金融机构本外币存贷款余额达到4452.9和3728亿元，商品房销售面积达到349.9万平方米，增长29.9%；实现了"十三五"良好开局。

一年来，我们坚持项目为先，精准发力抓投资。以重大项目集中开工为抓手，强化跟踪服务、要素保障、督查考核，切实加大基础设施、公共服务和生态环保等领域投入。鄞州二院二期、宁波七中新校区、高速公路出入口景观绿化改造等项目竣工投用，鄞州市民服务中心、宁波新世界广场、中车新能源（超级电容）全球研发制造基地、奥克斯智能空调、东部新城门户区南区工程、鄞州经济开发区二期市政工程等项目开工建设，潜龙、王家弄、宁舟巷、工人荷池、繁裕四期等地块改造有序实施，二号桥、三号桥等专业市场改造加快推进，配合做好了中山路综合整治、金甬铁路、轨道交通、城际铁路、象山湾疏港高速等省市重点工程相关工作。

一年来，我们坚持民生为本，全力以赴办实事。深入抓好污水治理、内河整治、治理大气污染、改造电力设施、保障食品安全、促进就业创业、加强住房保障、强化便民服务、推广民生综合保险、改善就医就学条件、缓解居民停车难出行难、老住宅小区楼道亮灯等民生工程，基本完成鄞州十七届人大五次会议、江东十届人大五次会议确定的实事项目。

一年来，我们坚持实干为基，聚焦重点强执行。成功完成"G20杭州峰会"服务保障、行政区划调整等事关全局的重大任务，开展"四周边两部位""农村三居行动"和中心城区品质提升、大嵩江断面水质等专项整治，实施"营改增"、不动产登记、涉农财政补助资金整合、区级重点项目与工业企业快速审批、前置审批条件规范清理等政策措施，举办中国（宁波）私募投资基金峰会、创业鄞州·精英引领、宁波国际"双创"节等活动，组织"兑政策、强服务、增收入"等专项行动，组建农民合作经济组织联合会，在全区上下形成了集中攻坚、联动克难的良好氛围。

各位代表，奋斗充满艰辛，成绩来之不易。这是上级党委、政府和区委正确领导的结果，是广大人民群众团结拼搏的结果。在此，我代表区人民政府，向在鄞州工作生活的全体人民，向社会各界、驻鄞解放军和武警部队官兵，向所有关心支持鄞州发展的海内外朋友，表示崇高敬意和衷心感谢！

回首发展历程，我们坚持一心一意谋发展、做到一任接着一任干，敢为求实铸辉煌成就、争先创优树良好形象。我们经历宏观环境新变化、经受复杂局面新考验，惟其艰难才更显勇毅、惟其笃行才弥足珍贵。我们追求全面协调可持续、树立以质取胜新理念，立足长远谋发展大计、与时俱进走创新之路。我们调动广大干部积极性、激发人民群众创造力，担当担责聚发展合力、众志成城圆发展梦想。这些宝贵的探索实践、发展成果、精神财富，是我们把握新常态、建设新鄞州的深厚底蕴，是我们再创新业绩、实现新跨越的强大力量。

在肯定成绩的同时，我们也清醒看到，我区经济社会发展还存在不少矛盾和问题。主要是：行政区划调整后人民群众和社会各界对新鄞州有更高期待，实现全面融合还需要一个过程，部分体制和政策有待调整理顺；高基数上保持经济平稳增长压力日趋增大，民间投资、工业投资增长放缓，土地空间瓶颈、企业成本上升、优质项目引进困难、自主创新能力还不足等问题亟待破解；城乡之间、区块之间发展还不够平衡，城市管理、社区建设、社会治理仍需加强，城市更新、镇村改造、生态建设、民生改善任务繁重，大气质量、水体环境、基础设施网络、公共服务供给与群众需求还有差距；作风建设面临反弹压力，一些干部担当意识、拼搏精神、法治能力有所欠缺，消极腐败现象时有发生。对此，我们一定高度重视，采取更加有力的措施，认真加以克服和改进。

今后五年奋斗目标

未来五年，是新鄞州干在实处、高水平全面建成小康社会的决胜期，是走在前列、全方位推进各个领域转型的关键期，更是勇立潮头、跻身全国一流强区最前列的跨越期。综合研判国内外形势，鄞州既面临国际形势跌宕起伏、世界经济低速增长、国内经济增速换挡、区域竞争日趋激烈、自身短板亟待补齐等诸多风险挑战，同时也迎来了许多发展机遇。一是“一带一路”、长江经济带、义甬舟开放大通道等重大战略的深入实施，为我区扩大内外开放、提高国际化水平提供了新机遇。二是宁波建设“中国制造2025”试点示范城市、国家科技成果转移转化示范区、国家保险创新综合试验区、国家跨境电子商务综合试验区等决策部署的加快落地，为我区借势借力壮大都市经济、增强发展后劲提供了新机遇。三是行政区划调整、强强联合之后，鄞州的区位优势更加突出、产业结构更加合理、发展环境更加优越，既是坐拥全市行政、商务、科教中心的“核心功能区”，又是集聚优质教育、医疗、文化资源的“品质生活圈”；既有相对成熟的开发建设模式，又有比较完善的社会治理经验，这为我区发挥中心城区的辐射带动作用、提升要素集聚能力提供了新机遇。面对新形势、肩负新使命，我们务必树立强烈的历史责任感，以不进则退的忧患意识、迎难而上的豪情壮志、舍我其谁的勇气担当，集中力量把自己的事情办好，加快把机遇转化为发展优势。

根据区第十四次党代会精神，新一届政府工作的指导思想是：高举中国特色社会主义伟大旗帜，以邓小平理论、“三个代表”重要思想、科学发展观为指导，深入贯彻习近平总书记系列重要讲话精神和治国理政新理念新思想新战略，全面落实省委、市委、区委的决策部署，坚持稳中求进、好中创优，坚持强区富民并进，坚持谋事干事并重，以争创践行“五大发展理念”先行区为引领，大力实施“名城强区”战略，建设都市核心区、打造品质新鄞州，跻身全国一流强区最前列。

各位代表，建设都市核心区、打造品质新鄞州，跻身全国一流强区最前列是区委站在全国前进方向、着眼浙江历史方位、立足宁波发展坐标确立的鄞州目标定位。以“名城强区”战略为总抓手，坚持创新驱动、质量优先、均衡协调、生态绿色、国际化带动，打造创新引领、都市经济、品位都市、美丽生态、先进文化、幸福民生的标杆是区第十四次党代会根据区域发展实际确定的总体要求。这既体现了鄞州“当好标兵、服务大局”的光荣使命，又体现了鄞州“勇立潮头、争创一流”的锐气劲头，必将激励和鞭策着鄞州当好宁波“建设国际港口名城、打造东方文明之都”的排头兵，为全省乃至全国提供更多的鄞州实践、鄞州经验。

未来五年，我们要全面落实区第十四次党代会提出的目标任务，重点围绕打造“六个标杆”加快推进六方面工作：

——*加快提升创新能力*。创新是第一动力，人才是第一资源。抓创新就是抓发展，谋创新就是谋未来。我们要把创新摆在发展全局的核心位置，深入实施创新驱动战略，全面激发全社会创新活力和创造潜能，加快从跟随式创新向引领式创新转变，确保发明专利数量、全要素生产率、亩均产出效益、单位能耗和“两化融合”水平全省领先，成为全省乃至全国的创新强区。打造重大创新平台，支持现有各类科创平台做大做强，谋划建设一批特色小镇、众创空间和创新工场。强化企业主体地位，壮大创新型初创企业和高成长企业，高新技术企业总量全省领先，力争形成一批在国内外具有较强竞争力的创新型企业。加快建设人才高地，大力引进“高精尖缺”人才，深入实施专技人员倍增计划，健全留才用才机制，确保人才总量、人才层次均居省市前列。切实优化创新环境，完善创新支持政策，探索建设技术交易市场，推动科技与金融深度融合，营造崇尚创新、鼓励创新的人文环境。

——*加快转换发展动能*。经济发展新常态，表面上是增长速度的换挡，实质上是新旧动能的转换。我们要以提高发展质量和效益为中心，立足鄞州区位条件、资源禀赋、产业基础，全面振兴实体经济，坚定不移打好转型升级系列组合拳，狠抓先进制造业、现代服务业“双轮驱动”，推进制造业与服务业协调发展、融合发展，成为全省的智能经济强区、服务经济大区。实

宁波舒普机电股份有限公司智能缝纫机测试现场

施“中国制造2025”鄞州行动，改造提升传统优势产业，做大做强战略性新兴产业，促进产业平台提质增效，推动传统制造向产业链中高端攀升，努力打造标准强区、质量强区、品牌强区。完善服务业发展规划，大力发展生产性服务业，提升发展生活性服务业，加快发展高端和新兴服务业，成为全市智造创新、金融服务、航运服务、文化创意、商贸商务等产业中心。稳步发展现代农业、都市农业，推进农业“两区”建设，进一步壮大精品蔬菜、特色瓜果、水产养殖等产业。

——加快打造现代都市。增强城区综合功能、补齐镇村形象短板，是鄞州服务省市大局、放大自身优势、统筹均衡发展的需要。我们要大力推进城市与农村一体融合、优势互补，坚持新城区与老城区相协调、建设与管理相协调，积极促进要素有序流动、资源高效配置、市场深度融合，成为更具辐射力带动力的核心功能承载区、更具竞争力影响力的国际化精品城区，凸显鄞州在宁波都市圈中的中心地位、竞争优势。坚持高品位规划，实施区域化推进、区块化开发，积极构筑“一核三带多点”的区域空间格局。坚持高标准建设，精心打造一批高品质的视觉系统、地标建筑、公共空间。坚持高效能管理，努力实现城市管理精细化、制度化、属地化、智慧化、人性化。坚持高水平国际化，切实增强开放意识，深度融入长三角一体化发展，主动接轨上海大都市圈，积极促进外贸外资和“走出去”扩量提质，不断提高城市开放度和对外影响力。

——加快建设生态鄞州。良好的生态环境是最公平的公共产品，是最普惠的民生福祉。我们要着眼人与自然和谐共处，深入践行“绿水青山就是金山银山”理念，走生产发展、生活富裕、生态良好的路子，努力让鄞州天更蓝、水更绿、山更青。强化环境综合治理，健全完善长效管理机制，切实改善水体、空气和土壤质量，基本消除劣V类水、环境脏乱差等问题，创建为市污水零直排区、省无违建区。实施生态保护修复，坚守生态红线，巩固“山水林田湖海”自然生态基础网架。推广绿色发展方式，加快淘汰落后产能，引导和培养公民环境意识，积极倡导低碳生活，促进资源节约集约利用，成为国家生态文明示范区。

——加快创建文化名城。文化是一座城市的灵魂。我们要传承历史文脉、弘扬时代精神，成为全国文化先进区。培育践行先进文化，丰富发展鄞州精神，让社会主义核心价值观浸润人心、创新文化蔚然成风、市民素质全面提升。积极打造文化品牌，放大“佛教、名贤、山水、海商”等地域文化名片效应，拓展对外文化交流，不断提升鄞州文化的辨识度、知名度和美誉度。深入推进文化惠民，全面构建现代公共文化服务体系，基本公共文化服务均等化水平继续领先全国。大力发展文化创意产业，促进文化与制造、科技、金融、信息、旅游等深度融合。

——加快补齐民生短板。人民对美好生活的向往，就是我们的奋斗目标。我们要积极践行以人民为中心的发展思想，牢固树立“大民生、可持续”理念，真正把民生实事办到人民群众心坎上，让老百姓有实实在在的获得感、幸福感，成为高水平全面小康样板区。促进居民持续增收，统筹做好鼓励创业、扩大就业等工作，重点解决好高校毕业生、就业困难人员、农村转移劳动力、低收入农户等群体的就业增收，让每一个鄞州人在小康路上不掉队。完善社会保障体系，深入实施全民参保计划，健全住房保障体系、社会救助体系，加强流动人口服务管理，努力实现社会保障全覆盖、更公平、可持续。提高群众生活质量，坚持政府“重普惠、兜底线”与市场“作补充、扩多元”相统一，统筹整合城乡公共服务资源，鼓励社会资本参与投资，努力为群众提供多样化的公共产品。深化社会治理创新，加快建设更高水平的平安鄞州，确保城市安全、社会安定、百姓安宁。

各位代表，每一代人有每一代人的长征路，每一代人都要走好自己的长征路。建设都市核心区、打造品质新鄞州，跻身全国一流强区最前列，这是鄞州未来五年乃至更长时期要走的长征路。我们一定要以“同是鄞州人、同干鄞州事”的团结精神，奋力拼搏、奋勇争先，努力创造全区人民更加幸福美好的未来！

2017年主要任务

五年看头年，开局是关键。2017年是鄞州承前启后再出发的起步之年，也是新一届政府的开局之年。做好今年工作至关重要。要按照区第十四次党代会决策部署，真抓实干、主动作为，促进经济平稳健康发展和社会和谐稳定，以优异成绩迎接党的十九大胜利召开。

今年全区经济社会发展主要预期

目标建议为：地区生产总值增长7.5%左右；一般公共预算收入增长7.5%；固定资产投资增长10%；城乡居民收入增长与经济增长基本同步；节能减排完成市下达指标任务。

重点要做好以下六方面工作：

一、着力功能拓展，发挥城市带动效应

强化规划引领作用。召开城市发展大会，推动规划理念再提升、区位优势再发挥、中心地位再强化和城市基础功能再完善。综合考虑现实基础、承载能力和发展趋势等因素，科学修编“十三五”规划，紧密对接市级规划，推进镇（街道）多规融合、总体规划完善、控制性规划更新。提高重点区块、重要路段、轨道站点周边地段城市设计品质，加强对空间立体性、平面协调性、文脉延续性等方面的规划和管控，把更多美学元素、特色文化融入城市建设，努力塑造现代大气、品位精致的风格风貌。以打造城市节点为目标，因地制宜建设新型城镇，发挥轨道交通、城际铁路优势，加快邱隘与东部新城一体发展，推动姜山全力打造连接奉化的桥头堡、融入南部新城的副中心；按照新型工业化、城镇化互动思路，推进五乡、云龙产城融合；依托山水风光，推动横溪、东吴等镇与东钱湖旅游度假区共同打造滨湖生态旅游带；保护利用好象山港湾生态资源，巩固咸祥省级中心镇地位，推进塘溪、瞻岐特色发展。

全面实施组团开发。按照“网络化、多中心、集约型”要求，推进功能区块开发建设、骨干道路提升改造。发挥核心城区龙头带动作用，建成东部新城国际金融服务中心二期等项目，加快开发东片区；抓好南部商务区一期提升、二期入驻和三期地块建设，推动门户区项目落地；提速开发长丰、宁丰、庆丰、甬江东南岸等重点区块，扎实推进下应东南片区、宁穿路等区块拆迁安置、招商引资，谋划中河钢材市场等地块开发，加强与宁波国家高新区的对接融合。聚焦沿江沿河沿路区域，加大绿化美化亮化力度，加快建设华侨城欢乐海岸、亚洲之窗、宁波新世界广场等项目，提升打造鄞县大道、钱湖路—中兴路等精品复合轴，启动实施桃源街、江东北路等相关路段综合整治，新建改造一批城市公园，努力塑造一批新的城市亮点。推动老城区有机更新，加大棚户区、老旧小区、区域接合部改造力度，稳步推进街景立面、灯光夜景、地下管线等整治。

做强做优服务经济。坚持以城聚业、以业兴城，提升壮大金融服务、航运服务、现代商贸、文化创意、旅游休闲、信息服务、商务服务、公共服务等产业。加大楼宇二次招商力度，培育本土龙头企业、上市公司总部，引进国内外知名企业区域性、功能性总部，努力打造专业楼宇。发挥环球航运广场、国际会展中心等载体功能，巩固提升国际贸易、航运物流、国际会展等主导产业，拉长航运金融、船舶交易等港航产业链。推进商贸流通业创新转型，调整商品结构、丰富体验业态，加快建设城市之光、东部银泰城、海港城等项目，错位布局邻里中心、特色街区、地铁商业经营业态，培育信息、文化、健康等消费新热点，社会消费品零售总额增长10%。利用存量资源打造电商园区，支持工商企业、专业市场开展网络营销，推进同城购物、移动电商等线上线下互动融合，引导电商向品牌化、规模化发展。推动跨境电商业务向进出口并举转变，鼓励开展海外仓备货出口。推动专业设计、检验检测、法律服务、会计审计、人力资源等专业服务业集聚发展。

增创人文特色优势。积极开展城市形象策划宣传，着眼用文化融合促进人心融合。拓展社会主义核心价值观宣传阵地，深化文明创建、志愿公益、德育教育、道德模范评选、家风家训宣传、“义乡鄞州”建设等活动，营造文明和谐的社会风尚。扩大天童禅寺、阿育王寺、七塔禅寺、庆安会馆影响力，合理开发古镇古村、历史街区、革命老区、名人故居、博物馆群和党史区志等文化资源，加强非物质文化遗产保护传承和利用，推出一批人文特色浓、乡愁记忆深的原创文艺精品。深化“天天系列”“全民阅读”“全民艺术普及”等文化惠民工程，均衡配置基层文化设施，推动公共文化服务数字化、社会化建设，促进公共文化资源合理流动、有效利用。大力发展文化创意、活动策划、影视传媒、艺术服务等产业，完善提升和丰创意广场、宁波广告产业园、宁波文化广场、宁波书城等特色园区，开工建设区文化创意产业园。坚持文旅结合，加强旅游品牌营销、精品线路策划，引入专业公司开发乡村民宿、健康养生等项目，统筹推进一批文化旅游特色小镇建设。

二、着力抢抓机遇，厚植创新创业优势

建设智能制造新高地。巩固省市工业强区地位，大力发扬企业家精神、工匠精神，推动工业向智能化、高端化、绿色化、服务化转变。做强高端汽配、智能电器、时尚服装等优势产业，壮大新材料、高端装备、新一代信息技术等战略性新兴产业，培育光电、医药健康等高成长性行业。以重大制造业项目、技改项目为抓手，提高鄞州投创中心亩均产出强度，提升鄞州工业园区优势产业集聚规模，加快鄞州经济开发区二期开发，抓好现代电车小镇建设，推进工业强镇转型升级，探索建设都市工业园区（楼宇）。鼓励企业专注主业、做强实业，积极打造国内外知名企业、龙头骨干企业、单项冠军企业和小微科技型企业集群。加快推进信息产业化、产业智能化，引进培育软件信息企业，加大工业机器人等扶持力度，鼓励发展个性定制、网络协同制造等新型模式。

推进科技成果产业化。以企业需求为导向，联动推进科技创新、产业创新和业态创新，强化资本、人才和服务支撑，促进科技创新市场化、创新项目集聚化。发挥重大科创平台辐射作用，建设一批专业化、开放式众创空间，支持举办创业创新培训、路演和大赛。积极对接国际国内先进创新平台，畅通科技成果信息收集发布渠道，鼓励校企联合开展技术攻关，推动企业参与跨领域跨行业协同创新，健全军民科技融合发展机制，加大科技成果就地转移转化力度。创新人才分类评价和激励机制，引进集聚一批高层次人才、领军型创新团队，加强企业家和管理人才、青年人才、工匠人才培养，推行“人才+项目+

资本+团队”工作模式。

打造区域性金融中心。依托国际金融服务中心、四明金融小镇、金融硅谷等载体，壮大银行、证券、信托等优势产业，大力发展科技金融、航运金融、绿色金融，规范发展股权投资、私募基金、融资租赁和支付结算等新型业态，打造差异化金融集群。主动融入宁波国家保险创新综合试验区试点，全力引进区域性、专业化保险法人机构，鼓励开发民生服务、社会治理、生态环保等领域保险产品，拉长保险产业链。推动更多企业开展增发配股、上市融资、发行债券和股份制改造，有效降低企业杠杆率。切实防控金融风险，完善社会信用体系，打击非法金融活动，优化金融生态环境。

抓好投资与对外开放。注重优化投资结构、提高投资效益，完善重大项目推进机制，加强重大项目前期工作，抓好征迁“清零”，114个重点工程年内计划完成投资203亿元。积极争取政策性贷款，推进政府与社会资本合作，规范企业投资项目核准和备案管理，不断激发社会投资活力。坚持招商引资“一把手”工程不动摇，强化“留商也是招商”意识，开展以商引商、资本招商、平台招商和产业链招商，进一步提高招商项目落地开工率、建成投产率。实施优进优出战略，支持企业参加大型展会，发展外贸综合服务平台，增加高新技术和自主品牌产品出口，扩大服务贸易，鼓励进口先进设备、资源性产品。深化山海协作和对口支援帮扶工作，推动企业“走出去”并购优质资产、拓展营销网络。

三、着力深度融合，提升全域联动水平

统筹完善基础设施。着眼适度超前、互联互通，推动各类基础设施对接成网。实施“畅通鄞州”工程，启动宝瞻复线、雁湖路等前期工作，开工建设鄞县大道改造工程、钱湖南路南延、福明路延伸段（江南路—曙光北路）等项目，加快建设鄞城大道等主次干道，完成盛宁线塘溪段、曙光北路（中兴北路—凌波路）等工程。鼓励绿色出行，完善公共停车、公共自行车、充电桩等设施，配合做好铁路、轨道交通、高速公路、快速路网、跨江桥梁和公交接驳建设，开展“美丽公路”创建行动。推进海绵城市建设，升级防洪排涝系统，实施庙堰碶、楝树碶泵站建设和鄞东南大闸改造、大河路泵站扩建，建成奉化江、大嵩江等堤防工程，改造低洼积水点，推进住宅小区二次供水改造、山区饮水安全提升。启动潘桥变迁建，新建110千伏变电所3座。加快通信、气象、地下管廊等设施建设，建成区循环资源处置中心。

大力建设美丽镇村。坚持生产、生活、生态协调发展，实施小城镇环境综合整治（美丽集镇建设）。推进“一加强三整治”，全面开展特色提升规划编制、示范街区建设、“线乱拉”和低小散块状行业治理等专项行动，努力解决主次干道乱停车、乱堆物、乱摆摊、乱开挖、乱建筑、乱竖牌等问题，完成环境卫生、穿镇道路“道乱占、车乱开”整治工作。着眼创建省美丽乡村示范区，按照村点出彩、沿线美丽、面上洁净要求，坚持整体改建为主、全村拆建为辅，大力推广联拆联建，深入实施“农村三居行动”，全面推进“整洁田园、美丽农业”建设，力争打造一批精致庭院、特色村庄、风景长廊。

重视强农惠农工作。加快推进农村一二三产融合发展，狠抓农产品标准化生产、品牌创建，推广种养结合、健康养殖、生态循环等模式，加大畜牧业转型升级、土壤污染防治、化肥农药减量力度，积极培育各类现代农业经营主体，发展农产品电子商务，努力增加绿色优质农产品供给、提升农产品附加值。实施精准扶贫，加大对革命老区村、欠发达村、低收入农户的扶持力度。支持农村集体经济组织和广大农户借助工商资本，合作发展特色化农业、体验式旅游项目。做好第三次农业普查工作。

推进重点领域改革。抓好财权事权调整、界线勘定、名称变更等行政区划调整后续工作，整合处置各类国有资产、办公用房。深化户籍制度和相关配套领域改革，推行新型居住证制度和流动人口积分综合管理。稳步推进农村集体产权制度改革，探索建设村集体资产资源公开发包平台，完成农村土地承包经营权确权登记颁证工作。健全生产、供销、信用“三位一体”农民合作经济组织体系，研究完善房屋征迁、低效用地二次开发等政策。加强土地综合整治，推进耕地垦造、旱改水和耕地质量提升。积极去化商业办公用房库存，推广装配式绿色建筑和中心城区新建住宅全装修、成品交付；深化要素配置市场化改革，探索建立企业分档评级制度；加强政府投资项目评估论证，完善政府债务“借、用、还、管”相统一的工作机制；优化经济发展扶持政策，加强财政资金、产业引导基金绩效管理；积极落实企业减负政策，切实降低各类制度性交易成本。

四、着力精细精准，完善现代治理体系

常态管好市容市貌。坚持重心下移、长效管理，发挥东部新城精品化管理示范作用，提升城市管理网格化、规范化、信息化水平。深化综合执法体制改革，推进跨部门、跨领域综合行政执法，健全信息共享、协作配合机制。扩大智慧城管覆盖面，提高问题发现率、跟踪处置率。深化“五面五化”行动，疏堵结合治理流动摊贩、违章停车等城市管理顽疾，抓好群租房、车棚车库违规出租、跨门经营、夜间施工、餐饮油烟等突出问题。完善区域交界处、道路两侧等卫生保洁机制，优化垃圾收运处置模式，加快建设垃圾中转站等设施，推进生活垃圾分类处理与循环利用工作。

铁腕抓好污染防治。深化“五水共治”，推进“污水零直排区”建设。以“河长制”为抓手，巩固黑河、臭河整治成效，加强九曲河、后塘河、新河等专项管理。推进农村生活污水治理扩面提质工作，抓好污水管网建设、城区管网提标改造、雨污分流改造和排水许可证发放等工作，努力从源头上管住河道污染。提升区域污水处理能力，启动建设滨海污水处理厂提标改造工程。实行最严格水资源管理制度，加强水量调度管理。健全大气污染联防联控管理机制，合力打击工业

废气、施工扬尘、垃圾焚烧等行为，推进秸秆资源化综合利用。保持"三改一拆"高压态势，开展"除隐患、保安全、促转型"治危拆违攻坚战，推进危旧房治理改造、城中村改造和违法建筑拆除行动，狠抓拆后利用、存量消化，拆除违法建筑150万平方米。完善生态环境监测网络，强化属地管理责任，鼓励公众参与监督管理，严厉打击环境违法犯罪行为。

有序推进共治共管。发挥湾底村、划船社区等先进榜样作用，不断提升基层服务管理能力。持续推进村（居）委会减负增效，做好村（居）委会换届选举工作。完善"三社"联动机制，健全社会组织培育体系，加强社工队伍建设，推进志愿服务制度化，加强对政府购买服务的监管评估，推动社会组织有效参与基层治理。加强对物业企业的行业监管，推动业委会依法规范运行，抓好老旧小区、安置小区物业管理，推广酬金制管理模式。支持工青妇、科协、关工委等组织更好履行职能，进一步做好侨务、对台、民族宗教、双拥优抚、国防动员等工作。

深化平安鄞州建设。整合监管力量，健全网格体系，加快建设镇（街道）综治工作、市场监管、综合执法、便民服务"四个平台"。总结推广基层信访成功经验做法，积极排查矛盾纠纷、化解信访积案，加强法律援助、人民调解等工作。完善立体化、信息化、法治化社会治安防控体系，严密防范和集中打击"盗抢骗"等突出犯罪。依法强化企业安全生产主体责任，深入实施安全隐患排查整改，加强高层楼宇消防安全防范，探索推广各类公众责任保险。严格监管食品药品和农产品质量，推进食品安全城市"两级联创"，开展放心市场、放心餐饮等创建活动，健全完善质量安全追溯体系。积极开展防灾减灾应急演练，建成突发公共事件预警信息发布系统，提升地质、气象等灾害应对处置能力。

五、着力优化供给，顺应人民更多期盼

整合完善保障体系。按照规范统一、逐步过渡原则，稳妥推进民生政策融合工作。实施更积极的就业政策，加强劳动技能培训、失业动态监测和青年大学生创业辅导，深化和谐企业创建，努力拓宽居民收入渠道、促进就业稳定有序。扎实推进各类社会保障制度衔接转换和整合并轨，完善被征地人员养老保障政策，开展职工医疗互助保障。积极应对人口老龄化趋势，健全养老服务体系，推进医养结合，深化延伸家院互融服务，建设老年照护统一需求评估体系，探索养老机构公建民营模式。完善扶贫帮困责任体系，健全分级分类社会救助办法，提高困难残疾人生活补贴和重度残疾人护理补贴。大力发展慈善和红十字事业，为困难群众、弱势群体提供更多帮助。加强住房保障体系建设，提高公租房、廉租房管理水平。

打响区域教育品牌。围绕创建省首批教育现代化区，提升教育整体质量，扩大鄞州教育知名度。坚持综合素质学业评价导向，深化课程课业课时改革，建设校园特色文化，实施"名校强师"工程，促进全区教育事业均衡发展、公平发展。根据人口增长规律和流动趋势，统筹优化教育资源布局、管理体制，新建扩建一批学校（幼儿园），加强住宅小区配套幼儿园建设和管理，扎实推进校舍园舍维修改造。平稳理顺各类教育政策，办好学前教育、义务教育、特殊教育、社区教育和老年教育，分类发展民办教育，大力引进优质民办、中外合办教育资源，努力满足群众对教育的多元需求。

全面建设健康鄞州。纵深推进医药、医疗、医保联动，推行"医联体""云医院"和分级诊疗、家庭医生等模式。整合医疗卫生资源，做强区级综合医院，做精特色专科医院，有序推进公立医院迁建改建，提升镇卫生院（社区卫生服务中心）、村卫生室（社区卫生服务站）服务能力。加快社会资本办医步伐，推进鄞州妇儿医院等项目建设。完善基本公共卫生服务体系，抓好卫生镇创建、妇幼保健、红十字救护、疫情防控等工作，完善个人健康档案系统，开展国家精神卫生综合管理试点。提高优生优育水平，促进出生人口性别比趋向平衡。广泛开展全民健身运动，推进公共体育设施建设，办好区第十五届运动会和各类体育赛事，发展体育产业，扩大体育产品和服务供给。

各位代表，2017年我们将继续加大力度，办好一批关注度高、惠及面广、当年能够见成效的民生实事，让广大人民群众共享更多更好的发展成果。

六、着力勤政廉政，强化政府责任担当

不忘初心、不负使命。坚定理想信念，牢记为民宗旨，切实增强政治意识、大局意识、核心意识、看齐意识，努力建设人民满意的法治政府、创新政府、廉洁政府和服务型政府。强化公务员"岗位对责、绩效对账"考核，健全分类培训、专项督查、容错免责等工作机制，以更饱满的精神状态抓好工作落实，以更有力的工作举措干出实绩、干出口碑、干出形象。

科学决策、依法行政。加强与人大代表、政协委员的联系，切实办好建议提案。完善重大行政决策事前协商、公众参与、绩效评估等制度，认真听取民主党派、工商联、无党派人士意见，推动党校、政研室、咨询委、老促会、社科联开展前瞻性课题研究。坚持严格规范公正文明执法，推进行政复议体制改革，加强规范性文件和行政合同监督管理。建立政务公开负面清单制度，推进行政决策公开、执行公开、管理公开、服务公开和结果公开，及时详细解读政策，积极回应政务舆情。

优化服务、强化管理。按照"让群众办事更方便"理念，加快推进"最多跑一次"改革，简化优化公共服务流程，实现更多政务服务"一次办结"。强化政府部门事中事后监管责任，推行"双随机、一公开"监管，把政府该管的事情管好、管到位。完善镇（街道）职能定位，合理设置内部机构，理顺镇（街道）和职能部门事权边界。推行"互联网+政务服务"，完善政务服务网功能，加快政务数据互认互通、开放共享，建成行政审批信息共享平台，逐步形成便民服务"在线咨询、网上办理、证照快递送达"的"零上门"机制。

正风肃纪、干净干事。坚持把纪律和规矩挺在前面，认真落实党章党规党纪和作风建设相关规定。自觉接受人大依法监督、政协民主监督和监察监督，重视司法监督、舆论监督和社会公众监督，强化政府预算监督、审计监督，健全重点领域、关键岗位的廉效风险防控机制。推动正风反腐向基层延伸，查处各类违法违纪违规行为，坚持不懈纠正“四风”问题，整治庸政懒政怠政，带头厉行勤俭节约，规范政商交往行为，打造忠诚、干净、担当的干部队伍。以良好政风带动民风，积极推进廉洁社会建设，努力营造风清气正的社会氛围。

各位代表，鄞州新一轮发展号角已经吹响，宏伟蓝图鼓舞我们砥砺奋进，美好前景鞭策我们只争朝夕。让我们更加紧密地团结在以习近平同志为核心的党中央周围，在中共鄞州区委的坚强领导下，咬住目标不放松，坚定信心不动摇，埋头苦干不懈怠，共同谱写鄞州创新发展、转型发展、跨越发展的精彩篇章！

注：

“质量提升”战略：指鄞州区第十三次党代会提出的发展质量提升、建设质量提升、文化质量提升、生活质量提升、生态质量提升“五大战略”。

“两强两品”战略：指江东区第八次党代会提出的服务强区、创新强区、品位都市、品质生活战略。

“千人计划”：指海外高层次人才引进计划。主要是围绕国家发展战略目标，从2008年开始，在国家重点创新项目、学科、实验室以及中央企业和国有商业金融机构、以高新技术产业开发区为主的各类园区等，引进2000名左右人才，并有重点地支持一批能够突破关键技术、发展高新产业、带动新兴学科的战略科学家和领军人才回国（来华）创新创业。

国家“万人计划”：指国家高层次人才特殊支持计划，简称“国家特支计划”，是面向国内高层次人才的支持计划。2012年8月17日，经党中央、国务院领导批准，由中央组织部、人力资源社会保障部等11个部门和单位联合印发。目标用10年时间，遴选1万名左右自然科学、工程技术和哲学社会科学领域的杰出人才、领军人才和青年拔尖人才，给予特殊支持。

市“3315计划”：指从2011年开始，用5到10年时间，以各类开发区、科研机构和留创园、研发园、创意园等为载体，引进并重点支持一批海外高层次人才到宁波创业创新，力争其中30名列入国家“千人计划”、300名列入省海外高层次人才引进计划、1000名列入宁波市海外高层次人才引进计划，新增海外创业创新人才5000人。到2020年，在宁波市创业创新的海外人才突破10000人。

“两化融合”：指工业化与信息化融合发展。

“四换三名”：指浙江经济转型的一项政策，“四换”即推进腾笼换鸟、机器换人、空间换地、电商换市，“三名”即培育名企、名品、名家。

“五水共治”：指治污水、防洪水、排涝水、保供水、抓节水。

“清三河”：指治理黑河、臭河、垃圾河。

“三改一拆”：指旧住宅区、旧厂区、城中村改造和拆除违法建筑。

“四边三化”：指在公路边、铁路边、河边、山边开展洁化、绿化、美化行动。

“三去一补一降”：指去产能、去库存、去杠杆、补短板、降成本。

“两路两侧”：指公路、铁路两侧。

“一打三整治”：指浙江省依法打击涉渔“三无”船舶（无有效渔业船舶检验证书、渔业船舶登记证书和渔业捕捞许可证书）接河和违反伏休规定等违法生产经营行为，全面开展渔船“船证不符”整治、禁用渔具整治和污染海洋环境行为整治。

“三严三实”专题教育：指“严以修身、严以用权、严以律己；谋事要实、创业要实、做人要实”专题教育。

“两学一做”学习教育：指“学党章党规、学系列讲话，做合格党员”学习教育。

“强雁六策”：指通过拉长责任链、完善选拔链、健全培养链、强化保障链、创新管理链、织密制度链，打造一支带头发展、带领致富、带动和谐的农村“领头雁”队伍。

“四风”：指形式主义、官僚主义、享乐主义和奢靡之风。

“六小十题”：指城市管理专项整治的重点领域。“六小”即小愿望、小事件、小案子、小环境、小隐患、小细节；“十题”即井盖维护安全、市政道路坑洞、道路积水、盲道占用、城市夜间照明、绿化带失管绿篱缺失、内河水质、车辆无序停放、占道经营、渣土车违规拉运十大类问题。

“义乡鄞州”：即以自宋以来的鄞地义乡文化为依托，深挖信义、忠义、孝义、道义、善义、节义等义文化内涵，分义故事、义平台、义基金、义人物、义队伍、义行动、义形象7个篇章，致力于将义文化打造成为鄞州本土特色的核心价值观。

商事登记制度“五证合一”：指营业执照、组织机构代码证、税务登记证、社会保险登记证和统计登记证“五证合一”登记制度。

“四周边两部位”：指菜场周边、学校周边、医院周边、车站（码头、机场）周边、城乡接合部和管理区域接合部。

农村“三居”行动：指宁波市农村“安居宜居美居”专项行动。

农业“两区”：指粮食生产功能区和现代农业园区。

“一加强三整治”：指浙江省小城镇环境综合整治行动中的“加强规划设计引领、整治环境卫生、整治城镇秩序、整治镇容镇貌”等具体工作任务。

“五面五化”：指城市管理中力争实现的路面洁化、街面序化、墙面靓化、草坪面美化、水面净化。

“三社”：指社区、社工和社会组织。

“双随机、一公开”：指在监管过程中随机抽取检查对象、随机选派执法检查人员、抽查情况及查处结果及时向社会公开。

专记

东外滩

区划调整

“名城强区”战略

区划调整

2016年9月28日，省政府下发《关于调整宁波市部分行政区划的通知》。根据《国务院关于同意浙江省调整宁波市部分行政区划的批复》精神，撤销宁波市江东区，将原江东区管辖的行政区域划归宁波市鄞州区管辖；将宁波市鄞州区的集士港镇、古林镇、高桥镇、横街镇、鄞江镇、洞桥镇、章水镇、龙观乡、石碶街道划归宁波市海曙区管辖。

10月14日，区委办、区政府办下发《关于成立区划调整工作领导小组的通知》，成立区划调整工作领导小组。胡军任组长，陈国军、毛春阳、林琪、沈权、林东、郑坤法、李刚、沈剑波、陈虹、高强华、茅剑辉、陈国良任副组长。领导小组下设办公室和综合协调组、政策统筹组、组织人事组、业务指导组、社会维稳组、舆情宣传组、纪律监督组7个专项工作组。办公室设在区政府，由沈权兼任办公室主任，茅剑辉兼任办公室常务副主任。

10月24日，宁波市行政区划调整工作动员大会召开。省委常委、市委书记、代市长唐一军，市人大常委会主任王勇、市政协主席杨戌标出席会议，省民政厅厅长尚清宣读省政府《关于调整宁波市部分行政区划的通知》，市委副书记余红艺主持会议。

11月17日，鄞州区召开领导干部大会，宣布行政区划调整和省市委关于鄞州区领导班子换届人事安排的决定，鄞州区新的行政体制正式运行。省委常委、市委书记、代市长唐一军出席大会并讲话。市领导王剑波、杨立平、宋越舜出席会议。市委常委、区委书记胡军，区委副书记、区长陈国军作表态发言。行政区划调整后，新鄞州区以东部新城、南部新城两个新城形成的“双核驱动”，带动整个中心城区高端服务业的发展，同时将集中力量加快鄞东和鄞东南农村地区的发展。

11月22日，鄞州区调整区划调整工作领导小组。胡军任组长，陈国军、杨慧芳、郑坤法、朱法传、王兆波任副组长，领导小组下设党代会筹备工作组、人大会议筹备工作组、政协会议筹备工作组、综合协调组、政策统筹组、组织人事组、社会维稳组、舆情宣传组、纪律监督组9个工作组。

11月25日，市委、市政府印发《关于进一步完善行政区划调整后市与相关区管理体制的若干意见》。2017年1月1日起，鄞州区人力资源和社会保障政策，社会救助、社会福利、养老服务、优抚安置、惠民殡葬和社区建设领域的市级财政补助标准，教育资源配置，城市规划、建设和管理体制，土地和财政管理体制，相关区域管理体制等均参照执行。

资料链接：

原江东区行政区划概述

江东，历史上区划归属多变，先属“鄞”。原始社会末期、夏朝初期，“鄞”成为确定地名。夏、商时代属于“东夷”地，春秋时属越国，战国时期属楚国。

秦二十五年（公元前222年），在今宁波、舟山区域，始建鄞县、鄮县、句章三县，属会稽郡管辖。此后，历两汉、三国、两晋至南北朝，均为三县并置，隶属会稽郡。其中，鄮县辖地为今鄞州区东境，包括江东区及北仑地区。至隋文帝开皇九年（589年），鄞县、鄮县和余姚县三县并入句章县，县治设在小溪（今海曙区鄞江镇），属吴州管辖。

唐朝开元时，设明州，州下设县，江东属鄮县万龄乡。至五代后梁开平三年（909年），鄮县改为鄞县，属明州望海军。

元、明时，江东为县东赤城里甬东隅，隶属万龄老界乡。

1927—1930年，划鄞县城厢及近郊六七里地建立宁波市，分置5个区，其中江东为第四区，区公所设在后塘街太保庙，辖15里（村）。

1931年撤市复入鄞县，江东为鄞县第四区，面积7.50平方千米，辖10镇，总人口43600余人。1935年，改名江东镇，办公地位于太保庙，一直延续到全县解放。

1949年11月，建立江东区公所，隶属宁波市。此时，江东区域面积3.20平方千米，户籍人口47080人。次年6月撤区建制。

1951年5月，成立江东区人民政府。办公地位于江东区华严街3号。1956年2月撤销区级机构，全市设16个街道办事处，其中江东设镇安、百丈、东胜3个街道办事处。1958年，合并为江东街道办事处，后改称江东人民公社，办公地址为江东大步街12号，下设3个分社。

1963年，江东成为宁波市4个区（海曙、镇明、江东、江北）之一。但仍为人民公社建制，办公地位于江东大河路黑风弄4号。1970年1月，江东人民公社建制撤销，恢复江东区建制，并建立宁波市江东区革命委员会。

1978年9月，江东升为宁波市辖区（县级）一级政权建制。1980年10月，在江东区第二届人民代表大会后，复名江东区人民政府。

1984年2月，鄞县的福明乡、郊区的东郊乡和潘火乡的仇毕、矮柳村划归江东区。同年，从东胜街道划出东北区块成立铁锚街道。1987年，从镇安街道划出东南区块新建白鹤街道。至1990年，江东区辖镇安、百丈、东胜、铁锚、白鹤5个街道办事处，东郊、福明2个乡，居民委员会74个，行政村28个，总人口158378人。区政府办公地位于曙光路92号。

1996年，区政府办公地迁至江东彩虹北路58号。1997年，撤销镇安街道，以新河路为界一分为二，分别划给百丈街道和白鹤街道，新建东柳街道，铁锚街道改称明楼街道。

2002年，撤销东郊和福明乡建制，改为街道办事处。2004年，江东区29个行政村全部撤村建（并）为社区。自此，江东区成为全省首个没有行政村的城区。2007年7月，福明街道朱一、老庙2个社区析出，并与鄞州区部分区域合建成新明街道，位于宁波国家高新区，由江东区政府委托宁波市国家高新技术产业开发区管委会管理。至2015年末，江东区域面积37.66平方千米，辖东郊、福明、白鹤、百丈、东胜、明楼、东柳、新明8个街道，78个社区，户籍人口28.03万人。

2016年9月28日，省政府下发《关于调整宁波市部分行政区划的通知》，撤销宁波市江东区，将原江东区管辖的行政区域划归宁波市鄞州区管辖。

“名城强区”战略

2015年12月30日，中国共产党宁波市鄞州区第十三届委员会第十次全体会议通过《中共宁波市鄞州区委关于制定鄞州区国民经济和社会发展第十三个五年规划的建议》。提出：为实现目标任务，引领和组织全区干部群众大力实施“名城强区”战略，着力建设产业强区、创新强区、服务强区、魅力名城、文化名城、幸福名城。

2016年1月8日，在全区经济工作会议上，市委常委、区委书记胡军再次拓展“名城强区”的内涵意义：在产业强区上，成为省市先进制造业强区、现代服务业新区、现代农业示范区；在创新强区上，形成活跃的创新群体、强劲的改革动力、深度的开放格局；在服务强区上，完善高效的审批体系、贴心的行政服务、公平的市场环境；在魅力名城上，展示精美的城市风情、优美的镇村风貌、秀美的山水风光；在文化名城上，打造优秀的地域文化、特色的精品文化、丰富的公共文化；在幸福名城上，构建高标准的公共服务体系、高水平的社会保障体系、高效能的社会治理体系，让鄞州人民更具获得感。

6月17日，区委办、区政府办印发《“名城强区”建设指标体系》，分产业强区、创新强区、服务强区、魅力名城、文化名城、幸福名城6大方面，共56项指标总分100分。

7月13日，中国共产党宁波市鄞州区第十三届委员会第十一次全体会议通过《中共宁波市鄞州区委关于全力补齐短板深入实施“名城强区”战略的意见》，提出“名城强区”战略实施的总体要求：认真贯彻党的十八大和十八届三中、四中、五中全会精神，以“四个全面”战略布局为统领，以“五大发展理念”为引领，以打造宁波“一圈三中心”为指引，遵循目标导向、问题导向、效果导向，紧扣更高品质、更有效率、更可持续的要求，扬长避短、扬长克短、扬长补短，全力补齐制约发展最关键、群众需求最迫切、走在前列最根本的产业创新、城乡品质、发展动力、生态环境、民生保障、服务效能“六方面”短板，深入实施“名城强区”战略，努力实现区域综合实力、全面小康水平“两个全国领先”目标。主要任务：补齐产业创新短板，加快推进转型升级；补齐城乡品质短板，加快推进统筹融合；补齐发展动力短板，加快推进开发开放；补齐生态环境短板，加快推进绿色发展；补齐民生保障短板，加快推进共建共享；补齐服务效能短板，加快推进提质提效。并明确会议重点任务责任分工表。

12月25日，在区委读书会上，市委常委、区委书记胡军结合原江东区的“两强两品”战略，提出新鄞州要以争创践行“五大发展理念”先行区为引领，大力实施“名城强区”战略，打造都市核心区、建设品质新鄞州，努力跻身全国一流强区最前列。同时，制定“名城强区”五年发展目标，分创新引领、都市经济、品位都市、美丽生态、先进文化和幸福民生6大方面，共计100项。

表1　2016年鄞州区“名城强区”战略发展目标完成情况

类别	序号	指标	单位	2016年实绩值
创新引领方面	1	高新技术企业认定数	家	231
	2	创新型初创企业数	家	1305
	3	“国千”“省千”“市3315”人才（团队）数	人（个）	59
	4	R&D经费支出占GDP比重	%	2.32
	5	新增机器人数	台/套	130
	6	国家、省、市级企业工程技术中心数	家	7/57/105
	7	产业创新公共服务平台数	家	3
	8	万人有效发明专利拥有量	件	32.80
	9	技术成交额	亿元	5.10
	10	主持制定“浙江制造”标准数	项	1
	11	主持制定国家、行业标准数	项	4
	12	市级以上名牌（商标）数	个	294

续表1

类别	序号	指标	单位	2016年实绩值
创新引领方面	13	市级以上“三名”企业数	家	7
	14	市级以上单项（隐形）冠军入库企业数	家	—
	15	规上工业全员劳动生产率	万元/人·年	15.60
都市经济方面	16	户籍人口人均GDP	万元	17
	17	一般公共预算收入	亿元	216.50
	18	固定资产投资总额	亿元	841
	19	工业投资总额	亿元	116
	20	实际利用外资总额	亿美元	6.40
	21	实际利用内资总额	亿元	157
	22	浙商回归总额	亿元	118
	23	高新技术产业增加值占规模以上工业增加值比重	%	52.40
	24	战略性新兴产业增加值占规模以上工业增加值比重	%	16.90
	25	装备制造业增加值占规模以上工业增加值比重	%	59.50
	26	主营业务收入上亿元工业企业数	家	255
	27	上市企业数	家	15
	28	股份制改造企业数	家	201
	29	生产性服务业增加值占服务业增加值比重	%	56
	30	金融业增加值占GDP比重	%	12
	31	金融业增加值占全市比重	%	33.40
	32	直接融资规模	亿元	218
	33	软件和信息技术服务业营业收入	亿元	117
	34	软件产业收入占全市比重	%	25
	35	航运业营业额占全市比重	%	10
	36	办展面积	万平方米	92
	37	文创产业增加值占GDP比重	%	7.50
	38	广告产业营业收入占全市比重	%	36.20
	39	批发零售业销售额	亿元	2741
	40	社会消费品零售总额占全市比重	%	15
	41	进出口总额占全市比重	%	17
	42	跨境电商出口额	亿美元	0.50
	43	旅游总收入	亿元	140
	44	税收亿元楼宇数	幢	18
	45	总部企业数	家	30
品位都市方面	46	常住人口城镇化率	%	81.30
	47	棚户区、危旧房、老旧小区改造面积	万平方米	22.40
	48	城市重大项目建设数（总投资2亿元以上）	个	10
	49	装配式建筑面积	万平方米	62.80
	50	城市塘河绿道建设数	个	10
	51	城市市容环境整洁度	%	85.90
	52	城市主要道路16小时保洁覆盖率	%	83.90
	53	公共交通出行分担率	%	32
	54	智慧城管覆盖面	平方千米	56.80
	55	城管执法平台案件处置满意率	%	90
	56	智慧物业执行率	%	60.30
	57	城区公共停车位数	个	5800

续表1

类别	序号	指标	单位	2016年实绩值
品位都市方面	58	城区绿化覆盖率	%	45.30
	59	市级品质社区数	个	3
	60	万人拥有社会组织数	个	40
美丽生态方面	61	旧村改造新村建设拆建完成面积	万平方米	66.70
	62	美丽乡村示范村创建达标数	个	—
	63	环境空气质量优良率	%	83.10
	64	城区河道水质平均透明度	厘米	59
	65	污水集中处理率	%	89
	66	农村生活污水治理农户覆盖率	%	80
	67	生活垃圾分类收集覆盖率	%	74
	68	区域、道路噪声达标率	%	100
	69	洁美村庄创建数	个	—
	70	森林覆盖率	%	43.42
	71	人均公共绿地面积	平方米	12.86
先进文化方面	72	市级以上文明村创建率	%	39
	73	具备基本科学素质公民比例	%	11
	74	注册志愿者占城镇户籍人口比例	%	10
	75	人均拥有公共文化设施面积	平方米	0.48
	76	人均公共文化经费支出	元	150
	77	市级以上非物质文化遗产数	个	44
	78	博物馆（艺术馆、美术馆）数	个	20
	79	送文化下乡数	次	6000
	80	组织品牌节庆活动	次	50
	81	业余文艺团队	个	550
	82	文化娱乐消费比重	%	5.74
幸福民生方面	83	城镇居民人均可支配收入	元	54199
	84	农村居民人均可支配收入	元	31568
	85	财政人均民生支出	万元	1.35
	86	中、小学校际综合差异系数	—	0.29/0.25
	87	每百位学生拥有区级以上骨干教师数	个	2
	88	新增优质教育资源量（学位数）	个	1350
	89	居民健康素养水平	%	15.80
	90	人均期望寿命	岁	81.62
	91	基层就诊率	%	60
	92	智慧医疗覆盖率	%	20
	93	家庭医生签约率	%	36
	94	千名老人拥有养老床位数	张	37
	95	居家养老服务站点数	个	292
	96	户籍人口医保参保率	%	98
	97	户籍人口养老保险参保率	%	95.60
	98	食品检测合格率	%	92.30
	99	群众安全感满意度	%	91.85
	100	行政服务群众满意率	%	99.40

大事记

第31届夏季奥林匹克运动会举重男子69公斤级冠军石智勇

1月

4日，鄞州区报告1例人感染H7N9型禽流感病例。

6—7日，共青团宁波市鄞州区第十九次代表大会在区文化艺术中心召开。

8日，五乡镇中心小学《段位晋级：儿童眼中的趣味考核》入选2015年浙江省非物质文化遗产传承教学基地优秀案例。

13日，区政府出台《鄞州区产业发展引导基金实施意见》。

14日，姜山菜市场、东吴菜市场、华盛菜市场和藕池菜市场被评为2015年度省放心农贸市场示范单位。

15日，宁波大学医学院附属医院骨科鄞州分中心在鄞州区骨伤科医院成立。

17—21日，中国人民政治协商会议第十五届宁波市鄞州区委员会第五次会议在区文化艺术中心举行。

18—22日，宁波市鄞州区第十七届人民代表大会第五次会议在区文化艺术中心举行。

21日，文化部副部长项兆伦一行到鄞州调研文化工作。

28日，鄞州四明金融小镇入围省级特色小镇第二批创建名单。

30日，国家食品药品监督管理总局副局长滕佳材一行到鄞州督查食品安全工作。

是月，区委宣传部申报的“周日文化”活动项目获第四届“浙江省宣传思想文化工作创新奖”。

2月

2日，鄞州区首个居家养老服务站——宁波市管家婆居家养老服务中心古庵站试运行。

4日，浙江钱江频道记者到鄞州区采访拍摄“浙江最美国土资源人”苏茂龙事迹。

24日，鄞州职业教育中心学校通过省中小学心理辅导一级站评估。

25日，潘火街道世纪花园幼儿园、中河街道金湾华庭幼儿园、中河街道城市花园幼儿园通过省一级幼儿园评定。

29日，鄞州区获2015年度浙江省“五水共治”工作优秀县（市、区）“大禹鼎”。

3月

4日，“青春助力·名城强区”建设志愿服务项目发布会暨鄞州区首届志愿服务项目网络交流会启动仪式在善园广场举行。

11日，鄞县（宁波）古代诗歌总集《四明清诗略》举行首发式。

12日，俞梦孙院士工作站在云龙镇易中禾仙草园成立。

18日，鄞州区入选2016年浙江省软件和信息服务产业基地名单。

21日，98英寸裸眼3D电视在宁波易维视显示技术有限公司下线。

22日，全省春耕备耕助农增收服务月活动暨宁波市春耕生产现场会在姜山镇启动。

23日，副省长、省政协副主席黄旭明率领省政协“‘五水共治’民主监督‘万千行’（万名委员、千个调研监督小组）”活动督导组，到鄞州开展专题督导调研。

23日，鄞州区1项科研成果获省科学技术奖二等奖，5项获三等奖。

同日，浙江中物九鼎科技孵化器有限公司入选2015年度国家级科技企业孵化器名单。

24日，中央、省、市媒体实地采访鄞州区梁祝爱情小镇和四明金融小镇。

26日，香港甬港联谊会永久名誉会长严信才率领香港“活力宁波·薪火相传”参访团一行到鄞州考察交流。

28日，汤加王国税收和海关大臣戴维塔·拉维马奥一行到鄞州考察。

29日，鄞州区方志典籍整理出版座谈会暨《乾隆鄞县志》《同治鄞县志》影印再版首发式举行。

30日，汤加王国驻华经济贸易旅游（宁波）中心签约和授牌仪式举行。

31日，鄞州区被省委、省政府授予省“平安区”称号。

4月

8日，中国太平洋财产保险股份有限公司宁波分公司与区政府签署保险协议，鄞州区政策性小微企业财产保险试点项目落地实施。

13日，“甬道论剑·创未来”中国（宁波）首届电商武林大会在鄞州科技信息孵化园举行。

同日，“美丽鄞州”欢乐游启动。

21日，古林镇茂新村、云龙镇上李家村、鄞江镇清源村、五乡镇涵玉村、章水镇赤水村被列入全省美丽宜居示范村试点。

24日，第四届人民文学新人奖在鄞州中学颁奖，鄞州区作家徐海蛟获散文新人奖。

26日，全市首个知识产权贯标联盟在鄞州成立。

28日，鄞州区被国务院妇女儿童工作委员会授予“2016—2020年实施中国妇女儿童发展纲要国家级示范区”称号。

29日，姜山镇东林寺村吕鸿鸿获中国“见义勇为好人”称号。

5月

1日，全区城镇职工社会保险政策调整，企业职工医疗保险和工伤保险费率下调，外来务工人员社会保险纳入职工基本社会保险。

4日，在第八届“中绿杯”中国名优茶绿茶评比中，“它山堰”御金香白茶、“五龙明珠”它山堰绿茶获金奖，“它山堰”白茶和“四明银雾”它山堰绿茶获银奖。

6日，鄞东南沿山干河隧洞贯通。

8日，首南第一小学学生获2016年首届浙江少儿戏曲小金桂奖。

9日，浙江省首所中外合作大学附属中学——宁波诺丁汉大学附属中学成立。

10日，鄞州人民医院眼科中心成立眼库。

11日，全区“两学一做”专题党课

暨学习教育动员部署会召开。

13日，宁波奥克斯空调有限公司等4家企业入选2016浙江省高新技术百强企业名单。

16日，鄞州区获中国（宁波）跨境电子商务综合试验区鄞州园区授牌。

17日，汤加王国经济贸易旅游（宁波）中心在南部商务区揭牌。

18日，红帮研究类索引词典——《红帮研究索引》在南部商务区水街首发，宁波红帮服装设计研发中心同时成立。

19日，宁波旷世智源工艺设计有限公司等4家企业获2015—2016年度"国家文化出口重点企业"称号。

26日，中央纪委驻国家卫生和计划生育委员会纪检组组长李五四率领国家卫生和计划生育委员会调研督查组，到鄞州调研深化医改工作。

同日，区司法局被评为全国法治宣传教育先进单位。

27日，区人大常委会首次举行宪法宣誓仪式，宪法宣誓制度在鄞州开始实施。

6月

2日，省委常委、常务副省长袁家军到鄞州区调研企业发展情况。

5日，香港宁波市鄞州同乡会六周年庆典在香港举行。

7日，欧洲华商大厦开业，中欧跨境电商产业园同时揭牌。

同日，鄞州区入选全省首批服务业强县（市、区）试点地区。

24日，区政府与国家开发银行宁波分行举行高层联席会，双方签署《"十三五"全面深化开发性金融合作备忘录》。

27日，全区正式实施不动产统一登记制度。

29日，博威集团有限公司党委副书记董国福获浙江省第七届微型党课决赛特别奖、最佳网络人气奖。

30日，宁波万信铸造有限公司等13家企业被工业和信息化部列入2016年第三批符合《铸造行业准入条件》企业名单。

省级历史文化名村——章水镇蜜岩村

7月

1日，鄞州区启动公路管养分离改革。

同日，下应街道湾底村党委被中共中央授予"全国先进基层党组织"称号。

12日，走马塘村、大西坝村、李家坑村、凤岙村、蜜岩村、新庄村入选第五批省级历史文化名镇名村街区名录。

20日，中国（宁波）轻创业集合服务平台落户鄞州。

21日，《浙江省2015年度工业强县（市、区）综合评价报告》印发公布，鄞州区居全省I档第一名。

27日，2016年全区重大项目集中开工仪式在鄞州智能健康产业中心项目现场举行。

同日，在2016年浙江省精品葡萄评比会上，鄞州绿洲果业专业合作社的"翠姑娘"牌鄞红葡萄获得金奖。

28日，"智汇鄞州·共创未来"著名高校院所——鄞州科技合作洽谈会开幕，鄞州区与清华大学、浙江大学、中科院宁波材料所等高校院所签订政产学研项目12个。

31日，朱召法、张日红、翁贞琼入选第二批国家"万人计划"科技创业领军人才名单。

8月

8日，鄞州区与曼格科技有限公司举行软性AMOLED显示屏项目签约仪式。

10日，毕业于鄞江中学少体校的中国举重运动员石智勇，获得里约奥运会男子举重69公斤级比赛金牌。

同日，省委副书记、政法委书记王辉忠到鄞州公安分局检查"G20杭州峰会"维稳安保工作。

同日，省委常委、统战部部长王永康一行到雅戈尔集团股份有限公司调研。

11日，"断头路"中惠路（AK2+080—宁南南路）建成通车。

15日，鄞州区大学生（青年）创业园7号众创空间获评2016年度省级优秀众创空间。

18日，潘火街道王家弄安置小区开工建设。

23日，全国人大常委会副委员长、中国农工民主党中央主席、原卫生部部长陈竺，到宁波星箭航天机械有限公司调研。

25日，雅戈尔集团股份有限公司、奥克斯集团有限公司、广博集团股份有限公司和利时集团股份有限公司入围2016年中国民营企业500强。

29日，鄞州区获评国家医疗健康信息互联互通标准化成熟度四级甲等区（县）级单位。

9月

8日，副省长冯飞到鄞州调研工业经济发展情况。

9—11日，第三届中国（宁波）私募投资基金峰会在鄞州举行。

12日，全国人大常委会原副委员

长、中国关心下一代工作委员会主任顾秀莲，到鄞州调研四明金融小镇建设工作。

14—16日，受第14号台风“莫兰蒂”影响，区内多个镇乡（街道）出现内涝积水。

20日，宁波樟村四明山烈士陵园入选第六批国家级烈士纪念设施名单。

22日，第五届创业鄞州·精英引领活动周开幕。

23日，纪念越剧110周年诞辰暨2016长三角越剧研讨会在鄞州举行。

同日，鄞州区创建为省级出口蔺草制品质量安全示范区。

同日，国家家电模具工程技术研究中心宁波分中心授牌签约仪式在浙江工商职业技术学院举行。

同日，汤加王国国民议会议长图伊瓦卡诺一行，到汤加王国经济贸易旅游（宁波）中心和南部商务区考察。

同日，省委常委、统战部部长王永康到鄞州调研统战工作。

24日，鄞产超级电容储能式现代电车参加第66届德国汉诺威商用车展。

27日，盛莫路平改立下穿通道工程通车。

28日，省政府下发《浙江省人民政府关于调整宁波市部分行政区划的通知》。撤销宁波市江东区，将原江东区管辖的行政区域划归宁波市鄞州区管辖，并将鄞州区的集士港镇、古林镇、高桥镇、横街镇、鄞江镇、洞桥镇、章水镇、龙观乡、石碶街道划归宁波市海曙区管辖。

30日，宁波市暨鄞州区向烈士敬献花篮仪式在宁波樟村四明山烈士陵园举行。

10月

1日，宝瞻公路复线（岐西至长青桥段）试通车。

13日，中韩日佛教茶道交流会在天童禅寺举行。

16日，由浙江嘉上影视传媒有限公司投资的影片《清水里的刀子》获第二十一届釜山国际电影节“新浪潮”奖。

19日，东吴镇勤勇村等10个村庄获鄞州区首批“最洁美村庄”称号。

20日，缅甸全国民主联盟干部考察团一行到鄞州考察。

26日，鄞州区6家企业入围2016年浙江省百强企业榜单。

同日，全国妇女联合会书记处书记杨柳一行到鄞州调研妇联工作。

同日，“全国法治媒体浙江行”采访团到鄞州考察交流。

是月，纪录片《它山堰》拍摄完成。

11月

1日，中国插花艺术馆开馆。

2日，鄞州区通过省知识产权工作示范区复核。

同日，鄞创科技孵化器获评2015年度国家级科技企业孵化器评价A类。

3日，雅戈尔大道修复提升工程启动。

10日，浙江省品牌学院在宁波诺丁汉大学挂牌成立。

11日，古林镇中学3名教师获全国中小学课堂教学大赛一等奖。

17日，全区召开领导干部大会，宣布行政区划调整和省委、市委关于鄞州区领导班子换届人事安排的决定。鄞州区新的行政体制正式运行。

19—20日，全球共享金融100人论坛（宁波）峰会在鄞州举行。

26日，宁波中车新能源科技有限公司的“超级电容器的制造方法”专利获得首届浙江省专利奖金奖。

28日，宁波鄞州农村商业银行股份有限公司挂牌开业。

同日，西塘河水环境综合整治工程获评2016年浙江省河道生态建设优秀示范工程。

12月

1日，共青团中央书记处第一书记秦宜智到鄞州调研共青团工作。

5日，鄞州银行公益基金会被认定为首批全省性慈善组织。

同日，《宁波市江东区志》出版。

5—7日，省督导组实地督察鄞州区“三改一拆”“四边三化”“五水共治”工作。

9日，宁波伏尔肯机械密封件制造有限公司职工书屋被中华全国总工会评为“全国工会职工书屋示范点”。

10日，南宋先贤史浩910周年诞辰纪念活动暨宁波八行文化陈列馆挂牌仪式在月湖景区举行。史浩铜像揭幕仪式和《史浩集》首发仪式同时举行。

12日，美国布什家族成员尼尔·布什到鄞州考察洽谈。

14日，鄞州区大学生（青年）创业园成功入选第三批全国创业孵化示范基地。

同日，下应街道湾底村、云龙镇上李家村、东吴镇勤勇村、章水镇李家坑村获评2016年度浙江省美丽乡村特色精品村。

16日，东江堤防Ⅱ标段通过完工验收。

18日，东部新城悦泊城（门户区）北区竣工。

同日，东钱湖国际教育论坛一期项目落成，“联合国教科文组织·中国科创教育实验学校”及“宁波国际陶瓷文化节暨中国国际青瓷艺术大展”等合作项目同时发布，华茂外国语学校被授予首所“联合国教科文组织·中国科创教育实验学校”称号，并举行挂牌仪式。

20日，新世界广场体验中心——“城市客厅”揭幕。

21日，鄞州区第二医院举行10周年院庆暨二期竣工启用庆典活动。

23日，下应街道海创社区入选2016年第二批国家地震安全示范社区。

27日，团区委获第十一届中国青年志愿者优秀组织奖，“小娘舅握握团”负责人屠昱获优秀个人奖。

28日，《宁波市鄞州区志（1978—2008）》举行首发式。

同日，日月重工股份有限公司在上海证券交易所挂牌上市。

30日，宁波中车新能源科技有限公司超级电容全球研发制造基地开工奠基。

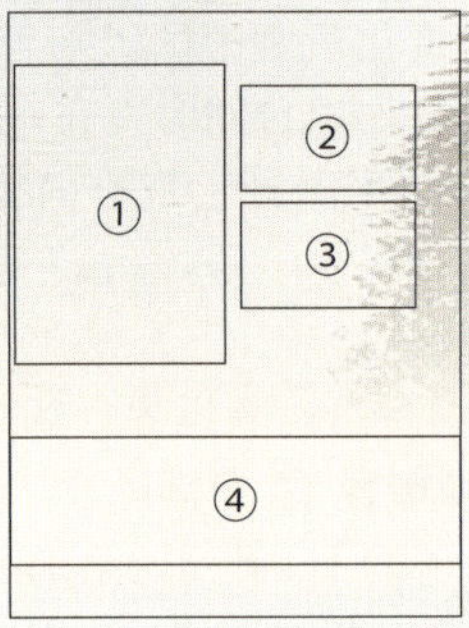

① 塘溪镇童夏家村

② 姜山镇陆家堰村

③ 集士港镇岳童村

④ 高桥镇民乐村

鄞州概览

庆安会馆

自然环境

历史文化

区划人口

名优特产

经济和社会发展

组织机构及其领导人

自然环境

【地理位置】 鄞州区位于北纬29°37'17"~29°56'56"，东经121°07′58"~121°53'23"。地处浙江省东部沿海，东接北仑港、宁波保税区，西部与海曙区接壤，南部紧邻奉化区，东南临象山港与象山隔海相望，北部与江北区、镇海区隔江相望，是宁波市中心城区之一。海岸线25.66千米。陆域面积814.20平方千米，海域面积53.70平方千米。市政府驻鄞州区宁穿路2001号，区政府驻首南街道惠风东路568号。电话区号0574，邮政编码315100。

【地形地貌】 鄞州区地处杭州湾南侧、宁绍平原东部，地势东高西低。奉化江作为界江自南而北流过。姚江自西而东沿西部北边流淌，在三江口与奉化江汇合为甬江。甬江自西向东沿东部北边流向镇海区。东部境内大嵩江自西向东，流入象山港。地势总体形成中部平原（宁绍平原）、鄞东山区（系天台山余脉）、大嵩滨海平原和象山港海域4个地理单元。东南部丘陵山地面积为375.48平方千米，有太白、福泉、金峨诸山，以太白山最高，主峰高程海拔656.90米；最低点位于瞻岐镇岐化村下新塘畈，海拔1.50米。

【海涂】 鄞州区东临象山港，海岸线南端为咸祥镇芦浦村，北端为瞻岐镇卢一村，总长25.66千米，由海塘及山脚线组成，其中海塘21段24.30千米。辖象山港海域面积53.65平方千米，海域东北与北仑区海域相连，西南与奉化市海域相连，东南与象山县海域相连。海水平均深度约10米，最深处在南端，为23.50米，平均潮差3.20米。最高潮位与最低潮位之间海涂总面积1086.67公顷，可利用面积366.67公顷，其中146.67公顷被利用。海涂与海底平缓，向南东倾斜，底质由粉砂质淤泥构成。所辖象山港海域中有石质岛礁7处。

【水文潮汐】 鄞州区境内河道属甬江、大嵩江两大流域，其中甬江流域面积577平方千米，占区内面积的71%；大嵩江流域面积240平方千米，占区内面积的29%。省级河道有甬江和奉化江2条，总长34.16千米；市级河道有甬新河、东江、鄞东南沿山干河、小浃江、前塘河、中塘河和后塘河7条，总长75.51千米；县级河道8条，总长78.83千米。平原河流总长度1195千米，河网密度每平方千米3.11千米。奉化江从奉化市流经鄞州区西侧，沿姜山镇、首南街道、钟公庙街道、东郊街道、白鹤街道、百丈街道汇入甬江，甬江沿鄞州区北侧东胜街道、明楼街道、新明街道、梅墟街道入北仑区。境内有横溪、三溪浦和梅溪中型水库3座，总库容35787万立方米。境内潮水为不规则半日潮，沿海、感潮河流皆然，相邻高（低）潮的潮高不等，通常夏至日高潮潮位晚上与白天相差最大，冬至日高潮潮位晚上与白天相差小。甬江为弱潮河口，潮差均值为1.62米。象山港系半封闭型港湾，潮差均值为3.50米。

前塘河

【气候】 2016年，鄞州区气温明显偏高，雨量明显偏多，雨日偏多，日照时数偏少，天气气候总体较为异常，气象灾害影响程度中等。主要气候特点：冬季，1—2月气温偏高，雨量和日照时数偏多，雨日略偏多，冷空气过程偏少，但强度偏强，出现两次明显的降雪过程和历史罕见的低温冰冻天气；春季，气温偏高，雨量、雨日偏多，日照时数偏少，出现连阴雨、低温雨雪和强对流等天气；夏季，气温偏高，雨量、雨日和日照时数接近常年，季内梅期偏短，梅雨量略偏少，梅中有伏，出现阶段性晴热高温天气，台风影响数偏少，高温日数偏多，强对流频发；秋季，气温偏高，雨量、雨日异常偏多，日照时数异常偏少，出现严重的阴雨寡照天气，9月台风影响频发，“莫兰蒂”台风严重影响鄞州；12月气温异常偏高，雨量和日照时数偏少，雨日正常，冷空气活动偏弱，严寒、降雪、冰冻天气明显减少。

【基本气候要素】 2016年平均气温18.2℃，比常年偏高1℃，各月平均气温均不同程度偏高，其中3月、4月、7月偏高1℃以上，10月、12月偏高2℃以上，10月、12月平均气温均居历史同期第二高。年极端最高气温38.9℃，出现在7月21日；年极端最低气温为-6.7℃，出现在1月25日；日最高气温大于等于35℃的高温天达28天，比常年多5.6天。年降水量1830毫米，比常年偏多28%，9月降水量偏多近2倍，创历史纪录；年雨日178天，比常年偏多24.7天，日降水量大于50毫米有7天。年日照时数1495.20小时，比常年偏少14%，其中10月偏少72%，创历史纪录。全年降雪4天，大雾13天，霜15天，结冰25天，霾67天，大风7天。

【重要天气事件】 降雪。1月20—23日，鄞州出现一轮明显雨雪过程，过程雨雪量30毫米~60毫米，局地60毫米以上。其中西部山区普降大到暴雪，积雪深度10厘米~30厘米，最深处为章水杖锡村（44厘米）；东部山区以小雪为主，雪深1厘米~2厘米；平原地区出现间歇性小雪，基本无积雪。1月31日傍晚到2月1日上午，鄞州出现新的降雪过程，东西部山区普降中到大雪，局部暴雪，积雪深度5厘米~10厘米，平原地区以小雪为主，积雪不明显。

强冷空气和寒潮。1月23—25日，受“霸王级”寒潮南下影响，鄞州出现历史罕见的低温冰冻天气，过程降温幅度8.5℃，过程最低气温平原地区-6℃~-8℃，西部山区-8℃~-14℃，0℃以下低温持续50小时以上。全区出现6~8级、局部9级的西北大风，6级以上风力持续时间超过50个小时。3月8—12日，受较强冷空气影响，鄞州出现强降温引发的春寒天气过程，过程降温幅度8.7℃；11—12日早晨，平原地区最低气温普遍在-1℃~1℃，山区-4℃~-2℃，正处于采收期的早发品种茶园遭受严重低温冻害，经济损失惨重。2月13—16日，受寒潮影响，出现大幅度降温和5~7级的西北风，过程降温幅度14.4℃，最低气温-1.6℃。14日平原地区出现小雨夹雪，山区小雨夹雪和雪。11月22—24日，受寒潮影响，出现大幅度降温和5~6级的偏北风，过程降温幅度14.3℃，最低气温4.1℃，23日起日平均气温降至10℃以下，鄞州入冬。

梅雨。6月11日入梅，7月1日出梅，入梅和出梅日均早于常年，梅雨期较常年偏少5天，梅雨量较常年略偏少。入梅后，强对流天气多发，有5次较明显降水过程。梅期高温频现，高温日数（≥35℃）4天，最高温度37.3℃，出现在6月21日。

强对流。受对流云团影响，5月15日下午、5月28日夜间、6月8日傍晚、8月3日中午、8月9日下午出现局地短时强降水，其中6月8日横街出现小冰雹。5月5日下午、7月18日傍晚、7月19日下午、7月28日下午出现局地短时强降水，并伴有局地8~9级雷雨大风。5月2日夜间东部地区出现大范围短时强降水，福泉山和西部的龙观、章水出现8~9级雷雨大风。6月20日傍晚，鄞州自西向东出现大范围短时强降水，邱隘赫德学校站测得小时最大雨量43.4毫米，章水、龙观、东吴等9个镇乡（街道）出现8~10级雷雨大风。7月27日下午，高桥、古林两镇出现9~10级雷雨大风。12月21日（冬至日）下午，鄞州自西向东出现冬季罕见的雷暴天气，横溪、东吴、邱隘等地出现短时强降水。

高温。夏季大于等于35℃高温日数28天，比常年偏多6.6天。季内11天高温值超过37℃，6天高温值超过38℃，极端最高气温38.9℃，出现在7月21日，其中7月20—30日出现持续高温。

干旱。7月下旬起，受持续晴热少雨天气影响，部分山区半山区出现旱情。横溪镇上任村、金峨村，塘溪镇东山老村，东吴镇勤勇村（凤岭点）、画龙村（画龙点），横街镇毛岙村等山区村，8月中旬起陆续出现生活用水困难问题。至9月12日，全区有4015人出现用水紧张。

台风。影响鄞州区的台风主要有第1号台风“尼伯特”、第14号台风“莫兰蒂”、第16号台风“马勒卡”、第17号台风“鲇鱼”和第22号台风“海马”。其中“莫兰蒂”台风和“鲇鱼”台风出现较大暴雨天气。受“莫兰蒂”外围云系影响，鄞州区9月14日开始降雨，降雨量主要集中在9月15日13时至16日3时，至9月17日8时降雨基本结束。全区过程面雨量226毫米。其中，鄞东南地区面雨量194毫米，鄞西地区面雨量273毫米。在全区78个遥测站点中，44个遥测站点雨量超过200毫米，7个遥测站点雨量超过300毫米，3个遥测站点雨量超过400毫米，观顶站过程降雨量最大，达到428毫米。鄞东南和鄞西平原河网9月13日起实行24小时候潮排水，预排水1299万立方米；“莫兰蒂”台风影响期间，鄞东南和鄞西平原河网排水1.53亿立方米，5座大中型水库拦蓄洪水4725万立方米，铜盆浦泵站等4座泵站排水1482万立方米。“莫兰蒂”台风造成直接经济损失2.78亿元，姜山、石碶、古林、洞桥4个镇（街道）受灾比较严重，鄞江、龙观、章水3个镇乡水利设施损失相对严重，城区出现1处道路下穿积水和1处桥洞积水点，东莺、凤凰、桑菊、大朱家、飞虹一期、宋诏桥等10个社区出现积水点。

秋季阴雨寡照。秋季雨量、雨日异常偏多，日照异常偏少，出现严重的阴雨寡照天气。季降水量654.6毫米，比常年偏多1倍，其中9月降水量495毫米，破历史最高纪录。季雨日47天，比常年偏多约15天。季日照时数202.60小时，比常年偏少52%。其中9月日照85.30小时，比常年偏少44%，居历史同期第三少；10月日照41.20小时，比常年偏少72%，破历史最少纪录；11月日照76.10小时，

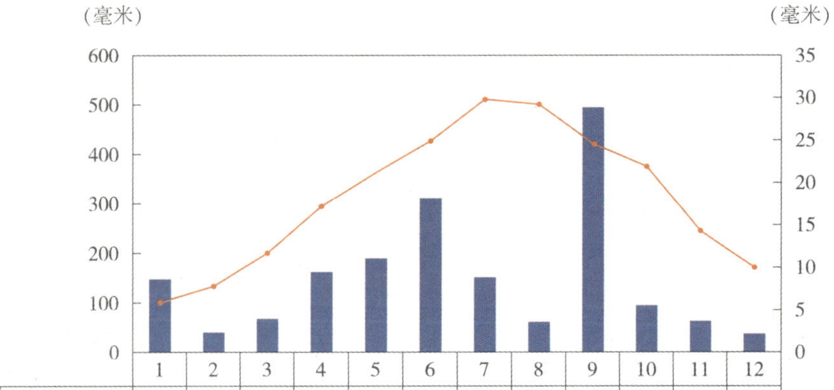

	1	2	3	4	5	6	7	8	9	10	11	12
降水量	148.2	41.1	68.8	162.8	190.1	311.8	151.8	62.3	495	95.6	64	38.4
平均气温	5.9	7.8	11.7	17.2	21.2	24.9	29.8	29.2	24.6	21.9	14.3	10

鄞州区2016年月平均气温和降水量变化示意图

比常年偏少37%。

（区委党史办、区气象局、区水利局）

历史文化

【政区沿革】 鄞地春秋时属越国，战国时属楚。秦时置鄞、鄮、句章3县，属会稽郡。3县区域大致包括今宁波市（除余姚市）及舟山群岛。鄞县治今奉化市白杜，鄮县治今鄞州区五乡镇同岙，句章县治今江北区慈城镇王家坝村一带。其时，今鄞州区南部属鄞县，东部属鄮县，西北部属句章县。汉时鄞县、鄮县属大县，句章县属小县。王莽新朝，曾改鄞县为谨县，鄮县为海治县。东晋末年句章县治迁小溪，即今鄞州区鄞江镇。隋开皇九年（589年），鄞、鄮、句章3县一统，又合并余姚县，名句章县，治小溪，属吴州。隋大业元年（605年）属会稽郡。唐武德四年（621年），句章县析出余姚县，置鄞州，属县不可考。武德八年（625年）废鄞州为鄮县，属越州。唐开元二十六年（738年），鄮县分为鄮、慈溪、翁山（今舟山）、奉化4县，脱离越州，上设明州管辖，明州和鄮县治均在小溪。唐大历六年（771年），鄮县治迁至平原中心三江口。长庆元年（821年），明州治迁至三江口，鄮县还治小溪。五代后梁鄮县属明州望海军，开平三年（909年）避讳，改鄮县为鄞县（此后至2002年，县名一直未变），并还治三江口。是年，析鄞县东北部置望海县（后为镇海县）。北宋建隆元年（960年）起鄞县属明州奉国军。熙宁年间（1068—1077年），鄞县先析出3个乡置昌国县（今舟山定海），后又析出3个乡（今属北仑区）归定海县。此后，鄞县县境基本稳定。南宋庆元二年（1196年）起属庆元府。元至元十四年（1277年）属庆元路。明太祖吴元年（1367年）属明州府。洪武十四年（1381年）至清末属宁波府。民国初属会稽道，后依次属第五特区、第六行政督察区、第二行政督察区、第二专区。1927年，鄞县城厢析出，设宁波市。1931年初，宁波市撤销，城厢仍划归鄞县。1949年5月，宁波解放，鄞县城厢再次析出，设宁波市，其时，鄞县属第二专区（11月改称宁波专区），县治迁福明，9月迁姜山，年末设置5个区、49个乡。1951年3月，县治迁回江东区。1958年12月，鄞县建制撤销，并入宁波市。1961年12月，鄞县恢复建制，属宁波专区（1970年改为宁波地区），1983年属宁波市。是年，石碶乡段塘、丁家、吴家、粮丰4个村划归海曙区；潘火乡部分行政村划归江东区。次年，邱隘区福明乡划归江东区，石碶、望春两乡部分行政村划归海曙区。是年恢复钱湖区（1950年撤销），辖原邱隘区莫枝、高钱两镇乡及原横溪区韩岭、下水两乡。1992年5月撤区扩镇并乡，8个区撤销，52个乡镇并为23个。2002年2月1日，撤销鄞县设区，更名为宁波市鄞州区，区政府驻宁波市鄞州新城区惠风东路568号。2003年组建4个街道，其中梅墟街道委托市科技园区管委会管理，东钱湖镇委托市东钱湖旅游度假区管委会管理。2008年调整钟公庙、下应2个街道，组建钟公庙、下应、首南和中河4个街道。2012年8月16日，对下应街道行政区划进行调整，原潘火管委会（鄞州投资创业中心）托管的下应街道鄞县大道以北区域单设街道，名潘火街道。2016年9月14日经国务院批准，将原江东区管辖的行政区域划归鄞州区管辖；将原鄞州区管辖的集士港镇、古林镇、高桥镇、横街镇、鄞江镇、洞桥镇、章水镇、龙观乡、石碶街道划归海曙区管辖。

【名胜古迹】 鄞州区境内有国家森林公园（天童国家森林公园）1个、国家AAAA级旅游景区4个（宁波雅戈尔动物园、天宫庄园休闲旅游区、宁波博物馆、宁波海洋世界）、省级风景名胜区2个（天童-五龙潭、东钱湖风景名胜区）。省级旅游强镇横溪镇；省级特色旅游村有湾底村、走马塘村、黎山后村、梅山村、上周村、童夏家村和南头村。国家级重点文物保护单位有横省石牌坊、天童禅寺、阿育王寺、庆安会馆、大运河-宁波三江口5处；省级文物保护单位有沙氏故居、童第周故居、周尧故居、宁波演武巷总工会旧址、七塔禅寺、宁波水利航运遗址碑-甬东天后宫碑、和丰纱厂旧址7处，区级文物保护单位139处。

天童景区位于东吴镇，阿育王景区位于五乡镇，总计33.66平方千米，由天童禅寺、天童森林公园、小白塔和阿育王寺4部分组成，属低山丘陵区。天童禅寺、阿育王寺均为全国重点寺院，相距5千米。阿育王寺有释迦牟尼舍利子。天童森林公园1992年被批为国家森林公园，被国际植被学会主席称为不可多得的“浙江植物基因宝库”。

东钱湖又称钱湖，是浙江省著名

阿育王寺

的风景名胜区、省级旅游度假区，距宁波城东15千米，面积22平方千米，是浙江省最大的天然淡水湖，面积为杭州西湖的4倍。郭沫若誉之为“西子风韵、太湖气魄”。历史遗迹颇多，有陶公钓矶（传说是范蠡与西施隐居地）、霞屿锁岚、二灵夕照等十大胜景，以及南宋石窟“补陀洞天”、元塔二灵塔、王安石庙等70余处古迹、21处文物保护点和200余具南宋时期石雕。湖区的胜景还有王安石纪念馆、岳鄂王庙、台湾文献初祖沈光文雕像、书法泰斗沙孟海书学院、世界昆虫分类学家周尧昆虫博物馆、蝴蝶阁、湖滨公园等。

宁波雅戈尔动物园，又名雅戈尔野生动物园。前身是宁波东钱湖野生动物园，坐落在东钱湖旅游度假区内，是“中国水域面积最大的野生动物园”。2004年，雅戈尔集团股份有限公司投入近2亿元，改造动物园，发展成为一个占地127公顷，集中200余个品种、近万头动物的“华东前三动物园”。

宁波天宫庄园休闲旅游区位于下应街道湾底村，总面积106.70公顷，以生态农庄为特色，是集新农村展示、文化旅游、亲子游乐于一体的国家现代农业示范区、全国农业旅游示范点、国家AAAA级旅游景区。主要景观有牡丹园、盆景园、科普长廊、桑果园、深加工基地（酒厂）、酒文化公园、绿色餐厅、酒友俱乐部、西江古村、宁波非物质文化遗产展示中心、宁波市服装博物馆和亲子乐园等。

宁波海洋世界位于宁波儿童公园东首，占地约10500平方米，是宁波唯一展示海洋生物、宣传海洋知识的现代化专业水族馆，获评国家AAAA级旅游景区、中国水产学会科普教育基地、全国海洋知识教育基地等荣誉。宁波海洋世界有水族馆、海洋剧场两个场馆。水族馆建筑规模10000平方米，展示有以神秘的吴哥窟景观、古老的埃及文化、沧桑的圆明园遗址为背景的海洋鱼类展示区，有全国独一无二的三种（跃层式、180°、270°）海底观光隧道组合，美人鱼表演区、海豹表演区、两栖动物展示区、儿童游乐区和海洋特色精品商场。海洋剧场建筑规模5800平方米，馆内设有日本瓶鼻海豚、俄罗斯白鲸、南美海狮、北极狼、北极狐、跳岩企鹅展示区，海洋科普教育长廊、海象喂食互动区、海洋科普馆。

宁波（鄞州）博物馆是国家AAAA级旅游景区，位于首南中路，建于2008年。采用“新乡土主义”风格，获全国建筑工程最高奖“鲁班奖”，设计者王澍。主题陈列有“东方神舟宁波史迹陈列”“明清竹刻艺术陈列”“阿拉老宁波民俗陈列”。

庆安会馆位于宁波三江口东岸，又名甬东天后宫、北号会馆，始建于1850年，是祭祀中国航海保护神“妈祖”的殿堂和从事海运舶商们的议事聚会场所，系中国八大天后宫和七大会馆之一、江南现存两处融天后宫与会馆于一体的古建筑群之一。现存建筑有宫门、仪门、前戏台、正殿、后殿、后戏台、左右厢房、耳房以及其他附属用房，占地面积约5000平方米。建筑装饰采用砖雕、石雕和朱金木雕等宁波传统工艺，堪称宁波近代地方工艺之杰作。天后宫内建有前后分别为祭祀妈祖和行业聚会时演戏用的两戏台，为国内罕见。1997年起，宁波市文化局将其改建为浙东海事民俗博物馆。2001年6月被国务院公布为第五批全国重点文物保护单位；12月8日，对外开放。馆内陈列以建筑为载体，辟与海运民俗、商贸有关的“妈祖祭祀场所”“天后圣迹壁画”和《明州与妈祖》半景连环场景以及宁波与“海上丝绸之路”图片展等，展示妈祖文化和浙东海事民俗。

七塔禅寺位于百丈路183号，全称七塔报恩禅寺，初建于唐大中十二年（858年），历史上为浙东佛教四大丛林之一。1983年被国务院批准为全国首批重点开放寺院。寺院殿堂结构为典型的禅宗伽蓝七堂建制，主要建筑有七佛塔、山门牌楼、天王殿、圆通宝殿、三圣殿、法堂暨藏经楼、玉佛阁、祖堂、钟楼、鼓楼、东西厢房、综合楼等。寺内保存寺院开山祖师心镜藏奂禅师舍利塔、宋代大铜钟两口、宋元寿山石雕十八罗汉一堂、《龙藏》一部、梵文贝叶经一束280片、清代石刻五百罗汉造像图等珍贵文物。

【历史名人】 自北宋端拱二年（989年），至清光绪三十年（1904年），鄞县历代文武进士及第者计1205人（其中6名文状元，1名武状元），居全省首位。《二十五史》从《宋史》开始，至《明史》，及《清史稿》，被收录的鄞县人物有120余人。历史上著名政治家有史浩、郑清之、史嵩之、余有丁、沈一贯和翁文灏。著名科学家有地球物理学家翁文波、有机化学家纪育沣、实验胚胎学家童第周、神经解剖学家卢于道和昆虫学家周尧。著名企业家有银行家胡孟嘉、国货业巨子李康年、橡胶大王余芝卿、钟表大王孙梅堂、建筑巨头张继光、旅日巨商张尊三、药业巨子鲍国昌和商人胡嘉烈。著名文学家有南宋词人张孝祥、元曲大家张可久、清代周容、现代海派女作家苏青和台湾文献之祖沈光文。著名史学家有南宋王应麟、元代袁桷、清代万斯同。著名书法家有南宋张孝祥、近现代赵叔儒、朱复戡和沙孟海。著名画家有明代吕纪、金湜，清代陈撰，当代沙耆。著名中医有唐代陈藏器，明代吕复、高武和赵献可，现代范文虎。著名革命烈士有沙文求、朱镜我、崔真吾等。中华人民共和国成立后，有鄞州区（鄞县）籍中国科学院院士37人、中国工程院院士28人。

【方言】 鄞州区方言是宁波方言主流，属于吴语太湖片甬江小片。鄞州区方言大体可以划分为东区、中区2个区域，区域内部差异较为显著。区域差异之外，还有老派、新派之分，语音、词汇两个方面为主要体现所在，老派方言中尽可能多地延续语言传统成分，新派方言吸收影视、网络流行语言，有日趋与普通话同化的倾向。

（区委党史办）

区划人口

【行政区划】 2016年9月，江东区划归鄞州区管辖后，新鄞州区辖14个街道、10个镇。分别为钟公庙街道、下应街道、潘火街道、首南街道、中河街道、梅墟街道、白鹤街道、百丈街道、东胜街道、明楼街道、东柳街道、东郊街道、福明街道、新明街道；咸祥镇、邱隘镇、五乡镇、云龙镇、横溪镇、姜山镇、瞻岐镇、东吴镇、塘溪镇、东钱湖镇。其中，新明街道和梅墟街道委托宁波市国家高新技术产业开发区管委会管理，东钱湖镇委托宁波市东钱湖旅游度假区管委会管理；行政区划上均属鄞州区管辖。至年底，全区有254个行政村、88个社区、7个城镇居委会。

【人口】 2016年末，新鄞州区户籍总人口84.16万人，按户籍人口计算的人口密度每平方千米1033.63人。原鄞州区年末总户数35.17万户，户籍总人口88.41万人，其中男性43.42万人、女性44.99万人。按户籍人口计算的人口密度为每平方千米656.80人。全年出生9115人，人口出生率10.42‰；死亡4541人，人口死亡率5.19‰，人口自然增长率5.23‰。

（区委党史办）

名优特产

【邱隘咸齑】 邱隘雪菜是宁波的传统特产之一，2003年，其生产地邱隘被命名为“中国雪菜之乡”。其选用当地特有的蔬菜良种雪里蕻。传统用洗净的屙缸腌制雪菜，风味独特，贮存长久。20世纪80年代摒弃屙缸，采用新工艺，远销海内外。

【姜山草籽种】 姜山草籽种量大质好，化肥稀缺时期，除自用外，远销省内外。化肥充裕后衰落，被列入区种质资源保护范围。

【大松石】 大松石产于咸祥镇球休山，又名大嵩石、牛祭石、羊求休、灯明冻，是一种玉石、玩赏石。其特点是温润、凝结、细腻、光洁、亮泽。清乾隆年间海宁陈目耕的《篆刻针度》中介绍16种印石，大松石排名第三，仅次于青田县的冻石、封门石。现在大松石非常罕见。

【福泉山茶叶】 东海龙舌花茶产于东钱湖福泉山茶场。福泉山茶场引进优良茶树品种36个，名茶有“东海龙舌”“云雾春”“佛茶”“白茶”等。其中“东海龙舌”以其外形扁平、嫩黄带毫、汤色清澈明亮、滋味浓醇爽口有回味而闻名海内外。2002年获评浙江省无公害名特优茶，福泉山茶场被宁波市评为绿色农产品茶叶基地。

【湾底桑果】 桑葚（桑果）是卫生部批准的“药食同源”水果，有“中华果王”之称。湾底桑果采摘基地果园占地面积30余万平方米，是国内最大的桑果种植基地。品种主要为“大十”，每平方千米产量可以达到2000千克。同时，桑果是2007年度宁波市十大精品水果之一，2004年始每年4月、5月举办桑果节，吸引几十万游客游览采摘，是庄园重大活动之一。

【李家洋榨菜】 五乡镇的李家洋榨菜色泽碧绿，块茎饱满，经过独特的3道腌榨工艺，制成的榨菜味道鲜美。

（区委党史办）

经济和社会发展

【综合实力】 经济总量。初步核算，2016年，全区实现地区生产总值1342.46亿元，按可比价格计算，增长7%。其中，第一产业增加值24.74亿元，增长0.50%；第二产业增加值484.98亿元，增长3.30%；第三产业增加值832.74亿元，增长9.70%。三次产业比重依次为1.80%、36.10%和62%。按户籍人口计算，人均GDP（按年平均汇率折算为25567美元）16.98万元。原鄞州实现地区生产总值1380.97亿元，按可比价格计算，增长5.70%。三次产业比重依次为3%、50.70%和46.30%。按户籍人口计算，人均GDP（按年平均汇率折算为23762美元）15.78万元。

财政收支。全年财政总收入366.40亿元，增长13.20%。一般公共预算收入230.40亿元，增长10.40%。原鄞州全年完成财政总收入338.45亿元，增长8.10%。一般公共预算收入207.78亿元，增长9.40%。税收收入302.55亿元，增长7.30%。其中，增值税136.52亿元，增长5.30%；个人所得税30.38亿元，增长40.60%；企业所得税55.13亿元，下降0.20%。

就业和再就业。原鄞州全年净增城镇就业岗位24221个，7001名城镇失业人员实现再就业。年末城镇登记失业率为1.80%。

【农业和农村建设】 农业。2016年，全区实现农林牧渔业总产值36.22亿元，增长1.10%。其中，农业产值25.83亿元，增长2.50%；林业产值0.83亿元，增长1%；畜牧业产值2亿元，减少18%；渔业产值6.57亿元，增长1.60%；农林牧渔服务业产值0.99亿元，增长13.30%。全年农林牧渔业增加值25.30亿元，增长0.90%。

农村建设。2016年，全区投入新村建设资金14.80亿元，拆除农村旧房25.50万平方米，新开工新村面积89.50万平方米，主体结顶79.80万平方米，安置农户3247户。全年新创建中心村1个和特色村2个。原鄞州全年投入新村建设资金21.50亿元，拆除农村旧房50万平方米，新开工新村面积453.50万平方米，主体结顶147.10万平方米，安置农户4678户。全年新创建中心村3个和特色村3个。

【工业和建筑业】 工业。2016年，全区实现工业增加值418.97亿元，增长3.90%，占地区生产总值的比重为31.20%。全区有规模以上工业企业1039家，全年实现规模以上工业增加值289.92亿元，增长4.90%。规模以上工业总产值1549.24亿元，增长2.40%；新产品产值569.46亿元，增长5.50%；销售产值1515.30亿元，增长2.20%；出口交货值359.99亿元，下降2.70%。规模以上工业主营业务收入1497.44亿元，增长2.70%；利税总额141.14亿元，增长7.60%；利润99.42亿元，增长6.10%；从业人员平均人数17.86万人，下降1.60%。原鄞州全年实现工业增加值639.25亿元，增长3.90%，占地区生产总值的比重为46.30%。原鄞州有规模以上工业企业1695家，实现规模以上工业增加值457.53亿元，增长2.70%；规模以上工业总产值2416.97亿元，增长1.60%；销售产值2363.63亿元，增长1%；出口交货值628.92亿元，下降2.60%；新产品产值757.91亿元，增长4%；高新技术行业产值1137.07亿元，增长4.80%；高新技术企业产值682.60亿元，增长7%；区级战略性新兴产业产值327.27元，增长10.20%。规模以上工业主营业务收入2335.53亿元，增长1.90%；利税总额204.50亿元，增长0.80%；利润140.38亿元，下降1.40%；从业人员平均人数29.45万人，下降2.10%。

建筑业。原鄞州有资质以上建筑施工企业91家，全年建筑业产值354.51亿元，下降6.40%。其中，建筑工程产值308.53亿元，下降7%；安装工程产值42.35亿元，下降5.10%。建筑企业全部合同签订额562.56亿元，下降2.30%，其中新签订合同342.18亿元，增长8.30%。房屋建筑施工面积2582.84万平方米，下降19.90%，其中年内新开工面积933.85万平方米，下降33.10%。

【固定资产投资和房地产业】 固定资产投资。2016年，全区固定资产投资772.66亿元，增长13.70%，其中基础设施投资103.45亿元，增长11.20%。工业投资115.73亿元，下降3%，其中工业技改投资102.80亿元，下降8.50%。民间投资394.66亿元，下降7.60%。原鄞州全年固定资产投资769.88亿元，增长11.10%，其中基础设施投资126.87亿元，增长8.40%。工业投资176.04亿元，下降8.60%，其中技改投入153.49亿元，下降13.60%。第三产业固定资产投资593.64亿元，增长18.70%。民间投资409.39亿元，下降12.10%。

房地产。2016年，全区房地产开发投资414.71亿元，增长18.50%。商品房屋销售面积349.88万平方米，增长29.90%。原鄞州全年房地产业投资额458.72亿元，增长21.90%。其中，房地产开发业投资313.27亿元，增长17.20%；住宅开发投资216.29亿元，增长23.80%。商品房屋销售面积339.27万平方米，增长25.70%，其中住宅销售面积309.76万平方米，增长39.60%。商品房屋销售额485.74亿元，增长46.10%，其中住宅销售额455.48亿元，增长60.40%。

【国内贸易】 贸易。全年批发零售业销售额3413.59亿元，增长6.80%。住宿餐饮业营业额104.93亿元，增长10.80%。全年社会消费品零售总额655.51亿元，增长9.90%。原鄞州全年批发零售业商品销售额2448.29亿元，增长9.30%，其中限额以上销售额1775.58亿元，增长2.90%。住宿餐饮业营业额71.86亿元，增长9.60%。全年社会消费品零售总额556.85亿元，增长11.80%，其中限额以上社会消费品零售额354.06亿元，增长9%。全年限额以上零售额中，汽车类零售额136.33亿元，增长5.20%；服装鞋帽针纺织品类零售额50.58亿元，增长13%；粮油食品类零售额19.61亿元，增长0.70%；石油及制品类零售额19.58亿元，增长1.50%；中西药品类零售额9.68亿元，增长4.30%；烟酒类零售额6.24亿元，下降5.70%。

商品市场。2016年，原鄞州拥有各类商品交易市场87个，全年成交额320.20亿元，增长12.30%；网上交易市场4个，全年成交额8.73亿元，与2015年基本持平。

商务楼宇。原鄞州建成商务楼宇52幢183.70万平方米，有4100家企业入驻，入驻面积133.70万平方米。

【对外经济和招商引资】 进出口。2016年，原鄞州进出口总额142.73亿美元，下降2.40%。其中，进口额22.26亿美元，下降5.60%；出口额120.47亿美元，下降1.80%。一般贸易出口总额113.89亿美元，增长0.10%；加工贸易出口总额6.32亿美元，下降26.70%。生产企业出口额39.97亿美元，增长1.90%；三资企业25.66亿美元，下降8.50%；外贸公司51.50亿美元，下降6.10%。机电产品出口60.51亿美元，下降2%。高新技术产品出口5.39亿美元，增长18.30%。出口新兴市场41.33亿美元，下降0.80%；出口"一带一路"沿线国家（64国）30.70亿美元，增长4%。

外资。原鄞州全年新签外资项目78个，其中外商独资项目56个；合同利用外资16.27亿美元，增长29.70%；实际利用外资4.92亿美元，下降9.20%，其中服务业合同利用外资、服务业实际利用外资分别为5.60亿美元和4.48亿美元。

内资。2016年，全区引进内资157.06亿元，"浙商回归"项目实际到位资金117.75亿元。原鄞州全年引进内资项目118个，总投资379亿元，实际引进内资139.69亿元。"浙商回归"项目59个，包括新项目40个、结转项目19个，协议总投资297.21亿元，其中省外方投资额224.08亿元，实际到位资金137.60亿元。

【旅游、交通运输、供电】 旅游。原鄞州全年旅游总收入225.63亿元，增长13.90%。接待国内旅游者2066.29万人次，增长11.60%；接待入境旅游者24.32万人次，增长13.60%。旅游外汇收入7488.21万美元，增长19.30%。新创建浙江省果蔬采摘旅游基地、浙江省运动休闲旅游优秀项目各1家，宁波市休闲旅游基地1家。累计有国家AAAA级旅游景区5家、国家AAA级旅游景区3家。新增三星级饭店、特色客栈、省特色文化主题酒店各1家；新增花级酒店4家，其中五花级1家、四花级2家、三花级1家。累计有星级旅游饭店13家、花级酒店12家、绿色饭店9家、宁波市环保模范（绿色）单位5家、宁波市清洁生产单位2家、宁波市特色客栈2家；全区旅行社、分社共45家。

交通运输。2016年，原鄞州货物运输量4536万吨，其中公路货运量3692万吨；货运周转量1104568万吨千米，其中公路货运周转量330070万吨千米；客运量1234万人（仅包括班车、旅游，全部为公路客运，下同）；客运周转量93400万人千米。年末公路总里程1983千米（不包括城市道路），比上年减少5千米（主要是线路调整），其中高速公路144千米、一级公路189千米、二级公路203千米、三级公路289千米、四级公路1158千米。农村公路网密度、公路网面积密度每百平方千米147.36千米，以人口计量为每万人23.17千米。

供电。原鄞州全社会用电量83.34亿千瓦时，增长8.40%。其中，工业用电54.54亿千瓦时，增长4.80%；城乡居民生活用电13.59亿千瓦时，增长17.80%。

【金融、上市、保险】 金融。全区有金融机构265家，年末金融机构本外币各项存款余额5027.05亿元；本外币贷款余额5616.68亿元。年末金融机构人民币存款余额4719.58亿元，其中储蓄存款余额1535.35亿元；金融机构人民币贷款余额5185.29亿元。原鄞州有金融机构98家，年末金融机构本外币各项存款余额2095.65亿元，比上年末增长8.80%，本外币贷款余额1830.93亿元，比上年末增长6%；年末金融机构人民币存款余额2022.64亿元，比上年末增长9%，其中储蓄存款余额947.04亿元，比上年末增长5.80%；金融机构人民币贷款余额1792.30亿元，比上年末增长7.10%。

上市。全区有当地首发上市公司12家，鄞州区资本控制的异地上市公司3家，有3家企业在中国证券监督管理委员会审核，1家在香港联合交易所有限公司审核。原鄞州有当地首发上市公司13家，鄞州区资本控制的异地上市公司4家，有4家企业在中国证券监督管理委员会审核，2家在香港联合交易所有限公司审核。

保险。原鄞州全年保险公司保费收入23.75亿元，上升32.50%。其中，财产险保费收入11.59亿元，下降6.40%；人身险保费收入11.16亿元，上升150.60%；其他保费收入0.96亿元。保险公司赔款支出11.05亿元，上升3.60%。其中，财产险赔款支出8.55亿元，人身险赔款支出2.50亿元。

【科学技术、教育、人才】 科学技术。2016年，全区获各类授权专利9802件，其中发明专利1606件。发明申请5041件。新增高新技术企业33家。累计拥有国家级企业工程中心7家、省级高新技术企业研究开发中心58家。累计获得国家级科技项目2项。原鄞州全年分别新增省、市级专利示范企业5家和7家，累计拥有国家级专利示范企业12家、省级专利示范试点企业53家、市级43家；全年获各类授权专利12223件，其中发明专利1509件；专利申请20774件，发明申请5181件。

教育。2016年，原鄞州有普通中学43所，在校学生42279人，专任教师3543人；中等职业学校8所，在校学生11850人，专任教师1072人；小学71所，在校学生81536人，专任教师4433人。小学入学率、巩固率和升学率均达到100%；初中入学率、巩固率和升学率分别为100%、100%和98.90%。应届初中毕业生升入高中段比例为98.90%；义务教育学龄人口入学率100%。

人才。2016年，原鄞州引进各类人才1.30万人，其中高层次人才600余人，新增高级职称人才477人；入选浙江省"千人计划"4人，宁波市"3315高端团队"3个、宁波市"3315个人计划"2人，鄞州区"创业鄞州·精英引领"计划21人；预计入选市海外工程师年薪资助11人；新增浙江省"151人才"第二层次1人，浙江省有突出贡献中青年专家人才1人，预计有2名外国专家获宁波市"茶花奖"或"茶花纪念奖"；新增市级企业技术创新团队4家；年度招收进站博士后5人；重点人才指标中，市级以上"千人计划"70个，海外工程师159人，院士工作站19家，博士后工作站28家，企业技术创新团队28个。

【卫生、文化、体育】 卫生。原鄞州有卫生机构579个。其中，医院17家（综合医院9家，专科医院6家，中医医院2家）；社区卫生服务中心7家，标准社区卫生服务站85家；乡镇卫生院16家，门诊部29家，村卫生室286家，诊所和医务室132家。各类医院床位4858张，卫生技术人员9415人，医师3691人，注册护士3668人。全年总诊疗人次1555.85万人次（其中门诊1457.87万人，急诊97.98万人），住院病人实际占用床日150.47万天。

文化。全区有物质文化遗产保护单位、点和名录223处，其中国家级文保单位5处、省级文保单位8处；拥有库藏文物档案藏品20373件，其中珍贵文物664件。全区有国家级非物质文化遗产名录4项、省级21项、市级44项。全区累计建成博物馆19

国家级非物质文化遗产——万工轿

座。全年“天天演”文化惠民工程演出1330场次，惠及观众100余万人次。“天天读”为农家书屋配送图书6万余册。“天天听”举办讲座104场次，听众2万余人。“天天学”开展各类公益培训300余期（次）。开展“快乐·365”文化惠民行动2000余场次。原鄞州有物质文化遗产保护单位、点和名录865处，其中国家级文保单位5处、省级文保单位5处，拥有库藏文物档案藏品20791件，其中珍贵文物689件；有国家级非物质文化遗产名录5项、省级21项、市级56项。

体育。原鄞州全年举办（承办）ATP国际男子网球挑战赛、国际少儿乒乓球比赛、第24届中日韩青少年运动会网球比赛、手球比赛等国际赛事；举办2015—2016年中国女子篮球甲级联赛、2016—2017年中国女子篮球联赛等国内重大赛事，以及第九届“穿越四明山心”自行车赛、浙江省国际象棋冠军赛、2016宁波太白湖国际越野赛、第二届全国女子半程马拉松赛、灵秀横溪山地马拉松赛暨宁波市美丽乡村奥运会马拉松接力赛、宁波市第二届健美健身锦标赛等重要赛事。在里约奥运会上，鄞州重竞技训练基地举重小将石智勇为宁波赢得奥运史上首枚金牌；由鄞州输送的游泳运动员吴宇航参加奥运会男子200米蝶泳比赛；鄞州籍残疾人运动员黄成和楼成泉分别参加残奥会赛艇和游泳项目。钱智勇在2016年亚洲游泳锦标赛4×200米自由泳接力项目上获得银牌。

【人民生活、社会保障】 居民收入。原鄞州全年城镇常住居民人均可支配收入54199元，增长7.90%。总可支配收入中，人均工资性收入31385元，人均经营净收入11299元，人均财产净收入7773元，人均转移净收入3742元。城镇常住居民人均消费性支出35714元。其中，人均食品支出10169元，人均交通和通信支出5607元，人均教育文化娱乐服务支出4648元，人均居住支出7309元。城镇常住居民人均自有现住房面积37平方米。原鄞州全年农村常住居民人均可支配收入31568元，增长8.40%。农村常住居民人均生活消费支出22907元，增长11.90%，人均用于食品支出8405元，人均衣着支出1768元，人均交通和通信支出3552元。平均每百户农村家庭拥有彩色电视机182台、家用电脑55台、空调机128台、电话机67部、移动电话201部、电冰箱100台、洗衣机84台、汽车27辆。农村常住居民人均自有现住房面积34平方米。

社会保障。原鄞州基本养老、医疗、失业、工伤、生育保险的参保人数分别为123.32万人、66.03万人、48.35万人、49.36万人、45.69万人，实际缴费人数依次为52.38万人、52.92万人、48.35万 人、48.35万 人、45.69万 人；户籍人口医保参保率保持在95.60%以上。城乡居民在医保统筹区内住院和门诊特殊病种政策范围内医疗费的平均报销比例在75%左右，基层医疗机构普通门诊政策范围内医疗费报销比例在50%以上。原鄞州农村五保对象供养标准和困难群众最低生活保障标准为人均每月744元。全年发放低保金2741.65万元，向贫困重度残疾人发放生活保障金897万元，发放残疾人基本生活保障金2051万元，支付重特大病医疗金1917.25万元。新增养老机构床位664张，建成居家养老服务站19个，累计有居家养老服务站420个。

【市政公共服务、环境保护、能源、社会安全】 市政公共服务。2016年，全区累计拆除违法建筑203万平方米，累计完成旧住宅区、城中村、旧厂区改造330万平方米。至年底，纳入鄞州管理的各类市政设施包括桥梁313座；地下排水管道690千米，城市道路总长259千米，人行道面积171万平方米，各类市政设施完好率在98%以上。城区保洁的道路面积1027万平方米，长效保洁覆盖率100%，机扫率80%。全区生活垃圾日处理量每日1600吨，生活垃圾集中收集行政村覆盖率和无害化处理率均达到100%。

环境保护。原鄞州全年落实中幼林抚育面积666.67公顷，其中重点区域200公顷。全区生态公益林建设面积36400公顷。完成山地营造林面积126.67公顷，其中珍贵树种造林面积54.67公顷。2016年，原鄞州有国家级生态乡镇17个、省级生态镇（街道）1个、国家级生态村1个、市级生态村327个、市级以上环保模范（绿色）单位150家。化学需氧量和氨氮排放量分别减少排放208吨和59吨，分别削减2.50%和3.10%；二氧化硫和氮氧化物全年排放量减少37吨和13吨，分别削减1.10%和0.90%。

能源。全年规模以上工业单位增加值能耗下降5.90%。全年万元GDP综合能耗下降2.80%。

社会安全。2016年，全区发生各类生产经营性事故94起，死亡25人，受伤84人，直接经济损失602.10万元。原鄞州全年各类安全生产事故130起，安全生产死亡人数39人，受伤133人，直接经济损失316.90万元。生产经营性道路交通事故起数下降24.20%，生产经营性道路交通死亡人数下降19.40%。食品安全评价抽检项次合格率96.65%，批次合格率97.03%；药品监督抽检合格率98.15%。

（区统计局）

注：

（1）本部分各项数据来源于《2016年宁波市鄞州区国民经济和社会发展统计公报》，所列各项数字均为初步统计数，具体数据以统计年鉴资料为准，最新数据也可在鄞州统计信息网、鄞州统计微信查询；

（2）全区生产总值、各产业增加值绝对数按当年价格计算，增长速度按可比价格计算，人均生产总值按户籍人口计算；

（3）规模以上工业企业指年主营业务收入2000万元及以上工业企业；

（4）固定资产投资统计范围为计划总投资500万元及以上的项目；

（5）限额以上批发业指年主营业务收入2000万元及以上批发企业（单位）；限额以上零售业指年主营业务收入500万元及以上零售企业（单位）；限额以上住宿餐饮业指年主营业务收入200万元及以上住宿餐饮企业（单位）。

组织机构及其领导人

区四套班子领导机构

中共鄞州区委员会
书　　记:胡　军
副 书 记:陈国军
毛春阳(11月止)
叶继松
徐　强
朱法传(11月始)
常　　委:林　琪
沈　权
林　东(11月止)
王兆波(11月始)
郑坤法(12月止)
李　刚(11月止)
沈剑波
陈杰农(11月始)
张相晋(11月始)
陈　虹
蔡利丰(11月始)
徐卫成
葛连军
陈伟权(11月始,挂职)
方飞龙(11月始)
刘　春(3月始,挂职)

鄞州区人民代表大会常务委员会
主　　任:王自强
副 主 任:忻国龙
黄新山
高强华
吴柏宏
崔伟高
叶天奔
党组书记:王自强
党组副书记:杨慧芳(11月始)
忻国龙
党组成员:黄新山
高强华
陈家连(11月始)
吴柏宏
胡开通(11月始)
崔伟高
张定龙(11月始)

鄞州区人民政府
区　　长:陈国军
常务副区长:沈　权(11月止)
王兆波(11月始)
副 区 长:蒋明良(5月止)
夏素贞
茅剑辉(11月止)
朱晓丽(11月始)
卜明长(11月始)
梅益进
戴华祥
柴志强(11月止,挂职)
王　颖(挂职)
徐梦周(8月始,挂职)
陈伟权(11月始,挂职)
秦财华(11月始,挂职)
党组书记:陈国军
党组副书记:王兆波(11月始)
党组成员:沈　权(11月止)
蒋明良(6月止)
茅剑辉(11月止)
卜明长(11月始)
梅益进
戴华祥
卓开成(3月止)
朱剑涛
阮建成(7月止)
王　煦(10月止)
傅纪德(11月始)
金伟杰(11月始)

政协鄞州区委员会
主　　席:陈振国
副 主 席:王国定(1月止)
陈国良
吴海平
黄碧英
薛玉生
鲁定国
秘 书 长:孙亚飞
党组书记:陈振国
党组副书记:王国定(1月止)
党组成员:陈国良
吴海平
薛玉生
鲁定国
戴嘉敏(11月始)
华志苗(11月始)
孙亚飞

区纪委(监察局)

中共鄞州区纪律检查委员会
书　　记:李　刚(11月止)
张相晋(11月始)
副 书 记:余晓虹(11月止)
周初波
林　敏(11月始)
常　　委:杜路畅
李　琪(12月始)
陶　飞
张政一
郭成奎

区监察局
局　　长:余晓虹(12月止)
周初波(12月始)
副 局 长:郭成奎
励佩珍

审判、检察机构、人民武装

区人民法院
院　　长:王松来
副 院 长:姚世国
郑贤达
水旭波
金　首
纪检组组长:章信祥
执行局局长:谢贤芳
政治处主任:鲍根月
审委会专职委员:高志刚
张宝琴
徐力英
大嵩法庭庭长:李建宏
邱隘法庭庭长:陈高龙
姜山法庭庭长:周小鸥
东钱湖法庭庭长:陈文生
鄞江法庭庭长:陈增宏
望春法庭庭长:周文君
党组书记:王松来
党组副书记:姚世国
党组成员:章信祥
郑贤达

水旭波
金　首
鲍根月
高志刚

区人民检察院

检 察 长:华志苗(11月止)
吕益军(11月始,代理)
副检察长:赵　敏
施源明
张红军
吴静儿
丁力军
政治处主任:曹丰达
反贪局局长:张刚军
检委会专职委员:陈　静
金忠义
章建军
反渎局局长:何忠杰
东钱湖检察室主任:钱　忠
集士港检察室主任:干红光
党组书记:华志苗(11月止)
吕益军(11月始)
党组副书记:赵　敏
纪检组组长:王　骏
党组成员:张刚军
施源明
吴静儿
张红军
曹丰达
陈　静

区人民武装部

部　　长:王小兵(3月止)
政　　委:葛连军
副 部 长:卢昌平(3月止)

区委工作机构及党群各部门

区委办公室

主　　任:沃勇特(10月止)
徐卫成(12月始)
副 主 任:徐海平
洪　峰(7月止)
王升涛
钱　芳(12月始)
水旭东(10月始)
周　阳(10月始,11月止)
钱孝平(12月止,兼)
徐　明(兼)
夏国芬(12月止,兼)
卢善听(12月始,兼)
杜建海(12月始,兼)
金菲惠(12月始,兼)
戎惠棠(兼)
俞小群(兼)
计　伟(3月始,兼)
办公会议成员:徐国平(12月始)
叶茂章(10月止)
费建忠(兼)
傅怀锋
纪检组组长:徐国平(12月始)
纪检组副组长:叶茂章(10月止)
台办副主任:茅晓军(12月始)
保密局局长:徐云亚
机要局局长:罗旭东

区委组织部

部　　长:郑坤法(11月止)
陈杰农(11月始)
副 部 长:周义定(12月止)
毛孟军(11月止)
俞林明(12月始)
石信康(12月始,兼)
余　解(12月止)
林辉宇(12月始)
陈雅君
周丽君(12月止,兼)
蒋丽芳(12月始,兼)
两新工委书记:余　解(12月止)
林辉宇(12月始)
两新工委副书记:吴洁瑜
人才办主任:陈雅君
人才办副主任:杨亦权(12月止)
纪检组副组长:朱戴祥(7月止)
罗峥嵘(12月始)
部务会议成员:周丽君(12月始)
朱戴祥(7月止)
罗峥嵘(12月始)
汪　辉(7月止)
杨亦权
吴洁瑜
魏仲庆(12月始)
虞曙峰
阮　锴

区委宣传部

部　　长:沈剑波
常务副部长:郁健平(12月始)
副 部 长:陈琪树(12月止)
邵　斌(兼)
张行君
沈君达
应林辉(12月始)
部务会议成员:张建明(5月止)
竺焓波(7月始,兼)
章燕飞
何小红
张绘薇(12月始)
童科军
纪检组副组长(主持工作):
竺焓波(7月始)
纪检组副组长:张建明(5月止)
李国定
文明办专职副主任:何小红
网信办专职副主任:徐　铭

区委统一战线工作部

部　　长:陈　虹
常务副部长:朱英海(12月始)
副 部 长:徐自力(兼)
陈　肯(10月止,兼)
卢善听(12月止,兼)
严玉英(12月始,兼)
严伟强(12月始,兼)
傅晓芳(10月止,兼)
部务会议成员:高雅清
任　新
纪检组副组长(主持工作):任　新
纪检组副组长:周爱明(12月始)
邵国恒(12月止)

区民族宗教事务局

局　　长:陈　肯(11月止)
副 局 长:严伟强(12月始)
朱明霞　毕金玉

区台湾事务办公室

主　　任:卢善听
副 主 任:茅晓军(12月始)
范卫东

区侨务办公室

主　　任:陆盈盈

副 主 任：张根柱

区侨联
主　　席：陆盈盈（12月止）
严玉英（12月始）
副 主 席：金岐伟

区委政法委员会
书　　记：林　琪（11月止）
朱法传（11月始）
常务副书记：吴敏刚（11月始）
副 书 记：沈　权（11月止，兼）
林　东（11月止，兼）
王兆波（11月始，兼）
蔡利丰（11月始，兼）
胡贤君
骆芳伦（11月止）
委　　员：王松来（兼）
华志苗（11月止，兼）
吕益军（11月始，兼）
俞林明（兼）
张　民
曾　毅
汪志佩
朱　光（10月止）
计　伟（兼）
董君耀（10月止）
朱启木（11月始）
李海滨（12月始）
周元嗣（12月始）
纪检组组长：董君耀（10月止）
纪检组副组长（主持工作）：
朱启木（11月始）
纪检组副组长：盛晓东

区委区政府政策研究室
主　　任：徐　明
副 主 任：张科杰
忻　忠
熊英勇（12月始）
室务会议成员：傅行芳

区委区政府农村工作办公室
主　　任：钱孝平（11月止）
徐海平（11月始）
副 主 任：徐光良
唐元震
办公会议成员：张忠汉
黄　伟

区机构编制委员会办公室
主　　任：邱爱民
副 主 任：陈济南
蔡华平（12月始）

区直属机关党工委
书　　记：李明阳
副 书 记：傅　强
朱德伟
肖康焕（12月始）
党工委委员：李炳千（10月止）
朱　俊
纪工委书记：李炳千（10月止）
张　艳（12月始）

区委区政府信访局
局　　长：夏国芬（12月止）
金菲惠（12月始）
副 局 长：徐恩斐
童高平
楼章高（12月始）
陈　斌（12月始）
史国君
党组书记：夏国芬（12月止）
金菲惠（12月始）
党组成员：徐恩菲
童高平
楼章高（12月始）
陈　斌（12月始）
史国君
邱忠海

区委老干部局
局　　长：周丽君
副 局 长：张君芳（7月止）
蒋丽芳（11月始）
程洪彬（12月始）
陈海燕
局务会议成员：蔡浩平
陈　恩
章素霞（12月始）

区档案局
局　　长：王　宁
副 局 长：丁坚玲
王春微
戴惠芬（12月始）
党组书记：王　宁
党组成员：丁坚玲
王春微
朱罗贤
戴惠芬（12月始）

区委党校
校　　长：郑坤法（11月止）
陈杰农（11月始）
常务副校长：杜建海（12月止）
杨开建（12月始）
副 校 长：潘敏敏
行政学校校长：沈　权（12月止）
行政学校副校长：郑炀和
党委书记：杜建海（12月止）
杨开建（12月始）
党委副书记：潘敏敏
党委委员：刘　智

区委党史办公室
主　　任：王升涛（12月止，兼）
杜建海（12月始）
调研员（主持工作）：谢富国（5月止）
副 主 任：应建炳
鄢　舟
区总工会
主　　席：崔伟高
副 主 席：阮善良
黄春年
胡美星
范海锋
经审委主任：徐　滨
党组书记：阮善良
党组成员：黄春年
胡美星
范海锋
周迎春（12月始）
胡世华（12月始）

共青团鄞州区委员会
书　　记：陈　启（11月止）
副 书 记（主持工作）：
张　军（11月始）
副 书 记：郭琼颖（12月始）
蒋　昀
陈小意
张　华（12月始）

胡波霞（12月始，挂职）

区妇女联合会

主　　席：严玉英（12月止）
姚燕君（12月始）
副 主 席：赵　雅
陈仁波
赖静怡（12月始）
卢培军（12月始）
党组书记：严玉英（12月止）
姚燕君（12月始）
党组成员：汪晓红（7月止）
纪亚峰（7月始，12月止）

区残疾人联合会

理 事 长：柯　伟
副理事长：朱亚萍
朱怀全
全连明
党组书记：柯　伟
党组成员：朱亚萍
朱怀全
全连明
郭　军

区工商业联合会

主　　席：李立新
副 主 席：徐自力　王万兴
蔡继杰　赵晓国（兼）
朱云浩（兼）
朱国富（兼）
朱豪轲（兼）
刘　坚（兼）
杨和荣（兼）
严国元（兼）
张文阳（兼）
陆宏国（兼）
陈会甫（兼）
陈常锡（兼）
周建斌（兼）
庞赛君（兼）
赵宏明（兼）
俞　曙（兼）
徐立勋（兼）
傅明康（兼）
谢识才（兼）
蔡稼昌（兼）
党组书记：徐自力
党组成员：王万兴
蔡继杰
邬　红
陈晓娟（12月始）

区文学艺术界联合会

主　　席：邵　斌
副 主 席：江志勇
党组书记：邵　斌
党组成员：江志勇
史晓卿
钱秀娴

区社会科学院（区社科联）

院　　长（主席）：陆静波（11月止）
陈萍萍（12月始）
副院长（副主席）：吴志远
张科杰（兼）
潘敏敏（兼）
党组书记：何学军
党组成员：吴志远
张科杰
潘敏敏

区慈善总会

会　　长：朱禹宝
副 会 长：王明德　徐素芳
钱　芳　徐源忠
陈耀芳　马　慧
王澄海　李爱良
全能柔　何锡万
史利英　邱兴祝
钱旭利　马嘉凤
陈常锡　丁国年
秘 书 长：曹怀玉

区红十字会

常务副会长：李鹏程
副 会 长：陈明庭
党组书记：李鹏程
党组副书记：王正娟（12月始）
党组成员：陈明庭

区关心下一代工作委员会

主　　任：胡广良
副 主 任：周丽君（兼）
陈琪树（兼）
叶　夏（兼）
赵晓国（兼）
赵贤君

区革命老区开发建设促进会

会　　长：唐　军
副 会 长：倪明龙
秘 书 长：蔡桂芬
副秘书长：陆瑞康

区人大常委会、区政协机关

区人大常委会机关党组

党组书记：崔明飞
党组成员：柴福根（11月止）
徐志荣　莫菊妃
李仲安
冯惠锋（11月止）
张理勤（11月始）
陈琪树（11月始）
肖梅飞

区人大常委会办公室

主　　任：崔明飞
副 主 任：肖梅飞
周小涛（12月止）
陈科达（12月始）

区人大常委会法制工作委员会

主　　任：陈丽英
副 主 任：钱　飞

区人大常委会财政经济工作委员会

主　　任：柴福根（12月止）
李仲安（12月起）
副 主 任：朱裕高

区人大常委会教科文卫工作委员会

主　　任：徐志荣
副 主 任：郑红年

区人大常委会代表工作委员会

主　　任：莫菊妃
副 主 任：陈科达（12月止）
潘岳峰（12月始）

区人大常委会城建环保工作委员会

主　　任：李仲安（12月止）
张理勤（12月始）

副 主 任:施武能

区人大常委会农业和农村工作委员会
主　　任:冯惠锋(12月止)
　　　　陈琪树(12月始)
副 主 任:郭　松

区政协机关党组
党组书记:孙亚飞
党组副书记:鲁宝明
党组成员:裴渭干
　　　　李聪慧
　　　　梁德明(12月止)
　　　　谢定裕(11月止)
　　　　马晓英(12月始)
　　　　刘玮枫(12月始)

区政协办公室
主　　任:鲁宝明
副 主 任:冯浙萍
　　　　王宏标(10月始)

区政协提案委员会
主　　任:裴渭干
副 主 任:钱雪君

区政协经济科技和城建资源环境委员会
主　　任:李聪慧
副 主 任:孙颖莹

区政协教文卫体和文史资料委员会
主　　任:梁德明
副 主 任:王永强(10月止)
　　　　汪晓红(10月始)

区政协社会法制和港澳台侨委员会
主　　任:黄明伟
副 主 任:董华凌(11月止)

区政协委员工作委员会
主　　任:谢定裕(12月止)
　　　　刘玮枫(12月始)
副 主 任:朱蓓蕾

区政府工作部门

区政府办公室
主　　任:王　煦(11月止)
　　　　傅纪德(12月始)
副 主 任:蒋晓东
　　　　叶彭君(12月止)
　　　　毛　勇
　　　　张敏儿
　　　　钱　磊(8月止)
　　　　陆利中
　　　　童红琴(8月始,12月止)
　　　　吴永华(10月始,12月止)
　　　　王志刚(10月始,12月止)
　　　　钱春芳(12月始)
　　　　周义定(12月始)
　　　　王孝嗣(12月始)
　　　　汤旭波(兼)
　　　　顾月祥
　　　　忻明飞
　　　　许佳锋
党组书记:王　煦(10月止)
　　　　傅纪德(11月始)
党组副书记:叶彭君(11月止)
　　　　蒋晓东
纪检组副组长(主持工作):李洪平
纪检组副组长:章飞军
党组成员:毛　勇
　　　　张敏儿
　　　　钱　磊(7月止)
　　　　童红琴(7月始,11月止)
　　　　汤旭波(12月始)
　　　　张　涛(12月始)
　　　　李洪平
　　　　蔡蓓颖
　　　　曹明艳
　　　　张振鹏(12月始)
　　　　林　炼(12月始)
　　　　邬田田
流动人口办副主任:徐红庆
应急办专职副主任:钭小列

区发展和改革局
局　　长:钱春芳(12月止)
　　　　曹敬之(12月始)
副 局 长:高毓武
　　　　钱　磊
　　　　金素梅(10月止)
　　　　钱安宁
总经济师:毛坚芬
党委书记:钱春芳(11月止)
　　　　杨奇伦(11月始)
党委副书记:曹敬之(11月始)
　　　　高毓武
党委委员:钱　磊
　　　　金素梅(10月止)
　　　　钱安宁
　　　　朱东起
　　　　方玉华
　　　　翁亚清(12月始)
　　　　高汉荣(12月始)
　　　　张景献(12月始)

区经济和信息化局
局　　长:杨奇伦(12月止)
　　　　李永伟(12月始)
副 局 长:张志达　杨东光
　　　　傅学军　张国龙
智慧办主任:张志达
智慧办副主任:冯　豪
党委书记:杨奇伦(11月止)
　　　　冯伟民(11月始)
党委副书记:张志达
　　　　李永伟(11月始)
纪检组组长:张孟笲
党委委员:杨东光
　　　　傅学军
　　　　张国龙
　　　　孙巨华(12月始)
　　　　张孟笲
　　　　冯　豪

区教育局
局　　长:王建平
副 局 长:叶　夏
　　　　俞鹏年　王耀鹤
党委书记:王建平(11月止)
　　　　杨飞华(11月始)
党委副书记:王建平(11月始)
纪检组组长:郑肖骏
党委委员:叶　夏
　　　　郑肖骏
　　　　章建丰(12月始)
　　　　俞鹏年
　　　　仇建辉(12月始)
　　　　陈仁飞(12月始)
　　　　王耀鹤　徐蓓春

区科学技术局(科协)
局　　长:叶　龙

副 局 长:杨盛苗(12月始)
胡校生 王荣方
秦天雄 陈章君
宋坚勇(12月始)
科协主席:俞 蓉(12月始)
科协副主席:陈章君(1月止)
徐 超(1月始)
党组书记:叶 龙(11月止)
毛国宏(11月始)
党组副书记:叶 龙(11月始)
俞 蓉(11月始)
杨盛苗(12月始)
胡校生
党组成员:王荣方
秦天雄
李小海(12月始)
陈章君
宋坚勇(12月始)
史燕萍

宁波市公安局鄞州分局
局 长:林 东(11月止)
蔡利丰(11月始)
政 委:陈 冈(8月止)
朱乐定(11月始)
副 局 长:陆卫平(11月止)
许国平(11月始)
陆 俊
王伟祥(11月始)
徐德云
任建明(11月止)
张 洪
朱 斌(11月始)
郑光华(11月始)
督 察 长:王伟祥(11月止)
谢小明(11月始)
政治处主任:盛光明
信息指挥中心主任:陈立军
信息指挥中心教导员:杨东平
警务督察大队大队长:黄红耀
警务督察大队教导员:龚文军
网络警察大队大队长:包国华
网络警察大队教导员:张银生
警务保障室主任:沈兵辉
法制大队大队长:傅忠宁
法制大队教导员:毛春光
国内安全保卫大队大队长:俞伟利
国内安全保卫大队教导员:徐国良
反恐怖大队大队长:徐国良
出入境管理大队大队长:董美娟
出入境管理大队教导员:黄坚强
治安大队大队长:高安飞
治安大队教导员:朱赛维
刑事侦查大队大队长:严丰达
禁毒大队大队长:钟安康
禁毒大队副大队长:陈明良
禁毒大队教导员:秦永德
经济犯罪侦查大队大队长:张建高
经济犯罪侦查大队教导员:陈伟国
看守所所长:王静德
交通警察大队大队长:朱连军
交通警察大队教导员:叶佩红
巡(特)警大队大队长:王功伦
巡(特)警大队教导员:朱永久
党委书记:林 东(11月止)
蔡利丰(11月始)
党委副书记:陈 冈(8月止)
朱乐定(11月始)
许国平(11月始)
陆卫平(11月止)
纪委书记:王伟祥(11月止)
谢小明(11月始)
党委委员:陆 俊
王伟祥(11月始)
谢小明(11月始)
徐德云
盛光明
唐明堂(11月止)
任建明(11月止)
张 洪
陈立军
朱 斌(11月始)
郑光华(11月始)
金肖飞(11月始)

区民政局
局 长:徐素芳(11月止)
李青萍(12月始)
副 局 长:严国苗
毕未辉
党委书记:徐素芳(10月止)
张培吉(12月始)
党委副书记:李青萍(12月始)
党委委员:李乾华(7月止)
严国苗
杨秀明(12月始)
戴小如(12月始)
刘建军(12月始)
薛 艳(12月始)
毕未辉
李宣波(7月止)
杨 波
焦泰森

区司法局
局 长:俞林明(12月止)
副 局 长:徐光耀
陈小华 俞伟明
党组书记:俞林明(12月止)
吴启钱(12月始)
党组副书记:徐光耀
胡永齐(12月始)
党组成员:陈小华
俞伟明
陈 琼(12月始)
沈 军(12月始)
童素琴
杜光华

区财政局
局 长:钱 芳(12月止)
徐源忠(12月始)
副 局 长:岑卢艳
杨国定
王宏伟(10月止)
国资办主任:钱 芳(12月止)
徐源忠(12月始,兼)
国资办副主任:江 泳
郑少军
总会计师:虞文萍
党组书记:钱 芳(11月止)
涂更生(11月始)
党组副书记:岑卢艳(11月始)
徐源忠(11月始)
党组成员:杨国定
王宏伟(10月止)
陈黎(12月始)
叶良春(12月始)
江 泳 郑少军
徐 奕(12月始)
赵海波(12月始)

区人力资源和社会保障局
局 长:周义定(12月止)

石信康（12月始）
副 局 长：方巨成
凌　燕
谢华波
刘　涛（1月始，挂职）
党委书记：周义定（11月止）
钱孝平（11月始）
党委副书记：石信康（11月始）
胡冬平（12月始）
党委委员：范　骏（12月始）
王平均（12月始）
凌　燕
谢华波
邓　伟（12月始）
张佩莉
崔　莉
朱红燕
刘　涛（1月始，挂职）

区环境保护局
局　　长：童建业（12月始）
周　君（12月止）
副 局 长：朱建元　陈卫东
戎惠棠　徐　龙
陆千一
总工程师：王丽萍
党组书记：童建业（11月始）
周　君（11月止）
党组副书记：朱建元
陈卫东
党组成员：戎惠棠
陆千一
陈孟军（12月始）

区住房和城乡建设局：
局　　长：张瑞良（12月止）
纪　杰（12月始）
副 局 长：谢登峰
林海康
徐宁军
林子震（12月止）
总工程师：屈　庆（12月止）
纪检组组长：王洁龙
党委书记：张瑞良（11月止）
周　君（11月始）
党委委员：林子震（11月止）
谢登峰
林海康
陈　刚（12月始）
徐宁军
张　明（12月始）
王洁龙
盛　丹（12月始）

区城市管理局（城管行政执法局）
局　　长：张朝晖（12月止）
刘学文（12月始）
副 局 长：毛斐恩　谢跃伟
汤旭波　方　华
董嘉平
区智慧城管中心主任：
雷志强（10月止）
大嵩新区分局局长：陈　臻（兼）
党委书记：张朝晖（12月止）
刘学文（12月始）
党委副书记：毛斐恩
卢　彤（12月始）
杜路畅（12月始）
党委委员：谢跃伟
汤旭波（12月止）
方　华
董嘉平
雷志强（10月止）
王挺飞（12月始）
巩小亮（12月始）
谢　琦
陈　臻（兼）

区交通运输局
局　　长：傅纪德（12月止）
王　辉（12月始）
副 局 长：黄碧英
崔国忠（10月止）
徐宏光
总工程师：姜金环
区道路运输管理所所长：张　锋
区公路管理段段长：王文甫
区港航管理处处长：朱　军
党委书记：傅纪德（12月止）
王　辉（12月始）
党委副书记：崔国忠（10月止）
冯培荣（12月始）
纪检组组长：王洁龙（兼）
党委委员：徐宏光
张　锋

区水利局
局　　长：谢赛定（12月止）
郑贤斌（12月始）
副 局 长：钟金龙（11月止）
潘宁霞（11月止）
程　斌
总工程师：陈逸明
皎口水库管理局局长：
毛跃军（9月止）
党委书记：谢赛定（11月止）
郑贤斌（11月始）
党委委员：钟金龙（11月止）
程　斌
朱世炯（12月始）

区农林局（海洋渔业局）
局　　长：杨国财
副 局 长：钱连波
潘信伟
吕飞龙（10月止）
王文华
方志军
总工程师：王伟国
党委书记：杨国财
党委副书记：胡尚鹏（12月始）
纪检组组长：周　钧（12月止）
楼海波（12月始）
党委委员：周　钧（12月止）
周斌朝

区商务局
局　　长：严岩平
副 局 长：胡光飞　陈一川
陈岳振　杨利康
党委书记：严岩平
党委副书记：胡光飞
党委委员：许苏甬（12月始）
尚春根（12月始）
陈　波

区文化广电新闻出版局（风景旅游管理局、体育局）
局　　长：蔡建泓
副 局 长：李永明（3月止）
施国裕　施建华
鲍　磊　俞　峰
郑国芳　周玲智
张　颖

党委书记：蔡建泓
党委副书记：李永明（3月止）
施国裕
党委成员：施建华
陆立平（12月始）
鲍　磊
徐　兵（12月始）
郑国芳
周玲智
张　颖
沈戈锋

区卫生和计划生育局
局　　长：朱叶锋（12月止）
水黎明（12月始）
副 局 长：陈良儿　毕校龙
梁晓明　孙　鸿
党委书记：朱叶锋（11月止）
谢赛定（11月始）
党委副书记：陈良儿
水黎明（11月始）
肖忠文（12月始）
毕校龙
纪检组组长：李崇迅
党委委员：叶慰军（12月始）
朱　宇　陈学敏
徐晓良
白廷军（12月始）

区审计局
局　　长：徐源忠（12月止）
余晓虹（12月始）
副 局 长：张　剑
蔡　洲
程　洪
投资审计中心主任：侯　科
经责联席会议办公室主任：龚培娜
党组书记：徐源忠（11月止）
郝军海（11月始）
党组副书记：余晓虹（12月始）
党组成员：张　剑　蔡　洲
程　洪　侯　科
王安国（12月始）
丁孟云

区统计局
局　　长：李永伟（12月止）
吴锡辉（12月始）
副 局 长：裘松涛
周学军
总统计师：戴飞挺
党组书记：李永伟（11月止）
王升涛（12月始）
党组成员：丁柏荣（12月始）
裘松涛　周学军
毛　健（12月始）

区市场监督管理局
局　　长：沈　军
副 局 长：赵晓国（12月止）
虞文平　严朝君
陈国君　洪　煜
江　斌　蔡红辉
郑继军　冯利成
陈维军　沈宇燕
陈春阳
党委书记：沈　军（11月止）
顾同盟（11月始）
党委副书记：沈　军（11月始）
赵晓国（11月止）
纪检组组长：毛春范
党委委员：虞文平　严朝君
邵华燕（12月始）
陈国君　江　斌
蔡红辉　郑继军
冯利成
周政艺（12月始）
毛春范
高志康（12月始）
陈维军（12月止）
沈宇燕　陈春阳
戴　路（12月始）
陈亚元

区安全生产监督管理局
局　　长：钱帅鸿
副 局 长：王晓晖（12月止）
王良君　徐　斌
党组书记：钱帅鸿（11月止）
王国章（11月始）
党组副书记：钱帅鸿（11月始）
党组成员：王晓晖（11月止）
罗　群（12月始）
王良君
郑则旺（12月始）
徐　斌
邵忠杰（11月止）
王仁伟

区委区政府接待办
主　　任：费建忠
副 主 任：史实明（11月止）

区金融办
主　　任：戴国兴
副 主 任：张良平　王鸿宾
陈　良

区行政审批管理办公室
主　　任：李春丽
副 主 任：张　嵘
赵桂莲（12月止）
吴嘉恒（8月止）
史　乐（8月始，12月止）
党委书记：李春丽
党委副书记：张　嵘
党委委员：赵桂莲（11月止）
吴嘉恒（7月止）
史　乐（7月始，12月止）
钱　彪
王　斌（12月始）
杨燕明　李　芳

鄞州工业园区管委会
主　　任：宋侃侃（8月止）
副 主 任：朱亚红
郑剑华
党工委书记：水旭东（10月止）
沃勇特（10月始）
党工委委员：朱亚红　郑剑华
陈　良

宁波望春工业园区管委会
党工委书记：徐卫成（10月止）
王　煦（10月始）
党工委副书记：严朝阳（10月止）
朱　波（12月始）
党工委委员：陈晓伟
高红伟（7月止）
黄贤波
丁良洪
主　　任：严朝阳（11月止）
朱　波（12月始）
副 主 任：柴志强（11月止，挂职）

陈晓伟
高红伟（8月止）
黄贤波

宁波南部商务区管委会
主　　任：钱范杰（12月止）
金伟莉（12月始）
副 主 任：唐炜铭
方　毅（8月止）
吴素芬（8月始）
周永宽
陈维军
党工委书记：钱范杰
党工委副书记：金伟莉（11月始）
党工委委员：唐炜铭
方　毅（7月止）
吴素芬（7月始）
周永宽
陈维军（12月始）
程丽芳

长丰开发建设指挥部
总 指 挥：陈福定（12月止）
陈世能（12月始）
副总指挥：陈小华
党组书记：陈福定（12月止）
陈世能（12月始）
党组成员：陈小华
董森明
裴志刚（7月止）

桃源湾休闲度假区开发建设指挥部
总 指 挥：徐卫成（10月止，兼）
王　煦（10月始，兼）
副总指挥：卢纳新
鲁朝晖
谢飞红
朱灵勇（兼）
许晓彤（兼）
党组书记：卢纳新
党组成员：鲁朝晖
张　峰

大嵩新区（鄞州经济开发区）管委会
主　　任：应勇波
副 主 任：龚彩波　王　良
陈　臻　邵峥敏
秦财华（11月始，兼）
荆英姿（兼）
陈　勇（兼）
杨安妮（12月止，兼）
姚平达（12月始，兼）
夏以群（5月始，挂职）
党工委书记：应勇波
党工委委员：应勇波
龚彩波
王　良
陈　臻
邵峥敏（7月止）

区广播电视台
台　　长：舒放毅（10月止）
副 台 长：朱鸣鸿
徐　军（10月止）
陈幼云
党组书记：舒放毅（9月止）
党组副书记：朱鸣鸿
党组成员：徐　军（10月止）
陈幼云　陆佩芬

区投资合作局
局　　长：王　新（8月止）
郑冠勉（8月始）
副 局 长：周亚君
杨志军
项建海（兼）
党组书记：王　新（7月止）
郑冠勉（7月始，11月止）
陈　军（11月始）
党组副书记：郑冠勉（11月始）
党组成员：周亚君
杨志军
王　广（12月始）

区机关事务管理局
局　　长：李　波（12月始）
张　承（12月止）
副 局 长：张　承（12月始）

沙孟海书学院（周尧昆虫博物馆）
院　　长：钱丁盛
副 院 长：张忠良

区房屋征收管理办公室
主　　任：郑　杰（12月始）
陈世能
李建东（7月止）
副 主 任：沈建华
朱银春
姚　波（8月止）
苏大华（4月止）
党组书记：郑　杰（12月始）
陈世能
李建东（7月止）
党组成员：沈建华（12月始）
朱银春
姚　波（7月止）
苏大华（4月止）
姜海波（12月始）
印　佾　钱敏敏

区供销合作社联合社
（工贸资产管理办公室）
主　　任：胡岳明
副 主 任：朱周平　王伟国
张忠浩
党委书记：胡岳明
党委委员：朱周平　王伟国
张忠浩（11月止）

区人民政府咨询委员会
主　　任：陈明志
副 主 任：王飞龙
钱苗山
委　　员：杨汉良　洪光茂
陈耀芳　姜芬琴
秘 书 长：张敏儿（兼）
办公室常务副主任：史锡君

区城市建设投资发展有限公司
董 事 长：张纪原
总 经 理：王　翔
副总经理：马春梅　高　坚
张振斌
党组书记：张纪原
党组副书记：王　翔
纪检组组长：杜建法（11月止）
袁　磊（12月始）
党组成员：杜建法（11月止）
马春梅　高　坚
张振斌　袁　磊（12月始）

宁波产城投资管理有限公司（中车办）
中车办主任：忻思忠（5月始）

中车办常务副主任：王永坚（5月始）
中车办副主任：陈斌义（5月始）
巫莲莲（5月始）
总 经 理：王永坚
副总经理：巫莲莲
杨兵杰（5月始，挂职）
党委副书记：王永坚
纪委书记：陈斌义
党委委员：陈斌义
巫莲莲

石碶市场区管委会
主 任：陆勇敢
副 主 任：张明伦
林志康（10月止）
夏云辉（11月止）
党委书记：陆勇敢
党委委员：张明伦

宁波市客运中心站区域综合管理办公室
主 任：俞小群

宁波鄞州农村商业银行股份有限公司
董 事 长：周建斌
监 事 长：梁雪琴
行 长：仇 坤
副 行 长：蔡武红 林永生
周振宇（4月止）
洪皓辉
胡文意（1月始）
王 来（11月始）
董事会秘书：王 来（11月始）
首席信息官：叶凯锋（1月始）
工会主席：李 波（1月止）
党委书记：周建斌
党委副书记：梁雪琴
仇 坤
李 波（1月止）
党委委员：蔡武红 林永生
洪皓辉 胡文意
王 来（11月始）
周振宇（4月止）

宁波市直属管理单位

宁波市规划局鄞州分局
局 长：陈建权
副 局 长：陶秀国 包 钢
苏敏敏 汪国新
党组书记：陈建权
党组成员：陶秀国
包 钢 苏敏敏
汪国新 钟 乐

宁波市国土资源局鄞州分局
局 长：褚爱国（5月止）
钱 磊（6月始）
副 局 长：郑 琦（8月止）
何高伟（8月止）
毛雷杰（8月止）
汪天富（11月止）
卢 明
朱永祥（5月始）
曹立国（12月始）
褚正权（11月始）
纪检组组长：沈建设（10月止）
党组书记：褚爱国（5月止）
钱 磊（6月始，12月止）
曹立国（12月始）
党组副书记：朱永祥（5月始）
钱 磊（12月始）
党组成员：郑 琦（8月止）
何高伟（8月止）
沈建设（10月止）
汪天富（11月止）
卢 明
胡山波
褚正权（11月始）
夏瑜蕾（11月始）

区国家税务局
局 长：吕建华
副 局 长：王小灵
黄 旻
邵建耀
纪检组组长：郑根平（9月止）
施树声（9月始）
党组书记：吕建华
党组成员：王小灵
郑根平（9月止）
黄 旻
邵建耀
施树声（9月始）

宁波市国家税务局第一稽查局
局 长：黄佰桥
副 局 长：戚国君
董世煜
党总支书记：黄佰桥

鄞州地方税务局
局 长：李至峰
副 局 长：刘 红（12月始）
吴晓芬 谢盛龙
戴 晔
顾明杰（12月止）
党组书记：李至峰
党组成员：刘 红（12月始）
吴晓芬 谢盛龙
戴 晔

鄞州出入境检验检疫局
局 长：连策峰
副 局 长：许建林（1月始）
陈 雄（1月1—20日）
梁启平
临港办事处主任：朱忠康
党组书记：连策峰
纪检组组长：陈忠达（1月始）
高 专（1月1—20日）
党组成员：朱忠康
陈忠达（1月始）
高 专（1月1—20日）
许建林（1月始）
陈 雄（1月1—20日）
梁启平

宁波海关驻鄞州办事处
主 任：沈 骊
副 主 任：俞祖芳 张明炯
杨 璐

区烟草专卖局
局 长（经理）：丁丹峰
副 局 长：陈世国
副 经 理：马战军
党组书记：丁丹峰
党组成员：陈世国
马战军

中国邮政集团公司宁波市分公司鄞州分局（分公司）
局 长：周国衡（11月止）
徐新华（11月始）

区气象局
局　　长:胡春蕾
副 局 长:万宁姚
　　骆后平
党组书记:胡春蕾
党组成员:万宁姚
　　骆后平
纪检组组长:万宁姚

鄞州日报社
社长、总编:郭　靖(2月止)
　　邵　波(3月始)
副 总 编:罗涟浩　葛吉华
　　陈　勇
党总支书记:郭　靖(2月止)
　　邵　波(3月始)

宁波鄞奉海事处
处　　长:王继荣
政　　委:何章才
党总支书记:王继荣
纪检委员:何章才
党总支委员:王继荣
　　何章才

国家统计局鄞州调查队
局　　长:任　川
副 局 长:陈丹凤
党组书记:任　川
党组成员:陈丹凤
　　刘　灯(9月始,挂职)

区供电局
总 经 理:王　谊
副总经理:朱顺波
　　王吉庆
　　董元龙
　　燕俞波(7月始)
工会主席:杨亚光(4月始)
党委书记:朱顺波
党委副书记:王　谊
　　竺建国(4月始)
纪委书记:竺建国(4月始)

宁波市鄞州区电信局
局　　长:乐惠民(11月止)
　　韩　雄(11月始)
副 局 长:黄　红
　　孙立成(1月始)
　　毛高松(12月始)

中国移动鄞州分公司
总 经 理:李　平
副总经理:庄玲玲
　　陈文召
　　应　嵘(2月始)
　　胡忠娥(7月始)

中国联通鄞州分公司
总 经 理:陈叶能
副总经理:毛洁明　叶素萍
　　刘　维

宁波机场与物流发展集团有限公司
副董事长:郑智银
总 经 理:郑智银
副总经理:冯剑寒　董立宏
　　姒群纲　李　益
总经理助理:夏　萍
一级资深经理:许忠伟(10月止)
　　王立刚
工会主席:刘　杰
党委副书记:郑智银
纪委书记:王立辉
党委委员:冯剑寒　董立宏
　　姒群纲　王立辉
　　李　益

区盐务管理局
局　　长:邬孝甫

镇乡(街道)机构

瞻岐镇
党委书记:史新跃
党委副书记:姚平达(12月始)
　　任尧军
党委委员:竺益忠
　　忻剑波(7月始)
　　徐峥波(7月止)
　　周燕华(7月始)
　　胡　超
　　谢国华(7月止)
　　蔡　演(7月始)
　　陆亚龙
人大主席:周伟平(8月止)
　　朱　兵(8月始)
人大副主席:谢国华(8月始)
镇　　长:杨安妮(12月止)
　　姚平达(12月始)
副 镇 长:竺益忠(8月止)
　　徐峥波(8月止)
　　王　敏
　　金　桥
　　周侗都(8月止)
　　周燕华(8月始)
　　陈　磊(9月始)
纪委书记:胡　超
总工会主席:忻剑波(7月止)

咸祥镇
党委书记:汤宏斌(7月止)
　　洪　峰(7月始)
党委副书记:李　静
　　傅建宁(7月止)
党委委员:夏　勇(7月始)
　　陈巧艳(7月始)
　　陈　力
　　吕　君
　　何庞杰(7月始)
　　王世军(7月止)
人大主席:汤宏斌(8月止)
人大副主席:朱鸿炳(8月止)
镇　　长:荆英姿
副 镇 长:张志刚(8月始)
　　谢鸣鸣(8月止)
　　龚杰栋
　　董家俊(8月止)
纪委书记:陈　力
总工会主席:童盈国(8月止)
组 织 员:陈巧艳(7月止)
妇联主席:张淑琴

东吴镇
党委书记:张　磊
党委副书记:童红琴(7月止)
　　汪　辉(7月始)
　　胡文吉
党委委员:吴明霞　胡　军
　　吴理俊(7月始)
　　钟维红
　　翁海峰(7月止)
　　邱侠豪(7月始)
　　蔡俊勇

人大主席：沈光伟
人大副主席：任亚芬（8月止）
镇　　长：童红琴（8月止）
　　　　　汪　辉（8月始）
副 镇 长：胡　军
　　　　　钟维红
　　　　　吴祈德（8月止）
　　　　　陈　波（8月始）
　　　　　丁绍江
　　　　　卓世波
纪委书记：吴明霞（7月止）
　　　　　吴理俊（7月始）
总工会主席：俞优维

塘溪镇

党委书记：陈德全
党委副书记：陈　勇
　　　　　　王宏标（7月止）
　　　　　　毕延斌
党委委员：谢小亮（7月始）
　　　　　王　飞（7月止）
　　　　　姜启超（7月始）
　　　　　施巧灵（7月始）
　　　　　邬亚萍（7月止）
　　　　　孙华怡（7月始）
人大主席：陈德全
人大副主席：周海云
镇　　长：陈　勇（1月始）
副 镇 长：邬亚萍（8月止）
　　　　　孙华怡（8月始）
　　　　　谢小亮（8月止）
　　　　　严峰杰
　　　　　俞光国
　　　　　陈　基（8月始）
纪委书记：王　飞（7月止）
　　　　　姜启超（7月始）
总工会主席：王宏标（8月止）
　　　　　　毕延斌（9月始）
组 织 员：施巧灵（7月止）

五乡镇

党委书记：忻思忠
党委副书记：戴志君
　　　　　　凌锡辉（5月止）
　　　　　　应超武
党委委员：张　力（7月始）
　　　　　李宣波（7月始）
　　　　　竺幽兰（7月始）
　　　　　吴祈德（7月始）
　　　　　蔡勤勇
　　　　　陈国民
　　　　　林东波（7月止）
　　　　　严　俊（7月止）
人大主席：周名耀
人大副主席：林召国
镇　　长：戴志君
副 镇 长：郑　辉
　　　　　顾崎峰
　　　　　张晓男
　　　　　林东波（8月始）
　　　　　张　力（8月止）
纪委书记：李宣波（7月始）
　　　　　严　俊（7月止）
总工会主席：陈　磊（9月止）

邱隘镇

党委书记：卓开成（3月止）
　　　　　卢明娟（3月始）
党委副书记：任　广
　　　　　　徐　敏
　　　　　　王良峰（7月止）
党委委员：周时奋（7月始）
　　　　　陈鸿飞
　　　　　全未辉（7月始）
　　　　　周飞波
　　　　　王克峰（7月始）
　　　　　史　乐（7月止）
　　　　　姚刚毅（8月始，11月止）
　　　　　陈嵘嵘
人大主席：周启波
人大副主席：姚刚毅（8月止）
　　　　　　应咪琴（8月始）
镇　　长：任　广
副 镇 长：项建海
　　　　　上官福足
　　　　　应咪琴（8月止）
　　　　　赵蓉婷（8月始）
　　　　　吕　辉
纪委书记：陈鸿飞
总工会主席：尹金涯
妇联主席：胡伟儿

云龙镇

党委书记：吴永华（10月止）
　　　　　陈建恩（10月始）
党委副书记：陈建恩（10月止）
　　　　　　王晓晖（12月始）
　　　　　　叶仕兴
　　　　　　王贤勇（7月止）
党委委员：王　飞（7月始）
　　　　　陈海娜（7月始）
　　　　　平晓波　毛亚听
　　　　　郑建波（7月止）
　　　　　李进驰（7月始）
　　　　　周剑平
人大主席：姜国民
人大副主席：张凤仙（8月止）
镇　　长：陈建恩
副 镇 长：毛亚听
　　　　　朱春雷（8月止）
　　　　　高一波（8月始）
　　　　　陆松标（8月止）
　　　　　翁海峰（8月始）
　　　　　葛立邦
纪委书记：平晓波（7月止）
　　　　　陈海娜（7月始）
妇联主席：冯　琼

横溪镇

党委书记：王志刚（10月止）
　　　　　应勇波（10月始）
党委副书记：陈贤富　王裕春
党委委员：吴虹岗
　　　　　励吉波（7月始）
　　　　　程庆红
　　　　　任培亚（7月始）
　　　　　杨南渭（9月始）
　　　　　张海峰
　　　　　汤红川（7月止）
　　　　　陈悠芬（7月止）
人大主席：徐卫东
人大副主席：任光达（1月止）
镇　　长：陈贤富
副 镇 长：杨浩律
　　　　　陈申波
　　　　　吴虹岗（8月止）
　　　　　童明彪（8月始）
　　　　　励吉波（7月止）
　　　　　陈悠芬（8月止）
　　　　　鲁　敏（5月始，挂职）
纪委书记：程庆红（7月止）
　　　　　励吉波（7月始）
总工会主席：任培亚（7月止）

姜山镇

党委书记：沃勇特（10月始）
水旭东（10月止）
党委副书记：凌锡辉（5月始）
张　宾（5月止）
屠斌斌
吴伟民（5月始，挂职）
党委委员：傅文忠（7月始）
张定龙
陆梁峰
严频燕
纪亚峰（7月止）
贝傅杰（7月始）
王晓峰
人大主席：邵文龙
人大副主席：郑咪玉
镇　　长：凌锡辉（8月始）
张　宾（8月止）
副 镇 长：詹　祥
傅文忠（8月止）
陈红山　蒋优丰
章　斌
纪委书记：张定龙（7月始）
纪亚峰（7月止）
组织员：张定龙（7月止）

潘火街道

党工委书记：任东辉（3月止）
张　宾（5月始）
党工委副书记：周　高（10月止）
王　宁（11月始）
唐科成
党工委委员：钱海波　罗华峰
李　唯（7月始）
周　萍（7月始）
何裕定　叶仁达
李建杰（7月止）
吴慧娜（7月止）
周晓伟（7月止）
人大工委主任：杜　彪
人大工委副主任：戴铁军（8月止）
汤晓岚（8月始，11月止）
办事处主任：周　高（10月止）
王　宁（12月始）
办事处副主任：钱海波（8月止）
吴慧娜　李建杰
周晓伟（8月止）
费志强（8月始）
郭建良
纪工委书记：罗华峰
总工会主席：钱建华
组 织 员：李　唯（7月止）

福明街道

党工委书记：陈　骏
党工委副书记：邵英豪　邱　伟
韩　洁
杨真照（5月始，挂职）
党工委委员：陈琪钧（10月止）
朱亦红　俞云波
应钟铱　盛文柯
林　烜　朱英姿
张友龙
杨方波（4月起）
杨真照（5月始，挂职）
乌仁托雅（9月始，挂职）
人大工委主任：史济波（10月止）
王伟国（12月起）
办事处主任：邵英豪
办事处副主任：何燕波
陈琪钧（11月止）
朱亦红　俞云波
盛文柯
杨方波（4月始）
刘　波（1月止）
张武军（5月止）
纪工委书记：朱英姿
总工会主席：金　红

东柳街道

党工委书记：郁健平（11月止）
沈家瑜（11月始）
党工委副书记：沈家瑜（11月止）
陈　启（11月始）
刘　刚
党工委委员：陆文杰　李一峰
薛　伟　李　豪
陆　维　李军辉
张代祥　朱风华
人大工委主任：郁健平（12月止）
章耀祥（12月始）
人大工委副主任：吕　萍
办事处主任：沈家瑜（12月止）
陈　启（12月始）
办事处副主任：陆文杰　李一峰
陆　维　朱风华
纪工委书记：李　豪
妇联主席：戴丽萍

中河街道

党工委书记：郑贤斌（11月止）
朱叶锋（11月始）
党工委副书记：陆俊杰（7月止）
叶海东（7月始）
徐红光　陈红光
党工委委员：翁飞岳
翁萍华（7月止）
孙　妍（7月始）
竺培勤（7月始）
张成龙
赵春晖（7月止）
周宏杰（7月止）
乐　辉（7月止）
董　强
人大工委主任：许国华
人大工委副主任：姜亚君（8月止）
翁萍华（8月始）
办事处主任：陆俊杰（8月止）
叶海东（8月始）
办事处副主任：翁萍华（8月止）
赵春晖
邬亚萍（8月始）
周宏杰
乐　辉
吴　昊（5月始，挂职）
纪工委书记：翁飞岳
总工会主席：徐立群
组 织 员：严红杰（7月止）

东郊街道

党工委书记：高晓东（11月止）
葛欲栋（12月始）
党工委副书记：张　青
叶孝国
邱　春（12月始）
党工委委员：陆忠义　张水霞
俞守华　王正栋
方建明　卢　刚
俞　欢（5月始，挂职）
人大工委主任：胡忠良
办事处主任：葛欲栋（12月止）
邱　春（12月始）
办事处副主任：陆忠义　俞守华
陶成坤（11月止）

卢　刚
纪工委书记：张水霞
总工会主席：王金华
妇联主席：王高伟

下应街道

党工委书记：王　辉（11月止）
夏国芬（11月始）
党工委副书记：郁柏其
朱　兵（7月止）
朱春雷（7月始）
王小铮
党工委委员：张素淑
夏　杰（7月始）
倪　骋
王克峰（7月止）
周灵军
张亚平
人大工委主任：陈福祥
人大工委副主任：徐利军
办事处主任：郁柏其
办事处副主任：倪　骋（8月止）
蔡曙东
徐峥波（8月始）
周文杰
陈小波
办事处主任助理：韩　琦（6月始，挂职）
纪工委书记：张素淑
总工会主席：蒋万云
组　织　员：夏　杰（7月止）

明楼街道

党工委书记：史海良
党工委副书记：夏红霞（11月始）
金菲惠（11月止）
朱启木（12月止）
岳　玲（11月始）
党工委委员：项　伟
岳　玲（12月止）
易婷婷　张雄军
汪静萍　楼浩峰
林煜华　胡张法
人大工委主任：丁亚力
办事处主任：金菲惠（12月止）
夏红霞（12月始）
办事处副主任：项　伟　汪静萍
楼浩峰　胡张法
纪工委书记：易婷婷
总工会主席：蔡　军

百丈街道

党工委书记：冯全国（4月止）
张飞忠（4月始）
党工委副书记：张飞忠（4月止）
马荧波（4月始）
罗峥嵘（11月止）
庞超静
党工委委员：吴国兴　陈世聪
胡军涛　胡海雄
王　坚　董旭光
陶跃进
俞复玲（8月始，兼职）
人大工委主任：吴志明
办事处主任：张飞忠（4月止）
马荧波（4月始）
办事处副主任：胡军涛
王　坚
董旭光
纪工委书记：陶跃进
总工会主席：余昌伟
组　织　员：周容彬

东胜街道

党工委书记：王力波
党工委副书记：毛建平
姚平达（12月止）
党工委委员：严志勇　蔡永红
卢伟芝　周　豪
应乾坤　邵鸿松
林佩燕
葛晓玲（5月始，挂职）
余　慧（9月始，兼）
人大工委主任：
王力波（1月始，12月止）
陈伟智（12月始）
人大工委副主任：
周良忠（1月始，10月止）
办事处主任：毛建平
办事处副主任：严志勇　卢伟芝
周　豪　邵鸿松
葛晓玲（5月始，挂职）
纪工委书记：应乾坤
总工会主席：陈宁宁（10月止）

白鹤街道

党工委书记：王国军
党工委副书记：祝健敏　卢娟华
党工委委员：周　涛　严青春
余　春　陆晓敏
顾世东　赵文军
石　艳　邵永定
人大工委主任：陈永春
办事处主任：祝健敏
办事处副主任：周　涛　陆晓敏
顾世东　赵文军
纪工委书记：严青春
总工会主席：沈万金
妇联主席：俞霞红

首南街道

党工委书记：虞立军（7月止）
王　新（7月始）
党工委副书记：李建卫
夏红霞（12月止）
党工委委员：童文宏　施永达
孙　巍　卢　豪
周侗都（7月始）
陈孟伟
人大工委主任：鲁国挺（12月止）
人大工委副主任：夏明凤
办事处主任：李建卫
办事处副主任：沈红丰
余平君
沈　远
罗忠裕（7月止）
童文宏（8月止）
龚卓蟒（8月始）
纪工委书记：施永达
总工会主席：杨南渭（9月止）

钟公庙街道

党工委书记：李青萍（11月止）
陈福定（11月始）
党工委副书记：竺焓波（7月止）
金建永（11月始）
董家俊（7月始）
张　勇（挂职）
党工委委员：庄　琪
张碧云（7月始）
唐佩红（7月止）
谢光海
任琦峰（7月止）
周　辉（7月止）
樊贤君（7月止）

严　俊（7月始）
郑建波（7月始）
人大工委主任：蒋守国
人大工委副主任：史海良（8月止）
戴铁军（8月始）
办事处主任：王孝嗣（12月止）
金建永（12月始）
办事处副主任：庄　琪（8月止）
唐佩红　任琦峰
周　辉
樊贤君（7月止）
裴志刚（8月始）
纪工委书记：张碧云（7月止）
谢光海（7月始）
总工会主席：岑崇巍

高桥镇

党委书记：张盈军
党委副书记：郑冠勉（7月止）
陈明珉（7月始）
沈胜件（7月止）
钱帅华（7月始）
周　昀（5月止，挂职）
党委委员：钱帅华（7月止）
叶夏凯（7月始）
何国挺
施鹤峰（7月始）
周　波　姚存通
崔　磊
人大主席：毛雪光
人大副主席：钱　光
镇　　长：郑冠勉（8月止）
陈明珉（8月始）
副 镇 长：钱帅华（8月止）
陈　聪　陆从武
叶　华　叶夏凯（8月止）
严邵辉（8月始）
纪委书记：何国挺
总工会主席：施志明
组 织 员：成科峰（7月止）

横街镇

党委书记：陈洪勇（7月止）
陈晓虎（7月始）
党委副书记：林小红
李博古（10月始）
党委委员：钟宏朝　毛亚君
陈　辉（7月始）
龚安君（7月止）
王　慧（7月始）
胡永世
人大主席：章红霞
人大副主席：刘岳柱（8月止）
镇　　长：陈　光
副 镇 长：竺　青
许晓彤
胡　波
钟宏朝（8月止）
纪委书记：许继忠（7月止）
王　慧（7月始）
总工会主席：周燕娜

集士港镇

党委书记：徐卫成（10月止）
王　煦（10月始）
党委副书记：俞鹏宏　王　翔
朱伟军
党委委员：章朝阳
成科峰（7月始）
虞晓晓（7月始）
汪莉萍（7月始）
马苏君　任建明
费志强（7月止）
徐　钢（7月止）
人大主席：邹联峰
人大副主席：葛亚萍（8月始）
叶亚琴（3月止）
镇　　长：俞鹏宏
副 镇 长：姚　杰
陈明芳（1月始）
朱灵勇
虞晓晓（8月始）
葛亚萍（8月止）
纪委书记：章朝阳
妇联主席：汪莉萍
财政局局长：史召其
资源配置和审批服务中心主任：
王益明
综合执法局局长：胡雨红
总工会主席：励成静

古林镇

党委书记：吕红琴（10月止）
周　高（10月始）
党委副书记：陈明珉（7月止）
应鹏辉
党委委员：吴春波
何　舜（7月始）
李晓明（7月始）
蒋　琳（7月始）
杨武军（7月止）
毛乾伦
戴金旭
朱银春
人大主席：凌旭涛
人大副主席：王剑芳
镇　　长：周小波
副 镇 长：吴素芬（8月止）
周　开　汪渊群
崔凯业
纪委书记：吴春波
总工会主席：施鹤峰
组织员：张　亮（7月止）

石碶街道

党工委书记：朱良华
党工委副书记：李　高
叶海东（7月止）
王光阳（7月始）
党工委委员：马　能
周　军（7月止）
陈　锋（7月始）
谢鸣鸣（7月始）
许惠苏（7月止）
王军义（7月始）
朱华鑫（7月始）
陈　云
李健宏
人大工委主任：戴利光
人大工委副主任：杨梅芬（8月止）
许惠苏（8月始）
办事处主任：李　高
办事处副主任：王军义（8月止）
高红伟（8月始）
陈　锋（8月止）
徐　钢（8月始）
周　军（8月止）
蔡幼琴　钟明荣
朱华鑫（8月止）
纪工委书记：马　能
总工会主席：袁晓芳

洞桥镇

党委书记：卢明娟（3月止）

戚燕枫（3月始）
党委副书记：陈学芳
李苏苗
党委委员：龚安君（7月始）
陈　洪（7月始）
林丹枫　贝春芬
俞国军（7月止）
胡　杰（7月始）
吴建军
人大主席：沈功海
人大副主席：李志君（1月止）
镇　　长：戚燕枫（3月止）
陈学芳（3月始）
副 镇 长：贝春芬
杨武军（8月始）
胡　杰（8月止）
应功明（1月始）
全立伟
纪委书记：林丹枫（7月止）
龚安君（7月始）
总工会主席：李　霞

鄞江镇

党委书记：黄　列
党委副书记：陈晓虎（7月止）
王贤勇（7月始）
许　骥
王光阳（7月止）
党委委员：李晓明（7月止）
周风云（7月始）
吕　莲（7月始）
虞晓晓（7月止）
陈松苗（7月始）
邱玉良
陈　明（8月始）
人大主席：陈坚平
人大副主席：童盈国（12月始）
镇　　长：陈晓虎（7月止）
王贤勇（7月始）
副 镇 长：虞晓晓（7月止）
陈松苗（7月始）
崔川良
周风云（7月止）
陈　波（12月始）
王　旭
纪委书记：李晓明（7月止）
周风云（7月始）
总工会主席：童明彪（7月止）

龙观乡

党委书记：周　阳（10月止）
陈健雄（10月始）
党委副书记：曹　磊
黎炜华
党委委员：毛　磊（7月始）
刘建华（7月始）
陈朋豪
夏未尧（1月止）
徐华儿
陈国钦
人大主席：周　阳
人大副主席：蒋召君
乡　　长：曹　磊
副 乡 长：徐华儿
李春梅
夏未尧（1月止）
钱剑锐　王秩林
纪委书记：陈朋豪（7月止）
毛　磊（7月始）
总工会主席：胡瀚杰
妇联主席：曾　徐

章水镇

党委书记：周宏杉
党委副书记：宋文夫
胡小峰
党委委员：严　波
王　杰（7月始）
陈旭亚
陈峥嵘
邵海定（10月止）
人大主席：崔锡朋
镇　　长：宋文夫
副 镇 长：严炳君　陈国军
丁迪辉
纪委书记：任明海
总工会主席：李红伟

东钱湖镇

党委书记：朱志川（9月止）
章　昊（11月始）
党委副书记：凌剑晖　周宇明
党委委员：张勋胜（11月始）
童云雨
徐麦喜
翁豪军（11月始）
张松波（11月始）
王春翰（11月始）
人大主席：朱志川
人大副主席：俞伟国
镇　　长：凌剑晖
副 镇 长：王春翰
谢孝华
仇凤花
纪委书记：童云雨

梅墟街道

党工委书记：孔志平
党工委副书记：傅明龙（4月止）
何卫林（4月始）
王　立（5月止）
邵孟力
党工委委员：汤晓刚
邱君良
俞凯通
陈明哲（挂职）
钱国军
人大工委主任：陈国芳（2月止）
杨伟革（5月始）
办事处主任：傅明龙（4月止）
何卫林（4月始）
办事处副主任：邱君良
俞凯通
陈明哲（挂职）
汤晓刚（4月止）
庞春琴（5月始）
纪工委书记：邵孟力（4月止）
汤晓刚（4月始）

新明街道

党工委书记：周伟杰
党工委副书记：杨伟革（4月止）
王　立（5月始）
黄立天（6月止）
章惠毅（5月始，挂职）
范刚军
党工委委员：赵雪明　汪文渊
裘名洪　王学波
人大工委主任：周文林
办事处主任：杨伟革（4月止）
王　立（5月始）
办事处副主任：裘名洪
王学波
纪工委书记：赵雪明
总工会主席：柴益祥

中共宁波市鄞州区委员会

湾底村获“全国先进基层党组织”称号

概　述

重要会议

重要调研

全面深化改革

纪检·监察

区委办公室工作

组织工作

宣传思想工作和精神文明建设

统一战线工作

政策研究

台湾事务

区直属机关党建工作

信访工作

机构编制管理

党校工作

老干部工作

概　述

【概况】 2016年，鄞州区实现地区生产总值1342.50亿元，财政总收入366.40亿元，其中一般公共预算收入230.40亿元，固定资产投资772.70亿元，规模以上工业产值1549.20亿元，社会消费品零售总额615.30亿元，外贸出口141.30亿美元。

实施行政区划调整。区委成立领导小组和9个专项工作组，根据宁波市“1+X”政策体系，制订实施人事、财物、事权等具体方案，梳理和明确相关部门的职责权限、管理机制、工作体制，理顺和推进行政审批“一块牌子、两个办事中心”、行政执法属地管理、民生保障过渡等机制。推进人事调整、干部划转、部门合署办公及企业帮扶、解疑释惑、兑现承诺、舆论宣传等工作。

高新技术产业增加值占规模以上工业比重为52.40%，工业强区综合评价连续4年居全省第二位，创新型试点城区测评、“两化”融合发展水平居全省第二位。增加国家高新技术企业33家、授权发明专利1606件、国家企业技术中心2个，建成国家级众创空间6个，连续4年获得浙江省科技人才工作考核优秀。金融、航运、会展等行业在全市确立龙头地位，商贸、文化创意、信息服务等行业优势明显。签约引进新药开发、中铁国昌、智能制造等一批优质产业项目，实际利用外资6.40亿美元，引进内资157.10亿元、“浙商回归”资金117.80亿元。36个重大项目开工，41个项目基本建成。

推进东部新城、南部新城、老城区建设，实施城市精细管理和综合执法体制改革，东部新城城市管理成为样板。小城镇建设和旧村改造新村建设拆旧建新262万平方米，实现省新农村建设“六连冠”。实施“五水共治”“三改一拆”和小城镇环境综合整治、农村“三居”、“整洁田园美丽农业”等专项整治行动，改造提升全省规模最大的电镀园区，基本完成铸造、印染、化工、畜禽养殖等重污染行业整治，完成“三改一拆”533万平方米，创建为浙江省“清三河”达标区。

开展主题文化宣传、家风建设、最美评选等工作，提升“海商文化”“周日文化”“义乡鄞州”等特色品牌。教育、医疗、养老、就业等领域的改革创新取得实效，重大堤防工程、骨干道路建设等推进。创新社会治安联合管控、信访重点人群“五级管控”、流动人口管理机制，推进重点行业、重要场所、重大隐患特别是厂房改建公寓楼、群租房出租房、合用场所等安全生产大排查大整治，完成“平安护航G20”任务。

开展“两学一做”学习教育，区委常委会带头，各级党组织联动，重点学习党的十八届六中全会精神，争当“四讲四强”党员。建立健全双向挂职、能上能下、容错免责等机制，完善以德行正反双向测评、亮绩竞标等为重点的选任体系，干部监督管理成为浙江省建设示范点，基于大数据的干部选拔管理机制受到中国共产党中央委员会组织部（简称“中组部”）领导肯定。创新基层党建工作，形成湾底村党建石语工作法、南部商务CBD开放式党建、宁波文化广场“党建+公益”、宁波东外滩“党建+文化”等品牌，湾底村党委成为全国先进基层党组织。建立健全责任清单、痕迹管理、廉政函告、巡察工作等制度，完善土地出让、工程建设、利益输送等办法。

（区委办公室）

重要会议

【全区“两学一做”专题党课暨学习教育动员部署会】 2016年5月11日，区委召开全区“两学一做”专题党课暨学习教育动员部署会。区级机关党委（党组）主要负责人、政工副职，各镇乡（街道）党（工）委书记、专职副书记，区委巡查组组长和驻鄞流动党委（安徽庐江县宁波流动党委、浙江天台县宁波流动党委）200余人参加会议。区领导陈国军、王自强、陈振国、毛春阳、林琪、沈权、林东、郑坤法、李刚、陈虹、徐卫成、葛连军、刘春等出席会议。会议由区委常委、组织部部长郑坤法主持。会议学习贯彻习近平重要指示精神以及中央和省委、市委有关精神。市委常委、区委书记胡军讲“两学一做”专题党课，部署全区“两学一做”学习教育活动，动员各级党组织和党员干部投身教育实践活动，推动全面从严治党向基层延伸。

【区委全体（扩大）会议】 2016年7月13日，区委召开十三届十一次全体（扩大）会议。区委委员等250余人参加会议，区委各常委出席会议，市委常委、区委书记胡军主持会议。会议贯彻落实党的十八届五中全会、省委十三届九次全会和市委十二届十一次全会精神，回顾总结上半年工作，重点部署“补短板”工作和下半年任务，审议通过《中共宁波市鄞州区委关于全力补齐短板深入实施“名城强区”战略的意见》，动员全区各级党组织和党员干部，拉高标杆、补齐短板，强化担当、狠抓落实，奋发有为实现“十三五”发展的良好开局。

11月29日，区委召开十三届十二次全体（扩大）会议。区委委员、区委候补委员等112人参加会议，区委各常委出席会议，市委常委、区委书记胡军主持会议。会议审议通过《中国共产党宁波市鄞州区第十三届委员会第十二次全体会议关于召开中国共产党宁波市鄞州区第十四次代表大会的决议（草案）》。

12月29日，区委召开十三届十三次全体（扩大）会议。区委委员、区委候补委员等112人参加会议，区委各常委出席会议，市委常委、区委书记胡军主持会议。会议表决通过递交区第十四次党代会审议的工作报告、召开的日期和地点，选举鄞州区出席市第十三次党代会、省第十四次党代会、党的十九大代表候选人相关人选。

（黄小坤）

重要调研

【车俊到鄞州调研】 2016年8月3日，省委副书记、代省长车俊一行5人到鄞州调研，市委常委、区委书记胡军，副区长陈国军等陪同调研。车俊一行走访南部商务区展厅、水街，并至商会大厦俯瞰南部商务区全景。车俊表示，对南部商务区的未来发展充满信心。

【袁家军到鄞州调研】 2016年6月2日，省委常委、常务副省长袁家军到鄞州调研企业发展情况，市、区领导胡军、王仁洲、沈权陪同调研。袁家军一行走访参观雅戈尔集团股份有限公司品牌展示厅、衬衫精品车间，了解企业品牌建设、转型升级等情况。雅戈尔集团股份有限公司董事长李如成介绍企业当前发展情况及未来规划。袁家军希望公司主动寻找新商机，努力拓展新空间，进入高端领域，参与国际竞争，为地方经济转型发展再立新功，成为鄞州、宁波、浙江的骄傲。

【唐一军到鄞州调研】 2016年8月2日，市委副书记、代市长唐一军到鄞州调研，市领导王剑波、陈奕君、胡军等参加调研。唐一军考察雅戈尔集团股份有限公司，参观产品展示厅、衬衫和西服生产车间，了解生产经营情况，肯定公司做强做优主业、加强新产品研发、推行全渠道营销等做法；走访钟公庙街道都市森林社区，参观社区书画室、便民服务大厅，听取钟公庙街道工作汇报，对街道工作提出希望；听取鄞州区经济社会发展情况汇报，肯定鄞州区经济社会发展成绩，希望鄞州区要进一步统一思想、坚定信心、增强定力，抓住新机遇、加快新发展、展示新风貌，争创践行“五大发展理念”的先行区。11月10日，省委常委、市委书记、代市长唐一军到鄞州区调研党建工作，王剑波、杨立平、李会光、胡军、王建社等领导参加调研或座谈。唐一军考察姜山镇顾家村、宁波南部商务区和中河街道东城社区，肯定其党建工作经验和做法。

（钱 毅）

全面深化改革

【概况】 2016年，鄞州区系统布局改革项目，召开两次改革领导小组会议，确定19个重点改革项目，其中新增建立正向激励与反向倒逼的工业转型升级机制、多模式推进特色小镇建设等12个改革项目，区委改革办督查专员专项督查重点改革项目落实情况。开展改革评估，围绕企业分类综合评价机制、企业投资项目高效审批制度改革、农村产权制度改革、医药卫生体制改革等11个省重点改革项目，落实企业调查、公众调查、网络调查3项评估工作，在《鄞州日报》头版推出《改革攻坚鄞实践》专栏，在鄞州电视台播放改革专题宣传视频。开展改革述职，由区委副书记、区委改革办主任朱法传作改革工作述职报告，总结鄞州区改革工作的总体情况、特色亮点，重点介绍养老服务业改革、快速审批改革、民间资本参与发展社会事业、家事审判制度改革、医疗卫生体制改革等成功经验。创新推进改革宣传，鄞州强化科技创新、投资项目实行快速审批、“工匠型企业”带动制造业升级、抓早抓小防范“微腐败”、聚科技英才促产业转型等做法在《经济日报》《浙江日报》等媒体发表；《宁波通讯》专刊介绍鄞州区改革创新工作，宣传推广鄞州改革成效；鄞州创新企业人才评选机制等信息在《宁波改革》发表，得到市委组织部部长杨立平批示肯定。

【经济体制改革】 2016年，鄞州区经济体制改革突出“创新转型”。完善正向激励与反向倒逼相结合的转型升级机制，鼓励企业实施技术改造，加快“两化融合”，弘扬“工匠精神”，淘汰落后产能，倒逼企业转型升级，推进传统产业升级、新兴产业壮大，加快制造业向高新高端升级、向产业链两端延伸。高新技术行业实现产值约1100亿元，占规模以上工业增加值比重达到50%。增加1项工信部智能制造专项（全市仅2家），2项产品入选2016年度装备制造业重点领域浙江省首套（台）产品名单。创新新兴产业发展模式，重点依托南部商务区、四明金融小镇、各类电商园区、众创空间和商务楼宇，加快项目集合、产业集聚、人才汇集，做大做强总部经济、金融经济、信息经济、服务经济。通过四明金融小镇创建，全区集聚类金融企业400余家，金融业占服务业比重提高到20%。加快政府行政职能改革，在“百日审批”“五联审批”“模拟审批”“容缺预审”等创新举措基础上，搭建区级快速审批平台，建立企业投资项目联合审批系统，重点在工业园区、工业企业、物流企业等领域，采用取消部分审批事项、取消部分中介技术服务事项、审批改备案、前置改后置等方式，对负面清单外的企业投资项目试行“快速审批”改革。全区政府投资项目报审全流程由145个工作日缩短到100个工作日，提速31%；工业基建项目报批全流程由129个工作日缩短到50个工作日，提速61%。

【城乡体制改革】 2016年，鄞州区城乡体制改革突出“管理创新”。完善城市精细化管理机制，针对城区软硬件不匹配的现实问题，重点探索创新精细化、长效化的城市管理机制，加强环境管理、视觉管理、细节管理，深化智慧城管建设、“五面五化”、日常动态监管；完善城市管理协同联动机制，健全综合行政执法体系，设计流动摊贩档案、店铺规范经营档案和环卫保洁日查日护表三份档案。完善农村股份制改革，创新资产运营、收益分配等机制，重点实施65个股改村社后续完善工作。全区农村股份合作制改革工作全部完成，应发股权证61.95万本，发放到户到人59.16万本，发证率95.50%，基本建立产权清晰、权责明确、保障严格、流转顺畅的新型农村集体产权制度。推进卫星城市中心镇发展改革，集士港镇探索“以商鉴赏”招商模式，借助当地企业的人才资源和技术力量，甄别招商过程中遇到的项目；探索危旧房成片改造有效机制，建立前期意见征询、评估测量、方案协商等工作程序，镇核心区内行政村采取集中安置的方式实施棚户区改造，农村为主的村采取整理式改造模式。姜山镇推进综合执法管理体制改革，原综合执法大队和城管中队合并成综合管理大队，在全镇试行“大综管”模式。完成全区政策性农村住房保险投保工作，全区25.30万户农户参保，参保率连续10年达100%。

【社会领域改革】 2016年，鄞州区社会领域改革突出“模式创新”。全面深化社会事业领域改革，鼓励民间力量参与社会事业领域，鼓励民间资本发展国际幼儿园等高端学前教育服务，引导民办学校办出特色，创新人才培养模式；鼓励民间资本依法开展中外合作办学，引进境外优质教育资源，举办高水平的中外合作教育机构和培训机构；允许社会力量多种形式参与公立医院改制重组，鼓励港、澳、台以及国际知名品牌医疗实体举办或参与举办医疗机构，探索外商独资兴办综合性医院试点，支持有执业资格的医务人员开办私人诊所。推进省级养老服务综合改革，创新实施“分级养老”“市场养老”“模式养老”，构建以居家为基础、社区为依托、机构为支撑的养老服务体系。全区有各类养老机构50家，养老床位8560张，每百位老人拥有机构床位数4.91张；建成村（社区）居家养老服务照料中心401家，建成率87%；养老机构综合责任保险参保率92%，居家养老服务照料中心参保率100%。

【民主法制领域改革】 2016年，鄞州区民主法制领域改革突出“改革创新”。重视民主法治建设，以法院、检察院等司法机构改革为重点，推进家事审判改革，建立健全法律服务平台。推进国家层面的家事审判改革，区法院作为最高人民法院试点单位，开展家事审判改革试点工作，出台《关于家事审判方式和工作机制改革试点工作的实施方案》，创新规定家事案件的审判原则、受案范围、审判制度及纠纷综合协调机制。全面建成“区—镇—村”三级公共法律服务平台，开展法律咨询、法律援助、公证咨询、矛盾调解等综合性法律服务，镇乡（街道）依托当地社会服务管理中心或司法所开设公共法律服务窗口，安排专业人员承担定期值班任务，提供基本公共法律服务；村（社区）设立公共法律服务导引点，引导有需求的群众接受法律服务。

【文化体制改革】 2016年，鄞州区文化体制改革突出“市场活力”。继续推进公共文化市场化、社会化改革，创新社会力量参与公共文化的政策引导机制、社会力量赞助捐赠公共文化激励机制、公共文化设施管理运行机制等；引入市场主体和机制，加强公共文化设施日常运营，降成本、提效率；建立统一的专业管理平台、演出采购平台、票务流通平台等，促进城乡演艺资源的有效整合，实现乡镇剧院的一体化经营管理。推进社会诚信体系建设，以政务诚信、商务诚信、社会诚信和司法公信为主要领域，构建覆盖全社会的征信系统，完善信用监管制度和失信惩戒制度，建立“褒扬诚信、惩戒失信”的社会信用机制。构建一体化网络舆情防控体系，坚持正确的舆论导向，建设上下一体、纵横贯通的舆情收集平台，完善网上网下信息联动、网上舆情响应处置、有效评论引导的舆情处理机制，建立网络舆情评论引导、信息发布、落地处置、部门联动的舆情防控体系。

【党的建设领域改革】 2016年，鄞州区党的建设领域改革突出“人才创新”。围绕人才和干部，推进全区党的建设领域改革，继续深化“创业鄞州·精英引领”活动。创新企业“人才工匠”评选机制，制定出台《鄞州区企业实用人才评价暂行办法》，建立以能力、实绩、贡献等为评定标准的全新评价办法，重塑“工匠精神”；提高“鄞州工匠”的政策红利，发放“鄞州金匠”每人每月1000元、“鄞州银匠”每人每月500元，累计36个月的工作生活津贴。完善“四好”干部建设队伍，建立规范干部选拔任用动议酝酿、民主推荐、全面考察、讨论决定和任职管理等选人用人操作流程，建立干部体检式考察、不胜任干部调整、退二线干部管理等监督管理机制，形成“四好”干部队伍、选人用人规范和日常监督管理的“1+1+1”立体制度体系。

【生态文明领域改革】 2016年，鄞州区生态文明领域改革突出“机制创新”。推进生态文明示范区创建，开展鄞州区生态文明建设规划编制和生态环境治理。继续推进落后产能淘汰机制，加快电镀城整治提升，完成17家企业重建，各部门协同完成蔺草、矿山、畜禽等行业整治。加强铸造、电镀、印染、氧化等重点行业整治督察，开展挥发性有机污染物整治。推进城乡环境综合整治，建立属地政府与职能部门的联动机制，开展综合整治长效管控。加强建筑工地扬尘和泥浆管理，落实扬尘污染防治措施，按规范处置建筑泥浆。加强垃圾分类和收集处理管理，有效杜绝生活垃圾随意焚烧现象。

【纪律检查体制改革】 2016年，鄞州区纪律检查体制改革突出“长效机制”。深化党的纪律检查体制改革，健全常态化长效化的管理体制，推进党风廉政建设和反腐败斗争。建立健全正风肃纪长效机制，贯彻落实上级关于作风建设的各项要求，开展正风肃纪专项检查，加大作风建设宣传和社会舆论监督力度，加强监督检查和问责追究。按照“统一名称、统一管理”的要求，坚持全面派驻、分类设置、职能明确、权责一致的原则，建立派驻机构领导体制和工作机制，强化派驻机构监督执纪问责职能。

（蒋　敏　蔡展峰）

纪检·监察

【概况】 2016年，区纪委（监察局）受理各类信访举报768件，处置问题线索275条，立案查处党员干部违纪案件181件，其中移送司法机关追究刑事责任11人；给予党纪政纪处分184人，涉及区管干部24人、科级干部11人，重点查办土地房屋评估领域违纪违法系列窝案。开展“信访大整治、安全大排查”专项行动，严肃整治和查处侵害基层群众利益的不正之风和腐败问题，查处农村党员干部违纪案件60件。运用监督执纪“四种形态”，综合运用“第一种形态咬耳扯袖”174人次，其中采取批评教育、诫勉谈话等处置人数比上年增长38.70%。落实执纪审查安全责任制，实现审查安全“零事故”、执纪人员“零违纪”。开展党纪政纪处分决定执行情况专项检查，查纠问题

16人次，收缴、追缴钱款约36万元。

协助区委制订全面从严治党主体责任“四专”建设（确定专门机构、落实专门人员、健全专项制度、构建专门平台）工作方案，出台《2016年度鄞州区党风廉政建设和反腐败工作责任分工》。建成党风廉政建设责任制留痕管理系统，责任制痕迹化管理工作得到市纪律检查委员会主要领导批示肯定和省、市媒体宣传报道。实施党风廉政建设函告制度，推动同级领导班子成员主动履行“一岗双责”，发出函告书34份，推动问题整改236个，问责区管干部13人。党风廉政审查146名拟提拔或转重的领导干部，廉情联审4738名各级“两代表一委员”人选，其中对36名存在党风廉政问题的候选人提出意见。

出台《关于建立容错免责机制促进干部干事创业的实施办法（试行）》，为185名受到诬告、错告的党员干部澄清事实、维护声誉。

【区纪委十三届八次全体（扩大）会议】 2016年2月3日，区纪委十三届八次全体（扩大）会议举行。出席会议的区纪委委员29人，列席224人。市委常委、区委书记胡军出席会议并作重要讲话，区委常委和有关区领导等出席会议。会议深入学习贯彻十八届中央纪委六次全会、省纪委十三届五次全会、市纪委十二届五次全会精神，总结2015年工作，部署2016年任务，审议通过区纪委书记李刚代表区纪委常委会所作的工作报告。

【正风肃纪督查】 2016年，鄞州区落实中央八项规定精神和作风建设有关规定，结合区镇班子换届、区划调整、节假日等重要节点，开展正风肃纪督查638批次，查纠问题172起，分别给予纪律处分、诫勉谈话、通报批评等处理。开展苗头性倾向性问题廉情预警，向130名镇（街道）和区级机关党政主要负责人发送落实中央八项规定精神告知书，在元旦、春节等重要节日和干部调整等关键节点发送预警信息14条。

【基层巡查】 2016年，鄞州区组织开展基层巡查。累计5轮，覆盖14家单位、24个村（社），移交问题线索16条，督促整改落实涉及党风廉政建设和反腐败工作、执行中央八项规定精神和作风建设、“三重一大”（重大事项决策、重要干部任免、重要项目安排、大额资金的使用）、干部队伍建设和体制机制方面5大类751个问题。

【党风廉政教育】 2016年，鄞州区开展“学而悟、践于行”专题教育活动。结合新修订党内法规的宣传培训，制作中央八项规定精神廉政动漫专题片，组织实施新提任区管干部和区管副职后备干部党规党纪考试、党员干部参加职务犯罪案件庭审旁听、参观市廉政教育基地、“1+N”廉政文化进机关、童蒙养正等活动。全年收到党员干部上交礼金、礼卡、礼券220余万元。

【“提质强纪”工程】 2016年3—12月，区纪委结合“两学一做”学习教育和省委书记夏宝龙对纪检监察干部提出的“八个不要”具体要求，在全区纪检监察系统开展“提质强纪”工程。“提质强纪”工程分5个阶段，以“三讲三做”（讲规矩，做守法纪的明白人；讲学习，做懂业务的实干家；讲担当，做有作为的先锋者）为重点，组织开展纪检监察业务培训10期200余人次、党章党规党纪应知应会知识考试2000余人次、业务大比武60余人次、专题研讨10次、挂职锻炼16人次、清风宣讲20余场次。

【监察体制改革试点启动】 2016年12月，根据中央和省、市委关于深化国家监察体制改革试点决策部署，鄞州区启动监察体制改革试点工作。12月27日，成立深化监察体制改革试点工作小组，市委常委、区委书记胡军任组长，朱法传、王兆波、陈杰农、张相晋、忻国龙、吕益军任副组长，其他相关领导为成员。工作小组下设办公室，周初波任办公室主任，开展改革试点各项前期准备工作。

（穆时洪）

区委办公室工作

【概况】 2016年，区委办公室组织召开“四办”主任联席会议4次，刊发区委一周工作预安排和常委一周工作安排各52期；承办参办全区性会议和活动125次，其中党代会1次、全委（扩大）会议1次、常委会议30次、书记专题会议25次，接待或参与接待中央和省、市级领导及各地党政考察团50批次，到镇乡（街道）、区级机关有关部门调研65次。接收中央、省、市等上级文件604件，发文371件，收文正确率100%，整理文书档案59盒1025件。

起草完成区党代会、行政区划调整、区委全会、“两学一做”学习教育、经济社会发展等文稿300余篇180余万字，编发《区委办通报》15期，“未来五年新鄞州大力实施名城强区战略建设都市核心区、打造品质新鄞州跻身全国一流强区最前列的目标定位、发展思路、战略抓手”被区委主要领导采纳；起草区委副书记在党的建设、镇村建设、“五水共治”、社会稳定和统战群团及区委重大会议上文稿80余篇20余万字，完成《综合施策多向发力加快构筑鄞州现代农业发展新格局》调研报告。牵头组织全区“五水共治”、村级经济合作社股份合作制改革等相关工作调研、镇村建设工作实地督查及统战群团各线活动80余次；组织召开全区股份制改革动员会、环境卫生集中整治动员会、“五水共治”推进会、镇村建设现场会、护航G20杭州峰会各类协调会议、区划调整及党代会筹备相关会议、统战群团各线会议60余次；组织接待侨胞台胞、重要客商、党政考察团及省市有关督查组、上级领导调研组等20余批次。

上报省、市各类信息1000余条，考核得分2258分，获评宁波市党委系统信息工作先进单位。上报信息被中共中央办公厅综合录用5条，被省委办公厅录用85条，被市委办公厅录用167条，其中多条正面类信息获市领导批示肯定。

开展党内法规工作，审核并向市

委报备党委系统规范性文件17件。培育创建宁波市法治镇乡（街道）先进单位4家。完成涉密高清视频会议系统保障工作。机要通信和机要值班工作实现全年无失控。

【保密工作】2016年，鄞州区结合“G20杭州峰会”、区划调整，严格保密管理。加强定密管理，严格涉密文件审核，并要求机关部门及时报备。开展涉密载体销毁工作，实现上门服务、无偿销毁工作全覆盖。制订“自查督查、全区普查、专项检查”三位一体检查方案。自查督查结合自查自评工作进行，全区普查即检查全区连互联网计算机，专项检查主要有规划测绘、高考保密、护航“G20杭州峰会”、档案管理等。建立每日两核、即查即处常态化工作机制，每日上下午各核查互联网出口监管平台、门户网站监管平台检索的预警信息，发现敏感信息立即调处，排除隐患。建立党校保密教育培训基地，根据不同层次、不同对象因人宣教、分类施教；开展行业性保密培训，结合培训对象岗位职能，培训保密具体操作执行层面的注意事项。采取保密知识测试、OA系统预警、制作保密知识笔记本等方式，继续开展保密教育展板巡展。

【督查工作】2016年，区委督查工作领导小组办公室牵头制订《鄞州区“六创联动”工程主要工作任务分解及督查工作实施方案》，组织开展全区半年度重点工作任务完成情况大督查、全区经济工作责任综合大督查等决策督查37次。召开区委督查工作领导小组扩大会议，起草确定区领导联系基层制度工作方案，探索实施区委、区政府督查专员工作制度，协调组织开展中央八项规定精神执行情况“回头看”、全区路（段）长制落实情况“回头看”、全区领导干部大会精神落实情况大督查等专项督查。整改落实媒体曝光问题，分别完成《今日聚焦》《第一聚焦》曝光问题跟踪督办4次和24次。组织开展督查调研15次，其中服务保障中共中央办公厅督查组实地督查调研2次，协助省委、市委督查7次；办理各级领导批示件977件，办理网民留言1件；编发《鄞州督查（专报）》101期、《鄞州督查（通报）》3期。

（区委办公室）

组织工作

【概况】2016年，鄞州区有基层党组织2906个。其中，党委117个、党总支135个、党支部1654个，另有部门党委15个、各类党组48个。发展党员680人，其中女性255人。累计有党员61451人，其中女性20838人、少数民族152人，45岁及以下33162人、大专及以上学历40675人。

提拔转重区管干部87人，其中正职24人、副职63人。组织开展专题调研，综合研判2011年换届后区级机关、镇乡（街道）领导班子运行和领导干部履职情况，系统优化区级机关和镇乡（街道）领导班子结构。继续在年度综合考核中推行“四述四评一考核”机制，相关理论文章在《党建研究》刊登。推进区划调整有关人事工作，149名区管和科级干部自愿申请提前退休或退出领导岗位，15名区管党政正职划转至海曙区，全区各单位党政主要负责人全部到位。开展省级干部监督管理示范点建设，综合运用“六项纪律”（政治纪律、组织纪律、廉洁纪律、群众纪律、工作纪律、生活纪律）考核评议、出国（境）证件智能化管理、领导干部经济责任审计等方式，加强干部日常监督，特别是建立基于大数据的干部选拔管理机制，形成立体全面、动态预警的干部监督工作体系，相关做法被《光明日报》《浙江日报》等报道，受到中组部领导批示肯定。重点开展换届风气监督工作，整改省、市委巡回督查组巡查反馈问题8个。选派100余名机关干部到重点区块开发、重大项目建设和急难险重一线担任“项目推进员”，到骨干企业担任“精英助理”，到社区（股份经济合作社）担任“第一书记”。制定出台《鄞州区干部教育培训现场教学基地管理办法（试行）》，开展“实干之星”和“读书之星”评选活动。

集中排查7.80万名党员组织关系，发现失联党员718人，其中取得联系659人。集中处置不合格党员202人，其中取消预备党员资格、劝退除名、开除党籍162人。推进“两代表一委员”和党员违法违纪排查处置工作，排查涉嫌违法违纪党员173人，处置106人。推进农村党员干部违建违排专项整治工作，排查相关问题20宗，基本整改到位。完善党员轮训工作机制，区、镇、村组织党员轮训20余期，推荐省“万名好党员”80人。

【“两学一做”学习教育活动】2016年，区委组织部开展“两学一做”学习教育活动。承办全市“我与党章的故事”征文活动，收到征文1700余篇，成果汇编成“两学一做”资料，在全市发放3万余册，得到市委组织部主要领导批示肯定。引导全区党组织向全国先进基层党组织湾底村党委、划船社区党委学习，“董国福微视频”、宁波市第六医院手外科党支部有关事迹等在市级以上媒体集中报道。组织开展“五（吾）亮五（吾）争”“党课大家讲、万人上讲台”“看齐当先锋、创优我先行”等主题行动及评选“家风家规”“党员红黑榜”“小巷法官”等活动。

【人才工作】2016年4月，鄞州区出台《鄞州区企业实用人才评价暂行办法》，打破“四唯”（唯学历、唯支撑、唯论文、唯资历）人才评价体系，突出能力、实绩、贡献，并将评价范围扩大到传统制造业、战略性新兴产业、生产性服务业等行业领域，得到市委组织部主要领导两次批示肯定。建设浙江省首个人力资源服务产业园，推进汉德城“梧桐小镇”建设，帮助引进年薪30万元以上高层次人才100余人，申请专利及专利授权106项，填补国内技术空白25项。在美国纽约举行鄞州四明金融小镇推介会，小镇集聚浙江省“千人计划”宋立国、宁波市“3315计划”陈冠龙等高端金融人才、团队。盛世方舟获评“十三五”期间全国首个创业投资示范基地，集物堂获评国家级众创平台，中物九鼎科技孵化器获评国家级科技企业孵化器。举办第三届“新城杯”创业创新项目征集大赛、宁波2016年国际“双创”节、宁波市“技术官赞·中国制造2025”中国技术官大会和2016新能源“千人计划”专家宁波行等人才引育活动。入选浙江省“千人计划”4人，增加宁波市“3315计划”创业个人4人、团队2个。

【基层党组织建设】 2016年，鄞州区制订实施基层党建“整街推进、整区提升”三年行动计划，规划建设“一核四翼五集群”，其中探索建设城乡融合党建示范区相关做法被评为宁波市组织系统特色工作二等奖、调研成果二等奖。召开“再战300天”现场推进会，明确三年内建成125个示范点、75条精品线和50个“整片建强”示范片目标任务。全面推行党建项目管理制，各镇乡（街道）针对工作短板制定党建项目46项，其中“一把手”牵头30余项。创新推行“一镇四园”工作机制。制定完善各领域基层党建工作标准，重点健全完善联系服务群众工作机制，其中“群众点题约谈、干部答题解难”和“阳光8号”党员志愿服务经验做法，分别获2016年全省“红船杯”党建品牌案例征集评选二等奖和入围奖。

【两新组织党建工作标准化建设】 2016年3月，鄞州区制订两新组织党建工作标准化建设三年行动计划，出台《关于开展两新组织党建标准化建设的实施意见》，在工作队伍、党建覆盖、制度建设、要素保障和成效评价等方面建立两新组织党建工作标准化建设“五有十条”标准，在党员锋领指数考核方面明确基本指数、正向加分项、反向扣分项和一票否决事项4类20条实施细则。发放两新组织党建“红色工具包”，包含《两新党组织工作记录本》《两新党员发展手册》等工作资料，相关工作在全市推广。制定两新工委“开放式”党建责任清单和两新组织党建工作标准化建设认证办法，80%以上党组织达标。开展两新党组织集中换届，全区1022个应换届两新党组织完成换届，涉及组织近9000家，党员15000余人。换届后两新组织党员出资人（负责人）任党组织书记比例为70.90%，新生代出资人进入党组织班子比例为9.10%；撤并调整两新党组织32个，迁转党员关系206人。相关工作被省、市媒体报道，并被省委组织部推广。出台全区两新组织党员“两学一做”学习教育实施意见，开展两新组织党员“八个一”主题活动。博威集团有限公司党委副书记董国福在“喜马拉雅”APP上开设“国福频道”，上传专题党课200余集，累计点击量4.40万人次，受中央、省、市媒体报道；丹顶鹤社区建设全市首个公益街区，宁波文化广场建立两新组织服务联盟，探索“梦·享+”公益众筹品牌，全年对接公益项目597个，筹集善款1100余万元。开展城乡党建融合示范区建设，建立“两会三统”工作机制，形成“四区五带”工作格局，相关做法受市委组织部主要领导批示肯定。推进以特色小镇和社会组织孵化园、电商园、科创园、文创园为核心的“一镇四园”新业态党建工作，相关工作经验被《组工信息》采纳刊登，四明金融小镇“四精四融”模式在国家、省、市媒体上报道。深化CBD党建模式，南部商务区“开放式党建、生活化社区”被中组部党建研究所专题调研推广。

2016年10月18日，钟公庙街道基层党建品牌“橙色25℃”揭牌

【第五届“创业鄞州·精英引领”活动周】 （参见“人力资源和社会保障”类目“人事人才”分目）

【庆祝中国共产党成立95周年暨“向先锋看齐”先进事迹报告会】 2016年6月27日，鄞州区举行“凝聚红色力量、助力名城强区”庆祝中国共产党成立95周年暨“向先锋看齐”先进事迹报告会。区领导王自强、毛春阳、林琪、沈权、林东、郑坤法、沈剑波、陈虹、徐卫成出席会议，其他区四套班子领导、副区级领导干部、副区（县）级以上离退休同志、区级机关主要负责人、各镇乡（街道）党（工）委书记、各级“两优一先”代表等100余人参加会议。会议由区委副书记、区长陈国军主持。市委常委、区委书记胡军参会并提出要求。会议宣读鄞州区获评全国及省、市“两优一先”荣誉集体和个人名单及区委表彰区级“两优一先”决定，瞻岐镇南二村党支部等49个基层党组织获评鄞州区先进基层党组织，谢飞春等199名党员获评鄞州区优秀共产党员，李德智等50名党务工作者获评鄞州区优秀党务工作者。下应街道湾底村党委书记吴祖楣、博威集团有限公司党委副书记董国福、鄞州公安分局民警陈怡等作为先进典型分别作事迹报告。

（张　寅）

宣传思想工作和精神文明建设

【概况】 2016年，区委宣传部制发《2016年鄞州区委理论学习中心组学习意见》，举行鄞州论坛6期、区委中心组理论学习12次。举办全区“十三五·话担当”微型党课比赛，推荐优秀选手参加省、市级比赛，获市个人一等奖、二等奖、三等奖、优胜奖各1名，区委宣传部获优秀组织奖，博威集团有限公司党委副书记董国福获浙江省微型党课大赛特别奖、最佳网络人气奖。组建“百人讲师团”，成立“两学一做”学习教育微型党课宣讲团。42支基层宣讲“三五支队”小分队宣讲900余场，受众8万余人次。举办社科普及月、理论普及周活动150余场次。搭建鄞州党员教育·理论普及网络管理平台，实现对全区基层宣讲工作的实时统计和信息存档。文化礼堂开展各类活动500余场，其中民俗特色活动及礼仪活动154场，发放奖补资金16.23万元。探索“隔壁邻舍串串门”思想政治工作分众模式建设，工作经验获市思想政治工作研究会优秀调研成果一等奖。

制定出台《基层公共文体场馆规范服务指导意见》和《镇级公共文体场馆服务规范》等。探索社会力量参与公共文化，累计建成汇港美术馆、卖面桥社等30余家民办艺术基地。实施“天天系列”“快乐·365”等文化惠民工程，组织举办海商文化周、第四届人民文学新人奖颁奖等活动。油画《王安石变法》入选“中华文明历史题材美术创作工程”，纪录片《它山堰》在中央电视台科教频道播出。1位作家获第四届人民文学新人奖，1位篆刻家获“百年西泠·湖山流韵”西泠印社诗书画印大展篆刻单项奖第一名，2位艺术家入选第四批宁波市文艺家工作室。区财政设立410万元年度文艺精品专项资金，扶持精品项目26个。制订下发《鄞州区文化产业“十三五”发展规划》。全区文化产业增加值57.80亿元，占GDP的比重为4.50%，比上年增长19%；规模（限额）以上文化创意产业增加值55.34亿元，增长16.20%。宁波音王电声股份有限公司、浙江宣逸网络科技有限公司等5家企业入选年度“国家文化出口重点企业”，宁波广告产业园区、宁波和丰创意广场获评2015—2016年度浙江省重点文化产业园区，集盒文化创意街区入选浙江省文化创意街区创建工作试点单位，广博集团股份有限公司获评浙江省文化产业示范基地，3家企业入选浙江省文化出口重点企业，7个园区获评首批宁波市级及培训文创产业园区，2人入选宁波市宣传文化系统“六个一批”（文化经营管理类）人才，3个团队获“宁波市文化创新团队”（文化产业类）称号。

综合分析研判意识形态领域情况，形成《关于2016年鄞州区意识形态领域情况的分析报告》，并上报市委。加强对《鄞州日报》、鄞州电视台、鄞州广播电台和鄞州新闻网的新闻管理和节目安全播出管理，实施新闻宣传考核。提拔街道宣传委员7人，配备鄞州日报社社长。区委领导带队调研辖区各大中专学校，指导思想政治工作，讲“两学一做”专题党课，宣讲党的十八届六中全会精神。

【精神文明建设】 2016年，鄞州区推动社会主义核心价值观有形化建设，在四眼碶街建设诚信街区，在天童路建设“核心价值观”公益宣传街。推动志愿服务常态化，完善鄞州志愿服务网管理应用。举行首届区志愿者学员培训班，开展“迎接G20，人人讲文明”志愿服务活动，举办“青春助力·名城强区”建设志愿服务项目发布会暨鄞州区首届志愿服务网络交流会。推行文明城市创建目标管理责任制，与创建重点部门和各镇乡（街道）签订目标责任书。治理文明创建“顽疾”，梳理“五周边三部位”存在问题，并以项目化方式进行“编号、盯号、销号”整改，整治、销号重点问题78个。21个社区品牌入选宁波市“百佳社区文明创建工作品牌”，3个社区入选宁波市首批10个“品质社区”。出台《关于进一步加强“四点钟学校”规范化管理的通知》，规范“四点钟学校”建设管理。浙东抗战老兵纪念园、梅园革命史迹陈列馆获评宁波市爱国主义教育基地。

【农村文化礼堂建设】 2016年2月25日，鄞州区组织年度33个文化礼堂计划建设村及46个备选建设村村支部书记和相关负责人，在洞桥镇三李村文化礼堂和古林镇前虞村文化礼堂召开现场专题培训会，部署和推进年度文化礼堂建设工作。至年底，全区建成农村文化礼堂33家，其中新建17家、改建13家、扩建3家，涉及16个镇乡（街道）。根据《鄞州区农村文化

2016年11月，姜山镇墙弄村文化礼堂建成

礼堂建设与管理运行奖补办法》，激励“三五支队”进礼堂宣讲等7类文化礼堂活动，全年开展相关特色活动154场（不含文化礼堂开展的日常活动），奖补资金16.23万元。区财政按照平均每个文化礼堂15万元的标准，安排年度建设专项资金495万元。组织相关文化礼堂参加全市文化礼堂才艺大赛、全市文化礼堂“十佳”系列评选、“宁波舟山文化走亲”、全市文化礼堂“我们的村晚”等活动。

【“义乡鄞州”建设】 2016年，鄞州区开展“义乡鄞州——家风建设年”宣传实践活动。活动由区委宣传部、区纪委、区教育局牵头，分别负责社会宣传、党员家风建设和在校学生家风教育，区妇联、区委党校等部门及各镇乡（街道）共同推进，突出重点人群，开展“以德立家”“以廉治家”“以学兴家”“以和睦家”等活动，推进家风家训进机关、进社区、进学校。全年评选产生区级以上文明家庭、“最美家庭”130户，举办相关活动62场，参与人数4万余人，刊发市级以上报道近30篇，镇安小学作为全省唯一学校代表在全省好家风建设推进会上作经验交流。

【典型选树工作】 2016年，鄞州区增加“浙江好人”11人、“宁波好人”17人、“鄞州好人”53人，吕鸿鸿、陈维维入选“中国好人榜”。推进“道德模范工作室”建设，建成严意娜、张亚芬、黄莲芸等7个工作室。常态性走访慰问“最美人物”、困难道德模范，慰问孙惠珍等“身边好人”18人次，发放慰问金5万余元。

【“德育导师制”推行】 2016年，鄞州区全面推行“德育导师制”工作。全区成立德育工作坊13个，97所公办中小学校完成变革，实现育人工作由“单一育人”向“全员育人”、教师工作由“管理教育”向“服务指导”、师生关系由“简单传授”向“交流交融”、教师心态由“迫于任务”向“主动担当”4个方面转变，相关工作得到副市长张明华和市政府秘书长王建社的批示肯定，工作信息被中宣部《每日要情》和《浙江宣传》录用。“德育导师制”课题获全市宣传思想文化工作创新奖，《立德树人的鄞州实践》一书由浙江人民出版社出版。

【“城乡清爽行动”实施】 2016年，区委制订出台《鄞州区农村环境卫生长效化建设方案》，开展五大制度建设。全年下拨农村环境卫生长效化建设专项资金2662万元，建成镇级生活垃圾中转站6座、建筑（装修）垃圾消纳场地9个。建成区、镇、村三级环卫监管网，厘清各类责任边界，区公路段下放240余千米区级以上道路保洁权限到属地镇乡，经费同步移交。全区城区和镇建成区市场化保洁率达到100%，52.20%的行政村实行市场化保洁模式，行政村实现生活垃圾桶装化，乡镇建立较完善的垃圾收运系统。李家坑村获评宁波市首批“最洁美村庄”；勤勇村获评第二批“最洁美村庄”，南头村、走马塘村获提名奖。

（蔡忠明　施　洋　于玲玲　汪科达）

统一战线工作

【概况】 2016年，鄞州区委统一战线工作部（简称“区委统战部”）协助区委召开统战工作会议，成立统战工作领导小组。针对民主党派、无党派人士突出参政主题，安排区委主体班次培训班4批次；针对非公有制经济人士突出“四信”主题，安排“‘十三五’规划时期我国经济形势发展展望”专题培训，设立“复旦大学EMBA课程高级研修班”；针对宗教界人士突出法制主题，开设“社会主义核心价值观”“反邪教”及涉及建筑、土地、森林保护的法制专题培训班；针对统战青年群体突出传承主题，开设国情研修班、传统文化辅导讲座等。庆祝中国共产党成立95周年，开展“同心向党”6项主题活动。

“两会”前举办“参政周”活动，辅导党外代表人士中人大代表、政协委员撰写建议和提案，“两会”期间提交高质量建议提案240余篇。开展“社情民意调研月”活动，两篇社情民意分别获国务委员、国务院秘书长杨晶和国务委员王勇批示。推进区政协及工商联换届人事安排，形成新一届政协委员和工商联领导班子建议人选名单。

开展“平安护航G20”民族宗教领域安全专项整治行动，在全区范围内进行宗教、民间信仰场所安全隐患大抽查、大排查、大整治、严打非法宗教活动，落实检查576批次，整改隐患43处。举办中韩日佛教茶道交流会、第三届禅宗文化研究交流大会以及“天台宗学术”研讨会等活动，组织开展“教规与国法的关系”法制宣传月。协调七塔禅寺西北角扩建工程和圣教堂福明点迁址等重点工作。推进民间信仰场所管理。指导音王集团有限公司成立少数民族联谊小组，帮扶少数民族特困户家庭107户，为199名高考、中考少数民族学生办理加分手续。

区委和区政府主要领导分别带队参加鄞港澳深新春团拜会和香港鄞州同乡会成立六周年庆典活动。举办“双港论坛台湾青年鄞州行”“活力宁波·薪火相传”交流参访等特色主题活动。接待波兰、新加坡、荷兰等国家和港澳地区华人华侨经贸文化交流考察团1000余人次，开展合作交流活动31场次。开展社区、楼宇“侨之家”建设，中河街道东城社区创建为全国社区侨务工作明星社区。维护陈廷骅故居、李惠利故居等，指导区非物质文化遗产馆创建为首批宁波市华侨中华文化交流基地。

举办“政企交流会”，组织12个职能部门主要领导到会与26名民营企业家面对面交流，探讨企业经营中热点、难点问题的解决办法。与区检察院签署《关于加强协作保障和促进我市非公有制经济健康发展的实施意见》，建立联席会议制度和日常联络制度，召开联席会议2次，搜集各类意见建议66条，开展联合调研35次，提出促进和保障非公经济发展的对策建议15条。成立“鄞州民企涉税事务协调服务中心”，建立为企业提供涉税事务服务的第三方协调服务机制。

【陈昌智到鄞州调研】 2016年11月9日，全国人大常委会副委员长、中国民

2016年6月5日，香港宁波市鄞州同乡会六周年庆典在香港举行

主建国会中央委员会主席陈昌智考察音王集团有限公司，中国民主建国会中央委员会副主席、秘书长吴晓青，副市长张明华等陪同参观考察。陈昌智实地参观公司产品展示厅、多功能社区微影院、全景声多功能数字影院，现场体验全新家庭电子鼓娱乐系统。音王集团有限公司董事长王祥贵、副总裁陈众介绍公司的企业理念和企业文化。陈昌智听取报告，肯定公司取得的成就，对公司销售额、收购三大国际品牌的相关背景以及二次创业的目标表示关心和询问，并对公司提出希望。

【王永康调研鄞州统战工作】 2016年9月23日，省委常委、统战部部长王永康一行7人到鄞州区调研统战工作。市、区领导杨立平、胡军、李关定、张霓、陈国军、陈虹等陪同调研。王永康考察博格华纳汽车零部件（宁波）有限公司、浙江中哲控股集团有限公司，走访宁波诺丁汉大学，实地参观天童禅寺、阿育王寺及紫林坊艺术馆等，肯定鄞州企业现代化管理，就宁波诺丁汉大学探索中外合作高校统战工作、建立沟通了解机制等提出建议。

【统战工作会议】 2016年4月1日，区委召开统战工作会议。区领导陈国军、王自强、陈振国、毛春阳、林东、郑坤法、李刚、沈剑波、陈虹、徐卫成出席会议，各镇乡（街道）党（工）委书记、区级有关单位党组织主要负责人及各民主党派、工商联和无党派人士代表230人参加会议。会议学习贯彻中央、省、市委统战工作会议和《中国共产党统一战线工作条例（试行）》等相关文件精神，研究统战工作面临的新形势，安排部署当前和今后一个时期鄞州区统战工作。市委常委、区委书记胡军参会并提出要求，区委常委、区委统战部部长陈虹作全区统战工作报告，区委组织部、区卫生和计划生育局（简称“区卫生计生局”）、中河街道3家单位相关负责人分别作经验交流。

【统一战线“社会服务周”活动】 2016年5月，区委统战部组织各民主党派、知联会各分会等统战群团，在社区、学校、园区、楼宇等开展教育、文化、法律、医疗等进基层惠民生“社会服务周”活动，开创“搭建专业化平台，建立固定化基地，开展项目化帮扶”新模式。全年开展活动30余场，筹集帮扶资金33万元，惠及群众2500余人。

【基层统战“两强两创”活动】 2016年8月，区委统战部制定并印发《鄞州区基层统战“两强两创”工作实施意见》，在全区各镇乡（街道）开展以“强基层统战工作机制、强基层统战工作规范，创新工作载体平台，创建具有本镇乡（街道）特色统战工作品牌”为主要内容的基层统战工作“队伍建设年”“创新提升年”活动。至9月底，全区23个镇乡（街道）完成特色创建项目申报工作并通过项目定项考评。

【统战工作调研试点】 2016年，区委统战部立足园区、楼宇、商圈，开展党外知识分子和新社会阶层人士统战工作调研试点。联合浙江万里学院完成《新社会阶层统战工作对策研究——以南部商务区为样本》。以南部商务区楼宇统战联盟为核心，建立在楼宇党组织统一领导下的统战工作领导小组，建立楼宇统战人士管理档案。

（张　迪）

政策研究

【概况】 2016年，鄞州区委区政府政策研究室（简称“区政研室”）拟定《关于2016年全区经济发展的若干政策意见》《关于2016年全区经济发展若干政策意见实施细则》《关于全力补齐短板深入实施“名城强区”战略的意见》《关于印发“名城强区”建设指标体系的通知》政策文件4份，完成“新鄞州区经济社会发展重大问题研究”“鄞州区推进工业供给侧结构性改革的思路研究”等重点调研课题及宁波机场起降飞行区域环境整治、鄞州新城区80平方千米范围内功能区块开发建设、新城区部分特殊地块管理工作、加快盘活供而未用土地等专题调研工作。明确四明金融小镇相关管理体制，完善南部商务区、四明金融小镇、鄞州经济开发区招商体制，调整优化中车产业基地相关管理体制。

实施镇乡和城市型街道创新发展率先发展竞赛、镇乡和城市型街道目标管理考核、工业园区目标管理考核、南部商务区管委会目标管理考核，开展“大力神鼎”“大力鼎”奖和企业进步奖评选。向省、市报送信息10篇。其中，《鄞州区打造制造业创新核心区的思路研究》《鄞州区发展智能经济思路研究》等信息被《宁波调研》录用；《鄞州区创新企业人才评价体系全面评选“企业工匠”》被《宁波改革》录用，并得到市领导批示。刊发《今日鄞州》6期1.20万册。

【重点调研】 2016年，区政研室分析行政区划调整后鄞州发展形势，对照浙江历史方位、宁波发展坐标，调研起草“新鄞州区经济社会发展重大问题研究”课题，提出新一届区委、区政府发展思路，研究梳理新鄞州区发展目标、发展战略、发展路径等重大问题。发展目标上，以争创践行“五大发展理念”先行区为引领，建设都市核心区、打造品质新鄞州，努力跻身全国一流强区最前列；发展战略上，深入实施“名城强区”战略；空间布局上，着力构建“一核三带多点”的发展格局；产业体系上，大力建设3大传统产业、3大新兴产业、8大现代服务业的“338”产业体系。

【重要政策】 2016年，区政研室立足区情区况，起草针对性、特色性、操作性强的政策文件。起草《关于2016年全区经济发展的若干政策意见》，突出加大招商引资力度、壮大实力骨干企业、促进企业转型升级、鼓励企业自主创新、引导企业创牌创优、加快培育新兴产业、发展特色优势行业、加大人才引育力度8个重点领域，制定政策意见34条。起草《关于开展2016年度鄞州区“大力神鼎”“大力鼎”奖和企业进步奖评选活动的实施意见》，设“大力神鼎”奖、“大力鼎”奖和企业进步奖3个类别。

【竞赛考核】 2016年，区政研室牵头实施镇乡（街道）创新发展率先发展竞赛、镇乡（街道）目标管理考核、工业园区目标管理考核、南部商务区管委会目标管理考核，考核对象覆盖全区镇乡（街道）、园区管委会和重大平台。按照区委、区政府部署，将镇乡和城市型街道科学发展竞赛调整为创新发展率先发展竞赛，在竞赛中合理设置发展性指标和控制性指标的分值权重，具体设置经济发展、项目实施、镇村建设（城市建设管理）、社会稳定4类指标。

（徐　荣）

台湾事务

【概况】 2016年，鄞州区台湾事务办公室（简称“区台办”）接待南投县埔里镇珠仔山社区参访团、南投县水里乡社区参访团、台湾文化创意产业联盟协会名誉理事长李永萍一行、南投县宗教服务职业工会参访团、台湾中国统一联盟屏东分会参访团、台湾无店面零售商业同业公会等团组16批次430人次。组织7个团组到台湾考察交流，涉及环保、农业、社区等界别。协调相关领导和部门，为台湾汎德永业集团的保时捷中心项目、殡葬业的华夏仁本礼仪服务有限公司、宁波福懋油脂有限公司在鄞州发展业务服务。慰问困难台属30余人，解决台胞权益保护案件16起。其中，民事案件4起、求助案件8起，为台商台干解决子女求学问题3起。撰写的《鄞州区创建“海峡两岸青年创业基地”构想》被市人民政府台湾事务办公室评为一等奖。

【区海峡两岸青年创业基地创立】 2016年9月，区台办在区大学生（青年）创业园内创立区海峡两岸青年创业基地，服务两岸青年创业、交流、合作。通过浙江台湾合作周、第三届“双港论坛”等活动，邀请台湾青年走访宁波南部商务区、鄞州投资创业中心、959电商园等；通过台湾红番薯新创空间促进会，定期邀请青年台商到鄞州考察。至年底，有5家青年台商有意向在创业基地投资落户。

【“双港论坛”青年组织鄞州交流活动】 2016年10月26日，“双港论坛”青年组织鄞州交流活动举行。活动由区台办和共青团鄞州区委员会（简称“团区委”）共同承办，60余名台湾青年代表参与。市委常委、区委书记胡军，副区长徐梦周出席活动。中国国民党高雄市委员会主任委员、高雄市议员黄柏霖率台湾参访团考察鄞州志愿生活街区、公益性社会组织、青年志愿服务组织孵化中心、青年创业园，台湾参访团肯定鄞州在青年志愿服务、公益组织孵化以及青年创业就业方面所做的工作。在青年组织交流环节，宁波国良果蔬专业合作社负责人姚春梅、宁波虚拟现实有限公司负责人胡剑颖分享创业故事，两岸青年代表围绕志愿服务、创业就业等主题进行互动交流。胡军代表区委、区政府与台湾参访团负责人互赠礼物，并提出希望两地加强交流与合作。

【甬台白内障复明行动】 2016年4月29日，甬台白内障复明行动启动仪式在鄞州人民医院住院部举行，市人民政府台湾事务办公室主任施金国、市卫生和计划生育委员会副主任干爱玲、副区长夏素贞等参加启动仪式。台北市宁波同乡会常务理事、毛葆庆次子毛家瑜

2016年4月29日，甬台白内障复明行动启动

向宁波市浙东眼科专病中心和鄞州人民医院眼科中心捐赠100枚美国进口优质人工晶体及手术耗材。全年，宁波市眼科医院、鄞州人民医院为100位贫困家庭白内障患者开展复明手术。

【鄞州与台湾两地学生交流活动】2016年7月17—21日，区台办联合区赴台学生联谊会、团区委举办“甬动盛夏·拥抱未来”鄞州与台湾两地学生交流活动，台湾21名大学生及鄞州籍到台湾学生和大陆高校学生40余人参与活动。活动期间，以结对子的方式组织两地大学生走访宁波及鄞州的特色文化景区、博威集团有限公司、南部商务区、鄞州科技信息孵化园等，举行两岸青年交流座谈会，邀请在宁波工作的台籍教师、企业家等进行现场交流和分享。

（陈唐波）

区直属机关党建工作

【概况】2016年，中共宁波市鄞州区直属机关工作委员会（简称“区直属机关党工委”）下辖党组织78个，其中机关党委2个、党总支14个、党支部62个，党员3793人，下辖机关团组织34个、妇委会组织52个、工会组织52个。审批党组织换届选举33个，建立党支部1个，考察党员发展对象33人，吸收预备党员19人，批准党员转正19人，培训入党积极分子80人。

开展“两学一做”学习教育，发放《习近平总书记系列重要讲话读本》《关于新形势下党内政治生活的若干准则》等书籍16000余本，走访督导区直机关党组织78个，提出指导意见150余条。举办“十三五·话担当”全区“十佳”微型党课比赛。举办区直机关乒乓球比赛，区交通运输局、鄞州地税局、区广播电视台代表队获团体总分前3名。组织12家机关党组织30余名党员干部在潘火街道金桥花园社区举办“党员志愿者进社区广场服务”活动，提供政策咨询、卫生保健、消费者维权等便民服务，受服务群众1600余人次。举办“学党史·强党性·创新业”区直机关党史知识竞赛，7个党组织21名选手参加竞赛。征集45个党组织党建创新总结材料48篇，区委办、区文广新局等12个机关党组织创新课题获年度党建工作创新奖，机关党工委“大力实施‘党建创优业务创新’行动推进机关党建融入中心服务中心”获市直属机关工作委员会年度党建创新优胜奖。开展“悦·读”活动，征集读书体会文章52篇，在《鄞州日报》刊载10余篇。

【党员组织关系集中排查】2016年4月下旬至年底，区直属机关党工委开展党员组织关系集中排查工作。成立排查工作领导小组，安排专人排查区直机关所属党组单位2519名党员，采用个人填报、组织确认、公安信访纪检部门核实等办法，查清组织隶属关系，完善党员基本信息，填写《党员基本情况登记表》2519份。区直机关所属党员无一人失联，排查完成率100%。

【党员教育培训】2016年，区直属机关党工委举办入党积极分子培训班，80余名入党积极分子参加培训，内容涉及党史党章知识、党内政治生活若干规定和党的十八届五中全会精神等。举行“缅怀先烈·忠诚担当”新党员入党宣誓，区直机关40余名新党员参加。对120余名新上任机关支部书记、党务工作者、新党员进行培训，内容涉及理想信念、党建业务知识等，实地参观杭州湾新区城市展览馆、吉利汽车集团生产线等。举办“每季一课”党员教育课程，推出信仰的力量、“十三五”时期宁波城市创新驱动发展的路径选择等培训课程4期，1400余名机关党员干部受到教育。

【区直机关党组织分类考核】2016年，区直属机关党工委根据区直机关各单位的性质和特点，将78个区直机关单位按设党委的区级机关、未设党委的区级机关和园区管委会及部分企事业单位分成3个类别，通过平时了解掌握情况、季度工作交流、信息上报、年终查阅台账资料等办法，对党建目标管理考核意见中的基础工作、深化工作和创新工作进行差别化分类量化考核。区委办机关党总支等18个单位被评为年度目标管理先进党组织，区人大机关党支部等17个单位被评为年度目标管理优胜党组织。

（陈立基）

信访工作

【概况】2016年，鄞州区信访总量继续延续下降趋势。全区群众到各级信访4015件（人）次，比上年下降40.04%。其中，到区级信访2880件（人）次，下降39.23%（来访812批2880人次）；到市级信访695件（人）次，上升97.44%（来访247批528人次，批次上升607.70%，人次增长166.70%）；到省级上访96批169人次，批次下降12.70%，人次下降44%；进京上访115批163人次。

修订完善源头防控、联合接访、受理办理、督查考核、领导包案、绩效考核等制度，将领导接待日周期由每周一次延长至每月一次，接待领导由“四套班子”领导缩小到区党政领导、区纪委、区委政法委、鄞州公安分局、区农林局等部门入驻接访。加大“平安护航G20”和平安建设“争金夺鼎”考核权重，实行目标管理考核“一票否决”。实行信息“零报告”和重点人员“一人一案”就地稳控，确保全国“两会”、党的十八届六中全会、“G20杭州峰会”和第三届世界互联网大会等时期社会秩序平稳有序可控。

【“阳光信访”推进】2016年，鄞州区按照省、市“法治信访”“阳光信访”“精准信访”工作要求和相关业务要求，统一全区信访网电等不同渠道信访事项处理标准，规范登记、受理、办理、复查复核等程序。全区初次登记的信访事项100%纳入群众满意度评价，初信初访接待率100%，一次性处理到位率在98%以上，息诉息访率在95%以上。

【信访积案化解】 2016年，鄞州区严格按照“三到位一处理”（诉求合理的解决问题到位、诉求无理的思想教育到位、生活困难的帮扶救助到位、行为违法的依法处理）要求，全面梳理存量信访积案。1件国家挂牌积案导入司法程序；59件省级积案化解或基本化解56件，化解率94.90%；83件市级积案化解或基本化解75件，化解率90.36%；31件区级自定积案化解或基本化解23件，化解率74.19%。

【信访秩序规范整顿】 2016年，鄞州区升级改造信访接待场所，配备安检、LED显示屏等硬件设施；加大对非正常上访行为及以非正常上访为名的违法犯罪的打击力度。全年依法打击违法上访人员12人。其中，判刑5人，刑事拘留2人，行政拘留4人，司法拘留1人。

（巫利民）

机构编制管理

【概况】 2016年，鄞州区机构编制委员会办公室（简称“区编委办”）深化行政体制改革，配合区划调整工作，优化机构编制配置，原鄞州区和原江东区的行政机构和事业机构总数均与2015年底持平，年报分别进行报送。至年底，原鄞州全区有各级各类编制19895名，原江东全区有各级各类编制7151名，原鄞州区和江东区分别核减工勤编制62名、25名。

配合区划调整筹备工作，开展机构编制摸底测算，依托实名制信息系统等数据平台，分类统计区划调整涉及的行政事业机构、编制和职数。以鄞州原有机构设置为蓝本，在行政机构和领导职数设置，编制、内设机构和中层职数调整方面提出具体方案；突出事业机构逐步整合要求，提出事业机构整合编制核定的总体思路。

按照全区领导干部经济责任审计年度计划，实现从“全权委托审计”到“现场参与审计”，落实区发改局、区广播电视台、鄞州公安分局等单位的机构编制审计。重点监督检查擅自设置机构、擅自变更机构职责权限、超职数配备中层干部、待遇补差、人员混岗、超用编外用工等行为，及时查处“乱作为”“变相越权审批”“无视机构编制管理规定”等违规违纪行为。按照审计领导小组公布结果，对存在违规问题的单位联合发放限期整改通知书。

核对修改权力运行库中的每个权力事项信息，规范浙江政务服务网的“权力清单”与“行政权力运行库”动态关联后内容。推进部门、镇乡（街道）和开发园区权力清单和责任清单，涉及辖区212个自然村、68个社区政务服务事项，印发《宁波市鄞州区人民政府办公室关于印发权力清单管理办法的通知》，明确清单管理内容，规定相关部门职责边界划分、清单的动态调整以及运行监管情况。创新审计工作方法，利用实名制系统等数据平台，结合岗位设置、养老保险、工资信息等开展机构编制联网审计，实现机构编制、审计部门信息动态共享、实时跟踪。

【公共服务事项梳理和公开】 2016年，鄞州区组织涉及公共服务领域的37个部门、23个镇乡（街道）及4个开发园区管委会，对照法律、法规、规章和“三定”等规范性文件，结合权力清单和责任清单内容，梳理公共服务事项，列出目录、编制办事指南。建立全面梳理和公开公共服务事项联席会议制度，研究解决工作推进中的重大问题，审议公共服务事项和相关配套制度。至年底，厘清30个部门及23个镇乡（街道）基本公共服务事项444项、4个管委会职责事项50项，1912项公共服务事项通过浙江省政务服务网和宁波市公共服务微信公众号向社会公开。公共服务事项梳理和公开工作完成。

【综合行政执法改革】 2016年，鄞州区根据省、市统一部署及“一主两配”（政务投诉举报统一受理平台和行政执法协调机制两项配套工程）的改革要求，印发《鄞州区综合行政执法工作实施方案》、区综合行政执法局“三定”规定及《关于建立综合行政执法协作配合工作机制的实施意见》。推动政务咨询类服务热线整合。联合区综合执法局制订《鄞州区综合执法改革联合执法方案》《鄞州区综合执法改革联合执法考核办法》。

【机构编制评估】 2016年，区编委办明确机构编制评估基本方法和流程，将机构编制评估分为系统评估和专项评估两类。制定印发《鄞州区机构编制评估实施办法（试行）》，科学设置评估指标体系，将评估主体内容明确为职能、机构、人员编制3块，并细化分解至6个二级指标、19个三级指标。联合软件公司搭建评估大数据基础平台（机构编制管理办公系统），完成全区所有单位的机构编制和历史沿革信息归档。

【事业单位登记管理】 2016年，区编委办完成457家登记事业单位法人年度报告公示。其中，按时完成公示427家，证书废止单位1家，冻结待整改单位20家。重点针对不符合《事业单位登记管理暂行条例》及《事业单位登记管理暂行条例实施细则》的事业单位开展清理规范行动，事业单位法人登记清理规范整改率达到100%。推进事业单位统一登记工作，收集443家涵盖8大行业的民办非企业单位信息及相关联的204家社会团体组织基本情况，重点调研教育、卫生领域。启动机关、群团统一社会信用代码证书换发工作，近40家符合条件单位办理证书换领手续。

【编外用工控制数督查】 2016年，区编委办按照《鄞州区区级机关事业单位编外用工管理的补充意见》，重新核定区级部门、事业单位编外用工控制数。督查镇乡（街道）编外用工情况，根据《关于规范镇乡（街道）编外用工管理的实施办法》和核定的编制外用工控制数，通过“自查、通报、督查”的方式，重点掌握镇乡（街道）编外用工清理规范工作的主要做法和完成情况，人员清退情况，服务外包情况，岗位科学设置情况及经费管理、人员管理等情况。全年通过辞职、解聘方式清退584人。

【中小学教职工编制统筹】 2016年，鄞州区下发《鄞州区机构编制委员会关于统一城乡中小学教职工编制标准的通知》，以中小学教职工基本编制标准城乡统一为基础，将镇乡（街道非中心学校）中小学教职工基本编制的师生比统一为初中1∶13.50、小学1∶19。调整附加编制标准以编制分配机制，解决原有标准“城乡倒挂”问题。

（孙 侃）

党校工作

【概况】 2016年，区委党校举办主体班24期，培训学员2552人次；区内委托培训11期，受训3012人次；37个班次约2200名外地干部到区委党校培训。社会宣讲专题30余个245场次，受训人数23000余人。初步建成理论和党性教育师资库，甄选精品课程239节。整合区内5大类40个现场教学点，出台《鄞州区干部教育培训现场教学基地管理办法（试行）》。

发表与获奖的课题、论文、资政转化成果53篇。其中，《财务竞争力、智力资本与创业创新动力研究——来自宁波市鄞州区企业的调研样本》（潘明策）、《流动性发展视角下的居住证研究》（解正起）、《重塑与调试：新型城镇化进程中县域流动人口身份认同研究——以宁波市鄞州区为例》（黄晓琴）获省委党校理论研讨一等奖，《后峰会时代提升浙江海外文化形象的建议》（李锋）获省委常委、宣传部部长葛慧君批示。出版专著《疯行天下》和《宁波文化名石——梅园石》。

【第十九期中青年干部培训班】 2016年3月23日至5月17日，鄞州区第十九期中青年干部培训班在区委党校举行，全区各镇乡（街道）、机关部门55名中青年干部参加培训。中青班课程设置结合“两学一做”教育实践活动，安排党史党建、党章党纪、马列经典著作、中国特色社会主义理论、区情区况、基层调研、纪律作风训练、团队拓展训练、公益活动参与、班委公推直选、党性分析交流、支部组织生活、班级专题研讨、单元学习交流和调研成果汇报等，其中“从东吴童一村看联户自建模式的可行性”“推动招商提质增效，促进项目落地产出”“推进城乡景观融合，创建‘田园城市’示范区：以新城区南部城郊环境治理与景观融合为试点”“借鉴先进地区经验，推动四明金融小镇更快更好发展”“借助社会资本，建设精品民宿，推进鄞州民宿经济整体发展”“关于我区生活垃圾焚烧发电项目运营监管的对策建议”6篇调研文章获市委常委、区委书记胡军批示。

2016年5月18日，鄞州区第十九期中青班调研成果汇报会在区委党校举行

【“党委会的工作方法”课程设立】 2016年初，区委党校将学习“党委会的工作方法”课程确定为年度理论教育和党性教育重点开发课程之一。4月14日，区委党校在新提任区管干部党性教育培训班上率先开讲“党委会的工作方法”课程，由党校党委副书记、副校长潘敏敏主讲，55名学员听课。该课程采用“党委会的工作方法”解读、党委会的现场模拟演示和课堂总结三段式教学结构。

【颜志定先进事迹展】 2016年，区委党校结合“两学一做”主题教育和“家风建设”活动，配合市、区委组织部，建设“颜志定先进事迹展”党性教育基地。10月，展厅建成，占地面积110平方米，由“忠诚”“担当”“情怀”“清正”“追寻榜样”5个篇章组成，用图文展示颜志定的先进事迹。12月，当代党性教育基地——“颜志定先进事迹展”落户区委党校。至年底，接待2个支部45人参观。

【《宁波文化名石——梅园石》出版】 2016年12月，《宁波文化名石——梅园石》由宁波出版社出版。该书由杜锺文编著，分石事记要、石宕开采、石质特性、石材之用、石雕之美、石韵之咏6个部分，梳理和解读梅园石的采石文化、用石文化、品石文化。其中，采石文化包括石宕、石质、露天采石方式及历史；用石文化包括石材、石作在古今的应用和东亚地区的运输、传播；品石文化介绍世界石刻工艺。全书9万字，收录田野调查实录、科学测试报告和文献检索所得诗文，配置石作图等。

（陈飞永）

老干部工作

【概况】 2016年，鄞州区有离休干部94人。其中抗日战争时期22人，解放战争时期72人；享受地厅级待遇3人，享受县处级待遇40人；外地离休干部安置在鄞州区8人。全区有退休干部6273人，离退休干部党支部106个。

细化离退休干部党组织活动相关积分标准。实行分片管理，将106个离退休干部党支部分成6个片组，建立管理联片、活动联片、保障联片组织体系，至少每季召开一次片组离退休干部党支部书记会议，区委老干部局每年给各片组下拨适当活动经费。建立关爱激励机制，每年给党支部书记适当工作补贴，年终对工作有创新、积分制考评成绩突出的给予一定的活动经费奖励。

开展以“电话送爱心、上门送服务、患病临终送关怀”为主要内容的结对服务，专兼职助老员队伍以上门服务的形式对需要关心的老干部进行应急服务、送药上门等。帮扶生活困难、身患重病、易地安置、“空巢”、独居老干部，落实帮扶经费50余万元。利用社区卫生服务站资源，为每位老干部建立健康档案，定期为老干部进行常规医疗服务。

更新换代老干部活动中心活动证，全部换发IC卡，实行智能化管理。活动中心举办各类比赛24场次，组队参加比赛15场次。球艺协会参加全国“大成杯”健身球赛，获金牌4枚。元宵节和重阳节举办大型活动，老干部近6000人次参加活动。区老年大学通过省级评审考评，被列为推荐学校。发挥离退休干部作用，开展“红色典藏”行动、“走、看、促”行动、“银发人才志愿”行动和“争做最美老干部”行动。组织开展宁波市寻找“最美老支书”推荐活动，3名老干部被评为市级离退休干部党支部“最美老支书”。

【离退休干部思想政治建设】 2016年，区委老干部局实施离退休干部开放式学习教育新模式，建设先进典型学习交流基地、老干部实践体验基地、老干部文化交流基地。联合区委党校，将党校教师授课篇目制成菜单下发给各离退休干部党支部，各支部选定课程安排授课；成立离退休干部讲师团，为培训点及退休干部党支部免费送课23场。在姜山、咸祥等8个乡镇及老年大学设立集中培训点，承担23个镇乡（街道）及57个区级单位退休干部的集中培训。5—7月，分15个批次对全区退休干部进行《中国共产党章程》、国际国内热点问题等课程轮训，轮训3260人次。开展“我看从严治党新气象”座谈、“党章在我心中，做合格党员”手抄党章书法作品征集等活动。参加市委老干部局组织的“什么是正能量”短语征集评选，获一等奖1名、三等奖4名、优秀奖4名，区委老干部局获组织奖。

【市“银辉”志愿者联合会鄞州分会活动】 2016年，市“银辉”志愿者联合会鄞州分会组织开展走进云龙志愿服务及“走进老区、走进塘溪”敬老牵手大型主题服务活动，服务群众1000余人。离退休干部党组织志愿服务小分队开展各类志愿服务活动90余次。其中，以“夕阳红”艺术团为主体的“欢乐行”服务分队送戏下乡34次，观众12000人次；以关心下一代协会为主体的“大手牵小手”服务分队帮扶服务6次。老年教育服务基地每日有4~5名志愿者轮流值班，维护学校秩序、图书管理、学习咨询等。

【区第五届老干部文化艺术节】 2016年9月28日，鄞州区第五届老干部文化艺术节在区文化艺术中心举行。市委常委、区委书记胡军参加活动，区领导郑坤法、忻国龙、茅剑辉、吴海平等出席开幕式。开幕式上表演大合唱《映山红》《牵手》和健身球操《嘿，老哥们》、舞蹈《拥抱春天》、踢踏舞《快乐的节奏》、音乐三句半《“十三五”规划展宏图》、女声表演唱《婆婆夸媳妇》等节目。10月28日，艺术节结束。其间，开展重阳节大型游园会等活动，同时，各镇（街道）、区级机关单位开展敬老文化活动，4000余人次参与。

【“光辉历程颂”书画展】 2016年6月21日，由区老干部书画协会主办的“光辉历程颂”——纪念中国共产党成立95周年暨红军长征胜利80周年书画展在区老干部活动中心潜龙点举行。参展作品有书法59幅、绘画29幅，其中有95岁离休干部郭中民和90岁离休干部刘宝桢的书法、95岁离休干部蔡明和近90岁离休干部章群英的花鸟画、区老干部书画协会副会长盛元龙的大幅《长征四老》等作品。7月30日，书画展结束，1000余人次观看展览。

【夕阳红艺术团建团15周年会演】 2016年6月24日，“同筑中国梦 共谱夕阳红”——区老年大学夕阳红艺术团建团15周年文艺会演在鄞州综合活动中心举行，300余人观看演出。演出安排大合唱、小合唱、越剧表演唱、京剧独唱、现代舞、器乐合奏、小品、时装走秀等15个节目，象征夕阳红艺术团成立15周年。夕阳红艺术团成立于2001年，累计排演原创节目110余个，到农村、社区、敬老院等义务演出600余场次，观众约23万人次。

（陈武耀）

2016年9月28日，鄞州区第五届老干部文化艺术节在区文化艺术中心举行

宁波市鄞州区人民代表大会

区十七届人大五次会议

概　述

重要会议

重要活动

重点代表建议办理

概　述

2016年，宁波市鄞州区第十七届人民代表大会实有代表308人。其中，工农代表167人，占54.22%；党政干部代表87人，占28.25%；专业技术人员代表50人，占16.23%；军人及其他代表4人，占1.29%。中共党员代表216人，占70.12%；非中共党员代表92人，占29.87%。妇女代表90人，占29.22%。具有大专及大专以上文化程度的代表236人，占76.62%，其中具有大学以上文化程度的127人，占41.23%。全年召开常委会会议8次，作出决议决定10项，听取和审议“一府两院”工作报告16项，依法任免常委会办事机构工作人员28人次，决定任免政府工作人员42人次，任免法院、检察院工作人员15人次，依法审查政府规范性文件19件。

发挥代表作用，以代表联络站为重点推进“四大平台”规范化建设。培育中河街道剑桥社区、邱隘镇方庄社区、横溪镇周夹村等示范站点，省、市、区领导带头以代表身份进驻代表联络站开展接待活动，全区92个代表联络站开展活动350余次，参与代表970余人次，接待群众2260余人次。丰富代表主题活动内容形式，开展代表培训，组织代表参与常委会视察调研、执法检查等活动，坚持代表重要情况通报会制度。加强代表建议办理工作，7件重点建议由区政府领导领办、人大常委会领导督办，区十七届人大五次会议期间代表提出的258件建议均在规定时间内办结。

【人大审议监督】 2016年，区人大常委会专题审议“六五”普法实施和“七五”普法规划编制情况，作出《关于开展第七个法治宣传教育的决议》。听取和审议区法院关于行政审判工作情况的报告、区检察院关于开展惩防职务犯罪工作情况的报告。监督财政预算、重点部门预算执行情况，审议财政决算，提出深化财政体制改革、强化预算执行监管、完善部门预算编制等建议。开展预算绩效监督工作，评议2015年度义务段民办公助学校学生免学费、居家养老服务保障、城区环卫保洁、畜牧业环境整治4个重点项目预算绩效运行情况。监督政府性债务管理情况，建议区政府防范财政风险。监督政府重点工作和民生热点问题，常委会审议城乡房屋使用安全管理、科技服务业发展、走马塘村等6个历史文化名村保护规划等专项工作报告，主任会议听取南部商务区建设发展、农业面源污染治理等情况汇报。

【人大代表换届选举】 2016年11月底，按照省、市人大统一部署，组建区选举委员会，启动换届选举工作。全区（除部队，下同）依法登记选民809730人，参加投票选举763665人，参选率94.31%。划分区人大代表选区169个、镇人大代表选区417个，选举产生新一届区人大代表321人（预留4人）；选举产生新一届镇人大代表635人。区人大代表中工农代表159人，占总数的49.53%（工人较上届提高8.60%）；党政干部代表84人，占总数的26.16%；专业技术人员代表72人，占总数的22.42%（提高5.20%）。非中共党员代表111人，占总数的34.57%（提高3.90%）；妇女代表115人，占总数的35.82%（提高8%）。大学以上学历代表203人，占总数的63.23%（提高25.60%）。其中，硕士研究生以上学历代表55人，占总数的17.13%。55岁以下代表294人，占总数的91.58%；35岁以下代表25人，占总数的7.78%（提高1.70%）。镇人大代表中工人、农民代表471人，占总数的74.17%；专业技术人员代表89人，占总数的14.01%；妇女代表217人，占总数的34.17%；非中共党员代表210人，占总数的33.07%。

【宪法宣誓制度实施】 2016年5月20日，区第十七届人大常委会第二十六次主任会议通过《宁波市鄞州区人民代表大会常务委员会任命的国家工作人员宪法宣誓办法》。5月27日，在区十七届人大常委会第三十五次会议上，新任命的区人大常委会梅墟街道工作委员会主任杨伟革向宪法宣誓。区人大常委会主任王自强，副主任忻国龙、黄新山、高强华、吴柏宏、崔伟高、叶天奔和其他区人大常委会组成人员现场监誓。

【陈竺到鄞州调研】 2016年8月23日，全国人大常委会副委员长陈竺带领全国人大常委会促进科技成果转化法执法检查组一行12人到鄞州区调研，市、区领导胡军、陈仲朝、王自强、戴华祥等陪同调研。陈竺一行分别调研宁波星箭航天机械有限公司和宁波华仪宁创智能科技有限公司实验室。宁

2016年11月30日，鄞州区区、镇两级人大换届选举动员大会召开

波星箭航天机械有限公司董事长严国元、宁波华仪宁创智能科技有限公司负责人闻路红，分别就军民合作、科技成果产业化相关情况作汇报。陈竺肯定企业在贯彻实施促进科技成果转化方面所取得的成绩，认同企业创新驱动发展战略，并提出希望。

（童怡心）

重要会议

【区十七届人大五次会议】 2016年1月18—22日，宁波市鄞州区第十七届人民代表大会第五次会议在区文化艺术中心举行。应到代表308人，实到代表293人。大会依法审查并通过政府工作报告、国民经济和社会发展第十三个五年规划纲要、2015年国民经济和社会发展计划执行情况与2016年国民经济和社会发展计划、2015年全区和区级预算执行情况与2016年全区和区级预算、区人大常委会工作报告、区法院工作报告、区检察院工作报告；表决通过选举总监票人名单，投票选举区人大常委会副主任和委员。会议期间收到代表建议、批评和意见258件，交由区政府办理。

【区十七届人大常委会会议】 2016年1月11日，区十七届人大常委会举行第三十二次会议。会议听取并审议2015年国民经济和社会发展计划执行情况与2016年国民经济和社会发展计划草案主要内容的报告、2015年全区和区级预算执行情况与2016年全区和区级预算草案、区"十三五"规划纲要（草案）；原则通过区十七届人大五次会议议程、日程，区人大常委会2015年工作报告（讨论稿），区人大常委会2016年工作要点；通过区十七届人民代表大会代表变动和代表资格审查情况的报告；通过区十七届人大五次会议列席人员名单；审议并通过区人大常委会关于《宁波市鄞州区2015年全区和区级预算执行情况和2016年全区和区级预算草案的审查结果报告》；听取区十七届人大五次会议筹备工作报告，征求对区政府、区法院、区检察院工作报告意见。

1月29日，鄞州区十七届人大常委会举行第三十三次会议。会议审议并通过关于接受个别市、区代表辞职请求的决定。

3月29日，区十七届人大常委会举行第三十四次会议。会议听取并审议区政府关于科技服务业发展情况的报告及城乡房屋使用安全管理情况的报告。

5月27日，区十七届人大常委会举行第三十五次会议。会议听取并审议区法院关于行政审判工作情况的汇报和区检察院关于惩防职务犯罪工作情况汇报，审议通过区政府关于2016年政府债务限额和新增地方政府债券预算调整方案的报告，审议表决有关人事任免议案。

6月27日，区十七届人大常委会举行第三十六次会议。会议接受个别代表辞去区第十七届人民代表大会代表职务的请求。

8月9日，区十七届人大常委会举行第三十七次会议。会议听取并审议区政府关于2016年上半年区国民经济和社会发展计划执行情况的报告、关于2016年上半年财政预算执行情况的报告、关于2015年全区和区本级财政决算草案的报告、关于2015年度全区和区本级预算执行情况及其他财政收支情况的审计报告、关于区十七届人大五次会议代表建议办理情况的报告、关于历史文化名村保护规划的报告；会议表决通过2015年区级财政决算决议、"七五"普法决议；审议并表决人大代表辞职议案、有关人事任免议案。

9月29日，区十七届人大常委会举行第三十八次会议。会议听取并审议区政府关于预算绩效管理工作情况的报告，评议2015年度重点项目预算绩效运行情况。

11月23日，区十七届人大常委会举行第三十九次会议。会议听取区政府关于2016年区本级财政预算调整的报告，表决通过区、镇两级人民代表大会换届选举的决定，关于设立鄞州区选举委员会的决定，关于设立各镇选举委员会和各街道选举办事处的决定，关于授权主任会议决定任免区、镇（街道）选举机构组成人员的决定。审议通过设立鄞州区人大常委会东郊街道等工作委员会议案、有关人事任免议案、区检察院代理检察长议案。

12月29日，区十七届人大常委会举行第四十次会议。会议审议表决关于召开区十八届人大一次会议的决定（草案），审议2016年度规范性文件备案审查工作的报告，审议并表决有关人事任免事项。

【区十七届人大常委会主任会议】 2016年1月8日，区十七届人大常委会举行第二十四次主任会议。会议听取2016年全区和区级预算草案主要内容汇报、2016年项目预算绩效目标草案汇报，审议区教育局、区市场监督局和首南街道2016年重点部门预算草案，讨论区十七届人大常委会第三十二次会议有关事项。

4月20日，区十七届人大常委会举行第二十五次主任会议。与会人员会前实地察看宁波广告产业园区，并听取南部商务区建设和发展情况汇报。

5月20日，区十七届人大常委会举行第二十六次主任会议。会议听取2016年盘活财政存量资金安排方案情况的报告，审议并通过宁波市鄞州区人民代表大会常务委员会任命的国家工作人员宪法宣誓办法，听取有关人事任免事项的说明，讨论区十七届人大常委会第三十五次会议相关事项，并进行"两学一做"学习教育动员部署。

8月26日，区人大常委会举行第二十七次主任会议。会议听取关于农业面源污染治理工作情况的汇报。

（童怡心）

重要活动

【区人大常委会视察组视察横街镇】 2016年3月23日，区人大常委会副主任黄新山带领视察组到横街镇视察。黄新山一行视察梅梁桥河治理情况，实地

2016年4月20日，区人大常委会主任王自强视察南部商务区

走访察看河流现状，询问管理现状和存在问题，黄新山赞同横街镇治理计划，肯定横街镇“五水共治”工作取得的成效；走访宁波东海集团有限公司，调研企业发展状况，听取公司运营情况介绍，黄新山肯定公司在实施创新驱动发展战略方面取得的成效，表示区相关部门将继续培育扶持企业，为企业发展创造优质高效服务环境。

【区人大常委会调研组调研邱隘镇房屋安全使用安全管理情况】 2016年3月22日，区人大常委会副主任吴柏宏带领调研组到邱隘镇调研房屋安全使用安全管理情况，听取邱隘镇关于2015年全镇危房解危工作情况汇报、2016年房屋安全管理工作进展及存在难点情况。吴柏宏结合邱隘实际，对房屋安全使用安全管理工作提出具体建议。

（童怡心）

重点代表建议办理

【妥善处理相邻项目之间边角地建议】 2016年，蒋守国提出的《关于妥善处理相邻项目之间边角地的建议》由区长陈国军领办。区政府印发《关于进一步加强存量建设用地管理专项行动方案的通知》，开展中心城区街道及镇乡建成区范围内现状边角地的调查摸底。按照调查摸底情况，由专项领导小组成员集体会商制定边角地整治相关政策，结合土地利用总体规划、城乡规划及土地权属，拟订现状边角地处置方案。印发《鄞州区房屋征迁完成地块移交和管理暂行办法（试行）》，规范处理城市建设过程中相关未征用、征收边角地问题。

【新城区城市道路综合管理建议】 2016年，陈福祥提出的《关于加强新城区城市道路综合管理的建议》由常务副区长沈权领办。针对鄞州新城区快速发展但城市道路交通管理水平不高的现状，成立城市综合执法机构，出台道路红线后退空间相关管理办法，形成片区联动执法机制。完善城市道路网络和公交服务水平，鼓励低碳绿色出行。出台相关政策，利用城区“边角料”和闲置土地建设公共停车设施，结合老旧小区改造增设停车位。建立公共停车收费系统，利用信息化和市场化手段缓解停车难矛盾。

【加快奉化江堤防及强排泵站建设建议】 2016年，李双喜提出的《关于加快奉化江堤防及强排泵站建设的建议》由副区长茅剑辉领办。2014年起，鄞州区实施“五水共治”三年行动计划，推动奉化江等大江大河堤防整治工作，推进奉化江沿线涉及的5大堤防工程和4项强排泵闸工程建设。其中奉化江堤防城区段建成6个水工标段，2016年主汛期前全线堤防实现封闭任务并完工，沿线水闸建成并投入运行。奉化江堤防农村段建成谢家壋应急抢险段，2016年主汛期前所有水闸具备通水条件，全线堤防达到3.50米高程，按宁波市要求2016年底前基本完成堤防主体工程。风棚碶泵闸新建工程完成可行性研究工作，开展设计施工总承包相关事宜。

【加强完善邻里中心建设建议】 2016年，朱晶提出的《关于加强完善我区邻里中心建设的建议》由副区长梅益进领办。2014年起，区政府在商贸流通扶持政策中加入对邻里中心扶持和补助内容。至2016年底，成立宁波市首家专业邻里中心商业管理公司宁波攸品邻里商业管理有限公司，开发管理成功运营的有金桥水岸和万金邻里商业特色中心，筹建潘火、长丰、东钱湖3家。

【加快“科技、创新、互联网”产业优化升级建议】 2016年，杨和荣提出的《关于加快鄞州“科技、创新、互联网”产业优化升级的建议》由副区长戴华祥领办。鄞州区加大引进科技创新、创意及互联网人才支持力度，2016年安排孵化专项资金1500万元，出台众创空间相关扶持政策；建设“科技、创意、互联网”产业升级基地，近郊镇乡（街道）、园区加快构建一批全要素“众创空间”；区投资创业中心作为“科技、创意、互联网”城市功能区进行建设。

【发展民宿经济建议】 2016年，徐卫东提出的《关于发展我区民宿经济的建议》由副区长夏素贞领办。针对鄞州区民宿产业发展相较于周边地区在数量、品质、集聚程度上都相对滞后的现状，区政府将引导和扶持民宿产业发展作为重点工作之一，专题研究民宿旅游发展，制定出台《关于印发特色民宿发展暂行办法》，明确特色民宿的具备条件、申报程序、规范管理、扶持政策、法律责任等。

（童怡心）

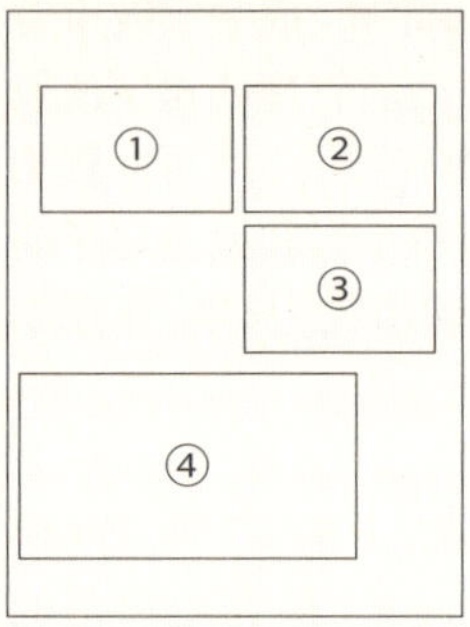

① 咸祥镇天地生态农庄

② 咸祥镇鹰龙海畔·渔客栈

③ 横溪镇芫舍

④ 横溪镇逐野

宁波市
鄞州区人民政府

鄞州区行政服务中心

概述

【概况】2016年，鄞州区实现地区生产总值1342.50亿元，比上年增长7%；财政总收入366.40亿元，增长13.20%，其中一般公共预算收入230.40亿元，增长10.40%；固定资产投资772.70亿元，增长13.70%；社会消费品零售总额615.30亿元，增长9.50%；规模以上工业总产值1549.20亿元，增长2.40%；金融机构本外币存贷款余额分别为4452.90亿元和3728亿元；商品房销售面积349.90万平方米，增长29.90%。

服务业占地区生产总值比重超过工业。金融、航运、商贸、会展、文化旅游等产业快速发展。其中，商务楼宇建成投用108幢379万平方米，税收超亿元和超千万元楼宇分别为18幢和78幢；金融业增加值占地区生产总值的比重为12.10%。工业经济中汽车零部件、纺织服装等传统产业优势提升，新材料、高端装备等战略性新兴产业加快发展，高新技术产业增加值占规模以上工业增加值的比重为52.40%，装备制造业增加值增幅高于规模以上工业2.90个百分点，拥有国家级企业技术中心7家、行政认定中国驰名商标20个。

南部商务区集聚企业3062家，四明金融小镇、现代电车小镇分别入选浙江省特色小镇创建、培育名单。鄞州工业园区、鄞州投创中心产出加快，宁波中车产业基地成为宁波市战略性新兴产业专业园。中物院宁波军转民科技园、清华长三角研究院宁波科技园、摩米创新工场集聚光电企业159家，科技信息孵化园入驻企业180家，鄞州大学生（青年）创业园成为全国创业孵化示范基地，世贸通入选国家外贸综合服务试点平台，盛世方舟、集盒跨界产业园等新型产业平台开业运营，建成国家级众创空间6个，众创孵化器面积34万平方米。

实施“人才强区”战略，院士和博士后工作站达到47个，高层次人才6575人，引进培育国家和省“千人计划”专家27人。推进“个转企、小升规、规改股、股上市”和小微企业三年成长计划，上市公司、国家级高新技术企业分别有15家和231家，“新三板”和宁波股权交易中心挂牌企业分别有20家和122家，累计完成“个转企”1752家、“小升规”510家。

推进污水处理、清淤疏浚等工程，101个村建设生活污水治理设施，滨海污水处理厂投入运营，“五水共治”获浙江省“大禹鼎”，成为浙江省“清三河”达标区。推进“森林鄞州”建设，开展铸造、化工、印染、造纸和畜禽养殖等专项整治。电镀园区环境实现整治提升，禁燃区建设、黄标车淘汰、主要污染物减排任务全面完成，空气质量优良率83.10%。

建成运营轨道交通站点12个、公交场站21座、公共停车位5752个、公共自行车租赁网点438个。基本建成鄞东南沿山干河、东江堤防、铜盆浦强排泵站等项目，推进奉化江堤防和中心城区管网清淤修复、提标改造等工程。实施高压线“上改下”50千米，基本完成农用电力设施改造。

城镇和农村居民人均可支配收入为5.40万元和3.10万元，城镇登记失业率控制在3.60%以内。实现养老、医疗保障城乡并轨，户籍人口养老和医疗保险参保率分别提高到95.60%和95.80%。城乡居民最低生活保障月标准提高到744元。政策性农业保险规模居全省第一，率先推出困难人群意外伤害险和食品安全、电梯安全等责任险。农村经济合作社股份合作制改革推进。实现省双拥模范城“七连冠”。

推进公立医院和分级诊疗改革，社区医疗机构门诊比重提高到75%，慢性病防治经验做法在全国推广，获评全国计划生育优质服务先进单位。老年人养老床位达到6267张，基本实现村（社区）居家养老服务中心全覆盖。4人获评全国、浙江省“道德模范”。“海商文化”“周日文化”“义乡鄞州”形成品牌，修编完成《宁波市鄞州区志（1978—2008）》。创新社会治理，实现省平安区创建“十一连冠”。

（区政府办公室）

重要会议

【区政府全体（扩大）会议】2016年1月7日，区政府召开第四次全体（扩大）会议。区人大常委会副主任忻国龙，副区长沈权、夏素贞、茅剑辉、柴志强、王颖、梅益进、戴华祥，区政协副主席王国定出席会议。区政府组成部门主要负责人，各镇（乡）政府镇（乡）长、街道办事处主任，区政府直属各单位主要负责人及有关驻鄞单位主要负责人等参加会议。区委常委、常务副区长沈权主持会议。区委副书记、区长陈国军作《政府工作报告》起草说明。会议讨论提交区十七届人大五次会议审议的《宁波市鄞州区国民经济和社会发展第十三个五年规划纲要（草案）》和《政府工作报告（征求意见稿）》，贯彻落实区委十三届十次全体（扩大）会议精神，研究部署下一步政府重点工作。

【区政府常务会议】2016年1月15日，区政府召开第六十三次常务会议。专题学习《中华人民共和国食品安全法》；审议通过关于鄞州区政策性小微企业财产保险方案，关于对工业企业项目缓缴新型墙体材料专项基金建议，关于市民中心项目建设方案，关于YZ02-06-11B、YZ02-06-11C地块规划设计条件变更和YZ02-06-11B地块、万林置业地块、集士港镇董家桥6号地块延长土地开发期限，关于推进宋诏桥花鸟市场地块开发情况，关于征迁范围内未经登记建筑调查认定补偿实施办法，关于征迁项目实行跟踪审计等政策文件；通过关于给予违纪监察对象行政开除处分的决定；书面通报关于区政府党组“三严三实”民主生活会方案，关于全国安全生产会议精神传达和安全生产检查方案。

2月29日，区政府召开第六十四次常务会议。审议通过关于高速公路出入口景观提升工程预算方案，关于华茂悦峰地块12号“断头河”节点打通工程有关事宜，关于洛兹集团有限公司重组方案，关于钟公庙街道村级留用地处置办法，关于供销社与宁波日报报业集团合作有关方案，关于永盛公交公司电镀城过渡场站加气（加油）站投入运营相关问题，关于2015年度全区固定资产投资优胜单位和重点工程建设先进单位，关于2016年全区固定资产投资计划表，关于2016年全区固定资产投资和重点工程建设目标管理考核办法，关于明确宁波穿山港铁路北仑支线电化改造工程鄞州段有关问题，关于2016年全区经济发展的若干政策意见，关于2016年鄞州区“大力神鼎”“大力鼎”奖和企业进步奖评选建议方案，关于中心城区飞地管理办法，关于办理高桥岐阳新材料工业区16号B地块等相关地块临时土地证延期手续和宁波国合旭东精密压铸有限公司在建工程转让等政策文件；书面通报关于2016年国民经济及社会发展主要指标调整情况，关于2016年鄞州区房屋征收拆迁工作考核办法。

3月17日，区政府召开第六十五次常务会议。专题学习关于行政机关合同的几个重要法律问题；审议通过关于宁波城投置业古林项目IV-8-E和IV-12-K地块、长丰宁波鸿达印务有限公司横溪镇安置地块延长土地开发期限，关于汉麻产业投资股份有限公司资产重组涉及相关事宜，关于明确鄞江镇旅游专项规划设计方及设计费的相关情况，关于鄞州区（万达片区）道路停车收费服务试点项目实施方案，关于宁波中茵集成科技有限公司建设项目污染物排放情况，关于鄞州区征迁“清零攻坚”专项行动实施方案和推进房屋征迁信息公开工作实施方案，关于集体建设用地征收报批绿色通道操作规定，关于宝幢西侧道路PPP项目相关事宜，关于国有建设用地使用权收购及出让方案，关于大地宾馆项目改造提升相关事宜，关于1016工程建设前期相关事宜，关于广德湖路匝道及地面辅道工程高压电缆迁建相关事宜，关于滨江北路（惠风西路—规划一路）工程建设相关事宜，关于延长广博集团石碶街道车何渡村-1号工业地块临时土地证期限和补办3号厂房权属证书等政策文件。

4月7日，区政府召开第六十六次常务会议。审议通过关于永润科技地块、鄞州工业园区两块土地、广昇村7号工业B1地块、爱尔妮新城置业鲍家埭地块、下应邻里中心地块延长土地开发期限，关于下应街道商务中心1号楼出售有关情况，关于鄞州经济开发区二期市政项目采用PPP模式建设相关事宜，关于特色小镇规划建设实施意见，关于鄞州四明金融小镇建设若干政策意见，关于姜山明山路1-A地块转变用途及延长开发期限，关于国有建设用地使用权挂牌出让方案，关于鄞州区企业实用人才评价暂行办法，关于舟宿夜江街区运行相关问题，关于鄞县大道（机场路—镇岚路）整治工程总体方案，关于华数有关事宜，关于变更宁波市鄞州开发建设投资有限公司入股方式等政策文件；书面通报关于鄞州区推进农村环境卫生长效化建设行动方案。

5月5日，区政府召开第六十七次常务会议。审议通过关于塘溪镇塘头村1号商住A和B地块、潘火片区（奥克斯置业公司）YZ01-01-11地块、鄞州新城区YZ08-02-33地块延长土地开发期限，关于长丰二村棚改政策，关于涉案林地非诉行政案件强制执行组织实施工作实施意见，关于国有建设用地使用权挂牌出让方案，关于宁波奥克斯置业公司代建规划道路等市政配套工程，关于给予宁波高发控股有限公司一事一议，关于财政存量资金盘活方案，关于南部商务区二期10-B地块招商情况，关于鄞州区镇乡污水收集管网和农村生活污水处理设施运行维护管理办法，关于食品安全责任商业保险工作开展情况，关于创建国家食品安全城市及浙江省食品安全区工作实施方案，关于2016年度“双五十工程”评选情况，关于调整轻纺城棚区改造投资总额的汇报，关于高桥镇江南村新村建设项目向中国农业发展银行宁波市分行融资，关于软性AMOLED触摸显示屏项目投资落户框架协议等政策文件。

5月20日，区政府召开第六十八次常务会议。专题学习GDP统计相关问题；审议通过关于宁波市鄞州区生产安全事故应急预案等3个预案，关于宁波市鄞州区党政机关安全生产工作职责规定，关于鄞州区公路保洁权限下放方案，关于大嵩断面水质提升工作情况，关于鄞州区生活垃圾填埋场加固除险应急工程建设有关情况，关于进一步明确鄞州区棚户区改造项目补偿安置政策，关于潘火街道华诚地块和鄞州新城区原新华印刷有限公司地块延长土地开发期限，关于鄞州区特色民宿发展暂行办法，关于国有建设用地使用权挂牌出让方案，关于进一步降低企业成本减轻企业负担推进实体经济稳增促调若干意见，关于建设鄞州妇女儿童医院项目等政策文件。

6月7日，区政府召开第六十九次常务会议。专题学习从行政诉讼案件探究当前依法行政存在的问题；审议通过关于科技服务业扶持政策，关于2016年城投公司新增一项市政项目建设有关事宜，关于鄞州区文化艺术中心维修改造和功能提升有关事项，关于孙马安置小区（二期）工程建设相关事宜，关于鄞州区（中心城区）环境综合整治行动所涉项目招投标工作，关于鄞州区防控处突指挥训练中心与民警训练基地整合建设使用，关于落实推进宁波中车产业基地宁波中车新能源科技有限公司和宁波中车轨道交通装备有限公司项目有关事宜，关于国有建设用地使用权挂牌出让方案，关于区政府与杉杉集团有限公司签订浙商回归战略合作协议，关于邱隘明湖后塘河以北地块房屋征收情况等政策文件。

7月4日，区政府召开第七十次常务会议。审议通过关于梁祝文化产业园等地块、邱隘镇原市农场地块、浙江沧海市政园林建设有限公司地块、咸祥镇西宅村1号商住C地块、龙观原砖瓦厂A地块延长土地开发期限，关于鄞州经济开发区二期基础设施建设PPP方案，关于国有建设用地使用权挂牌出让方案，关于铜盆浦垃圾填埋场处置方案，关于进一步加快卫星城市和中心镇创新发展的意见，关于引入电梯综合保险制度创新电梯安全管理，关于推进公共法律服务体系建设实施意见、关于收购申江公司所持电车公司股份等政策文件。

8月1日，区政府召开第七十一次常务会议。审议通过关于软性AMOLED显示屏项目有关情况，关于MCS-2植物新药项目有关情况，关于东吴镇生姜村2-A号地块、宁波威元新能源有限公司地块、宁波海创科技园地块、和荣大厦地块、悬慈村研发地块、宁波灵峰凯德福国际贸易有限公司和浙江华健医用工程有限公司地块、桃源湾1号地块、生活垃圾焚烧发电项目地块延长土地开发期限，关于国有建设用地使用权挂牌出让方案，关于栖木庙迁移有关事宜，关于风棚碶泵闸工程建设事宜，关于原中基地块开发建设有关事宜，关于四明金融小镇客厅布展工程建设管理方案，关于进一步优化市场环境促进企业兼并重组补充意见，关于鄞州区循环资源处置中心（定桥生活垃圾分类转运站）配套管线工程建设有关事宜，关于鄞州环境建设服务有限公司资产处置有关事宜，关于鄞州区政府与宁波市交通委签订永盛公交公司停保场迁建协议，关于鄞州区各专业安全生产委员会工作职责和鄞州区安委办联系专业安委会工作制度等政策文件；通过关于给予阮建成等行政开除处分的决定。

8月19日，区政府召开第七十二次常务会议。专题学习突发事件应对法；审议通过关于蓉江村人才公寓住宅地块、富田工业地块、李花桥工业区相关地块、南部商务区三期A地块、宁波卓越圣龙德尔福地块延长土地开发期限，关于集士港镇四明山村1号居住、商业地块项目规划有关事宜，关于机场三期相关企业拆迁安置用地问题，关于国有建设用地使用权挂牌出让方案，关于奥克斯智能空调项目有关事宜，关于鄞州区预算单位、国有企业及镇乡（街道）银行账户和公款存放管理暂行办法补充意见，关于进一步加大统筹力度完善新型社会救助体系实施意见（试行），关于五乡镇、塘溪镇农村生活污水治理工程采用PPP模式有关事宜，关于塘溪镇第二中心小学项目超概算部分资金补助，关于对塘溪镇东山村观光农业旅游项目予以政策支持，关于鄞州区畜禽养殖场（户）污染防治管理办法等政策文件；书面通报关于半年度征迁“清零”进展情况，关于农村“三居”专项行动工作方案。

9月2日，区政府召开第七十三次常务会议。专题学习不动产登记暂行条例；审议通过关于原中基地块延长土地开发期限，关于国有建设用地使用权挂牌出让方案，关于城投公司新增两项2016年新建市政项目有关事宜，关于鄞州区实施“快速审批”改革，关于鄞州经济开发区市政工程项目重大设计变更及概算调整相关事宜，关于妥善解决洞桥镇明苑小区房屋权证办理及上市交易有关问题，关于妥善解决长运公司历史遗留问题建议方案，关于对宁波隆凯进出口有限公司实施“一企一策”，关于进一步促进鄞州区外贸持续稳定增长若干政策意见，关于政府采购南部商务区楼宇企业地下停车位开放服务，关于预结算鄞州区生活垃圾卫生填埋场相关款项，关于改进和完善鄞州区财政专户资金存放办法等政策文件。

9月19日，区政府召开第七十四次常务会议。审议通过关于陈婆渡地块延长土地开发期限，关于国有建设用地使用权挂牌出让方案，关于宁波水缘物流有限公司地块处置方案，关于高桥镇江南村新村建设项目向中国农业发展银行宁波市分行融资有关事宜，关于高桥镇高峰村新村建设未按建设工程规划许可证进行建设有关事宜，关于鄞州公园（二期）项目增加大规格银杏苗木相关事宜，关于区文化艺术中心维修改造方案，关于进一步明确村级集体资产安置商务楼一次性货币回购结算办法，关于下应街道城市道路（一期）项目采用政府购买服务模式实施有关情况，关于明确它山堰文化旅游发展有限公司2015—2016年合同费用有关事宜，关于单用途商业预付卡保证保险试点方案等政策文件。

10月11日，区政府召开第七十五次常务会议。审议通过关于姜山镇科技园区11号工业A地块、C地块和斯玛特广场项目延长土地开发期限，关于国有建设用地使用权挂牌出让方案，关于天童禅寺“海丝”申遗工作有关事宜，关于交通建设相关电力设施零星改迁项目监理事项，关于宁波市鄞州新欣采石场周边企业征迁费用补助等有关事宜，关于调整和明确部分被征地人员养老保障政策，关于鄞州区推进户籍制度改革实施意见，关于对首南街道鲍家等4个村村级留用地实行一次性货币处置，关于集士港镇相关项目概算总投资调整有关事宜等政策文件。

11月22日，区政府召开第七十六次常务会议。审议通过关于区政府领导工作分工建议方案，关于2016年全区及区本级财政预算调整报告，关于对雅戈尔集团股份有限公司进行财政补助，关于核销土地收购成本（费用），关于进一步深化精密铸造行业污染整治有关情况，关于电镀园区重建项目专业配套工程建设事宜，关于鄞州区下应街道培罗成地块电力迁改项目建设相关事宜，关于鄞州路二期（首南西路）等工程签订补充合同相关事宜，关于深入开展安全生产大检查切实加强岁末年初安全生产工作方案等政策文件。

12月22日，区政府召开第七十七次常务会议。学习传达中共中央和国务院关于推进安全生产领域改革发展的意见以及习近平、李克强关于近期安全生产重要指示批示精神；审议通过关于鄞州区科技风险补助资金管理办法，关于鄞州区落实企业安全生产主体责任工作方案，关于国家开发银行收回全芯科技项目贷款有关事宜，关于加快推进残疾人全面小康进程实施意见，关于鄞城大道（原明州大道）洞桥至云龙段工程有关变更情况，关于南部商务区门户区原项目设计费用有关事宜，关于“森林鄞州”有关项目养护资金结算方案，关于首南街道“城中村”改造货币安置（回购）一期实施方案，关于邱隘棚改项目方案，关于鄞州区小城镇环境综合整治行动及治危拆违攻坚行动等方案，关于城际铁路姜山站西北区块有关地块收储方案，关于国有建设用地使用权挂牌出让方案，关于云龙镇、钟公庙街道、福明街道有关地块延长土地开发期限等政策文件。

（史海良）

区政府办公室工作

【概况】 2016年，区政府办公室开展调查研究，出台《鄞州区加快特色小镇规划建设的实施意见》《关于进一步优化市场环境促进企业兼并重组的补充意见》等相关政策文件。撰写各类调研文稿27篇，起草各类讲话稿、汇报材料668篇，编发政务信息34期，被省、市政府办公厅录用信息270余条。

办结领导批示件153件，办理市政府督查件42件，下发督查通知书44件，编写督查通报（专报）79期。交办督办政府系统办理的市、区人大代表建议、政协委员提案554件（含闭会期间3件），满意和基本满意率为99.80%。

组织协调重大项目集中开工仪式，完成“G20杭州峰会”服务保障和行政区划调整等任务，成功应对“莫兰蒂”“鲇鱼”等台风及雨雪冰冻天气。召开各类协调会议612次，印发专题会议纪要185件。

收办上级文件2014件，下发各类文件259件，审核办理请示类文件1115件，承办各类会议（活动）216次，主动公开政府信息11586条，办理政府信息依申请公开答复310件，政府信息依申请公开实现法制机构或法律顾问审查全覆盖。收到行政复议案件81件，其中受理73件，比上年增长93.20%。接待来宾516批次10320人，报批因公出国（境）团组71批132人次。

（区政府办公室）

民生实事工程

【政府重点民生实事工程】 2016年，区政府实施民生实事项目10个方面29项，内容涉及污水处理、大气治理、垃圾分类、防洪排涝、电力改造、交通出行、就业创业、住房保障、教育改善、便民服务等。建立以主要领导负总责和常务副区长牵头实施、分管领导协调推进的民生实事工程推进机制，下发《宁波市鄞州区人民政府办公室关于印发2016年区政府重点民生实事工程目标任务责任分解的通知》。采用月督查、季通报、半年预警、定期公示方式进行督查和实地检查，推进民生实事工作开展。

农村污水治理工程。鄞西污水处理厂一期再生水扩容工程完成设备安装，提标改造工程处于招标准备阶段。126个农村生活污水治理工程进场施工，68个村完工，增加受益农户3.60万户。建成污水主干管网24.60千米、收集管网82.50千米。

大气污染治理工程。全年淘汰高污染燃料锅炉86台。

垃圾分类处理工程。钟公庙、中河、首南3个街道辖区内101个小区、67个机关单位、74个事业单位、10家国有企业、16所中小学校实现垃圾分类收集全覆盖。生活垃圾焚烧发电项目1号炉点火烘炉，进入全面安装、调试阶段。

海绵城区建设工程。城区60千米雨污水管道修复和5千米管网提标改造工程完工，全年改造积水点66处。建兴路、机场路、沧海路3个雨水泵站和下穿提升改造工程完工，鄞县大道下穿同三高速提升改造工程因涉及世纪大道南延工程整体规划暂停施工。

电力设施改造工程。500千伏明州变、110千伏塘溪变、前周变、仕港变4个变电所投产，110千伏岐阳、姜村变电所完成电气安装，具备投产条件。

公共交通改善工程。全年购置公交车304辆、超级电容车120辆（其中超级电容车45辆、超级电容+钛酸锂电池75辆）。开辟81路拥军专线等公交线路14条，优化调整605路等公交线路50条。建成天童北路飞虹立交桥下、南部商务区北侧和环城南路沿线公共停车场，增加公共停车位925个。建成公交充电站点11个、充电桩31个。新建、扩建公共自行车租赁网点39个，增加桩位1196个。

就业创业促进工程。全年扶持大学生创业实体1856家，增加青年大学生创业558人；培训技能人才3.30万人，其中高技能人才2439人。增加区级技能大师工作室5家，累计25家。其中，1家被评为浙江省技能大师工作室，4家被评为宁波市技能大师工作室。

住房保障工程。实施城镇居民住房保险监测项目，对C、D级危房进行一周一次巡查和入户检查，查处影响房屋使用安全的装修行为，全年巡查房屋1316幢32546户293.10万平方米，入户4755户，处理房屋安全问题及相关投诉110件，查处违规装修案件53件。开建繁裕四期等棚户区改造安置小区9个、安置住房10912套。改造零星危旧房2.12万平方米，长丰二村危旧房改造工程因意愿征询率不足80%终止。

办学条件改善工程。新建、扩建学校（幼儿园）5所。其中，堇山小学二期完成地下室底板浇筑，姜山幼儿园综合楼扩建工程基本完成主体装修，古林镇布政幼儿园、下应街道中海幼儿园竣工，潘火街道中心幼儿园交付开办。建成五乡镇贵玉小学、云龙镇前徐小学、石碶街道实验小学、鄞州中海实验小学4所学校的塑胶跑道，更换课桌椅5万余套。

便民服务工程。在汇聚创业里一二期、科技信息孵化园等建设热点104个、无线AP164个。泰安西路、潘火、龙观3个菜市场新建（改建）工程完工并对外营业，九曲、横街、泗港3个菜市场改建（迁建）工程完工。建设农村文化礼堂33家，其中改建12家、新建18家、扩建3家。送书下乡30620册。

（毛孟波）

重点工程建设

【概况】 2016年，鄞州区安排区级重点工程项目120个，计划总投资1209亿元，实际完成投资199亿元，带动固定资产投资完成769.90亿元，比上年增长11.10%。其中，博格华纳、美康智能健康产业中心、栎社机场安置A地块、惠风西路菜市场、中心城区老年乐园等29个项目新开工建设，甬金高速（古林—高桥）、狮球通风机电、凌珂新材料、日月重工、环球城、下应中心小学、飞越时光等32个项目完工；从分类看，基础设施项目42个，累计完成投资60.40亿元；产业项目40个，累计完成投资78.10亿元；民生项目38个，累计完成投资60.40亿元。

建立完善重大项目“区级领导联系、牵头单位协调、责任单位负责、区级机关助推”的项目管理体系，形成“领导联系促动、部门配合联动、定期督查推动、目标考核带动”和“盯人、盯事、盯项目”跟踪推进机制。开展“五联三促”活动（区四套班子成员联镇、联村、联企、联项目、联信访，促活动扎实推进、促党员活力增强、促基层组织巩固）和“六创联动”工程（“主体创强”工程、“产业创强”工程、“城乡创美”工程、“改革创活”工程、“治理创先”工程、“党建创优”工程），集中政策、资源推进项目建设。建立并落实季度分析通报、重大项目进度“三色”督办等制度，重点督查列入省、市重点工程重大项目，各个项目按时间节点和任务要求完成。

【重点工程项目保障】 2016年，鄞州区落实项目立项属地管理，承接项目备案管理权限下放65项，超过98%的项目可在鄞州区备案。压缩审批时限，放开企业审批事项，取消核准改备案30余项。推行项目建设、可行性研究和初步设计“三合一”审批制度，对企业投资项目实施“快速审批”，专门召开新开工重大项目审批服务对接会，全程跟踪代办服务。申报上级补助资金，争取到重点道路交通项目、保障性安居工程配套基础设施建设项目中央预算内资金1.46亿元，分两批争取到奉化江整治工程农村段、长丰区块棚户区改造和生活垃圾焚烧发电等6个项目中央专项建设基金3.64亿元。创新重点领域投融资机制，鄞州经济开发区8条道路及绿化工程、宝幢西侧道路等11个项目进入市PPP项目库，总投资130亿元。

【重大项目集中开工仪式】 2016年7月27日，鄞州区重大项目集中开工仪式在下应街道鄞州智能健康产业中心项目现场举行。市委常委、区委书记胡军宣布开工。集中开工重大项目23个，涉及工业经济、基础设施、文化旅游、教育养老等领域，总投资160亿元。产业类项目11个，其中纯工业项目6个，总投资18.30亿元；基础设施类项目7个，其中涉及道路建设及整治6个，包括宁南南路（庆元大道—北大路）、宝幢西侧道路、广德湖路（环城南路—堇山西路）、新典路（广德湖路—宁南北路）建设及部分高速公路出入口环境整治等项目；涉及民生类项目5个，主要有惠风西路菜市场新建、堇山小学扩建、区老年乐园建设等重点工程。

（严世高）

政务公开

【概况】 2016年，鄞州区通过政府信息公开平台主动公开信息11586条，办理政府信息依申请公开答复310件。区本级办理政府信息公开申请64件，引起行政复议11件，撤销4件；提起行政诉讼3件，撤销0件。

区政府门户网开辟“政务服务网”“网络问政平台”“公共交易网”等公开有关信息，设置“在线咨询”“区长信箱”“在线访谈”“简政建言”“网上调查问卷”等互动型栏目。对涉及全区经济社会改革发展和关系民生重大事项，由法律专家和法制机构进行合法性审查，重大决策事项事先召集法律顾问进行专题论证。区“十三五”规划纲要、户籍制度改革方案等重大决策在提交常务会议讨论前通过门户网站专栏、《今日鄞州》、社区公告栏等公开征求意见。全区各级各部门制发的80件规范性文件全部在网上公开，并公开征求意见；区本级制发政策文件图解60件。每季度编发政府公报，选登区政府及各部门规范性、政策性文件、人事任免文件及政府发文目录。编制区政府全年规范性、政策性文件汇编，免费发放至全区各部门、各乡镇及各村、社区。

【政务公开规范化】 2016年，鄞州区引入法律顾问审查制，政府信息依申请公开答复必须逐件由该单位法律顾问审查，全区各级各部门政府信息依申请公开实现法制机构或法律顾问审查全覆盖。启动政府信息公开沟通协商机制，由区政府办公室召集相关单位，并邀请法院派员研讨。优化政府信息公开平台，政府信息公开平台增加身份认证环节，同时增加平台监控频率，确保各单位在15个工作日内办结，不发生一起未答复、未按期答复问题。选取典型案例，开展案例解读，举办政府信息公开专业培训。

【重点领域政务公开】 2016年，区政府印发《关于进一步加强政府信息公开工作的通知》，把重点领域信息公开内容细分为12类，分别明确牵头部门，年底区政府督查部门重点督查12类重点领域公开事项落实情况并通报。清理审批事项区级审批前置条件，取消一批不符合法律法规的区级审批前置条件，区级审批前置条件事项全部在政府信息公开网上向社会公布。指导全区61家预算管理单位全部公开2016年部门预算和决算，启用软件系统自动生成整份PDF报告，为21家区级部门代公开2015年决算。梳理专项资金管理清单，明确需要在外网公开管理办法和使用情况的项目165项。政府采购项目全部在“中国鄞州网”上公开。区政府印发《关于进一步加强征收拆迁信息公开工作的通知》，明确将征收土地方案公告、房屋征收决定公告、房屋征收补偿安置方案公告、征收补偿方案征求意见公告及征求意见情况的公告纳入主动公开目录。

（陈凯宇）

应急管理工作

【概况】 2016年，鄞州区制定发布《鄞州区生产安全事故应急预案》《鄞州区突发地质灾害应急预案》《鄞州区金属、非金属露天矿山生产安全事故应急预案》《鄞州区危险化学品事故应急预案》和《江东区大型群众性活动事故应急预案》等，91家中型规模以上一般工业企业按照规定要求编制预案并备案。区应急指挥中心实行4班两运转，应急平台24小时专人值守。全区所有部门和镇（街道）均纳入应急指挥体系，一级应急联动单位46家、二级联动单位10家、三级联动单位8家。全区有灾害信息员601人，其中持证人员403人，占总人数的67.05%；高中及以上学历525人，占总人数的87.35%。全年突发公共事件数量比上年略有下降。

自然灾害受灾程度与2015年相比较轻，但受超强厄尔尼诺影响，年平均气温明显偏高，降水量明显偏多，遭受世纪极寒天气和“莫兰蒂”台风等严重影响。其中，“莫兰蒂”“鲇鱼”两次台风受灾人口4.16万人，直接经济损失2.30亿元，其中农作物受灾面积4275公顷（绝收1075公顷），房屋进水报损13154户。区气象局启动应急响应9次，未因突发性地质灾害造成人员伤亡。

发生各类生产经营性事故94起，死亡25人，受伤84人，直接经济损失602.10万元。其中，工矿商贸企业发生事故11起，死亡11人，受伤1人，直接经济损失293万元；生产经营性道路交通事故82起，死亡14人，受伤83人，直接经济损失19.10万元；火灾事故（发生人员死伤或经济损失超100万元）1起，死亡0人，受伤0人，直接经济损失290万元；水上交通、渔船作业、渔船捕捞作业领域未发生伤亡事故。

报告法定传染病11495例（含东钱湖镇、梅墟街道、新明街道），发病率760/10万。其中，甲、乙类传染病2101例，发病率139/10万；丙类传染病9394例，发病率621/10万。发病数上升的病种主要是手足口病、流行性感冒。报告突发公共卫生事件1起，东柳街道幸福苑实验学校发生水痘16例，疫情属于一般性事件，经过调查处置扑灭。报告各类聚集性疫情156起，按照病种分为手足口病疫情61起、疑似或确诊诺如病毒感染疫情9起、水痘疫情6起、上呼吸道感染聚集性疫情69起、其他11起。

有效接警量149467起。发生刑事案件12254起，其中“两抢”案件62起、盗窃案件9090起、诈骗案件2695起、杀人案件10起、强奸案件42起；治安案件73299起；群体性事件134起；火灾1075起，因灾死亡4人，受伤0人，直接财产损失509.20万元。

【应急保障建设】 2016年，鄞州区组建区水上应急抢险队伍21支179人，武警应急抢险队伍1支27人、水利工程机动抢险队1支60人及镇、村两级抢险队伍290支4967人，配备冲锋舟、橡皮艇和挖掘机、破碎锤头等抢险器材和装备。建成大嵩防汛物资仓库（300平方米）、鄞东南防汛物资仓库（200平方米）和铜盆浦防汛物资仓库（170平方米）3个区级防汛物资仓库，推进大嵩滨海和东江防汛物资仓库建设，在鄞东南防汛物资仓库和铜盆浦防汛物资仓库增加合金网笼、桩木、冲锋舟、拖车等物资和器材。全区设置避灾安置点385个，包括2个区级避灾安置中心、30个镇（街道）级避灾安置中心、353个村（社区）级避灾安置点，建筑面积111万平方米，能容纳灾民约21万人。设置村（社区）级避灾点标识牌、指示牌425个，完成率100%。下拨镇（街道）避灾场所规范化建设补助经费61万元、救灾物资采购补助经费175万元。安排突发事件应急资金10744万元，其中预备费1亿元、安全生产50万元、粮食风险准备金564万元、自然灾害预留100万元、农林局种子备灾30万元。整合鄞州公安（含原江东区）监控2691路、城管和水利等其他政府职能部门监控335路、各镇（街道）及重点资源监控2072路、社会资源监控3003路。创建市级及以上综合减灾示范社区16个（其中国家级1个、省级5个），市级及以上综合减灾示范社区（村）累计124个（其中国家级25个、省级17个）。增加气象灾害防御重点单位5家。创建浙江省气象防灾减灾示范村（社区）21家。

【预防预警网络建设】 2016年，鄞州区完善预警监测网络建设。区气象局在强降水前与区“三防”办、水利局沟通，发挥气象防灾减灾第一道防线作用；在空气污染严重、能见度低时，与区环境保护局（简称“区环保局”）联合发布大气重污染预警信号；发布春节、清明节等重要节假日森林火险等级预报，为区农林局开展森林防火提供科学依据；与区交通运输局联系，及时为春运、重要节假日等提供气象信息；与市国土资源局鄞州分局（下称“区国土分局”）续签合作协议，共同开展地质灾害气象风险预报；与区城市管理局（简称“区城管局”）合作，共同开展城市内涝防治业务；与区物业管理中心共同开展灾害性天气服务，共享区物管中心137个社区LED，强天气发生时及时通过LED发布预警信息。区水利局建立水雨情遥测站86个（双备份站点25个）。其中，风力观测站1个、雨量遥测站77个，自动雨量站站点密度每站17.90平方千米，山洪灾害防治区自动雨量站站点密度每站11.40平方千米（不含气象部门站点），满足每站20平方千米~50平方千米布设要求。所有海上船只均安装GPS定位系统，将相关信息汇集到区人民政府防汛防旱指挥部（简称“区防指”）。建成简易自动水位监测站18个、人工雨量站90个、简易水位站72个，山洪灾害预警平台实现预警信息网上查询、短信预警、广播预警于一体。

【隐患排查检查】 2016年，鄞州区开展各类隐患排查检查。区交通运输局联合公安、安监、旅游、海事等部门组成联合检查组，消除事故隐患。通过常规性检查、督办性检查、“四季四节”检查、专项性检查等形式，重点检查重点企业。全区交通运输行业二、三级安全网格管理员巡查5852人次，整改安全隐患1365处；128家交通运输企业网上安全隐患填报2169处，整改率100%。区安全生产监督管理局（简称“区安监局”）对重大安全隐患实施挂牌督办，其中市级2处、区级1处；综合督查高层楼宇建筑安全、涉及涂装和可燃爆粉尘企业、涉氨制冷企业、冶金企业专项整治工作，督查企业96家次，排除隐患560余个。

【应急救援演练】 2016年5月31日，鄞州区在钟公庙街道四明中路万达广场举行大型综合体火灾事故应急演练，40余家单位1000余人参与演练。6月17日，在东吴镇小白村举行防御小流域山洪灾害应急演练，32家单位500余人参加演练。针对非煤矿山、危

2016年6月17日，鄞州区防御小流域山洪灾害应急演练在东吴镇小白村举行

险化学品、烟花爆竹、冶金、建材、建筑工地、道路交通等高危行业企业危险源和危险因素，相应组织开展应急救援演练；在学校、商场、医院等人员密集场所，组织开展突出疏散、逃生及自救互救能力等演练。

（刘 洋）

流动人口服务与管理

【概况】 2016年，鄞州区有在册流动人口935803人，其中16周岁以下人员100723人。流动人口主要来自浙江省其他地市，省外主要来自中西部欠发达地区。在流动人口构成成分中，以内地农村人口为主，主要从事加工业、建筑业和服务业。

全区有5.40万名外来务工人员子女在鄞州义务段学校就读，其中有4.70万名就读于公办或民办公助学校，公办学校接纳率85.40%。外来务工人员社会保险并轨至职工“五大保险”。建立公共就业服务平台503个，举办专场劳动招聘洽谈会14场，提供就业岗位2.40万个，有1.80万名外来务工人员进场，劳动合同签订率98.50%，劳动监察案件和劳动仲裁案件结案率分别为96%和92%。开展法律援助流动人口讨薪专项行动，建立讨薪法律援助绿色通道，工会企业参与和谐企业创建率在85%以上，劳动监察案件结案率在96%以上，劳动仲裁案件结案率在92%以上。

推进流动人口婚育证明电子化试点工作，落实生育全过程登记管理制度。流动已婚育龄妇女提供基本项目免费计划生育服务率在95%以上，流动育龄妇女管理服务率在90%以上，网络化协作信息提交、接收和协查反馈率均在90%以上，流动人口无证怀孕生育对象管理服务率100%，流动人口子女计划免疫疫苗接种率在90%以上。

【流动人口基层基础建设】 2016年，鄞州区推行协管员网格化巡查工作，以网格为单位定人定责开展流动人口管理，重点开展流动人口和出租房屋信息采集、登记做证、计生服务以及其他经常性服务管理等。全年开展流动人口居住信息抽查工作3次，流动人口居住信息登记率在90%以上、居住信息登记准确率在85%以上。

【流动人口融合组织建设】 2016年，鄞州区发展优秀流动人口加入党、团、工会等组织，其中外来务工人员工会会员入会率在85%以上。流动人口与户籍人口比例在1:1以上的村（社区）融合性社会组织规范化创建率100%。在流动人口1500人以上村（社区）开展“和美家园共建会”规范化建设，落实专（兼）职副会长制度和“和美家园共建会”日常工作制度建设。

【流动人口技能素质培训】 2016年，鄞州区实施外来务工人员职业技能提升计划，以优秀蓝领青工和普通外来务工人员为培训主体，整合各类培训机构师资资源，建立起政府主导、企业支持、个人自愿、社会参与、区分梯度的新型培训机制。鼓励大中型企业建设外来务工人员实训基地、认证中心，提高熟练操作员工取得技能证书比例。开展劳动竞赛、技术比武和岗位练兵活动。推进建筑业务工人员实名制管理，在全区开展建筑业“千万流动人口同上一堂课”安全培训。培训城乡劳动力1.90万人，其中区人力资源和社会保障局（简称“区人力社保局”）完成外来务工人员职业培训1.40万人，增加获取各类培训证书外来务工人员3223人，培养高技能人才1454人、各类专业技师105人。

【流动人口基础信息排查】 2016年，鄞州区围绕“3个100%”目标，推进流动人口基础信息排查。区流动人口服务管理办公室联合鄞州公安分局制订印发全区流动人口基础排查行动方案，制定关于进一步加强流动人口基础信息登记工作通知。各镇乡（街道）开展自查、互查350余次，协同鄞州公安分局实地督查指导相关镇乡（街道），4次抽查流动人口居住信息登记情况并通报。行动期间，全区排查用人单位4547家、出租房屋23.30万家、店面房2.30万家、学校345所、建筑工地307个、娱乐场所163家。监测高危区域流动人口流动状况，建立完善高危流动人口管控、清查、挤压一体化工作模式，列管高危人员3787人、违法犯罪线索133条，破获刑事案件31件，抓获逃犯40人。全区流动人口居住信息登记率从70%提高到90.20%，准确率80.40%。

（叶 盛）

决策咨询

【概况】 2016年，鄞州区政府咨询委员会完成《关于重振工业经济，加快推进工业转型升级的咨询报告》《关于积极发挥市场机制作用，大力推进生态文明建设的咨询报告》，咨询报告和建议得到区委、区政府采纳或落实。

【加快推进工业转型升级咨询报告】 2016年初，《关于重振工业经济，加快推进工业转型升级的咨询报告》课题启动，6月完成。课题组围绕推进工业转型升级、提升鄞州工业发展后劲和活力，及全区工业增速下降、转型不顺、氛围不佳等问题，开展专题调研。分析和展望区划调整后鄞州工业结构优化、布局调整、优势培育等，提出重新认识工业经济重要性、保持房地产业与区域发展相适应、努力降低企业税费成本、充分挖掘土地资源潜力、加快建设各类产业平台、推进多层次创新发展、高度重视传统产业和当地企业、探索注重实效的招商引资办法、完善产业扶持政策、营造重振工业经济的良好环境10条对策措施。区委主要领导对咨询报告作出批示。

【推进生态文明建设咨询报告】 2016年7月，《关于积极发挥市场机制作用，大力推进生态文明建设的咨询报告》课题启动，12月完成。报告针对生态文明建设中存在的问题，提出要进一步提高对生态文明建设的认识，坚持以生态文明理念贯穿发展全过程，坚持在发展中治理生态环境。报告建议以区划调整为契机，制订和实施区域生态规划，在生态建设中引入和运用市场机制，强化政府协同和绩效考核，重点推进全区水环境治理。

（张敏儿）

机关事务管理

【概况】 2016年，鄞州区机关事务管理局整理汇编办公用房、公务用车、财务管理等方面的规章制度，推出《区综合活动中心管理公约》，健全完善基建项目管理、后勤服务监管细则等规章制度。完成财务联合单位和局本级用款计划申报、资金拨付、财务核算、报表申报、年底归档、政府采购、部门对账等日常财务工作，核算12个行政事业单位账套，事务局“三个中心”、区政府食堂、区青少年活动中心、区公务用车管理服务中心5个账套，“智能化工程”“附属楼改造工程”“综合活动中心二次装修工程”“文化艺术中心装修工程”4个基建账套。做好区政府2015年财政决算公开、2016年财政预算公开、2016年“三公”经费公开等工作。配合区审计局完成公务支出、公款消费现场业务审计。完成银行存款开户招投标工作，启动单位财务管理内部控制建设。参加区财政局组织的政府采购业务座谈会、会计核算培训等相关业务培训。

机关食堂早、中餐接待用餐者32万人次，比上年增加2.30万人次。承接各类会议760余场，服务参会人员3.80万人次，会务部被授予2016年度“区级青年文明号”。

实行24小时巡逻和视频监控制度，门岗登记6.20万人次，盘查无证车辆3.80万辆，劝退群众上访39起1400人次。维修强弱电、空调、管道门窗、电梯等2000余次。

【办公用房管理】 2016年，原鄞州区腾退办公用房4.50万平方米，办公用房使用面积比清理前减少27.40%；清理整改全区238家下属事业单位办公用房，腾退办公用房面积2.04万平方米。至年底，全区有48家单位完成办公用房产权产籍移交工作，房产移交面积17.80万平方米。原江东区对国税局办公大楼装修工程进行严格把关，对区“三改一拆”办公用房租赁进行面积核定，并重点针对机关大院的外墙渗水、设施设备老化等问题，加强日常维修、保养和检测。

【车辆管理】 2016年9月，经区编委批准，区机关后勤服务中心更名为区公务用车管理服务中心，挂区机关后勤服务中心牌子，建立区公务用车统一调度平台。车队全年安全行驶里程140余万千米，无主要责任安全事故发生。安全监督员检查车辆200余辆次，查出隐患车辆10台。封存上缴涉改车辆245辆，联合区公务用车制度改革领导小组办公室、区财政局按规定分类分批集中处置。

【公共机构节能管理】 2016年，区机关事务管理局在全区各级公共机构中组织开展节水型单位创建工作，280家单位（含二级事业单位）被列入区级公共机构节水型单位。至年底，全区节水型公共机构覆盖率超过50%。探索LED照明产品在公共机构的推广模式，推进全区公共机构LED照明改造工作，区行政中心、国土分局、农林局等25家单位完成或正在实施LED照明改造工作，总投入600余万元。联合区经信局、财政局等职能部门，制定《鄞州区公共机构合同能源管理实施意见》，10月，鄞州区公共机构最大合同能源管理项目——区行政中心LED照明改造项目落地，总投入200万元。至年底，全区公共机构开展合同能源管理项目有5个，其中行政机关2个、医院2个、学校1个，总投入400余万元，预计年节约标准煤150余吨。

【区青少年活动中心】 2016年，区青少年活动中心有外语教育龚亚夫、少儿舞蹈专家胡蕴琪、书法专家陆爱国等团队，引进舞蹈专家朱宁和吴迪锋、少儿声乐专家胡翊、青年古筝演奏家刘乐等名师团队，开设各类特色公益培训518班次，参与者5354人次。举办童歌会、光影童年、梦想绽放——首届斯坦尼星人微电影节等活动26场，参与者10151人次。

（张 衡）

行政服务·公共交易

【概况】 2016年，区行政服务中心办理各类事项128.20万件，工作日日均办件量5316件。公共资源交易中心交易额304.54亿元，其中工程交易456宗、政府采购1277宗、土地交易38宗、产权交易10宗、其他交易72宗。公共事务受理中心实现

“96310”“12358”“12328”等热线综合受理，受理来电、来邮421077件，日均1153件，比上年增长2.40%。项目审批代办中心对鄞江镇梅园村5家企业、电镀园区20家企业采用集中代办模式，代办各类项目109个，涉及投资金额387亿元，完成审批环节1400项，开工项目62个，代办涉及多部门工商登记注册项目763个。

公共资源交易中心梳理完成要素市场建设相关文件，推动资源要素市场化配置改革。推进电子招投标系统开发建设，推行网上发布和下载招标文件、网上递交投标文件、网上开标和评标、网上监管和电子身份认证等信息化管理。制定标准示范文本，规定交易申请、标书制作、信息发布、交易报名、资格后审、开标、评标、中标公示、合同签订等交易环节操作流程。出台环卫保洁类政府采购示范性文本，规范资格条件和评分标准的设置，放宽资格条件，取消限制性条款。

公共事务受理中心全面启用新系统，确保33条电话专线和11个网络均在一个系统中办理。尝试运用大数据技术，实现群众需求、乡镇热点、实时来电等情况分析功能。与区委政法委进行业务对接，区平安鄞州系统与区行政服务中心系统实现系统间互访互办，受理中心系统受理网格案件256件。

【“快速审批”机制建立】 2016年，区行政审批管理办公室（简称“区审管办”）建立区级“快速审批”平台和重点投资项目联合审批系统，明确对负面清单外符合准入标准企业投资项目实行“快速审批”。前置审批改“审批制”为“备案制”，允许相关中介服务试行“承诺制”，通过制定项目进度计划表，实行项目集体审议，完善并联审批，实行容缺预审等，压缩项目从谋划生成到正式开工和竣工验收时间。政府投资项目审批时间从260天缩短到100天；企业投资项目审批时间从130天缩短到50天，提速60%。其中，宁波福士汽车部件有限公司投资5亿元建设滨海新厂，从建设项目备案到施工许可证办结，仅用36个工作日。

【微信预审批平台启用】 2016年7月1日，区审管办建立“鄞州行政服务”微信预审批平台，推出全景虚拟办事大厅。区烟草专卖局、安监局、交通运输局微信预审批平台试点上线，申请人通过微信平台上传办事资料，由办事窗口进行预审核，确认材料合格，申请人即可携带原材料及复印件到窗口办理。7月28日，第一批网上预审批事项上线运行，涉及16个部门81项审批事项140种审批情形。至年底，通过微信预审批事项335件。

【不动产统一登记】 2016年6月27日，区行政服务中心开设不动产登记业务办理和发证窗口，采取“一个窗口、一次递交、集中登记”方式，发出第一本不动产权证书。全年发放不动产权证书69469本。8月15日，鄞州区在全省率先实行国土、地税共享不动产查询系统，申请购房证明由地税直接查询、一站办结，不动产登记业务可在区行政服务中心实现统一办理。至年底，办理不动产登记业务20160件，取消证明1万余件。

【招标文件公示、会审制度实施】 2016年6月6日起，鄞州区实施招标文件公示、会审制度。招标人在发出招标文件前，通过交易中心网站预先对技术复杂、需求合理性难以确定的工程及采购项目招标文件进行公示，提前接受潜在投标人合理意见及建议，主动接受社会监督。行业主管部门在招标文件备案前，对技术复杂、专业技术要求高的专业工程项目和政府采购项目所涉及的招标事项的招标公告、招标文件以联合会审或专家论证等方式进行审查，有效避免招标文件中出现倾向性、歧视性条款。至年底，九曲河整治工程（城区段）Ⅱ、Ⅳ标段和大河泵站改扩建工程等25个项目实行招标文件公示、会审。

【“最美服务之星”评选】 2016年11月26日，区行政服务中心在“鄞州行政服务”微信平台开展十五周年“最美服务之星”评选活动。至11月21日，图文阅读量约10万人次，点赞数887个，97955人参与投票。11月27日，区审管办在鄞州公园举行“最美服务之星”表彰大会，市场监管窗口李玲、环保窗口林龙等10人获鄞州区“最美服务之星”称号。

（施诗韵）

外事工作

【概况】 2016年，鄞州区党政公务人员因公出国（境）45批93人次，比上年减少13批35人次，其中因公出国40批77人次，减少7批25人次。市下达鄞州区市管干部因公出国计划7批10人次，实际执行8批8人次。妥善处置外国人机场病亡事件、鄞州咸祥人在老挝被关押事件、加拿大西善环境与原江东城投项目纠纷等事件。

【重要外事活动】 2016年1月19—22日，以柬埔寨海外青年工作组副主席、矿产能源部国务秘书索卡万为团长的柬埔寨人民党干部考察团一行20人到访鄞州。代表团考察中河街道东城社区，听取社区团支部基本情况及系列志愿活动介绍，并就日常管理、项目化运作、活动认领、动员方式等青年工作内容进行交流；考察宁波市（鄞州区）公益性社会组织及青年志愿服务组织孵化中心，参观青年社会组织孵化培育工作，了解区青年志愿服务组织孵化中心管理运营模式、培育帮扶体系、入驻孵化的各支社会组织情况等。

8月23—25日，印度果阿邦商会主席纳拉扬·班德卡（Narayan Bandekar）带领经贸代表团一行15人到访鄞州。代表团考察鄞州投资创业中心及园区内欧琳集团有限公司、宁波圣龙（集团）有限公司和音王集团有限公司等重点企业。

9月23日，汤加王国国民议会议长图伊瓦卡诺一行到访鄞州。代表团考察汤加王国经济贸易旅游（宁波）中心、南部商务区，与鄞州区相关职能部门、企业代表展开座谈交流。

【经贸交流】 2016年，鄞州区配合做好重点招商引资团组5个、特色小镇建设项目团组2个、“3315”招才引智活动1个、友好交流项目1个、重点展会活动1个。其中，副区长梅益进出访美国期间，组织鄞州四明金融小镇美国推介会，向80余名海外金融高层次人才推介鄞州四明金融小镇的投资创业环境等。

（毛颖颖）

侨务和港澳事务

【概况】 2016年，鄞州区侨务办公室（简称“区侨办”）、鄞州区归国华侨联合会（简称“区侨联”）协助引进侨商项目2个，总投资额6000余万元。接待波兰、荷兰、新加坡、日本等国家侨商和中国香港、澳门商人到鄞州考察交流30余批次700余人次。举行鄞州区社区（村）侨务工作现场会，增加邱隘镇沈家村、潘火街道东南社区、云龙镇冠英村、咸祥镇马友友故居等侨务示范点5个。

“创业鄞州·精英引领”活动周期间，侨企举办“汇聚英才·携手共赢”2016新能源“千人计划”专家宁波（鄞州）行活动，协助引进海外高端人才2人，引进留学生创业企业项目5个。

【鄞港澳深新春团拜会在深圳举行】 2016年1月9日，鄞港澳深新春团拜会在深圳举行。香港、澳门和深圳的70余名鄞州乡贤及区领导胡军、毛春阳、陈虹、梅益进、陈国良等参加团拜会。区委副书记毛春阳通报2015年鄞州经济社会发展情况，市委常委、区委书记胡军代表区委、区政府向鄞州乡贤和朋友致新年问候和祝愿，感谢其关心支持家乡建设。香港甬港联谊会会长徐鸣翔、香港宁波市鄞州同乡会会长应炳囡、鄞籍港胞青年代表曹志欣致辞发言。

【香港宁波市鄞州同乡会六周年庆典】 2016年6月5日，香港宁波市鄞州同乡会六周年庆典在香港举行。区委副书记、区长陈国军，区委常委、统战部部长陈虹等出席，约450位嘉宾参加庆典。陈国军祝贺香港宁波市鄞州同乡会成立六周年，感谢香港宁波市鄞州同乡会在加强鄞港两地经济文化交流、推动社会公益事业发展等方面作出的贡献。香港宁波市鄞州同乡会会长应炳囡表示将继续参与香港和内地的经济社会事务，为鄞港两地发展作出新贡献。庆典上举行第四届理监事宣誓就职典礼。

【区非物质文化遗产馆成为宁波市华侨中华文化交流基地】 2016年3月20日，宁波市华侨国际文化交流基地落户区非物质文化遗产馆。“华侨中华文化交流基地”是旨在弘扬中华优秀文化、促进中外文化交流的展示窗口，是侨务组织整合社会资源、合力开展海内外文化交流活动的重要平台。区非物质文化遗产馆有民间刺绣、鄞州竹编、竹刻、箍桶、金银彩绣、朱金漆木雕、骨木镶嵌等22个传统项目入驻，主动为侨务组织、海内外侨胞访问参观提供优惠条件和优质服务，全年接待海内外侨界学生等800余人。

【香港参访团考察鄞州】 2016年3月26日，由香港甬港联谊会永久名誉会长严信才率领的香港“活力宁波·薪火相传”参访团一行50余人到鄞州考察交流。区委副书记毛春阳，区委常委、统战部部长陈虹陪同考察。毛春阳介绍鄞州区经济社会发展情况。参访团一行参观考察“东南佛国”天童禅寺、鄞州四明金融小镇和区非物质文化遗产馆。5月12日，香港宁波市鄞州同乡会会长应炳囡带领香港鄞州同乡会幼教考察团一行到鄞州开展幼教交流活动。考察团一行参观考察区机关幼儿园、姜山幼儿园，香港太平绅士、香港宁波市鄞州同乡会副会长边陈之娟为鄞州区百余名幼儿园园长和教师作教育讲座。

【“亲情中华·汉语桥”夏令营活动】 2016年6月19日，“亲情中华·汉语桥”夏令营浙江宁波营在鄞州中学开营，新加坡、美国、西班牙等国家近50位华裔青少年参加。活动由中华全国归国华侨联合会、中国国家汉语国际推广领导小组办公室主办，省、市、区归国华侨联合会联合承办，鄞州中学协办。省归国华侨联合会副主席张维仁，市归国华侨联合会党组书记、主席李承成等出席活动。市归国华侨联合会副主席张勇军主持开营仪式。7月25日，夏令营闭营，营员获得结业证书。夏令营期间，营员们学习汉语、《朱子家训》、魅力纸编、传统乐器、钢笔书法、宁波乡土文化等课程，参观天宫庄园、天一阁、南塘老街和奉化溪口风景区等。

（金岐伟）

2016年5月12日，香港宁波市鄞州同乡会幼教考察团到鄞州考察

政协宁波市
鄞州区委员会

区政协十五届五次会议

概　述

重要会议

重要活动

重点提案答复

概述

【概况】2016年，中国人民政治协商会议十五届五次会议期间，区政协组织委员协商讨论“一府两院”工作报告。区政协十五届五次会议后收到提案327件，立案326件。借助“两会”建议提案交办会，将326件提案交由59个承办单位主办和协办，《破解医养护一体化五大难》《建言鄞西片区旅游发展》《关于农村学校教师队伍稳定》等提案被省《联谊报》刊登。组织开展“参政议政年”活动。主席会议围绕民宿产业发展、生态区建设、社会养老体系建设、基层治理方式创新、农产品质量安全监管、法院行政审判工作提出意见建议。围绕区委关于补齐短板实施“名城强区”等重大决策，开展专题协商会。选取基层卫生服务站运行情况开展民主评议，形成民主评议报告，提出深化服务内涵、提升服务能力、激发内生动力、优化发展环境4个方面建议，评议意见以区政协常委会建议案形式报送区委、区政府。

常委会围绕“关于创新基层社会治理的对策建议”开展调查研究，形成调研报告；各委组形成专题调研报告30余篇。分6个组开展“走基层、找短板、提建议”集体调研，形成专题调研报告6篇，提出意见建议24条，其中4篇得到区党政主要领导批示肯定。编发《民意与建议》简报24期55篇，其中《我区产业发展的短板及建议》《关于对餐饮单位污水排放进行治理的建议》等18篇社情民意获区委、区政府领导批示。《关于在新村建设中推广光伏发电的建议》《关于及时更新银行征信数据的建议》等10余篇被全国及省、市政协的信息录用。召开以“优化城市管理”为主题的政情交流会。编辑出版《四明文录》及《鄞州文史》2辑。

【重点提案领导领办制】2016年，区政协十五届五次会议确定重点提案8件。借助“两会”建议提案交办会，8件重点提案分别由区委书记、区长、分管副区长领办，区政府办公室落实专人负责提案的交办、协调、催办、督查。其中，区委书记领办《关于整合我区社会救助资源的建议》重点提案，推动“鄞州区社会救助联席会议制度”的建立；区长领办《关于加快特色小镇创建的全会提案》，并现场办理，召开特色小镇创建大会，成立特色小镇创建领导小组。

【“五水共治”专项民主监督】2016年，区政协开展“三级政协联动、万名委员同行，助推‘五水共治’”专项民主监督活动，将监督重点放在“五水共治”长效机制建设上。制订出台实施方案，成立28个监督小组，对江河、镇村、企业和“两路两侧”“四边三化”开展暗访，集中到“五水共治”一线开展督查。查看推进实效，总结好的做法，监督和督促推进进度慢、成效不明显的镇乡（街道），相关意见建议以社情民意、信息等形式报送区委、区政府。

【《四明清诗略》首发】2016年3月11日，由区政协整理的鄞县（宁波）古代诗歌总集《四明清诗略》首发。区政协主席陈振国、副主席鲁定国出席首发式。《四明清诗略》由清代学者董沛和忻明江编撰，收录诗人2194人、诗9468首。新出版的《四明清诗略》主编鲁定国，副主编蔡桂芬、孙亚飞、戴松岳，由袁元龙点校，袁慧、袁良植参校，全书分3册175万字，其中收录周容、李邺嗣、姜宸英、全祖望、姚燮、徐时栋、董沛等重要诗人诗歌，并附录《鄞董孟如忻绍如年谱合辑》。首发式上，市图书馆、天一阁博物馆、市档案馆、中国地方志珍藏馆、宁波大学图书馆、市文化研究会、区图书馆（大学园区图书馆）、区档案馆、区委党校、区委党史办、区文联、鄞州中学12家单位接受赠书。

（蔡开浩）

重要会议

【区政协十五届五次会议】2016年1月17—21日，中国人民政治协商会议第十五届宁波市鄞州区委员会第五次会议在区文化艺术中心召开。会议听取和审议政协第十五届宁波市鄞州区委员会常务委员会工作报告；听取和审议政协第十五届宁波市鄞州区委员会常务委员会关于提案工作情况的报告；列席宁波市鄞州区第十七届人民代表大会第五次会议，听取并讨论政府工作报告及其他有关报告；组织委员大会发言；审议通过政协第十五届宁波市鄞州区委员会第五次会议决议；补选产生政协秘书长和常务委员。

【区政协十五届常委会会议】2016年1月19日，鄞州区政协召开十五届十九次常委会议。中共鄞州区委与区政协常委会协商补选区政协秘书长和常务委员建议名单，审议选举办法、总

2016年3月11日，鄞州区政协《四明清诗略》首发

监票人和监票人名单、全会提案、大会决议等草案。

1月22日，区政协召开十五届二十次常委会议，审议通过有关人事调整、补选政协秘书长和常务委员候选人名单、选举办法、总监票人和监票人名单；审议通过全会提案（草案），审议通过大会决议（草案）。

7月14日，区政协召开十五届二十一次常委会议，审议通过区政协《关于创新基层社会治理的对策建议》重点调研报告。

10月19日，区政协召开十五届二十二次常委会议，听取区政府关于区政协十五届五次会议提案办理情况通报，民主评议基层卫生服务站运行情况。

【区政协十五届主席会议】 2016年2月29日，区政协召开十五届五十一次主席会议，审议通过区政协2016年工作实施方案、2016年度政治协商计划、区政协十五届五次会议提案立案情况及重点提案名单。

4月27日，区政协召开十五届五十二次主席会议，听取区文广新局关于促进鄞州区民宿产业发展、提升旅游业发展水平的情况通报。

5月30日，区政协召开十五届五十三次主席会议，视察电镀城整治工作，听取区环保局关于生态区建设工作情况通报。

6月24日，区政协召开十五届五十四次主席会议，审议关于推进基层治理方式创新专题调研报告。

8月3日，区政协召开十五届五十五次主席会议，视察新型民办养老机构鄞州博美颐养院，听取区民政局关于加快推进社会化养老体系建设的情况通报。

8月30日，区政协召开十五届五十六次主席会议，专题协商农产品质量安全监管工作。

9月27日，区政协召开十五届五十七次主席会议，听取区法院关于鄞州区行政审判工作的情况通报等。

11月2日，区政协召开十五届五十八次主席会议，听取关于十五届区政协委员履职情况的汇报。

12月30日，区政协召开十五届五十九次主席会议，听取区委统战部关于十六届区政协人事安排的说明；审议关于政协第十六届宁波市鄞州区委员会组成单位和委员名额的决定（草案），审议关于区政协十六届一次会议会务工作有关事项等。

（蔡开浩）

重要活动

【省政协“五水共治”民主监督“万千行”活动督导组到鄞州督导】 2016年3月23日，副省长、省政协副主席黄旭明带领省政协“五水共治”民主监督“万千行”（万名委员、千个调研监督小组）活动督导组，围绕完善和落实“五水共治”长效机制及“两路两侧”“四边三化”整治整改等情况，到鄞州开展专题督导调研。市政协主席唐一军，市委常委、区委书记胡军，副市长林静国，市政协副主席陈炳水，区政协主席陈振国，区委副书记毛春阳参加考察或座谈。督导组一行视察云龙镇甲村横河河道清淤、上李家村生活污水终端处理设施、鄞西污水处理厂运行以及违建厂房问题整改等情况，并召开座谈会，听取宁波市开展“五水共治”以及市政协助推完善和落实“五水共治”长效机制专项集体民主监督等情况汇报，鄞州区代表作交流发言。黄旭明肯定宁波市、鄞州区“五水共治”工作，并对“五水共治”工作提出希望和要求。

【市政协调研组调研鄞州重点水利工程建设】 2016年8月1日，市政协主席会议成员调研鄞州区重点水利工程建设。区领导胡军、陈振国、茅剑辉、吴海平陪同调研。调研组考察奉化江堤防谢家塕应急抢修段和奉化江堤防加固工程新城区段，肯定鄞州区重视水利工作，并对推进各项水利工程建设、做好临时度汛等工作提出建议。

【区政协“五水共治”民主监督推进会】 2016年6月21日，区政协召开“五水共治”民主监督推进会。区政协主席陈振国，副主席陈国良、吴海平、黄碧英、薛玉生、鲁定国出席会议，副区长茅剑辉应邀参加会议。与会人员到石碶街道上王村、星光村，实地视察农村生活污水治理情况。召开座谈会，听取区农办关于全区农村生活污水治理工作的情况通报，6个专项民主监督小组组长分别汇报前阶段督查情况，并对截污纳管、源头治理、产业转型、河岸绿化提升、长效机制建设、全民意识等提出意见和建议。茅剑辉代表区政府感谢政协组织和政协委员，并表示将委员建议融入下步工作中。陈振国对“五水共治”工作提出要求。

【区政协政情交流会】 2016年7月29日，区政协举行政情交流会。区政协主席陈振国，副主席陈国良、吴海平、薛玉生、鲁定国出席会议，区委常委、常务副区长沈权应邀参加会议，会议邀请12名群众代表参与旁听。区城管局、住房和城乡建设局（简称“住建局”）、交通运输局、交警大队和宁波市规划局鄞州分局（下称“区规划分局”）等单位负责人围绕各自职责，汇报关于城市管理的相关情况。委员代表、群众代表就身边群众关心的城市管理热点、难点问题向有关部门提问，相关单位负责人一一作答。沈权感谢政协委员和群众代表对城市管理工作的关心，表示将梳理和研究意见、建议，并落实和融入城市管理工作中。

【区政协政情通报会】 2016年8月12日，区政协举行政情通报会。区政协主席陈振国，副主席陈国良、吴海平、薛玉生、鲁定国出席会议，区委副书记、区长陈国军应邀参加通报会。会议由区政协主席陈振国主持。陈国军通报上半年全区经济社会发展、重点工作推进情况和下半年区政府主要工作安排，感谢政协委员参政议政、建言献策、支持政府推进各项重点工作，表示政府将支持政协工作，开创政府和政协相互支持、相互促进的良好局面。

（蔡开浩）

2016年7月29日，区政协政情交流会举行

重点提案答复

【整合社会救助资源建议】 2016年，孙菊波提出的《关于整合我区社会救助资源的建议》由区委书记胡军领办。区民政局回复：统一组织领导，建立社会救助联席会议制度。统一认定办法，制定出台《鄞州区社会救助家庭经济状况认定办法》。统一救助平台，将社会救助纳入统一系统运作，实现救助信息共享。统一救助流程，确保社会救助公平、公开、公正。

【加快特色小镇创建全会提案】 2016年，《关于加快特色小镇创建的全会提案》由区长陈国军领办。区政府办公室回复：以规划为统领，统筹推进特色小镇建设，全面建立区级领导机制，合理编制创建规划，筛选项目。以特色为核心，建设特色经济产业链，推进特色招商引资，科学配置基础设施。以改革为动力，探索创新运行管理机制，多模式建设特色小镇"经济特区"，科学制定创建标准。以政策为支撑，合理引导资源要素集聚，用足用活扶持政策，给予政策重点倾斜，引进人才、集聚人气。

【新建区行政服务中心大楼建议】 2016年，胡广良等提出的《关于新建鄞州区行政服务中心大楼的建议》由常务副区长沈权领办。区审管办回复：区委、区政府把鄞州区市民服务中心建造列入2016年度计划，于2月7日召开会议，专题研究鄞州区市民服务中心建设方案。会议明确，鄞州区市民服务中心项目选址于钟公庙街道，地块西侧为蕙江路，南侧为泰康西路，东侧为规划道路，北侧为代征道路用地，项目用地面积15127平方米，建筑面积33113平方米，主要包括区行政服务中心、公共资源交易中心、公共事务受理中心、项目审批代办中心、会议中心、集中档案室等，窗口数量预计在300个。

【探索基层医院发展途径建议】 2016年，邹炳德提出的《关于探索基层医院发展途径的建议》由副区长夏素贞领办。区卫生计生局回复：开展乡镇卫生服务标准化建设，稳步推进基层医院转型升级，推动"双下沉、两提升"（城市优质医疗资源下沉和医务人员下基层、提升县域医疗卫生机构服务能力和群众就医满意度）工作，培育基层特色专科，培养基层实用型人才，提升基层卫生服务水平。加强新型家庭医生服务内涵建设，搭建分级诊疗信息化平台，建设分级诊疗服务体系。

【农村道路绿化有关建议】 2016年，龚彩维提出的《关于农村道路绿化的有关建议》由副区长茅剑辉领办。区农林局回复：将继续把农村道路绿化与新农村建设相结合，因地制宜，科学规划。做到适地适树，科学引种表现良好的外来树种，循序渐进，遵循规律，精心养护，确保效果。

【电子商务发展建议】 2016年，唐炜铭提出的《关于鄞州区电子商务发展的建议》由副区长梅益进领办。区商务局回复：组织带领优秀电商企业"走出去"，搭建企业与企业的对接互通平台。进行各类专业培训，组织官方职业技能大赛，提高各电商园的专业化服务水平。

【推动从制造大区向制造强区建议】 2016年，傅学军提出的《关于推动从制造大区向制造强区的建议》由副区长戴华祥领办。区经济和信息化局回复：加大技改力度，带动产业层次提档升级，加强"两化"融合，提高协同制造能力，引进先进制造项目，提升国际化水准。强化节能降耗，以"绿色制造"引领工作转型，加快淘汰落后产能，大力推进企业节能节水技术改造，加快推进都市工作示范点建设。强化战略引领，专注打造"精品制造"标签，加强自主品牌培育，搭建标准指定平台，推进工业设计产业化发展。强化创新驱动，有效激发"新品制造"活力。

【落实垃圾分类建议】 2016年，孙晓东提出的《关于加大投入确保垃圾分类能真正落实的建议》由副区长领办。区城管局回复：发挥政府行政主导作用，提高生活垃圾分类覆盖面，开展多种分类宣传活动，完善社区居民分类投放引导机制，加强分类末端处置场所建设。

（蔡升浩）

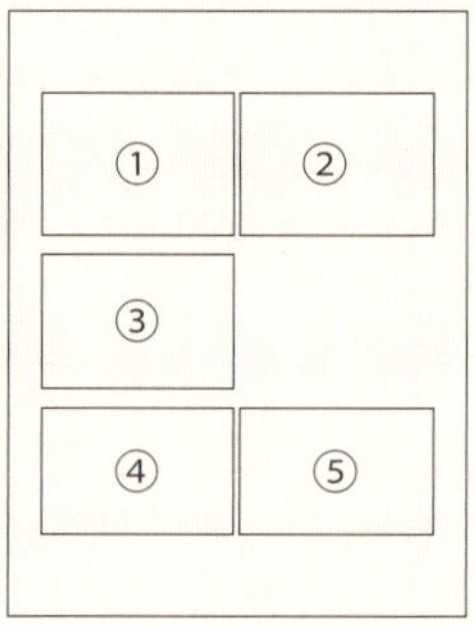

① 2016年12月26日，中河街道东城社区垃圾分类督导员向居民分发印有二维码的垃圾袋

② 2016年4月，下应街道景湖社区向居民发放分类垃圾桶

③ 2016年11月，东柳街道中兴社区推出“垃圾分类广场舞”活动

④ 2016年3月2日，农业银行鄞州分行志愿者在高桥镇博泽小学宣传垃圾分类知识

⑤ 2016年12月16—18日，区生活垃圾分类管理办公室指导浙江大学宁波理工学院“绿色风”环保协会分类实践部，在院士公园开展垃圾分类集市活动

民主党派·工商联·人民团体

鄞州区庆祝“五一”暨劳动竞赛动员大会

中国国民党革命委员会宁波市鄞州区总支部委员会

中国民主同盟宁波市鄞州区基层委员会

中国民主建国会宁波市鄞州区基层委员会

中国民主促进会宁波市鄞州区基层委员会

中国农工民主党宁波市鄞州区总支部委员会

中国致公党宁波市鄞州区综合支部

九三学社宁波市鄞州区基层委员会

鄞州区工商业联合会

鄞州区总工会

共青团鄞州区委员会

鄞州区妇女联合会

中国国民党革命委员会宁波市鄞州区总支部委员会

【概况】2016年，中国国民党革命委员会宁波市鄞州区总支部委员会（简称“民革鄞州区总支部”）发展党员14人，累计有党员59人。其中，女性党员26人，35岁以下青年党员约占1/3，研究生以上学历15人，中高级职称40人。任市人大代表1人，市政协委员1人；民革市委会委员2人（常委1人），民革市委会专项委员7人；区人大代表1人，区政协委员7人（常委2人）。

安排新党员参加民革市委会组织的新党员培训班，选派支委成员参加民革省、市委会举办的骨干培训班。研究制定《民革鄞州区总支部新党员发展和拟发展对象联络联系制度》《民革鄞州区总支部参政议政小组工作制度》和《民革鄞州总支部社会服务小组工作制度》等。

【民革鄞州区总支部参政议政】2016年，民革鄞州区总支部10个市、区人大代表和政协委员产生提案议案22件，人均2.2件，其中集体提案2件。陆静波和王孝嗣分别获得市和区优秀提案、议案奖，杨美科代表市总工会和民革市委会执笔2016年政协集体提案。撰写社情民意、党派信息20余篇，其中《关于提高消防车实战效率的建议》《老年大学招生办学模式亟待改革》《民革宁波鄞州总支结对帮扶老区学子》《给梦想一次花开的机会》等文章，分别被《人民政协报》《团结报》《联谊报》《浙江民革》《宁波政协》等录用发表。

【民革鄞州区总支部社会服务】2016年，民革鄞州区总支部社会服务突出“法制”特色，由司徒建成、沈唯娜、寿涛等法律界党员牵头，建立民革鄞州区综合支部“同心·法律服务基地”，联合开展普法教育宣传、法律咨询与援助等活动。沈唯娜等党员入驻宁波市法律援助中心，帮助弱势群体维权和提供必要的法律咨询，开展法律援助40余次。开展“送医到边远山区”义诊活动，参与“送医援川”活动。筹集善款建立“扶困助学”专项基金，为民工子弟学校建立“爱心图书馆”，并定期进行送教助学活动。

（杨美科）

中国民主同盟宁波市鄞州区基层委员会

【概况】2016年，中国民主同盟宁波市鄞州区基层委员会（简称“民盟鄞州区基层委员会”）发展盟员3人，累计有盟员87人。其中，男性47人，女性40人；退休5人、在职82人；大学以上学历占95%，高级职称占57%。

选派盟员参加民盟市委会组织的新盟员暑期学习班、各级骨干盟员培训班及区委统战部组织的民主党派培训班。组织基层委员会委员及各支部主委、副主委到绍兴考察学习，各支部开展支部活动。唐方军、陈烈燕、邵巧倍等盟员获“优秀教育系统工作者”“骨干教师”等称号，并获得优质教学成果表彰。龚建军、陈云波等盟员在绘画、摄影等方面获国家级和省级大奖。

【民盟鄞州区基层委员会参政议政】2016年，民盟鄞州区基层委员会有市政协委员1人、区政协委员10人（其中区政协常委2人），区人大代表2人、镇人大代表2人。“两会”期间，围绕涉及教育、卫生、文化、环境保护、农业、道路交通、社会保障、旅游等鄞州区经济建设及民生问题，递交提案和建议案40余件。各盟员递交社情民意，为各级党委、政府建言献策。

【民盟鄞州区基层委员会社会服务】2016年，民盟鄞州区基层委员会教师盟员在同心服务基地，定期开展同课异构、专题讲座、带徒活动、帮扶结对等送教活动。在学校开展法律知识讲座、青少年心理辅导等，并参与鄞州志愿服务行动、中西部地区贫困学子结对帮困助学等社会公益活动。全年开展社会服务7次，参与会员60余人次。

（邵丹斌）

中国民主建国会宁波市鄞州区基层委员会

【概况】2016年，中国民主建国会宁波市鄞州区基层委员会（简称“民建鄞州区基层委员会”）按照民建市委员会“注重质量，优化结构”的组织发展方针，发展会员5人。至年底，民建鄞州区基层委员会有会员83人。选送新会员、骨干会员参加民建市委会、区委统战部、民建省委会各类培训班24人次。

【民建鄞州区基层委员会参政议政】2016年，民建鄞州区基层委员会12名代表和委员，围绕微小企业减税、城市建设、环境污染治理、规范电子商务、深化教育惠民、规范银行信用卡追讨行为等热点问题，撰写提案20余件，提交调研报告、社情民意等信息39篇，其中16篇信息被民建省委会录用，1篇信息被市政协录用，多篇信息被民建市委会、区委统战部录用。鄞州一支部、二支部分别获评2016年度民建宁波市信息工作先进支部一等奖和2016年度民建宁波市信息工作先进支部三等奖。会员夏慧执笔的《我国非遗生产性项目税负过重》被全国政协录用。

【民建鄞州区基层委员会社会服务】2016年3月，民建鄞州区基层委员会会员所在单位雅戈尔集团股份有限公司，向余姚山区教师赠送工作服678套。5月，民建鄞州区基层委员会第一、第五支部组织开展“绿色环保·你我同行”主题联谊活动，义务清理横溪镇金峨禅寺观音古道上的垃圾。10月，民建鄞州区基层委员会第四支部到邱隘实验中学开展“助学献爱心”活动，向6名品学兼优的贫困学生发放助学金6000元。11月，民建鄞州区基层委员会第三支部与海曙区西门街道社区结对，组织法律小分队，向社区居民提供法律咨询服务。

（尤文琼）

中国民主促进会宁波市鄞州区基层委员会

【概况】 2016年初，中国民主促进会宁波市鄞州区基层委员会成立（简称“民进鄞州区基层委员会”），下设3个综合支部。全年发展会员7人，其中医卫界2人、企业界4人、社工1人，累计有会员70人。

组织会员参加民进省委会、市委会骨干培训班6人次，参加区委统战部民主党派成员培训8人次。到丽水市松阳县开展专题调研考察，与区文广新局、城管局、交通运输局等单位对口开展活动。民进鄞州区基层委员会一支部开展姚江水利调研，二支部开展学前教育调研，三支部开展知青博物馆调研等。

【民进鄞州区基层委员会参政议政】 2016年，民进鄞州区基层委员会提交人大建议、政协提案10余件，报送社情民意信息20余条。其中，孙时军、余佳子上报的《动物检疫队伍存三大问题影响食品安全》被省委统战部、民进省委会录用，余佳子上报的《PPP项目存“三重门”遭社会资本冷落亟待予以化解》《农产品安全标准体系不健全亟待完善》被民进省委会录用。多名会员被区委统战部推荐担任相关职能部门特约监督员，参加市政协“五水共治”专项调研活动、市“三改一拆”办公室协商调研、区政协专题协商会等民主监督活动。

【民进鄞州区基层委员会社会服务】 2016年，民进鄞州区基层委员会发挥会员专业特长，到偏远山区和社区开展送医送教活动。沈百军到象山鹤浦镇中心小学进行教育管理和课堂教学指导，作“学校管理和教师专业发展”专题报告；林洁到象山鹤浦镇中心幼儿园开展结对帮扶。开展大讲堂活动，会员施新吉作“关于药品监督管理使用”讲座；周如海在鄞州人民医院、吴剑鸣医院、鄞州妇保所等作“关于超声诊断和设备应用”讲座；徐海蛟在城南书院作“梦里不知身是客——《红楼梦》的另一种读法”讲座，在未来作家报社作“儿童文学的阅读选择”讲座，在邱隘实验小学作“如何写好作文”讲座。

（陈一令）

中国农工民主党宁波市鄞州区总支部委员会

【概况】 2016年，中国农工民主党宁波市鄞州区总支部委员会（简称“农工党鄞州区总支部”）发展党员6人，累计有党员52人。其中，市人大代表1人、市政协委员1人、区政协常委3人、区政协委员4人，任市、区两级各类监督员4人。

参加由区委统战部和中国农工民主党宁波市委会组织的相关报告会、研讨会、参政议政骨干培训班等。主委俞浩奇获2016年浙江省人民政府职业教学成果一等奖；邹炳德入选国家科技部创新人才推进计划科技创新创业人才，获由省政府颁发的浙江省科学技术进步奖三等奖；祝慧鹏当选中国微循环学会周围血管疾病专业委员会颈动脉学组第一届委员、国际联盟血管外科中国分会青年委员。

【农工党鄞州区总支部参政议政】 2016年，农工党鄞州区总支部在区“两会”期间提交建议、提案8篇；向市委会投稿10余篇，受到农工党市委会肯定；参加区委统战部组织的各种协商会、征求意见会、季度恳谈会等5次，向区委统战部提出意见和建议11条。

【农工党鄞州区总支部社会服务】 2016年3月4日，农工党鄞州人民医院支部组织党员到凤林村开展“3·5学雷锋”送医下乡志愿服务活动，为村民量血压、测血糖、内外科妇儿疾病咨询、用药指导、健康宣教等。联合鄞州区第二医院、东吴镇政府举办“世界肾脏日与健康生活方式”义诊活动，组织20余名医疗专家开展内科、外科、儿科、中医科等诊治和量血压、测血糖、健康咨询服务，为群众提供诊病、检查、咨询80余人次，发送宣传资料120余份。

（毛勇）

2016年3月24日，民进鄞州区基层委员会成立

中国致公党宁波市鄞州区综合支部

【概况】 2016年，中国致公党宁波市鄞州区综合支部（简称“致公党鄞州区综合支部”）发展党员1人，累计有成员21人。1人参加省委会组织的培训，3人参加市委会和市委统战部组织的培

训，4人参加区委统战部组织的培训。完成《人才评价及奖励机制的建议》重点课题。在市委会组织的“我身边的致公党人”的演讲比赛中获优胜奖。

【致公党鄞州区综合支部参政议政】2016年，致公党鄞州区综合支部撰写上报省、市、区提案议案6件，内容涵盖“五水共治”、城市管理、电子商务、现代农业等领域。全年上报各类信息、社情民意信息6条。7月16日，组织党员与区政协生态文明监督小组到云龙镇考察农村生活污水治理工作。

【致公党鄞州区综合支部社会服务】2016年，致公党鄞州区综合支部到同心基地东吴敬老院慰问2次，为老年人购买水果、食品、保温杯、日用品等。6月17—19日，与农工党鄞州区总支部联合到丽水市景宁畲族自治县大均乡中心学校开展“爱心助学”活动，向在校学生赠送书包、文具、水杯、毛巾等学习用具和生活用品。12月13日，组织支部党员慰问自闭症儿童，为自闭症儿童购买书包、文具、笔套等学习用具。

（周　楼）

九三学社宁波市鄞州区基层委员会

【概况】2016年，九三学社宁波市鄞州区基层委员会（简称“九三学社鄞州区基层委员会”）发展社员13人，其中博士研究生1人、硕士研究生3人、本科生9人。组织关系转出2人，累计有社员95人。

6名社员参加由区委统战部组织的全区党外代表人士培训班培训。召开会议7次，组织社员参加活动8次，考察中国中车集团公司和丽水、云和、松阳等地。社员胡勤勇、方亮获“宁波市劳动模范”称号，受市委、市政府表彰；社员阮殿波获“浙江省有突出贡献中青年专家”称号，受省政府表彰。

【九三学社鄞州区基层委员会参政议政】2016年市、区“两会”前，九三学社鄞州区基层委员会专门召开由委员和市、区两级人大代表、政协委员参加的“两会”提案研讨会。向市、区“两会”提交提案、议案11件。其中，市级提案4件，区级集体提案1件、个人提案6件。3篇信息被《零讯》和全国政协采纳，分别获中共中央政治局委员、国务院副总理刘延东和国务委员、国务院秘书长杨晶及国务委员王勇批示。三支社获评九三学社市委会2016年信息工作先进集体。

【九三学社鄞州区基层委员会社会服务】2016年，九三学社鄞州区基层委员会在东吴镇卫生院、樟村医院和钱湖医院建立同心医疗服务基地；在塘溪镇上周村建立村民卫生服务基地，开展医疗义诊活动2次，医疗专家与村民慢性病患者结对2对，为村民组织慰问演出1次，为基地捐赠物资24491元。一支社获评九三学社市委会2016年社会服务先进集体。

（姚许一）

鄞州区工商业联合会

【概况】2016年，鄞州区工商业联合会（简称“区工商联”）下辖23个镇乡（街道）商会、2个工业园区商会、3个行业协会、5个村级商会、1个小微企业互助促进会，鄞州区北京商会、鄞州区广东商会、鄞州区川渝商会、鄞州区新昌商会4个异地商会。增加会员50家，累计有会员企业3217家。

开展培训20场，培训人员800余人次。设立“复旦大学EMBA课程高级研修班”，为会员企业人员提供50%学费补贴，鼓励企业家参加复旦大学EMBA高级研修班培训学习。举办新生代创业者培塑工程专题培训班，邀请台湾作者李淙翰作“当国学遇上现代生活”专题讲座。选取5家试点会员企业，开展企业文化建设试点工作。部署开展优秀基层商会党支部、企业党组织和优秀党员评比活动。全区998个企业党组织集中完成换届工作，全区非公企业党组织数量增至1012个，覆盖非公企业8751家，另建企业党组织14个；党组织书记直选率98%，350余名“隐身党员”“口袋党员”主动迁入组织关系；全区企业党组织班子成员与管理层交叉任职率达到89%。

在《中国统一战线》《中华工商时报》《中国工商》和全国工商业联合会网等国家级报刊、网站发稿42篇，省、市级商业联合会网站发稿54篇，在微信公众平台发布活动信息、政策宣传信息120余条。拍摄完成《工商联五年工作纪实》宣传片，编撰完成工商联十年工作大事记及鄞商风采之《跨越&发展》。

【工商界人士参政议政】2016年，区工商联与全区企业家政协委员走访全区35个行政村和170家中小微企业。工商界区政协委员向区政协十五届五次会议提交提案82件，内容涉及政治、经济、文化、生态等领域。工商联提交《关于构建民营企业涉税第三方协调服务机制的建议》，直接促成鄞州民企涉税事务协调服务中心成立。引导企业家政协委员开展“问千家进百企”“规模以上民营企业调查”“企业成本及减负降税情况调查”“新生代企业情况调查”“民间投资存在问题”等专题调研，下发调查问卷1000余份，形成《鄞州区新生代民营企业家培育工作研究》《关于对民营僵尸企业处置的建议》等调研报告，其中《关于对民营僵尸企业处置的建议》获市工商业联合会评比二等奖。

【非公有制经济人士社会平台建设】2016年，区工商联组织非公有制经济人士参与光彩事业、扶贫开发、社会公益事业和社会主义新农村建设，全区企业留本冠名基金累计391个，总规模8.57亿元，每年可用于扶贫帮困的资金4200余万元。100余名非公经济人士通过担任行政村支部书记直接参与新村建设。推进村企结对共建社会主义新农村活动，参与企业920余家，各类建设帮扶资金1.20亿元。

【政府企业交流活动】2016年8月，区工商联组织区发改委、市场监管局等12个职能部门主要领导与26名民营企业家进行交流沟通。成立鄞州民企涉税事务协调服务中心，构建为企业提供涉税事务服务的第三方协调服务机制。区工商联与区检察院制定《关于加强协作，保障和促进我市非公有制经济健康发展的实施意见》，建立联席会议制度和日常联络制度，召开联席会议2次，搜集各类意见建议66条；建立联合调研制度，召开非公有制企业座谈会、交流会等25次，走访重点非公有制企业，针对非公有制企业发展现状、困境及司法需求等进行调查研究35次，提出促进和保障非公经济发展的对策建议15条。

【民企涉税事务协调服务中心成立】2016年7月15日，鄞州民企涉税事务协调服务中心在鄞商民企发展服务中心挂牌成立。该中心是由鄞州商会牵头成立的公益性第三方涉税服务组织，成员包括国税、地税、涉税专业服务社会组织、行业协会、法律专业人士、纳税人等，中心主任由区工商联党组书记徐自力担任。建立服务中心主任领导责任制，开通涉税事务沟通协调服务热线。至年底，中心召开联席会议2次，搜集各类意见建议16条；举办座谈会4次；通过服务中心开展专题培训讲座3场，讲授税务、财务方面多发性、共性问题；走访调研重点非公有制企业20家，针对影响民营经济健康发展、存在税务风险隐患问题提出预警预测建议6条；开展各类咨询60余次、相关知识宣传20余条、有关协调10余次。

【扬努士·皮耶豪钦斯基到鄞州考察】2016年10月22日，波兰亚洲商会主席、前副总理扬努士·皮耶豪钦斯基一行到鄞州考察，副区长梅益进等陪同考察。扬努士·皮耶豪钦斯基实地参观考察宁波博物馆和南部商务区，感受宁波的文化历史，观看南部商务区推介宣传片。梅益进欢迎扬努士·皮耶豪钦斯基一行，简要介绍鄞州经济社会的基本情况，并希望双方加强交流与合作，寻求机遇，实现共赢发展。

（闻成军）

鄞州区总工会

【概况】2016年，鄞州区有工会4400家，覆盖企业17000家，会员58万人。110家新经济业态企业建立工会，全区单建工会创建率97.70%。

组织重点工程立功竞赛、“五水共治”志愿者社会实践、窗口单位竞赛、市容环卫岗位竞赛等82场次，参与职工32000余人。部署“万名技师带高徒”活动，在23家企业试点推进。开展“星级活力工会”创建，培育五星级“活力基层工会”58家。开展“补短板、强优势”活动，走访25家企业、15个班组、44名职工，制定落实整改举措12项。评选表彰劳模先进、技术能手、高技能职工，劳模志愿者参加“劳模讲堂、道德讲堂”20场次；编印《鄞州劳模风采》，组织开展“五一”系列活动69项。区总工会职工插花艺术培训基地在中国插花艺术馆挂牌。

培训劳动争议调解员1700人，组织法律援助镇乡巡回18次。律师接询职工160人，提供法律代书78件，各级工会受理投诉1020余件，为职工挽回损失1200余万元。联合区人力社保局、安监局到企业检查劳动用工、安全生产等情况，指导督促企业落实整改举措21条。开展“安康杯”竞赛，组织1968家企业参加，遴选安全生产合理化建议177条。组织专家成立“法在身边”巡回宣讲组，到镇乡（街道）和企业授课8场次，1000余人接受教育。推进工资集体协商1+X精细化管理，在全区20家企业建立示范点。

开展“送电影、送演出、送文化”活动，巡映电影150场。区职工艺术团、艺术分团到镇、村（社区）、企业举办职工文艺会演17场次，观众26000余人次。鄞州工业园区、市人才公寓职工文化活动中心挂牌运作，完善13家镇工人文化宫日常运行机制。创建市级以上“职工书屋”示范点98家。25000余名职工参加球类、棋类、歌舞类联谊联赛活动。在《鄞州日报》开设专刊，宣传劳模先进和特色亮点工作，多项工作被《浙江日报》《工人日报》报道。

以职工“票（表）决”方式推出服务职工8件实事，建立年中检查、年末评估机制，全部兑现。建档困难职工每人救助3000元，并对家庭或个人遭受突发灾害或重大疾病的职工实施临时救助。建成楼宇（企业）“5·1母婴室”43家。区、镇两级工会组织2700名一线职工疗休养和健康体检，为17.20万名职工办理医疗互助保险，发放“5·1服务卡”2万余张，拓展特约商户190家。鄞州工会就业网发布实时岗位信息6968个，组织返城农民工招聘会、走进校园招聘会等24场次，达成就业意向2500余人次。开展关爱困难女职工“三个一”（安排一次健康体检，办理一份特殊疾病保险，开展

2016年11月1日，区总工会职工插画艺术培训基地揭牌

一次健康知识讲座）行动，全国劳模陈金娣带头参加女职工“微心愿”活动，惠及330人次。开展心理咨询服务，电话、网络、现场咨询1200余人次。举办“玫瑰之约”职工交友联谊活动10场次，参加职工800余人。

【企业职工服务示范点建设启动】 2016年，区总工会启动企业职工服务示范点建设。按照“十有、五好、一满意”（“十有”要求有场所、有人员、有标牌、有电话、有电脑、有制度、有台账、有办事须知、有帮困资金、有困难职工档案；“五好”为法规政策宣传好、档案信息建设好、联动协调好、维权帮扶工作好、职工互助保障好；“一满意”要求服务点工作业绩较好，职工群众满意率在90%以上）的规范化建设标准，26个镇乡（街道）、园区的28家企业通过考核，成为鄞州区首批企业职工服务示范点。服务点服务项目至少有5项，除维权帮扶等基本项目外，还开展培训教育、心理咨询、婚恋交友等服务。至年底，28家企业职工服务示范点提供法律维权300次，困难帮扶250人，实施职工专业技能培训56场，接待心理咨询31人，组织婚恋活动16场，服务职工3000余人次。

【“爱心助梦·情暖职工”活动】 2016年1月15日，区总工会举办“爱心助梦·情暖职工”送温暖活动，包括赠送“爱心报卡”、发放“爱心年货”、发放“爱心补助款”、开展“爱心走访”、组织员工“平安返乡”、赠送保障“享健康”、开展“文化惠民”演出、推行“5·1服务卡温暖过大年”和开展“维权促和谐”工资清欠行动9项活动。全区各级工会筹集善款400余万元，向3000余名职工发放救助慰问金、“爱心年货”、“爱心报卡”和贺岁电影票。

【律师“坐堂”法律服务巡回制实施】 2016年，区总工会推行律师“坐堂”法律服务巡回制，确定以每月2~3次的频率组织“坐堂”律师下乡。至年底，区总工会聘请律师走访全区27个镇乡（街道）和工业园区，在区职工服务中心免费“坐堂”61人次，为职工提供免费法律咨询、法律援助案件110起，代写法律文书73件，为410余名职工挽回经济损失约700万元。处理案件类型主要集中在劳动合同纠纷、工资支付、社会保险、工伤赔偿等方面。

【工伤职工快速救治绿色通道开通】 2016年8月31日，工伤职工快速救治协议签约仪式在市总工会举行。宁波培罗成集团有限公司、宁波美康生物科技股份有限公司、宁波汉浦工具有限公司、宁波李氏实业有限公司等14家企业与市总工会、宁波市第六医院签订三方协议，开启工伤职工快速救治绿色通道。工伤职工救治机制，由工会、宁波市第六医院和签约企业共同构建，包括建立工伤职工快速救治、困难帮扶和法律援助机制3项内容。其中，工会主要负责协调医院与签约企业之间发生的工伤职工医患纠纷，督促医院按协议提供服务，企业按协议支付医药费，并对生活困难的工伤职工提供必要的困难帮扶；单位与职工因工伤待遇问题发生劳动争议的，工会为职工提供法律服务，帮助职工依法申请调解、仲裁或提起诉讼。宁波市第六医院开设“先救治后付钱”的绿色通道，在约定诊治范围内先救治工伤职工，随后在72小时内视患者病情收缴费用。救治过程中，医院指定专门部门和人员负责工伤救治的具体联络。企业工伤职工快速救治申请实行自愿原则，由企业自主提出申请。

【市工资集体协商精细化推进会在鄞州召开】 2016年7月12日，宁波市工资集体协商精细化推进会在古林镇召开。会议由市总工会主办，区总工会和古林镇总工会承办，90人参加会议。市总工会党组书记、常务副主席王爱民主持会议。鄞州区总工会、杭州湾新区总工会、余姚市模具行业联合工会和宁波大通制衣有限公司工会代表，分别介绍推进工资集体协商精细化的成功经验。会议总结全市工资集体协商工作三年提升行动，部署今后三年推进工资集体协商精细化工作。与会人员参观古林镇缝纫机配件行业工资集体协商成果展，观看《古林镇缝纫机配件行业工资集体协商工作纪实》。

【庆祝“五一”暨劳动竞赛动员大会】 2016年4月28日，鄞州区庆祝“五一”暨劳动竞赛动员大会在区文化艺术中心举行。各镇乡（街道）党（工）委书记、区级机关各单位主要负责人、各级劳模代表、职工代表700余人参加。区领导陈国军、王自强、陈振国、毛春阳、郑坤法、沈剑波、徐卫成、崔伟高、戴华祥、薛玉生出席活动。市委常委、区委书记胡军出席活动并讲话。全国技术能手潘超宇代表区总工会向全区职工宣读劳动竞赛倡议书。区人大常委会副主任、区总工会主席崔伟高向区劳模协会授赠《鄞州劳模风采》。“省工人先锋号”区行政审批管理办公室、市模范集体区财政局国有资产管理中心、首南派出所、雅戈尔集团股份有限公司等集体，省“五一劳动奖章”获得者陈国琴和市劳动模范姚佩君、屠益民、余文君、李德龙、龚文炜、翁国斌、徐夏飞、陈浩、方亮、张宵华等个人受到表彰。

（陈　琴）

共青团鄞州区委员会

【概况】 2016年，鄞州区有团（工）委92个、团总支162个、团支部1968个，团员2.70万人，各级少先队组织11106个，少先队员61542万人，少先队辅导员2206人。

在纪念五四运动97周年、中国共产党成立95周年、长征胜利80周年等重大节日和关键节点，共青团宁波市鄞州区委员会（简称“团区委”）召开“青春助力·名城强区”行动动员大会，举办“鄞领·青春讲坛”“红领巾心向党”等主题活动80余场次，覆盖青少年1.50万人次。开展“青春阵线”青少年网络思想引导、“青网行动”网络文明志愿行动等活动，相关做法在中国共产主义青年团中央委员会（简称“团中央”）“青少年权益工作创新”试点总结推广大会上作典型发言。“青年之声”平台吸引961位各领域专家加入服务联盟。《全媒体语境下青少年思想引领工作研究》获评浙江省共青团优秀调研奖。建立区青年文化创意发展中心。实施全区青年文化引领行动，开展五四青年创客音乐节、大学生音乐节和“鄞领·设想青春会”“共青团表情包发布会”等文化活动45场。选树“中国好人”陈维维、全国农村青年致富带头人姚春梅、第十一届中国青年志愿者优秀个人奖获得者屠昱、“85后”全国优秀农民工张伟、中国少年先锋队第七次全国代表大会代表应禹乐、“最美浙江人·青春领袖”忻皓等先进典型。

区青年（大学生）创业园在孵企业239家，实现销售额2.40亿元、税收560万元；增加大学生创业企业79家、就业岗位411个，接待国内外参观访问团队210批次；获评国家级众创空间、全国创业孵化示范基地、浙江省优秀众创空间。完成全区非公企业团组织统一换届选举工作，建立两新组织团组织52家。创建鄞州区志愿者学院，升级南部商务区“志愿生活街区”，开展“青春助力·名城强区”志愿服务项目发布会、“志愿新常态·助力十三五”等活动100余场。保障第三届中国青年志愿服务交流会召开，4个项目获大赛银奖。创建各级青年文明号43个，举办青工技能大赛10场，培育青年突击队18支。区志愿者服务指导中心创建为“全国青年文明号”。

承办中国（宁波）大学生创业大赛鄞州区初赛，举办“青春公益·人才夜市”、“海商杯”首届大学生公益创客大赛、农村青年电商培训、资本相亲会等活动120余场，惠及青年1万人次。建立青年就业创业见习基地60家，提供见习岗位3375个，发放青年创业小额贷款2.20亿元。实施“蓝精灵水上安全教育”“万人圆梦——新年关爱行动”等关爱项目40余个，涉及学业辅导、亲情陪伴、感受城市、自护教育、爱心捐赠等，惠及青少年6000余人次，其中“温暖‘童’行——微心愿圆梦活动”被《中国青年报》报道。开展“美丽佳缘·爱你不是两三天”“当骑士遇上天使”等活动18场，为3700余名青年男女拓展“朋友圈”。成立全市首个青少年事务社工机构——鄞州区青少年事务发展中心。承办第十四届全省少先队争章技能展示活动，2名辅导员和1名少先队员获金奖。

【秦宜智调研鄞州共青团工作】 2016年12月4日，共青团中央书记处第一书记秦宜智到鄞州调研共青团工作。共青团中央青年志愿者工作部党委书记侯宝森参与调研，省、市、区领导余红艺、朱林森、鲍娴萍、陈国军、朱法传陪同调研。秦宜智一行实地走访“淘青年”青年之家综合服务站，参观“小娘舅握握团”调解室、“笑脸墙”“微心愿墙”等板块、“淘青年”之家门店，询问和了解“小娘舅”调解模式、“淘青年”运行服务模式，肯定和赞赏该项工作，并对“青年之家”建设提出希望和要求。

2016年5月3日，纪念五四运动97周年主题集会暨“青春助力·名城强区”行动动员大会在南部商务区水街举行

【共青团宁波市鄞州区第十九次代表大会】 2016年1月6—7日，共青团宁波市鄞州区第十九次代表大会在区文化艺术中心举行，349人参加会议。市、区领导鲍娴萍、陈国军、王自强、陈振国、毛春阳、林琪、沈权、林东、郑坤法、李刚、陈虹、徐卫成、葛连军等出席。市委常委、区委书记胡军出席并讲话。会议回顾总结区第十八次团代会后全区团的工作，明确2016—2018年全区团的工作指导思想和工作任务；选举产生共青团宁波市鄞州区第十九届委员会，7人当选新一届委员会常委，其中陈启当选为团区委书记，蒋昀、陈小意当选为副书记。会议表彰2013—2015年度鄞州区“十大红旗团组织”“十佳优秀基层团干部”和“十佳优秀团员”。

【“青春助力·名城强区”建设志愿服务项目发布会暨鄞州区首届志愿服务项目网络交流会启动仪式】 2016年3月4日，“青春助力·名城强区”建设志愿服务项目发布会暨鄞州区首届志愿服务项目网络交流会启动仪式在善园举行。260余人参加活动，共青团宁波市委副书记方晴、副区长夏素贞出席活动。活动由区志愿者工作委员会、区精神文明建设指导委员会办公室、团区委、区委两新工作委员会、区民政局共同主办。在仪式现场，表彰2015年度鄞州区志愿服务各类先进，发布2016年“青春助力·名城强区”建设志愿服务10个项目，鄞州区志愿者学院揭牌成立。65个志愿服务项目入围线上展示，涵盖扶贫济困、敬老助残、邻里互助、生态环保、文化传播等领域。新近注册的100名中学生志愿者在仪式上宣誓。

【“鄞领·青春讲坛”活动】 2016年，团区委推出“鄞领·青春讲坛”活动。4月28日，首场讲坛在区信息科技孵化园开讲，区长陈国军作题为“抢抓发展机遇，凝聚青春力量，再铸鄞州辉煌”的报告，200余位各领域青年代表参加。讲坛首次通过“青年之声·鄞州”平台向全区青年征集问题，实现“鄞领·青春讲坛”线上提问题、线下面对面互动，现场各界青年代表提出创业政策帮扶、社会组织发展、共青团工作方向和经济社会转型等问题，陈国军进行解答。全年“鄞领·青春讲坛”活动开展2期，500余人参与。

【非公企业团组织换届选举】 2016年8月19日，非公企业团组织换届选举推进会暨欣达集团团支部换届选举现场观摩会在宁波欣达（集团）有限公司总部举行，全区非公企业团组织统一换届选举工作由此全面启动。换届工作以“公推直选”（把党委直接提名和委任变为在党组织领导下，通过党员个人的自我推荐、党员群众的联名推荐、党组织的推荐这三个环节产生候选人，然后由全体党员直接参与选举产生党组织领导班子）、“无候选人直选”为主，“三推一选”为辅的方式进行，突出“民主推荐”环节，组织全体在册团员、青年代表、党员代表和一定数量的企业中层以上干部以及组织关系不在该企业的团员5类人群参与候选人初步人选的推荐。至9月底，全区98家非公企业团组织全部完成换届工作。

【第十四届浙江省少先队争章技能展示活动】 2016年10月15—16日，第十四届浙江省少先队争章技能展示活动在邱隘实验小学举行。活动由共青团浙江省委、省教育厅、省少年先锋队工作委员会联合主办，团区委承办，共青团宁波市委书记鲍娴萍、共青团浙江省委少年部部长、省少工委副主任朱慧琴等出席活动，全省11个地市的少先队员和少先队辅导员代表88人参赛，以“科技与未来”为主题，通过“我眼中的假日小队”调查——争社会实践章、红领巾小创客——争爱科学章、传统文化展示——争才艺章、少先队活动宣传——争电脑网络章、组织“微型队会”——争团队合作章、文明礼仪章5个模块，展示当代少先队员的良好精神风貌与少先队辅导员的专业职业技能。张路、朱丹维等4名少先队辅导员获素质技能金奖。

（忻春意）

2016年10月15—16日，第十四届浙江省少先队争章技能展示活动在邱隘实验小学举行

鄞州区妇女联合会

【概况】 2016年，鄞州区有镇乡（街道）妇联21个、机关妇委会48个、行政村（社区）妇代会351个、“两新”妇女组织1030个。全区31个党政工作部门中，23个领导班子配备女干部53人，占74.20%，其中正职女干部6人；23个镇乡（街道）中，4个镇乡（街道）配备正职党政领导女干部4人，占17.40%。

鄞州区被国务院妇女儿童工作委员会确定为“实施中国妇女、儿童发展纲要国家级示范县（市、区）（2016—2020年）”，鄞州区妇女联合会（简称“区妇联”）被评为全国妇女新闻宣传舆论阵地建设先进单位。百丈街道划船社区党委书记俞复玲获“全国三八红旗手”称号，在全省表彰大会上作经验交流，并被推荐参评“全国三八红旗手标兵”。白鹤街道乐和敏家庭被评为全国“五好文明家庭”“最美家庭”，区法院家事少年审判庭被推荐为全国维护妇女权益先进集体，东胜派出所民警张华被推荐为全国维护妇女权益先进个人。利用媒体宣传区妇女联合会中心工作和基层妇女巾帼风采。信息被全国妇联网录用4篇、省妇联网录用34篇、市妇联录用202篇。

启动基层妇联组织改革，在瞻岐镇、姜山镇试点开展村妇代会改建妇联工作。联合区委宣传部拓展农村文化礼堂服务妇女、服务家庭功能，推进先进村（社区）与需加快提升村（社区）结对共建，在52个“提升村”开展“书香传爱心”赠书活动。创建“公转+自转”工作模式，为“蝶双飞”红娘工作室、家教指导中心、妇女儿童维权中心等提供专业服务。在宁波书城党群服务中心建立“兰蕙巧手坊”和“红袖书香”服务站，全区22家“兰蕙巧手坊”统一标识、工作手册、工作服装，参与妇女3200人次。

利用宁波城市职业技术学院“U创空间”平台建立女性创客基地，在E淘园建立巾帼创业创新实践基地，宁波天一港供应链有限公司等2家单位被认定为市首批巾帼电子商务创业实践基地。举办6期女性电子商务研修班，参与人数320人。“女能手”网络平台建立“典型示范、抱团微营销”模式，线上消费4000余人，线下采摘、观光成交额70余万元。联合区法院举行女法官和女企业家结对共建暨法律咨询活动，38位女法官与38家企业结对，通过“送法律”“送信息”“送温暖”等服务活动，为企业解决实际问题。

开展“两学一做”学习教育和“重心下移、力量下沉、服务下沉”专项工作，建立妇女代表、妇联执委联系妇女群众工作机制，全年201名妇联干部调研走访286个村（社区），区级12类服务项目送基层，各镇乡（街道）送服务173项，直接服务妇女群众49204人。

【“双学双比”工作】 2016年，区妇联联合区农林局出台“妇字号”培育扶持政策，培育农创企业和基地，认定区级“双学双比”示范基地5个、“妇字号”农业龙头企业1个、“妇字号”农民专业合作社1个和“巧媳妇”农家乐5家，奖励资金45万元。

【“巾帼建功”活动】 2016年，区妇联规范“巾帼文明岗”创建管理，申报全国“巾帼文明岗”1家、市级“巾帼文明岗”13家、区级“巾帼文明岗”35家。建立全区“巾帼文明岗”岗长互动交流学习制度，举行“城乡携手文明——走进‘双学双比’示范基地”活动，51名岗长与26名“女能手”结对。举办区“巾帼文明岗”档案信息化培训会2期，对254家“巾帼文明岗”开展电子台账综合评选，70个单位获奖。

【家庭文明建设】 2016年，区妇联汇编推广《最美合家欢》优秀家风读物进家庭、进单位活动，送书1300余册。表彰区级优秀家庭典范150余户，拍摄“最美家庭”风采专题视频。举办“岁月如歌”金婚大典、家风主题“亲子阅”、书画摄影比赛、家庭美德座谈会等活动50余次。通过妇联“一网两微”平台弘扬好家风、好家训，在《鄞州日报》刊登《鄞州劲吹好家风》专版1期，联合鄞州电视台制作播出家风主题特别节目3期。张召兵家庭等4户家庭被评为第十届浙江省文明家庭。

【家庭教育工作】 2016年，区妇联推进家长学校规范化和制度化建设，申报区级示范家长学校13家、市级示范家长学校7家，复查省级示范家长学校3家。开展“我爱我家·同悦书香”亲子阅读活动，成立百名区级故事爸妈团、专家指导团和区亲子阅读推广项目指导专家小组，建立区级亲子阅读推广基地4个，在邱隘、中河等镇（街道）建立亲子阅读基地28个，小学、幼儿园和社区故事会基地10个。扩大公益讲师队伍至50人，常年对家长群体开展教育培训，开设大型公益讲座120余场，举行文化百科大讲堂等课程30场，参与家长25000余人次。

【妇女儿童维权工作】 2016年，鄞州区接待妇女群众来访、来电38起，其中婚姻家庭权益类案件36起，结案率99.80%。联合有关部门建立“一台两室”（反家暴受理台、反家暴谈话室和反家暴调解室）反家暴工作机制，成立反家暴法律援助办公室，建立家事调解工作室，组建区级家事调解员、调查员队伍，重点跟踪服务信访妇女4例，调查精神病患者家事1例。全区有区级家事调解员、调查员27人，参与调查调解案件37件，使离婚双方达成调解协议或撤诉案件26件，调撤率70%。全区有2人获评宁波市“婚姻家庭纠纷调解能手”，2家单位获评宁波市“十佳婚姻家庭纠纷调解组织”，创编的情景剧分别获宁波市二、三等奖。

【杨柳调研鄞州妇联工作】 2016年10月26日，全国妇女联合会书记处书记杨柳一行16人，到鄞州区调研妇联工作。省妇女联合会主席劳红武、市妇女联合会主席杨小朵、区委副书记毛春阳陪同调研。调研组一行参观“全国巾帼文明岗”区供电公司张亚芬为民服务示范营业厅，为区供电公司“宁波妈妈”张亚芬爱心基金揭牌。举行座谈会，毛春阳代表区委、区政府介绍鄞州区妇联工作情况。杨柳肯定鄞州区妇联工作，并提出希望。

【妇女健康提升工程】 2016年，鄞州区按照《鄞州区妇女健康提升工程实施意见》有关要求，在第四轮工作基础上，开展第五轮妇女健康提升工程。明确区各成员单位、各镇乡（街道）职责、任务，并建立区、镇乡（街道）两级项目考核评估机制。启动第五轮妇女健康提升工程暨“两癌”筛查工作，召开妇女健康提升工程暨“两癌”筛查项目业务培训班。全年检查妇女80807人（包含老年妇女），受检率90.20%。争取市康乃馨救助金31万元，救助“两癌”妇女31人。

【“共建五美家园”活动】 2016年，区妇联开展“做美丽典范 建美好家园”系列活动，制定出台《鄞州区妇联关于开展“共建五美家园”活动的实施意见》，制作宣传扇，引领妇女创建“家风美、环境美、庭院美、生态美、生活美”的“五美”鄞州家园。东吴、五乡等镇（街道）开展群众文化活动，区妇联通过微信发布“美丽庭院”创建小知识，组织开展“美丽庭院”随手拍活动。全年各级妇联寻找挖掘“最美家庭”1387户，推选各级“美丽庭院”1030户。其中，区级“最美家庭”100户、“美丽庭院”552户、“明星家庭”12户；市级以上“特色家庭”26户。

（贾俏丽）

2016年5月14日，“好家风·进万家”集中宣传月启动仪式举行

法治·军事

鄞州区平安志愿者服务大队成立仪式暨全区“平安护航G20”主题志愿服务活动启动

法治政府建设

政法委及综治

公　安

检　察

法　院

司法行政

人民武装

人民防空

边　防

消　防

法治政府建设

【概况】2016年，区政府法制办落实规范性文件管理制度，有80件规范性文件及其他政策文件草案向社会公开征求意见，审查区政府或区政府办公室出台规范性文件及其他文件55件，提出修改意见100余条。对区级部门报送备案审查的48件规范性文件逐一登记并核发编号。

收复议案件81件，受理73件，审结64件。其中，复议撤改案件33件，复议维持19件，驳回复议申请4件，调解后撤回复议申请终止8件。行政应诉56件。1起案件获评宁波市优秀行政诉讼应诉案件，2个行政诉讼案例分析材料入选宁波市"行政复议与行政诉讼的关系——个案中的法理"研讨会的研讨议题。

组织全区16家部门业务骨干集中评查26家单位149卷行政处罚、行政许可和强制案卷。组织全区行政执法人员参加综合法律知识培训考试，190人参加行政执法资格考试，123人通过考试并领取浙江省行政执法证。前置审查重大行政合同草案17份，涉及金额约48亿元，收到备案审查合同23份。

【区政府常务会议学法活动】2016年6月7日，第六十九次区政府常务会议会前开展集体学法活动，邀请区政府法律顾问、浙江共业律师事务所副主任谢恩斌进行授课。课程以近年法院判决行政机关败诉的三类行政诉讼案件为题材，剖析行政机关在依法行政过程中存在的实体或程序方面的突出问题，并从加强政府透明度、改变法律服务介入滞后现状、探索诉讼经验教训的有效分享方式等方面提出可行具体措施，得到区政府领导及相关部门关注。全年开展领导干部常务会议学法8次。

【执法监督模式创新】2016年，鄞州区创新监督机制，实行"前中后"三段式监督方式。前期预防阶段，凡行政执法人员，必须参加统一组织的行政执法培训并通过行政执法资格考试，取得执法证件后，方可从事行政执法活动；对于没有执法资格而进行行政执法的行为，坚决予以纠正；定期开展行政执法人员的培训和考核。中期规范阶段，在执法过程中严格遵守《浙江省行政程序办法》的有关规定，依法公开执法依据、执法权限、执法程序、监督方式，并且正确运用行政处罚裁量权基准，严格执行行政处罚。后期完善阶段，各执法单位对执法案卷实行一案一卷，使用统一的卷皮，在案卷立案、调查取证、审查决定、告知、送达、执行等环节的各种表格和文书齐全，明确详细执法过程，案卷归档及时，由专人负责归档存档工作；区政府法制办定期抽查执法案卷，监督存档行为。

（张　杰）

政法委及综治

【概况】2016年，鄞州区围绕"G20杭州峰会"维稳安保，推进重点人员、重点物品、重点问题和重点场所排查管控，开展会商研判、值班备勤和暗访督查，完成到杭州支援安保任务，全区社会治安、公共安全、安全生产等主要指标均比上年大幅下降，其中前9个月刑事案件下降16%；峰会阶段，刑事案件、交通事故、火灾事故分别下降41%、50%、70%。完成第三届世界互联网大会、"三会一论坛"、中日韩青少年运动会等重要维稳安保工作。

服务保障供给侧改革和"三改一拆""五水共治"等中心工作。开展重大决策社会稳定风险评估，重点评估潜龙社区危旧房改造、永久基本农田划定政策等100余个项目，并妥善处理机场三期、东部新城道路改建等重点工程涉案问题。妥善化解135件涉某公司商品房预售合同纠纷、120余件涉某市场房屋租赁合同纠纷等。围绕区委"六创联动"工程，突出服务非公有制经济发展，提出并落实检察环节服务保障大局20条工作意见。严厉打击各类经济犯罪，建立投资理财类公司常态排摸监管机制，破获P2P等涉众型案件21起，化解浙江金岩控股集团有限公司宁波分公司非法集资案隐患，侦破公安部督办、案值2亿元的宁波蓝鲸进出口有限公司骗取出口退税等大案。开展案件集中评查，重点开展"民刑交叉"案件专项执法检查试点、涉法涉诉信访积案集中清理。

【"平安鄞州"建设】2016年，鄞州区部署开展"平安医院""平安校园""平安企业"等23个平安创建行动，推行平安创建情况动态分析预警，落实责任倒查与问责。开展社会治安重点地区专项排查325次，发动干部群众4000余人次，发现治安重点地区45个，完成市级挂牌重点区域整治工作；检查行业场所1万余家次，排查出租房17.60万间，火灾起数减少56%；建立行业管理微信群104个，投入133万元补贴企业购置X光机，寄递行业、加油站全面安装登记验视系统和散装汽油销售信息系统。严厉打击各类违法犯罪活动，开展"春雷""清雷"等专项行动，严打通信网络诈骗、入户盗窃、盗窃"三车"等侵财和涉黄涉赌涉毒案件，开展打击网络贩枪专项行动，破获公安部毒品目标案件和"3·31"特大跨境制售假冒农药案，打掉恶势力团伙11个，抓获涉黑涉恶犯罪嫌疑人139人，查处"三非"案件（外国人非法入境、非法居留、非法就业案件）58起。

【社会治安综合管理】2016年，鄞州区围绕政治安全、社会安全、公共安全、网络安全开展大排查大整治，开展"十大行动"，消除涉及旅馆民宿、网吧、群租房等方面的风险隐患。排查国保重点人、涉恐涉邪教人员及重点信访人员、重症精神病人等，分级分类落实打击管控、教育帮扶等措施；寄递物流行业、加油站、瓶装燃气等重点领域严格落实实名登记管理制度。创新矛盾纠纷多元化解机制，省试点项目"探索律师调解制度"、省信访改革试点取得良好效果。创新基层社会治理体系，区本级和21个镇（街道）基本建成综合指挥平台并投入运作，明确网格工作准入事项，落实“以奖代补”办法。

【司法体制改革】 2016年，区法院推进以审判为中心刑事诉讼制度改革，推进最高法指定的家事审判改革试点，深化知识产权“三审合一”（刑事、民事、行政三审合一）改革，构建“互联网+司法公开”机制，完成首批员额法官遴选。区检察院联合相关部门探索建立财产执行检察监督机制，获宁波市检察机关“优秀创新成果奖”；完成首批员额检察官遴选。鄞州公安分局推进执法管理机制建设，在全市率先建成使用“公检法物证管理中心”，实现物证信息化管理；创新居民小区管理，试点启用“物业小区联动防控平台”。同时，开展执法司法规范化建设，推进庭审记录改革，加强审判管理；制定检察环节案件办理流程，开展保障律师执业权利专项检查；推进警务机制创新，健全执法管理机制。推进新型诉讼服务中心、检察室、公共法律服务平台等建设，推进户籍制度改革。

（唐永华）

公　安

【概况】 2016年，全区有户籍人口812871人，比上年增加16563人。登记出生人口8324人，死亡4156人，自然增长率5.18‰（数字出自公安系统统计口径）。制发第二代身份证69128张，流动人口登记在册936910人。受理公民因私出国出境93103人次。

大小刑事案件立案11544起，破案3050起。刑事拘留2400人，逮捕1154人，移送审查起诉2471人。抓获在逃犯罪嫌疑人246人，其中外省在逃犯罪嫌疑人117人、省内在逃犯罪嫌疑人129人、省内外市在逃犯罪嫌疑人25人。当年12起命案和24起绑架等五类案件全部告破。破获侵财案件2071起，起诉侵财犯罪嫌疑人1078人。查处恶势力团伙17个，抓获涉黑涉恶犯罪嫌疑人72人，破案74起。十五类案件和侵财刑事案件现场勘查率100%。提取手印足迹2807个、DNA样本1159个，通过痕迹物证比中认定案件618起，上升20%。利用视频侦查手段抓获犯罪嫌疑人377人，破获刑事案件632起。发现橙、黄色高危人员73人。惩治暴恐犯罪嫌疑人4人，全年暴恐案件零发生。破获毒品犯罪案件39起，刑事拘留99人；查处吸毒案件265起，行政处罚506人，强制隔离戒毒98人；缴获各类毒品11.97千克；破获公安部“2015-1239”及“2016-924”毒品目标案，当场抓获涉案人员125人，刑事拘留74人，缴获各类毒品11.70千克，其中冰毒9.40千克；注销涉毒人员驾驶证174本，查获毒驾5起。强制戒毒98人，核实鄞州籍在册吸毒人员2056人，外来在鄞州有吸毒前科人员1891人，历年鄞州籍毒品犯罪前科人员609人，及在鄞州仍有暂住人口信息的外地籍毒品犯罪前科人员633人。破获经济犯罪案件43起，惩治犯罪嫌疑人60人，移送审查起诉45人。成立全区经济金融安全信息服务中心，破获P2P等涉众型经济案件21起，化解浙江金岩控股集团有限公司宁波分公司非法集资案维稳隐患，破获宁波蓝鲸进出口有限公司骗取出口退税案及深圳前海传销案等重大经济犯罪案件，其中“3·31”夏某特大制售假冒注册商标农药案涉案金额1500余万元。破获网络刑事案件201起，抓获犯罪嫌疑人359人。查处食品药品案件22起，采取刑事强制措施38人。查处环境案件8起，采取刑事强制措施11人。清查“三非人员”（非法入境、非法居留、非法就业外国人）2970人，排查涉外单位238家、场所90余处，排查境外人员3000余人，核销2735人。检查宾馆110余家，责令不予入住外国人11家。办理涉外违法行政案件63起，拘留审查13人，遣送14人。

区应急联动平台分流非公安警情2.60万起。防范境内外敌对势力策划实施捣乱破坏活动，收集上报各类情报信息1102条，被公安部录用450条、省公安厅录用621条、市公安局录用732条。落实无线上网安全审计点位7451个，审核网站备案单位594家，检查辖区网吧212家，处罚违规经营58家，落地调查网络负面信息879条，刑事拘留1人，治安处罚4人，上报各类网络不稳定信息5820条。建成无线WiFi管控点位1410个。全区加油站安装散装汽油销售信息系统，启用寄递行业登记验视信息系统，实行物流寄递行业实名登记开包验视、过机安检“两个100%”制度。查处涉赌案件130起，查处涉黄案件116起，排查“低慢小”飞行器56架。排查出租房19.90万间，落实整改906间，行政处罚3起，行政拘留1人。检查旅馆5126家，查处不按规定登记住宿旅客信息旅馆156家，查处取缔无证旅馆1家，145家旅馆被责令整改。取缔各类无证行业场所39家，责令行业场所整改83家。通过旅馆业治安管理信息系统抓获在逃犯罪嫌疑人25人。

投入200万元，重新改建治安卡口岗亭，配备安检设施、单警装备、高清探头。文华、塘溪、边防派出所办公房及涉案财物管理中心投入使用，巡控大楼、警犬训练基地、中河所与下应所办公用房建设推进。鄞州公安分局简报、工作动态被省公安厅、市公安局各录用38篇，在单位网页上发布219篇，被市级以上媒体录用调研文章30篇。在鄞州公安信息网、鄞州区政府信息网上主动公开各类信息1200条，在宁波社区警务综合平台发帖405条，受理依法申请政府信息公开26件，办结26件，答复各类网上咨询投诉2350件。受理群众来信来访952起，办结率98%。党委班子成员接访群众26批30人次，协调化解问题8批次。排查上级交办涉警信访积案181起，化解175起，化解率96.69%，息访率92%。公开各类信息1485条，答复网上咨询投诉2463件，完成982个权力事项网上发布和行政许可事项网上办理，95%许可审批事项进驻行政服务中心办理。解决无户口人员落户101人，完成全区“农业”“非农业”户口性质一体化转换工作。升级改造出入境办证大厅，配置自动填表机10台、自主签证机7台。

【警务信息化建设】 2016年，鄞州公安分局成立全省首个区级网络信息安全保障中心，检查政府、企事业单位网站315家，整改高危漏洞2185个，处置网络安全应急事件40余起。创新居民小区管理，升级小区智能门禁系统，推行“安居e卡”管控模式，实现持卡流动人口出入轨迹全程记录、信息实时报送。建立社区警务室、物业管理部门、社区群防群治队伍“三位一体”社区防控网络，在8个物业小区试点启用“物业小区联动防控平台”。全区所有校园、12家医疗机构建成标准化警务联络室。完成金融机构、学校、医院等270家重点单位安全评估，合格率100%，优秀率95.50%。完成329所校园警务联络室建设，300余家中小学安装校园版人车核录系统。新建、改造高清监控点位591个，整合政府部门、镇乡（街道）及社会面监控资源2700路。全区卫生系统数据布控报警系统建立，通过即时定点报警，抓获在逃嫌疑人11人。采集社会数据2900万条，采集数据位列全市第一。开展PDT数字集群无线通信系统建设，采购1310台无线集群数字手持终端及195台车载台，完成基站建设安装调试任务。指挥中心与各派出所综合指挥室建立高清视频指挥体系，保持系统24小时智能视频切换。

【社会治安维稳管理】 2016年，鄞州公安分局落实屯警街面、动中备勤、武装巡逻勤务机制，建立覆盖全区巡控指挥室。开展24小时武装巡逻和定点驻守，区政府广场、万达广场、联盛广场、罗蒙环球城等重点区域在重大紧急突发案（事）件发生时，3个控制圈内分别于1、3、5分钟内到达现场及时处置。全年出动警力6780余人次，参与维稳安保任务227次，处置突发事件170余起。化解不安定因素120余个，妥善处置重大群体性事件37起。

【交通管理】 2016年，交警大队受理道路交通事故125889起。其中，上报事故438起，死亡88人，受伤450人，直接经济损失82.50万元，分别下降6.90%、4.40%、3.20%和3.90%，道路交通事故“四项指数”连续12年下降。侦破交通肇事逃逸案34起，其中死人案4起，破案率100%。调解交通事故15319起，调解成功率100%，其中追究刑事责任70人。查获交通违法行为12.50万起。其中，酒后驾驶1077起，醉酒驾驶446起，工程车违法31241起，查获5条以上违法未处理车辆1603辆。利用卡口、电子警察等“电子天网”自动报警装置拦截检查未年检车辆1408起、套牌车辆1147起，查获“毒驾”6起。依托监控工程车、危化品运输车GPS数据，查获违法工程车700余辆。检验、报废“五类”重点车辆522辆，检验率、报废率均达100%，注销、吊销“醉驾”驾驶证218本、“毒驾”驾驶证22本、交通肇事罪驾驶证22本。在媒体上发表交通安全宣传文章或视频1092件，其中被国家级媒体录用8篇、省级媒体录用233篇。组织交通安全宣传活动273次，其中大型宣传活动35次，向社会发送交通安全宣传资料31.30万份。

2016年7月2日，鄞州公安分局改建治安卡口岗亭

【看守所管理】 2016年，区看守所推进监所医疗社会化工作，改造医务室，建立在押人员就医绿色通道，升级改建监所基础设施及收押大厅。开展“三无一防”百日查改整饬活动，实现连续第29年安全无事故。全年收押犯罪嫌疑人3296人，增加422人。月均关押量929人，最高关押量1005人，出所3507人。押解人犯投送监狱103次949人，关押重刑犯25人，交付执行死刑1人。

【110接处警工作】 2016年，鄞州公安分局110信息指挥中心接收有效警情92340起（总接警量），下降7.13%。其中，刑事案件7993起，治安案件46675起，火警及消防救援2088起，群众求助14772起，举报线索14637起。区应急联动中心向联动单位派发各类指令26348件，联动单位接收指令26348件。其中，区卫生计生局22124件，占83.97%；消防大队2789件，占10.58%；区城管局671件，占2.55%；其他764件，占2.90%。联动单位接案办结率100%。

【警务督察】 2016年，鄞州公安分局坚持每月对全区公安机关执法办案场所、办证窗口、接警大厅、监居场所等重点区域进行网上巡查督察通报。全年通报存在问题62个，涉及单位27家。受理核查群众投诉246件，下降21.60%。其中，公安部“12389”专线转办20件、市公安局转办8件、鄞州公安分局领导批办7件、110转141件、来访6件、来信3件、来电61件，撰写调查情况报告46份。查处阻碍、妨害民警执法案件43起，处理违法犯罪嫌疑人76人，其中刑事拘留38人、行政拘留36人、行政罚款2人。

【警卫安保工作】 2016年，鄞州公安分局完成各级“两会”、清明节、“三会一论坛”、中日韩青少年运动会、第十九次中韩日佛教友好交流会议宁波大会、中国铁人三项联赛宁波东钱湖站比赛、第三届中国青年志愿服务项目大赛等重大安保任务38项，警卫任务29批次，其中二级警卫任务7批次、三级警卫任务15批次。派出265名民警到杭州支援，完成“B20工商峰会”内场核心区安保任务。“G20杭州峰会”期间，落实重点人“五控”措施2647人，采取“四关”重点人员18人；在高速公路卡口安装启用人车核录系统，检查车辆6190辆、人员16080人，查获违法犯罪嫌疑人138人。妥善处置各类群体性事件27起，惩治涉稳人员8人，刑事拘留4人，治安拘留4人。打击处理非正常上访人员8人，刑事拘留4人、治安拘留4人，全区未发生一起到杭州上访事件。

【“海外猎狐”专项行动】 2016年8月1日，鄞州警方和柬埔寨干拉省大金欧地区警察局联合执法，破获鄞州“3·31”特大跨境制售假冒注册商标农药案，当场抓获犯罪嫌疑人夏某，捣毁制假窝点1个，查获假冒“杜邦”农药商品20余吨，缴获假冒商标10万个，涉案价值1000余万元。该案是鄞州警方破获的首起跨国打击经济犯罪案件。

【“缉枪治爆”专项行动】 2016年，鄞州公安分局开展“缉枪治爆”专项行动。检查涉危单位60家，收缴制式手枪1支、气枪28支、自制枪支1支、子弹24颗、黑火药130千克、炮弹2枚、管制刀具55把，治安处罚11人，处理违法涉危涉爆单位4家，罚款38万元。

（李川韶）

检　察

【概况】 2016年，区检察院受理移送审查逮捕1498件2010人，受理审查起诉2810件3641人，批准逮捕1184件1566人，提起公诉2613件3389人，移送市检察院审查起诉重特大案件18件34人。有罪不捕123件198人，有罪不捕人数比上年增长34.20%，捕后被判轻刑人数下降30.40%，相对不诉128人。依法批捕电信诈骗、P2P平台非法集资、危害电商健康发展“涉网三领域”等利用互联网实施的相关犯罪46件65人，提起公诉58件76人。开展危害食品药品安全犯罪、破坏环境资源犯罪及破坏浙江渔场渔业资源犯罪3个专项立案监督活动，监督公安机关立案及行政执法机关移送相关犯罪5件。

立案查处贪污贿赂犯罪26件36人，其中区管领导干部8人、行贿犯罪8件8人，为国家和集体挽回直接经济损失600余万元；查办渎职侵权犯罪6件11人。开展保障律师会见权和文明办案两个专项整改活动。撰写预防剖析报告12个，其中城管执法领域的预防调查报告被省检察院评为优秀惩治和预防职务犯罪年度报告；举办预防讲座20次。在宁波机场与物流发展集团有限公司召开案件剖析会，探索预防职务犯罪检察监督机制。对外提供查询服务6600余次，发现有行贿犯罪记录企业8家。东钱湖检察室涉农腐败警示教育基地，接收教育农村基层组织人员10批600余人次。

对应当立案而未立案的，监督侦查机关立案9件24人，其中1人获判10年有期徒刑；对应当起诉而未移送起诉的，纠正漏诉8人，其中2人获判10年以上有期徒刑。严格执行逮捕、起诉法定适用条件，决定不批准逮捕210件353人、不起诉96件152人。对刑事诉讼活动中的违法情形，发出检察建议和纠正违法通知书4份，提出、提请刑事抗诉11件，获法院改判支持8件。办理羁押必要性审查案件并获得采纳40件，开展指定居所监视居住监督15件，提出检察建议10份，教育被监管人员1160人次；开展财产刑执行监督46件，监督审前未羁押判实刑收监26件。受理各类民事、行政申诉案件27件，审查后提请抗诉并获法院改判支持2件，向法院等部门发出检察建议书8份；“以司法大数据提升基层民行检察监督”被市检察院确立为检察创新项目，“民行案件审查技能训练活动”获评第二批“浙江省检察机关岗位技能训练优秀品牌项目”。

与区法院、公安、司法行政机关共同构建的立体化监督机制获评2016年度宁波市检察机关“优秀创新成果”。检察非涉密网、远程视频接访系统，均通过验收；远程视频提讯系统在全市推广；电子数据取证12件，技术性证据审查18起。集士港检察室挂牌运作，福明检察室获评宁波市2016年度“规范基层检察室”。部署司法体制改革，调研制订《宁波市鄞州区人民检察院司法体制改革实施方案（试行）》，完成首批34名员额检察官选任工作。

制定办理性侵未成年人、醉驾犯罪案件及刑事责任年龄审查等司法文件。向区人大常委会专题报告惩防职务犯罪工作情况，组织人民监督员监督案件8件。与区司法局联合召开构建新型检律关系座谈会，听取律师界对检察工作的意见和建议。安排律师阅卷580余次，提供案件信息查询3100余次。在案件信息公开网公开法律文书1800余份，公开案件程序性信息近8500条，发布重要案件信息29条。发表宣传稿件50余篇。举办“举报宣传周”活动，组织“检察开放日”活动。调整保密委员会组成人员，清查外网电脑涉密信息，并接受市检察院及区委两次督查。处理来信来访458件，增长81.30%。开展“涉法涉诉信访矛盾大化解”专项活动，排查信访案件近80件，重点化解18件。与区司法局联合出台《关于律师在检察环节参与涉法涉诉矛盾化解工作的若干意见》。

【汪瀚到鄞州调研】 2016年5月12—13日，省检察院党组书记、检察长汪瀚到区检察院调研，市检察院检察长戎雪海、区检察院检察长华志苗等陪同调研，市委常委、区委书记胡军主持调研座谈会。汪瀚实地考察东钱湖检察室，参观区检察院办案工作区、荣誉室和远程提讯室，听取区检察院检察长华志苗所作的贯彻落实省院《关于依法保障和促进非公有制企业健康发展的意见》及开展保障律师会见权和文明办案两个专项整改活动等工作情况的汇报。汪瀚肯定区检察院工作，并给予勉励。

【集士港检察室挂牌】 2016年3月25日，区检察院集士港检察室成立揭牌仪式举行。区委常委、集士港镇党委书记徐卫成和镇各机构负责人、各村党支部书记、区检察院班子成员及检察室全体人员参加活动。徐卫成和区检察院检察长华志苗为集士港检察室揭牌，首任集士港检察室主任干红光作表态发言，华志苗致辞。该检察室结合检察业务开展法制宣传教育，参与社会治安综合治理和平安创建，受理群众举报、控告、申诉，结合办案化解矛盾，查办和预防辖区职务犯罪，监督辖区司法执法活动等。至年底，集士港检察室审查逮捕案件22件29人，审查起诉案件32件41人，发出检察建议2件，接待群众来信来访16人次。

【"检企共建示范基地"建设】 2016年1月11日，区检察院与宁波轨道交通集团有限公司在宁波首南（姜山）车辆段项目部启动"检企共建"结对子仪式。宁波市轨道交通集团有限公司纪委书记、工会主席李晓波，区检察院分管领导，宁波首南（姜山）车辆段项目部领导及职工代表20余人出席和参加启动仪式。仪式由项目党工委书记常志远、项目经理董武俊共同主持。区检察院职务犯罪预防科科长与项目部签署"检企共建实施意见书"，授予宁波首南（姜山）车辆段项目部"检企共建示范基地"牌匾。至年底，区检察院为"检企共建示范基地"开展犯罪预防等专题讲座3次，解答企业法律咨询12次，并向企业提出职务犯罪风险预警4次。

【"诚信发展·检察伴你行"活动】 2016年8月，区检察院与区工商联签订《加强协作保障和促进我区非公有制经济健康发展的实施意见》，调研制定依法保障和促进非公有制企业健康发展任务分解表。组织"诚信发展·检察伴你行"活动，参与全市"百名检察官走访百家非公企业"活动，走访雅戈尔集团股份有限公司、奥克斯集团有限公司等重点骨干非公有制企业45家，收集听取意见建议近80条。举办法制讲座12场，协助区工商联综合评价全区160余名非公有制企业代表人士，发现4人有犯罪记录。批捕以非公企业为对象的敲诈勒索、盗窃抢劫、诈骗侵占、毁坏财物、侵犯知识产权等犯罪70件106人，提起公诉82件140人。参与化解与民企项目相关的征地拆迁、环境保护、劳资纠纷等社会矛盾35件次。

【"检察开放日"活动】 2016年12月23日，区检察院举行"检察开放日"活动，区人大代表、政协委员、人民监督员、媒体代表以及相关单位领导等30余人应邀参加。上午，以"服务非公企业、浙检在行动"为主题的开放日活动在宁波欣达（集团）有限公司举行。代表、委员实地参观公司的工作车间和展示厅，区检察院副检察长赵敏通报全省检察机关服务非公企业的工作情况，代表、委员围绕"检察机关保护和服务非公企业健康发展"主题展开交流，区检察院代检察长吕益军介绍区检察院服务非公企业情况。下午以"加强侦查监督，维护公平正义"为主题的开放日活动在区检察院举行。代表、委员观看由省检察院制作的"加强侦查监督、维护公平正义"视频，并参观区检察院远程视频提审室，区检察院副检察长赵敏通报全省检察机关侦查监督工作的具体情况，并介绍区检察院在侦查监督方面取得的成绩。

（王君娜）

法　院

【概况】 2016年，区法院受理各类案件23427件，办结22621件（含旧存），分别比上年上升14.32%和18.01%，诉讼标的总额78.36亿元。一线法官人均办案241件，是全国平均数的2.10倍。

审结刑事案件1867件，下降3.76%；判处罪犯2466人。对893名具有从宽情节的初犯、偶犯、从犯、未成年犯等依法判处缓刑。通知法律援助机构为165名没钱请律师、可能被判处三年以上有期徒刑的被告人指派辩护律师，辩护率98.36%。建立防范冤假错案长效机制，未发生一起错案。

审结民商事案件12852件，上升15.78%。审结婚姻家庭、相邻关系纠纷、物业、道路交通事故、劳动就业、社会保险、教育、医疗等领域涉民生案件3209件，房屋买卖、租赁及建设工程合同等房地产纠纷案件1234件，涉外、涉港澳台民商事案件29件，获评浙江省法院涉外商事海事审判工作先进集体。深化知识产权"三审合一"改革，支持科技创新和品牌创建。

审结行政诉讼案件189件，上升

2016年11月，区法院客厅式调解室投入使用

11.18%。妥善处理行政协议纠纷等新类型案件，促进行政争议实质性化解。审查行政非诉执行案件466件，裁定准予执行464件。开展国土领域非诉执行积案清理活动，通过“裁执分离”模式化解积案123件。

【案件执结执行】 2016年，区法院办结执行案件7195件，上升21.11%。运用信息化等科技手段，有效查控被执行人存款、房地产等信息25000余次。完善24小时执行备勤制度，突破查找被执行人难问题，布控决定拘留但下落不明的被执行人1505人，抓捕560人，其中司法拘留195人。通过限制高消费、限制出入境、多渠道曝光失信被执行人等措施，促使280名失信被执行人主动履行义务。“涉及600余户村民、标的9500万元且全额履行不动产分层解封案”被评为浙江省法院首届“精品执行案例”。

【员额制法官选任】 2016年，区法院启动法官员额制改革，出台《司法体制改革实施方案》，细化完善人员分类管理、司法责任制度，征求干警建议。严格执行员额比例和法官入额标准，通过考试考核、民主测评、报上级法院批准等方式，遴选首批入额法官53人。8月30日，举行员额法官入额面试考核，面试采取结构化形式，内容联系审判业务及社会实际，9名申请入额的助理审判员参加面试。

【女法官与女企业家结对活动】 2016年5月11日，区法院联合区妇联开展女法官与女企业家“结对共建·联企共赢”活动，50余名女企业家代表观摩劳动纠纷案庭审并举办结对仪式。38位女法官与38家企业建立结对联系，通过“四个一”（建立一项结对共建制度、组织一场庭审观摩活动、开展一次企业纠纷排查、开展一系列服务活动）服务平台，建立结对共建制度，为相关企业在投资融资、生产经营、经济贸易、民事交流、职工劳动就业等方面提供法律信息和知识。全年举办活动3次，参与人数112人。

【家事审判方式和工作机制改革】 2016年5月，区法院出台《宁波市鄞州区人民法院关于家事审判方式和工作机制改革试点工作的实施方案》。5月25日，召开家事审判方式和工作机制改革新闻发布会，公布家事审判改革实施方案和不公开审理原则、财产申报制度、变更诉讼主体称谓、调解前置原则等新举措。该方案规定家事案件的审判原则、受案范围、审判队伍、审判制度及家事纠纷综合协调机制，于6月1日起正式实施。

【全国法治媒体浙江行代表团考察区法院诉讼服务中心】 2016年10月26日，全国法治媒体浙江行代表团一行30余人到区法院考察交流。代表团参观诉讼服务中心、法文化广场等场所，肯定区法院诉讼服务举措和法院文化。区法院诉讼服务中心提档升级原有功能配备和服务环境，建设集诉讼服务大厅、门户网站、12368司法服务热线“三位一体”一站式综合性诉讼服务中心，推出智能导诉、文书下载、律师自助立案等全新服务。10月27日，《浙江法制报》《海南法制报》《河南法制报》和平安广西网等对考察活动进行报道。

【邱隘人民法庭新大楼启用】 2016年12月19日，区法院邱隘人民法庭迁入新址办公。新大楼位于邱隘镇人民北路，修建于2016年，占地面积2963平方米，建筑面积1972平方米。新大楼设诉讼立案、审判调解、档案存放、综合办公、后勤保障及健身休闲6大功能区，配备审判庭3个、调解室3个、接待室1个、立案等候休息室1个。邱隘人民法庭管辖邱隘镇、五乡镇、梅墟街道，辖区面积89平方千米，辖区常住人口8万余人，流动人口约13万人。

（陈应拓）

司法行政

【概况】 2016年，区委、区政府出台《关于在全区公民中开展法治宣传教育的第七个五年规划（2016—2020年）》，区人大常委会通过《关于开展第七个五年法治宣传教育的决议》，启动“七五”普法工作。在下应街道湾底村和塘溪镇分别建成宪法主题广场和宪法主题园，建成东吴镇法治文化广场、龙观乡法治文化园、瞻岐镇法治文化公园、东吴镇西村村宪法走廊等镇乡（街道）、村（社区）法治传播阵地。全区有镇乡（街道）法治文化阵地23个、村（社区）法治文化阵地28个。区法治文化中心作为青少年社会实践活动中心及区委党校主体班次课程参观地，接待考察参观26批500余人次，接待学生、机关干部、村（居）民等群众学习参观1000余人次。开设电视普法专栏《说法》和公交移动电视法治宣传，《说法》栏目全年播出19期，《巴士普法》栏目覆盖全区1300余辆公交车。

推进民主法治村（社区）创建，申报省级民主法治村（社区）5家、市级民主法治示范村（社区）5家，动态复核7家。开展规范化建设检查工作，注销人民调解委员会42家。全区有各级各类调解组织572家，专兼职人民调解员2190人，其中镇乡（街道）人民调解委员会专职人民调解员90人，过半数村居（社区）人民调解委员会配备至少1名专职人民调解员。调处矛盾纠纷23071件，涉及当事人48511人，涉及金额23943.02万元。成立鄞州区人民调解委员会，建成商会人民调解委员会4家。开展矛盾纠纷预防排查调处工作，排查出各类矛盾纠纷6310起，调处成功率100%。

推进社区矫正工作，为社区服刑人员统一配备专用定位手机，为工作人员装备“宁波市社区矫正管理系统APP终端”54部。全区有社区服刑人员733人，无社区服刑人员漏管、脱管、再犯新罪情况。缓刑人员被撤销缓刑执行原判刑期3人，暂予监外执行人员被收监执行1人，社区服刑人员受到警告处罚32人。接受法院、检察院、监狱委托的审前社会调查案件183件，出具调查意见采信率均达到100%。与省乔司监狱共建出监教育实践基地。全区有安置帮教人员2459人，帮助57名刑满释放人员解决就业问题，为78人解决临时性生活困难，发放生活困难资金约10万元。

推进法律援助降限扩面，受理24类案件以外法律援助案件17件。凡符合经济困难认定标准的求援群众可获得免费法律援助服务。区法律援助中心受理法律援助案件3164件，其中刑事457件、民事2707件，受援人数3164人，挽回经济损失2046.30万元。优化调整法律援助案件质量同行评估专家组成员，完善“差别化”案件补贴方式，制定《鄞州区法律援助案件补贴发放考核办法》；建立“案前、案中、案后”三位一体案件管理机制。全年检查案卷490本，组织案件旁听27件，电话跟踪回访41件。

各司法所开展星级规范化司法所创建，落实“四室一库”（办公室、谈话教育室、调解室、接待室、档案资料库）业务用房和规范标牌标识。建立司法所年度工作考核制度，按考核细则每半年对司法所考核情况进行通报，并作为评先评优重要依据。全区有浙江省星级规范化司法所19家，其中五星级司法所5家、四星级司法所7家、三星级司法所7家。

【法律服务】 2016年，鄞州区公共法律服务网投入试运行，开通在线咨询、视频咨询、服务网点检索、普法宣传等功能。区司法行政法律服务中心现场接待来访群众3069人次，公共法律服务热线咨询接听3426件。区委办、区政府出台《关于推进公共法律服务体系建设的实施意见》，每年下拨60万元专项资金，通过政府购买服务的方式用于公共法律服务窗口咨询，由执业律师承担窗口咨询值班。镇乡（街道）建立公共法律服务工作站，通过政府购买服务方式，向公共法律服务工作站派驻律师或基层法律工作者，接待咨询群众2500余人次。全区律师担任法律顾问634家，办理各类诉讼案件4019件、非诉讼案件168件，累计业务创收7927.86万元。全区12家基层法律服务所11家完成合伙制改造。

【出监教育实践基地建立】 2016年1月29日，由省乔司监狱和区司法局联合建立的“出监教育实践基地”在区司法行政法律服务中心成立。双方签订“监地衔接合作协议”，为实现地方与监狱之间信息共享、无缝衔接、互帮互助、视频帮教、互动教学和预防跟踪等机制创造平台。省乔司监狱副监狱长杨剑锋代表省乔司监狱介绍监狱基本情况和出监教育与地方开展合作情况，向部分在乔司监狱服刑的鄞州籍服刑人员家属代表宣讲监狱刑事政策，介绍监内教育改造和学习生活情况，并解答家属关注的问题。全年基地开展帮教活动12次，召开监地衔接座谈会5次，配合执行收监1人，办理监狱委托的社会调查6件，协助监狱完成罪犯身份信息核查20余件。

【区人民调解委员会成立】 2016年6月27日，鄞州区人民调解委员会成立。该调委会由9名委员组成，设主任1人（赵宝德担任），其中专职委员2人、兼职委员7人，兼职委员分别由基层调解委员会主任、副主任及各行业性专业调解委员会专职调解员兼任。区人民调解委员会的职能为协调分流人民调解各类案件，指导基层人民调解委员会做好人民调解工作，受理调解基层或行业性专业调解组织移送的疑难的、跨部门或跨区域的矛盾纠纷。全年接待来访来电咨询103人次，受理纠纷10起（其中涉及死亡1起），调解成功8起，协议涉及金额73.43万元，指派移送调解案件22起，指导基层调解7次。

【区律师专业人才库建立】 2016年，区司法局面向全区14家律师事务所，通过律师自荐、律所举荐和律协推荐等方式，公开选拔专业人才库律师，综合考量律师基本情况、业务特长、办案质量等因素后确定人才库名单。将律师法律服务分为民商事类、行政诉讼类、刑事辩护类3个专业类别，其中民商事类细分为人身损害赔偿、婚姻家庭、劳动争议、建筑房地产、知识产权、金融贸易、公司业务7类。人才库成员主要服务于政府各职能部门依法行政和社会矛盾纠纷化解等领域，并接受区法律援助中心指派为受援人提供法律援助服务，参加区法律援助中心组织的其他各类法律援助服务活动。有法律服务需求的群众，可以查阅律师专业人才库名册，进行自主选择和委托。区司法局负责对入库律师进行动态质量评估，对其所办理的法律援助案件、提供的有偿法律服务、参与化解的重大社会矛盾纠纷等进行不定期核查。及时从人才库中剔除有不良记录的律师，并选拔吸收优秀律师补充人才库资源。至年底，专业人才库有律师64人。

【司法部法律援助工作专项督查组到鄞州督查】 2016年5月27日，司法部法律援助工作司联合国务院办公厅秘书三局、财政部行政政法司组成法律援助工作专项督查组到鄞州调研督查。督查组由司法部法律援助司副司长牛文忠带队，省司法厅党委委员、副厅长吉永根，市司法局党委副书记、副局长吕强陪同调研。督查组一行到区法律援助中心，实地了解法律援助制度建设、队伍建设、规范化建设等方面情况，查看中心工作人员对宁波市法律援助系统在法律援助申请、审批、指派、督查等各个环节的演示。牛文忠肯定鄞州区工作，并对下步工作提出建议和要求。

【全省“宪法宣讲浙江行”启动仪式在鄞州举行】 2016年9月22日，全省“宪法宣讲浙江行”启动仪式在鄞州区举行。活动由省委宣传部、省司法厅、省普法教育领导小组办公室主办，市司法局、市普法教育领导小组办公室承办，省人大常委会副主任、省普法教育领导小组副组长厉志海，省司法厅厅长马柏伟，省委宣传部、省教育厅、省人力资源和社会保障厅、省民政厅、省司法厅等单位相关负责人参加活动，全省各市、县（市、区）司法局分管领导、基层群众代表等200余人参加活动。省委宣传部副部长琚朝晖主持启动仪式。马柏伟致辞，并对活动提出三点要求。现场对“宪法宣讲浙江行”活动进行集中动员和宣传，为省宪法宣讲团成员颁发证书，为普法志愿者宪法宣传队出征授旗，向群众代表赠送宪法学习资料，公安、检察、法院、工商系统和律师行业代表举行宪法宣誓仪式。厉志海肯定宁波市、鄞州区的普法工作，并提出要求。

（程学佳）

人民武装

【概况】 2016年，鄞州区人民武装部（简称“区人武部”）将各项战备训练任务需求贯穿民兵整组、训练、教育全过程。“G20杭州峰会”期间，与公安部门开展联合巡逻，出动民兵2100余人次。推进民营企业武装部规范化建设，对全区21家民营企业武装部进行量化考核，将9家不符合要求的企业武装部予以撤销，其余单位报宁波军分区审核。

【后备力量训练】 2016年，区人武部落实现役干部、专武干部和民兵骨干3个层次年度训练任务，组织25名专武部长参加军分区集训考核。组织通信、情报、水上应急、高机等专业分队民兵的基础课目和专业科目训练10批次。围绕“G20杭州峰会”安全稳定工作，组织民兵信息员开展信息收集、情报报知和情况处置等内容的业务技能培训。海上民兵医疗救护分队采取基地训练与实艇训练相结合的方式，组织登舰体验、专家授课、实践作业、联合演练等活动2次，参与者100人次。

【国防教育】 2016年，区人武部将国防教育纳入区党委中心组理论学习。4月，在区民兵训练基地组织中青班国防知识培训，邀请专家讲授国家周边安全形势，开展基本军事技能训练。9月，召开全区国防教育工作会议，总结区国防教育工作、表彰先进单位和个人，并部署任务。10月，组织区“四套班子”领导开展军事日活动，参观民兵训练基地，观看国防大学国防教育录像，组织实弹射击等。选取区内5所中小学和1个社区建立“军人荣誉墙”，将国防教育融入校园和社区文化。浙东抗战老兵纪念园被评为省级国防教育基地，全年接待群众1.40万人次。

【冯文平到鄞州调研】 2016年6月15日，省军区司令员冯文平到鄞州调研新体制下鄞州区国防动员和武装工作开展情况，市委常委、区委书记胡军，区委常委、区人武部政委葛连军等陪同调研。冯文平走访检查人武部全面建设情况，观看鄞州区兵要地志短片，听取鄞州区经济社会发展情况汇报。冯文平肯定近年鄞州区武装工作取得的成绩，并对如何做好新时期国防动员工作提出具体要求。

（黄宁为）

人民防空

【概况】 2016年，鄞州区增加人防工程竣工项目34个，收取人防费3139.70万元。至年底，全区累计竣工人防工程项目264个，在建项目132个。自建“1016工程”和“1018工程”完成前期准备工作，“1017工程”完成土建工作。编制完成“华侨城”项目集中连建人防工程建设方案。

（张旭君）

边　防

【概况】 2016年，鄞州公安分局横山边防派出所接处警3233起，其中有效警情594起。受理刑事案件37起，破案16起。受理治安行政案件67起，破案36起。抓获违法行为人24人。调解各类纠纷126起，群众求助51起，处置群体性事件5起。开展清查行动38次，走访机关部门18家、企业156家，开展专项安保行动4次。结合“净岛1号”“净港1号”“甬海利剑”等专项行动，核查辖区内3个无人岛屿、7个码头，掌握岛屿和码头地理地貌及周边海域治安信息，建立管控档案。突击检查辖区码头及船舶停靠点，查处非法买卖无合法手续成品油案件2起，收缴成品油100余吨；出动40余人次，检查船舶100余艘次，查处违规船舶26艘次。

（李川韶）

消　防

【概况】 2016年，鄞州公安分局加强火灾高危单位和重点单位管理，435家列管单位除个别关停外，全部签订特殊期间消防安全承诺书，101家设有消防控制室的重点单位建成微型消防站。排查全区184家违章建筑及厂房改建群租房消防安全状况，整改消防安全隐患520余处，整改各级政府挂牌重大隐患单位5家。消防审批（备案）项目664起，其中审核建筑工程消防设计84起，竣工验收75起，检查开业前消防安全227起；抽查设计备案150起，竣工验收备案128起。检查单位8500家次，督促整改火灾隐患13871处，下发行政处罚决定书350份，临时查封场所171处，责令“三停”单位74家，罚款166.17万元，未发生一起行政复议。全区86个社区建成“有人员、有器材、有战斗力”社区微型消防站。100余家消防重点单位建成微型消防站，在重点场所安装烟火探测报警器1.30万个。

【灭火救援】 2016年，鄞州公安分局消防大队接警出动2150起，其中火警753起、抢险救援603起、社会救助197起。火灾死亡4人，受伤0人，直接财产损失442.60万元。火灾起数比上年下降31.80%，死亡人数上升33.30%，受伤人数下降100%，直接经济损失上升159.20%。无消防人员伤亡。

（李川韶）

农业·农村·水利

早稻收割

农业经济

农业执法

农业产业化

农业机械化

农村经营管理

水利工作

鄞州年鉴

2017 YINZHOU YEARBOOK

农业经济

【概况】2016年，鄞州区农作物播种总面积51810公顷，比上年减少2.58%。全区粮食总产量177443吨，增长5.63%。粮食播种面积26016公顷，增长0.25%。其中，早稻播种面积4481公顷，总产量30247吨，分别增长14.28%和66.46%；中晚稻播种面积15621公顷，总产量123114吨，分别减少0.78%和增长1.16%。油料播种面积844公顷，总产量2522吨。蔬菜播种面积12186公顷，总产量394071吨。药材播种面积793公顷，总产量3013吨。果用瓜播种面积3040公顷，总产量95470吨。

畜牧业实现总收入2.17亿元，减少32.61%。生猪年末存栏数1.65万头，年内生猪出栏数8.53万头，分别减少67.80%和3.80%；牛年末存栏数706头，减少23.76%，其中良种奶牛存栏数163头，减少64.18%；家禽年末存栏数16.26万羽，年内出栏数14.31万羽，分别减少26.95%和58.41%；肉类总产量7121吨，减少19.99%；禽蛋产量1530吨，减少57.50%；牛奶产量800吨，减少65.22%。

渔业实现总收入39602万元。出口水产品16613吨，出口创汇4491万美元。水产品总量13796吨。其中，海洋捕捞产量2212吨，海水养殖产量4613吨；淡水捕捞产量2299吨，淡水养殖产量4762吨。水产养殖总面积1860公顷，其中海水养殖面积1127公顷、淡水养殖面积733公顷。

茶园面积2266.67公顷，茶叶总产量2451吨，总产值5800万元。其中名优茶产量46吨，产值2450万元；红茶产量3.75吨，产值375万元。以杨梅、葡萄、柑橘、水蜜桃和蜜梨为核心，2800公顷果树产业实现总产量47000吨，总效益3.57亿元。发展薄壳山核桃、香榧面积16.67公顷。全区竹笋产量14400吨，产值5377万元；留养新竹343万株，其中毛竹笋10876吨，产值1780万元。12家竹笋加工企业加工竹笋0.87亿元，其中加工毛竹笋0.86亿元。花木销售收入5500万元，其中绿化观赏苗木5000万元。

【全省春耕备耕助农增收服务月活动暨宁波市春耕生产现场会在姜山镇举行】2016年3月22日，全省春耕备耕助农增收服务月活动暨宁波市春耕生产现场会在姜山镇举行。活动由省农业厅、浙江日报社、市政府和区政府联合举办，副市长林静国，省农业厅副厅长陈利江，区委副书记、区长陈国军，副区长茅剑辉等200余人参加启动仪式。活动期间开展春耕生产现场观摩、农业生产信息发布、农业实用技术专题培训及农业主体走访等活动，省、市、县三级农业部门专家为种粮大户、蔬菜生产企业等农业主体介绍粮食生产、农机购机补贴等惠农政策，提供粮食、蔬菜、畜牧生产等技术咨询，展示先进适用农业生产技术、品种和农机，开展科技培训及进村入户技术指导。活动接受咨询近1200人次，发放政策、科技资料2400余份，培训农民300余人，宣传展示农机具5大类20余种、新品种35个、新技术32项；向种养大户赠送农机具、消毒液、复合肥、化肥、早稻种子、农村信息报等物资。

【农村土地承包经营权确权登记颁证】2016年，鄞州区开展农村土地承包经营权确权登记颁证工作。开展针对性调研，明确应确权土地承包面积18200公顷（其中西乡片7333.33公顷，东乡片10866.67公顷）。选取云龙镇作为确权登记试点镇。至年底，全区应开展该工作的19个镇乡（街道）（含现海曙区有关镇乡）292个村有云龙、姜山、五乡、横溪、东吴、鄞江等10个镇（街道）开展实地测绘，实测面积9512公顷，涉及178个村49321户农户；25个村完成审核公示，占村总数的8.50%。

【畜牧业养殖环境治理完成】2016年12月，鄞州区畜牧业养殖环境治理工作完成。该项工作始于2014年，累计投入资金3.60亿元，关闭禁养区内和治理不达标畜禽养殖场（户）891家，拆除面积61万平方米，复耕面积37.80万平方米，畜禽养殖污染隐患得到彻底消除。

【国务院参事室调研组到鄞州调研】2016年8月2日，由国务院参事室特约研究员、农业部原党组成员、总经济师张玉香和国务院参事刘志仁带领的国务院参事调研组一行7人到鄞州区调研，市政府副秘书长金伟平、市农业局副局长朱红霞陪同调研。调研组调研多种经营协同发展背景下的农业供给侧结构性改革情况，实地走访国家级农业龙头企业宁波南联冷冻食品有限公司和省级农业龙头企业宁波宏纬食品有限公司，分别听取宁波南联冷冻食品有限公司董事长叶晓玲关于企业生产、销售和新常态下企业发展面临困难的情况汇报和宁波宏纬食品有限公司董事长张德甫关于企业35年发展历程、取得成绩与企业发展中遇到困难的情况汇报，并与企业负责人和市、区相关人员交流。调研组表示，将企业提出的困难和问题向有关部门加以反映。

（曹庭盛）

农业执法

【概况】2016年，鄞州区开展护农保春耕专项执法行动、“绿剑”春夏秋季执法行动、草莓等农产品质量安全执法行动、农业投入品经营单位专项执法检查、高毒高风险农药和硝基类化肥专项整治行动、百草枯水剂退市专项执法行动、初级水产品质量安全专项执法检查等，出动执法人员810人次，检查农资经营单位343家次、农产品生产单位33家次、水产品养殖单位67场次，发放法律法规宣传资料2000余份，发放告知书356份，签订承诺书356份，抽取各类农业投入品样品128批次（其中兽药18批次，饲料及饲料添加剂18批次，农药75批次，肥料17批次），抽检水产品113批次。立案查处农业违法案件12起，结案10起，罚没款229391元，约谈农资经营单位3家。1家牛蛙养殖场测出氯霉素超标，移送公安机关。

【"林区警长制"实施】 2016年，区森林公安局开展警务机制改革，率先在全省建立林区警长制度。将15个有林镇乡、8个平原镇乡（街道）划分为8个辖区，制定警务区民警10个方面职责；制订《鄞州区森林公安局关于建立民警林区警长制度的工作方案》，并要求各警长至少每星期1次下警务区了解情况。全年受理各类林业案件40件，立案34件，处理各类违法犯罪人员36人，其中刑事案件2件、林业行政案件32起，行政罚款34人，罚款金额53.55万元。森林消防工作被省人民政府森林消防指挥部、省林业厅评为"G20杭州峰会"森林消防安保工作先进单位，"林区警长制"被省森林公安局作为典型推广。

【内陆水域打击违法捕捞专项整治】 2016年5—9月，鄞州区开展内陆水域打击违法捕捞专项整治行动。其间，召开座谈会7次，发放倡议书、法律法规等宣传资料1200余份，组织全区护渔队伍实施内陆渔业检查607次，出动人员2400余人次，开展联合执法行动5次，收缴违规网具1948顶、背包式电捕工具102套、电捕船1艘，现场销毁非法捕捞渔船17艘，移送公安机关治安拘留违法人员1人。

【渔业领域整治行动】 2016年5月21日起，鄞州区开展取缔禁用渔具和幼鱼保护行动，以整治"绝户网"为重点，完善禁用渔具整治方案，推进违规渔具整治；开展伏休行动，执行"定人联船"制度，打击伏休偷捕行为。至年底，巡查航程207海里，检查渔船37艘，查扣销毁涉渔"三无"船舶6艘，查获涉及未携带捕捞许可证书进行捕捞渔船3艘，立案7起，罚款3000元，移送公安机关2起，清理销毁地笼网、滩涂串网等禁用渔具1784顶，收缴违规张网渔具50余顶。

【农资销售实名制试点】 2016年，鄞州区探索农资销售实名制工作，在140余家农资经营单位中筛选27家作为第一批试点单位。利用农资信息系统平台，对购销农户实行信息实名登记、实名销售，构建来源可追溯、去向可查证、监管有依据、责任可追究的农资销售可追溯体系。出台《鄞州区农资销售实名制试点考核管理办法》，对列入农资实名制试点单位，年底进行综合考评，考核达标单位每户给予1万元补助。27家试点单位平均使用率在80%以上，各农资零售店农资实名销售卡（会员卡）平均发放数量85张，其中使用数量平均79张。

（曹庭盛）

农业产业化

【概况】 2016年，鄞州区有各级现代农业园区93个。其中，省级现代农业综合区2家，市级主导产业示范区7个，市级、区级、镇级现代农业精品园分别为23个、10个、51个，现代农业园区建设总规模3266.67公顷，涵盖现代种源、高效水产、有机蔬菜、生态畜牧等产业。扶持农业龙头企业，全区32家市级龙头企业实现加工值47.42亿元，销售额40.62亿元，比上年减少8%。

【蔺草外销加工企业转型升级工作完成】 2016年6月，鄞州区27家蔺草外销加工企业完成转型升级工作。该项工作始于2014年11月，全区93家蔺草外销加工企业根据自身情况，自愿选择关闭、搬迁或转型升级，其中关闭或搬迁66家。

【郭斌养鲤场成为国内首批锦鲤进境隔离场】 2016年11月，郭斌养鲤场通过国家质量监督检验检疫总局审核，成为国内首批锦鲤进境隔离场。其主要是进口隔离场，具备25个池（存水475吨）隔离能力，超过上海隔离场27个缸（存水54吨）隔离能力。郭斌养殖场作为国内首批锦鲤进出口试点企业，有锦鲤繁育、培育及展示基地面积13.33公顷，合作培育面积133.33公顷，可年产优质锦鲤约10万尾，精品鲤约2万尾，年销售额上千万元，2015年12月18日获农业部渔业协会颁发的"亚洲最佳锦鲤场"、杰出贡献奖及最高品质奖。

（曹庭盛）

农业机械化

【概况】 2016年，鄞州区农机总动力18.20万千瓦。增加各类农机具514台（套），其中耕整地机械113台、插秧机53台、播种流水线7台、田间管理机5台、收割机25台、烘干机58台、农产品加工机械13台、畜牧水产养殖机械167台、动力机械42台、其他农机具31台（套）。全区耕种收综合机械化水平87.90%，其中机耕、机收率均在99%以上。实现早稻机插3560公顷、中晚稻机插4240公顷，合计机插面积7800公顷，全区机插率62%。增加粮食烘干机械58台，全区粮食烘干装机容量达到5000吨，能基本满足全区早稻粮食烘干需求。年内小麦烘干0.48万吨，早稻烘干2.12万吨，中晚稻烘干11.30万吨。全年粮食烘干13.90万吨，烘干率在80%以上。

【农机安全生产隐患排查整治】 2016年8—12月，鄞州区开展农机安全生产隐患排查整治，重点排查整治外省籍拖拉机、烘干作业、农机维修业等事故隐患。发放农机作业生产整改通知书，及上道路拖拉机禁行、限行规定告知单签名1206份。举办农机安全咨询日活动，以耕作、收获、烘干等机械为对象，提供专业咨询服务，全区发放各类书册、宣传资料3700余份，发送短信提示5686条，悬挂横幅标语28幅，采写有关宣传报道23篇。举行农机事故应急演练，邀请鄞州消防中队在姜山创宁合作社举办烘干机房消防灭火应急演练。

【农业植保智能化】 2016年11月15日，宁波智飞航空科技有限公司开发的"智飞农业帮"APP上线。农户植保在APP平台下单便有专业无人机植保团队上门服务。该植保无人机有6个旋翼，采用电池动力，长1.90米，宽

2.10米，一次最大载药量10千克，挂载超低容量喷雾设备和高功效农药制剂，应用于水稻、玉米、小麦等农作物及林业病虫害防治和营养服务。全年作业面积15公顷。

（曹庭盛）

农村经营管理

【概况】 2016年，鄞州区建立立体式复合型现代农业经营体系，启动农民合作经济组织体系改革，出台《鄞州区全面构建"三位一体"农民合作经济组织体系的实施意见》，成立区、镇两级农民合作经济组织联合会。推进户籍制度改革，建立城乡统一的户口登记制度，推进农业人口转移市民化。推进省土地资源要素配置市场化改革，加强新增建设项目用地准入管理，实施差别化要素供给与价格机制。推进农村经济合作社股份合作制改革，完善资产量化、成员界定、股权设置等程序，创新资产运营、收益分配等机制，重点实施65个股改村社后续完善工作。

开展村级事务运行管理经费公共财政保障、新村建设、农村生活污水治理等专题调研，起草全区农村工作会议上报告等重要会议区委领导讲话稿和重要课题调研报告，其中《充分发挥以城带乡以工补农机制优势，加快推进高水平城乡融合发展示范区建设》《我区农村生活污水治理存在的短板及相关建议》《强化利益共同体理念，扎实推进新村建设》《强示范 促集聚 加快推进鄞州农家客栈发展》4篇调研报告被评为2015年度宁波市农办系统优秀调研文章。开展新型职业农民培育、新农村建设规划管理人才培养、农村电子商务人才培训、农村实用人才培训，培训各类农村劳动力10674人次。48名区派指导员落实各类项目17个，争取扶持资金约300万元。

【农家乐创建活动】 2016年，鄞州区开展农家乐休闲旅游业各类创建活动。章水镇李家坑村、鹰龙海畔、鸿溪森林农庄创建为浙江省农家乐特色村（点），章水镇李家坑村入选第九批"浙江省农家乐集聚村"，横溪镇周夹村通过市农家客栈集中村项目验收。创建浙江省四、五星级经营点3个，宁波市、鄞州区星级经营户5户。横街镇竹海休闲农庄获评浙江省五星级农家乐经营户（点），邱隘镇浅水湾农庄、咸祥镇天地野好生态农庄获评浙江省四星级农家乐经营点。

【欠发达村扶持和低收入农户帮扶】 2016年，鄞州区继续开展低收入农户产业开发、创业就业、异地搬迁、金融服务、社会救助"五大"帮扶行动。以"一户一策一帮扶"活动为载体，建立健全扶贫帮困机制。2013年初认定的17681户低收入农户30564人年度人均纯收入达到14181元，较上年增长15.20%。完成横溪镇道成岙村民宿工程、姜山镇茅东村企业用房、洞桥镇周公宅村商业用房、洞桥镇程家村标准厂房、东吴镇画龙村企业用房5个欠发达村产业扶持续建项目，投产项目平均年收益率在10%以上。

【区农民合作经济组织联合会成立】 2016年12月22日，鄞州区农民合作经济组织联合会（简称"区农合联"）挂牌成立，区委副书记朱法传、副区长朱晓丽出席第一次会员代表大会。区农合联是介于政府和市场之间的社会服务综合体，以生产、供销、信用为基本服务功能。第一届农合联由131名会员组成，主要包括辖区内镇农合联、农民合作经济组织、新型农业经营主体、涉农企事业单位和其他相关组织、个人。会上通过区农合联章程、财务管理制度和会费收取办法及选举办法，选举出第一届理事会理事39人、监事会监事7人。朱晓丽当选区农合联第一届理事会理事长，徐海平当选监事会监事长。

【4个村获评浙江省美丽乡村特色精品村】 2016年12月14日，省"千村示范、万村整治"工作协调小组办公室公布2016年度浙江省美丽乡村特色精品村名单，鄞州区下应街道湾底村、云龙镇上李家村、东吴镇勤勇村、章水镇李家坑村入选。湾底村投入1.80亿元资金建成小康住宅；通过旅游规划和资源整合，建成以桑园为主体的20个观光点。上李家村建成文化中心1000余平方米、外来人口廉租房50套、小高层140套、联排别墅169套，用于拆迁安置、大龄青年、住房困难户和外来人口安置用房。勤勇村完成污水提升工程、饮用水改工程、喜事堂工程、通村公路改建工程、村庄环境整治绿化提升工程、村庄卫生市场化保洁工程和旧建筑外立面修复工程、村史陈列室文化礼堂工程、村历史文保点保护工程、绕村登山古道秀谷工程。李家坑村拆除9600余平方米危房和生产用房，另选址集中新建；完成污水处理、广电线路改造、自来水供给、垃圾池修建、公厕及明沟改造等工程，投入近1200万元建成旅游服务中心。

（蒋存行）

水利工作

【概况】 2016年，鄞州区完成各类水利建设投资12.45亿元，居全市各县（市、区）第一位，水利重点工程7大重点续建项目和两大重点拟开工项目完成建设投资10.47亿元。鄞东南沿山干河工程沿线8个标段3个通过完工验收，4个基本建成，1个进入扫尾阶段。东江堤防加固工程和剡江堤防维修加固等主体工程基本建成。奉化江堤防城区段完成投资1亿元，全线8个标段和2个景观绿化标段中，5个标段通过完工验收，Ⅶ标段基本建成，Ⅲ、Ⅳ标段分别完成工程量的75%和84%，左、右两岸景观绿化标段基本完成。奉化江堤防鄞奉交界段完成投资1.50亿元，2个标段分别完成工程量的48.70%和80.50%。姚江堤防加固工程完成投资2.01亿元，涉及Ⅴ标段完成工程量的80%，Ⅵ、Ⅶ、Ⅷ标段主体工程基本建成。大嵩江堤防加固工程（沿海中线至大嵩江大闸段）动工。风棚碶泵闸新建工程完成设计施工总承包招标工作和初步设计（报批稿），政策处理投资8000万元。九曲河整治工程城区段完成初步设计（送审稿），涉及13公顷土地办理征地手续，政策处理投资1.20亿元。鄞江堤防维修加固工程、樟溪河整治工程、庙堰碶和楝树港泵站4个重大项目进行勘测设计等前期工作。

疏浚农村河道229千米，处置淤泥156万立方米，委托第三方单位抽样检测全区11个镇乡（街道）46个村河道淤泥。增加生态河道10千米，建成古林镇茂新村、姜山镇新汪村2个水环境示范村项目和瞻岐市级水环境示范镇一期工程。横溪镇金峨片区、塘溪镇东山村等集中式饮水安全保障工程和横街镇凤凰村等19个村点饮水安全提升、41个村级独立水站的设施改造工程完工。制定出台《鄞州区农民饮用水建设管理办法（试行）》，建设首批5个村（点）农村供水水站日常运行动态监控平台，委托第三方单位抽样检测17个村（点）的山区饮用水水质。

推动水文及防汛信息化建设，建设2个区级视频监控分中心和东江、剡江2个重要堤防监控分中心，完成施家桥、画龙2个测站标准化管理验收工作。推进工程管理目录与实施方案拟定、业务培训与交流、确权划界与管理手册编制等工作。皎口水库等29个工程通过标准化验收，黄牛礁海塘、蟹堰闸、高桥泵站等通过标准化验收。规范全区水利建设专项资金的使用和管理，开展各类财务审计及内审工作。在单位网站和“一报二台”刊发工作信息1255条次，在市级及以上主流媒体发布稿件35条次；向省、市水利网报送工作信息61条次，向各级“五水共治”办报送水利信息69条次，被录用26条次。

【水资源管理】 2016年，鄞州区规范各地取用水管理与水费、水资源费征缴等工作，解决原鄞西部分镇乡水资源费历史遗留问题，协商确定镇海电厂在2019年底停止从鄞西取水的时间要求。审批73个生产建设项目水土保持方案，验收水土保持设施41个。审批水行政256项，其中涉河涉堤（占用水域）67项、取水许可56项。打击各类侵占河道、偷倒渣土泥浆等违法行为，处理水事违法案件47起，拆除各类涉水违法建筑14300余平方米。质监水库、水闸、海塘、小流域、小型农田水利等水利工程111个，发出意见书90份；及时验收具备工程竣工验收条件的工程项目；编制完成工程质量与安全监督报告22份，工程质量全部合格，未发生质量事故。

【防汛抗旱工作】 2016年，区防汛防旱指挥部办公室下发《关于做好2016年汛前安全检查工作的通知》，部署安排安全大检查工作。检查全区23个镇乡及重要堤防、水库水电站和在建工程，重点了解行洪障碍及洪障清除情况，掌握涉水建设项目的防洪安全管理。汛前重新核实并明确各级防汛组织机构责任人，特别是镇、村两级主要防汛责任人及各类小型水库（屋顶山塘）巡查责任人、小流域山洪灾害预警责任人、海塘安全管理责任人，并在《鄞州日报》上公示。6月17日，在东吴镇小白村举行区级山洪灾害防御预案演练。建成东吴山洪灾害群测群防示范镇，成功应对“尼伯特”“莫兰蒂”“马勒卡”“鲇鱼”等台风及局部强降雨。

【国家防汛抗旱总指挥部检查组检查鄞州防汛抗旱工作】 2016年6月18日，国家防汛抗旱总指挥部办公室副主任万海斌带领检查组一行4人，到鄞州区检查指导防汛抗旱工作。省人民政府防汛防台抗旱指挥部办公室常务副主任王春来、市人民政府防汛防旱指挥部办公室常务副主任劳均灿等陪同检查。检查组一行检查东吴镇三塘村山洪灾害防治项目建设情况，察看村级防汛物资仓库，测试简易雨量报警器，山洪灾害转移路线图宣传栏、路线指示牌、简易水位报警器等设备设施，及山洪灾害防御预案等；了解铜盆浦强排泵站的项目概况，查看泵站运行过程、视频监控设施及相关规章制度等。万海斌肯定鄞州区山洪灾害防治项目建设成果和泵站防洪效益。

【大嵩江堤防加固工程（沿海中线至大嵩江大闸段）动工】 2016年1月18日，大嵩江堤防加固工程（沿海中线至大嵩江大闸段）开工。该工程由省水利水电工程局委托代建。工程建设总工期2年，总投资4.04亿元，河道中心线长2.70千米，两岸堤防总长4.06千米，拆除重建或新建水闸6座，两岸配套建设景观绿化35.70万平方米，工程按照20年一遇防洪标准整治。至年底，工程完成投资2.20亿元，两个标段分别完成工程量的71%和62%。

【溪下水库通过省级标准化管理验收】 2016年10月25—26日，省水库管理总站副主任何雷霆带领省级标准化管理验收组，到鄞州区实地勘察溪下水库大坝、启闭机室、廊道、中控室等基础设施的运行情况，听取水库标准化工作负责人的汇报，观看水库标准化管理平台构建及操作演示。验收组认为溪下水库标准化管理工作有亮点、有特色，同意其通过验收，并提出要求。

【西塘河水环境综合整治工程获评浙江省优秀示范工程】 2016年11月28日，省水利厅公布2016年浙江省河道生态建设示范工程名单，西塘河水环境综合整治工程获评浙江省优秀示范工程。西塘河始于海曙区三眼桥，终于湖泊河，流经长乐、芦港、新联、高桥等村，全长8.06千米，平均宽度28米，水域面积225680平方米。工程内容主要包括岸坡整治、河道疏浚清淤、植物绿化护坡及生态景观建设。工程于2014年11月开工建设，2015年9月完工，投入建设资金32408万元。建成河道生态护岸4670米，疏浚清淤5431米，植物护岸及河岸绿化面积332664平方米。

（卢海丁）

工业·工业园区

宁波中车产业基地

工业经济

鄞州工业园区

宁波望春工业园区

鄞州经济开发区

宁波中车产业基地

鄞州年鉴

2017 YINZHOU YEARBOOK

工业经济

【概况】2016年，鄞州区有各类工业企业3.20万家，其中规模以上企业1695家、年主营业务收入超亿元企业447家、年主营业务收入超10亿元企业36家。实现工业总产值3031.01亿元，比上年增长2.40%，其中规模以上工业企业实现产值2416.97亿元，增长1.60%。规模以上企业增加值457.53亿元，增长2.70%。规模以上企业销售产值2363.63亿元，增长1%。其中，出口交货值628.92亿元，下降2.60%；新产品产值757.91亿元，增长4%，新产品产值率31.40%；高新技术行业产值1137.07亿元，增长4.80%；高新技术企业实现产值682.60亿元，增长7%。规模以上工业企业主营业务收入2335.53亿元，增长1.90%；利税总额205.05亿元，增长0.80%，其中利润总额140.38亿元，下降1.40%。从业人员平均人数29.45万人，下降2.10%。亏损企业亏损额6.27亿元，下降10.90%。亏损企业180家，下降4.80%，亏损面10.60%，比上年收窄1.60个百分点。工业用电量54.54亿千瓦时，增长4.80%。

限额以上工业投入176.04亿元，下降8.60%，其中技改投入153.49亿元，下降13.60%，技改投入占工业投入比重的87.20%（千万元以上技改项目424项，工业投入172.19亿元，技改投入149.96亿元）。建立稳增促调专项资金，出台《宁波市鄞州区稳增促调专项资金管理办法》，拨付第一批补助资金2.07亿元，补助企业3359家。

增加中国驰名商标1件，省著名商标5件，市知名商标12件；浙江名牌4件，宁波名牌7件。6个产品获“浙江制造精品”认定，7个产品入选2016年度宁波市重点工业新产品名单，320项产品入选2016宁波市工业新产品试产计划，欧琳集团有限公司等3家企业的5件作品进入2016年中国优秀工业设计奖复评。

【“双五十工程”企业评选】2016年，鄞州区根据规模、税收、销售、投入、研发等指标增幅对全区优质企业量化打分，并实施重大环保事件、严重安全生产事故、经营风险系数偏高等一票否决制，综合评选强企50家、佳企50家。其中“区50强”企业实现产值990.53亿元，增长5.80%，占规模以上工业总产值的40.98%；“区50佳”企业实现产值109.58亿元，增长6.10%，占规模以上工业总产值4.53%。

表2　2016年鄞州区“双五十工程”工业企业名单

工业企业50强	成长型工业企业50佳
雅戈尔集团股份有限公司	宁波科森净化器制造有限公司
奥克斯集团有限公司	宁波思明汽车科技股份有限公司
杉杉集团有限公司	宁波福士汽车部件有限公司
利时集团股份有限公司	宁波英利特精工机械股份有限公司
广博集团股份有限公司	宁波顺成机电有限公司
博威集团有限公司	宁波凌珂纺织实业有限公司
宁波圣龙（集团）有限公司	宁波市鄞州飞宇游艇部件有限公司
华茂集团股份有限公司	宁波培源电器制造有限公司
博格华纳汽车零部件（宁波）有限公司	宁波威麟马电子有限公司
宁波滨海石化有限公司	宁波龙升制衣有限公司
浙江中哲控股集团有限公司	宁波忻杰燃气用具实业有限公司
宁波一舟投资集团有限公司	宁波长壁流体动力科技有限公司
宁波中华纸业有限公司	宁波天波港联电子有限公司
宁波银港铜业有限公司	宁波德鹰精密机械有限公司
宁波欧琳厨具有限公司（合计）	宁波路润冷却器制造有限公司
日月重工股份有限公司	宁波贝达管业有限公司
宁波帅特龙集团有限公司	宁波永灵航空配件有限公司
宁波欣达（集团）有限公司	宁波三龙电气有限公司
三生（中国）健康产业有限公司	宁波市阳光汽车配件有限公司
洛兹集团有限公司	宁波科星材料科技有限公司
宁波牡牛集团有限公司	宁波力达物流设备有限公司

续表2

工业企业50强	成长型工业企业50佳
宁波申江控股集团有限公司	浙江荃盛食品有限公司
宁波嘉福塑胶电器有限公司	宁波特诺奇音响有限公司
宁波凯信服饰股份有限公司	宁波星箭航天机械有限公司
宁波荣业控股集团有限公司	宁波安纳杰模塑科技有限公司
宁波德隆朝阳防水布有限公司	宁波巨神制泵实业有限公司
东睦新材料集团股份有限公司	宁波新伟隆机械制造有限公司
宁波康强电子股份有限公司	宁波格兰威尔方力挤出设备有限公司
宁波万荣特种钢有限公司	宁波日林电子有限公司
浙江元创控股集团有限公司	宁波朝阳家用燃气具有限公司
君禾泵业股份有限公司	宁波东西芳家纺用品设计有限公司
浙江布利杰集团有限公司	宁波诺布尔制衣实业有限公司
宁波高发汽车控制系统股份有限公司	宁波狮丹努针织有限公司
宁波东海集团有限公司	宁波市鄞州甬乐机械部件厂
宁波华缘集团有限公司	宁波得利时泵业有限公司
宁波美康生物科技股份有限公司	宁波圣达精工智能科技有限公司
中淳高科桩业股份有限公司	宁波东源音响器材有限公司
宁波乐士集团有限公司	宁波海雨新材料科技有限公司
宁波汉浦集团有限公司	宁波三邦日用品有限公司
宁波安百利印刷有限公司	宁波三峰机械电子有限公司
宁波狮丹努控股有限公司	宁波中荣声学科技有限公司
宁波欧菱电梯配件有限公司	宁波沪江电机 有限公司
宁波金丰电子有限公司	宁波倍特瑞能源科技有限公司
宁波先锋新材料股份有限公司	宁波德利福洁具有限公司
宁波旷世智源工艺设计股份有限公司	宁波精成电机有限公司
麦克英孚（宁波）婴童用品有限公司	宁波南方塑料模具有限公司
宁波乐歌视讯科技股份有限公司	宁波大华宏联砂轮有限公司
宁波市鄞州亚大汽车管件有限公司	宁波艾维实业有限公司
永强户外用品（宁波）有限公司	宁波市鄞州雪利曼电子仪表有限公司
宁波明佳汽车内饰有限公司	宁波科达工贸股份有限公司

【小微企业培育】 2016年，鄞州区构建小微企业转型发展政策奖扶体系，给予首次上规模小微企业5万元奖励，企业所在镇乡（街道）5000元~30000元配套奖励。将重点培育小微企业信息纳入全省小微企业培育与监测平台和全国中小企业生产经营运行监测平台，增加入库培育企业107家。落实税费优惠政策，减免5.60万家小微企业各类税费负担2.4亿元。建立小微企业上规模升级优先贷款名册，落实区内银行和融资性担保公司为“小升规”企业提供优先优惠融资贷款，3家融资担保公司提供担保资金2002.73万元。118家小微企业新上规模。9家企业入选2015年度浙江省新上规企业“创业之星”名单，数量全省第一。

【产业扶持】 2016年，鄞州区产业扶持重点为纺织服装、汽车配件、家用电器、金属制品、文教文具5大传统优势产业和新装备、新材料、新能源与节能环保、新一代信息技术、生物医药5大战略性新兴产业。其中，传统优势产业中重点突出纺织服装、汽车配件2个产业，战略性新兴产业中重点突出新装备、新材料2个产业。“5+5”产业全年实现工业总产值1451.55亿元，增长3.20%，高于全区规模以上工业增速1.60个百分点，占规模以上工业比重的60.10%。其中，5大传统优势产业实现产值1233.62亿元，增长3.30%；5大战略性新兴产业实现产值327.27亿元，增长10.20%。

【4家企业入围“2016中国民营企业500强”】 2016年8月25日，中华全国工商业联合会发布“2016中国民营企业500强”名单，鄞州区的雅戈尔集团股份有限公司、奥克斯集团有限公司、广博集团股份有限公司和利时集团股份有限公司入围。其中，雅戈尔集团股份有限公司营业收入623.64亿元，列第43位；奥克斯集团有限公司营业收入596.12亿元，列第49位；广博集团股份有限公司营业收入146.24亿元，列第340位；利时集团股份有限公司营业收入146.18亿元，列第341位。

【鄞州区列全省工业强县（市、区）综合评价I档首位】 2016年7月21日，省工业转型升级工作领导小组办公室、省经济和信息化委员会、省统计局联合发文，公布2015年度浙江省工业强县（市、区）综合评价报告，鄞州区以78.98分综合考评结果，连续4年列全省I档首位。评价涵盖质量效益、自主创新、结构调整、两化融合和绿色发展5个一级指标及19个二级指标，并根据规上工业产值总量，按照1000亿元以上（I档）、500亿~1000亿元（II档），以及500亿元以下（III档）分3档打分。鄞州区在质量效益、自主创新、结构调整、两化融合和绿色发展5个一级指标中的得分分别为74.50分、86.80分、80.20分、75分、78.60分。

【6家企业入选“2016浙江省百强企业”】 2016年10月26日，省工业经济联合会、省企业联合会和省企业家协会联合发布“2016浙江省百强企业”名单，鄞州区有6家企业入选。其中，雅戈尔集团股份有限公司营业收入623.64亿元，列第18位；奥克斯集团有限公司营业收入596.12亿元，列第20位；中基宁波集团股份有限公司营业收入384.28亿元，列第32位；杉杉控股有限公司营业收入360.24亿元，列第35位；广博集团股份有限公司营业收入146.24亿元，列第80位；利时集团股份有限公司营业收入146.18亿元，列第81位。

【9家企业入选浙江省新上规企业“创业之星”名单】 2016年7月8日，省经济和信息化委员会发文公布2015年度全省新上规企业“创业之星”名单，鄞州区有9家企业入选，分别为宁波欣润铁电子科技有限公司、宁波新望电子有限公司、浙江融创磁业有限公司、宁波厨聚厨房科技有限公司、浙江麦浪电气有限公司、宁波斯耐奇金属制品有限公司、国电鄞州风力发电有限公司、浙江杭能新能源车业有限公司和宁波它世界生物科技有限公司。9家企业注册时间均在10年以内，具有高成长性，近3年主营业务收入平均增幅超过15%，利税增幅超过15%，销售利润率大于5%。全区累计有14家新上规企业被评为省级“创业之星”。

【宁波圣龙汽车动力系统股份有限公司入选浙江省第三批“三名”培育试点企业】 2016年9月13日，省政府办公厅发文公布浙江省第三批“三名”培育试点企业名单，鄞州区的宁波圣龙汽车动力系统股份有限公司入选。全区累计省“三名”培育试点企业5家。宁波圣龙汽车动力系统股份有限公司成立于2007年，是国家高新技术企业、国家汽车零部件出口基地企业、浙江省科技先导型企业、宁波市专利示范企业、宁波市名牌产品企业、安全生产标准化国家二级达标单位，专业生产和销售汽车发动机润滑系统和进排气系统零部件，通过ISO 9002质量体系认证、QS 9000质量体系要求、ISO 14001质量体系认证、ISO/TS 16949质量体系认证。

（姚剑峰）

鄞州工业园区

【概况】 2016年，鄞州工业园区实现财政总收入5.98亿元，比上年增长28.50%，其中一般公共预算收入2.47亿元，增长31.60%。规模以上工业企业实现总产值159亿元、销售164.83亿元、利润6.46亿元。工业投资8.17亿元，增长23.10%。研究与试验发展经费占GDP比重为21.03%，高新技术产业增加值占规模以上工业增加值比重为17.80%。完成授权专利434件，其中发明专利39件、实用新型262件、外观设计133件。引进大专及以上学历各类人才517人，其中高素质人才27人。实到外资711万美元，引进市外内资18亿元，“浙商回归”资金18.60亿元。

入库在报在建项目24个，其中投资总额5000万元以上项目13个。出台园区工业经济政策，企业获得市、区各类奖励补助资金4102万元。10个上亿元项目完成投资6.30亿元，占全部工业投资的77%。奥克斯智能空调项目开工建设，宁波宁江粉末冶金有限公司、宁波鼎祥电器制造有限公司等7家企业厂房竣工，其他在建项目推进。办理出让及供地手续3家，用地面积35.25公顷。增加贷款1.30亿元，转贷1.30亿元，归还贷款1.32亿元，支付利息1744万元。

【鄞州工业园区重点工程建设】 2016年，鄞州工业园区博格华纳排放系统（宁波）有限公司年产1000万件汽车发动机关键零部件项目、宁波时代全芯科技有限公司年产10万片相变存储器项目、宁波市鄞州北斗电子有限公司年产60000台北斗导航接收机和1000台（套）车载信息系统项目、宁波宜胜照明有限公司年产4000万套LED灯具项目、宁波英诺梅乐涂装科技有限公司年产100万只高压无气喷涂机项目、宁波宁江粉末冶金有限公司年产4000吨汽车零部件粉末冶金制品项目被列入区级重点工程，完成投资4.36亿元。鄞州工业园区获评2016年度鄞州区重点工程先进集体。

【全国企业民主管理调研检查组检查奥克斯集团有限公司】 2016年10月17日，第九次全国企业民主管理工作调研检查第十组一行10余人，到奥克斯集团有限公司检查企业民主管理工作。检查组由新疆维吾尔自治区总工会、宁夏回族自治区总工会、浙江省总工会组成，听取市总工会、奥克斯集团有限公司工会、镇海石化建安工程有限公司工会、宁波轿辰集团股份有限公司工会的民主管理工作汇报，检查3家企业民主管理工作台账，肯定3家企业的民主管理工作成效，并实地考察鄞州工业园区职工文化活动中心和奥克斯空调有限公司职工之家。

（李文博）

宁波望春工业园区

【概况】 2016年，宁波望春工业园区有注册企业608家，其中工业企业282家、规模以上企业61家。规模以上工业企业实现总产值62.23亿元，比上年增长1.80%。高新行业产值41.40亿元，增长10.80%。固定资产投资10.22亿元。限额以上商贸业销售额131.04亿元，增长29.10%；限额以上社会消费品零售总额8.30亿元，增长198.40%。进出口总额4.02亿美元。财政总收入3.71亿元，其中一般公共预算收入1.91亿元。引进合同外资1120.60万美元，实到外资57.50万美元。引进内资210430万元，“浙商回归”到位资金212810万元。

企业研发投入1.53亿元，增长9.10%。有高新技术企业17家，硕士研究生及以上高层次人才100余人。增加区级工程技术中心4家、省级工程技术中心2家，累计建成各级工程中心34家，其中省级7家、市级7家、区级20家。完成专利授权200件，其中发明专利32件。获得区级各类科技进步奖7项、科技合作项目7个。有博士后工作站2个，企业技术创新团队4个，其中市级2个、区级2个，大学生实训基地1个。2家公司在“新三板”挂牌。

宁波栎社保税物流中心报关9565票，进出口货值约5亿美元，海关征收进口环节税9449.70万元。宁波栎社保税物流中心跨境电商试点完成单量378.40万票，货值8.32亿元，海关征税6745.40万元。

【望春科技创业中心建设】 2016年，望春科技创业中心累计引进企业120余家，其中科技型企业17家、“精英引领”企业2家、电商和商贸企业77家、其他企业26家，提供就业岗位1100余个，企业累计申请专利400余项。12月22日，中心被评为2016年度宁波市小微企业创业示范基地。

【新能源“千人计划”专家宁波（鄞州）行活动】 2016年3月12日，新能源“千人计划”专家宁波（鄞州）行活动在泰来环保科技股份有限公司举行。活动由浙江国千能源研究院和省海高会能源、资源与环境分会主办，市委组织部副部长、市委人才工作办公室主任张良才出席活动并致辞，区委常委、组织部部长郑坤法，区委常委、集士港镇党委书记徐卫成出席活动。活动邀请北京石油化工学院教授罗明生、宁波高新区聚光太阳能有限公司总经理陈大彤等国家级、省级“千人计划”专家及北京低碳清洁能源研究所实验管理中心主任翁力等嘉宾出席。20余名省内外“千人计划”专家围绕新能源展开交流，并进行项目推介。其中，国家“千人计划”人才、杭州聚达能源科技有限公司董事长万斌介绍聚光太阳能蝶式斯特林热发电技术的产业化趋势；国家“千人计划”专家、中国科学院工程热物理研究所研究员、美国印第安纳大学教授林峰主讲新能源时代的热功转换新技术；国家“千人计划”特聘专家、浙江联宜电机股份有限公司总工程师金一町介绍新一代电动汽车专用变速器。华电电力科学研究院火电技术及经济运行研究所所长阮炯明、北京低碳清洁能源研究所实验管理中心主任翁力分别介绍高速径向透平余压发电技术、醇醚燃料在柴油机上的应用。鄞州当地企业及有关投资机构与专家、人才展开对接交流。

（任　宁）

鄞州经济开发区

【概况】 2016年，鄞州经济开发区规模以上企业实现产值160亿元，比上年增长8.50%；税收收入3.96亿元，增长24.90%。固定资产投资39.60亿元，增长14.80%，其中工业投入35.48亿元，增长11.60%。销售上亿元企业31家，规模以上企业82家，12家企业入选鄞州区“双五十工程”。签约项目8个，涉及新材料、汽车零部件、新业态等产业。与香港志得生技有限公司签订新药开发项目投资意向协议。

北一区塘渣工程完工，临春路与联胜路延伸段工程完成工程量的25%；经济开发区二期开始招商。总建筑面积5万平方米的人才公寓二期项目，完成工程量的42%。PPP项目完成招投标，涉及8条道路、1个塘渣填筑、1个绿化工程，总投资约20亿元。与宁波教育学院签署战略合作协议，共建宁波教育学院附属滨海幼儿园。

【鄞州经济开发区边防派出所成立】 2016年7月20日，鄞州经济开发区边防派出所举行入驻暨揭牌仪式，100余人参加仪式。派出所有官兵18人（其中干部13人，战士5人），按照“两队一室”模式运行（办案中队、基础中队和综合室），另配有协辅警队伍52人，主要承担鄞州经济开发区16.50平方千米的公安行政、治安管理及鄞州区22.50千米海岸线边防行政、海上治安管理任务，管辖海域面积53平方千米。辖区有外来人口12600余人，企业156家、社区1个、幼儿园1个、网吧3家、宾馆2家、菜场2个、码头7个、无人岛屿3个，边防在册船舶168艘，船员450人，其中渔业船舶84艘、运输船舶83艘、采砂作业船舶1艘。

【鄞州经济开发区第九届文化艺术节】 2016年5月11日，鄞州经济开发区第九届文化艺术节开幕。在滨海社区举行“又见映山红·党旗更鲜艳”文艺晚会，区人大常委会副主任忻国龙与园区内1000余名职工观看文艺演出。开幕式以“两学一做”学习教育活动为主题，节目由职工自编自演，集中展示园区文化建设成果，有重温党员入党誓词、红歌联唱、情景剧《家》、舞蹈《小小接班人》等节目。艺术节期间，开展送健康、送展览、送演出、送温暖、送电影文化“五送企业”系列活动。同时，园区举行企业工会干部业务培训、职工岗位适应性培训和红十字救护知识等培训，及读书会、舞蹈培训班、军民共建、联谊等活动。11月30日，第九届文化艺术节表彰仪式暨文化节闭幕式在滨海工人文化宫举行，开发区30余家企业职工参与闭幕式，现场颁发团体及个人奖杯、证书、奖金。

（何　晶）

宁波中车产业基地

【概况】 2016年，宁波中车产业基地投入建设资金5.60亿元，一期完成总供地75.05公顷，其中项目供地49.31公顷、市政基础设施项目用地25.74公顷。南车路、明南路、中车路、时代路、南外环（宝涵路至宝瞻公路段）、宝瞻公路投入使用。基地落户企业11家，规模以上工业企业实现总产值20.18亿元，工业投资7.20亿元。鄞州现代电车小镇被列入第二批省级特色小镇培育类名单。

宁波中车新能源科技有限公司的“超级电容器实施方案”被列入工业和信息化部2016年中央工业转型升级（中国制造2025）“工业强基工程项目”，浙江南车电车有限公司的“中车电车新能源客车柔性制造智慧工厂”被列入2016年中央工业转型升级（中国制造2025）“智能制造综合标准化与新模式应用项目”。宁波中车轨道交通装备有限公司协助株洲电力机车有限公司中标宁波地铁3号线一期车辆采购项目，项目共计38列车，中标金额14.03亿元。

【黄强调研宁波中车产业基地】 2016年3月14日，甘肃省副省长黄强到宁波中车产业基地调研，中国中车股份有限公司副总裁楼齐良、中车株洲电力机车有限公司董事长周清和、中车株洲电力机车厂厂长李铁生、中车兰州机车有限公司董事长高永君等陪同调研。黄强一行参观宁波南车新能源科技有限公司、宁波南车轨道交通装备有限公司和浙江南车电车有限公司生产现场，了解新一代超级电容器、储能式现代电车生产工艺及研发等情况，试乘18米超级电容储能式现代电车，观摩电车智能充电过程。楼齐良感谢甘肃省政府支持中国中车及其储能式现代电车项目。

【崔殿国考察宁波中车产业基地】 2016年3月25日，中国中车集团公司董事长崔殿国考察宁波中车产业基地，市、区领导胡军、陈仲朝、陈国军、戴华祥等陪同考察。崔殿国走访宁波南车新能源科技有限公司、宁波南车轨道交通装备有限公司和浙江南车电车有限公司，参观全球领先的超级电容生产线，试乘超级电容无轨电车，考察基地落户企业和在建厂房设施，听取电车小镇创建工作汇报。崔殿国感谢鄞州区在产业基地建设上给予的支持，并对宁波中车产业基地发展提出希望和要求。

【超级电容储能式现代电车投入商业运营】 2016年9月22日，浙江南车电车有限公司自主研发生产的超级电容储能式现代电车在306线路上开始商业运营。该线路由现有公交线路改建，从公交江北洪塘中路站始发，终点站为汽车东站，分别在起始站、谢家和外滩大桥西站建造高3米的充电站。至年底，全市累计有196路、177路、330路、306路、305路5条超级电容储能式现代电车线路投入商业运营。

【18米超级电容储能式现代电车在奥地利试运营】 2016年12月6日，18米超级电容储能式现代无轨电车在奥地利格拉兹市34E测试线试运营，格拉兹市长及格拉兹交通局局长、格拉兹市政公交CEO等市政官员参加活动。该车由浙江南车电车有限公司为奥地利格拉兹市定制，共2台，电车载客量135人，以60000法拉超级电容作为主动力源，采用快充方式充电，整车通过欧盟认证和电磁兼容测试。

【中国中车新能源（超级电容）全球研发制造基地开工建设】 2016年12月30日，中国中车新能源（超级电容）全球研发制造基地开工奠基仪式在宁波中车产业基地举行。副市长陈仲朝，区委副书记、区长陈国军，中国中车集团公司总经理助理王宫成，中车株洲电力机车有限公司董事长周清和等参加活动。项目实施单位宁波中车新能源科技有限公司，建设投资近2亿元，建筑面积3.50万平方米，规划建立国家级超级电容研究中心和国家级实验室。

（徐柯英）

2016年9月22日，超级电容储能式现代电车投入商业运营

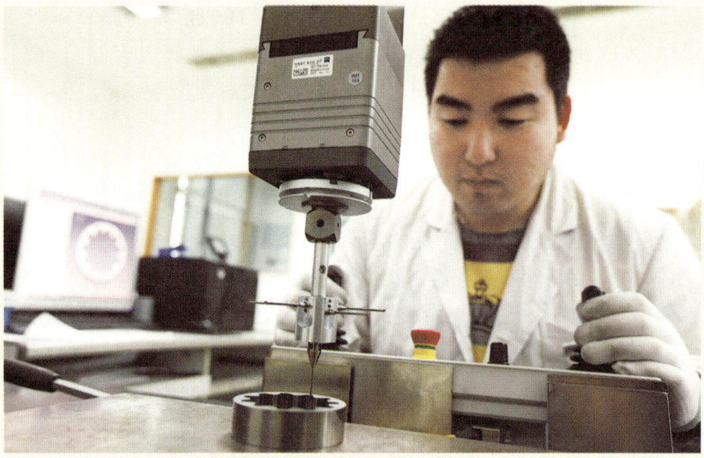

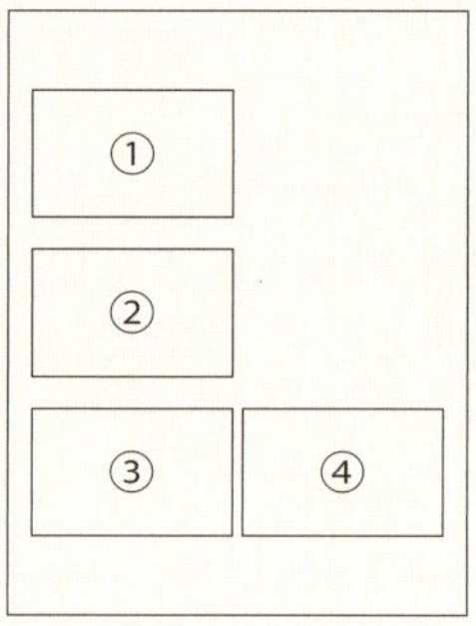

① 东睦新材料集团股份有限公司技术人员研发新产品

② 君禾泵业股份有限公司实验中心

③ 宁波三星医疗电气股份有限公司引进自动化生产设备

④ 宁波圣龙（集团）有限公司生产车间

个体私营经济

欧琳集团有限公司

概　述

个体工商户

私营企业

概　述

【概况】2016年，鄞州区设立内资企业（含分支机构）7641户，注册资本（金）4449070万元，其中私营企业7349户，注册资本（金）4124592万元。设立个体工商户9925户，资金数额82665万元。设立农民专业合作社18户，成员出资总额1790万元。至年底，全区实有内资企业（含分支机构）49015户（其中私营企业46878户），注册资本（金）24057242万元；实有个体工商户69197户，资金数额389796万元；实有农民专业合作社395户，成员出资总额39046万元。

表3　　2016年鄞州区设立的注册资本5亿元以上企业情况

企业名称	注册地	注册资本（万元）
宁波星通创富股权投资合伙企业（有限合伙）	宁波市鄞州区首南西路68号鄞州金融大厦A幢10层1083室	500000
杉杉商业集团有限公司	宁波市鄞州区首南街道日丽中路777号2601室	100000
华夏银控控股有限公司	浙江省宁波市鄞州区舒波路9号009幢（18—3）	50000
宁波天银互金一期投资管理合伙企业（有限合伙）	宁波市鄞州区首南西路68号A幢10层1048室	50005
宁波云快传万向一号股权投资基金合伙企业（有限合伙）	宁波市鄞州区首南西路68号鄞州金融大厦A幢10层1131室	100000
宁波中车轨道交通建设投资中心（有限合伙）	宁波市鄞州区首南街道首南西路88号B幢六层	200000
宁波东海兴业物流有限公司	浙江省宁波市栎社国际机场办公区2号楼B302室	50000
宁波市鄞州安彩投资管理中心（有限合伙）	宁波市鄞州区首南西路68号鄞州金融大厦A幢10层1102室	50001
宁波航空有限责任公司	宁波栎社国际机场办公区2号楼B301室	100000
宁波奥克斯医疗集团	宁波市鄞州区首南街道水街11号304室	140000
宁波市鄞州粤能投资合伙企业（有限合伙）	宁波市鄞州区首南西路68号鄞州金融大厦A幢10层1104室	50001
宁波市鄞州区产业发展投资有限公司	宁波市鄞州区首南西路68号鄞州金融大厦A幢10层1005室	61990
宁波华业天合投资管理合伙企业（有限合伙）	宁波市鄞州区首南西路68号鄞州金融大厦A幢10层1058室	160000
宁波市鄞州钰信股权投资合伙企业（有限合伙）	宁波市鄞州区首南西路68号鄞州金融大厦A幢10层1010室	50100
宁波东海兴业开发建设有限责任公司	浙江省宁波栎社国际机场办公区2号楼B303室	50000
宁波隆地房地产开发有限公司	宁波市鄞州区贸城西路157号1B29室	60000
宁波泰合宏盛投资管理合伙企业（有限合伙）	宁波市鄞州区首南西路88、76号鄞城大厦B幢1层147室	100000
宁波市鄞州四明金融小镇开发建设有限公司	宁波市鄞州区首南西路68号鄞州金融大厦A幢10层1066室	101000
宁波中建仓贸互联股份有限公司	宁波鄞州区石碶街道横涨村	162600
奥克斯空调股份有限公司	浙江省宁波市鄞州区姜山镇明光北路1166号	91564
穗甬融信资产管理有限公司	宁波市鄞州区首南西路68号鄞州金融大厦A幢10层1079室	100000
曼格（宁波）科技有限公司	宁波市鄞州区瞻岐镇大嵩盐场（鄞州经济开发区）	67000
中兵恒安（宁波）投资管理中心（有限合伙）	宁波市鄞州区首南西路68号鄞州金融大厦A幢10层1077室	50100

（张汉江）

个体工商户

【概况】 2016年，鄞州区设立个体工商户9925户，资金数额82665万元，增加从业人数22786人；注（吊）销个体工商户11891户。至年底，全区实有个体工商户69197户，注册资本（金）389796万元，从业人数128273人。

【个体工商户年报实行电子化申报】 2016年，区市场监管局实行个体工商户电子化年报工作。通过微信公众号推送、网站宣传、纸媒专栏介绍、电视台、公交车等公益广告展示等方式宣传个体户电子化年报，在审批窗口设立年报咨询专窗，印发宣传资料5000余份；通过“试点先行，商圈先行”等方式，在鄞江所设立4个联络站定点辅导，在奥特莱斯广场、万达商圈、印象城商圈等推广电子化年报，完成电子化年报800余户。全年完成个体户电子化年报4000余户。

【个体工商户简易注销】 2016年4月底开始，区市场监管局开始分类核查2013年、2014年未进行年报的个体工商户，调查其未及时年报的原因。市场监管工作人员通过走访，对部分未经营个体工商户进行拍照取证、见证人签字证明；联合运管部门对经营场所不定的个体运输户，比对运输户名单与许可证件存续状态，由运管部门盖章确认。至年底，全区清理未经营个体工商户7394家。

表4　　2016年鄞州区个体工商户基本情况

行业分类	期末实有						其中：本期登记			本期注销（户）	
	合计			其中：城镇							
	户数（户）	从业人员（人）	资金数额（万元）	户数（户）	从业人员（人）	资金数额（万元）	户数（户）	从业人员（人）	资金数额（万元）	合计	其中：城镇
农、林、牧、渔业	204	665	8984	14	29	208	56	175	3685	13	1
农、林、牧、渔服务业	13	21	36	4	5	12	0	0	0	2	0
采矿业	2	12	11	0	0	0	0	0	0	2	0
开采辅助活动	0	0	0	0	0	0	0	0	0	0	0
制造业	5710	19755	51611	521	1478	4062	523	1883	6447	1129	130
金属制品、机械和设备修理业	22	36	112	2	2	16	2	5	15	4	0
电力、热力、燃气及水生产和供应业	2	3	2	2	3	2	0	0	0	0	0
建筑业	92	338	1148	52	159	471	19	72	540	9	3
批发和零售业	33338	52039	205104	19002	31922	138265	4838	9936	49428	5589	1842
交通运输、仓储和邮政业	6361	6821	30705	2484	2721	10018	620	658	4538	3040	533
住宿和餐饮业	6299	17428	55483	3905	11910	36852	2493	7316	23634	1235	442
信息传输、软件和信息技术服务业	68	131	434	54	96	335	17	37	89	5	2
金融业	4	8	52	1	1	7	4	8	52	0	0
房地产业	125	220	402	68	116	169	20	37	116	19	5

续表4

行业分类	期末实有						其中：本期登记			本期注销（户）	
	合计			其中：城镇							
	户数（户）	从业人员（人）	资金数额（万元）	户数（户）	从业人员（人）	资金数额（万元）	户数（户）	从业人员（人）	资金数额（万元）	合计	其中：城镇
租赁和商务服务业	893	1654	6095	611	1168	3765	118	247	1034	68	26
科学研究和技术服务业	192	379	916	102	245	635	10	40	84	37	20
水利、环境和公共设施管理业	13	53	44	4	6	19	1	1	10	0	0
居民服务、修理和其他服务业	6357	15080	43383	3748	9728	26168	1582	4581	15871	1045	400
教育	4	4	9	3	3	8	1	1	1	1	0
卫生和社会工作	63	138	1416	33	75	700	3	5	81	3	1
文化、体育和娱乐业	185	641	3467	122	363	1430	38	125	590	29	6
其他	1	2	2	0	0	0	0	0	0	0	0

（张汉江）

私营企业

【概况】 2016年，鄞州区设立私营企业8073户，注册资本（金）4616334万元，从业人数203301人；注（吊）销私营企业2112户。至年底，全区累计实有私营企业51422户，注册资本（金）24087794万元，从业人数903962人。

【小微企业特色培训】 2016年，区市场监督管理局举办小微企业特色培训。5月，与国税、地税、银行等单位联合在集士港向辖区企业宣传新政，利用“五证合一”和“简易注销”相关展板，就“企业信用”主题开展PPT演讲；在望春电商园区，为大型生产企业提供网络配套服务，200余家小微企业参加，行政指导经营者注册登记、网络市场规范等。6月，邀请宁波市纤维检验所主任陆素梅和相关科室负责人到奥特莱斯广场，开展有关商品质量鉴别的辅导讲座，广场内200余家门店负责人参加。

表5　　2016年鄞州区私营企业登记管理情况

行业分类	期末实有					其中：本期登记				本期注销		
	合计											
	户数（户）	其中：分支机构	投资者人数（人）	雇工人数（人）	注册资本（万元）	户数（户）	投资者人数（人）	雇工人数（人）	注册资本（万元）	户数（户）	其中：城镇	注册资本（万元）
合计	41123	2120	75580	1020306	13375107	6717	13071	364333	2886607	1828	840	263824
农、林、牧、渔业	305	1	476	4195	42975	36	75	2690	13303	46	4	3268
农、林、牧、渔服务业	7	0	13	140	480	1	1	100	100	0	0	0
采矿业	20	1	28	171	12757	1	1	1	2	0	0	0

续表5

行业分类	期末实有 合计					其中：本期登记				本期注销		
	户数（户）	其中：分支机构	投资者人数（人）	雇工人数（人）	注册资本（万元）	户数（户）	投资者人数（人）	雇工人数（人）	注册资本（万元）	户数（户）	其中：城镇	注册资本（万元）
开采辅助活动	0	0	0	0	0	0	0	0	0	0	0	0
制造业	19460	263	33533	537024	3063550	1599	2927	53091	285248	675	165	52374
金属制品、机械和设备修理业	19	1	33	337	1887	4	10	185	223	0	0	0
电力、热力、燃气及水生产和供应业	30	2	52	1151	49635	9	13	993	8852	0	0	0
建筑业	1641	204	3027	40061	837923	316	582	24233	146238	52	26	7969
批发和零售业	10751	814	19709	185548	2178277	2248	4024	111590	524944	598	348	74174
交通运输、仓储和邮政业	595	135	1126	10833	146992	115	183	7481	24728	38	15	9222
住宿和餐饮业	385	88	607	7320	65569	93	133	4435	13104	21	11	583
信息传输、软件和信息技术服务业	1095	36	2445	37600	453492	396	912	28864	178029	59	46	4096
金融业	66	22	146	2324	93913	22	34	1927	30305	3	2	2000
房地产业	655	108	1241	20902	1777288	116	200	13193	67128	34	16	28946
租赁和商务服务业	3673	273	8373	123619	3906174	1194	2877	85902	1386064	203	151	67674
科学研究和技术服务业	1439	93	3179	34361	547458	329	704	20834	149372	59	33	6920
水利、环境和公共设施管理业	33	3	61	497	17179	5	9	283	516	0	0	0
居民服务、修理和其他服务业	650	53	1024	8734	70907	121	197	4712	23469	31	17	6198
教育	13	0	23	203	740	1	2	100	100	0	0	0
卫生和社会工作	20	1	38	909	43310	12	27	860	15010	1	0	0
文化、体育和娱乐业	288	20	486	4848	66958	104	171	3144	20195	8	6	400
其他	4	3	6	6	10	0	0	0	0	0	0	0

（张汉江）

开放型经济·国内经济合作

中基宁波集团股份有限公司

对外经济贸易

海　关

出入境检验检疫

国内经济合作

招商引资

鄞州年鉴

2017 YINZHOU YEARBOOK

对外经济贸易

【概况】 2016年，鄞州区实现外贸进出口总额142.73亿美元，比上年下降2.40%。其中，出口120.47亿美元，下降1.70%；进口22.26亿美元，下降5.60%；增加进出口实绩企业640家，进出口总额5.73亿美元。实现新兴市场出口41.30亿美元，下降0.80%，其中东欧、东盟市场分别出口4亿美元、8.30亿美元，增长6.10%和13.40%。支持五金工具、汽车零部件等主干行业开展产业集群试点建设，五金工具产业集群获批浙江省产业集群跨境电商发展试点；建成跨境电商园6个，面积约15万平方米。

批准境外投资企业37家，中方投资额5.60亿美元，外经合作营业额6.50亿美元。宁波开心投资有限公司在澳大利亚投资30750万美元的畜牧业项目、宁波康奈特国际贸易有限公司在德国投资5500万美元的先进制造业项目推进，引进浙江宏纪工程安装有限公司。泰来环保科技股份有限公司在伊朗承接垃圾焚烧处理项目18个，累计2.45亿美元；宁波永利木业有限公司在巴布亚新几内亚的森林采伐项目，每年资源回运额3500万美元。

批准外资企业78家，实现合同外资16.27亿美元，实际外资4.92亿美元，其中浙江沧海市政园林建设有限公司、宁波景瑞置业有限公司等总投资千万美元以上的大项目10个。增资企业22家，合同增资额2.10亿美元；企业通过并购、股权转让等方式吸引外资项目9个，合同利用外资1.24亿美元。

表6　　2016年鄞州区进出口50强企业

企业名称	进出口实绩（万美元）	企业名称	进出口实绩（万美元）
中基宁波集团股份有限公司	183053	宁波锦灏集团有限公司	6436
奥克斯集团有限公司	56233	宁波南车产业基地联合进出口有限公司	5899
博威集团有限公司	28022	宁波旷世智源工艺设计股份有限公司	5858
宁波华茂国际贸易有限公司	21251	乐歌人体工学科技股份有限公司	5518
杉杉集团有限公司	19170	宁波华彩电器有限公司	5225
利时集团股份有限公司	18444	宁波市鄞州宏源对外贸易有限公司	5183
宁波凯信服饰股份有限公司	16634	宁波华晟轻工集团有限公司	5091
宁波华孚进出口有限公司	14306	君禾泵业股份有限公司	4992
博格华纳汽车零部件（宁波）有限公司	11831	宁波万时集团有限公司	4946
宁波中蔺对外贸易有限公司	11770	宁波新禾控股集团有限公司	4909
宁波环球广电科技有限公司	11643	宁波旷丰国际贸易有限公司	4741
浙江布利杰集团有限公司	10230	浙江六和轻机械有限公司	4694
宁波金麦进出口有限公司	8905	宁波炜业兴茂进出口有限公司	4637
宁波致和对外贸易有限公司	8595	浙江恒达高电器有限公司	4585
宁波太平货柜有限公司	8428	宁波龙升制衣有限公司	4483
宁波博闻进出口有限公司	8071	宁波雷克对外贸易有限公司	4473
浙江广博集团股份有限公司	7840	宁波旭力金属制品有限公司	4421
宁波合羽国际贸易有限公司	7796	宁波圣德隆进出口有限公司	4402
浙江中世进出口有限公司	7757	宁波迪昂进出口有限公司	4329
宁波渠成进出口有限公司	7539	宁波佑浩进出口有限公司	4152
宁波旭日对外贸易有限公司	7129	宁波融威顺国际贸易有限公司	4018
宁波云仓物流有限公司	6814	麦克英孚（宁波）婴童用品有限公司	4017
宁波万汇休闲用品有限公司	6715	贝亚时代（宁波）国际贸易有限公司	3891
宁波圣龙（集团）有限公司	6584	浙江嘉信投资发展有限公司	3880
宁波嘉福塑胶电器有限公司	6520	宁波汉浦工具有限公司	3839

（朱渊　张弨）

【五金工具产业集群获批浙江省产业集群跨境电子商务发展试点】 2016年5月，鄞州区五金工具产业集群获批浙江省产业集群跨境电商发展试点。基地五金建材产业主要分布在云龙、横溪、五乡、下应、姜山、邱隘、龙观等镇乡（街道），其中以五乡工业园区、邱隘镇回龙工业园区、横溪工业园区和龙观乡4个区域集聚度最高，五金建材国内市场占有率在20%以上，金属型材国内市场占有率在7%以上，卫浴五金国内市场占有率在3%以上。基地内大、中、小企业共存，形成从产品设计、品牌营销、渠道管理、物流配送、零售终端、五金装备等在内完整的五金建材产业链。全区有五金建材企业841家，产品涵盖五金建材、五金工具、日用五金等7类20000余种，总产值461.66亿元，出口额28.87亿美元，从业人员20余万人。其中，拥有销售额超亿元龙头企业43家，国家驰名商标1件，省级著名商标19件，产品出口至美国、欧洲、日本、东盟、中东等国家和地区。

【中国（宁波）跨境电子商务综合试验区鄞州园区授牌】 2016年5月16日，中国（宁波）跨境电子商务综合试验区建设动员大会在宁波举行，鄞州园区获得授牌，成为第一批中国（宁波）跨境电商综合试验区园区，作为线下园区投入运营。鄞州区第三方支付、金融服务、代理运营、仓储物流、快递配送等相关服务产业链完善，有聚美优品等知名跨境电商企业，中基汇通、大道商诚、咖狗网等外贸电商服务平台企业及一舟跨境电商园、旷世跨境电商园等跨境电子商务集聚园区。

海　关

【概况】 2016年，宁波海关驻鄞州办事处审核进出口报关单2.24万票，征收税款16.61亿元。备案加工贸易手册2096本，金额9.36亿美元，审批减免税9196.70万元。注册企业数1907家，管理企业15322家。

保障宁波金田铜业（集团）股份有限公司、远大石化有限公司等纳税大户属地申报服务，动态管理重点税源商品，税源回流5.30亿元，增长75%。落实“绿色通道”、预约加班、上门车船队年审等便捷通关措施，推广通关无纸化、电子支付、审价模式优化、集中汇总征税、产品信息备案等政策。推进“边角料”集中补税试点工作，批次多、价值低、处置频繁的手册“边角料”采取简化处置手续，允许管理规范的试点企业每半年申请一次集中补税。采用贸易调查、稽查、核查等作业方式，对远洋渔业设备、离型纸等重点行业性走私行为实行区域性打击。

定期向地方政府发送《海关工作专报》，与地方外经贸部门召开联席会议。落实“全年无休日”“优先查验、优先通关”“双十一靠前服务重点保障”等监管服务措施，宁波栎社保税物流中心有221家企业获准备案入驻中心，审核跨境进口申报单378.50万票，金额8.32亿元，征收税款6745万元。辖区有高级认证企业31家、一般认证企业1582家，获赠企业锦旗、表扬信18面（份）。

【加工贸易服务平台上线】 2016年1月1日，宁波市加工贸易公共服务平台运行，加工贸易“单一窗口”启动，实现加工贸易申报数据“一次录入”，手续“一口办理”和作业“全程无纸”，审批时效从原来5个工作日变为半个工作日。至年底，宁波海关驻鄞州办事处辖区设立加工贸易手册2031本，价值9.80亿美元，变更手册979次，80%以上的加工贸易手册设立（变更）可以在1个工作日内完成。

【12家企业入选“中国外贸出口先导指数样本企业”】 2016年7月，宁波海关向鄞州区12家外贸出口先导指数样本企业颁发证书。12家企业分别为宁波优曲克贸易有限公司、宁波利时进出口有限公司、宁波德利福洁具有限公司、东方日升新能源股份有限公司、宁波易商国际贸易有限公司、宁波宁兴国贸实业有限公司、宁波阿纽维游艇用品有限公司、宁波海曙途乐国际贸易有限公司、宁波九隆国际贸易有限公司、宁波全方模具设计有限公司、宁波威特派贸易有限公司、宁波市明瑶服饰有限公司，涉及服装、重工机械、家电、太阳能等领域。全区累计有外贸出口先导指数样本企业53家。

（王欢艳）

出入境检验检疫

【概况】 2016年，鄞州出入境检验检疫局检验检疫出入境货物17959批，比上年下降0.89%；货值6.18亿美元，增长0.86%。签发各类原产地证书8.82万份，签证金额27.49亿美元，分别增长30.51%和16.78%。

制订“检验检疫+”协作共治行动计划，4项检验检疫政策首次纳入“鄞州区经济发展政策实施细则”，其中出口示范企业奖励50万元；5项检验检疫指标首次纳入镇乡（街道）质量强区考核。开展区“出口质量奖”评选，广博集团股份有限公司、麦克英孚（宁波）婴童用品有限公司和宁波合羽国际贸易有限公司获2015年度鄞州区出口质量奖。创建省级出口蔺草质量安全示范区。启动“标准直通车”工程，依托纺织服装标准信息平台为109家企业提供标准资讯，平台点击量120余万次。2家企业获得宁波市出口质量奖提名奖。

抽样送检进口商品108批，退运和销毁跨境电商进口商品6批。监管进口消费品和特种设备，发现并处置进口以旧充新、夹带危险化学品等违法违规案件。抽查进出口目录外商品，抽查儿童服装等进出口消费品8大类380批，不合格28批。开展出口服装行业质量状况调查。开展宜家“死亡抽屉柜”事件调查，约谈宁波宜家家居商场。截获滑刃线虫和小杆线虫等有害生物，对接雅戈尔动物园进口陆生动物进口项目，监管动物隔离场。

开通跨境电商通关“绿色通道”，实施预约查验机制。增加备案电商68家，出单量突破300万单，货值6.85亿元，出单量和货值分别较2015年增加144.9%和153.7%。实施罗蒙环球城共验项目，提前介入进口钢丝绳项目。服务浙江南车新能源无轨电车项目，对进口车用天线线束、GPS接收器线束、车载模块等关键零部件实施“预审核+过程检验+事后溯源”的监管模式。

纺织品检测中心主持的课题“纺织附件镍释放量测定系列标准”获中国纺织工业联合会科技进步三等奖；3个项目获宁波出入境检验检疫局“科技兴检”二等奖和三等奖，3项发明专利获得授权；主持的国家标准“纺织品对特辛基苯酚聚氧乙烯醚测定方法”获得通过。

2016年6月22日，鄞州出入境检验检疫局在鄞州银泰城开展“食品安全宣传周”广场宣传活动

【原产地证签证】 2016年，鄞州出入境检验检疫局推进产地证资源深度开发工程，结合产地证企业分类管理电子化和无纸化报检，扩大一类企业数量，对20家产地证签证诚信企业设置自动审证，签证周期缩短1~1.50个小时，退单率下降2个百分点。全年签发各类原产地证书8.82万份，签证金额27.49亿美元，分别增长30.51%和16.78%；按照平均3%的关税减免幅度，优惠原产地证为出口企业减免关税8247万美元。

【公益实验室建设】 2016年，鄞州出入境检验检疫局与宁波出入境检验检疫局技术中心衔接，推进鄞州公益实验室建设。该实验室是宁波检验检疫局下属的检测分中心之一，主要承担宁波口岸进出口产品的动植物检疫工作。3月，公益实验室第二阶段工程完工，包括动物检疫、植物检疫、分子生物实验室建设等。4月，实验室部门入驻并投入使用。8月起，改造生物分中心行政办公区域，10月完成。11月，生物标本室完成设计招标并签订设计合同。

【进出口食品“三大一严”专项整治活动】 2016年3月20日，鄞州出入境检验检疫局根据《宁波市鄞州区食品安全委员会关于印发宁波市鄞州区食品安全隐患大抽检大排查大整治严打击专项行动方案的通知》要求，开展为期5个月的进出口食品安全隐患“三大一严”（大抽检、大排查、大整治，严打击）专项整治活动，出动执法人员3组34人次，现场排查鄞州进出口食品企业，重点检查原辅料、添加剂使用情况和原辅料仓库、供应商管理等，抽样检测8家进出口食品企业14个品种38批次食品，检测结果均符合进口国家（或地区）的添加剂标准或国家标准GB 2760要求。

【出口商品质量提升“春雨行动”】 2016年，鄞州出入境检验检疫局启动出口商品质量提升“春雨行动”。“春雨行动”主要有质量示范、质量帮扶、质量维权、质量调查4个方面行动。3月25日，宁波出口商品质量提升“春雨行动”启动仪式在鄞州举行，对奥克斯集团有限公司等6家鄞州区获得“中国出口质量安全示范企业”称号的企业授牌。9月8日，鄞州出口蔺草制品质量安全示范区通过宁波出入境检验检疫局专家组考核验收，成为浙江省出口蔺草制品质量安全示范区。探索出口商品监督抽查机制，与区商务局、市场监管局等开展出口服装行业质量调查，走访企业60余家，抽查产品300批，搜集数据2000余条。撰写出口服装行业质量调查报告，形成政务专报报送市政府，获副市长王剑侯肯定和批示。

【进口玩具中植物种子和危险品截获】 2016年6月30日，鄞州出入境检验检疫局查验葡萄牙进口玩具，发现该批玩具中携带有1000袋植物种子和1500瓶危险化学品。调查发现，企业并没有对种子和危化品办理进口申报手续，工作人员依法抽取植物种子和危化品送到实验室做检测。检测结果显示，该批植物种子分别为独行菜属、羊毛属、菜豆属、欧芹属以及芫荽种子，危化品为萜烃和D 苎烯，《危险化学品目录》中序号为2125和2826。其中，植物种子中携带有链格孢属、曲霉属、青霉属、拟茎点霉属等真菌及藜、萹蓄、堇菜属等杂草，并查获姬小蜂科昆虫。鄞州出入境检验检疫局出具“检验检疫处理通知书”，对上述植物种子和危化品实施销毁处理。

（宋 韬）

国内经济合作

【概况】 2016年，鄞州区引进内资项目118个，总投资379.02亿元，实际引进内资139.69亿元；引进“浙商回归”项目59个，包括新项目40个、结转项目19个，协议总投资297.21亿元，其中省外方投资额224.08亿元，实际到位资金137.60亿元。收集在外浙商、甬商、知名人士等人脉资源信息160条。主动接轨上海参与长三角合作工作，有合作项目5个，协议资金总额66.07亿元。

【对口帮扶】 2016年，鄞州区与贵州省黔西南州兴义市、浙江省景宁县、宁波市象山县等地工作对接，落实帮扶项目，区、镇两级安排帮扶资金990万元。其中，落实区级帮扶资金350万元，推进兴义美丽乡村、特色产业发展等4个项目建设；区、镇两级提供帮扶资金350万元，落实象山民生实事项目4个；有关镇（街道）提供帮扶资金290万元，落实景宁县各镇乡经济发展、民生实事项目29个。

【山海协作工程】 2016年，衢江—鄞州山海协作产业园引进项目27个，协议总投资62.14亿元。浙江宏普轮毂制造有限公司的年产150万套汽车铝合金轮毂生产线建设项目、衢州建合光伏电力有限公司的屋顶光伏55兆瓦发电项目等7个项目建成。完成向衢州地区产业转移工作，实现产业合作项目实到资金2.70亿元，完成衢州市宁莲畜牧业有限公司项目、衢州市衢江区富里农村综合改革试验区项目等产业合作项目4个。帮助对口协作地区（衢江区）开展美丽经济示范村项目、坑口村通景公路亮化工程项目、桥王村改造提升工程项目、杜泽镇明果农家乐提升项目及后祝村文化广场配套设施项目5个建设项目，到位帮扶资金160万元。

（张 弢　蒋存行）

招商引资

【概况】 2016年，区投资合作局举办或参与中国浙江投资贸易洽谈会（简称“浙洽会”）、“宁波周”、甬港经济合作论坛等招商活动，引进总投资55亿元的晋旅基金、总投资12亿元的美康生命健康产业园等项目和新加坡总投资近70亿美元的软性显示屏项目。城市综合运营开发项目、跨境支付项目、体验式山居民宿项目等8个项目在浙洽会签约，途今酒店总部项目、新药开发项目在宁波市重大项目签约仪式上签约。在北京参与宁波（北京）投资合作洽谈会，总投资20亿元的印象城商业项目和总规模20亿元的华烁资本基金项目签约。

【外商投资管理体制改革】 2016年10月13日，区投资合作局承接市商务委员会委托下放备案权限，办理外商投资企业备案业务。对鄞州区外商投资企业实行“准入前国民待遇加负面清单”管理模式，全程网上操作，3个工作日办结。至年底，完成外资企业备案82家。

【第十八届浙洽会鄞州区签约项目】 2016年6月8日，第十八届浙洽会鄞州分团重大项目签约仪式举行。邱隘镇的城市综合运营开发项目、姜山镇的荣安国际学校项目、集士港镇的街区商业综合体项目、鄞江镇的芳草地乡村度假酒店项目、咸祥镇的中心镇PPP基金项目、钟公庙街道的跨境支付项目、鄞江镇的集装箱创意酒店项目、横溪镇的体验式山居民宿项目8个项目当场签约，总投资109.50亿元。6月10日，钟公庙街道的途今酒店总部项目和鄞州经济开发区的新药开发项目签约。其中，途今酒店总部项目由新加坡途今酒店（亚洲）有限公司投资，总投资5000万美元；新药开发项目由香港志得生技有限公司投资，总投资5000万美元。

【“上海·宁波周”鄞州区签约项目】 2016年5月25日，宁波·上海投资合作洽谈会暨项目签约仪式在上海国际会议中心举行，鄞州区晋旅基金项目和美康生命健康产业园项目签约。其中，晋旅基金项目由山西晋旅投资集团股份有限公司联合光大金控、中信建设、兴业银行等机构设立，主要投资各大旅游项目，总投资55亿元；美康生命健康产业园项目主要用于美康生命健康产业园，仪器、试剂、原料的研发基地及智慧医疗产业服务中心3个项目，总投资12亿元。

【“宁波（北京）投资合作洽谈会”鄞州区签约项目】 2016年12月16日，宁波（北京）投资合作洽谈会暨重大项目签约仪式在京举行，鄞州区印象城商业项目和华烁资本基金项目签约。其中，印象城商业项目由印力集团投资，总投资20亿元，位于潘火街道迪卡侬南边，占地面积7.60公顷，主要开发体验式商业社区；华烁资本基金项目由上海华烁投资管理有限公司投资，总规模20亿元，联合产业资本组建产业基金，用于教育投资、上市公司并购及环保等产业。

【“天下浙商家乡行”鄞州区签约项目】 2016年11月22日，“天下浙商家乡行活动”在杭州举行，鄞州区裸眼3D项目签约。项目落户鄞州经济开发区，由深圳前海富鑫科技有限公司投资，总投资3亿元，主要运用其2D一键成3D的核心技术，从事裸眼3D视觉科技的研发和生产。

（张 弢）

2016年6月8日，鄞州区重大项目签约仪式举行

商贸·现代服务业

鄞州(首南)电子商务创业园

概　述

商贸流通

供销合作

粮油购销

烟草专卖

盐业经营

石碶市场区

宁波南部商务区（宁波广告产业园区）

电子商务

现代物流

概　述

【概况】2016年，鄞州区第三产业增加值638.86亿元，比上年增长8.40%，占地区生产总值的比重为46.30%，提升2.90个百分点。实现社会消费品零售总额556.85亿元，增长11.80%。限额以上批发零售业商品销售1775.58亿元，增长2.90%。服务业投资593.64亿元，增长18.70%，其中房地产业投资458.72亿元，增长21.90%。商品房销售面积339.27万平方米，增长25.70%。民间投资409.39亿元，下降12.90%。规模以上服务业企业营业收入和营业利润分别为2214.34亿元和123.14亿元，分别增长7.30%和16.70%。

环球银泰城、城市奥特莱斯（原利时百货）开业；万达商业广场和印象城营业收入235413万元和57504万元，分别下降8%和2%；杉井奥特莱斯营业收入96506万元，增长32%；城市奥特莱斯营业额11755万元。汽车类产品销售136.33亿元，增长5.20%，其中下应汽车4S街实现销售收入66.76亿元。

18家重点监测的住宿餐饮企业实现营业额9.06亿元，增长4%。限额以上住宿餐饮业总体营业额15.53亿元，下降10.40%，其中舟宿夜江时尚休闲街营业额13189万元，下降18%。

（张淑贞）

商贸流通

【概况】2016年，鄞州区实现社会消费品零售总额556.85亿元，比上年增长11.80%。万达广场建设智慧生活O2O开放式电商平台——飞凡网，印象城导入智慧商圈系统，环球银泰城广场在全市首个应用逛街神器“喵街”APP。举办购物节、美食节、店庆等活动。杉井奥特莱斯广场获评宁波市特色夜市街区，“青春公益·人才夜市”获评宁波市月光经济重点活动，舟宿夜江街区“多彩舟江·品牌长丰”品牌活动、万达广场“流光溢彩·月光万达”系列活动、钱湖天地“海上丝路城市音乐节”获评宁波市夜市街区品牌活动。开设连锁便利店、连锁超市3家，建成金桥水岸、丽江苑和东方丽都等邻里中心5个。

【“菜篮子”工程】2016年，鄞州区落实生猪5000头、豆类50吨、蛋品250吨、蔬菜应急储备500吨。建成菜市场农残检测室33个，配备多功能快速检测仪7套。推进“放心农贸市场”创建活动，瞻岐、邱隘、童王、潘火、高桥及宋诏桥6个菜场创建为浙江省“放心农贸市场”。推进“菜篮子”直通车进社区活动，建成市“菜篮子”商品平价供应点3家。探索“菜篮子”商品智能化配送模式，引导、鼓励M6生鲜超市开辟“菜篮子”商品线上交易平台，安装智能化“菜篮子”公共自助柜44组，城区累计安装137组。

【宁波购物节鄞州区活动】2016年7月22日至8月7日，宁波购物节鄞州区活动举行。万达商业广场、印象城、环球银泰城、杉井奥特莱斯广场、洛兹商业广场、钱湖天地商业广场，银泰百货、巴黎春天百货、新江厦商城、安利宁波分公司、利时·城市奥特莱斯、麦德龙鄞州店、华润万家鄞州店、新江厦连锁超市（鄞州所有门店）、开开便利（鄞州所有门店）、三江购物（鄞州所有门店）、世纪百联超市（鄞州所有门店）、红星美凯龙（鄞州店）、友邦家居（鄞州店）、华康名家私（鄞州店）、德克德家和相关餐饮、美发美容等商家企业、区级以上商业特色街参与活动。购物节期间，鄞州各大商圈人流量普遍提升15%~20%，销售增长12%以上，其中万达广场、杉井奥特莱斯广场、印象城等增长均超过15%。鄞州“城市美容师”爱心驿站活动被评为购物节十大亮点活动之一。

（朱　渊）

供销合作

【概况】2016年，区供销合作社联合社（简称“区供销社”）、区工贸资产管理办公室、区国有资产经营发展有限公司有同级公司2家、国资公司委托代管企业4家、下属自收自支事业单位1家、仍保留牌子事业单位1家、全资企业1家、控股企业1家、参股企业1家、协会3家、基层供销社11个，管理指导专业合作社56家、村级综合服务社89家、农村农资经营加盟店132家、新型基层社7家，建立参办领办农民专业合作社及联合社13家、村级综合服务社16家、新型基层服务社2家、农产品直营店1家。向有关农民合作经济组织、新型农业经营主体和涉农企业单位投入专项扶持资金59.20万元。

组织安全生产检查36次，参加者180余人次；检查出租房屋870余处，发现安全隐患236处。其中，215处属房

宁波购物节鄞州区活动

屋使用中出现安全隐患；21处属房屋结构问题，20处进行维修，投入维修费用240余万元。受理本级来访57批（其中集体访1批），涉及102人次；办理同级转办件、上级交办件各2件。

【农资服务】 2016年，宁波市鄞州区禾丰农资有限公司及其连锁网点供应化肥5.47万吨、农药2783吨、农膜367吨。农业生产“统防统治”服务面积4126.67公顷。补助扶持资金152.70万元，争取淡季农资储备贴息130万元。开展支农惠农金融服务工作，为社员及农产品经纪人协会会员、农业大户提供授信贷款金融服务，8月15日至年底，向100户种养殖农户提供信用贷款1500万元。

【再生资源回收企业管理】 2016年，鄞州区实际参与再生资源回收年检企业268家，从业人员1356人，挂靠的流动收购人员500人。回收废旧物资63.05万吨，其中废钢铁43.85万吨、废有色金属0.98万吨、废纸10.45万吨、废塑料7.18万吨、废电器0.05万吨、其他废旧物品0.54万吨。年总销售额9.23亿元，年利润177.08万元，缴税4349.44万元。

【防汛物资储备】 2016年，鄞州区古林宋严王禾丰仓、大嵩供销社、鄞江供销社和凤岙供销社4个储存点储备防汛物资51200个，其中麻袋36700只、编织袋11500只、草包3000只、铁锹200把。

【区农民合作经济组织联合会成立】（参见“农业·农村·水利”类目“农村经营管理”分目）

【供销社志和工贸办志出版】 2016年11月，《鄞州区供销合作社志》和《鄞州区工贸办公室志》由宁波出版社出版发行。《鄞州区供销合作社志》约90万字，上限不拘，下限至2014年末，由社有资产、体制改革等9章47节组成，记述鄞州供销社系统成立后，坚持为农村、农业、农民生产、生活服务，为促进鄞州社会、经济发展作出贡献的历史；《鄞州区工贸办公室志》60万字，上限自鄞县解放初，下限至2015年，由工业局、二轻工业局等7编组成，记述以工业局、二轻工业总公司、商业局、二商总公司、物资局、经济技术协作办的机构沿革、发展历程、所属企业、服务管理、体制改革、名企名品名人为主要内容的国有、集体企业转制历史及区工贸资产管理办公室成立后单位所属企业转制后续管理、资产管理等有关工作。

（赵 奇）

粮油购销

【概况】 2016年，鄞州区落实粮食收购政策，收购粮食68734吨；落实储备粮81400吨、储备油325吨，其中新增储备粮21400吨、轮换储备粮31454吨、轮换储备油325吨。洞桥粮站和中心粮库立筒仓扩建项目进场施工，改造“危仓老库”9个。以行业协会为平台创建“放心粮店”44家，冬季高山地区6个供应点存放大米20吨。

【骨干粮库建设项目】 2016年7月7日，宁波市鄞州粮食收储有限公司“1515工程”（建设1个中心粮库、5个骨干粮站、15个收购粮站）2个重点项目——古林粮库和云龙粮库二期开工。古林粮库位于古林镇蜃蛟村，建设现代化高大平房仓8栋，建筑面积7113平方米，占地面积2万平方米，仓容22800吨；云龙粮库位于云龙镇前徐村，二期项目增加0.67公顷土地进行扩建，总仓容达到14600吨。至年底，全区有3个骨干粮库在建。其中，姜山粮库主体工程完工，古林、云龙粮库部分粮仓屋面结顶。

（朱 渊）

烟草专卖

【概况】 2016年，区烟草专卖局（分公司）销售卷烟6.21万箱，比上年下降4.49%；实现批发销售额23.85亿元，下降3.85%；单箱销售额3.84万元，增长0.67%；毛利6.36亿元，增长1.52%；税利6.88亿元，增长0.80%；净利润2.32亿元，下降10%；三项费用率2.53%，减少0.07个百分点。查获各类案件404起，其中国标级假冒卷烟网络案件2起、5万元以上或10件卷烟以上真烟案件57起。查获各类违法经营卷烟20290条，总值676.26万元，罚没款166.82万元；移送公安机关涉烟违法犯罪嫌疑人13人。

处置资产327万元，购置资产29.76万元，收入租金439.31万元。创新项目立项1个，结题1个。注册登记QC项目5个。其中，“先锋”QC小组获省质量协会一等奖，“涉网打假”QC小组、“配送中心引擎”QC小组成果获市烟草专卖局二等奖。

【“六无”经营示范区创建】 2016年，鄞州区开展“六无”（无假私卷烟、无无证经营、无乱渠道进货卷烟、无无证批发行为、无乱价竞销行为、无不知“七不准三要求”）经营示范区创建，分“六无”卷烟经营综合示范区和“六无”卷烟经营单项示范区两种模式。城镇15户零售户以上（含15户）、农村10户零售户以上（含10户）为一个片区，各专卖管理所以管理片组为单位开展创建活动，片组责任人由A角、B角组成。

【破获卷烟无证运输案件】 2016年6月17—18日，区烟草专卖局（分公司）联合鄞州公安分局中河派出所、市邮政管理局、区道路运输管理所，在辖区顺丰快递、中通快递、中国邮政集团公司宁波分公司、浙江省邮政速递物流有限公司宁波分公司，查获无证运输案件44起，查获各类卷烟1464条，总案值约52万元。

【烟草办证窗口微信预审批服务】 2016年7月上旬，区烟草专卖局办证窗口在审批中先行试点，推出微信预审批平台。申请人通过微信平台拍照上传资料，由工作人员对资料预审核，并作情况反馈。确认后，申请人可带原件和复印件到窗口直接办理。同时，扫描该事项专属二维码，事项办结后，窗口通过二维码通知申请人。通过微信，办件时间可缩短3天左右。全年通过平台审核561件，窗口办理1756件。烟草办证窗口微信预审批服务作为样板在全区推广。

【《我与烟草共成长》大型图文纪念册印制】 2016年，区烟草专卖局编纂印制《我与烟草共成长》大型图文纪念册。全书分领导关怀篇、团队篇、网络建设篇、品牌培育篇、专卖管理篇、基础管理篇、文明创建篇、基层创优篇、民主管理篇、公益事业篇、文体活动篇、工作业绩篇、企业荣誉篇13个篇章，其中网络建设篇、专卖管理篇分别设置10个子条目；配置图片440张，展示企业改革发展25年历程。

（洪定迪）

盐业经营

【概况】 2016年，宁波市鄞州盐业有限公司销售各类盐产品10562.14吨，比上年减少11.18%；食盐销售9263.44吨，减少8.17%；小工业用盐销售1298.70吨，减少28.02%；小包装食盐销售5293.89吨，减少2.56%。碘盐“三率”（碘盐覆盖率、碘盐合格率、合格碘盐食用率）分别为86%、98.06%、84.33%。居民食用小包装无碘盐89吨。市场供应加碘盐碘含量每千克18毫克~33毫克。

【盐业市场供应】 2016年，鄞州区市场盐产品供应种类有矿盐、海盐、湖盐、竹盐，品牌有雪涛、鲜嫩美、蓝海星、颂康、莫顿等。主打盐产品有320克深井海藻加碘盐、300克精细型日晒自然盐（加碘）、300克澳洲海盐、260克澳洲自然海盐、260克澳洲精制海盐（不加碘）、蓝海星300克低钠盐、颂康225克美鲜富竹盐等。引进澳洲海盐系列。

【盐业市场监管】 2016年5—8月，区盐务局根据《关于开展治理制贩假盐专项行动的通知》，开展治理制贩假盐专项行动。出动人员100余人，排查企业商铺1000余家，盐业市场平稳有序，没有查处涉盐案件。

（吴新艳）

石碶市场区

【概况】 2016年，石碶市场区商品成交额83.81亿元，比上年减少3.60%。上缴国税1346.18万元，减少9.44%；上缴地税760.36万元，减少11.73%。市场区总收入2973.86万元。

建设电子停车管理系统，停车费收入197.08万元。增添灭火器1321只、应急灯80盏、疏散指示灯160个、地面疏散标志400个、小型电瓶巡逻车4辆，更换消防栓玻璃25块。落实安全生产责任制，员工签订责任书82份，经营户签订责任书2263份，签订率100%。组织开展安全生产大检查4次。

【市场区消防安全整治】 2016年，石碶市场区落实禁烟制度，发现供奉财神商铺139家，每月初一、十五进行检查22次，检查户数2631次，109户使用电香炉，明火供奉现象根治。改造轻纺城主八区44户商铺电线路和电表，重新安装辅八区24户电线路和配电箱，木线条和水塔边24户商铺进行一户一表改造；协调电信、移动、联通公司整改市场内弱电线路，原通信线路安装光纤；万国商城棚区线路进行安全改造。整治“三合一”（指住宿与生产、仓储、经营在同一空间内）商铺，北三楼46家商户和东西餐饮街6家商铺安装逃生绳和独立烟感报警器。组织人员集中清理副食、鞋城、桥架，确保堆物距离喷淋管大于50厘米，不超重且无堆放违禁物品。下发处罚通知书121份，其中警告105份、停电一天14份、停电三天2份。

【市场区综合管理】 2016年，石碶市场区推出代扣代收“一卡通”。提高租金、管理费、水电费收取效率，收取各项费用金额216.80万元，收取率97%。按照《商铺装修管理制度》检查新装修商户，358户商铺按规定办理相关装修手续，345户验收合格。受理各类投诉46起，结案率100%，为消费者直接挽回经济损失31705元。改建特警用房，拆除外墙广告，铺设过道铁板等，改造灯具出入口，拓宽平整出入路面。塘西中路违章建筑拆除。万国商城辖区部分商户进行一户一表改造，投入费用36179元。市场区投入维修资金50余万元。

（顾宇峰）

宁波南部商务区（宁波广告产业园区）

【概况】 2016年，宁波南部商务区（宁波广告产业园区）实到招商引资总额23.40亿元，比上年增长134%。入驻企业1141家，累计3038家（其中文化创意企业518家）；增加区域性总部3家，楼宇平均入驻率87.27%，工商注册率91%，税收登记率96%。服务业增加值12.22亿元；限额以上商贸业销售额478.03亿元，下降12.20%；规模以上服务业企业营业收入450.81亿元，下降8.90%；进出口总额22.96亿美元，下降21.45%；税收14.01亿元，下降6.72%。广告产业经营总值27.60亿元，增长97.14%，占宁波全市广告产业份额的34.60%，增长23.57%。

宁波广告产业园区引进浙江海蓝文化传媒有限公司、浙江经纬科技有限公司、宁波读加创意文化发展有限公司等广告行业优势企业90家，累计有广告创意类注册企业518家，重点发展广告专业楼宇4幢，其中新增汇港大厦及旅游大厦广告专业楼宇2幢。园区获评宁波市级文化创意产业园区。以一、二期中桑德兹、迪趣、明创等6幢广告产业创意大楼为招商引资平台，参加宁波首届文博会、深圳文博会等重大活动。

园区企业参保者13000余人次，办理企业社保开户等业务3000余件，发放社保卡3000余张。办理市、区级被征地补贴、创业者补贴等320余件，涉及金额160余万元。开展园区内创业企业、大学生就业补助等，发放金额70余万元。劳动年检企业1190家，被评为A级企业14家。

【欧洲华商大厦开业暨中欧跨境电商园揭牌仪式】 2016年6月7日，欧洲华商大厦开业暨中欧跨境电商园揭牌仪式在南部商务区举行。中华全国归国华侨联合会副主席王永乐，省归国华侨联合会党组书记岑国荣，市委常委、市委秘书长王剑波，市政协副主席蒋剑巍，区委常委、统战部长陈虹等参加仪式。仪式上，市归国华侨联合会主席李承成代表国家、省、市侨联致辞祝贺；欧洲华商会会长傅旭敏和副区长梅益进分别介绍欧洲华商大厦和中欧跨境电商产业园项目情况。欧洲华商大厦总投资3亿元，总建筑面积近5万平方米，1~4层为欧式风情商业中心，5~23层为国际5A写字楼；中欧跨境电商产业园由区政府和欧洲华商会、浙江华商汇电子商务有限公司共同建造，第一期启动区在南部商务区欧洲华商大厦，第二期拓展区形成以欧洲华商大厦为中心的跨境园区。

【人才招聘主题活动】 2016年初，宁波南部商务区管委会举办第五届大型人才现场招聘会，420余家企业参加并提供就业岗位6600余个，1.60万人参与招聘。10月，举办园区首届秋季人才招聘会和人才夜市活动，500余家企业参加。与浙江工业大学、宁波大学、浙江大学宁波理工学院合作，联合智联招聘、兼职巴士等机构，开展"南商企业进高校"活动。制订高校人才培养、引进及就业合作计划，联合建设产学研基地。全年300家企业在南商企业招聘平台发布招聘信息，提供岗位800余个，收到简历约3万份，就业84人。

【"爱上南商"品牌活动】 2016年，宁波南部商务区以"爱上南商"为活动主线，举办"南部好声音""夏季篮球赛""腊八送温暖""牵手百位盲友艺术展""传薪火·跟党走"等22场主题品牌活动，参与企业1000余家，参与者3万余人次。组建志愿者团队、户外拓展俱乐部、游泳俱乐部、乒乓球俱乐部、桌球俱乐部等社团组织10个，定期开展活动200场，参与人数3000余人。

（张欧琼）

电子商务

【概况】 2016年，鄞州区有服务外包企业321家，服务外包执行总额40.90亿元，其中离岸外包执行额3亿美元。建成商务楼宇52幢184万平方米，在建商务楼宇16幢55万平方米，入驻企业4100家，入驻率和注册率分别为86.90%和88.60%。建成并挂牌各类电商园10个，面积50余万平方米，集聚企业500余家，跨境出口企业200余家。增设农村服务点40个、社区智能柜50个，累计建成农村服务点116个、社区智能柜130个。

【电商企业及平台建设】 2016年，鄞州区有宁波马骑顿儿童用品有限公司等传统服装企业电商，"我要印"、海商网、汇金大通等垂直电商网站和大宗商品交易平台，大道商诚网外贸电商平台，搜布、阳光管家、淘宝特色宁波馆、欧美淘等垂直电商平台，恒达高电商园、麦中林电商园、旷世电商城、富港电商城等电商园。实现网络零售额226.40亿元，比上年增长43.70%；重点监测的53家电商企业实现网络交易额144.30亿元，增长24%，其中奥克斯电商网上零售额48.40亿元，增长111.70%。

【优淘电子商务产业园开园】 （参见"街道·镇乡"类目"石碶街道"分目）

（朱 渊）

现代物流

【概况】 2016年，鄞州区有各类型物流企业300余家。其中，5辆以上普通货运企业130家，普通货运车辆12949辆；集装箱运输企业10家，集装箱运输车辆103辆；危险品运输企业12家，危险品运输车辆163辆。全区交通运输、邮政及仓储业企业实现增加值22.13亿元，比上年增长6.80%；42家规模以上企业各项税金实缴1.21亿元，增长39.60%。

全区有电商物流企业80余家，顺丰速运、邮政速递、DHL、TNT等国内外知名物流企业在鄞州设立区域总部。投资1200万元的栎社机场货运冷链库及配套设施工程项目完工，投资1.20亿元的必利盛水陆中转物流配送中心项目和投资2.10亿元的顺丰宁波快件转运中心项目开工建设。

【物流企业政策扶持】 2016年，区发改局联合区财政局梳理物流企业政策措施，通过贷款贴息、项目补贴等方式扶持物流企业发展。鼓励物流企业采用先进设备、技术提高效率，降低物流成本；鼓励第二、第三产业联动，降低企业物流成本；搭建传统工业企业与现代物流企业的交流沟通平台，鼓励专业物流企业承担工业企业仓储、物流活动，降低工业企业仓储、物流成本。全年下拨针对物流企业专项奖励资金3395万元。

【顺丰速运储存中转场开工建设】 2016年1月，顺丰速运宁波快件转运中心项目开工建设。该项目由宁波市丰泰电商产业园管理有限公司投资建设，位于古林镇陈横楼村，总投资2.10亿元，总用地面积32966平方米，方案设计总建筑面积31690.93平方米，其中建设1栋分拣中心28851.62平方米、1栋办公楼2839.31平方米。至年底，办公楼和分拣中心的二次结构完工。

（张淑贞）

旅游

宁波海洋世界180° 海底隧道

概　述

旅游开发建设

旅游营销与节庆

旅游行业管理

概　述

【概况】 2016年，鄞州区有旅游景区（点）23家。其中，国家AAAA级旅游景区4家（五龙潭、梁祝文化园、天宫庄园、宁波博物馆），国家AAA级旅游景区2家（浅水湾乡村欢乐世界、横溪风景旅游区）；省级旅游经济强镇乡4个（龙观、高桥、横溪、章水），省级旅游特色村11家（湾底村、走马塘村、黎山后村、梅山村、童夏家村、上周村、李家坑村、南头村、龙峰村、龙谷村、大雷村）。星级宾馆饭店13家，其中五星级酒店2家（宁波开元名都大酒店、宁波南苑环球酒店）、四星级酒店1家（浙海大酒店）、三星级酒店10家（宁波金纬宾馆、宁波福莱顿商务酒店、宁波晨光大酒店、宁波天成酒店、宁波宏远大酒店、宁波丽嘉盛业大酒店、宁波沧海凯府大酒店、宁波天马四明山居度假村、宁波城市新贵酒店、宁波世纪乐家酒店）；旅行社45家，其中五星级旅行社2家[宁波中旅集团、中国国旅（宁波）旅行社]、四星级旅行社4家（宁波海外旅行社、宁波蓝天旅行社、宁波雄狮旅行社、宁波国际旅行社有限公司）、三星级旅行社1家（宁波海仑旅行社）。

接待海内外游客2090.61万人次，比上年增长11.62%；实现旅游总收入225.63亿元，增长14.03%。其中，接待国内游客2066.29万人次，增长11.60%；国内旅游收入220.65亿元，增长13.74%；接待入境旅游者24.32万人次，增长13.59%；旅游外汇收入7488.21万美元，增长19.33%。

【全区旅游工作会议】 2016年5月5日，全区旅游工作会议召开。各镇乡（街道）镇乡长（主任）、旅游分管领导、旅游办主任、区旅游经济领导小组成员单位分管领导和旅游企业负责人等150人参加会议，副区长夏素贞出席会议，区政府办副主任忻明飞主持会议。会议回顾总结“十二五”期间和2015年全区旅游工作，谋划部署2016年全区旅游重点工作，分析发展形势，明确发展目标方向，并对各部门、各镇乡（街道）提出要求。

【民宿产业发展工作专题汇报】 2016年4月27日，区政协召开十五届五十二次主席会议，专题调研鄞州民宿产业发展工作。区政协主席陈振国，副主席陈国良、吴海平、薛玉生、鲁定国等出席会议，副区长夏素贞应邀参加会议。参会领导听取区旅游局相关领导关于促进鄞州民宿产业发展、提升旅游业发展水平的情况汇报，认为鄞州区发展民宿经济具有交通便捷、文化底蕴深厚、自然风光优美等优势，及整体规划布局尚未形成、专项扶持政策尚未出台、基础设施配套尚未完善、经营管理缺乏专业运作等短板，从转变民宿产业发展理念、找准民宿产业发展定位、完善政策强保障、优化环境强服务、加强领导5个方面提出意见和建议。

【《鄞州区特色民宿发展暂行办法》出台】 2016年6月12日，《鄞州区特色民宿发展暂行办法》出台。该办法明确特色民宿的范畴、发展原则、申报要求及扶持政策。其中，被评为二、四、五星级特色民宿的，分别授牌并奖励30万元、50万元、100万元；按照省、市标准，被评为宁波市、浙江省星级民宿的，分别给予3万元、5万元奖励，对创建浙江省职工疗休养接待点的星级特色民宿给予3万元奖励；鼓励镇乡改造和提升民宿所在地旅游环境，行政村创建民宿3家以上（其中至少1家为星级以上），且投入专款用于旅游基础设施建设和环境改造的，经认定，给予所在地镇乡（街道）最高不超过80万元奖励；星级特色民宿5年内上交税费可享受区可得部分返还的待遇。成立鄞州区特色民宿发展协调小组，具体由区政府办等17个部门组成，领导小组下设办公室，办公室设在区旅游局。

（沈　丹）

旅游开发建设

【概况】 2016年，《宁波市鄞州区旅游业发展总体规划》获区政府批复，《鄞州区“十三五”旅游业发展规划》《鄞州区乡村旅游发展规划》和《乡村景区化旅游课题研究》编制完成，《横溪旅游总体规划》《鄞江镇旅游发展总体规划》形成初步成果并举行专家论证，四明山区域《横街古道景观设计方案》定稿，《鄞江大鄞湖旅游度假区总体规划》《章水李家坑古村旅游总体规划》初稿完成，《杖锡樱花谷旅游提升规划》《赤水九天花海旅游规划方案》等项目通过专家论证。

易中禾仙草园获评浙江省中医药养生基地，鄞江它山国家攀岩公园获评浙江省运动休闲旅游优秀项目，宁波天胜农牧发展有限公司获评浙江省果蔬采摘旅游基地，横溪观音岭古道获评宁波市徒步旅游休闲基地，欧琳国际工业园、舟宿夜江、浙东大竹海通过宁波市休闲基地复核。制定出台《鄞州区特色民宿发展暂行办法》，成立鄞州区特色民宿发展协调小组。增加李家坑村、龙峰村民宿集聚区2家，区域内有民宿10家，床位110张；增加高桥梁祝文化园238国际青年旅社、横溪元舍、鄞江趣湾、李家坑村香榧谷和道地小筑、居家博物馆、龙观汇亨精舍、塘溪堇山居、瞻岐鹰龙海畔民宿9家，床位304张。

【宁波东钱湖旅游度假区开发建设】 2016年，华茂希尔顿酒店、钱湖宾馆、心宿福泉开业，君澜田园酒店、庙弄精品酒店结顶，官驿河头民宿主体完工，中东欧十六国论坛酒店项目推进，凤凰山居、首旅寒舍开工，湖景酒店摘牌。上水小隐国际房车营地开业，上水特色休闲街区开工；游艇俱乐部主体完工；韩岭老街、水街进行施工，花间堂完成装修，美术馆完成设计。上水区块以“东钱湖乐活小镇”为概念，完成规划编制，并入围市级特色小镇培育名单。下水湿地公园（一期）和单车主题公园项目建成。策划举办以第八届中国湖泊休闲节为主的系列节事赛事活动，包括中国铁人三项联赛东钱湖分站赛、全国青年帆船锦标赛、亚太皮艇球俱乐部锦标赛、东钱湖骑游大会、健步大会等专业、大众体育赛事，“时尚中国”全国摄影大展、东钱湖国际雕塑设计大赛、阿拉音乐节、草莓音乐节、728青年音乐节等文化活动，东钱湖郁金香赏花艺术节、仙耕养生文化旅游节、国际青年体验营等旅游活动。推出钱湖春宴、钱湖秋宴等“钱湖家宴”系列产品。新城文旅时尚小镇与国开金融及华熙国际签订合作框架协议，拟引进华熙Live和Enjoy业态；梅湖娱乐小镇与国开金融及海航文旅展开商谈；上水乐活小镇与堆岛项目与复星集团旗下地中海俱乐部展开接洽；下水乡村旅游项目与田园东方旗下团队签订合作框架协议，整体设计、分步开发；西街、大堰等地块分别与棕榈园林、泰康人寿等进行洽谈。承办首届国家级旅游度假区发展论坛，得到国家旅游局、省旅游局和全国兄弟园区的肯定与好评。全年住宿餐饮接待约22万人次，增长11.10%；营业收入1.89亿元，增长11.40%。宁波东钱湖旅游度假区通过浙江省旅游度假区年度考核，创建为浙江省运动休闲旅游示范基地，被评为浙江省第二届最受欢迎运动休闲地。

【桃源湾休闲度假区开发建设】 2016年，桃源湾休闲度假区1号地块项目领取建筑许可证并动工建设，景区环湖道路工程基本完工；2-1地块21.73公顷土地完成招拍挂及供地工作，策划前期规划方案；2-2地块6.67公顷土地启动农转用报批前期工作。四明山村旧村拆迁协议签订工作启动，签订拆迁协议488户，涉及拆迁建筑面积63652.74平方米。四明山村安置小区主体工程完工，实施电力、通信、自来水、广电、天然气等工作，完成投资2亿元。

【旅游项目建设】 2016年，鄞州区有涉旅项目25个，完成投资16.59亿元。其中，投资150亿元的华侨城项目欢乐海岸一期南区主体完成95%，四明山谷一期场地平整和环湖道路建设完工；投资50亿元的罗蒙环球城子项目希尔顿花园酒店开业；投资3000万美元的半山伴水旅游度假村项目一期主体建设基本完工；投资30亿元的梁祝文化园二期项目完工。投入近千万元开展乡村基础设施建设。其中，建设游客服务中心2座；建成旅游厕所10座，在建4座；建成停车场4座，在建2座；安装鄞西片区交通旅游标识系统、李家坑古村标示牌。

【《宁波市鄞州区旅游发展总体规划》通过评审】 2016年1月13日，《宁波市鄞州区旅游发展总体规划》通过区政府评审。《宁波市鄞州区旅游发展总体规划》由区文广新局（旅游局、体育局）编制，规划范围为鄞州区行政管辖区域，包括鄞州区下辖的7个街道、17个镇、1个乡，总面积1346平方千米。规划期限为2015—2030年，其中近期2015—2020年、中期2021—2025年、远期2026—2030年。定位为把鄞州建设成为生态环境优美、旅游氛围浓郁的华东地区一流的都市休闲与生态度假旅游目的地，构建“一心、两翼、五板块”发展格局。其中，“一心”即以中央生态休闲中心为核心；“两翼”即东部沿海旅游发展翼、西部沿山旅游发展翼；“五板块”即都市休闲板块、梁祝文化体验板块、东南佛国养生板块、人文乡野休闲板块、山水生态度假板块。

【鄞州梁祝爱情小镇项目启动】 2016年3月29日，鄞州梁祝爱情小镇项目启动。该项目邀请专业公司规划、创建，距宁波城区核心区7千米，区域规划总面积3.07平方千米，规划范围东至学院路、庙洪路，南至后塘河，西至规划路，北至姚江、环城北路。计划投资58亿元，建设梁祝爱情公园、时尚婚庆服务区、爱情公寓区、浪漫生活体验区、爱情时尚产业区、婚庆智造园、时尚梦想区、浪漫花谷区8大片区，成为全镇域爱情时尚小镇、国内一站式爱情全产业链示范基地和长三角知名的东方爱情旅游目的地。至年底，以梁祝公园、中国梁祝博物馆和梁祝画院为核心的文化旅游基地一期建成，对外营业；以薇拉宫邸、喜宫一站式婚庆会馆、婉纱仙妮婚纱集合店为核心的婚庆婚宴服务基地开业；浪漫花谷区开放；以梁祝大摄汇为主的婚纱摄影与微电影拍摄基地基本形成规模；以梁祝精品主题酒店、慈铭体检和国际青年旅舍为主要载体的休闲度假基地开工建设；小镇客厅选址完毕，进行装修。

【宁波天胜农牧发展有限公司获评浙江省果蔬采摘旅游基地】 2016年10月26日，省旅游标准化技术委员会公布第二批“浙江省果蔬采摘旅游基地”名单，宁波天胜农牧发展有限公司入选。宁波天胜农牧发展有限公司以现代自然农业生产基地为核心，融互联网+、体验式旅游、养生美食、健康养老及现代自然农业研发于一体。宁波天胜“四不用”农场坚持不使用农药、化肥、除草剂和生长激素，出产蔬菜、水果、稻米、畜禽、淡水鱼、食用菌6大类200余种产品，被列为农业部现代生态农业清洁生产技术试验示范基地、农业部蔬菜标准示范园、省级标准化示范基地、宁波市标准化示范基地、宁波市现代农业精品园区、宁波市“菜篮子”基地等。

（沈 丹　宋春儿）

旅游营销与节庆

【概况】 2016年，鄞州区连续11年举办欢乐游系列活动，推出欢乐健康体验、山海美景休闲、民俗文化熏陶、田园乡村采摘4个板块，全年欢乐城乡游活动吸引游客120万人次，旅游总收入1500余万元。组织辖区内旅游企业开展惠民活动。整合鄞州旅游资源，形成6个系列折页，展现6个主题；在汽车南站和轨道交通2号线的宁波火车站、客运中心站、鼓楼站、栎社国际机场站等重点站点投入100万元租赁广告位，分系列、分主题推广鄞州旅游形象；开发鄞州APP旅游平台，利用“鄞州旅游”官方微博、微信开展营销活动。

【汤加王国驻华经济贸易旅游（宁波）中心引进】 2016年3月30日，汤加王国驻华经济贸易旅游（宁波）中心签约和授牌仪式在南部商务区举行，汤加王国政府顾问与南部商务区管委会负责人、驻华经济贸易旅游（宁波）

中心商务代表签约。汤加王国海关及税务大臣戴维塔·拉维莫、副区长王颖出席签约仪式。5月17日，汤加王国驻华经济贸易旅游（宁波）中心在南部商务区水街西区3号楼揭牌成立，该中心是汤加王国除使领馆外唯一的驻华官方经贸机构，为宁波企业向汤加王国投资开发及投资过程中所涉及的政策扶持、关税等方面提供有效服务。

【“美丽鄞州”欢乐游活动】 2016年4月19日，“美丽鄞州”欢乐游活动启动。活动以“游美丽鄞州·与欢乐相约”为主题，开展赏花、采摘、漂流、动漫等活动22项，主要有五龙潭山水旅游节、塘溪第六届名人文化旅游节、下应天宫庄园第十三届桑果节、横溪第四届樱桃节、第三届宁波李家坑漂流节、第三届玩转鄞州网络狂欢节、第三届厨房文化旅游节、四明山慢生活旅游节、第四届古道文化节、第四届“引发杯”雪菜文化节等。活动至12月结束，吸引游客120万人次，旅游总收入1500余万元。

【天宫之春郁金香名品花卉展】 2016年3月15日，天宫之春郁金香名品花卉展在天宫庄园举办。活动由天宫庄园休闲旅游有限公司主办，区文广新局（旅游局）、下应街道办事处提供支持。郁金香展的优良品种及其相关技术全部由荷兰著名的专业郁金香种苗公司提供，参展品种有夜王后、白梦、优雅小姐、马塞罗娜、荷兰女王等108个，每个品种有一块展示区。活动至4月20日结束，约5万人次参观。

【“5·19”惠民旅游】 2016年5月19日，“5·19中国旅游日”期间，鄞州区旅游景区（点）推出门票半价优惠活动，宁波大市范围居民凭本人身份证、居住证或临时居住证可享受优惠。其中，五龙潭、梁祝文化园、天宫庄园、浙东大竹海、浅水湾乡村欢乐世界、四〇一洞天等景区（点）成人及儿童门票均半价；OULIN欧琳国际工业园、易中禾仙草园、宁波博物馆、天童风景名胜区、阿育王寺景区免门票；罗蒙环球乐园推出日、夜场活动，日场成人、儿童门票均为每人115元，夜场成人、儿童门票均为每人80元。其间，旅游景区（点）迎客3.80万人次，门票优惠86.40万元。

【宁波四明山清凉避暑节】 2016年7月23日，2016宁波四明山清凉避暑节开幕式在章水镇李家坑村举行。胡军、林静国、叶建国、金伟平、励永惠、祝建平、董增荣、夏素贞、何黎斌等市、区领导，宁波市级、鄞州及余姚、奉化等地旅游企业，相关合作机构代表，市民游客代表，新闻媒体代表等1500余人参加。市旅游局副局长陈刚主持开幕式。活动由市政府、市委宣传部、市旅游局、市四明山区域生态发展工作领导小组办公室、鄞州区政府、余姚市政府、奉化市政府主办，鄞州区文广局（旅游局、体育局）、余姚市文化广电新闻出版局（旅游局）、奉化市旅游局协办。开幕式上举行“为中国加分”鄞州文明旅游志愿者公益活动授旗仪式、四明山“四个一千”乡旅体验大会首发团授旗仪式等。其间，以“清凉四明·爽乐一夏”为主题，开展5项主干活动8项系列子活动，主要有李家坑漂流、四窗岩漂流、岩头古村漂流、斑竹漂流、雪岙漂流、浙东大竹海漂流、北斗湾漂流等漂流景区和四明山千人露营大会、四明山千人民宿大会、四明山千人徒步大会、四明之巅“嬉水节”、四明山帐篷音乐节、乡村啤酒嘉年华等。活动至9月结束。

（沈　丹）

旅游行业管理

【概况】 2016年，鄞州区增加三星级饭店1家、花级酒店4家（五花级1家、四花级2家、三花级1家）、省特色文化主题酒店和市级特色客栈各1家。组织参加宁波市饭店技能大赛，2个单项奖获得第一名。开展节能监督检查18家次，对重点用能企业宁波开元名都大酒店、宁波南苑环球酒店和浙海大酒店分别进行3次考核评价，考核结果均为超额完成。举行旅游企业安全和消防知识培训及应急演练。下发鄞州区文明旅游相关活动方案。

开展旅游市场专项检查，出动检查人员250余人次，重点检查20家景区、50家旅行社和分社。接受12301全国旅游投诉举报平台、省旅游质量监督管理所、市旅游质量监督管理所转办和市长热线、区长信箱、区旅游质量监督管理所直办的各类旅游投诉案件76起，比上年下降40.63%；为游客理赔229048元，下降31.11%；所有案件全部结案。参加宁波市旅游法律法规知识竞赛，3位选手获二等奖，鄞州区获最佳组织奖。

【区旅游饭店服务技能大赛】 2016年7月26日，鄞州区旅游饭店服务技能大赛在宁波开元名都大酒店举行，10个旅游饭店18人参加比赛。大赛由区文广新局（旅游局）主办，设置中式铺床暨夜床设计、中餐宴会主题摆台、下午茶创意设计、饭店万能工技能操作比赛4个项目。宁波浙海大酒店的张金玲、宁波南苑环球酒店的沈凯乐、宁波南苑环球酒店的黄芳、宁波开元名都大酒店的郑国光，分别获得4个项目的一等奖。

【全区旅游法律法规知识竞赛】 2016年10月12日，全区旅游法律法规知识竞赛在鄞城宾馆举行，全区旅游景区、旅行社（导游）、星级酒店等10支代表队30名选手参赛。比赛由区文广新局（旅游局）主办，设置个人必答、集体必答、抢答题等环节，内容涉及法律法规知识、旅游投诉处理、企业经营规范等方面。宁波海外旅游有限公司代表队获一等奖，浙江光大国际旅游有限公司宁波市分公司、宁波福来顿商务酒店代表队获二等奖，宁波天宫庄园休闲旅游有限公司、天童旅游景区开发股份有限公司、中国国旅（宁波）国际旅行社有限公司代表队获三等奖，宁波海外旅游有限公司获最佳组织奖，中国国旅（宁波）国际旅行社有限公司、宁波开元名都大酒店有限公司、宁波南苑环球酒店有限公司获优秀组织奖。

（沈　丹）

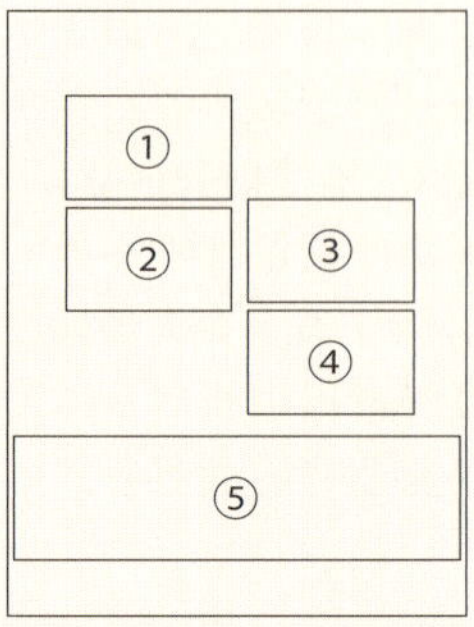

① 2016年10月22日，鄞州区第四届古道文化节开幕式暨2016“汉浦杯”宁波横溪马拉松赛举行

② 2016年7月23日，2016四明山清凉避暑节开幕

③ 2016年5月，横溪第四届樱桃节开幕

④ 2016年3月15日，天宫之春郁金香名品花卉展在天宫庄园举办

⑤ 2016年4月9日，第十届宁波四明山杖锡樱花节开幕

城乡建设与管理

姜山镇

城乡规划

房屋征收

“三改一拆”工作

城区开发建设

镇村建设

建筑业

房地产业

住房保障

公用事业

城市管理

城乡规划

【概况】2016年，区规划分局完成《鄞州区"十三五"区域空间优化发展规划》《新鄞州发展战略规划研究》和鄞州新城区规划实施评估。开展鄞江镇试点"多规融合"和鄞江镇城镇总体规划编制。新城区陈婆渡东、黄隘、古林地段控制性详细规划及新城区钟公庙、首南、中河地段控制性详细规划局部调整完成，获市政府批准实施。16个镇乡控制性详细规划编制完成，14个控制性详细规划获市政府批准实施。需要编制村庄建设规划的185个村，有156个规划委托编制、110个规划获批准实施，其中东吴镇、咸祥镇、洞桥镇全面完成报批工作。开展鄞州新城区远期轨道站点周边地段规划控制和开发研究、区轨道交通与沿线用地一体化发展研究、区路网适应性研究等。配合市规划局编制《宁波市中心城东南片区（东钱湖组团）分区规划》《宁波市生态红线保护规划》《宁波市中心城区地下综合管廊专项规划》《宁波市中心城区海绵城市专项规划》《宁波市城区电动汽车充电基础设施"十三五"发展专项规划》等；配合区城管局完成区燃气专项规划。完成《宁波市"三名"保护工作（鄞州区）三年行动计划》编制，开展勤勇、鲍家墈、建岙、上周、童夏家、上街、新张俞7个市级历史文化名村保护规划编制。

办理"一书两证"（建设项目选址意见书、建设用地规划许可证和建设工程规划许可证）1027件，出具规划条件139件，方案审查297件，竣工核实275件。调研并逐步启动实施建设工程规划许可告知承诺制。完成将农村村民个人建房授权给镇乡及涉农街道审批事宜。印发《区级以上重点工程建设项目规划跟踪服务实施方案》，草拟《关于进一步加强全区城乡空间形态及建筑管理规划控制的指导意见（试行）》并报区政府转批。介入和服务轨道交通3号线、4号线、5号线、奉化城际线、甬金铁路、区生活垃圾焚烧发电项目、区市民服务中心等重大项目的前期工作。推进农村生活污水治理三年行动计划（2014—2016年），完成33个农村污水治理项目的规划审批。审批地下室面积80余万平方米、地下室机动车位19069个，协助审查万达片区停车服务试点项目交通设施方案。

开展城乡规划法律法规宣传。承办"两会"建议、提案57件，办复率和面商率均为100%。办理各类来信来访61件、行政诉讼5件、行政复议3件，举办听证3次；依申请公开信息102件，主动公开信息233条，批前公示115条，批后公布79条。强化批后监管，受理初复验211件。配合市规划局开展第二期卫星遥感违规项目的核查和处理，涉及项目115个。推进依法行政专项行动，开展规划认定83件。

宁波市鄞州区市民服务中心效果图

开展地理信息数据更新和地理共享平台建设，建成数字地形图、数字要素图、历史影像、360度街景、三维数字城市等各类数据库，重点推广历史影像和三维数字城市数据，在"三改一拆""五水共治"等专项行动和各类重大项目中得到应用。完成浙江省第一次地理国情普查项目（城市建成区监测和绿地率、绿化覆盖率普查）、宁波市地理国情普查项目（消防设施监测和避难场所监测）。根据地形图测绘时序，重新测绘较早的姜山茅山地区和邱隘南部地区。创新提出使用卫星遥感数据采用InSAR技术监测地面沉降。测绘各类项目1059个，为500余家企事业单位提供测绘技术保障服务。

【地下管线普查】2016年2月17日，鄞州区召开地下管线普查工作推进会，区规划、安监、城管、发改、住建、交通运输等行业主管部门及40余家管线权属单位代表参加会议。区委常委、常务副区长沈权出席会议并对地下管线普查工作提出要求。至年底，地下管线普查基本结束，区普查办负责牵头的34家管线权属单位，除8家不验收的权属单位外，23家单位通过验收。

【《鄞州区"十三五"区域空间优化发展规划》编制完成】2016年10月18日，《鄞州区"十三五"区域空间优化发展规划》编制完成。该规划通过分析"十二五"规划与发展评估、发展趋势，提出更大区域的空间统筹、小城镇组团化发展、点轴开发加强各组团与南部新城的联系三大优化思路，确定"一心、两轴、一带、六组团、多点"的区域空间结构。其中，"一心"指南部新城所在的鄞州区政治、经济、文化中心，是新型城镇化发展的核心级；"两轴"指南部新城与鄞南组团的功能联系轴和横贯鄞西和鄞东片区的东西发展联系轴组成的"T"型轴带；"一带"指依托绕城高速形成的生态控制带；"六组团"指属于宁波中心城区组成部分的城区组团，包括鄞西四明山组团、鄞西组团、鄞南组团、鄞东组团在内的城镇组团，以及东钱湖组团和滨海组团；“多点”包括鄞江极点、姜山极点、东钱湖极点和临空经济发展点、海洋经济发展点。

【《宁波市鄞州区陈婆渡东地段控制性详细规划》获批】 2016年2月17日，《宁波市鄞州区陈婆渡东地段控制性详细规划》获市政府批准。陈婆渡东地段（YZ09）规划范围北至鄞州大道，东至甬台温高速公路（原同三高速公路），南至绕城高速，西至姜山西河，规划面积643.38公顷，规划人口8.72万人。规划城市建设用地556.30公顷（不包括水域面积52.05公顷、军事用地3.26公顷及公路用地31.77公顷），占总用地范围的86.47%，人均城市建设用地63.80平方米。定位为融居住、娱乐休闲、商贸办公于一体的多功能城市复合地段，形成“两轴、四片区、两中心”功能布局结构。其中，“两轴”指南北向城市发展轴及沿句章路东西向发展轴；“四片区”指根据功能分布形成公建服务片区、商住片区及两个居住片区；“两中心”指在东西两个居住片区内形成两个社区配套中心。

【《宁波市鄞州区黄隘地段控制性详细规划》获批】 2016年2月17日，《宁波市鄞州区黄隘地段控制性详细规划》获市政府批准。黄隘地段（YZ10）规划范围东南至奉化江，西至机场路，北至鄞州大道，规划面积3.11平方千米，可容纳人口0.14万户0.38万人。规划城市建设用地289.11公顷（不包括水域面积22.31公顷），占总用地范围的92.84%，人均城市建设用地770.96平方米。定位为市场服务、滨江生态涵养、区域公共服务于一体的城市复合功能地段，形成“一心、两轴、多组团”空间结构框架。其中，“一心”指以商贸中心为核心；“两轴”指以句章路、万金路为地段发展轴；“多组团”指商住组团、商贸物流组团、交通设施组团、公用设施组团、滨江景观组团、发展预留组团。

【《宁波市鄞州古林镇区片控制性详细规划》获批】 2016年9月2日，《宁波市鄞州古林镇区片控制性详细规划》获市政府批准。规划范围北至鄞州大道，西毗后港河沿岸、横古线，东、南邻甬金高速连接线，规划面积4.62平方千米，规划人口2.50万人。规划城市建设用地430.10公顷（不包括水域面积31.87公顷），占总用地范围的93.10%。定位为融合生活居住、物流仓储、人文旅游、创意研发功能于一体的综合功能区，形成“一心三片、一带两轴”布局结构。其中，“一心”即中心路和古中路交叉口的综合服务中心（古林镇的行政、文化、商业、商务中心）；“三片”即临空产业片、老街保护片、生活服务片；“一带”即沿主要景观水系的文化休闲景观带；“两轴”即分布沿中心路、古中路的公共服务轴。

（许 瑛）

房屋征收

【概况】 2016年，鄞州区作出国有土地征收决定和报批集体土地房屋拆迁实施方案11个，征迁房屋2840户（国有346户、集体2494户），建筑面积113.72万平方米（国有69.20万平方米、集体44.52万平方米），88个项目433.40公顷土地净地交付，安全拆除房屋139.57万平方米。作出征补决定和裁决50余件，出庭应诉行政诉讼案件40余件，实施强制执行6件。区以上重点项目征迁61.96万平方米。

安置在建项目10个，建筑面积112万平方米。开工项目4个，包括王家弄安置小区、繁裕四期等工程，面积40.60万平方米；竣工项目17个，面积167.60万平方米，可安置套数12076套。取消新龙大厦等5个商务楼项目建设。安置房交付使用4400余套。其中，慧和大厦和汇华大厦安置企业31家，面积53801.26平方米。钟公庙、中河、首南3个街道剩余83户解困户完成抽签安置，安置面积4542.85平方米。

【征迁“清零攻坚”专项行动】 2016年3月起，鄞州区开展征迁“清零攻坚”专项行动。4月6日，下发《鄞州区征迁“清零攻坚”专项行动实施方案》，集中攻坚117个征迁“清零”项目。其中，机场三期扩建工程、宁波至奉化城际铁路等18个重点、难点项目，实行领导包干责任制，出台《鄞州区房屋征迁工作联系制度》，由区四套班子主要领导、区委常委作为包干组组长，到一线指导和帮助项目所在责任单位开展征迁“清零攻坚”工作。至年底，行动结束，完成签约1129户、“清零”项目69个，实现净地交付425.80公顷。

【集士港镇四明山村桃源湾项目】 2016年5月16日，集士港镇四明山村桃源湾项目启动签约。该项目是鄞州区重要集体拆迁项目，涉及集体住宅509户73753平方米、集体非住宅1户6745平方米。依据“不与民争利、依法征收、用做群众工作的方法做征收工作”原则，采用“5+2”“白+黑”工作法，开展拆迁户房屋签约工作。至年底，集体住宅462户63624.51平方米完成签约。

【鄞州钢材市场地块征迁完成】 2016年12月2日，鄞州钢材市场地块征迁完成。鄞州钢材市场地块是鄞州区“十二五”“十三五”规划的重点开发建设地块，东临甬台温高速，西靠沧海路（原宁横路），南接鄞县大道，北至嵩江东路延伸段。2012年启动拆迁工作，征迁范围包括林家、大河沿、六村等7个村股份经济合作社以及“兴盛贸易”等企业片区，涉及个体私营企业17家、大型物流企业2家、企业租赁户586户，总占地约37公顷，房屋总建筑面积27万平方米。

（黄娟娟）

“三改一拆”工作

【概况】 2016年，鄞州区完成“三改”416.04万平方米，总量排名全市第二；“一拆”（违法建筑处置）290.90万平方米，总量排名全市第一。累计拆后利用率68.77%。验收通过“无违建村（社区）”160个，累计305个。创建“基本无违建镇乡（街道）”1个、“无违建先进镇乡（街道）”4个。

【城中村改造】 2016年，鄞州区坚持功能提升与形象改善共进、最大限度实现“原拆原建”的原则，开展城中村改造。重点改造中心城区内城中村。其中，钟公庙街道繁裕四期安置房建设项目拆除违建厂房土地2万余平方米，投资84218万元，建造总用地面积77249平方米、总建筑面积21.02万平方米的安置小区，周边配套建设购物广场、医院、学校等设施；首南街道九曲二期改造1382户，总建筑面积17万平方米；下应街道洋江水岸改造3004户，总建筑面积41万平方米。至年底，完成改造191万平方米。

【“蓝色屋面（立面）”专项整治】 2016年6月，鄞州区开展“蓝色屋面（立面）”专项整治。出台《鄞州区“蓝色屋面（立面）”专项整治攻坚行动方案》，分3个阶段开展工作。其中，6月底前完成铁路、高速公路两侧可视范围内“蓝色屋面（立面）”整治工作，8月10日前完成宁波栎社国际机场起降航线范围、机场路沿线1000米范围内“蓝色屋面（立面）”整治工作，2017年8月底前完成国道、省道、城市主干道、城市快速路等重要干线两侧可视范围内的“蓝色屋面（立面）”整治工作。至年底，以机场起降航线范围为重点，向重要干线两侧延伸，整改1452处点位662.20万平方米。

【“两路两侧”“四边三化”专项整治】 2016年，鄞州区推进“两路两侧”“四边三化”专项整治。其中，“两路两侧”主要对辖区内的高速公路、干线公路、城区主要道路等28条道路实行“路长制”整治，涉及5条高速公路、16条干线公路和7条城区主要道路沿线环境问题；“四边三化”行动主要涉及公路、铁路、山边干线的乱搭乱建、废品垃圾、矿山整治等问题，任务点位涉及9个镇乡（街道）。至年底，“两路两侧”“四边三化”涉及的7大主要交通线路两侧137处整治点和24处省级重点问题点位、35处自查自纠问题点位整治完成；投入2000余万元，拆除沿线违法建筑7.50万平方米，清除各类垃圾2000余吨，补植扩种绿化10万平方米；整治沿线高速公路山体裸露6处，复绿12000平方米，甬台温高速复线象山港大桥段入选“2016浙江十大最美公路”评选名单。

【高速公路桥下空间违法建筑“清零”行动】 2016年12月初，宁波绕城高速公路明州高架桥下11.30万平方米违法建筑被清除，鄞州高速公路桥下空间违法建筑“清零”行动结束。2013—2016年，拆除杭甬高速公路潘火特大桥下违法建筑3.40万平方米、宁波绕城高速公路黎明村段桥下违法建筑4.10万平方米、沈海高速公路渔郎岸特大桥下违法建筑3.20万平方米等，共计143千米高速路网桥下违法建筑22万平方米。12月16日，鄞州桥下空间拆、改工作被《浙江日报》专版报道，以“鄞州模式”在全省推广。

（陈淑蓉）

繁裕四期安置房项目效果图

城区开发建设

【概况】 2016年，鄞州区拆迁65万平方米（其中市级以上重点工程、东部新城项目21.60万平方米），投入17.70亿元；新建175.50万平方米（其中市级以上重点工程、东部新城项目33.90万平方米），投入86亿元。

鄞州中心城区主要建设项目计划安排72个，计划投资67.56亿元，实际投资68.44亿元。其中，基础设施项目27个，实际投资11.02亿元，完工项目8个；产业项目12个，实际投资27.32亿元，完工项目4个；民生工程33个，实际投资30.10亿元，完工项目11个。

区城市建设投资发展有限公司实施工程项目104项，其中市政项目66个、房建项目38个；完成投资31.80亿元，其中市政项目21.68亿元、房建项目10.12亿元。招标项目138个，流转合同1172份。鄞州中学迁建项目景观绿化工程获浙江省“优秀园林工程奖”金奖。

【南部商务区建设】 2016年，宁波南部商务区完成建设项目投资5.50亿元。二期除大海、金安等5幢楼宇外，其余12栋大楼投入使用，恒达高、加利利等4栋楼宇平均入驻率超过85%；三期红帮大厦、创意设计大厦投入使用，A地块9幢楼地下底板浇筑完成，曼哈顿项目施工许可证等前期工作推进；四期门户区与美国富顿集团签订框架协议。

【东部新城开发建设】 2016年，宁波东部新城完成投资159.41亿元，其中功能性项目125.45亿元、基建项目

2.51亿元、拆迁项目31.45亿元。开工建设城建档案馆等功能性项目7个，在建功能性项目44个，总建筑面积531.74万平方米。供应土地15宗72.20公顷。其中，出让5宗38.50公顷，划拨10宗33.70公顷，土地出让金收益99.90亿元。区域内住宅及公寓总销售2975套，销售面积超过43万平方米。城市之光滨水商业项目开业试运营，200米副塔楼和秀场开工建设，450米主塔前期工作推进；宏泰广场项目北区建成交付，南区逐步开工；阪急阪神百货建设推进；银泰城项目主体结构施工。对五乡镇项隘村实行总价包干拆迁，374户签约326户，签约率94%，宁东路红线内32户全部"清零"。浅水湾以东1号、2号地块774套安置房抽签安置工作完成，拆迁货币安置1122套，城中村改造8.80万平方米。效实中学东部高中开工，市眼科医院、新城社区卫生服务中心、市图书馆新馆、华东师范大学宁波艺术实验学校、城展馆等项目推进；职工之家、市民广场、垃圾中转站等项目建成；盛梅路全线通车，中山东路延伸段、兴宁东路延伸段、陈郎桥水系沟通等项目推进；福庆路、中山路、甬新河景观设施等整治提升工程启动。

【长丰片区开发建设】 2016年，长丰片区拆除企业5家（长丰针织漂染厂、长丰村集体厂房、海虹沙场、宁波市鄞州创业物产有限公司、宁波旭伟钢结构有限公司）。6月6—7日，长丰景苑实施抽签，分配安置房1110套。完成全社会总投资23.86亿元，其中政府投资项目6个，投资7.56亿元。拆迁安置2号（二期）地下室工程竣工，新典路（广德湖路—宁南北路）道路东段通车，长丰五路（丰和路）竣工验收，长丰三路（崇丰路）、长丰小学、长丰幼儿园前期手续完成。社会投资项目9个，投资16.30亿元。其中，飞越时空对外营业，新外滩1号竣工交付，万科江湾府一期和金地悦江来项目结顶，万科江湾府二期开始地下室施工，邻里中心项目进行施工图设计，聚亿商业广场开始地下室施工。

【骨干路网项目】 2016年4月30日，中惠路（AK2+080—宁南南路）通车。工程西起AK2+080，东至宁南南路，全长480米，宽16米，于2015年8月开工建设。9月30日，醉经路（下应大道—金达南路）通车。工程西起下应大道，东至金达南路，全长540米，宽24米，于2015年10月开工建设。11月30日，长寿南路（长寿东路—嵩江路）通车。工程北起长寿东路，南至嵩江路，全长640米，宽28米，于2016年4月开工建设。12月31日，泰康西路（它山堰路—广德湖路）通车。工程西起它山堰路，东至广德湖路，全长288米，宽37米，于2015年10月开工建设。同日，它山堰路（日丽路—泰安西路）通车。工程北起日丽路，南至泰安西路，全长606米，宽24米，于2015年10月开工建设。金达路二期（环城南路—富强路）项目完成总工程量的70%，宁南南路（庆元大道—北大路）项目完成总工程量的28%。环城南路（机场路—沧海路东）两侧综合整治项目基本完工，鄞县大道综合整治项目施工图设计基本完成。

【城区重点工程】 2016年，鄞州区第二医院二期项目交付使用。南裕三期（A、B地块）项目交付使用。鄞州公园二期项目进行后期工作，政务（市民）中心项目桩基工程完工。孙马学校项目主体结构结顶，装修工程完成60%。堇山小学二期项目地下室底板工程完成80%。"悦邻汇"下应项目地下室顶板工程完工。惠风西路菜市场项目地下室底板工程完工。鄞州经济开发区人才公寓二期项目主体结构结顶。鄞州区防控处突指挥训练中心项目主体结构结顶。鄞州区农业与生态气象综合探测基地项目完成总工程量的90%。中心城区老年乐园项目桩基及围护桩工程完工。孙马二期项目前期施工准备工作完成。"悦邻汇"长丰及幼儿园项目招标结束。

【"中心城区暨美丽县城品质提升"专项行动】 2016年，鄞州区继续实施"中心城区暨美丽县城品质提升"专项行动。由区住建局牵头，开展核心景观、形象品质、文化特色、城市交通、民生服务、生态环境6大提升行动。其中，核心景观提升行动主要包括重点功能区块完善和三江六岸系统提升等工程；形象品质提升行动包括公园绿地建设提升、塘河绿带贯通整治、城市门户节点提升、道路景观综合整治、夜间照明系统升级等工程；文化特色提升行动包括整体保护与修复历史文化村镇、街区，重点推进鄞江古镇保护开发，鼓励各类博物馆建设；城市交通提升行动包括城市道路网络完善、轨道站点综合建设、慢行系统综合建设等工程；民生服务提升行动包括民生服务设施提升、品质城市管理提升等

2016年9月，南裕三期项目交付使用

工程；生态环境提升行动包括重点推进大气环境质量提升、水体环境质量提升、防洪防涝安全保障等工程。至年底，开工项目71项，完工7项，实际完成投资55.52亿元。

（张旭君　林泽夭　张欧琼　翁东辉）

镇村建设

【概况】2016年，鄞州区18个镇乡上报“五个一”项目（基础设施统筹、公共服务完善、城镇功能提升、生态环境优化4类和建设1条以上示范街区项目）54个。其中，开工40个，完工4个，完成投资60.47亿元。列入市环境提升综合行动项目19个，总投资22.29亿元，完成投资8.50亿元。

新村建设开工153.50万平方米，主体结顶136.80万平方米，拆除旧房54.40万平方米，启动美丽镇村幸福家园建设村7个。出台《关于积极推进“联拆联建”的工作意见》。横溪镇、章水镇探索“镇建村拆、拆购分离”等机制。其中，横溪镇梅岭片区高山移民B1地块全面启动，A-1地块办理前期申报手续；章水镇1号集中居住地块结顶，下塘、上横自然村开展退宅还耕。创建宁波市幸福美丽新家园精品线1条（横溪镇境内的大岙村—上任村—金峨村）、中心村3个（瞻岐镇合一村、高桥镇江南村、集士港镇岳童村）、特色村3个（咸祥镇南头村、东吴镇勤勇村、古林镇蜃蛟村）、美丽乡村合格村38个，启动培育美丽乡村示范村5个（东吴镇的勤勇村、小白村、童一村和龙观乡的山下村、李岙村）、美丽乡村示范乡镇2个（东吴镇、龙观乡）、美丽乡村风景线2条（东吴镇的乐行太白、龙观乡的半山伴水）。

东吴镇勤勇村通过国家级美丽宜居示范村验收，章水镇李家坑村、龙观乡李岙村、东吴镇小白村、姜山镇走马塘村、咸祥镇南头村通过省级美丽宜居示范村验收。云龙镇上李家村、鄞江镇清源村、古林镇茂新村、五乡镇涵玉村、章水镇赤水村被列为2016年度省级美丽宜居示范村试点，姜山镇走马塘村被列入2017年度国家级美丽宜居示范村试点。

【新村建设“联拆联建”模式推广】2016年，鄞州区推广云龙镇上李家村、东吴镇童一村等新村建设中实行“联户拆建”的经验。11月，出台《关于积极推进“联拆联建”的工作意见》，推进村庄改建方式由“统拆统建”为主向“联拆联建”为主转变。在政府组织引导下，鼓励农户以利益共同体为单元，组建农房改建联合体，对自有住房实施联拆联建。以村民为主体自发组建建房管理小组和监督小组，自主邀请有资质的施工单位，以自然村、街区、墙门、联排等为单元结成农房改建联合体，推行“统一规划、统一政策、统一配套、统一管理、联户拆建”的“四统一联”机制。全年有7个村采用“联拆联建”模式。

【农村“安居宜居美居”专项行动】2016年8月，鄞州区落实省委、市委“补短板”决策部署，开展农村“安居宜居美居”专项行动，实施“治乱”“改旧”“提质”工作，重点开展“治乱”工作，涉及镇乡（街道）21个。7月，成立农村“三居”专项行动领导小组，引入第三方服务机构，运用无人机、高清摄像等高科技手段取证督查问题点位，并成立4个小组到乡镇实地督查。至年底，梳理出问题点927个，其中乱搭乱建65个、建筑色彩或材质不协调163个、蓝色屋面563个、其他（绿化缺失、垃圾、广告牌等）136个。

【勤勇村通过国家级美丽宜居示范村验收】2016年12月23日，勤勇村通过国家级美丽宜居示范村工作领导小组考核验收。勤勇村原名凤溪村，由勤勇、凤岭两个自然村合并而成，整个村庄用石头垒起来，是典型的石头村。1971—1979年，重新设计规划村庄布局，将农民住舍整齐排列。2012年，启动新一轮新村建设，基本保持20世纪70年代新村建设格局，按照“修旧如旧”原则推进整理式改造，提升村民居住品质。通过“三改一拆”“四边三化”“五水共治”，拆除废旧厂房1万平方米，改造农村文化礼堂；打通溪坑边的游步道，实施美化绿化，在村口建造小公园；修复凤仪门、鄞县第三招待所等。同时，采用分散式方法处理生活污水。勤勇村获得全国环境宜居示范村、中国传统村落、浙江省特色村、宁波市“洁美村庄”等荣誉，2015年6月入选“2015年度国家级美丽宜居示范村创建试点”名单。

【走马塘村被列为2017年度国家级美丽宜居示范村创建试点】2016年12月7日，省住房和城乡建设厅公布2017年度“美丽宜居示范村试点村”名单，姜山镇走马塘村被列为国家级

云龙镇上李家村

美丽宜居示范村创建试点。走马塘村自北宋至明清有76位进士，被誉为“中国进士第一村”。村中明代建筑留存尚有8处，清代建筑较多，另外3幢民国时期西洋痕迹建筑被浙江大学列为中国古代史研究基地。2015年被评为浙江省美丽宜居示范村。同年11月，鄞州区计划3年内出资2300余万元对走马塘村进行整体保护、综合整治和有效利用，改造走马塘古村整体风貌。至2016年底，走马塘古村内景点全部修葺；拆除古村内破旧房屋，修建公共厕所、居民活动中心和建造村史村情馆、陈列馆等，生活垃圾处理纳入村统筹，配有专职清运员清运；建设休闲农业项目，游客服务中心、君子河码头、蟹肚脐节点工程开始施工，护村河和环村绿化布置开始实施，村东西2个公园完工。

（张旭君　蒋存行）

建筑业

【概况】 2016年，鄞州区有资质以上建筑施工企业185家，实现建筑业总产值350.80亿元，其中省外产值157亿元。竣工产值207.90亿元，比上年下降25.04%。房屋建筑施工面积255.90万平方米，下降20.65%。

办理安监登记项目254个，面积841.60万平方米，造价164.70亿元。在建房屋建筑和市政工程259个，累计施工面积1200余万平方米，使用塔吊、人货电梯等大型起重机械设备1800余台。办理施工许可项目259个，面积856.90万平方米，造价171.50亿元。

处理建筑市场各类违法违规案件53起。备案区级招投标文件275个、乡镇招标文件备案77个；开展招投标活动249项，中标价格65.92亿元，其中财政性项目219项，中标价格63.63亿元。办理招标合同备案259项，建筑面积399.80万平方米，造价136.72亿元。其中，自行招标项目48项，造价79.81亿元；直接发包项目103项，建筑面积185.90万平方米，造价28.88亿元。

增加受监建设项目272个，开工面积814万平方米，工程造价179亿元；竣工备案1583项，竣工面积1010万平方米，其中住宅670万平方米。受理工程质量投诉143起。建设监察大队开展日常检查142次，稽查巡查各类项目122个，接待处理各类群众信访及移交案件246件，办结行政处罚案件78起，罚款657.19万元，其中建筑业违规案件38起、房地产业违规案件40起（包括装饰装修违规案件5起）。

【“工程质量治理两年行动”完成】 2016年9月，鄞州区“工程质量治理两年行动”完成。该行动于2014年9月启动，2014年10月至2016年6月组织实施。其间，出台文件32个，组织培训25次，培训人员1万余人次，处罚违规项目59起。在行业监管中，开展建筑市场监督执法检查次数65次，下发监督执法检查整改通知单150份，检查项目210个，检查建设单位52家，工程质量治理整改率100%。

【房屋建筑工程质量“样板引路”制度实施】 2016年8月1日起，鄞州区辖区范围内新开工的参加质量创优夺杯活动的房屋建筑工程开始实行质量“样板引路”制度。“样板引路”工作内容包括工程概况与特点、执行规范标准、组织机构、需制作实物质量样板的工序和部位（含样板间）、制作实物质量样板的技术要点与具体要求、工程实体样板制作的时间节点及施工组织要求、样板质量验收要求，以及根据工程项目特点所制定的其他相关内容。至年底，全区有4家参加质量创优夺杯活动的房屋建筑工程实行质量“样板引路”制度。

【建筑施工安全隐患排查治理】 2016年4—11月，鄞州区开展建筑施工安全隐患排查治理工作。成立区住建局建筑施工安全隐患排查治理工作领导小组，排查治理在建房屋建筑和市政工程，包括建设工程法定基本程序履行情况、施工安全法规和标准规范及规章制度的贯彻执行情况、安全生产费用的提取和使用情况、危险性较大分部分项工程安全管理情况、安全教育培训落实情况、应急救援工作开展情况、施工现场安全隐患检查和整改落实情况、施工现场消防安全情况、平安工地建设情况、“G20杭州峰会”和世界互联网大会等重大活动期间安全管理情况、事故报告和处理情况等。巡抽查项目426个1850余次，下发限期整改通知书589份，停工整改告知书86份，纳入重点监管企业7家，警示约谈企业13家，查处安全生产违法违规案件8起。

【建筑施工领域“打非治违”专项行动】 2016年5月，鄞州区开展建筑施

2016年9月14日，区质监站组织建设、施工、监理等企业相关人员，观摩东部新城银泰城项目“样板引路”制度实施情况

工领域“打非治违”专项行动。成立建筑施工领域“打非治违”专项行动领导小组，下发《2016年鄞州区建筑施工领域集中开展“打非治违”专项行动实施方案》，重点集中打击和整治建设工程项目不履行基本建设程序、建筑工程施工转包及违法分包、项目部关键岗位人员配备履职不到位、监理企业无资质或超资质范围承揽业务、检测机构出让挂靠资质、工程建设相关责任主体拒不执行整改指令等行为。至12月，处理建筑市场各类违法违规案件19起。

【建筑施工领域“安全生产月”活动】2016年6月，鄞州区开展建筑施工领域“安全生产月”活动。活动以“强化安全发展观念，提升全民安全素质”为主题，分生产安全事故警示教育周活动、安全文化周活动和安全生产应急预案演练周活动3个部分。组织“安全生产月”宣传咨询日活动，宣传安全生产的概念、安全制度落实的重要性和高处安全作业、施工用电、工地防火需要注意的环节等，向百余人发放印有施工安全标语的伞、扑克牌及环保袋，发放建筑安全法律法规和安全常识读本等各类安全教育资料216份；建筑工地张贴安全生产、文明施工标语和图牌；组织建筑施工现场专业岗位人员安全教育培训1048人次；组织专家到施工现场，剖析典型违章作业行为的危险性，现场指导服务深基坑、高支模等重大危险源防控管理；集中开展施工现场安全生产、施工环境工作检查，集中整治建筑工地扬尘，综合治理建筑工地施工环境；组织150余名建筑企业的职工代表开展建筑施工现场生产安全事故应急救援演练。

表7　2016年度宁波市鄞州区“东钱湖杯”优质工程名单

工程名称	建设单位	监理单位	施工单位	项目经理	建筑面积（平方米）
宁波市教育科技研发中心	宁波教育实业集团有限公司	宁波市京甬建设监理有限公司	宁波市建设集团股份有限公司	章旭波	60156
宁波明州医院二期扩建项目2号楼体检中心	宁波明州医院有限公司	宁波科信华正工程咨询有限公司	宁波中科盛博建设有限公司	章先勤	11307
慧丰大厦	宁波市鄞州区宁南建设开发有限公司	宁波高专建设监理有限公司	宁波市鄞州建筑有限公司	方珠华	93629
五乡镇贵玉小学扩建工程（2~4号楼）	宁波市鄞州五乡镇贵玉小学	浙江景成工程管理有限公司	宁波中洲建设工程有限公司	梅贤峰	8706

表8　2016年度宁波市鄞州区建筑安全文明施工标准化工地名单

工程名称	监理单位	施工单位	项目经理	建筑面积（平方米）
明州医院二期扩建项目	宁波科信华正工程咨询股份有限公司	中科盛博建设集团有限公司	章先勤	80245
宁波市教育科技研发中心	宁波市京甬建设监理有限公司	宁波市建设集团股份有限公司	章旭波	60156
宁波市鄞州区集士港镇祝家桥2号地块	北京敬业建设监理有限公司	方远建设集团股份有限公司	管康富	28787
慧丰大厦	宁波高专建设监理有限公司	宁波市鄞州建筑有限公司	方珠华	94065
下应街道商务中心项目	宁波城建监理咨询有限公司	大荣建设集团有限公司	杨尊林	97834
鄞州区下应街道兴宁路南侧地段C-3B地块	宁波华地工程建设监理有限公司	大荣建设集团有限公司	陈建钢	54320
东部新城邱隘安置房浅水湾以东1号、2号地块工程Ⅰ标段	浙江工程建设监理公司	大荣建设集团有限公司	田吉安	63006
江东区保障性住房（陈婆渡地块二期）Ⅱ标段	宁波斯正建设监理有限公司	宁波建工工程集团有限公司	陈贤华	148716
东部新城邱隘安置房浅水湾以东1号、2号地块工程Ⅱ标段	浙江联达工程项目管理有限公司	长业建设集团有限公司	鲁照贤	45638
鄞州新城区东南片区07-02-3-C地块（外来务工人员集中居住区工程）	宁波市公平监理咨询有限公司	宁波建工工程集团有限公司	徐岳勤	58818
鄞州区下应街道兴宁路南侧地段C-3A地块	宁波华地工程建设监理有限公司	大荣建设集团有限公司	陈建钢	51894
宁波罗蒙环球城住宅西区项目	浙江工正建设监理咨询有限公司	中国建筑第二工程局有限公司	杨　明	145399
鄞州新城区东南片区11号南侧E地块A标	杭州信达投资咨询估价监理有限公司	宁波建工工程集团有限公司	孔承勇	60770

续表8

工程名称	监理单位	施工单位	项目经理	建筑面积（平方米）
首南街道YZ08-01-23号地块	浙江方正建设监理咨询有限公司	中天建设集团有限公司	王大钢	191631
鄞州新城区东南片区11号地块E地块项目B标段	杭州信达投资咨询估价监理有限公司	浙江新中源建设有限公司	张志红	102731
原丰茂交通工程公司A、B地块	北京敬业建设监理有限公司	宁波东新建筑有限公司	陈建国	75627
宁波南部商务区华商大厦项目	宁波科信华正工程咨询有限公司	浙江新中源建设有限公司	张楚定	36714
横港村拆迁安置用房一期建设项目	宁波市公平监理咨询有限公司	浙江万华建设有限公司	葛民理	82173
鄞州区集士港镇元禾村4号商业地块项目	浙江致远建设工程咨询监理有限公司	浙江策利建设有限公司	蒋毕民	9166
宁波天路轻工工贸有限公司研发车间	宁波保税区工程建设监理有限公司	宁波东新建筑有限公司	陈建国	7818
集士港镇董家桥村新村建设小区（C地块）	宁波华地工程建设监理有限公司	浙江新曙光建设有限公司	齐　锋	33854
鄞州新城区东南片区新村建设项目洋江水岸一期（D地块）I标段	宁波国际投资咨询有限公司	宁波建工股份有限公司	蔡伟国	228165
留学生公寓楼	宁波市诚信工程建设监理有限公司	浙江万华建设有限公司	张守鑫	20470
宁波爱柯迪精密部件有限公司1~3号厂房、门卫	浙江铭阳工程管理有限公司	浙江新旺建设集团有限公司	张国华	23407
鄞州区东吴镇西村村小康住宅园区四期工程	宁波市科展建设工程监理有限公司	方远建设集团股份有限公司	谢建涛	38466
鄞州区黎明村拆迁安置房二期	宁波市公平监理咨询有限公司	海达建设集团有限公司	冯　凯	21619
东苑立交快速改造一期工程I标段	宁波市斯正建设监理有限公司	浙江新中源建设有限公司	王建成	—

（张旭君）

房地产业

【概况】 2016年，鄞州区房地产开发完成投资313.30亿元，比上年增长17.20%；商品房施工面积874.30万平方米，下降6.90%，其中住宅483.20万平方米，下降5.30%；商品房新开工面积350.60万平方米，增长83.10%，其中住宅237.70万平方米，增长88.20%。商品房竣工面积428.90万平方米，增长19.60%，其中住宅265.20万平方米22158套，分别增长29.70%和19.30%。领取预售许可证项目57个，领取商品房面积209.66万平方米，下降6.40%，其中领取住宅面积190.19万平方米，下降3.30%。商品房销售342.10万平方米，增长29.30%。其中，住宅304.90万平方米25249套；住宅均价每平方米14953元，增长13.90%。住宅月均去化25.20万平方米。批准23家公司为房地产开发暂定三级资质企业，办理房地产企业资质年检81家。审核绿化方案49个，绿化备案68起。

【住宅电梯安全综合保险试点】 2016年，鄞州区创新性提出电梯安全综合保险制度，引入“保险+服务”机制。在电梯日常维保过程中，保险公司要求维保单位通过PICC自主研发的“电梯卫士”手机APP系统与后台运行监督系统，按照国家相关标准完成维保工作，运用信息化管理系统提供维保质量监督和管理服务。8月31日，电梯安全综合保险签约仪式暨“PICC电梯卫士”系统上线发布会召开，都市森林小区一期、二期业主委员会委托雅戈尔物业与宁波仁捷电梯设备工程有限公司、中国人民财产保险股份有限公司宁波市分公司共同签订电梯维修保养合同，由雅戈尔物业作为被保险人与中国人民财产保险股份有限公司宁波市分公司签订电梯安全综合保险保单。按照“政府推动，市场运作；试点先行，分步推进；立足当前，突出实效”的总体目标与基本原则，首批9家维保单位、10家物业单位和15个住宅小区677部住宅电梯纳入试点工作，区财政对参加试点的电梯保险费及维保费用每部给予550元补贴。

【城镇居民房屋开展“保险+服务”工作】 2016年2月起，区住建局与中国人民保险集团股份有限公司宁波分公司签订“保险+服务”合同，对2000年底前竣工的城镇老旧住宅楼进行商业保险，并通过保险公司委托专业机构（即第三方监测单位）对老旧房屋实施房屋安全动态监测、应急加固维修、房屋安全动态监测系统软件开发和维护等。3月1日起，通过借助第三方监测单位的技术，对2000年底前竣工的城镇住宅楼（按市建委标准，经排查确认的1~4级房屋和历年鉴定为C级局部危房、D级整体危房的多层住宅）开展动态监测，5月起对三级房屋进行一季一次巡查。

（张旭君）

住房保障

【概况】 开工建设安置房项目40个，住宅面积372万平方米3.84万套，其中12个安置房项目竣工，建成安置房住宅面积106万平方米1.08万套。启动改造4个城中村20.76万平方米，改造面积19万平方米。6月27日，存量房买卖网上签约业务上线，所有存量房买卖均通过网签平台签订《宁波市存量房买卖合同》。

7个老旧小区完成审计工作，11个小区上报审计部门审计，5个小区完成资料归档。区财政投入老旧小区改造资金3824万元，累计投入资金2.44亿元。

【棚户区改造】 2016年，鄞州区开工城市棚户区改造安置房（含货币安置）10893套。其中，货币安置745户，货币安置住宅面积8.30万平方米；新开工安置房项目10个，住宅面积96.68万平方米，住宅套数10148套；25个续建项目中9个竣工，建成住宅面积61.90万平方米，住宅套数6218套。首南街道棚改一期项目等15个棚户区改造项目获国家开发银行棚改贷款，授信贷款指标178.50亿元，涉及改造户数2.27万户，建设安置房面积361万平方米，其中住宅面积255万平方米2.75万套，总投资241亿元，累计放贷资金81.52亿元；下应街道和长丰开发建设指挥部2个棚改项目获专项建设基金1.50亿元。与邮政储蓄银行等金融机构对接，争取其他金融机构对区棚改资金支持，集士港镇棚户区改造二期项目获邮政储蓄银行棚改贷款，授信贷款指标7亿元。全年获棚户区改造各项补助资金17331万元，其中中央基础设施补助资金10300万元、市危旧房改造补助资金4752万元、中央保障性安居工程专项资金2279万元。

【危旧房改造】 2016年，在棚户区改造过程中鄞州区启动危旧房改造22.85万平方米，改造下应街道、邱隘镇、集士港镇、鄞江镇等零星危旧房2.63万平方米。增加危房15处40幢，建筑面积41383.20平方米。其中，C级危房7处，建筑面积9779.87平方米；D级危房8处，建筑面积31603.33平方米。解危危房33处51幢，建筑面积17895.70平方米，占危房总数的26.98%。其中，13处15幢危房面积10891.55平方米，解危方式为拆除或改建；20处36幢危房面积7004.15平方米，解危方式为停止使用或处理使用。

【公共租赁住房项目】 2016年，鄞州区公共租赁住房二期项目馨悦家园举行3次摇号配租，入住家庭1095户。区住房保障管理中心对鄞州区公共租赁住房一期项目和悦家园入住合同到期家庭开展续租申请审核工作，取消74户不符合保障条件家庭的保障资格。其中，因住房面积超标不符合保障资格的家庭有34户，因财产、收入超标的家庭有23户，因未办理年审复核手续、申请人死亡等其他各种原因被取消的有17户。公共租赁住房租金补贴在保家庭446户，累计保障家庭1005户，全年发放租金补贴207万元。

【区人才公寓获全国优秀工程勘察设计住宅类二等奖】 2016年3月15日，中国勘察设计协会公布2015年度全国优秀工程勘察设计行业奖评选结果，由宁波市鄞州建筑设计院设计的宁波市鄞州区人才公寓获全国优秀工程勘察设计奖住宅与住宅小区二等奖。区人才公寓位于鄞州高教园区，于2011年5月22日建成。总建筑面积114330平方米，可提供约1000户中小型单身公寓。该项目由政府开发，企业购买。公寓保温系统采用外墙内保温，保温材料选用圣戈班-纸面石膏板，防火、隔热、抗震性能优越；在立面处理上运用面砖、涂料、玻璃幕墙、铝合金百叶、防腐木、天然石材、金属穿孔板、耐候钢板等材料。

（张旭君）

公用事业

【概况】 2016年，鄞州区有中压供气管道813.03千米、低压供气管道549.53千米，管道供气用户184900户，12家储配站销售液化气45988.30吨，3家管道公司销售液化气8.10万立方米、天然气11628.50万立方米。

委托第三方水质检测单位检测邱隘、东吴、瞻岐、咸祥、塘溪、鄞江、龙观、章水8个镇乡水厂的供水水质（包括每月一次的9项常规指标检测和每年一次的106项水质指标全分析检测），8家镇乡水厂出厂水水质合格率为98.51%。开展节水宣传活动20余次，发放节水宣传用品近1万份，推广节水龙头1678只。指导盛世天城、格兰春天、金桥水岸花园小区、海创家园和万科金色水岸小区创建浙江省节水型小区，节水型居民小区总数23个（省级22个、市级1个）。

建设污水主干管24.60千米、镇乡收集管82.50千米，滨海污水处理厂一期试运行。发放排水许可证1200家（其中镇乡581家），整治排水户500家。清淤中心城区管网364千米，修复管网50千米，提标改造管网9千米，改造道路积水点65个，增加应急排水能力每小时5000立方米。

全社会供电量83.34亿千瓦时，比上年增长8.38%；国网浙江宁波市鄞州区供电公司（简称“区供电公司”）实现供电量82.86亿千瓦时，增长8.53%；售电量79.96亿千瓦时，增长8.56%；网供最高负荷172.68万千瓦，增长8.68%；线损率3.50%，下降0.03个百分点。综合电压合格率99.94%；供电可靠率市区99.99%、农村99.93%。公司安全运行4194天。安装、增容用户50932户，其中居民用户47250户、非居民用户3682户。完成报装容量1284633千伏安，其中居民用户539729千伏安、非居民用户744904千伏安。用电户746856户，其中居民用户676262户、非居民用户70594户。第一产业用电量0.73亿千瓦时，增长8.75%；第二产业用电量55.89亿千瓦时，增长4.40%；第三产业用电量13.13亿千瓦时，增长17.77%；居民用电量13.59亿千瓦时，减少17.78%。镇乡成立表后服务队14家。推广预付费控和分次结算，

4.14万个用户实行预付费。低压新装、高压新装线上办理率分别为4.51%、91.16%，停电短信通知到户用户22.60万户，高、低压用户基础信息准确率分别为99.50%、60.85%。完成重要保供电任务50余次，全年保供电做到“零事故、零闪动、零投诉、零差错”。接收用户资产4.70亿元。集体企业改革改制完成，取得五级承修资质。完成“EPC”（Engineering Procurement Construction）总承包6项，集体企业实现营业收入12.14亿元，利润9966万元。镇乡供电所管理部成果获省公司第一届数据价值挖掘大赛铜铲奖。公司通过第四轮县供电企业安全性评价复评。

【电网建设】 2016年，区供电公司编制完成鄞州区“十三五”电力设施布局规划、鄞州区“十三五”配网规划和分区域的配电网提升规划。通过规划库储备2017年配网可研项目57个，规模3.29亿元。完成《鄞州区“十三五”新一轮农网改造升级规划》报告，推动各镇乡政府出资编制区域专项电力规划。完成固定资产投资2.33亿元，其中电网基建项目投资2.19亿元，资产零购517万元。建成投产500千伏明州变电站、110千伏新仕港变电站、110千伏塘溪变电站、110千伏前周变电站、110千伏铜盆变电站扩建工程、110千伏姜山变电站及35千伏线路改接工程、35千伏樟村变电站第二回路工程7个项目，投产变电容量235万千伏安。续建500千伏宁海电厂至明州线路、220千伏明州变电站配套送出线路、220千伏明州至萧镇线路、110千伏岐阳变电站、姜村变电站5个工程，开工建造220千伏东展变电站、下应扩建工程、220千伏东展变电站线路工程、110千伏莫枝变电站、110千伏白岳变电站、110千伏云龙变电站、110千伏世纪变电站7个工程。推进220千伏望春变电站和潘桥变电站迁建工程、宁西至望春联络线路、鲍家至澄浪联络线路、110千伏云龙变电站下应扩建工程、世纪变电站下应扩建工程、姜山变电站改建工程等17个项目的前期工作。

【充电桩建设】 2016年8月5日，杭甬高速公路宁波服务区南区、北区高速充电桩通电投入运行，建成630千伏安变压器2个、快充充电桩4座。11月，东钱湖恒元温泉酒店电动汽车公共快充站投入使用，配置直流快充桩8台，采用60千瓦快充技术，日均最大提供充电服务120余次。12月20日，华茂悦峰小区充电桩投入使用，设置充电桩150座，实行24小时自助充电，每个停车位一户一表，可同时充电电动车250辆。12月，公交充电桩一期项目建成。项目涉及177路、909路、639路超级电容无轨电车充电桩建设，3条线路总长59.10千米，建设充电桩34座，包括5个首末站（每个首末站4座充电桩）和7个中间站（每个中间站2座充电桩）。其中，5个首末站分别为鄞州高教园区站、公交景湖水岸站、公交福明站、公交前河南路站；7个中间站分别为金色珑庭小区站、富强路启明路口站、江陆村站、紫郡小区站、儿童公园南站、鄞州海关站、桃江村站。采取项目总承包模式，包括项目总承包设计（初步设计和施工图设计，施工图设计须经业主及其委托的第三方审核通过后方可施工）、相应的土建工程、供电系统及充电设施的采购安装、设备调试、外电源供电引入工程、充电桩外观美化（不包括变电箱美化）等工程。

【500千伏明州变电站投入运行】 2016年7月5日，500千伏明州变电站投入运行。500千伏明州输变电工程是省级重点工程、宁波首座500千伏智能变电站，按照数字化、智能化标准建设，开关实现智能化操作和数字化监控，操作效率比常规操作方式提高50%以上。项目位于鄞江镇，于2014年底开工，总用地面积4.83公顷，总投资2.90亿元，当期投入运行1台1000兆伏安的主变压器，总容量200万千伏安，建设500千伏出线2回、220千伏出线6回。

【宋诏桥区域电缆落地工程完工】 2016年3月29日，宋诏桥凤凰新村配电设备开始带电运行，宋诏桥区域电缆落地工程全面完工。工程于2016年6月启动，设计方案主要采用“双环”接线模式，形成1个主线环和6个小区副环的供电模式，涉及甬兴新村、凤凰新村、飞虹新村、彩虹新村、大朱家、小朱家和飞虹海苑7个老旧小区，敷设电缆12千米，增设开关站5座，增加公用变压器31台，后续工程拆除架空线路4千米，涉及用户12000余户、店铺1400余间，现场查勘60余次，施工工作500余人次。

【碎管法施工工艺引进】 2016年，鄞州区引进碎管法施工工艺修复雨污水管道，并应用于钱湖南路施工工程。碎管法施工工艺是管道非开挖修复工艺的一种，在省内属首例试点施工。该工艺主要采用碎管设备从内部破碎或割裂原有管道，将原有管道碎片挤入周围土体形成管孔，并同步拉入新管道，具有精度高、可扩管、周边影响小、效率高等优点，适用于待修复管道周边交通量大、无法长期封闭施工或地下管线错综复杂、没有条件新建管道的路段。

【滨海污水处理厂获浙江省优秀安装质量奖】 2016年5月，鄞州区滨海污水处理厂机电设备采购、安装、调试总承包工程获2016年度浙江省优秀安装质量奖。工程施工单位：浙江申永达设备安装有限公司；监理单位：青岛东方监理有限公司；建设单位：宁波市鄞州区城市排水有限公司。滨海污水处理厂位于瞻岐镇东北侧，东、南、西、北分别与鄞东北路、德胜路、嵩城北路、永安路相邻。一期建设规模土建每日6万吨，设备安装每日3万吨，服务范围为瞻岐、咸祥、塘溪3个镇和鄞州经济开发区。污水处理采用Carrousel 2000型氧化沟工艺，污泥处理采用机械浓缩脱水方案，污水厂出水水质执行一级A标准。

（蒋松潞　岑　雅）

城市管理

【概况】 2016年，区城管局管理城市道路总长138千米410万平方米、路灯12839盏、市政桥梁199座、城市公共消防栓920套，各类市政设施考核分值均在优良以上，照明设施平均亮灯率99.70%。实施道路中修工程，维修城区内破损沥青路面、桥头接坡、波浪路面，改造高教园区学府路人行道。安排专业检测单位检测鄞县大桥、飞虹立交桥等9座桥梁技术状况，并进行荷载试验。院士公园河周边景观灯光升级改造工程、城区40套无线监控安装工程及钱湖北路、前河北路等路段LED路灯改造工程完工。鄞州中心城区停车场经营备案62家（其中53家自建，9家公建），停车位总数19436个。

城区道路保洁面积增加63万平方米，总面积693万平方米，长效保洁覆盖率和机扫率分别达到100%和80%。日均处理生活垃圾1680吨，餐厨垃圾收运5个街道全覆盖，全年收运餐厨垃圾2.70万吨。选址首南街道高塘桥村一拆迁地块，启动装潢垃圾循环处置利用项目。

城区有内河96条（总长194千米，面积379万平方米），其中水质养护河道54条，养护面积84万平方米。内河建设项目完工43项，其中核心城区河道整治工程14项、东区河道清淤工程26项、“断头河”打通工程3项。实行保洁片区制管理模式。加强水面景观考核，规定各养护公司按照景观河道不低于5%、一般河道不低于3%的比例进行水生植物的种植和维护。

组织开展各类执法专项整治行动110次，参加整治人数约7500人次，查处一般程序案件1130起，罚款4402.3万元。

【“智慧城管”建设】 2016年，“智慧城管”一期项目投入运行，并开展二期项目前期调研。全年处置平台案件20.70万件，解决率100%，及时解决率99.60%。受理市民热线投诉12791起，月度平均热线回访满意率97.10%。区智慧城管中心组织兜底应急处置无主窨井盖、无主废弃立杆、人行道破损、绿地维护设施破损等城市管理细节问题20批次400余起，获得2016年度宁波市“智慧城管杯”，并在市智慧城管行业“大比武”活动中夺得团体第一名。

智慧城管

【城管义工】 2016年，鄞州区有义工服务点15个、社区联络站33个、长效服务岗30个，在册城管义工3850人、会员单位46个，开展便民服务、城管体验等义工活动74次，3000余人次参加，87篇活动信息在市城管义工网发表。组织城管义工开展道路保洁考核563次，考核道路1765条；开展内河考核27次，随机抽取考核河道点位270个，联考员参与考核2162人次。鄞州城管义工办事处被评为2016年度宁波市城管义工协会先进办事处。

【垃圾分类】 2016年，鄞州区出台《2016年鄞州区城区生活垃圾分类处理与循环利用工作实施方案》，钟公庙、中河、首南3个街道101个小区94903户家庭启动生活垃圾分类工作。采用开袋扫码方式，为中心城区3个街道9万余户居民采购二维码厨余垃圾袋超过1029万个，无码厨余垃圾袋超过261万个。至年底，中心城区机关事业单位141家、国有企业10家、中小学校16所实现生活垃圾分类收集全覆盖，确定开展农村生活垃圾减量化、资源化、无害化处理村72个。

【城市道路停车管理模式创新】 2016年7月，鄞州区在万达片区试点的“互联网+停车”道路停车收费服务项目上线运营。试点片区范围为宁南北路以东、天童北路以西、四明中路以北、嵩江中路以南区域，有路边和人行道停车泊位487个。系统运用“车辆检测+视频取证+手机APP”的物联网解决方案，通过安装在路边的摄像机，24小时自动监测道路和人行道上的车辆停放状况，准确记录每一个路边车位车辆停放的起始和离开时间、车牌等信息，实现对车辆停车的准确停车计费，同时处罚违法停车行为。

【内河保洁、养护考核模式创新】 2016年，鄞州区将城区河道划分为北、中、东、南4个片区，分别由4家公司负责保洁，按每区3人配备人员进行常规巡查，保证每周每个片区至少巡查1次。养护公司成立专门巡查小组，由项目经理负责标段内河道巡查，发现异常情况及时上报。内河养护实行综合考核，并对高锰酸盐、氨氮、总磷、透明度4项一级指标划定达标等级进行单因子考核，对1条河道累计4次月度考核不合格者扣罚整个标段20%的养护款。约谈累计2次月度考核不合格或养护不力的责任单位，并按照要求提交书面整改方案；对连续3次水质综合考核不合格或单因子考核不合格的河道实行降级处理。全年约谈企业2家，6条河道实施降级。

【综合行政执法改革】 2016年，区综合行政执法局调研单位部门职能、机构设置、人员编制等情况，研究制订

“三定”（定职能、定机构、定编制）方案。梳理首批划转的水行政、人防、石油天然气管道保护、陆域渔政4个领域103项行政处罚权所涉及的法律法规，编印相关法条。成立工作小组，对水行政、人防、石油天然气管道保护、陆域渔政、林业、体育、城乡规划、环保、旅游、安全生产、价格、教育12个领域的179项执法事项进行分类，并按类初步梳理职责边界和执法流程。

【城管执法勤务机制改革】 2016年，区城管局以“资源整合、重心下移”为原则，支持、鼓励镇（街道）引进第三方力量辅助市容环境管理工作，构建“城管执法队员为主、协管员和特保人员为辅”的“三合一”城市管理格局。在中心城区主要道路、重要商圈附近试点设立城管执法岗亭，并予以推广，形成“中队—网格—岗亭”三级管理模式。至年底，中河、钟公庙、潘火等街道设置标准化行政执法岗亭7个，驻点管理队员1~2人，实行24小时工作制，实现市容环境全时段、无缝隙管控。

【“燃气安全”专项整治行动】 2016年8月，区城管执法大队开展“燃气安全”专项整治行动。排查辖区燃气违法行为，重点打击取缔未领取瓶装燃气经营许可证的非法供应点、提供报废改装钢瓶的黑窝点、非法充装销售螺丝瓶的站点、液化气槽罐车非法充气等，检查燃气经营企业安全生产责任制、防火防爆制度、隐患排查治理制度、应急处置落实情况等。9月，行动结束。其间，开展集中整治12次，出动队员660余人次，检查瓶装燃气配送（代充）点241个，95家存在违法行为。其中，倾倒燃气残液或用气瓶相互倒灌行为和使用报废、改装气瓶各1起，在不安全场所存储使用燃气行为61起，满瓶过夜行为16起，其他存在安全隐患行为16起。76家问题瓶装燃气配送（代充）点限期整改到位，21家问题瓶装燃气配送（代充）点被关停，28个存在严重隐患的配送（代充）人员被停止供气。“G20杭州峰会”期间未发生燃气安全事故。

【生活垃圾分类转运站开工建设】 2016年2月26日，宁波市城镇生活废弃物收集循环利用示范项目鄞州区生活垃圾分类转运站（鄞州区资源处置中心）项目开工建设。鄞州区循环资源处置中心项目是世界银行贷款项目、宁波市环卫设施建设重点工程，位于姜山镇定桥村，总用地面积23364平方米，总建筑面积11385平方米。垃圾处理规模每日680吨，其中厨余垃圾每日160吨、其他垃圾每日520吨。压缩方面采用竖式压缩工艺，渗滤液随容器进入末端处置设施；臭气处置方面采用前端离子送风加末端洗涤塔组合工艺。至年底，中转车间主体完工，综合楼、机修车间、环网站抹灰完成10%，完成投资约6000万元。

【“中心城区废弃立杆清除”专项行动】 2016年8月，鄞州区启动“中心城区废弃立杆清除”专项行动，由区智慧城管中心牵头联系区城管局市政处、区电力公司、中国电信鄞州分公司、鄞州交警大队及钟公庙街道等相关单位完成。市、区两级队伍在中心城区开展拉网式巡查，发现废弃立杆31根，主要分布在嵩江路、天童路、钱湖北路、鄞州大道、鄞县大道、惠风路、四明路、贸城路、春园路、长寿南路等城区主次干道和南部商务区、万达广场、印象城等商圈周边，涉及电力杆、通信杆、公安交警交通指示牌立杆及民用杆等类型。区智慧城管中心制订整治方案，组织综合管线相关单位对确认的废弃立杆进行确权，权属明确的废弃立杆由各产权单位自行拔除或修复，部分权属不清、无法准确认定责任单位的无主废弃立杆由区智慧城管中心以“代整治”方式进行兜底处理。至8月15日，31根废弃立杆全部整治完成。

【“中心城区流动摊贩集中整治”行动】 2016年5月30日，鄞州区开展“中心城区流动摊贩集中整治”行动，城区5个执法中队参与。其间，区城市管理行政执法大队抽调24人组成专职督察队伍，每日早、中、晚3个时段巡检流动摊贩整治工作，发现流动设摊行为，第一时间拍照并上传至“大队—中队”二级微信工作群，通知责任中队处置。至12月31日，出动队员3825人次、执法车831辆次，查处无照流动经营行为243起，暂扣违法经营工具182件。

（蒋松澔）

2016年8月，鄞州区启动有害垃圾市场化收运

生态环境

东吴镇太白湖

"五水共治"工作

"森林鄞州"建设

园林绿化

环境保护

节能降耗

“五水共治”工作

【概况】 2016年，鄞州区完成治水投资38.40亿元，3年累计投资154.20亿元。投入水利资金12.40亿元，建设防洪排涝等工程。奉化江、姚江、剡江、东江堤防工程全线开工，大嵩江堤防工程建设推进，长丰泵闸工程建成投入运行，风棚碶强排泵站完成前期工作，鄞东南沿山干河拓宽整治工程基本完成。清理城区排水管网364千米，改造城区立交下穿通道、低洼地等易积水点（片）61个。

污水日处理量21.50万吨，区、镇两级污水管网开工建设111.60千米，建成107.10千米。全区农村生活污水治理项目有155个村进场施工，93个村完工，增加受益农户6万户。实施雨污分流改造23.50千米。启动实施污水管网覆盖区域截污纳管工作，568家企业（单位）完成排水许可工作。公开引入4家第三方机构对4个片区的污水处理设施实施专业化、市场化养护。

建成供水管网14.40千米，改造18.40千米。横溪镇金峨片2.50万名山区居民饮水安全提升工程完工，集中式饮用水源水质和7个镇级水厂供水水质全部合格。改造推广居民水箱节水阀1678个，建成屋顶集雨收集系统83处，创建清洁生产企业、节水型企业28家，农业灌溉节水26.67公顷，5个小区申报创建浙江省节水型居民小区，136家机关、事业单位创建为节水型单位。

电镀工业园区提升改造工程基本完成，查处环境违法案件180件，罚款1275万元，采取刑事强制措施和行政拘留7人。关闭畜禽养殖场94家，回收农资包装废弃物265吨。鄞州区获得2015年度浙江省“五水共治”工作优秀县（市、区）“大禹鼎”。

【浙江省“清三河”达标区创建】 2016年，鄞州区健全“清三河”（黑河、臭河、垃圾河）、“防反弹”长效机制，统一更换河长牌，对40条区级骨干河道和111条“三河”每月监测、检查、通报各1次。定期检查整治完毕的“三河”，发现问题苗头及时整改。开展日常督查和专题督查，落实治水事项交办86件。完善河长巡查机制，各级河长作为包干河道第一责任人，定期开展河道巡查。镇乡（街道）级河长巡查包干河道不少于每月3次，村级河长不少于每周1次，每次检查结果及整改落实情况均记入河长手册。开展河道拉网督查行动，全面排查河道，梳理河道问题，落实河道治理。疏浚河道256.38千米，清淤183.95万立方米，整治城区内河8条，建设生态河道10千米，实施城区内河水质养护60条。投入3000余万元用于河道市场化保洁，跨流域调水1.50亿立方米，大嵩江达到Ⅲ类水质，鄞西后塘河消灭劣Ⅴ水质，地表水功能达标率66.70%，较上年上升22.20%，基本实现年度水质提升目标，“清三河”达标区通过省级验收。

【农村生活污水治理】 2016年初，鄞州区召开全区农村工作会议、污水治理专题工作现场会、农村生活污水治理推进会，将农村生活污水治理列入区政府民生实事工程，区“五水共治”办下发各镇乡（街道）治理任务。至年底，全区有155个村进场施工，93个村完工，增加受益农户6万户；累计有319个村进场施工，237个村完工，总受益农户14.50万户，完成投资15亿元。40个农村污水治理项目竣工验收。出台《鄞州区镇乡污水收集管网和农村生活污水处理设施运行维护管理办法》，推行治污设施专业公司统一运行、运行维护经费由区和镇统筹的市场化运作模式，明确区、镇、村三级运维责任，将“运维专业管家”由2家扩至4家，有95个农村生活污水治理项目纳入统一市场化运行维护。

【鄞州区获浙江省“五水共治”工作优秀县（市、区）“大禹鼎”】 2016年2月29日，全省“五水共治”工作视频会议公布2015年“五水共治”工作优秀县（市、区）“大禹鼎”名单，鄞州区入选。鄞州区实施“五水共治”三年行动计划后，累计投入资金115.80亿元，提前实现“清三河”三年任务两年完成目标。至2015年底，整治垃圾河149条、黑河和臭河111条，建成鄞西污水处理厂和滨海污水处理厂。水利资金投入近11亿元。奉化江堤防整治工程（城区段）8个标段全线开工，其中5个标段建成或基本建成，农村段全面进场施工；东江和剡江堤防工程建设进度过半；姚江堤防工程全线开工，其中4个标段主体工程建成；大嵩江堤防加固工程进场施工。集中式饮用水源水质达标率达到100%，7个镇乡水厂的供水水质指标全部合格，20个村（点）的山区饮用水水源保障工程完工，供水管网建成31.17千米，改造38.93千米。

华茂支河水质养护

【西塘河水环境综合整治工程获评浙江省优秀示范工程】（参见“农业·农村·水利”类目“水利工作”分目）

【金峨片区农村饮用水工程投入使用】2016年8月，横溪镇金峨片区农村饮用水工程投入使用。工程涉及道成岙、金峨、上任、大岙4个行政村，2015年被列入区“五水共治”保供水重点项目，当年11月开工建设，概算总投资2000余万元，采取金峨片区山塘水库联调保供水模式，即利用4个村现有山塘水库作为供水水源，将横溪水库作为备用水源，引水至新建的净化水厂，集中过滤、消毒，然后分配至各村现有或新建的清水池，供村民饮用。2016年9月初，金峨水厂开始试运行，有全程智能化操控设备，日供水量约1200立方米。

（朱红雷　蒋存行）

“森林鄞州”建设

【概况】2016年，高速公路出入口景观提升工程完工并通过验收考核。区“森林鄞州”建设工作领导小组办公室开展“森林鄞州”建成绿化工程养护管理，养管项目有通途路、福庆路、东外环、明州大道、新宁横线、高速公路沿线一、二和三期、石碶碶汇林、甬金连接线、机场路、沿海中线、宝瞻线等。实施绿化景观工程养护质量考核办法，从养护组织、整体效果、乔木养护等7个方面考核养护单位，并检查考核镇乡（街道）“森林鄞州”绿化项目。

【高速公路出入口景观提升工程通过验收考核】2016年，高速公路出入口景观提升工程被列入市政府实事工程，涉及鄞州区的有宁波东、宁波西、朝阳、横街、云龙5个高速公路出入口。11月底项目竣工，总绿化面积113.05万平方米，其中宁波东出入口Ⅰ标段16.74万平方米、宁波东出入口Ⅱ标段8.41万平方米、朝阳出入口标段16.43万平方米、宁波西出入口标段27.78万平方米、横街出入口标段23.42万平方米、云龙出入口标段20.27万平方米，总投资2.50亿元。12月，通过市政府专家验收考核，在全市19个城市出入口景观提升工程绩效考核评比中占前五位，并得到市政府领导肯定。

【机场门户区景观提升工程】2016年4月，宁波栎社国际机场门户区景观提升工程启动。景观主题为“彩虹开始的地方”，主要分机场路核心区综合景观、机场路迎宾区中央绿化隔离带和两侧绿化以及机场高架互通3个区块，区域全长2.50千米，总面积38万平方米，按照“热情、开放、现代、人文”的设计理念，重点改进地形堆坡、绿化植栽、雕塑小品、生态水景及夜景灯光5个方面。6月，提升工程完工，总投资9000万元。

（童钱东）

云龙高速公路出口景观提升工程

园林绿化

【概况】2016年，鄞州区城区绿地面积754万平方米，城区绿化覆盖率44.87%，人均公绿面积12.73平方米；区城管局管理的绿地总面积281万平方米、行道树27783棵，其中一级绿地234万平方米，二级绿地32万平方米，三级绿地15万平方米。总投入5700万元建设院士公园二期以及“一路一品”景观，其中“一路一品”工程形成“金色钱湖”“古韵宁南”等特色景观。鄞州公园被评为浙江省优质综合公园。

【院士公园二期开工建设】2016年9月，院士公园二期开工建设。项目施工范围北靠泰康东路、南至鄞州大道、西临钱湖南路、东接干墩河，总设计面积8.60万平方米，总投资3574万元。定位为整个公园的生态休闲区，主要通过地形结构营造、生态驳岸改造、动植物生态环境创建，建设成生物群落丰富、生态系统完善、蓄水净水功能齐全的生态休闲公园。引入海绵城市理念，设置滞、蓄、净、用、排等设施，利用绿地渗水、池塘蓄水、河道排水的方式控制雨洪，缓解城市内涝现象。至年底，项目完成总工程量的70%。

【宁南路绿化景观提升改造工程】2016年6月，宁南路绿化景观提升改造工程启动。宁南路是鄞州核心城区南北向绿化轴的延续，工程实施范围为宁南路（鄞州大道—日丽中路）西侧绿地、宁南路与四明路东侧交通岛及宁南路与惠风路交叉口西侧节点，绿化景观提升改造总面积约8300平方米。其中，宁南路与惠风路交叉口西侧节点采用宁波砖雕文化设计，植物种植中高层乔木，采用特色花镜，配合夜景LED光源；泰康西路与宁南南路节点采用古朴漏窗景墙形式与鄞州公园呼应，搭配海棠、孔雀草等时令草花。8月，改造工程完工，总投资195万元。

【3个项目获浙江省“优秀园林工程”金奖】2016年8月8日，省风景园林

鄞州公园二期一角

学会公布2016年度浙江省"优秀园林工程"奖获奖项目名单，鄞州区3个项目获金奖。3个项目分别为东钱湖砖瓦厂地块"钱湖天地"项目景观工程，由宁波市鄞州园林市政建设有限公司承建；鄞州中学迁建项目景观绿化工程，由宁波茂盛园林建设有限公司承建；姜山镇狮山公园改建工程，由宁波市鄞州园林市政建设有限公司承建。

【鄞州公园获评浙江省优质综合公园】 2016年12月30日，省住房和城乡建设厅公布浙江省优质综合公园名单，鄞州公园入选。鄞州公园是鄞州中心城区第一个综合性公园，是"一心、二轴、三环、四廊、三十六点"绿地系统的中心。园内有李元摄影艺术馆、"新乡土主义"建筑五散房和廊、桥、亭、山、雕塑，植物4000余棵，乡土树种运用率在90%以上，绿化覆盖率88%。二期向西延伸至奉化江，面积46公顷。

（蒋松澔）

环境保护

【概况】 2016年，鄞州区10个市控以上地表水站位水质功能达标率70%，其中Ⅱ类水2个、Ⅲ类水5个、Ⅳ类水1个、Ⅴ类水1个、劣Ⅴ类水1个。平原河网水体氨氮浓度比上年的每升1.50毫克下降40%，总磷浓度比上年的每升0.18毫克下降26.90%，石油类浓度与上年持平。4个饮用水源水质均达到标准要求。

中心城区万里学院测点有效监测天数363天，优良总天数350天，API优良率96.40%，比上年的94.80%上升1.60个百分点，其中Ⅰ级天数163天、Ⅱ级天数187天、Ⅲ级天数13天、大于Ⅲ级天数0天；万里学院AQI优良率83.10%，比上年的74.20%上升8.90个百分点，其中Ⅰ级天数89天、Ⅱ级天数212天、Ⅲ级天数12天、Ⅳ级天数1天、Ⅴ级天数1天。云龙镇测点有效监测天数364天，优良总天数351天，API优良率96.40%，比上年的93.90%上升2.50个百分点，其中Ⅰ级天数157天、Ⅱ级天数194天、Ⅲ级天数13天、大于Ⅲ级天数0天。全年酸雨率38.50%，比上年的75%下降36.50个百分点。

全区功能区区域环境噪声点位38个，平均值54.90分贝，达到GB 3096—2008《声环境质量标准》规定的1类标准55分贝，比上年平均值降低2.1分贝。功能区区域交通噪声点位15个，平均值68.20分贝，达到GB 3096—2008《声环境质量标准》规定的4类标准70分贝，比上年平均值上升0.40分贝。

制定《2016年度鄞州区生态环保工作任务书》，将任务分解至36个生态区创建工作领导小组成员单位。重新修订《鄞州生态文明建设工作目标年度考核实施办法》。推进国家生态文明建设示范区创建规划编制等前期工作。累计有国家级生态镇8个、省级生态镇1个，国家级生态村1个、市级生态村171个。化学需氧量、氨氮、二氧化硫、氮氧化物排放量较上年分别削减2.50%、3.10%、1.10%和0.90%。

开展行政审批"两集中、两到位"（行政机关的审批事项向一个处室集中、行政审批处室向行政审批服务中心集中，保障进驻行政审批服务中心的审批事项到位、审批权限到位）工作，行政审批事项窗口进驻率提升至100%。审批勘查项目993个，因不符合环保条件被否决的项目164个，否决率16.50%。审查审批建设项目环境影响评价文件790件，发放排污许可证43家。开展"亮剑"专项行动12次，错时及联合执法行动近20次。鄞州电镀园区17家重建企业主体工程完成土建，进行设备安装及周边水、电、路等基础设施的配套建设，区环境建设服务有限公司移交首南街道。巩固印染、造纸、化工、食品加工等行业整治提升成果，开展非禁燃区燃煤锅炉淘汰改造，淘汰改造锅炉85台。淘汰"黄标车、老旧车"6693辆。受理领导批示、上级督办、来信来访来电环境信访3000余件，信访办结率100%，满意率99.10%。

【违法排污整治】 2016年，区环保局开展重点区域、重点企业摸底调查，通过夜查、错时查、异地执法查、突击检查等方式，打击违法排污现象。全年开展"亮剑"执法行动、错时错地（联合）执法等100余次，检查企业6000余家次，处罚违法企业和经营者170余家，罚款金额1300余万元。采取查封扣押36次，报请区政府采取停水、停电措施1次，因环境违法行为向公安部门移交刑事（治安）案件6起，行政拘留11人。

【污染源日常环境监管随机抽查制度实施】 2016年初，区环保局率先推行实施污染源日常环境监管随机抽查制度。所有污染源均被列入随机抽查对象，信访投诉举报多、存在严重违法违规记录、环境风险高等情况的污染源，提高随机抽查频率。抽查采用随机摇号方式，名单一律保密。执法检查中使用移动执法设备，现场制作污染源现场监察记录或现场检查勘查笔录，重点检查被抽查单位污染防治设施运行、污染物排放、环境影响评价审批、排污许可证等环境管理落实情况。全年根据污染源日常环境监管随机抽查制度抽查污染企业600余家次，其中区控及以上重点污染源企业310余家次，立案查处18家，要求限期整改120余家。区纪委全程参与执法监督。

【挥发性有机物污染治理】 2016年初，鄞州区开展挥发性有机物污染治理，涉及涂装、印刷、印染等12类重点行业。5月16日，召开全区挥发性有机物污染治理工作会议，分析各重点行业的整治要求和实施步骤，向各污染治理企业下发《实施挥发性有机物污染治理通知书》。组织整治企业参加市、区挥发性有机物污染治理技术培训，将挥发性有机治理工作纳入2016年鄞州区大气污染防治计划和2016年度鄞州生态区建设工作任务书，配套制订全区工业挥发性有机物污染3年治理方案和“一厂一策”。至年底，整治涂装、印刷企业7家。

【空气质量自动站升级改造】 2016年，区环保局改造浙江万里学院、云龙2个空气质量站点。其中，浙江万里学院站点更新动态校准仪、零气发生器、气象五参数；云龙站点更新CO分析仪、NO_x分析仪、SO_2分析仪、PM2.5监测仪、PM10监测仪等仪器设备。同时，重新梳理集成监测系统，并与省、市数据对接。

【“护航G20百日环保执法”专项行动】 2016年4月28日，鄞州区开展“护航G20百日环保执法”专项行动。召开动员会，下发《“护航G20全区百日环保执法”专项行动工作方案》，重点检查各镇乡（街道）环境保护责任落实情况，“五水共治”工作落实情况，重点污染区域、行业、企业守法情况，污染治理设施运行情况，规模化畜禽养殖、污水处理厂、工业园区及工业集聚区等重点污染点源和区域及“低小散”行业整顿规范、无证无照非法企业清理取缔情况，对《今日聚焦》《第一聚焦》等媒体节目曝光的环境问题进行“回头看”。8月2日，行动结束，立案查处环境违法企业93家，罚款780余万元，查封扣押企业15家，4家违法排污企业因涉嫌环境犯罪依法移交公安机关，行政拘留1人。

（庄 健）

节能降耗

【概况】 2016年，鄞州区安排980万元节能降耗项目补助、500万元新能源应用引导资金、120万元节水项目补助、350万元清洁生产补助和130万元落后产能退出项目补助。规模以上工业企业等价能源消费量156.62万吨标准煤，比上年下降3.40%；规模以上工业企业万元工业总产值综合能耗0.06吨标准煤，下降4.90%；规模以上工业增加值综合能耗下降5.90%。

新墙材产量6.65块标准砖，城镇建筑新型墙材使用率在98%以上。关停淘汰横街镇、五乡镇黏土砖瓦窑3家，累计关停黏土砖瓦窑企业40家，削减黏土砖产能11.25亿块标准砖，腾出土地150余公顷。出台《鄞州区农村新墙材推广应用示范试点项目专项扶持管理办法》，全年落实墙改专项补助资金345.58万元。

【节能改造和重点领域落后产能淘汰】 2016年，鄞州区淘汰铸造、化工等行业8家企业落后生产工艺设备，腾出用能空间1.78万吨标准煤。实施103家企业注塑机伺服电机节能改造477台，总功率9198.50千瓦。实施总投资2.80亿元的节能改造项目，节能2.49万吨标准煤。13家铸造企业进入工业和信息化部《铸造行业准入条件》企业名单，累计18家铸造企业符合准入条件。

【清洁生产和能源审计监察】 2016年，鄞州区推进清洁生产和能源审计监察工作，突出对重点能耗企业、水耗企业的清洁生产审核，审核企业20家，总投资3900万元，每年产生经济收益1050万元，节省标准煤1600吨，节水2万吨。重点监测产值增长明显低于能耗增长的企业，完成能源审计企业20家、能源监察企业20家。淘汰每小时10蒸吨及以下高污染燃料锅炉86台。实施节能（节水）改造项目102项，总投资3.19亿元，每年节能2.35万吨标准煤，节水17万吨。

【“低小散”行业整治提升专项行动】 2016年，鄞州区开展“低小散”行业整治提升专项行动，专项整治技术含量低、产品附加值低、小作坊加工、布局分散、现场环境差的行业。至年底，完成横街镇铝制品氧化行业和鄞州区铸造行业整治提升，淘汰关停6家，整治规范和改造提升39家，减少劳动用工591人，减少产值1.43亿元，腾出用能空间9157吨标准煤，腾出土地空间5.73公顷，减少排污量11.80万吨。

（姚剑峰 陆 斐）

日月重工股份有限公司除尘环保设备

交通

福明立交桥

交通运输与管理

航　空

铁路和轨道交通

海事管理

客运中心综合管理

交通运输与管理

【概况】 2016年，鄞州区交通建设投资19.90亿元，建成并投入使用主干道项目2个，新建、改建农村联网公路21.60千米，交通工程质量监督率、一次交验合格率、重点工程优良率均保持100%。全区公路总里程1983.52千米，公路网面积密度每百平方千米147.36千米。全区有公交企业3家、公交车辆1936辆、公交线路218条，公交运营线路总长度4932.33千米；公共自行车租赁网点246个、桩位7385个；有客运场站2家、客运企业5家、客运车辆297辆；出租车企业10家、出租车辆1592辆；货运业户11287家、货运车辆13281辆，其中危化品运输企业12家171辆、集装箱运输企业11家116辆；各类机动车维修企业858家，其中4S店62家；驾培企业18家，教练车715辆；水上运输企业12家、船舶61艘，水运运力净载重38.50万吨。安全生产事故比上年下降36.30%，事故伤亡人数下降15.40%，死亡人数所占考核指标数下降50%，客运行业实现死亡事故零发生。

保障春节、清明节、国庆节及台风期间交通运输，公交年客运量1.32亿人次，公交机动化分担率达到52%。购置公交车345辆，开辟公交线路15条（含微51路、微52路），优化调整公交线路52条，延时12条。建成第一批45辆无轨电车配套充电桩，推进第二批75辆无轨电车配套充电桩工程建设，建成并投入使用五乡站、宝幢站2座轨道交通接驳站和公交宜家站、孔家潭站、上万龄站、邱隘站4座镇级公交场站。

组织交通执法业务理论考试，参加交通执法人员行政执法综合业务轮训，全体执法人员领取综合执法证。开展“铁腕”“鄞州利剑”等治超专项行动和公路综合治超暨工程车联合整治行动，开展“天网”“道路客运安全年”活动和水上综合执法行动，出动执法人员32552人次，查处各类违法违章案件1921件，执法正确率100%。推进市县行政审批层级一体化改革，完成全部83项下放事项承接工作，受理交通审批事项7545件，按时办结率100%。制订实施《鄞州区交通运输系统正风肃纪工作检查方案》，开展正风肃纪专项检查行动138次，出动检查人员372人次，检查单位363家次，“三公”经费下降44.80%，无重大违纪违规行为发生。刊登各类稿件1068篇，其中国家级媒体220篇。

【交通项目建设】 2016年，宁波铁路北环线“平改立”工程基本完工，部分通道投入使用。鄞城大道（洞桥至云龙段）工程形象进度达56%，214省道改建工程形象进度达12%，章水至横街（樟村至毛家岙段）公路工程形象进度达42%，市固废处置中心配套道路工程形象进度达41%，下应大明路、古林镇中心路、集士港镇广蔺路等8个次干道项目建设推进。姜横线、东外环南延段、通途西路“白改黑”等8个公路大中修工程和215省道邱隘段维修改造、横邹线山区公路弯道改善、莫方线水泥路面维修等40个小额零星及抢险应急工程完工投入使用。全年维修路面26158平方米，清理边沟626千米、窨井4826座，维修侧石271米，疏通涵洞416道、雨水管道26200米，补植提升机场路南延、通途路五乡段绿化14436平方米，新增公路边绿化13.70万平方米。

【“浙江交通最美行业示范区”创建】 2016年，鄞州区推进“浙江交通最美行业示范区”创建工作。11月10—11日，省交通运输厅组织的浙江交通最美行业示范区创建经验交流座谈会召开，区交通运输局作为全省典型代表，由负责人介绍创建经验。至年底，交通运输系统树立应国富、洪艳、洪伟军和卓昌琪4位有影响力的正面典型人物，在省、市、区各级媒体上发布《鄞州公交这十年》《交通建设的“老黄牛”》《默默奉献的公路卫士》等宣传短片近10部。全区12个基层站所实现“区级文明单位”全覆盖，3个基层站所（窗口）被省交通运输厅评为“群众满意基层站所（窗口）”，7个基层站所被评为市级“群众满意基层站所”；创建省级“青年文明号”2家，市级“青年文明号”5家。666路公交线路被评为“全国工人先锋号”；鄞汽公司被评为全国出租汽车行业和谐劳动关系创建活动优秀车队。

【“美丽公路”创建】 2016年初，区交通运输局走访排查骨干道路，建立22条“美丽公路”创建梯队目录，按照公路等级、通行指数、存在问题分类管理，设计改造方案。5月4日，下发《鄞州区“美丽公路”创建活动实施方案》，按照“一路一景”思路，以“自身美、环境美、管理美、服务美、人文美”为主线，提升道路路况、景观绿化、安全设施和管养品质，其中2016年首批升级329国道等道路7条。全年，新鄞横线、鄞城大道创建为宁波市“三化”

鄞城大道

示范路，通途西路被评为宁波市精品示范道路，大庄到观顶公路创建为美丽乡村公路示范样板。

【公路保洁权限下放】 2016年7月1日起，区交通运输局实行公路管养分离改革，在全省率先实施公路保洁权限下放工作，将辖区内61条557.80千米县道及以上公路保洁权限全部划归所属镇乡（街道），实现区公路段从直接从事公路保洁向检查、指导、监督、考核的职能转变。公路保洁划分3个等级。其中，城市道路、穿镇国省道、重要县道为一类，镇区周边主干道路为二类，镇区外围包括山区道路为三类，保洁费用投入标准分别为每年每平方米4.50元、3.50元和2.50元，保洁要求分别为12小时、10小时、8小时，各镇乡（街道）购置机扫车、洒水车等大型环卫作业车辆，区财政给予经费补助。

【鄞州“智慧交通”项目一期工程试运行】 2016年初，鄞州“智慧交通”项目一期工程投入试运行。项目总投资1800万元，建成包括公路、运管、港航等全行业的综合交通指挥平台，开发综合交通运行监测、信息服务、应急指挥3类应用业务系统和GIS-T、数据交换平台、资源管理、单点登录4类应用支撑系统，整个监控大屏由6台工业显示器和12块DLP液晶拼接屏组成，6722个终端接口设备进行定点、定量数据采集和实时画面传送。项目建成并投入使用公路治超电子检测系统1套、公路流量计15套、多功能可变情报板16块、视频监控60套、AIS电子航标25套、电子公交站牌41座；接入全区所有公交车、出租车、“二客一危”车辆（旅游包车、班线客车和危险化学品运输车）GPS定位信息和班线客车、旅游客车、公交车视频监控，实现与市级交通运输部门和区应急信息平台互联互通、资源共享。

【驾驶培训行业“百日整肃”活动】 2016年4月20日至7月29日，鄞州区开展驾驶培训行业“百日整肃”活动，重点打击“黑驾校”“黑场地”“黑教练车”等非法经营行为，依法处置训练期间教练场地、教练车、教练员、学员未归属同一驾培机构及教练员在操作教学期间离岗等违规现象，并监督教练员“廉洁教学”。活动期间，在电视、广播、报纸和网络等新闻媒体发布信息180余篇，查处教练未在核准场地教学等非法经营行为为22起。

【干线公路建设项目动态管理系统试运行】 2016年8月底，“阳光工程”项目动态管理系统完成与鄞城大道（洞桥至云龙段）工程项目对接，投入试运行。项目总投资近300万元，是全市首个针对干线公路（国、省、县道）建设使用的项目动态管理系统。系统将公路工程项目信息、合同管理、日常办公等工程建设工作流程纳入平台统一管理，建立手机短信平台、企业邮箱、公文处理等沟通渠道，公开项目建设依据、质量管控、建设进度、安全生产、廉政建设等工程建设信息，引入虹膜考勤管理技术，应用电子签名实现计量支付功能，实行试验检测数据联网共享机制，并在关键部位安装高清摄像头10个。

（忻贤滨）

航 空

【概况】 2016年，宁波栎社国际机场旅客吞吐量779.20万人次，其中国际和地区旅客109.60万人次，货邮吞吐量10.70万吨，航班起降6.37万架次，分别比上年增长13.67%、8.40%、38.89%和13.46%。增加铜仁、绵阳、包头、布达佩斯4个航点，加密广州、重庆、贵阳、哈尔滨、沈阳、西安等主干航线航班，开通直飞布达佩斯的东欧包机航线，通航城市78个，航线93条。获批国家水果指定口岸，开辟达卡、大阪、阿姆斯特丹3条全货机定期航线。引入国内外航空公司8家，入驻航空公司达到46家，其中低成本航空公司16家，运营航班3392架次，运送旅客53.70万人次，市场份额由6.87%提高到8.24%。

开展机坪运行、净空、鸟击防范等专项整治，组织“安全生产月”“安全大检查”“安康杯”活动，开展“平安护航G20”专项整治行动，实现第32个安全年。联合航空公司、旅行社开展广告及促销活动21项，通过官方微博发布航线产品124条，平均阅读量达到每条1730次。扩容改造远机位、1号廊桥、国际出发隔离厅、安检中心通道、A1行李线等，推出“二楼登机口等待区”“国际到达迂回排队引流”“行李待装区”和国际值机快捷柜台、起飞前40分钟停止值机等措施。提升服务质量，在航班保障、行李运输、特色服务、敬老助残等方面推出19项服务举措。全年国内航班旅客平均满意度4.51分，上升1.30%。

根据市政府与海航集团有限公司签订的战略合作框架协议，基本完成与宁波东海兴业投资有限责任公司的合作方案；与宁海县政府签订战略合作框架协议。机场总体规划调整完成，通过中国民用航空局审批。

【宁波至达卡全货机航线开通】 2016年3月6日，宁波栎社国际机场开通宁波至孟加拉国首都达卡全货机航线，每周日执飞1班，由友和道通航空有限公司执飞，航班号UW9975，机型B747-200，航路为武汉—宁波—达卡。主要承运由上海浦东机场以陆运转关模式运抵宁波的货物，以纺织品、布料、百货、水产品等为主，每班货包的出港货量近100吨。

【大阪至宁波跨境电商直达专线开通】 2016年3月27日，大阪至宁波航线投入运行。该航线是由宁波东海兴业投资有限责任公司发起，扬子江航空股份有限公司和中通快递股份有限公司联合运营的国内首条跨境电商直达专线，由扬子江航空股份有限公司B737全货机执飞，除周一、周六外，每日1班。大阪起飞时间8时（当地时间），9时15分到达宁波，由中通快递负责投送。

【宁波至韩国清州航线开通】 2016年3月28日，宁波栎社国际机场开通首条定期直飞韩国清州正班航线。该航线由韩国易斯达航空公司执飞，每周

3班，分别于周一、周三、周五运营，出港航班航班号ZE892，机型B737-800，宁波起飞时间9时30分，到达韩国清州时间12时30分（当地时间），宁波出港旅客可享有免税品特价购买政策。

【宁波至阿姆斯特丹全货机航线开通】 2016年5月5日，宁波栎社国际机场开通宁波至阿姆斯特丹首条洲际全货机航线。该航线由东方航空物流有限公司旗下的中国货运航空有限公司执飞，航班号CK291，每周2班，宁波起飞时间为周二、周四13时，北京时间次日0时40分抵达阿姆斯特丹；返程航班为每周三、周五13时40分抵达宁波。航班机型波音777-200F型货机，满舱体积约550立方米，载货容量60吨。进口货物种类主要有机械配件、日用品等，出口货物种类有纺织品、电子产品、服装等。

【宁波至布达佩斯直飞航线开通】 2016年6月6—12日，宁波栎社国际机场开通宁波直飞匈牙利首都布达佩斯往返航班。6月6日和6月12日执行2个往返、4个班次。6月6日航班宁波起飞时间14时05分，到达布达佩斯时间18时40分（当地时间），20时起飞，次日13时15分到达宁波；6月12日航班宁波起飞时间16时，到达布达佩斯时间21时35分（当地时间），22时55分起飞，次日15时10分到达宁波。航班机型A330，乘客为中东欧公、商务客人，近100人次。

【宁波机场翔鹰发展股份有限公司在"新三板"挂牌】 2016年10月18日，宁波机场翔鹰发展股份有限公司在"新三板"挂牌。证券简称：翔鹰股份；证券代码：838846。公司是宁波机场与物流发展集团有限公司控股的股份制企业，成立于1997年10月，历经3次股权变更，2016年2月15日完成股份制改革，宁波机场与物流发展集团有限公司直接间接持有股份合计5500万股，每股1元，持股比例100%，主营机场航空货运地面服务业务及机场所有广告资源的投放、发布与监测业务。

【宁波栎社国际机场创建为国际卫生机场】 2016年11月9日，丹尼尔带领世界卫生组织技术专家组到宁波栎社国际机场，检查测评宁波空港创卫展厅、媒介标本室、应急物资厅、机场新建配餐楼、二次供水站、水质实验室、旅检通道、候机楼隔离留验用房等创卫工作点，肯定宁波空港创卫工作成效，宁波空港通过考核。11月10日，国家质量监督检验检疫总局向宁波栎社国际机场授予"国际卫生机场"牌匾，宁波栎社国际机场成为浙江省首个、全国第11个国际卫生机场。至10月底，宁波栎社国际机场有航空配餐工程总建筑面积9000余平方米，其中配餐楼4888平方米，日配餐量12000份，航空器用水卫生达到直饮水标准。垃圾分拣站、液体废弃物处理中心、水质实验室建成，空港具备日均处理航空器垃圾7.90吨、生活垃圾7.20吨能力。实施400米防护带及机场集团围界范围医学媒介生物监测与控制等项目。

【机场阳光服务室获"全国工人先锋号""全国交通行业文明示范窗口"称号】 2016年4月28日，宁波机场与物流发展集团有限公司地面服务分公司阳光服务室被中华全国总工会授予"全国工人先锋号"称号。8月12日，交通运输部发布《关于表彰2014—2015年度全国交通运输行业精神文明建设先进集体先进个人的决定》，宁波机场与物流发展集团有限公司地面服务分公司阳光服务室获"全国交通运输行业文明示范窗口"称号。阳光服务室成立于2007年，推出阳光爱心、航延前置、阳光导乘、晚到急助、外宾帮助、阳光一路通、跟着阳光去旅行、阳光帮等服务举措10余项，主动为老、弱、病、残、孕等特殊旅客服务5万余人次，为近300万名航延旅客提供阳光航延服务，归还旅客遗失物品总价值700余万元，收到旅客锦旗45面、感谢信和感谢留言3000余条，被全国各大媒体报道700余次。

（于 骏）

铁路和轨道交通

【概况】 2016年，萧甬铁路北仑支线电化改造暨五乡段抬轨工程建设推进，鄞州区出资1.80亿元，总工期3年。宁波铁路枢纽北环线征拆和工程遗留问题逐步解决，甬金铁路前期工作、轨道交通鄞州段工程和宁波至奉化城际铁路鄞州段工程建设推进。

【轨道交通3号线一期鄞州段工程】 2016年，轨道交通3号线一期鄞州段工程除锦寓路站进行前期管线迁移工作外，其余8个站（场）开工建设。其中，四明中路站、句章路站等6个站点进行基坑挖掘；12月28日，钱湖北路站主体基坑封顶，车站主体结构完工；12月30日，鄞州区政府站主体结构完工。

【轨道交通4号线一期鄞州段工程】 2016年，轨道交通4号线一期鄞州段工程环城南路站涉及潘火街道的宁波东方火柴机制造厂完成搬迁并开始拆除；环城南路南侧拆迁地临时作为管线迁移及施工单位项目驻地，施工单位中铁十六局集团有限公司项目部建成；迪卡侬借地工作完成；环城南路站入口进行道路维修。嵩江东路站涉及中河街道8家企业。其中，蔡家漕工业区有签约意向；与恒基水泥制品、振奋针织厂、王安国（个人）、胡俊（个人）进行谈判协商；待拆部分3家企业无签约意向，该处完成丈量评估工作，启动司法拆迁程序。金达路站涉及下应街道3家企业和40户民宅。其中，40户民宅拆除39户，1户未签约；下应裕立机械附件厂、康穗机械附件厂签约，炜兴电器工具厂因拆迁增值税问题未签约。云龙镇东钱湖站处受基坑挖掘影响的11户民宅腾空，人员搬离。环城南路站、嵩江东路站、南高教园区站绿化迁移完成；南高教园区站涉及的公共自行车站点迁移完成。因管线迁移增加鄞州交警大队、鄞州公路段的借地工作完成政策处理。

【轨道交通5号线一期鄞州段工程】 2016年9月28日，轨道交通5号线一期工程开工建设，鄞州区范围设站点14个和前股车辆段，鄞州段长约17千米。至年底，鄞县大道、金达路管线改迁及拆复桥方案与区城市建设投资发展有限公司对接，部分工程委托其实施；前股停车场建设及周边区块开发与邱隘镇初步对接。

【宁波至奉化城际铁路鄞州段工程】 宁波至奉化城际线鄞州段工程涉及姜山站、鄞州工业园东站、甬江村站、鄞州工业园西站4座车站，线路过绕城高速后全部采用高架形式敷设。至2016年底，与首南街道范围内的宁波市鄞州荣盛纸木包装厂进行谈判；姜山镇范围内临时用地办理审批手续，中心路、雁湖路树木进行迁移，7个村临时用地内青苗作物进行处理，2个村签约；封门改道企业8家，3家签约。

（史启明　汤拥军）

海事管理

【概况】 2016年，宁波鄞奉海事处开展水上巡航636次，航程11942海里，巡航时间2528.45小时；陆上巡查458次，里程31394千米，巡查时间2525.74小时。辖区发生水上交通事故2起，直接经济损失11万元。接收处置险情1起，查处海事行政违法案件47件，征收船舶港建费11260元。辖区船舶进出港1.34万艘次，海船签证7770艘次，内河船签证3484艘次，定期签证审批443艘次，船员任解职799人次，试航、停航、内河水文测量等安全作业报备19艘次，A/C组散固备案、报告508艘次，防污作业审批29艘次，防污文书核发69本，船舶文书核发51本，船舶重要日期确认3艘次，恶劣天气预警预控452次。海船安检50艘次，内河船安检122艘次。

开展内河客运企业船舶电子注册送教上门服务，走访航运公司112家次。核查辖区37艘港内作业船舶铅封情况。走访宁波市鄞州江丰渣土清运有限公司、宁波远洋运输有限公司，解决噪音扰民信访问题，33艘渣土泥浆船全部安装消音设备。联合港航、渔政等部门开展东钱湖航道清障行动，保障第八届中国湖泊休闲节暨全国青年帆船锦标赛和2016中国铁人三项联赛东钱湖站赛区比赛。

【水上交通安全监管】 2016年，宁波鄞奉海事处开展创建平安船舶专项行动、船舶配员专项检查行动、船舶标识专项检查、“两船”专项整治、平安护航G20“百日维稳攻坚会战”、危险品运输专项治理等工作。其间，开展联合执法，取缔奉化江非法黄沙装卸点，通报奉化江桥梁安全设施隐患；开展联合巡航巡查排查，整改桥区助航标志信号故障等安全隐患10余项。联合东线湖旅游度假区旅游与湖区管理局，建立健全东钱湖水域恶劣天气预警预控机制，扣留非法船只2艘；排查消除东钱湖水域安全隐患3项，9项安全隐患被列入政府相关部门工作计划。编制东钱湖14艘客船《客船单船手册》。走访澄浪桥及灵桥项目部40余次，水工现场检查600余次，灵桥大修工程主桥及便桥施工涉及水上封航警戒59次，检查剡江、东江、奉化江三江口3处清淤工程。开展渣土船舶安全检查，核查船舶配员及任解职情况，行政处罚违章渣土船15艘。处置“荣昌138”轮触碰徐家渡便桥和“江洲02”轮触碰奉化西环线跨剡江施工便桥等涉桥事故险情。

【船舶进出港报告制度实施】 2016年11月22日起，宁波鄞奉海事处开始取消国内航行海船进出港签证，并实施船舶进出港报告制度，企业可通过电子签证平台进行签证。同时，原与客船电子签证配套实施的现场检查工作不再实施，客渡运船舶的现场检查频次按照《浙江海事局船舶分级管理办法》及《浙江海事局客渡运安全监管指导手册》要求执行，其中滚装客船和C级客船每天至少检查1次，高速客船至少每2天检查1次，其他客渡运船舶不低于每周1次。对于重点跟踪船舶、协查船舶、列入浙江海事局“黑名单船舶”、C级船舶等重点船舶，抵港检查要求不变。至年底，办理内河航行船舶进出港电子签证3640艘次。

（严燕南）

客运中心综合管理

【概况】 2016年，市客运中心站区域综合管理办公室投入6万余元，美化环城南路南侧—通达路西侧、加油站—宁波工程学院驾校旁、鄞州银行右侧围墙，总美化长度约300米。投入5.10万元，安装通达路绿化隔离栏。投入4万余元，补种客运中心站入口广场绿化带、启运路机场路路口草坪绿化带。投入2.60万元，刷新市客运中心综合管理办公室综合大楼和厨房、仓库墙体。投入2万余元，清理临时停车场内杂物，采购彩钢夹芯板优化围挡。客运中心区域通过国家卫生城市第三轮复审和全国文明城市指数测评。

“春运”期间，市客运中心站发车12989班次，其中加班车1000班次，发送旅客26.20万人，客流量达52万人次。区域内交通安全事故零发生，文明执法零投诉。

【市客运中心站区域综合管理】 2016年，市客运中心站区域实行“三位一体”的综合管理模式，按照“职能分工，综合管理”原则，整治规范区域内占道经营、流动摊贩、跨门营业行为，规范营运市场，开展禁毒打防工作。全年，运政部门查纠出租车违章160起、大巴车违章34起，查扣“黑车”3起；城管部门处理人行道违停抄告671起，办理简易程序案件3起、一般程序案件2起，为群众提供服务1700余次。

【客运中心站“G20杭州峰会”安全保障】 2016年9月，市客运中心站投入57.40万元，改善安检设备，在行李托运处、出站口及车辆进口处设置栅栏、门禁，车站围墙设置红外线电子围栏。实行旅客实名登记制度，运用人车核查系统，协助警务人员核查旅客有效身份，确保票、人、证一致。安检口做到逢包必查、逢疑必查、逢液必查、人物同检。

（丁红艳）

邮电·信息

宁波市鄞州区百迅软件有限公司研发的游戏——垃圾分类

邮　政

通　信

电子政务

智慧城市建设

邮　政

【概况】 2016年8月8日，中国邮政集团公司宁波市分公司鄞州分局划分为鄞东、鄞中和鄞西3个分局。鄞东分局有从业人员130人，投递邮路39条，其中电瓶车道段40条、摩托车道段11条、汽车道段2条，邮路总长度2396.43千米；下辖4个中心支局，6个金融代办点，大小网点13个；有邮政CRS机8台、ATM机4台；邮政业务总收入1618.66万元，其中代理金融业务收入811.06万元，邮储存款规模4.42亿元，包裹业务165.43万元，函件业务收入69.18万元，代理信息业务收入127.82万元，集邮业务收入76.25万元，报刊业务收入323.45万元，分销业务收入36.98万元。

鄞中分局有从业人员144人，投递邮路49条，其中电瓶车道段41条、摩托车道段6条、汽车道段2条，邮路总长度1026千米；下辖4个中心支局，7个金融代办点，大小网点16个（代办所1个）；有邮政CRS机24台、ATM机13台；邮政业务总量1799.20万元，代理金融业务收入949.76万元。至年底，邮储存款规模6.08亿元，包裹业务167.03万元，函件业务收入91.63万元，代理信息业务收入99.37万元，集邮业务收入51.48万元，报刊业务收入382万元，分销业务收入48.13万元。

鄞西分局有从业人员119人，投递邮路30条，其中电瓶车道段21条、汽车邮路2条、摩托车邮路6条、自行车邮路1条，邮路总长度1801千米；下辖9个支局、所，大小网点10个，其中开办金融网点7个；有邮政CRS机9台、ATM机3台；邮政业务总量1919.20万元，其中代理金融业务1228.40万元、报刊业务收入285.79万元。至年底，邮储存款余额6.30亿元，实现标保8150万元。举办各类培训60期，平均参加培训12人次。

（陈　盛）

通　信

【概况】 2016年，鄞州区有固定电话49.50万户，移动电话数188.50万个，固定互联网37.40万户，移动互联网104.80万人，区内光缆总长度81.20万芯千米，城域出口带宽330千兆。

中国电信股份有限公司鄞州分公司（下称“鄞州电信”）实现运营收入5.70亿元，有线宽带32.60万户，移动用户36.80万户，固话用户34.50万户。累计建成4G基站1200个，基本实现全地区所有城区、乡镇、农村4G网络全覆盖。热点229个，AP8624个，基本实现交通枢纽、政府对外服务场所、大型医院、大中专院校、星级酒店、高档写字楼、大型商业广场、综合性休闲娱乐场所等区域覆盖。签约浙江省电子政务视联网项目、公安高清视频监控项目和宁波基层社会服务管理综合信息系统项目。政企客户部被评为宁波市青年文明号。

中国移动通信集团浙江有限公司鄞州分公司（下称“鄞州移动”）实现运营收入9.02亿元，比上年增长16.80%，列全市第一位。累计建成4G基站2239个，基本实现全地区所有城区、乡镇、农村4G网络全覆盖。热点近700个，AP近6500个（主要分布在高教园区），基本实现交通枢纽、政府对外服务场所、大型医院、大中专院校、星级酒店、高档写字楼、大型商业广场、综合性休闲娱乐场所等区域覆盖。全区光网覆盖80余万户，覆盖率98%。公司党支部被中国移动通信浙江公司评为“最佳实践党支部”。

中国联合网络通信有限公司宁波市鄞州区分公司（下称“鄞州联通”）实现运营收入2.22亿元，通话用户数约25万户，热点832个，室分建设近200个（主要分布在高教园区、各商业圈内），基本实现交通枢纽、政府对外服务场所、大型医院、大中专院校、星级酒店、高档写字楼、大型商业广场、综合性休闲娱乐场所等区域覆盖。全区光网覆盖约35万户，覆盖率90%。签约宝瞻线、明静苑、镇岚路、国昌、康强、公安网警WiFi等重大项目。鄞州联通获评宁波市第十三届消费者信得过单位和浙江省青年文明号。

【鄞州电信浙江省电子政务视联网项目】 2016年，鄞州电信推进浙江省电子政务视联网项目建设。该项目通过建设全省统一的视联网骨干网络、高清视频核心平台，覆盖省、市、县（市、区）和镇乡（街道），接入省、市、县（市、区）横向单位，实现视频会议、多方视频会话、视频监控等功能，并与视频会议系统互联互通。至年底，鄞州区建设点位70个（原江东区点位34个、原鄞州区点位36个）。

【鄞州电信宁波基层社会服务管理综合信息系统项目】 2016年7月，鄞州电信宁波基层社会服务管理综合信息系统建成。该系统是以镇乡（街道）为重点的基层社会治理工作信息化支撑平台，基层社会服务管理事项统一处理的工作平台，基层数据统一采集、存储和管理的汇聚共享平台，各级党政部门基层社会治理业务工作协同处理的流程支撑平台，网格员统一使用该系统APP完成所有任务。全年700个基层网格人员接入系统，使用APP处理日常工作。

【鄞州移动鄞州区无线上网管控系统项目】 2016年8月3日，鄞州移动中标鄞州区无线上网管控系统项目。该项目是鄞州移动首次建设室外点位，建设内容包括在路口、卡口等公共交通要道，商场、车站等公共场所及茶室餐厅等非经营场所等布建WiFi信息采集点，并完成相关场所安全审计系统建设，实现全区WiFi数据采集；完成后端接入平台建设，实现对采集数据进行存储、汇总、整合。至年底，升级存量点位625个，建设点位100余个。

【鄞州移动石碶街道社区卫生服务中心IDC机房托管项目】 2016年10月21日，鄞州移动中标石碶街道社区卫生服务中心IDC机房托管项目。该项目是鄞州区卫生条线首个机房托管项目，根据医院机房信息化设备现状，结合新大楼在建智能化弱电系统新采购设备进行升级改造，将IDC机房、医院新大楼备用机房建设成信息化枢纽，并做到同城异地应用级容灾机房。至年底，完成客户现场预勘、设计方案制订、部分设备到货、石碶街道社区卫生服务中心新大楼至鄞州移动IDC光缆敷设等工作。

【鄞州联通资费下调】 2016年12月1日起，鄞州联通分套餐逐步实施提速降费，下调流量放心用和套餐外流量资费，按照老用户老政策、新用户新资费实施。国内流量资费标准资费和套餐外资费高于每兆0.27元的全部下调为0.27元；原按千字节计费的，折算后高于每兆0.27元的，同步调整为0.27元，低于0.27元的保持不变。老用户可签转新套餐或申请调整为新的流量放心用升级版，下调套餐外流量资费每兆0.27元。

（蔡萍萍　陈　晨　毛超芳）

电子政务

【概况】 2016年，鄞州区政务外网接入单位116个，接入终端6214台；政务内网接入单位70个，接入终端181台。区数据中心机房为66家单位提供虚拟主机空间服务，托管网站72个；为25家区级单位提供服务器托管。政务骨干网络及中心机房全年运行平稳，政务视频（应急管理）会议系统、数据交换平台使用顺畅。

“中国鄞州”门户网站发布信息22726条，页面浏览量1.48亿次。在2016年度宁波市政府系统网站评测考核活动中，“中国鄞州网”被评为政府系统网站示范性单位。

【浙江政务服务网鄞州区平台】 2016年，鄞州区有4689项行政权力（其中行政许可事项486项）被纳入浙江省权力事项库。省、市、县、乡、村五级公共服务事项目录库建设基本完成，推送入库基层事项13882项。推进行政权力和公共服务事项一站式网上运行，浙江政务服务网权力运行系统办理行政许可事项54900件、其他类权力事项209679项、公共服务事项371件。区投资项目在线审批监管平台建设与浙江政务服务网鄞州区平台无缝对接，实现非涉密投资项目平台受理、限时办结、依法监管、全程监察。搭建行政处罚平台系统，裁量梳理2990项，有18家部门及单位的行政处罚结果实现网上公开，全年公开行政处罚12806项。

【区政务协同办公平台投入运行】 2016年10月28日，鄞州区政务协同办公平台通过验收并投入运行。政务协同办公平台覆盖全区各区级机关和镇（街道），接入节点单位190个，平台注册用户7161个，为用户提供公文管理、信息管理、会议管理、督查管理、建议提案、重点工作、办公助理、系统管理等功能。至年底，交换各类文件6012个，发放电子文件142003份，录用信息1346条，办理督查2978件，发放各类会议通知单613份，基本实现政府办文办会无纸化。

（董　琳）

智慧城市建设

【概况】 2016年，鄞州区推进智慧城市创建工作，启动建设政府投资类智慧城市建设项目11个，涉及财政资金1728.50万元，各部门信息化资金需求2240万元，节余财政资金511.50万元。建设“爱鄞州”（iYinzhou）热点104个、无线AP164个，覆盖点包括公园、医院、行政服务中心、客运中心、旅游景点、公共自行车点位等公共区域。

鄞州区有软件和信息服务企业790家，其中注册资金1000万元以上企业120家，“新三板”挂牌企业2家（宁波世游信息科技股份有限公司、浙江微动天下信息技术股份有限公司），申报企业4家（宁波国研软件技术有限公司、宁波市鄞州金盾科技研发有限公司、浙江宣逸网络科技有限公司、宁波莱彼特文化传媒股份有限公司）。全年实现软件收入114.70亿元，比上年增长23.20%，约占全市比重的1/4，企业规模和软件收入居全市首位。累计9家企业被列入市重点软件（骨干）企业，20余家企业通过CMMI3软件成熟度国际认证。原创动画片累计备案产量94部90591分钟，约占全市的60%，居全省第二位、全市首位。宁波汇金大通有色金属储备交易中心有限公司成为2016年浙江省推进信息经济发展百家重点企业（电子商务领域）。

【鄞州区获评2016年浙江省软件和信息服务产业示范基地】 2016年3月10日，省经济和信息化委员会和省财政厅联合发文，公布2016年浙江省软件和信息服务产业基地建设名单，鄞州区入选示范基地。至2015年底，全区有软件和信息服务企业720家，其中注册资金1000万元以上企业110家。全区软件和信息服务业收入93亿元，增长33.20%，约占全市比重的1/4，软件收入和企业规模居全市各县（市、区）第一位。通过软件产品认定68项，累计通过“双软认定”（软件企业的认定和软件产品的登记）的软件企业数量107家，软件产品认定超过1616项，总量约占全市的1/2，累计9家企业被列入市重点软件（骨干）企业，20余家企业通过CMMI3认证。

【东蓝数码有限公司成为浙江省大数据产业第二批应用示范企业】 2016年11月21日，省经济和信息化委员会公布《关于公布浙江省大数据产业第二批应用示范企业名单的通知》，东蓝数码有限公司入选。该公司为专业提供城市信息化服务的国家高新技术企业，曾是国家发展和改革委员会、工业和信息化部、财政部、商务部、国家税务总局联合认定的“国家规划布局内重点软件企业”，科学技术部认定的“国家现代服务业创新发展示范企业”和“国家火炬计划软件产业骨干企业”，省政府认定的“浙江省智慧城市大型软件产业技术创新综合试点企业”，有省级重点企业研究院、省级院士工作站、省级企业研发中心，核心业务为智慧城市顶层规划、智慧城市应用开发、智慧城市投融资服务、智慧城市运营服务，为国内20余个省部级政府和200余个地市级政府提供信息化服务，实施项目有北京奥运会城市运行指挥系统、北京市地下管线综合管理信息系统、北京市市级网格化平台系统、广州亚运会网格化管理及城市运行信息系统等。

（朱彬彬）

财政·税务

鄞州区民企涉税事务协调服务中心成立

财　政

国家税务

地方税务

财 政

【概况】 2016年，全区（含宁波国家高新技术产业开发区和东钱湖旅游度假区）一般公共预算收入2077753万元，比上年增长5.70%；中央财政收入1306704万元，财政总收入3384457万元，增长8.10%。其中，鄞州区（不含宁波国家高新技术产业开发区和东钱湖旅游度假区）一般公共预算收入1644434万元，增长9.10%；中央财政收入1000142万元，财政总收入2644576万元，增长7.20%。宁波国家高新技术产业开发区财政总收入620348万元，东钱湖旅游度假区财政总收入119533万元。全区出口退税1283434万元，其中鄞州区出口退税1096964万元。鄞州区地方财政可用资金1406812万元。其中，地方财政收入1644434万元，返还性收入44228万元，一般性转移支付收入72598万元，上解中央、省及市支出354448万元。专项转移支付收入152179万元，上年结转147651万元，地方政府一般债券转贷收入170740万元，调入预算稳定调节基金80509万元，调入资金28298万元，合计收入2340637万元。鄞州区一般公共预算支出1576255万元，下降4.20%。上解中央、省及市支出354448万元，债务还本支出150740万元，安排预算稳定调节基金65709万元，鄞州区地方财政收支相抵结余193485万元，其中各部门未使用专款及单位包干结余193485万元。预算稳定调节基金67200万元。

【财政支出管理】 2016年，区财政局整合和调整完善财政支持经济发展政策，安排经济扶持资金8.41亿元，重点支持实体经济发展。科学技术支出5.47亿元，重点支持企业研发投入、小微企业孵化项目、专利、科技金融服务等项目。出台促进中小微企业发展的各类资金管理办法45项，重点支持企业技术改造、科技研发、专利申报等项目。与区减轻企业负担领导小组办公室联合印发《宁波市鄞州区稳增促调专项资金管理办法》，按水利基金、土地使用税的60%建立稳增促调专项资金，全年拨付第一批补助资金20675万元，补助企业3359家。受理购房补贴30142户，其中增量房13415户、存量房16727户，补助资金27079万元；新政策商业办公用房1454户，补助资金3594.15万元。民生支出122.65亿元，占一般公共预算支出的77.81%。教育支出27.73亿元，重点巩固城乡统筹全免费义务教育。社会保障和就业支出13.48亿元，重点扶持高校毕业生、失业人员、退役士兵等群体就业创业。医疗卫生与计划生育支出16.40亿元，用于支持健全全民医保体系、促进基本公共卫生服务均等化。“三农”支出69.27亿元。安排10004万元专项转移支付资金，用于8个镇乡的31个民生项目建设。农村、林业、水利支出15.64亿元，重点优化农村环境、改善河网水质、完善基础设施、保障农民安居乐业。立项一事一议及美丽乡村项目33个，涉及14个镇乡（街道）26个行政村，计划总投资4921.81万元，其中财政奖补资金2740万元、村镇自筹2117.39万元、社会捐赠32万元、村民筹资32.42万元，受益群众38010人。

【财政体制改革】 2016年，鄞州区完善国库集中支付运行机制，23个镇乡（街道）实现国库集中支付改革全覆盖。完善综合预算改革，将部门预算编制与社保基金预算、政府采购预算、国有资金经营预算有效衔接。因公出国经费管理坚持指标、预算双控制制度，对照财政部出国经费标准，逐项审批出国经费预算明细。全年鄞州区“三公”经费[政府部门人员因公出国（境）经费、公务车购置及运行费、公务招待费产生的消费]全口径支出7300.13万元，下降15.84%。10月1日起试行开展互联网平台自行采购，年度累计采购金额在5万元（含）以下、市场竞争充分、价格透明且低于协议采购价的货物（除台式电脑、便携式计算机），可到大型规范的网上超市自行采购，试行网上超市有京东网、苏宁易购和当当网。

【财政监督管理】 2016年，区财政局主动向社会公开2015年区级预算执行情况，指导全区61个部门自财政批复之预算日起7个工作日内向社会公开部门预算。89个项目被纳入2016年度预算绩效跟踪管理，增长107%，涉及16个部门，预算总额33.80亿元，增长27%，占全区专项资金总额的46%。全年政府采购额（包括工程招投标）70.24亿元，节约资金6.97亿元，资金节约率10%。出台《鄞州区政府性债务信息公开暂行办法》《鄞州区政府性债务计划编报办法》《鄞州区政府性债务风险预警和应急处置预案（试行）》《鄞州区政府性债务管理工作考核问责暂行办法》等政府性债务管理制度。

【政府采购执行方式创新】 2016年，区财政局创新政府采购执行方式，定期梳理并动态管理政府集中采购目录，保留通用性强的品目，删除使用率不高的品目。提高采购限额和公开招标数额标准，采购限额由10万元提高至20万元，公开招标标准由30万元提高至50万元。优化采购方式和采购组织形式。对适合按量归集需求的通用类货物实行批量集中采购方式；对通用性强、标准统一的服务项目实行定点采购方式；对需求具有相对固定性、延续性且价格变化幅度小的服务项目，符合有关条件的可按规定续签履约合同。发挥政府采购的政策功能，制定采购需求标准、预留采购份额、价格评审优惠等措施。

【政府采购招标代理机构考核】 2016年4月，鄞州区出台《政府采购招标代理机构考核办法》，主要考核法律法规执行情况、业务操作情况、内部制度建设、服务质量、质疑投诉等，采取日常考核和年终考核相结合的办法。在计分上，根据代理机构的违规违法行为，依据行为的轻重程度，分别记2分、3分、6分和12分。对一个周期内累计记分满12分的，进行为期1~3个月的纠错整改；有一次记12分的违法行为或有其他违反政府采购法律法规规定的情形，1~3年内禁止其代理政府采购业务，并予以公告。全年由社会代理机构采购的金额61.72亿元，占采购总金额的94.80%，无扣分情形。

（杨宏云）

国家税务

【概况】 2016年，区国税局组织税收收入142.10亿元，其中免抵调库19.56亿元，税收总量比上年增长18.80%，增速提高12.70个百分点。增值税入库收入110.77亿元，占全年税收总量的78%，增收贡献率113.80%；消费税、企业所得税和车辆购置税分别入库0.49亿元、27.52亿元和3.32亿元，分别下降0.50%、7.90%和18.20%。第二产业入库税收96.60亿元，增收11.85亿元，增长14%；第三产业入库税收45.49亿元，增收10.63亿元，增长30.5%。

税务登记开业户数105819户，其中单位纳税人47891户、个体经营纳税人57928户。推进依法治税，区国税局获"宁波市国税系统法治税务示范基地"称号。实施风险应对12625户次，风险应对问题率100%，入库税收4.27亿元，评估企业352户，评估补税1.57亿元，增长21.10%。落实《全国税收征管规范（1.2版）》，推进"五证合一、一照一码"（营业执照、组织机构代码证、税务登记证、社会保险登记证和统计登记证五证合一；企业登记注册手续由原来五个证变成一个营业执照和一个统一社会信用代码）改革，实施个体工商户"两证整合"工作。

落实"互联网+税务"实施方案，开展电子发票试点，开出全市首张公共事业领域电子发票。启用商品编码开具增值税专用发票，试点住宿业小规模纳税人自开增值税专用发票。落实《出口退（免）税管理工作规范（1.1版）》，重新调整出口企业分类，在全市率先为1户离岸服务外包企业办理退税20.10万元。办理各类征前减免税21.21亿元，征后实际办理各类退税94.98亿元，其中出口退税91.97亿元、其他各类退税3.01亿元，小型微利企业所得税优惠政策受惠面保持100%。推进无纸化管理，无纸化申报率达85%。开展重点税源和高风险事项管理工作。1—5月，23457家企业进行2015年度企业所得税汇算清缴，汇缴面100%。

【国税稽查】 2016年，市国家税务局第一稽查局推进税收专项检查、双随机抽查、举报协查及发票违法犯罪整治工作，打击虚开发票、骗取出口退税等。查处50万元以上税款的大要案26件、500万元以上大要案5件；破获宁波蓝鲸进出口有限公司骗税案，该案被国家税务总局列为打击出口骗税案件典型案例。全年检查企业233户，审结企业227户，有问题企业194户，查补收入2.29亿元，入库收入2.25亿元。

2016年4月16日，区国税局城区分局开展纳税人开放日活动

【全面推开营业税改征增值税试点】 2016年5月，鄞州区全面推开营业税改征增值税（简称"营改增"）试点，区建筑业、房地产业、金融业、生活服务业19760户营业税纳税人，全部纳入试点范围，由缴纳营业税改为缴纳增值税。按照分类、分层、分批的原则开展辅导，组织一般纳税人培训37场、小规模纳税人培训27场，发放资料2.90万份。增设服务窗口16个，组织"青税管家"开展政策送推上门服务，推出领导值班以及管理员进大厅等配套服务。5月1日，宁波市开元名都大酒店开出宁波市生活服务业首张增值税专用发票。至年底，全区"营改增"四大行业（建筑业、房地产业、金融业、生活服务业）户数19816户，入库税收收入18.43亿元。

【鄞州区获评全国百佳国税地税合作县级示范区】 2016年，区国税局贯彻落实《深化国税、地税征管体制改革方案》和《国家税务局、地方税务局合作工作规范（3.0版）》要求，联合鄞州地税局、市地方税务局东钱湖旅游度假区分局共同出台合作示范区方案，确定基本合作事项27项、创新合作事项6项、自创合作事项6项。探索实行"互驻大厅、互派人员、互办业务、互享资源"的合作模式，合理布局办税服务资源，互设窗口13个，共建窗口3个，互派人员22人，并明确互进窗口人员工作职责。12月29日，国家税务总局下发《关于公布全国百佳国税地税合作县级示范区名单的通知》，鄞州区入选。

【金税三期工程优化版系统上线运行】 2016年，区国税局推进金税三期工程（税收管理信息系统工程的总称）优化版系统上线工作，开展业务差异分析、数据清理、岗责体系梳理、全员业务培训、单双轨试运行、人海业务压力测试等，并在全市创新推出"2+1"前后台互补工作模式。9月28日，综合征管信息系统下线；10月8日起，金税三期工程优化版上线运行。至年底，办理税务登记4710户，发票领用6545211份，征收税款59346笔34.67亿元。

（徐昆英　牟文凯）

地方税务

【概况】 2016年，鄞州地税局实现地方税收收入103.73亿元，比上年下降4.85%。其中，征收入库营业税24.69亿元，下降30.95%；企业所得税13.93亿元，下降1.10%；个人所得税20.79亿元，增长22.86%；城市维护建设税9.25亿元，增长8.49%；房产税6.01亿元，增长2.41%；城镇土地使用税3.37亿元，下降5.99%；土地增值税7.34亿元，下降32.57%；契税13.34亿元，增长37.72%；耕地占用税0.71亿元，下降21.12%；印花税2.21亿元，增长16.67%；车船税0.71亿元，增长7.81%；资源税0.29亿元，增长13%；代征增值税1.09亿元。按"新鄞州"口径统计，地方税收收入133.01亿元，比上年同期同口径增收27.69亿元，增长26.30%，税收总量居全市各县（市、区）首位。征收社会保险费65.47亿元，教育费附加、水利资金和残疾人就业保障金等地方规费10.58亿元；各项税费总收入179.78亿元。鄞州地税局被市地方税务局评为第一批"宁波市地税系统法治税务示范基地"。

受国内外宏观经济形势低迷、固定资产投资放缓、结构性减税政策实施、全面实施"营改增"等不利因素影响，全年税收收入由增到减，四个季度末的税收增幅分别为9.92%、3.71%、-1.53%和-4.85%；因全面实施"营改增"，营业税减少30.95%；个人所得税和契税分别增长22.86%和37.72%；房地产业税收减少3.91亿元，下降9.67%；制造业和建筑业税收分别减少1.20亿元和0.66亿元，下降4.20%和5.56%；交通运输、仓储及邮政业和其他服务业税收分别增长33.01%和41.82%。

减免房产税和城镇土地使用税0.46亿元、水利基金1.48亿元、高新技术企业和小微企业所得税1.38亿元，集中减征部分工业企业基本养老和医疗保险1.59亿元。扩大"银税互动"范围，与7家银行建立合作关系，为294户中小企业提供1.52亿元授信额度。

【地方税源管理】 2016年，鄞州地税局建立完善"土地出让、规模楼盘销售、企业并购重组及限售股出售、拆迁补偿收入"专项台账，开展实地调研、信息互通、案头核算等，掌握大额税收的存量、增量、变量，并跟踪入库进程。开展个人限售股转让个税征管，入库4个证券营业部代扣代缴个人限售股转让所得个税1543.55万元。与新中标评估公司沟通，评估测算鄞州区计税基准价覆盖的所有楼盘的房地产最低计税价格。开展高收入者个人所得税征管，9953人次自行申报年所得12万元以上个人所得税。

【地税评估稽查】 2016年，鄞州地税局开展涉税举报案件查处，实现查补总额13135万元，其中税收风险应对12880万元、税务稽查255万元。开展市级风险应对项目10个，经案头分析后确认应对风险企业1079户，完成1007户，发现有问题583户，应对补缴税款、加收滞纳金10875万元，弥补亏损5377万元（其中中风险企业应对补税、加收滞纳金10829万元）。开展区级风险应对项目土地增值税审核，应对纳税人29户，完成应对28户，有问题28户，应对收入2005万元，调减土地增值税扣除金额17511万元。受理各类涉税举报案件32起；立案检查举报案件1起，结案1起；调查案件31件，结案31件；检举案件补税、加收滞纳金、罚款总额102万元。

【地税征管体系建设】 2016年，鄞州地税局全面推开"营改增"工作，与区国税局建立联席会议制度，研究制定舆情应对、征管业务、纳税服务等工作预案，开展户数清理、信息比对、政策宣传，落实增值税代征及代开增值税发票工作。鄞州地税局"营改增"工作作为全大市样板单位，两次代表宁波市接受国家税务总局督导组指导检查，得到肯定。5月1日起，全面实施"营改增"工作。实施大数据治税，制订《"金税三期"系统上线工作方案》，对内分业务、分条块组织各类培训10场次，对外开展纳税人培训5000余人次，测试业务量24651条。10月8日，"金税三期"系统上线运行。推进"五证合一、一照一码"登记制度改革，落实个体工商户"两证整合"工作。基本实现智能档案管理应用常态化，全年产生各类档案约16万件，实际归档率90%。开展"便民办税春风行动"，贯彻落实《全国税务机关纳税服务规范》。在5个地税大厅和4个国税大厅互设窗口13个。

【税收宣传形式创新】 2016年，鄞州地税局在《鄞商》杂志和《鄞州日报——星期五周刊》报刊登专题报道，宣传、解读最新税收政策。在网上"纳税人学校"试行"你点我讲"，举办培训150余场次，"鄞州税务"微信公众号关注用户近4万人。利用税企QQ群等开展网络问卷调查、知识竞赛等活动200余次。围绕"聚焦'营改增'试点，助力供给侧改革"的税收宣传月主题，举行"学税法、集税卡""纳税好声音"等活动，参与者16540人次，税收宣传月活动获宁波市创新项目一等奖。

【"一云多端"微信公众平台优化】 2016年，鄞州地税局优化"一云多端"微信公众平台，增加"税收送优惠""纳税好声音"栏目和"个税纳税查询""帮您算税款"功能。其中，"税收送优惠"栏目，为小微企业、大学生创业、高新企业等不同类型纳税人提供精准的菜单式税收优惠套餐查询功能；"纳税好声音"栏目，利用互联网开展调查工作，面向纳税人及社会公众征集对税收工作的需求、意见和建议41条；"个税纳税查询"功能，方便纳税人实时了解个人纳税情况；"帮您算税款"功能集个人房产转让税费计算器、个人所得税计算器，采用向导式界面，帮助纳税人计算出需缴纳的税款，供纳税人参考。

（戚　朝）

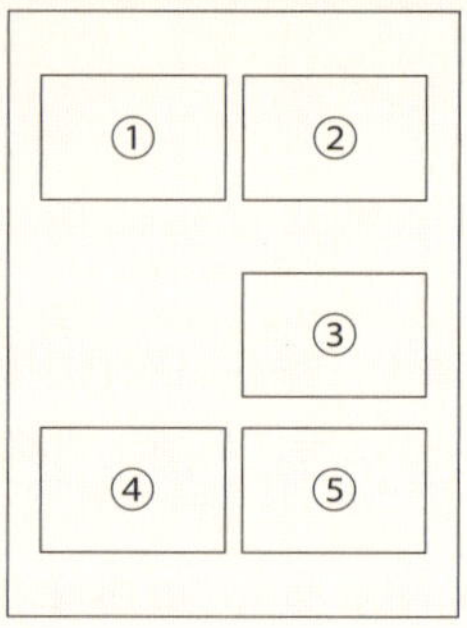

① ② 2016年4月16日，区国税局城区分局开展税收宣传进市场活动

③ 2016年5月，区国税局在办税服务厅设立“营改增”预审岗

④ 2016年4月初，区国税局邱隘分局联合市地税局东钱湖分局开展“聚焦营改增”税法微宣传活动

⑤ 2016年5月4日，区国税局邱隘分局工作人员到东钱湖小普陀景区开展“营改增”税收宣传活动

金 融

金融硅谷产业园

概 述

【概况】 2016年，鄞州区有金融经营机构269家，其中银行112家、保险经营机构77家、证券期货机构65家、其他金融机构15家。实现金融业增加值161.94亿元，比上年增长7.20%，拉动GDP增长0.90个百分点，对区域经济贡献率12.30%。金融业占区域GDP比重由8.45%提升至12.06%，金融业成为鄞州区经济增长重要支柱产业。

【宁波国际金融服务中心】 2016年7月29日，宁波股权交易中心落户宁波国际金融服务中心；12月24日，金融硅谷产业园商业街开放，金融硅谷园区招商完成总面积的70%，入驻企业133家。至年底，宁波国际金融服务中心累计引进金融机构、类金融机构68家。其中，中国银行、农业银行、建设银行、交通银行4个国有银行及招商银行、中国进出口银行、国家开发银行等市级分行总部，宁波银行等城市银行，台资兆丰国际商业银行、香港恒生银行，天平保险销售全国总部等落户。

【政策性农业保险惠农】 2016年，鄞州区3.40万户农户投保政策性农业保险，保费收入4200万元，增长25.94%。增加附加大棚膜（含种植、养殖业）、水产养殖大棚（钢架、竹架）、露天蔬菜、梨、桃、羊、兔、淡水鱼养殖等险种，保险品种由32个增加到45个。提高险种保额，大小麦由每亩400元提高到500元，韭叶菜由每亩2000元提高到2400元，葡萄由每亩2000元提高到3500元。水稻分为早稻和晚稻参保，每亩保额分别为800元和1000元；大棚西（甜）瓜分为春季和秋季参保，每亩保额分别为1500元和1000元。区本级财政保费补贴1784万元，增加430万元，新增险种和大部分品种提高补贴比例，加上中央财政、市级财政和乡镇财政补贴，农户自行承担的保费比例由9%降至7.20%。

【政策性小微企业保险设立】 2016年2月29日，鄞州区出台《鄞州区政策性小微企业财产保险项目实施方案》，试点选取区内成长性较高、创新能力较强、行业总产值增长前景好、金融服务需求较大的小微行业，按照区政府、属地乡镇、企业5:3:2的保费分担比例（每家企业年保险费6000元），推行保费“团购”优惠，通过发挥财政资金的杠杆引导和政策兜底作用，计划3年内为辖区超过4500家次的小微企业提供火灾、台风等自然灾害侵袭后的财政补助逾1500万元。6月23日起，鄞州区政策性小微企业财产保险生效。全区1205户企业参保，符合条件企业参保率超过80%，企业只需自行承担10%或20%保费。

【食品安全责任商业保险推广】 2016年5月，区政府出台《鄞州区推进食品安全责任商业保险指导意见》，计划用3年时间，每年安排不超过150万元的保费补贴，引导推进食品生产经营单位开展食品安全责任保险。2016年首先引导重点、大型食品企业及规模养殖户参保，逐步将食品生产经营、餐饮服务企业纳入参保范围。12月8日，宁波南苑环球酒店有限公司等37家企业签订投保协议，涵盖食品生产、流通、餐饮领域，中国人寿财产保险股份有限公司、中国人民财产保险股份有限公司、中国太平洋财产保险股份有限公司、长安责任保险股份有限公司、中国平安保险（集团）股份有限公司5家保险公司宁波分公司组成的共保体，承担承保业务，根据不同企业的经营风险量身定制费率标准，保费336320元。

【第三届中国（宁波）私募投资基金峰会在鄞州举行】 2016年9月10—11日，第三届中国（宁波）私募投资基金峰会在鄞州举行。峰会以“诚信、规范、责任、共赢”为主题，由市政府、中国证券投资基金业协会主办，市人民政府金融工作办公室、区政府、市证券投资基金业协会承办，市证券期货业协会、宁波上市公司协会、市股权投资与创业投资行业协会协办。王仁洲、贾红波、田向阳、陈国军等领导出席峰会，上市公司、私募基金管理人、投资机构、证券公司、期货公司代表等1000余人参会。副市长王仁洲致辞，并为宁波市证券投资基金业协会揭牌。市证券投资基金业协会会长葛鹏发布《宁波私募投资基金行业诚信宣言》，区委副书记、区长陈国军介绍鄞州金融情况。会议期间，中证报价系统私募基金业务部总监张海平作题为“中证报价系统服务私募基金”的演讲，重阳投资王庆作题为“私募投资基金服务实体经济”的演讲，申万宏源证券研究所陈晓升作题为“产业升级无人区股债同源新配置”的演讲，国泰君安证券研究所乔永远作题为“舍离牛熊回归盈利”的演讲，兴业证券研究所张忆东作题为“在资产配置的大潮中冲浪”的演讲，永安国富资产管理有限公司董事长肖国平、深圳展博投资管理有限公司总裁冯婷婷、敦和资产管理有限公司总经理张志洲、上海映雪投资管理中心总裁郑宇、上海朱雀投资发展中心副总经理王欢分别作“关于下阶段市场策略与展望”的演讲，中泰证券研究所董事、总经理张帆作“‘新三板’投资策略”的演讲；光大证券股份有限公司和浙江宁聚投资管理有限公司组织“量化对冲策略突围”，华泰证券股份有限公司组织“上市公司并购重组”，财通证券股份有限公司组织“A股市场定向增发”，中泰证券股份有限公司组织“私募基金与资产配置”，兴业期货有限公司组织“资产收益回归环境中的FICC业务中国实践”等分论坛。

【全球共享金融100人论坛（宁波）峰会在鄞州举行】 2016年11月19—20日，全球共享金融100人论坛（宁波）峰会在鄞州举行。峰会由市政府、全球共享金融100人论坛（简称“GSF100”）联合主办，区政府、市人民政府金融工作办公室、市金融学会、中国区块链研究联盟、《当代金融家》杂志承办，宁波银行、鄞州银行、宁波雷虎科技有限公司协办。朱从玖、胡军、宋越舜、陈国军等省、市、区领导出席峰会，监管层、学术界、市场参与方领导人等400余人参会。李礼辉、王永利、姚余栋、宋汉光、杨涛、伍旭川等围绕共享视角下的地方金融创新与“数字普惠金融”创新和“金融科技助力金融机构创新”与“金融科技企业的创新与成长”两大课题进行探讨和研讨，并进行主旨发言。鑫苑（中国）置业有限公司与北京太一云科技有限公司分别成为论坛副理事长单位与理事单位，并举行授牌仪式。龚鸣、蒋海、金巍3位高级研究员加入中国区块链研究联盟。

（武建强）

四明金融小镇

【概况】 2016年，四明金融小镇增加各种金融类企业近200家，注册资本300余亿元；小镇企业总数530家，注册资本总额500余亿元。易联支付区域总部宁波易经云信息科技有限公司、华烁资本、中兵投资、中泰瑞银落户；杉杉集团有限公司旗下多支基金及投资公司落户，资产管理规模50亿元；山西晋旅投资集团股份有限公司设立晋旅股权投资基金管理（宁波）公司，资产管理规模约10亿元。投资530万元的小镇客厅对外开放，地标工程建设、财富管理总部和私募基金孵化基地两大子平台建设推进。在美国新泽西州及国内各大城市召开招商、宣讲推介会13期。开设小镇微信公众号，关注人数5000余人。

【顾秀莲调研鄞州四明金融小镇建设】 2016年9月12日，全国人大常委会原副委员长、中国关心下一代工作委员会主任顾秀莲一行6人到鄞州调研四明金融小镇建设工作。区委副书记、区长陈国军，副区长梅益进陪同调研。顾秀莲到鄞州金融大厦走访入驻企业，听取陈国军对鄞州四明金融小镇建设情况汇报，肯定鄞州区金融集聚建设和金融产业发展取得的成绩，对鄞州金融产业发展提出建议。

【宁波市鄞州四明金融小镇开发建设有限公司成立】 2016年8月4日，宁波市鄞州四明金融小镇开发建设有限公司成立。其性质为国有独资有限责任公司，由宁波市鄞州区产业发展投资有限公司出资，注册资本1000万元。公司经营范围为基础设施开发、物业管理、园林绿化、旅游景点开发和项目投资，主要承接四明金融小镇的开发建设和服务保障工作。

四明金融小镇会客厅

【宁波海外金融创投创业创新大赛暨鄞州四明金融小镇推介会】 2016年5月22日，宁波海外金融创投创业创新大赛暨鄞州四明金融小镇推介会在美国新泽西州举行。市委常委、组织部部长杨立平，副区长梅益进，在宁波金融机构及其他重点企业代表60人参加，邀请在美国金融企业、知名行业协会、领军型高端金融人才代表近80人，现场推介宁波金融业发展环境，重点推介鄞州四明金融小镇。宁波海外金融创投创业创新大赛公告在活动上发布，主要面向金融创投领域，包括传统金融领域、新兴金融领域、类金融领域以及金融中介服务领域等，入围决赛的人才（团队）项目参加9月举行的“中国·宁波人才科技周”决赛。

【四明金融小镇“5+5”高端论坛】 2016年9月22日，四明金融小镇“5+5”高端论坛在宁波南苑环球酒店举行。活动由区政府主办，区金融办承办。中国旅美科技协会总会副会长郭勇、首泰投资集团有限公司执行总裁李军、北京大学新结构经济学研究中心副主任王勇、市人民政府金融工作办公室副主任周凯、市金融研究院执行院长孙伍琴、盛世方舟合伙人谢作强、浙江大道保理有限公司董事长吴乐群等政界、商界以及学术界110人参加活动。副区长梅益进出席活动并致辞。会议现场，嘉宾与入驻四明金融小镇企业代表及参会机构开展交流互动，分享金融学术界最新研究成果，交流金融领域前沿课题。其中，孙伍琴围绕“金融创新与宁波机遇”、李军围绕“财富的鄞州机会”发表观点，代表企业“盛世投资”“大道保理”分享入驻小镇的收获和体会。

（武建强）

金融监管

【概况】 2016年，新鄞州区商业银行不良贷款余额73.32亿元，不良贷款率1.97%，低于全市平均水平（2.63%）0.66个百分点。原鄞州口径银行机构不良贷款率1.36%，比年初下降0.04个百分点。全区2家政策性银行不良率1.03%，总分行商业银行不良率2.06%，区域金融风险整体可控。

协调推动洛兹集团有限公司重组和宁波澳瑞集团股份有限公司房产项目帮扶事宜。召开银行、政府、企业协调会，出台会议纪要，帮助宁波华贸进出口有限公司、宁波市鄞州永利纸业有限公司、宁波明日控股有限公司、浙江名邦装饰工程有限公司等资金链紧张企业走出困境。

【类金融企业专项检查】 2016年3月，区金融工作办公室联合区市场监管局、相关街道（园区），开展类金融企业非法广告专项排查。检查涉及类金融企业443户。其中，发现登记住所未经营或无法联系的有90户，违反登记管理规定的4户，无照经营1户。区联合检查小组对37家企业责令改正，1家企业责令停止经营，撤下5家企业的非法广告。

【互联网金融风险专项整治】 2016年，鄞州区开展互联网金融风险专项整治。6月8日，印发《宁波市鄞州区互联网金融风险专项整治工作实施方案》，重点整治P2P网络借贷和股权众筹业务、通过互联网开展资产管理及跨界从事金融业务、大宗商品交易和私募股权等业务、互联网金融领域广告等行为，尤其是南部商务区、和邦大厦等P2P企业集聚区。7月7日，召开全区互联网金融风险专项整治工作推进会，部署推进全区互联网金融风险排查工作。区经信局、商务局、住建局等部门分别排查担保、典当、融资租赁、住房信息中介等行业企业，各镇乡（街道）排查投资理财、财富管理、大宗商品交易、私募基金等类金融机构。至年底，排查各类类金融企业1320家。

（武建强）

上市管理

【概况】 2016年，日月重工股份有限公司首发上市，全区累计有上市公司15家，其中首发上市12家、控股收购3家。宁波圣龙汽车动力系统股份有限公司、华瑞电器股份有限公司、乐歌人体工学科技股份有限公司3家企业在中国证券监督管理委员会审核，沧海控股有限公司在香港主板上市递交第三轮反馈意见，宁波贝达新能源科技股份有限公司等企业准备上市申报相关工作。“新三板”挂牌企业14家，总数20家，4家企业申报审核。宁波股权交易中心挂牌企业122家，其中优选板挂牌企业5家、成长板企业12家、创新板企业105家。

宁波高发汽车控制系统股份有限公司收购宁波市鄞州雪利曼电子仪表有限公司80%股权和宁波市鄞州雪利曼软件有限公司35.55%股权，交易金额15792万元；宁波博威合金材料股份有限公司收购宁波康奈特国际贸易有限公司100%股权；宁波建乐建筑装潢有限公司以1.10亿元收购浙江置华建设有限公司100%股权；宁波美康生物科技股份有限公司、宁波三星医疗电气股份有限公司并购或投资事项推进。

企业直接融资规模218.50亿元。其中，宁波市鄞州区城区建设开发有限公司以PPP模式融资25亿元，宁波市鄞州区城市建设投资发展有限公司发行中期票据7.50亿元，宁波杉杉股份有限公司、宁波三星医疗电气股份有限公司、宁波博威合金材料股份有限公司分别定向增发34.45亿元、30亿元和21亿元，日月重工股份有限公司首发融资9.80亿元，3家“新三板”公司定增0.27亿元，杉杉集团有限公司发行中期票据、短期融资券募资50亿元，奥克斯集团有限公司发行短期融资券、超短期融资券12亿元，奥克斯置业有限公司发行公司债券8.10亿元，宁波鄞州农村合作银行发行小微银行债券20亿元。

【日月重工股份有限公司上市】 2016年12月28日，日月重工股份有限公司股票在上海证券交易所上市交易，市、区领导胡军、姚蓓军、王洪平、周凯、徐卫成、梅益进出席上市挂牌仪式。证券简称：日月股份；证券代码：603218。日月重工股份有限公司从事大型重工装备铸件的研发、生产及销售，产品包括风电铸件、塑料机械铸件和柴油机铸件、加工中心铸件等，主要用于装配能源、通用机械、海洋工程等领域重工装备。公司发行股本4100万股，每股发行价格23.90元，募集资金净额89693万元，发行市盈率22.99倍，募集资金主要用于年产10万吨大型铸件精加工建设项目。

【宁波博威合金材料股份有限公司收购宁波康奈特国际贸易有限公司】 2016年5月25日，宁波博威合金材料股份有限公司发行股份购买资产事项通过中国证券监督管理委员会上市公司并购重组审核委员会审核，公司作价15亿元，以发行股份购买资产和支付现金相结合的方式购买宁波康奈特国际贸易有限公司100%股权，同时配套募资15亿元用于支付现金对价等。宁波康奈特国际贸易有限公司主营太阳能电池片、组件的研发、生产和销售，主要产品为多晶硅电池片及组件，其太阳能电池及组件产品主要销往美国、欧洲等地区，自主品牌产品客户主要为光伏电站系统集成商、光伏产品经销商。

表9　2016年鄞州区企业在国内上市情况

上市公司名称	上市时间	证券代码	主行业归属	主营构成
宁波杉杉股份有限公司	1996年1月30日	600884	综合	服装的生产与经销，锂离子电池材料的制造
宁波韵升股份有限公司	2000年10月30日	600366	新材料	从事科技含量较高的钕铁硼产品、电机产品等的生产和销售
东睦新材料集团股份有限公司	2004年5月11日	600114	新材料	机械通用零部件的粉末冶金制品的生产和销售
联创电子科技股份有限公司	2004年9月3日	002036	光学光电子	研发、生产和销售触控显示类产品和光学元件产品

续表9

上市公司名称	上市时间	证券代码	主行业归属	主营构成
宁波康强电子股份有限公司	2007年3月2日	002119	半导体及元件	引线框架、键合丝等半导体封装材料的制造和销售
宁波银行股份有限公司	2007年7月19日	002142	银行	存款，贷款，办理国内结算，办理票据贴现，发行金融债券，代理发行、兑付债
宁波博威合金材料股份有限公司	2011年1月27日	601137	有色冶炼加工	高性能、高精度有色合金棒、线、板带新材料的研发、生产和销售
宁波三星医疗电气股份有限公司	2011年6月15日	601567	电气设备	电能计量及信息采集产品、配电设备的研发、生产和销售
宁波建工股份有限公司	2011年8月16日	601789	建筑装饰	涵盖建筑科研、设计、施工、安装、装饰装潢、钢结构、商品混凝土、预制构件
宁波高发汽车控制系统股份有限公司	2015年1月20日	603788	汽车零部件	从事汽车变速操纵控制系统和加速控制系统产品的研发、生产和销售
宁波美康生物科技股份有限公司	2015年4月22日	300439	生物制品	体外诊断产品的研发、生产和销售及提供第三方医学诊断服务
日月重工股份有限公司	2016年12月28日	603218	通用设备	大型重工装备铸件的研发、生产及销售

表10　　2016年鄞州区“新三板”挂牌企业情况

公司名称	挂牌时间	证券简称	证券代码	主营业务
宁波奥克斯电气股份有限公司	2016年1月14日	奥克斯电	835523	商用空调、商用特种空调及其零配件、电子元器件、智能控制系统的研发、制造、检测、销售、安装、维修及相关信息咨询服务；低温空气源热泵产品的研发、生产及销售；自营和代理各类商品和技术的进出口业务
宁波派特勒新材料股份有限公司	2016年2月5日	派特勒	835617	高性能膜材料、粉末涂料的研发、生产、销售
宁波德沃智能股份有限公司	2016年2月29日	德沃智能	835958	智能变电站领域相关电气产品的研发、生产与销售
浙江华奕生态建设股份有限公司	2016年4月20日	华奕生态	836532	提供市政公用工程、市政污水处理及生态修复、园林绿化、智能化安装、建筑装饰装修、城市道路照明、消防设施等工程从设计到施工的一整套解决方案
宁波微动天下信息技术股份有限公司	2016年4月21日	微动天下	836914	微信第三方增强技术开发及服务，包括自有软件产品销售、软件定制开发、托管运营服务
宁波迪赛基业不动产服务股份有限公司	2016年4月22日	迪赛基业	836982	在房地产二级市场，以新房营销代理为核心业务，包括整合推广服务在内的综合顾问服务为拓展，形成涵盖房地产营销服务产业链的两大主营业务
宁波科达工贸股份有限公司	2016年6月17日	宁波科达	837577	汽车制动系统铝合金铸件的研发、生产与销售
金辉江海物流股份有限公司	2016年7月26日	金辉物流	838034	国内沿海、长江中下游干散货航运物流及供应链相关业务（如互联网线上物流服务、燃料油销售等）
宁波尼兰德磁业股份有限公司	2016年8月8日	尼兰德	838828	烧结钕铁硼稀土永磁材料研发、生产和销售业务
宁波瑞星时光商业股份有限公司	2016年8月10日	瑞星时光	838798	中、高档进口钟表销售业务
浙江永峰环保科技股份有限公司	2016年8月12日	永峰环保	838806	环境保护工艺研发、环保设备制造、环保工程总承包及环保设施运营服务
宁波恒略智汇营销策划股份有限公司	2016年8月18日	恒略智汇	838527	房地产顾问策划和房地产代理销售
宁波合力机泵股份有限公司	2016年11月11日	合力机泵	838527	油田高效节能往复式高压注水泵、注聚合物泵、二氧化碳泵、多缸大流量注水泵、计量泵、锅炉给水泵、泥浆泵、油气混输泵等多种拥有核心专利技术的石油钻采专用设备及其配件产品的研发、生产、销售及服务，以及用于化工、食品、民生行业的螺杆泵、料浆泵、均质泵和高层楼宇供水泵的研发、生产、销售及服务
宁波柏泽供应链管理股份有限公司	2016年12月29日	柏泽股份	839997	为国外进口商提供寻求供应商、国内采购、信保、订单管理、报关、物流运输和信用销售的一站式服务

（武建强）

银 行

【概况】 2016年，鄞州区有一级支行及以上银行经营机构112家，其中包括总行4家、分行19家（含2家政策性银行）、总（分）行营业部及一级支行经营机构87家。银行业本外币存款余额4453亿元，环比减少98亿元，余额占全市存款余额的26%；本外币贷款余额3728亿元，环比增加79亿元，余额占全市贷款余额的22%；不良贷款余额73亿元，环比减少5.40亿元，不良贷款率1.96%。2家政策性银行本外币存款余额387.61亿元，本外币贷款余额1764.83亿元。21家总（分）行商业银行本外币存款余额9942亿元，环比减少217亿元；本外币贷款余额7106亿元。宁波鄞州农村合作银行完成股份制改革，挂牌宁波鄞州农村商业银行股份有限公司（简称“鄞州银行”）。

【工商银行鄞州支行】 2016年，工商银行鄞州支行本外币全部存款余额107.49亿元，比年初增加11.01亿元，增长11.41%；日均余额113.35亿元，比年初增加16.87亿元，增长17.49%。本外币各项贷款余额177.83亿元，比年初增加27.09亿元，增长17.97%。实现拨备前利润4.91亿元，净利润3.28亿元，分别增长16.33%和13.90%。实现中间业务收入14873万元，增加831万元，增长5.92%。不良贷款率0.42%。营业部获评“2016年度中国银行业文明规范服务千佳示范单位”。全年安全无事故。

【工商银行宁波新城支行】 2016年，工商银行宁波新城支行本外币各项存款余额82.19亿元，比年初增加13.69亿元，增长19.99%；本外币各项贷款余额50.59亿元，比年初增加7.60亿元，增长17.68%。实现中间业务收入6514万元，办理国际结算业务量4.06亿美元，实现拨备前利润17224万元。实现新兴中间业务收入1922万元，增长25.05%。票据贴现增加0.96亿元，增长406.33%。增加小企业融资客户9户，800万元以上私人银行客户53户。购车分期付款业务比年初增加10.10亿元，增长335.55%。全年清收不良贷款13582万元，本外币不良贷款余额14513万元，不良率2.87%。

【农业银行鄞州分行】 2016年，农业银行鄞州分行本外币各项存款余额299.64亿元，比年初增加31.07亿元；各项贷款余额243.34亿元，其中人民币各项贷款余额比年初增加32.50亿元。实现中间业务收入2.90亿元；拨备前利润7.90亿元，拨备后利润6.50亿元。全行不良贷款余额2.75亿元，不良率1.13%。全年无各类案件和重大责任事故发生。全行“三化三铁”（推进临柜业务“标准化、规范化、制度化”建设，促进营业机构实现“铁账、铁款、铁规章”的管理目标）达标率100%，被中国农业银行总行评为“运营管理先进集体”。

【中国银行宁波市鄞州分行】 2016年，中国银行宁波市鄞州分行实现本外币各项存款余额124.90亿元，比年初增加10.39亿元；本外币各项贷款余额160.88亿元，比年初增加1.76亿元。国际结算业务量41.70亿美元，营业收入5.90亿元，其中中间业务净收入1.33亿元，拨备前利润4.61亿元，净利润3.38亿元。不良信贷资产余额0.72亿元，比年初减少1.32亿元，不良率0.44%，比年初下降0.82个百分点。分行被中国银行总行认定为“巾帼文明示范岗”，辖属下应支行获中国银行“走进基层实践基地”称号。

【交通银行鄞中支行】 2016年，交通银行鄞中支行人民币时点存款余额90990万元，比年初增加36201万元，增长57.65%。其中，对公存款余额57848万元，比年初增加21698万元；储蓄存款余额33142万元，比年初增加6502万元。人民币日均存款余额76987万元，比年初增加21180万元，增长37.95%；人民币贷款余额91094万元，比年初减少3815万元，存贷比91.71%。全年不良贷款41万元，占比率0.05%。

【宁波银行鄞州支行】 2016年，宁波银行鄞州支行本外币各项存款余额103.49亿元，比年初增加16.77亿元，增长19.34%，其中储蓄存款余额54.47亿元，比年初增加9.01亿元，增长19.82%；本外币各项贷款余额50.60亿元，比年初增加1.96亿元，增长3.93%。全年办理国际结算业务量18.97亿美元，实现经济利润1.36亿元。增设茅山支行经营网点，支行经营网点增加至12个。区域内中小企业发放贷款余额36.44亿元，向区重点项目信贷投放4.07亿元。鄞州支行营业部被评为2016年度宁波市市民满意文明示范网点，鄞州支行被市公安局评为宁波市创四星治安单位。

【鄞州银行】 2016年，鄞州银行各项存款余额748.61亿元（不含10亿元邮政储蓄），比年初增加91.04亿元，增长13.85%；各项贷款余额528.96亿元，比年初增加31.40亿元，增长6.31%；不良贷款余额8.92亿元，比年初减少0.35亿元，不良率1.82%，比年初下降0.04个百分点。中间业务收入2.89亿元，比年初增加0.89亿元，增长44.47%。实际资产总额1186.41亿元，比年初增加271.23亿元，增长29.63%。财务总收入47.49亿元，总支出34.11亿元，账面利润13.38亿元，比上年下降0.27亿元，下降1.98%；资产利润率1.01%；净资产利润率11.95%；成本收入比34.80%；拨备覆盖率220.16%，拨贷比4.01%。成立个人客户经理团队，设立第一家微贷特色支行。

【宁波鄞州农村商业银行股份有限公司挂牌开业】 2016年11月28日，宁波鄞州农村商业银行股份有限公司完成股份制改革，挂牌开业。市委常委、区委书记胡军，副区长梅益进等出席仪式。该行前身为成立于1987年的宁波市鄞县信用合作联社；1998年，经原中国人民银行浙江省分行批准，成为沪、浙、闽地区首家实施一级法人核算管理试点的信用联社；2001年11月，实施组建农村合作银行的试点，并于2003年3月25日获中国人民银行总行批复同意开业，同年4月8日宁波鄞州农村合作银行对外挂牌营业，为全国首家农村合作银行；2016年11月16日获中国银行业监督管理委员会宁波监管局批复同意开业。下辖37家支行、1家营业部、122家分理处，有营业网点160个，在新疆、广西、四川等地发起设立24家国民村镇银行。至2016年10月，资产总额1083亿元，各项存款余额755.86亿元，各项贷款余额524.75亿元，均居宁波市农村金融机构首位，不良贷款率低于全市银行业平均水平；曾获“中国银行业100强”“中国服务业500强”“全国资产规模500亿~1000亿元农村金融机构竞争力第一名”等称号。

【鄞州银行与宁波股权交易中心签署战略合作协议】 2016年7月29日，鄞州银行与宁波股权交易中心签署战略合作协议，推出“挂牌贷”和“股权通”两款面向挂牌企业的贷款产品。其中，“挂牌贷”主要针对在股权中心挂牌的企业，在提供法人代表、实际经营者或主要股东及其配偶保证担保的条件下，可为在宁波股权交易中心优选板、成长板及创新板挂牌企业分别提供最高1000万元、500万元和200万元的授信额度；“股权通”业务主要面向融资需求较大、挂牌后股权产生一定增值、更偏向于向银行借款的企业，可通过在股权中心办理股权托管及质押登记的方式，从鄞州银行获取贷款。鄞州银行每年提供20亿元的专项额度为挂牌企业提供信贷支持。全年与6家企业签订“股权通”“挂牌贷”授信协议，授信额度1950万元，用信金额750万元。

【鄞州银行蜜蜂银行上线】 2016年11月28日，鄞州银行蜜蜂银行上线。蜜蜂银行是鄞州银行直销银行品牌，以“蜜里淘金、简单贴心”为服务理念，具有“更高、更快、更活、更稳”的特点。蜜蜂银行收益比普通银行高，起投金额降至100元，支持13家银行卡，线上开户及购买流程简单。至年底，发行产品12期，募集金额54万元。

表 11　2016 年鄞州区部分银行情况

银行名称	存款余额（亿元）	贷款余额（亿元）	中间业务收入（万元）	拨备前利润（亿元）	不良贷款率（%）	负责人
工商银行鄞州支行	107.49	177.83	14873	4.91	0.18	戴立荣
工商银行宁波新城支行	82.19	50.59	1	1.72	2.87	王泓若
农业银行鄞州分行	299.64	243.34	21765	7.90	1.13	韩朝阳
中国银行宁波市鄞州分行	124.90	160.88	13306	4.61	0.44	蔡李峰
交通银行鄞中支行	9.10	9.11	241	—	0.04	韩　昉
台州银行宁波鄞州支行	3.39	3.74	5	—	1.39	章新海
中信银行鄞州支行	36.80	38.22	959	0.38	0.69	陈　君
平安银行宁波鄞州支行	19.54	28.22	837	0.29	4.86	黄　斌
东亚银行宁波分行	9.57	1.74	381	-0.04	—	韩宏星
光大银行宁波鄞州支行	26.83	29.77	15	1.18	—	汤旭东
广发银行宁波宁东支行	12.16	3.79	—	—	0.19	管明君
杭州银行宁波科技支行	5.45	4.20	49	0.20	—	杨　凯
华夏银行宁波鄞州支行	7.46	16.43	—	—	—	陈文涛
临商银行宁波鄞州支行	14.54	21.62	52	0.17	—	孙　坚
民生银行嵩江路支行	1.38	5.84	201	—	0.90	余增丰
宁波银行鄞州支行	103.49	50.60	11482	1.36	0.14	王佩芬
浦发银行宁波鄞东支行	11.02	20.53	196	—	0.13	王伟海
浦发银行鄞州支行	34.84	24.58	1055	—	0.01	金建红
招商银行钱湖支行	9.57	20.16	136	0.34	0.55	张志成
泰隆银行鄞州支行	15.76	12.33	80752	—	0.79	王永军
宁波通商银行鄞州支行	4.73	6.80	—	—	—	陈　晖
温州银行宁波鄞州支行	4.20	4.70	—	—	—	张益波
兴业银行鄞州支行	7.93	12.75	76	0.68	—	陈东辉
上海银行宁波鄞州支行	4.88	1.49	169	0.31	2.51	郑　泉

续表11

银行名称	存款余额（亿元）	贷款余额（亿元）	中间业务收入（万元）	拨备前利润（亿元）	不良贷款率（%）	负责人
浙商银行宁波鄞州支行	20.81	20.55	100	0.76	0.80	王碧海
中信银行宁波明州支行	8.03	14.90	536	0.25	0.56	黄剑芬

（武建强）

保 险

【概况】 2016年，鄞州区有分公司及以上保险经营机构77家，其中包括法人机构6家（含中介机构5家）、分公司43家、一级支公司26家、营销服务部2家。保费收入29.74亿元，按同口径测算比上年增长3.62%，其中财险保费18亿元、人身险保费11.74亿元。财产险理赔支出12.87亿元。

【人保财险鄞州支公司】 2016年，中国人民财产保险股份有限公司宁波市鄞州支公司实现保费收入58104万元（含新车保费31303万元），增长15.80%。其中，车险实现保费48015万元，增长15.34%；非车险实现保费10089万元，增长8.90%。赔款支出31174万元（其中新车赔款18195万元），增长4.70%。与区政府合作，推出城镇居民住房综合保险，开展电梯安全综合保险试点。公司连续10年获区政府授予的“金融支持区域发展显著贡献奖”称号。

【太保财险鄞州中心支公司】 2016年，中国太平洋财产保险股份有限公司宁波市鄞州中心支公司实现保险收入3.49亿元（增值税口径），增长3.10%。其中，车险保费2.66亿元，增长4.05%；非车险保费8325万元。4月8日，与区政府签订鄞州区政策性小微企业财产保险合约，全年承保区政府产业政策导向小微企业1286家，保费706万元。政策性小微企业财产保险项目在11月1日举行的国家保险创新试验区推进大会上成为宁波保险创新的重点展示项目之一，12月被省政府认定为2016年十大服务小微企业优秀项目，并入选《科技金融时报》2016年浙江十大新闻之一。全年为区域内中小微企业融资担保金额3.06亿元，支持小微企业380家，贷款400笔。公司获区政府授予的“金融支持区域发展显著贡献奖”称号。

【太保寿险鄞州支公司】 2016年，中国太平洋人寿保险股份有限公司宁波市鄞州支公司实现总保费16336万元，新保业务4747万元，增长28.60%。个险业务标保20173万元，法渠新保1137万元。个险入司新人610人，增长201%。公司13个月继续率94%，25个月继续率91%。全年未发生重大群诉或安全事件。

【中国人寿鄞州区支公司】 2016年，中国人寿保险股份有限公司宁波市鄞州区支公司实现保费收入25692万元。其中，新单保费收入16073万元，短期险保费收入1918万元，增长14.60%。服务“三农”建设，给付、赔款支出20110万元，赔付案件近2500起。

【中华保险鄞州区支公司】 2016年，中华联合财产保险股份有限公司宁波市鄞州区支公司下设总经理室、综合部、4个团队业务部及1个车商团队。全年实现保费收入3030万元，其中车险2505万元、非车险525万元；赔款支出2412万元，其中车险1787万元、非车险625万元。支公司全处简单赔付率79.60%。

【平安产险鄞州支公司】 2016年，中国平安财产保险股份有限公司鄞州支公司优化考核方案，提升基础管理方面考核比例，将合规经营纳入考核体系。建立“一把手”责任制，构建与经营范围、组织结构和业务规模相适应的合规风险管理体系。开展“3·15消费者权益日”主题宣传活动、全国交通侵权日活动等。全年实现保费收入14979.74万元，增长24%。

【泰康人寿鄞州中心支公司】 2016年，泰康人寿保险有限责任公司宁波鄞州中心支公司实现总保费5252.11万元，新保业务4354.12万元，增长45.82%。13个月继续率93.32%。个险入司新人410人，增长100.90%。公司有部门经理8人、主管54人。全年未发生重大群诉或安全事件。

【泰山保险鄞州支公司】 2016年，泰山财产保险股份有限公司宁波分公司鄞州支公司实现保费收入64.48万元，其中车险62.77万元、意健险1.71万元。赔款支出255.43万元，简单赔付率396.14%，其中车险赔款255.37万元、意健险赔款0.06万元。实际缴纳营业税金及附加3.23万元，代扣代缴车船税4.48万元。

【亚太财险宁波中心支公司】 2016年，亚太财产保险有限公司宁波中心支公司修订完善《销售基本法》《首问责任实施细则》《勘察员薪酬绩效考核管理办法》等内控制度。拓展代理、经济等传统渠道，增加渠道保费500余万元。全年实现保费收入3801.50万元。

【华夏保险宁波分公司】 2016年，华夏人寿保险股份有限公司宁波分公司实现原保费收入5.41亿元，增长1830%。其中，个险渠道实现保费收入7000.39万元，增长162.20%，13个月保费继续率95%；银保渠道新单期交累计9937.42万元。开展“重阳行动”“圆梦行动”，定期关爱“空巢”老人和留守儿童。公司在2016年度宁波市人身保险公司服务评价结果中被评为A类公司，获“2016年度保险创新服务宁波经济社会先进集体”称号。全年未发生系统性和区域性风险，在2016年度“平安金融”创建活动中获“宁波市平安金融达标单位”称号。

（武建强）

证券·期货

【概况】 2016年，鄞州区有营业部及以上证券期货机构65家、其中证券公司49家（分公司6家、营业部43家）、期货公司16家（法人机构1家、分公司1家、营业部14家）。证券交易额146501.31亿元，期货经纪公司代理交易总额9910.64亿元。

【南京证券宁波锦寓路证券营业部】 2016年，南京证券宁波锦寓路证券营业部资产总市值37.50亿元，增长5.99%。实现交易量187.04亿元，下降53.79%；总收入1219.78万元，下降52.27%；营业利润405.19万元，下降71.58%。开户数452户，下降76.93%。

【财通证券宁波天童北路证券营业部】 2016年，财通证券股份有限公司宁波天童北路证券营业部实现考核利润1363.09万元，金融产品代销收入300万元，投行业务收入60万元，IB业务收入20余万元，综合业务收入410余万元，占营业部考核收入的20%。引进客户资产2.50亿元，增长约3%。投顾客服队伍占营业部员工总数94.12%，客服资产保值率86.93%。落地私募产品户3户，产品总规模6710万元。金融产品标准销售量5.30亿元，APP手机证券客户注册激活数3618户，累计6330户。为8位VIP客户申请网下申购新股资格，开立股转市场专业投资者账户25户，“新三板”企业立项1家。完成股权质押业务3000万元（一年期）。引进客户4900户，引进客户资产约1500万元。全年安全无事故。

【方正证券宁波长寿南路证券营业部】 2016年，方正证券股份有限公司宁波长寿南路证券营业部客户资产总额6.82亿元，比年初增加1.95亿元，增长40%，其中指定与托管证券市值（不含限售流通证券市值）5.91亿元，比年初增加1.71亿元，增长40.80%。资金账号开户数27553户，比年初增加19638户，增长248.11%；信用账户期末数54户，比年初增加22户，增长145.45%。融资余额1221.05万元，比年初增加1035.68万元，增长558.71%。A股证券交易金额190.38亿元，产生手续费收入600.19万元。营业部营业收入617.28万元，营业利润亏损21万元。

【金元证券宁波天童南路证券营业部】 2016年，金元证券股份有限公司宁波天童南路证券营业部资产总额1.09亿元，下降18.39%。证券成交金额535.99亿元，下降36.29%，其中A股成交金额396.70亿元，下降45.33%。营业收入1006.68万元，下降57%；利润总额175.15万元，下降83%。营业部有客户数9260户，增加749户，增长8.80%。其中，机构投资者31户；个人投资者9229户，增长8.83%。全年未发生金融债券案件。融资融券业务交易金额13.30亿元，手续费收入268.48万元，利润总额221.69万元，保证金余额和授信余额分别为2.22亿元和6.67亿元；股指期货代理交易量17.23万手，交易金额83.05亿元；资产管理业务销售246万元，收入1.49万元；代销其他金融产品191万元，收入5.64万元。

【银河证券宁波宁南北路营业部】 2016年，中国银河证券股份有限公司宁波宁南北路营业部成交金额50.85亿元，减少1.30亿元，其中股票成交金额47.89亿元、基金成交金额1757.56万元。融资融券业务成交金额（不包括担保品交易业务）9348.46万元。营业部年末开户数3441户，比年初增加1432户，客户资产1.94亿元，股基净佣金率0.34‰，股基净佣金收入174.78万元。主营业务收入214.73万元，实现净利润31.16万元。全年安全无事故。

【中航证券宁波首南西路证券营业部】 2016年，中航证券有限公司宁波首南西路证券营业部资金账户总资产2.73亿元，比年初增加1.43亿元，增长110.34%。客户交易结算资金余额1.08亿元，比年初增加0.83亿元，增长340.39%。代理交易总量119.23亿元，增加69.93亿元，增长141.85%。开户数387户，其中包含2个机构，实现佣金收入273.28万元。举办投资沙龙42次。全年无反洗钱情况。公司入选“2016年度中国十大最贴心券商”。

【海通期货宁波鄞州营业部】 2016年，海通期货股份有限公司宁波鄞州营业部迁至鄞州区首南街道泰康中路558号3004室。营业部投资者保证金余额9.37亿元，增加6.15亿元，增长190.75%。投资者保证金余额规模在宁波辖区38家期货经营机构（3家期货公司、35家期货营业部）中排第一位。累计投资者客户数1074户，其中自然人客户数1026户、法人客户数48户。双边代理交易量426.99万手，增加204.38万手，增长91.81%；双边期货代理交易额1684.41亿元，减少1070.11亿元，下降38.85%，其中双边商铺期货代理额1640.29亿元；股指期货双边代理交易额39.72亿元，减少1983.11亿元，下降98.04%；国债期货双边代理交易额4.38万元。手续费总收入1575.71万元。其中，上交交易手续费1362.12万元；留存手续费213.59万元，增加20.70万元，增长10.73%。全年营业部未发生金融风险及金融突发事件、案件。

【西部期货宁波营业部】 2016年，西部期货有限公司宁波营业部开展“3·15金融消费者权益日主题宣传活动”、《中华人民共和国反洗钱法》颁布实施10周年宣传活动等。代理成交量357.70万手，代理成交额13860883.30万元；期末客户权益2802.44万元，比年初增加1457.88万元，增长108.43%。净利润亏损119.06万元。全年安全无事故，未发生行政处罚事项。

（武建强）

综合管理

区市场监管局执法人员检查超市食品

发展与改革

国有资产管理

国土资源管理

物价管理

统　计

调　查

审　计

市场监督管理

安全生产监督管理

鄞州年鉴

2017 YINZHOU YEARBOOK

发展与改革

【概况】 2016年，区发改局提出2016年度全区国民经济和社会发展年度计划，并提交区人代会审议通过。分析经济运行情况，到企业开展调研，完成4个季度的重点企业监测问卷调查工作，起草完成一季度经济运行分析报告、半年度经济运行分析报告、前三季度经济运行分析报告及上半年国民经济和社会发展计划执行情况报告并提交人大常委会审议。开展经济运行监测预警，起草鄞州区经济运行监测联席会议制度并由区政府发布实施；监测分析社会事业发展情况，与教育、文化、卫生、人力社保等部门联系和交流，掌握各领域发展动态信息。开展一年一度的社会发展水平综合评价工作。

【鄞州区"十三五"规划编制完成】 2016年初，区"十三五"规划编制工作领导小组起草完成《宁波市鄞州区国民经济和社会发展第十三个五年规划纲要（草案）》，根据各方意见修改完善，提交区十七届人大五次会议审议。1月22日，区十七届人大五次会议批准该规划纲要；2月24日，由区政府发布实施。"十三五"规划提出围绕打造"浙江两富两美先行区、宁波港口经济圈核心区"目标，实施"名城强区"战略，建设产业强区、创新强区、服务强区和魅力名城、文化名城、幸福名城的发展目标。区"十三五"规划编制工作获宁波市创新突破奖。

【四明山区域生态发展项目】 2016年，区发改局组织横街、章水、龙观、鄞江4个镇乡和区级有关部门开展2016年四明山区域生态发展项目谋划工作，梳理汇总区域内正在实施和计划实施的有关项目。7月，出台《鄞州区四明山区域生态发展项目资金管理办法（试行）》。全年，根据宁波市四明山区域生态发展资金申报要求，申报项目11个，获2016年度宁波市补助资金2447万元。

【战略性新兴产业发展项目】 2016年，区发改局申报宁波市战略性新兴产业项目5个，争取市级财政补助资金500万元，宁波美康生物科技股份有限公司技术中心被确认为国家企业技术中心。贯彻落实国家、省、市海洋经济发展重要部署，以大嵩新区建设为载体，推进海洋经济发展。发挥象山港保护利用工作领导小组办公室职能，统筹、协调解决象山港区域内有关问题，上报有关项目、工作计划和进展情况等，完成市对区的考核工作及生态环保、重点区块开发、小城镇建设、重大项目实施等年度工作。实施国家新型城镇化综合试点，协调推进城镇化投融资机制改革、城乡一体化改革、民间资本参与发展社会事业等工作。

【新型城镇化改革】 2016年，鄞州区推进卫星城市中心镇发展改革，集士港卫星城、姜山和咸祥镇中心镇"三极"起到支撑围绕"一核"、辐射带动节点的关键作用。小城镇示范街区、生态环境"五个一"项目建设和旧村改造新村建设推进。集士港镇探索"以商鉴商"招商模式，甄别招商过程中遇到的项目，探索危旧房成片改造有效机制和新村建设可行途径，镇核心区内行政村采取集中安置的方式实施棚户区改造，农村为主的村采取整理式改造模式。姜山镇推进综合执法管理体制改革，在全镇试行"大综管"模式，完善全镇域综合管理机制，深化"五面五化"、日常动态管理和智慧化、信息化建设。

【特色小镇创建】 2016年，鄞州区多模式推进特色小镇创建培育，明确3年左右时间在全区规划建设省级特色小镇3个、市级特色小镇6个、区级特色小镇2个，初步建立特色小镇培育创建储备库。结合功能平台建设，深化四明金融小镇创建；结合块状经济提升，建设先进制造业类特色小镇；结合生态资源开发，创建旅游、休闲、健康类特色小镇；结合地方文化传承，推进梁祝爱情小镇、东吴禅宗文化小镇创建；结合众创空间培育，建设以时尚创意、科技创意为主体的小镇。制定出台《鄞州区加快特色小镇规划建设的实施意见》和《鄞州区"一城一镇"补助资金管理办法》，设立特色小镇专项资金（每年2000万元），对列入省级创建名单的特色小镇制定"一镇一策"扶持政策，对特色小镇落地的重大项目实行"一事一议"。鄞州四明金融小镇列入第二批省级特色小镇创建名单，鄞州现代电车小镇列入第二批省级特色小镇培育名单，鄞州梁祝爱情小镇、鄞州时尚创客小镇列入第一批市级特色小镇创建名单，鄞州鄞江山水风情小镇列入第一批市级特色小镇培育名单。

（蔡展峰　但涛波）

鄞州现代电车小镇鸟瞰图

国有资产管理

【概况】 2016年，鄞州区国有企业资产总额1004.88亿元，负债690.38亿元，净资产314.50亿元，分别比上年增长12.82%、5.46%和33.24%，其中国有资本及权益总额281.22亿元，增加46.19亿元，国有资本增值保值率19.65%。全年区属国有企业实现营业总收入13.82亿元，增加1.84亿元，增长15.36%；实现净利润0.47亿元，增加0.77亿元，增长256.67%。国有企业收益年征收率为当年税后净利润的15%（民生企业仍按5%征收），全年实现征缴1774.89万元，增长1.75%。

调整10家企业董监事会成员，明确14家企业主要负责人和1家企业财务负责人。审核47家非生产经营性企业年度工资总额申报情况，全年核定总额8342.40万元，增加152万元。出台《鄞州区政府性债务信息公开暂行办法》《鄞州区政府性债务计划编报办法》《鄞州区政府性债务风险预警和应急处置预案（试行）》《鄞州区政府性债务管理工作考核问责暂行办法》。

【国有企业管理信息化平台建设】 2016年，第一期国有企业管理系统上线运行，包含企业基本信息、快报编制、董监事会信息和人员机构管理4方面内容。至年底，133家企业完成基本信息录入，财务快报和银行开户情况实现网上申报，区国有企业管理信息化平台初步建立。

【企业国有产权管理】 2016年，鄞州区办理企业国有产权登记51宗，其中占有登记23宗、变动登记19宗、注销登记9宗。年初，区国有资产管理委员会分别与14家行政部门签订《委托监管责任书》，明确出资人、受托方的职责和监管范围，委托监管期限从2016年1月至2018年12月。比对国资专户的对外投资数据与产权登记数据，拟制调账方案，调整国资专户对外投资账户，实现账实相符。

【全区行政事业单位国有资产清查】 2016年，鄞州区组织开展全区行政事业单位国有资产清查。以2015年12月31日为基准日，根据“统一政策、统一方法、统一步骤、统一要求和分级实施”的原则，2016年9月中旬完成全区资产清查工作，并将纸质材料报送市财政局。全区列入清查范围的有行政事业（一级财政预算）单位及社会团体79家，其中行政单位56家、事业单位23家，下属行政事业单位355家。至年底，全区有行政编制3345人，事业编制17847人，离退休1427人；资产账面数2017647.18万元，资产清查数2017490.55万元；全区负债账面值668432.09万元；净资产账面值1349244.95万元；资产待处理净额186.24万元；行政未脱钩经济实体实际累计投资4万元，事业单位对外投资49126.77万元。

【政府债券置换】 2016年，由市财政局通过向社会公开发行、定向承销方式募集的鄞州区两批政府存量债务置换、新增债券资金49.54亿元。其中，债权人定向承销债券22.69亿元，公开发行26.85亿元（含2亿元新增债券），债券置换占鄞州区一类债务153.32亿元的71.45%。2016年债券占比比上年增加35%，尤其是2016年的3年期、5年期、7年期、10年期的置换债券，年利率分别为2.61%、2.78%、3.02%、3.09%，大幅低于金融机构直接融资的年利率。

（杨宏云）

国土资源管理

【概况】 2016年，区国土分局调整完善《宁波市鄞州区土地利用总体规划（2006—2020年）》，划定城市开发边界、永久基本农田红线及生态保护红线。区级和中心城区外15个镇乡规划调整完善成果分别通过省、市政府批准。调查摸底全区用地需求，形成项目用地预备库，并向省国土资源厅申请到2016年度规划新增建设用地指标398.33公顷，开展农用地转用报批。

优化永久基本农田结构和布局，开展社会调查和实地踏勘，完成永久基本农田划定社会风险评估。永久基本农田划定数据库通过省国土资源厅质检，划定永久基本农田27247公顷，占全区耕地面积的85%；划定永久基本农田示范区11437公顷，占永久基本农田的42%。调查全区“旱地改水田”、耕地质量提升等后备资源，补齐耕地占补平衡短板。垦造耕地67.07公顷，建设用地复垦项目增加耕地16公顷，建设提升高标准基本农田3666.67公顷，实施表土剥离102.80公顷。推进土地卫片执法检查、违法违规问题清理“亮剑行动”、打击占用耕地“绿剑2号”行动，立案查处违法用地225宗35.20公顷，其中耕地21.53公顷，分别比上年下降34%、52%和48%。发放2015年度耕地保护激励金2856.82万元，增长40%；扣减791.20万元，下降21%；取消454.41万元，下降61%；查处违法用地132宗，下降54%。

开展“批而未供”“供而未用”“闲置土地”3类用地清理利用专项工作，全年供地500.81公顷。其中，消化“批而未供”土地223.47公顷，盘活存量建设用地264.47公顷，利用国有河流12.87公顷。开发城镇低效用地38.73公顷，处置闲置土地58宗122.93公顷。

编制完成《宁波市鄞州区矿产资源总体规划（2016—2020年）》。开展“绿色矿山”创建，完成创建2家。开展废弃矿山治理14座，完成治理2座。发布《2016年度地质灾害防治方案》《突发地质灾害应急预案操作手册》等，明确地质灾害防范重点区域，完善地质灾害防治责任机制。推进地质灾害工程治理，投资约600万元，治理地质灾害隐患点5处，可消除39户100人地质灾害威胁。横街镇朱敏村前门山滑坡治理工程通过竣工验收。

【土地出让】 2016年，鄞州区出让土地245公顷，增长25%；出让金合同金额207.36亿元，增长86%。其中，房地产出让134.53公顷，增长29%；合同金额196.83亿元，增长92%。住宅用地亩均单价从656万元涨至974万元，长丰地段YZ13-01-a2地块以每平方米16000元创全区楼面单价最高纪录；首南街道陈婆渡东地段YZ09-08-C6/C9-A地块以30.80亿元创全区土地出让总价最高纪录。

【不动产权证书发放】 2016年，鄞州区推进不动产统一登记改革，协调整合职责、人员、档案、信息系统，建设完善区行政服务中心及咸祥、邱隘、横溪、姜山、集士港、鄞江7个不动产登记窗口。6月27日，在区行政服务中心举行不动产权证书首发仪式，副区长茅剑辉颁发首本不动产权证书和首张不动产权证明，土地证与房产证合二为一。至年底，全区受理各类不动产登记15.50万件，颁发不动产证书和证明9万余本；查询窗口受理查询4.50万件。

【农村山区地质灾害调查评价完成】 2016年1月，鄞州区农村山区地质灾害调查评价完成。该项目由区国土分局委托省工程勘察院进行，通过遥感解译、野外实地调查和综合研究，形成《鄞州区农村山区地质灾害调查评价报告》。确定地质灾害隐患12处和不稳定斜坡21处，并划定重点巡查区16处，确定地灾防治重点村庄12个，修编18个镇乡（街道）地质灾害分布和易发区图，开展134个避险场所适宜性分析评价，完善地质灾害管理信息系统；分析地质灾害发生的过程雨量，提出不同时段不同易发区的临界降雨量；针对地质灾害隐患和不稳定斜坡提出群测群防、巡查、监测预警、应急避险和综合治理等防治措施建议。

【王世元调研鄞州农村土地综合整治工作】 2016年4月16日，国土资源部副部长王世元一行6人到鄞州区调研农村土地综合整治工作，省国土资源厅厅长陈铁雄、常务副市长陈奕君、市国土资源局局长史跃萍、区委书记胡军等陪同调研。王世元一行到鄞州区首个省级农村土地综合整治示范项目所在地——姜山镇井亭村，踏勘拆旧复垦区和建新区。姜山镇井亭村农村土地综合整治项目于2010年底经省政府批准实施，涉及区域面积180.47公顷，建新地块面积4.73公顷，规划复垦增加耕地6.14公顷，节余土地1.41公顷，涉及后百丈、新村、庙前、邬家4个自然村，规划搬迁农户423户，搬迁人口总数936人，搬迁房屋526幢。建新区安置小区竣工并交付使用，建造多层8幢、小高层14幢，总建筑面积8.10万平方米，地下室2.04万平方米。拆除复垦区4个自然村旧房面积5万余平方米，并全部完成复耕，水稻种植实现当年丰收，亩产约500千克。

【土地利用总体规划调整完善获省政府批准】 2016年7月25日，《宁波市鄞州区土地利用总体规划（2006—2020年）》获省政府批复实施。区级规划调整完善坚持“十分珍惜、合理利用土地和切实保护耕地”的基本国策，严格保护耕地资源，至2020年，鄞州区耕地保有量不少于31866公顷，永久基本农田保护面积不少于27246公顷，标准农田保护面积不少于20428公顷；从严控制城乡建设用地，至2020年，鄞州区建设用地总规模控制在31900公顷以内，城乡建设用地规模控制在24047公顷以内；优先保护生态环境，划定生态保护红线27804公顷，红线范围主要保护区有阿育王寺历史文化保护区、东钱湖风景名胜区、横溪—梅溪水库饮用水源保护区等8个核心区。2020年，鄞州区挖掘建设用地存量面积1336公顷，其中通过“三改一拆”“亩产倍增”等行动，规划城镇低效用地再开发524公顷，分类消化批而未供土地324公顷。人均城镇工矿用地面积控制在120平方米以内，人均农居点用地面积控制在115平方米以内，万元二三产增加值用地量控制在20平方米以内。

【工业用地调查完成】 2016年1月，鄞州区工业用地调查完成。调查时点统一为2014年12月31日，调查全区工业用地7506宗1147.60公顷，用地企业7685家。调查结果表明，鄞州区工业用地利用潜力主要为税收产出潜力（单位面积的税收产出），税收产出潜力2811.60公顷；从行政区划看，未来潜力发展方向主要集中在石碶街道、下应街道、古林镇；从行业类别看，主要在通用设备制造业、金属制品业、电气机械和器材制造业等行业。10月31日，鄞州区工业用地调查项目通过市国土资源局专家验收评审。

（林寻忠）

物价管理

【概况】 2016年，鄞州区设立价格监测点20余个。提升价格监测效率，每周一次重点监测7大类31种民生商品价格。开展粮食、生猪、西瓜等农产品成本调查工作，形成农产品成本调查年度分析报告。开展种植意向、农户购买农资情况以及农户存、售粮情况调查分析。开展公交票价、物业收费、菜牛集中屠宰和幼儿园收费4类项目成本监审，监审单位25家，审核总成本52041.20万元，剔除不合理费用1784.60万元。公布每月住宅平均价格，为全区集体所有土地房屋拆迁征收提供价格补偿标准。审核34项普通住宅小区前期物业收费。实行政府定价停车场实施2小时免费停车惠民政策，核定14家政府投资建造停车场的收费标准。

贯彻落实《鄞州区第二轮学前教育三年提升行动计划（2014—2016年）》，公办幼儿园和普惠性民办幼儿园根据星级标准收费。开展景区门票价格专项整治。审核37家行政部门、企业事业单位605项公共服务事项中被列入政府定价范围内事项的收费标准内容、依据。

元旦、春节、国庆节等重大节日期间，开展日常生活必需品及购物、停车收费等价格检查。开展农贸市场、大型商场（超市）、商业大街及美容理发、洗车修理等行业明码标价情况经常性巡查，每周至少1次。组织开展涉企收费、经营性公墓收费、公立医院服务收费和旅游景点、商品房销售、药品市场明码标价等专项检查。受理群众政策咨询、价格举报投诉等582件，办结件数579件，办结率99.50%。其中，价格投诉举报561件，立案查处7件，实施经济制裁33100元，退还消费者10959.50元。

【行政事业性单位收费管理】 2016年，区物价局建立完善各行政事业性单位收费清单公示和报告制度，各收费单位按价格和财政部门批准的项目和标准建立收费目录公示清单制度，并在单位网站常年公示。统计分析各行政事业性收费单位年度情况报表，全区有145家收费单位78个收费项目，2016年度全区行政事业性收费总额49482万元，占区财政总收入的比重为1.35%，比上年增长6%。参与收费专项清理规范行动，坚持无清单不收费，落实清费减负政策，完善事中和事后监督制度。

【企业减负政策落实】 2016年4月20日起，非居民管道天然气价格由每立方米3.42元调整为3.16元。6月1日起，降低企业用电价格，鄞州区的大工业用电、一般工商业及其他用电价格每千瓦时降低0.01元（含税）。6月，区物价局根据区政府“建立健全企业减负机制、有效降低企业成本”有关规定，制定公布《宁波市鄞州区实行政府定价的涉企经营服务收费目录清单》《宁波市鄞州区涉企进出口环节经营服务收费目录清单》《区价格主管部门执法检查、行政处罚目录清单》，规定实行政府定价的收费项目、行业主管部门、设立依据、收费文件和执收单位等内容。7月1日起，辖区内20家宁波市认证公布的战略性新兴产业高成长企业自来水价格实行差别水价政策，售水价格每立方米优惠0.40元。

（唐志慧　张　茜　周耀伟）

统　计

【概况】 2016年，区统计局推进统计规范化建设，排查培育单位统计工作质量。开展统计诚信企业创建工作，205家企业合格，49家企业优秀，47家企业被评为统计诚信企业，16家企业被市统计局评定为市级统计诚信企业。

开展“红绿灯”统计监测，撰写《季度GDP核算方法调整对我区的影响及建议》等专项统计分析成果。编印《鄞州区主要经济指标》《重点服务业企业名录》，编写《鄞州统计简报》30期、“鄞州统计调查”25篇。

启动统计“七五”普法工作，开展“9·20中国统计开放日”和“12·8《中华人民共和国统计法》颁布日”等宣传活动，向基层群众发放农业普查宣传资料、法制宣传环保袋、统计主题年历等600余份，被市普法领导小组评为宁波市“六五”普法先进集体。稽查企业59家，警告并罚款1家。开展统计“数据造假、以数谋私”专项治理，制订专项治理实施方案，成立专项治理领导小组。由班子成员带队、相关科室负责人及业务骨干组成的检查组实地走访基层，重点检查统计数据真实性。

【第三次全国农业普查工作启动】 2016年1月28日，区政府下发《关于开展第三次农业普查的通知》，成立鄞州区第三次农业普查领导小组，领导小组下设办公室于区统计局。普查对象为鄞州区境内农村住户（包括农村农业生产经营户和其他住户）、城镇农业生产经营户、农业生产经营单位、村民委员会、镇乡（街道）政府（办事处）；普查的行业范围包括农作物种植业、林业、畜牧业、渔业和农林牧渔服务业；普查的主要内容包括农业从业者基本情况，农业土地利用与流转情况，农业生产与结构情况，新型农业经营主体与农业规模化、产业化发展情况，新农村建设情况，农村人居环境与农民生活方式变化情况；普查的标准时点为2016年12月31日，时期资料为2016年度资料。8月，启动区级综合试点，成立农业普查综合试点领导小组，选定东吴镇西村村为试点区域。8月26日，召开第三次农业普查工作暨综合试点工作会议，古林、姜山、东吴3个镇作为代表与区政府签订农业普查目标责任书。9月19—22日，鄞州区第三次农业普查综合试点工作在东吴镇西村村举行，综合试点模拟农业普查主要过程，举行试点培训。至年底，完成普查区块划分工作，开展农、林、牧、渔服务业单位清查，排查所有普查小区普通农业经营户6.60万户、农业规模户1549户、农业经营单位651个。

【《2016鄞州区统计年鉴》出版】 2016年7月，由区统计局和国家统计局鄞州调查队联合编辑的《2016鄞州区统计年鉴》内部印刷出版。该册年鉴保持总体框架和内容的连续性，设置“综合核算”“人口与劳动力”“人民生活”“附录”等14个部分，各篇章前设有“主要统计指标”，篇末设有“主要统计指标解释”；辑入的统计数据以2015年统计年报为主，并重新核实1978年后历年的主要统计数据。

【统计数据质量自查自纠整改行动】 2016年9—11月，区统计局根据《宁波市统计数据自查自纠整改方案》，开展统计数据质量自查自纠整改行动。成立鄞州区统计局统计数据自查自纠整改工作领导小组，制订工作方案，分片区走访重点和有问题嫌疑的企业160余家，重点检查镇级统计是否有违反规定为调查对象代填代报数据、自行修改调查对象数据等不严格按照统计报表制度填报的情况，了解企业专职统计人员配备、统计规章制度、统计台账等情况。统计数据质量自查自纠行动覆盖全区工业企业1693家、批发零售业743家、住宿餐饮业77家和重点服务业企业171家、投资项目638个，随机抽查基本单位名录库在库单位560家。发现主要问题为企业上报数据与实际数据有差距，均整改完毕。

【《2016鄞州概览》发行】 2016年3月，区统计局编印的《2016鄞州概览》发行，该书以图、表和文字介绍相结合的方式记录鄞州区经济发展成果，全书设置鄞州概况、经济发展、科技和社会事业、“质量新鄞州”建设、主要指标、镇乡（街道）、附录7个部分，其中在指标设置上增加“十二五”及以前各个规划时期的主要指标发展状况。

（朱科苗）

调 查

【概况】 2016年，鄞州调查队主要承担规模以下工业、城乡居民收支等常规统计调查24项，开展城市交通分担率和满意度调查、党风廉政建设民意调查等专项调查9个。挖掘城乡居民收支、规模以下工业、工业生产者价格调查等专业报表数据，加强数据纵向、横向对比；构建以生猪规模养殖户、种粮大户、小微企业和农民工为代表的生产经营调查网络，定期跟踪生猪价格、养殖效益，种粮成本、效益，小微企业经营、减税减负，农民工就业、购房、医疗保障及市民化等情况；宣讲小微企业减税免税、政府简政放权、降低企业社保费率等政策，并与有关部门联系，咨询相关政策落实执行情况，跟踪指导企业遇到的相关问题；重点聚焦经济新常态下“三新”产业发展、供给侧结构性改革等全区重点改革和社会建设工作。编印《鄞州调查简报》21期，其中调查分析13期、调查信息8期。被国家统计局浙江调查总队录用调查分析15篇、调查信息8篇；被区委、区政府采用调查分析、信息15篇，完成区政府办公室主动约稿7篇；被《鄞州日报》媒体采用调查信息、分析2篇。

表12　2016年国家统计局鄞州调查队调查项目情况

项目类别	调查项目名称	样本数量及单位
常规调查项目	农作物播种面积调查	58个村
	粮食产量（单晚）调查	15个村
	粮食产量（早稻、双晚）调查	15个村
	农户全年/秋冬播种面积意向调查	105户
	耕地面积维护变动情况调查	412个村
	样本点所在村基本情况调查	58个村
	住户收支与生活状况调查	400宅（户）
	农户固定资产投资调查	110宅（户）
	农民工监测调查	110宅（户）
	农民工市民化进程监测调查	105户
	农产品中间消耗统计调查	2户
	农产品生产者价格调查	21户
	规模以下工业抽样调查	1078家企业
	规模以下工业抽样调查	78个村
	新设立小微企业和个体经营户跟踪调查	162家企业
	规模以下服务业抽样调查	56家企业
	限额以下批发零售住宿餐饮抽样调查	16家企业
	采购经理调查	86家企业
	工业生产者价格统计调查	179家企业
	季度畜牧业规模户（生猪）	9家企业
	季度畜牧业规模户（家禽）	2家企业
	年度生猪、家禽规模户调查	79家企业
	季度牛、羊生产调查	412个村
	城市交通分担率和满意度调查	900户

续表12

项目类别	调查项目名称	样本数量及单位
专项调查项目	分省住户网购专项调查	50户
	企业接受政府部门各类检查情况	3家企业
	建筑业企业应收账款和债务情况调查	3家企业
	农业春耕备耕问卷调查	15户
	规模以下工业企业出口销售情况调查	882家企业
	制造业企业供给侧竞争力调查	56家企业
	商铺租金及经营情况调查	10家企业
	物流企业经营和发展情况调查	3家企业
	党风廉政建设民意调查	80户

【统计调查基层基础建设】 2016年，鄞州调查队动态维护村级样本单位名录库，详细说明专业调查样本数量、样本级别、调查制度等，更新维护全区各专业建立"调查名录库"，涉及170余名村级辅助调查员、170余个样本调查村（社区）、700户记账户（样本户）；更新、梳理1600余家各类调查样本企业信息库，包括各类样本企业的基本业态信息、样本类别状态、统计人员信息变更等情况。分6批次培训省级以下800余家样本企业；开展城乡住户辅助调查员年度培训、季度会审、月度交流会议及走访入户培训，分析讲解调查工作中发现的问题；梳理印发2016年鄞州调查基层业务培训计划表，组织开展各类年定报培训会议。推进鄞州调查"样本示范点"创建活动，主要专业建立"样本示范点"10家（个）。

【"千人共竞统计法"知识竞赛】 2016年11月底，鄞州调查队组织开展"学法规、比业务、促服务"统计法及业务知识竞赛活动，全区1600余家样本企业、400户记账户及70名镇村级辅助调查员参加活动。活动面向镇级统计人员、村级辅助调查员、样本企业（样本户、记账户）3个层面宣传点，12月底结束，评出一等奖2名、二等奖5名、三等奖10名、纪念奖35名。

（郑柳艳）

审　计

【概况】 2016年，区审计局审计（调查）单位项目23个，查出管理不规范金额150014万元；完成投资项目竣工决（结）算审计131个，核减工程造价5.37亿元，在审跟踪项目53个，涉及投资额466.47亿元，提出审计意见582条，挽回财政资金损失7322万元；提交审计报告154个、审计专报15篇，报告、专报得到区委、区政府领导批示19篇次；上报审计信息151篇，被区委、区政府和上级审计机关录用224篇次。

审计全区66家一级预算单位及250余家下属单位的公务支出和公款消费情况，审计报告得到区委、区政府主要领导肯定性批示；开展2013—2015年学前教育政策落实情况审计，审计报告得到区委、区政府主要领导肯定性批示；开展鄞州区2015年度财政预算执行和其他财政资金收支情况审计，重点关注上级关于稳增长政策及区委、区政府相关政策贯彻落实情况，审计报告得到区人大肯定；开展区城管局、广播电视台、发改局预算执行情况审计；采用大数据分析技术审计近3年全区政府采购情况，《应加强政府采购项目验收管理》《环卫车辆政府采购存在的问题及建议》等3个审计专报得到区政府主要领导批示。审计领导干部经济责任项目5个、领导干部6人，出具经济责任审计报告11个。

2012—2014年宁波市鄞州区国有企业经营情况专项审计调查项目获评审计署表彰项目和浙江省审计系统优秀项目，2012—2014年宁波市鄞州区国有企业经营情况专项审计调查和2014年潘火街道预算执行情况审计获评宁波市审计系统优秀项目，基于大数据平台的多部门数据联合分析医保审计案例等3个案例入选省审计厅2016年大数据审计案例。

【政府投资项目审计范围调整】 2016年，区审计局调整政府投资项目审计范围。其中，1000万元以上项目由审计中心审计；1000万元以下项目由建设单位自行委托审计，审计中心对建设单位自行委托的项目进行抽审检查。出台《宁波市鄞州区政府投资项目审计质量检测与抽审办法》，根据具体操作细则，将组织中介机构对自行委托项目审计情况进行抽查，抽查面为10%左右，金额占抽查项目的30%左右，重点抽查管理薄弱的建设单位及招投标、工程变更联系单、无价材料、暂定价材料、隐蔽工程等容易形成风险的环节。

【"固定资产投资审计"课题通过中国审计学会计算机审计分会立项】 2016年4月19日，区审计局承担的"固定资产投资审计"课题通过中国审计学会计算机审计分会立项。区审计局课题组利用网络“爬虫”技术，从审计署和各省审计机关网站收集筛选“审计结果公告”“审计报告”和国家各部委等官方网站发布的最新法规文件。至年底，课题组召开专题会议15次，查阅相关法律法规文件200余个，编写10大类审计事项词条304条约37万字，其中适用法规206条、法规知识98条。

【全区政府采购政策情况专项调查】2016年4月，区审计局开展2013—2015年全区政府采购政策情况专项审计调查。9月，调查结束。调查结果表明，鄞州区政府采购管理总体良好，采购程序基本符合规定，但也存在政府采购竞争不够充分等问题。10月，区政府采购领导小组采纳审计意见，按一年2次集中打包采购的方式公开招标采购环卫车辆；提高验收限额标准至20万元；要求采购单位审查投标供应商的资料真实性，参与投标的被授权人必须提供社保缴纳证明。

【重大工程项目跟踪审计】2016年，鄞州区在审跟踪项目53个，挽回财政资金损失7322万元，其中宁波南部商务区一期建设跟踪审计项目于9月完成。宁波南部商务区一期地下面积138017平方米，地上公共管理用房面积89320平方米，政府投资12.56亿元。2007年起，区审计局对项目实施全过程跟踪审计。至2016年，出具跟踪审计意见单57份，提出审计意见建议464条，核减工程造价2.69亿元，促进相关单位出台制度20余项，市委常委、区委书记胡军在区审计局上报的《十年跟踪审计南部商务区一期建设成效显著》专报上进行批示，肯定该项工作成绩，要求扩大该做法实施面，形成规范性制度。

（王　静）

市场监督管理

概　述

【概况】2016年，鄞州区实有各类市场主体120562户。立案查处各类案件905件，大要案266件，罚没款1466.24万元，移送司法机关8起。受理举报投诉案件8652件，办结7283件，其中“12315”平台受理举报投诉案件7966件，办结6607件，办结率82.94%，涉及金额398.44万元，为消费者挽回损失337.77万元。

推进餐桌治理行动三年计划，开展“三大一严”、节假日专项和重点领域整治，推动食品经营放心消费示范区、“大众餐饮提升”三年计划、品牌超市进校园、星级示范店创建、示范早餐店建设等。组织食品安全宣讲团“六进”宣讲，开展食品安全“你点我检”和“市场监管服务进社区”宣传活动。

推进小微企业三年成长计划，试点开展的全国首例政策性小微企业财产保险入选“浙江省十大服务小微企业优秀项目”。联合鄞州银行开展小微企业的“商易贷3.0”融资服务，促成融资162笔，融资额9700万元；“红盾护农”签约农户486户，签约金额3820万元。提供动产抵押登记服务，开展菜市场绩效考核和信用分类。

建立“质量提升”培育库，探索开展航运物流质量提升活动，5家企业被评为区政府质量奖，3家企业进入市长质量奖终评。推行名牌申报“诊断书”，增加浙江省名牌3个、宁波市名牌13个。出台“浙江制造”品牌培育试点实施方案，3家企业主持制定“浙江制造”标准。

开展各类产品和商品监督抽检、重点行业合同格式条款规范整治，查处网络案件。在全市率先开展类金融企业联合排查，获副省长朱从玖批示肯定。开展电梯隐患排查，创新电梯监管模式，试点开发全国首家小区电梯“保险+保障”，开展电梯应急演练。

【滕佳材督查鄞州食品安全工作】2016年1月30日，国家食品药品监督管理总局副局长滕佳材一行8人到鄞州督查春节期间食品安全工作，省、市、区领导朱志泉、陈奕君、胡军、顾文俊、梅益进等陪同。滕佳材一行实地走访宁波天宫庄园果汁果酒有限公司、印象城特色餐饮一条街、联心菜市场等，考察和指导企业生产经营单位透明车间、重点餐饮服务单位透明厨房、农贸市场索证索票等关键环节，肯定鄞州区重视“透明车间”“透明厨房”建设，赞赏商家“勇于开放、敢于透明”的做法，并对食品安全监管提出意见和建议。

【食品安全广场宣传暨食品安全宣传周主题活动】2016年6月22日，食品安全广场宣传暨食品安全宣传周主题活动在环球银泰城举行。活动由区食品安全委员会办公室（简称“区食安办”）联合区市场监管局、农林局、首南街道办事处、保险公司运行中心、宁波市健康家园公益服务中心等单位举办，以“尚德守法，共治共享食品安全”为主题，通过宣传展板展示、设立宣传咨询台、快速检测、发放食品安全宣传资料、举报投诉受理、趣味游戏、LED循环播放食品安全公益广告等方式宣传食品安全法律法规知识及食品安全科普知识。现场举办“尚德守法，共治共享食品安全”签名活动，环球银泰城60余家餐饮单位负责人及群众参与；发放《餐桌上的食品安全》等食品安全宣传资料及《食品安全法最新修订解读》500余本，展出各类展板15块。

【食品安全“你点我检”活动】2016年6月30日，区食安办、市场监管局邀请区群众监督组7位成员代表，开展食品安全“你点我检”活动。宁波美成生物科技有限公司、区食品检测中心负责技术检测，活动抽样区域为首南菜场、培罗成广场华润万家超市及万达广场内的小餐饮单位。群众监督组成员代表结合日常消费习惯和大众关注热点，选取蔬菜、肉类、水果、餐饮具、火锅底料等15批次样品进行农药残留、瘦肉精、二氧化硫、亚硝酸盐、罂粟碱等快速检测，其中1批次雪菜被检出含有二氧化硫，监管人员对该摊位雪菜进行监督抽检，送至鄞州区食品检测中心定量检测，雪菜定量检测结果不合格，区市场监管局依法对不合格食品进行立案查处。全年开展活动4次，发现不合格问题1件，被立案查处。

【焦红考察宁波美康生物科技股份有限公司】 2016年9月23日，国家食品药品监督管理总局副局长焦红一行5人到宁波美康生物科技股份有限公司参观考察，省食品药品监督管理局局长朱志泉、总工程师苏志良，市市场监督管理局局长顾文俊，副区长梅益进等陪同考察。焦红一行重点考察公司体外诊断系统研究院（企业研发中心），参观抗原抗体研发室、生化和免疫试剂研发室、诊断酶研发室以及参考实验室等，询问化学发光分析仪和SMARTPOCT等产品开发进度及注册情况。董事长邹炳德介绍公司发展成就、在国内体外诊断行业中的优势地位、研发特色及在参考溯源领域所取得的领先成果，并对未来面向基层医疗服务领域发展和全产业链战略规划进行说明。焦红肯定公司快速发展和战略布局，并对公司发展提出希望。

【《宁波市鄞州食品药品监督管理志》出版】 2016年10月28日，由区食品药品监督管理局编纂的《宁波市鄞州食品药品监督管理志》内部印刷出版。该志于2014年9月启动编纂，采用章节体，卷首设图照、序、凡例、概述大事记，主体设10编33章104节，约30万字。上限起自南宋（1127—1279年），下限至2014年2月27日，记述鄞地近1000年食品药品管理历史，重点记载2002年1月后鄞州食品药品监管工作。

（张汉江）

工商行政管理

【概况】 2016年，区市场监管局开展“五证合一”“两证合一”“双告知”和市场主体年报信息公示活动，试点推行“双随机”、简易注销登记、个体工商户依职权注销、一址多照、“工位号注册”等便民措施。开展抽查工作，抽查企业1200家，其中企业年报公示“正常”企业1157户、“通过登记的住所（经营场所）无法联系”企业26户、注销等其他情况企业17户。开展消费评议和绿色通道建设，妥善处置预付卡等各类群诉事件。制订单用途商业预付卡履约保证保险制度实施方案，制定举报投诉会商制度。

创建一星级文明规范市场6家，延续认定一星级文明规范市场9家；创建二星级文明规范市场1家，延续认定二星级文明规范市场4家。组织开展2016年度国家级“守合同重信用”公示企业推荐申报工作和浙江省A、AA、AAA级“守合同重信用”企业公示活动。9家企业获得国家工商行政管理总局2014—2015年度“守合同重信用”企业公示资格（其中首次公示企业5家，继续公示企业4家），17家企业获得浙江省AAA级“守合同重信用”公示（其中首次公示企业9家，继续公示企业8家），33家企业获得浙江省AA级“守合同重信用”公示（其中首次公示企业23家，继续公示企业10家）；43家企业获得浙江省A级“守合同重信用”公示（其中首次公示企业33家，继续公示企业10家）。

举办各类“红盾护农”培训3场次。参与订单农业企业17家，签约订单农业农户486户，签订合同502份，签约金额3820万元。拍卖备案75次，签订拍卖委托书114份，金额1.46亿元；签订拍卖确认书99份，金额1.07亿元。办理动产抵押登记101份，抵押登记金额2.06亿元，注销登记80份，金额约15亿元。

表13　　2016年鄞州区中国驰名商标（行政认定）一览

企业名称	商标（注册证号）	企业名称	商标（注册证号）
雅戈尔集团股份有限公司	雅戈尔721680	宁波宏大电梯有限公司	豪斯汀HOSTING及图1307091
杉杉集团有限公司	杉杉813664	宁波欧琳厨具有限公司	欧琳+OULIN1208385
奥克斯集团有限公司	奥克斯800471	宁波东海集团有限公司	DONGHAI+图582445
浙江广博集团股份有限公司	广博1375482	宁波市鄞州精铸五金厂	NBLF+图3274800
宁波欧琳厨具有限公司	欧琳+OULIN994214	宁波音王电声股份有限公司	SoundKing+图1351208
宁波培罗成集团有限公司	培罗成PROGEN16972371660874	宁波伊司达洁具有限公司	East+图3405005
宁波乐士实业有限公司	LESLT+乐士1633652	宁波合和杰斯卡服饰有限公司	GXG3083564
宁波华茂科技股份有限公司	七色花928314	宁波汉浦工具有限公司	PULY6597897
宁波永享铜管道有限公司	永享+H+YONGXIANG1601618	宁波乐歌视讯科技股份有限公司	乐歌4917421
浙江一舟电子科技股份有限公司	Ship1497731	君禾泵业股份有限公司	君禾JUNHE3418553
洛兹集团有限公司	洛兹+ROUSE1939875	宁波高发汽车控制系统股份有限公司	GF4463134
宁波巨神制泵实业有限公司	巨神JS及图742335	麦克英孚（宁波）婴童用品有限公司	宝贝第一BABYFIRST6275514
宁波李氏实业有限公司	MuZi575323	奥克斯集团有限公司	AUX5447957
宁波隆兴焊割科技股份有限公司	隆兴LONGXING及图1139225	奥克斯集团有限公司	奥克斯5447955

【市场主体年报公示】 2016年，区市场监管局推进各类市场主体年报公示工作。5月18日，在全市企业年报推进暨企业监管会议上作为先进单位，由相关负责人作经验交流。6月30日，企业年报公示39705户，自然年报率91.52%，工作年报率93.59%；个体工商户年报公示51197户，自然年报率84.77%，工作年报率86.37%；农民专业合作社年报公示309户，自然年报率81.15%，工作年报率88.22%。开展未年报企业（农专社）后处理工作，列入经营异常名录3843家，补报企业160家。审验外国机构常驻代表年度报告，通过年报65户，年报通过率90.30%。

【小微企业帮扶】 2016年，鄞州区启动政策性小微企业保险，采取“定值投保、定值理赔”模式，水灾施救费用按水位线高度定额补偿；其他保险事故在各标的分项保险金额和总保险金额范围内，扣除免赔额后按实际损失予以赔偿，单次事故最高赔偿10万元，累计最高赔偿20万元。企业每年保费6000元，“小升规”企业和科技型企业由政府补贴保费的90%，企业承担10%；其他小微企业承担保费的20%。落实市市场监督管理局15条小微企业帮扶措施，增加7大产业小微企业1961家，引导和支持“个转企”208家，其中新转公司制企业134家。组织小微企业开展“双对接”活动92次162家，增加科技型小微企业212家。

【家政服务等行业主体违规从事寄递业务整治】 2016年，区市场监管局开展家政服务等行业主体违规从事寄递业务整治。7月，下发《关于开展规范批量火柴实名销售管理和家政服务等行业擅自从事快递业务专项整治行动的通知》，出动执法人员1235人次，排查家政服务企业196家，排查超市、便利店（小卖部）742家，排查房产中介、二手车销售、旅游服务、物业等企业244家，发现存在问题隐患15家，责令改正1家，签署承诺书621份。

【流通领域电动自行车质量监管专项整治行动】 2016年5—10月，鄞州区开展流通领域电动自行车质量监管专项整治行动，重点清查经营户的证照、质量及是否合法经营等情况。行动期间，检查辖区内登记在册电动车商家近200家，出动检查人员141人次，检查专业市场9个、经营户161家。检查发现，多数电动车经营户未建立销售台账。举报投诉中心联系电动车行业协会，与鄞州公安分局、区交通运输局协作，向电动车经营户分发《电动车经营须知告知书》，要求经营户建立日常进货检查验收制度，并履行登记上牌告知、售后服务义务。

（张汉江）

食品药品监督管理

【概况】 2016年，鄞州区发放食品经营许可证（流通线）2052个，自行检测食品1841批次（含婴幼儿乳粉183批次），不合格129批次，均立案查处，183批次婴幼儿乳粉全部合格。安装客户端303个（包含市场内客户端58个，市场外客户端132个，代传考核分店108个），比上年减少5个，周平均使用率约81%，月平均使用率89%。立案查处各类食品安全违法案件237起，罚没款295.30万元，公安机关刑事立案8起。

开展小龙虾专项整治，检查28个菜场85个摊位，快速检测565批次，监督抽检7批次；检查供应龙虾餐饮单位60家，快速检测408批次，监督抽检14批次，未发现不合格报告。开展“进杭”食品安全专项检查，对排查出的22家食品生产企业（70余个品种）、3家中央厨房（集体用餐配送中心）“进杭”企业增加监督检查和产品抽检频次，并建立健全台账记录及追溯体系。

推进基层食品安全监管“多员合一”“一张网”建设，将食品安全列入网格化管理考核内容。全区466个行政村（社区）划分网格2297个，配备网格员2382人、公共安全协管员478人。推进食品安全责任商业保险，出台保费补贴政策，42家企业投保商业食品责任险。

【食品安全全程治理体系建设】 2016年，鄞州区推进食品安全全程治理体系建设。在食品生产环节，与200家企业签订《食品质量安全主体责任承诺书》，上报主体责任落实自查表企业158家，平台自查上报完成率75.90%。完成主体责任落实“双随机”现场核查22家，发现问题企业22家，问题数117个，其中现场改正3个，责令整改企业问题数114个，现场核查问题封闭率100%。抽检食品生产企业176家次，抽检产品338批次，抽检完成率75%，不合格2批次，批次合格率

2016年5月24日，区食安办工作人员抽查菜场农产品质量

99.40%，无严重不合格产品；开展小作坊整治提升工作，召开小作坊整治核查观摩培训现场会，增加小作坊9家，累计实施许可27家，打击取缔黑作坊、黑窝点70个，小作坊建档率、抽检覆盖率及抽检合格率均达100%；开展"地产食品533安全保障行动"及白酒塑化剂、植物油、大米及酒类专项整治，集体行政约谈食用植物油生产企业6家、大米生产企业11家及酒类生产企业9家，开展专题监督检查。在食品流通环节，推进城区农贸市场食用农产品质量追溯体系和快速检测体系建设，免费向社会开放，建成率达80%；按照"公益性质、属地管理、便民惠民、安全放心"原则规范村级菜市场发展，将村级菜市场纳入对各镇乡（街道）的年度考核，并专门安排135批次专项评价性抽检；推进品牌超市进校园活动，全区有校园食杂店36家、品牌超市校园直营店27家，其余9家校园食杂店实现食品全配送；梳理星级示范店，拟重新评定各类星级示范店113家；开展越南酸奶、俄罗斯冰砖、配制酒、玛咖制品等专项整治行动。在餐饮服务环节，监管学校食堂、中央厨房、大型餐饮单位及高风险餐饮单位，检查餐饮单位5042户次，责令整改273次；开展餐饮特色示范区块（街）创建，银泰城、印象城、万达广场、奥特莱斯广场4个商圈通过市市场监督管理局初评；推进小餐饮规范化建设，13家市级示范早餐店通过市市场监督管理局初评验收；推进农村聚餐示范点创建，推行农村聚餐备案制，创建农村聚餐示范点50家；在大型及大型以上餐饮单位、大型商圈、学校（托幼机构）食堂推行食品安全主体责任自查制度，开展移动执法检查2000余次，重点单位检查覆盖率在90%以上。

【网络订餐专项整治】 2016年3月，鄞州区开展网络订餐专项整治。区市场监管局出台专项整治方案，约谈百度外卖、美团外卖、饿了么、口碑外卖4个网络供餐平台负责人，并签订《食品安全承诺书》，排查核实4家平台名单中的供餐单位2673家。至年底，完成排查613家，发现不规范单位37家，督促办证7家，无证立案处罚2家，并第一时间通知网络订餐平台进行下线处理。

【无硫浙贝母推介展示会】 2016年5月6日，无硫浙贝母推介展示会在章水镇召开。展示会由市药学会和区浙贝母生产协会联合举办，市、区领导胡国权、陈建荣、王颖和当地贝母合作社、生产企业、贝母种植大户等出席会议，温州、台州、嘉兴市药学会领导和中药饮片生产、经营企业负责人60余人参加展示会。展示会由市药学会理事长、市市场监管局副局长胡国权主持，副区长王颖致辞并介绍鄞州区无硫浙贝母种植、无硫化生产、市场推广及整治工作情况，章水镇副镇长陈国军介绍当地浙贝母种植及采收情况，迦叶堂、富农合作社等4家当地企业介绍生产经营无硫浙贝母情况。温州、台州、嘉兴9家企业负责人就如何提高无硫浙贝母加工品质、提供优质的浙贝母提出意见和建议，对政府部门进行浙贝母无硫化整治提出要求。12家外地企业就浙贝母收购价格问题与当地企业洽谈对接，并初步达成共识。

【"固本创优"中药饮片专项整治行动】 2016年5月下旬至7月中旬，区市场监管局开展"固本创优"中药饮片专项整治行动。行动期间，区市场监管局出动检查人员256人次，检查涉及中药饮片生产、经营和使用单位117家，监督抽样中药饮片36批次。对检查中发现问题较多的3家诊所、1家生产企业责令整改，1家零售药店因中药饮片不合格被立案查处。鄞州区内中药饮片生产、经营及使用情况总体良好，没有发现严重违法行为。

【食品安全隐患"大抽检大排查大整治严打击"专项行动】 2016年3月1日至8月31日，鄞州区开展食品安全隐患"大抽检大排查大整治严打击"专项行动。区食品安全委员会下发《宁波市鄞州区食品安全隐患大抽检大排查大整治严打击专项行动方案》，按照"严密排查、问题导向、标本兼治、铁腕治患"总要求，重点针对7个重点环节和5个重点领域开展食品安全隐患排查。行动期间，出动检查人员8432人次，检查重点种养殖、食品生产经营单位3192家，张贴通告1万份，定量抽检2086批次，联合执法45次，排查重点隐患9处，约谈违规企业139家，查处违法行为348起，行政立案222起；移交公安案件或违法线索8起，刑事立案8起；上报典型案件5件，公布引入第三批食品安全"黑名单"企业6家。

【"安全用药月"活动】 2016年10月，区市场监管局部署和开展"安全用药月"活动。出台《鄞州区2016年"安全用药月"活动实施方案》，成立"安全用药月"活动领导小组。活动以"药品安全你我同行"为主题。其间，开展市场监管科普宣讲进社区12场次，举办各类大讲堂宣讲活动12场；制作安全宣传月宣传广告1次，进村入居16个，进学校2所；开展清理"小药箱"活动12次，到5家敬老院、120户家庭清理家庭过期药品，清理过期药品9300余盒，价值2.90万元；公众参与者2000人次，制作宣传用伞10000把、印刷资料5000份。

（张汉江）

质量技术监督

【概况】 2016年，鄞州区企业自愿申报宁波名牌32只（新申报11只，复评21只）、浙江名牌41只（新申报7只，复评34只），累计有浙江名牌76只、宁波名牌86只、浙赣皖沪地区名牌2只。出台《鄞州区"浙江制造"品牌培育试点实施方案》，向主持制定"浙江制造"标准的企业补助15万元、通过认证企业补助10万元。14家企业导入卓越绩效管理，1家企业专项改进，7家企业管理诊断；累计38家企业导入卓越绩效管理模式，110家企业采用先进管理方法。建立2016—2020年"质量提升"培育库，对政府质量奖、浙江制造、省市名牌、卓越绩效和采用先进管理方法的企业进行"六库合一"，入库企业85家，其中拟培育“浙江制造”企业5家、拟导入卓越绩效管理办法企业14家、拟采用先进管理方法企业12家、拟申报浙江名牌20只、拟申报宁波名牌55只。

企业主持（参与）制（修）订国家（行业）标准25项，其中主持7项、参与18项。宁波博威合金材料股份有限公司的“铜及铜合金线材单位产品能源消耗限额”标准项目获国家标准创新三等奖。推进块状产业标准化工作，全区有规模以上工业企业1695家，采标984家，采标率58.05%。增加区级农业标准化示范区5家，申报市级示范区3项。修订完善区农业地方标准规范48项，建设各级农业标准化示范区83家。宁波顺丰速运有限公司快递服务、雅戈尔老年乐园养老服务通过市级服务业标准化试点。推进企业产品标准自我声明公开工作，增加557项。

强制检定计量器具59261台，其中集贸市场电子计价秤7045台、医用计量器具2020台（件）、加油机1650台、煤气表33590只、水表14956只。开展“G20杭州峰会”、中东欧博览会特种设备安保工作和液化天然气瓶专项整治。排查治理电梯隐患，约谈电梯投诉较多的2家小区物业公司、房产公司和维修保养单位；排查、检查人员密集场所的电梯、自动扶梯，立案查处维修保护单位3家；对辖区内12家电梯维修保养企业进行量化记分。

受理（初审）省级发证生产许可证申请书（含换证）16份，核对国家质量监督检验检疫总局发证申请资料13份、食品相关产品申请资料9份（受理3份）。派出观察员35人次，上报市质量技术监督局审批处观察记录及整改确认资料35份。组织实施辖区内工业产品生产许可证（含食品相关产品）获证企业日常监督检查，督促获证企业提交年度自查报告145份，立案查处生产许可违法行为3起。

【特种设备监管】 2016年，鄞州区开展特种设备检查工作，出动检查人员1245人次，检查企业432家，发出指令书115份，立案10起，罚没款19.50万元。办理各类特种设备报停753台次，重启159台次，过户480台次，注销54台次，移装5台次，更名1143台次，报废236台次，拆除187台次。办理特种设备使用登记证2843张，车用气瓶使用登记证18张、工业气瓶使用登记证140811张。接受各类报名1551人次，举办管理人员培训班13个、叉车司机培训班7个、压力容器培训班2个，参加考试1346人次，合格取证1267人次。

【区级产品质量定期监督抽查】 2016年，浙江省产品质量定期监督抽查计划（县级）增加问题产品和民生产品的抽检比例，计划227批次中民生产品162批次，占71.30%，且计划批次增长10%。将草编制品（枕头）、竹编制品和混凝土砖列入专项监督抽查计划，共计115批次，抽查产品合格率98%。注重市场反溯不合格产品监督抽查，抽查网上销售的纺织服装7个批次、小家电2个批次，5个批次不合格。

【产品认证专项监督检查】 2016年4月，鄞州区组织开展全区有机产品认证专项监督检查，出动检查人员139人次，检查获证企业7家，检查商场超市42家，立案查处冒用自愿性认证标志违法行为4起。5月，组织开展生产、流通领域儿童用品类、厨房电器类强制性产品认证专项监督检查和消防认证产品等执法检查，检查生产企业46家、经销企业（商场、专卖店等）46家，查处强制性产品认证违法行为9起。

【纤维制品专项执法检查】 2016年8月，区市场监管局开展“纤检保健康”纤维制品专项执法检查，抽样送检纤维制品13批次，立案查处违法行为7起，涉案金额4.90万元，罚没款4.40万元。9月，与区教育局联合开展学生用床上用品、学生服产品质量专项监督抽查，抽查学校5所、幼儿园2所，涉及生产企业8家；抽样学生服21批次、床上用品14批次，其中1个批次学生服（纤维含量）不合格，对生产企业立案查处，并将不合格报告交由区教育局处置。8—10月，开展纤维制品标识专项整治和专项执法检查，检查生产企业76家，发放《纤维制品产品标识告知书》70份。

【小家电产品质量专项整治提升行动】 2016年5—12月，区市场监管局开展小家电产品质量专项整治提升行动，印发《宁波市鄞州区市场监督管理局关于开展小家电产品质量专项整治提升行动实施方案》，部署各市场监管所（分局）开展小家电产业调查摸底工作，建立企业质量档案。行动期间，出动执法人员60人次，排查企业30余家，排查出小家电生产企业19家；开展厨房电器类小家电的3C认证专项检查，出动109人次，检查生产企业12家、专业市场1家、流通领域企业20家，立案1起。

【住宅电梯安全综合保险试点】 （参见“城乡建设与管理”类目“房地产业”分目）

（张汉江）

安全生产监督管理

【概况】 2016年，鄞州区发生各类生产安全事故132起，死亡40人，受伤133人，直接经济损失626.90万元。

制定出台各级《党政机关安全生产工作职责规定》。实施《鄞州区落实企业安全生产主体责任工作方案》，完成803家标准化企业、29座水利工程的标准化创建复评工作。修订3个区级和16个镇级安全生产应急预案，组织应急演练233场，开展“保险+服务”“智慧用电”等社会化服务创新试点工作。出台《鄞州区开展标本兼治遏制重特大事故工作实施方案》，选择五乡镇作为试点，确定首批包括非煤矿山、危化企业风险分级管控与隐患排查治理双重预防示范工程等10个项目。组织开展全区性安全生产重大风险排查工作，相关单位牵头制订出台重点行业领域事故防控方案。推动5840家企业实现事故隐患自查自改闭环式管理。按时整改完成工矿领域挂牌督办重大隐患3家、重大火灾隐患6家、石油天然气长输管道安全隐患14个、市级交通黑点2个，全省矿山重点县（区）摘牌。

21家基层安监所通过星级评审，其中五星级4家。全区384个村（社区）全部实现网格化管理，协查覆盖率与手机应用率基本实现100%全覆盖。开展安全生产全员培训约15万人次。

开展全国安全生产月活动等宣教活动，集中曝光典型事故隐患和违法行为。办理安全生产事前处罚案件141起，其中镇乡（街道）116起。追究处罚安全事故和违法行为，4人被追究刑事责任。推进安全生产综合大整治、岁末年初安全生产大检查、“G20杭州峰会”安保等专项整治工作。

【安全生产责任保险试点】 2016年，鄞州区推进安全生产责任保险试点，在鄞州经济开发区鼓励、推进106家一般工业企业（园区企业全覆盖）采取“保险机构参与管理模式”的安全生产“社会化服务+责任保险”试点工作，探索“保险+服务”创新模式。投保企业除享受传统保险的事故理赔、救援补偿等服务外，保险公司还邀请专业安全生产技术服务机构，为投保企业提供安全隐患排查、安全教育培训、台账建立指导、资讯平台建立、应急预案制定、应急救援演练和自评换证帮扶等安全生产服务。该做法在全市属首创。至年底，92家企业签约安全生产责任保险。

【“智慧用电”安全生产社会化服务】 2016年9月，区安监局联合首南街道办事处在首南街道李花桥工业区电镀园区9号、10号楼过渡厂房，开展“智慧用电”安全生产社会化服务，涉及宁波明州电镀有限公司、宁波隆金电子有限公司、宁波市鄞州嘉泽电镀有限公司、宁波市鄞州钱城电镀有限公司4家企业。建立包括互感器、温感器、在线检测装置和通信模块在内的“智慧用电”安全监管服务系统，采用物联网传感技术、大数据、云计算等手段，利用PC、手机等终端，24小时监控电气线路的电流及温度，并通过短信、邮件等方式实时报警，首批安装智慧用电装置5套。至年底，发生3次轻微漏电警报，均及时处理完毕。

【日月重工股份有限公司通过国家一级安全生产标准化延期复评】 2016年3月28—31日，国家安全生产标准化评审组全面评审日月重工股份有限公司安全标准化体系，分基础管理、电气、热工燃爆、机械、作业环境与职业健康5个专业，审查公司现场安全管理情况，检查翻阅安全制度、基础台账。检查期间，评审专家组与公司现场员工进行交流培训，并组织开展安全知识测评，根据相关评审标准综合评价公司安全管理现状。公司获92.20分，通过安全生产标准化一级企业延期评审。中国机械工业安全卫生协会办公室主任林则富肯定公司在安全生产方面取得的成绩，并提出希望。

【大型综合体火灾事故应急处置演练】 2016年5月31日，鄞州区大型综合体火灾事故应急处置演练在万达广场举行。演练由区政府、区委宣传部、区安监局、区交警大队、区消防大队、宁波万达广场商业管理有限公司等部门联合举行，1000余人共同参与，印象城、杉井奥特莱斯等大型综合体单位，区安全生产委员会成员单位，镇乡（街道）等有关人员出席观摩。副区长戴华祥任现场演练总指挥，并作重要讲话。演练模拟万达广场3号门一店铺发生火灾，有人员被困。单位启动火灾事故应急预案，组织顾客和员工疏散、逃生、自救，向119指挥中心报警，并向上级主管部门报告；区应急管理办公室、安全生产委员会办公室启动应急救援预案，消防大队投入灭火救援行动，公安、卫生、供电、供水、气象、城管等部门协同配合，及时、科学处置事故。

【第一届全区安全生产培训微课比赛】 2016年6月14日，第一届全区安全生产微课比赛预赛举行，16个镇乡（街道）和工业园区20家企业参赛选手参赛，日月重工股份有限公司、博格华纳汽车零部件（宁波）有限公司、博威集团有限公司等9家企业10位选手入围决赛。6月27日，决赛举行，25个镇乡（街道）、工业园区（南部商务区、经济开发区）安监所所长、参赛企业代表及安监局全体人员到现场观摩。博格华纳汽车零部件（宁波）有限公司朱杰获第一名，博威集团有限公司王斌、宁波大华砂轮有限公司唐吉辉获第二名，宁波中车新能源科技有限公司王斌、博威集团有限公司邓莉萍、日月重工股份有限公司杨正洪获第三名，云龙镇、东吴镇和潘火街道获“优秀组织奖”。其中获一、二、三等奖选手与各中介机构推选的6名业务骨干入选鄞州区企业三级教育培训师资库，并向社会公开推荐。

（万 犇）

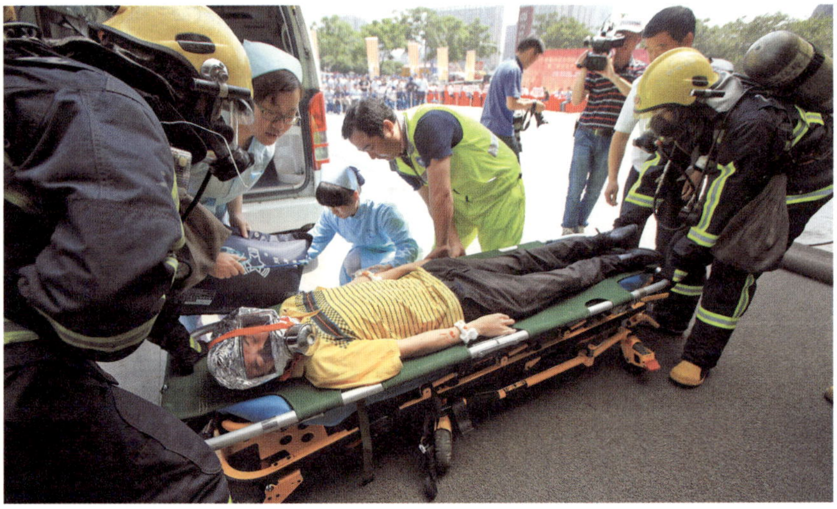

2016年5月31日，鄞州区大型综合体火灾事故应急演练在万达广场举行

科学技术

鄞州区大学生（青年）创业园

概　述

【概况】2016年，鄞州区高新技术产业以高于规模以上工业3.20个百分点的速度增长，实现产值1137亿元，占全区规模以上工业产值的比重为47.10%，高新产业成为主导产业。高新技术产业增加值占规模以上工业增加值的比重为52.86%，研究与试验发展经费支出占GDP比重达到3%，专利申请和授权量分别为20774件和12223件，专利授权居全省首位。发明专利申请和授权量分别为5181件和1509件。

培育市级创新型初创企业347家，总量1711家；认定高新技术企业35家，总量317家；拥有国家、省市级创新型企业63家。推进科技创新型企业培育“311工程”，开展新一轮企业评选工作。认定国家级知识产权优势企业3家、省级专利示范企业5家、市级专利示范企业7家，累计培育国家级知识产权优势企业12家、省级专利示范企业53家、市级专利示范企业43家。建设省级企业研究院3家、市级4家，总数分别为9家和10家。增加国家级企业技术中心1家，总数6家；省市级工程中心26家，累计233家。规模以上企业研发机构数占规模以上企业总数的82%。

引进华中科技大学（宁波）校友创业园、麻省理工宁波产业合作创新中心、智能柔性机器人项目和聚合物气体传感器技术及应用产业化项目等项目6个。政产学研战略联盟平台与中国科学院、清华大学等51家高等院校和科研机构建立联系，与飞天众智、科创帮等科技平台达成合作，为企业提供精准技术对接，技术合同成交额5.90亿元。向150家企业发放“创新券”2615200元，实际使用2500100元。出台《鄞州区重大产业技术创新专项资金管理暂行办法》《宁波市鄞州区科学技术奖励办法》《鄞州区关于推广应用创新券实施意见》等。

组织企业参加“智汇鄞州·共创未来”著名高校院所——鄞州科技合作洽谈会、2016中国（宁波）高新技术成果交易洽谈会、2016年中国浙江·宁波人才科技周、第五届创业鄞州·精英引领活动周、2016浙江省技术成果拍卖交易暨网上技术市场活动周等科技合作活动。

【宁波国家高新技术产业开发区】2016年，宁波国家高新技术产业开发区高新技术产业增加值占规模以上工业增加值比重达82%，科技服务业增加值占服务业增加值比重达41%。宁波激智科技股份有限公司在深圳证券交易所上市，宁波均胜电子股份有限公司实现跨国并购。检测认证产业实现产值12亿元，增长25%，成为全国首个“国家检验检测服务平台示范区”；信息服务业实现产值25亿元，增长25%，有3家企业进入宁波软件企业10强，1家企业进入全国100强。新材料联合研究院启动运作，与中国科学院宁波材料所、北方材料科学与工程研究院签约，出台研究院建设规划，37个实验室对外开放。诺丁汉大学宁波新材料研究院对外运营，在孵项目3个。材料基因工程研究院参与承担国家项目3个。启动建设55万平方米的国际智造社区，前期工作基本完成。建成国内首个以新材料为主题的专业化众创空间，被纳入国家级科技企业孵化器管理服务体系。改造6万平方米的新材料产业加速器，部分入驻项目确定。集聚创客组织30余个、创客团队200余个。开展高新技术企业、创新型企业和高成长企业培育工程，认定高新技术企业26家，累计120家；培育创新型初创企业161家，累计570家。研究与试验发展经费投入7.90亿元，占GDP比重达5.70%。实施品牌、专利、标准战略，其中发明专利申请1348件、授权395件，分别增长6%和11%，获评国家知识产权示范园区。引进人才5000余人，其中海外人才252人；引进优质人才项目30个。

【科技金融体系建设】2016年，鄞州区推进科技金融体系建设，出资3000万元成立总规模1.03亿元的鄞州区天使投资母基金，培育当地天使投资基金产业。引进创业（风险）投资机构230家，总数540家，注册规模530亿元。政府引导基金出资入股基金7个，总规模55亿元，其中政府引导基金认缴出资11.60万元。规定引导基金入股的创业（风险）投资基金中，至少50%投向鄞州区内企业，20%以上必须投向区内初创期企业。杭州银行宁波科技支行、中国银行宁波鄞州分行审批通过科技型中小微企业“风险池基金”贷款103家，贷款额3.77亿元，“风险池基金”贷款余额3.05亿元；贷款企业分属于信息技术、装备制造、节能环保、动漫软件等行业，担保方式以专利质押、银投联贷、应收账款质押、设备抵押、订单融资、信用担保等为主。鄞州区与人保财险鄞州支公司实施科技保险试点，增加发明专利侵权责任保险险种，上门走访和服务企业200余家，为全区16家高新技术企业提供近11亿元风险保障，实现保费230万元；接到报案5起，实付赔款340万元。经区科技局认定的关键研发人员参保高新技术企业关键研发人员团体意外伤害保险、发明专利参保专利执行及侵权保险，保险费支出由区科技局全额补贴。

【科技创新奖励】2016年，鄞州区创新驱动考核激励，实施年度镇乡（街道、园区）科技进步考核制度。获浙江省科学技术进步奖三等奖4项；获宁波市科技推动奖1项，宁波市科学技术进步一等奖1项、二等奖2项、三等奖7项；宁波奥克斯空调有限公司副总监、高级工程师白韡获宁波市科技创新推动奖。

表 14　2016年鄞州区获浙江省、宁波市科技进步奖项目情况

等级	项目名称	获奖单位	获奖等级	归口单位
省级	多联式空调（热泵）机组的关键技术及应用	宁波奥克斯电气股份有限公司	三等奖	鄞州工业园区

续表14

等级	项目名称	获奖单位	获奖等级	归口单位
省级	立式旋转热解气化焚烧装置的研发及产业化应用	浙江泰来环保科技有限公司	三等奖	望春工业园区
	肝细胞生长因子促肿瘤效应的调控机制及在恶性血液肿瘤的临床应用	宁波市鄞州区第二医院 温州医科大学 宁波市鄞州人民医院 宁波市鄞州区疾病预防控制中心	三等奖	区科技局
	不锈钢水槽制造技术及智能控制技术的应用及产业化	宁波欧琳厨具有限公司 宁波欧琳实业有限公司 宁波欧琳厨房用品工贸有限公司 宁波中物东方光电技术有限公司 宁波欧琳网络科技有限公司 宁波欧琳进出口有限公司	三等奖	潘火街道
市级	圆柱形空调柜机关键技术研究及产品开发	宁波奥克斯空调有限公司	一等奖	鄞州工业园区
	高性能高速铁路切磨砂轮关键技术的研发及产业化	宁波大华砂轮有限公司	二等奖	横溪镇
	大型二板式注塑机百吨级球墨铸铁件生产关键技术的研发	日月重工股份有限公司 浙江大学宁波理工学院 湖南大学	二等奖	东吴镇
	HDH重型大高度自动扶梯	宁波宏大电梯有限公司	三等奖	东吴镇
	高精密绿色高效数控电火花成型关键技术研究及应用	宁波市博虹机械制造开发有限公司 浙江大学	三等奖	姜山镇
	环保型高精高效慢走丝用电极丝研发及产业化	宁波博威麦特莱科技有限公司	三等奖	云龙镇
	轨道交通专用绝缘阻燃耐腐蚀复合材料电缆槽盒研发与产业化	宁波华缘玻璃钢电器制造有限公司 宁波市轨道交通集团有限公司	三等奖	高桥镇
	厨房的净化杀菌技术及集成收纳技术的研发及产业化	宁波欧琳厨具有限公司 宁波欧琳厨房电器有限公司	三等奖	潘火街道
	急性髓系白血病的临床和实验研究	宁波市鄞州人民医院	三等奖	区科技局
	新型环保汽车遮阳板关键技术研究及产业化	宁波市阳光汽车配件有限公司	三等奖	高桥镇

【智能经济——光电装备产业高峰论坛】2016年9月23日，智能经济——光电装备产业高峰论坛在宁波南苑环球酒店举行。论坛由区政府主办，区科技局（科协）、摩米创新工场承办，区委常委、组织部部长郑坤法，副区长徐梦周等出席论坛，科技产业相关人士百余人参加论坛。论坛上，中国工程院院士、中国激光物理学家范滇元作“光学（电磁）旋涡及大容量通信应用”主题演讲，中国电子科技集团公司第五十四研究所常务副所长高晓滨作“军民融合发展趋势与企业对策”主题演讲。演讲嘉宾与机构、企业代表进行交流互动，为鄞州区光电产业发展建言献策。

（夏伟奔）

科技载体

【概况】2016年，中国工程物理研究院宁波中物科技园（简称“中物科技园”）立足光电研究所和市级光电专业孵化器，建设5大工程技术中心，集聚企业90余家，光电类占比70%。浙江清华长三角研究院宁波科技园（简称“清华长三角科技园”）交付使用。摩米创新工场围绕先进装备智造、老年人智慧大健康、光通信、智能车联合网4大主题孵化器集聚企业48家，年产值2亿元。

科技信息孵化园累计入驻企业200余家，楼宇入驻率在67%以上。全区建成国家级孵化器3家、省级孵化器1家、市级留学人员创业园1家，全区孵化面积30余万平方米。在孵企业218家，累计培育毕业企业114家；全年总产值14.70亿元，直接提供就业岗位5657个，企业年增自主知识产权300余件。有留学人员创业企业88家；留学归国人员98人。1人入选国家“千人计划”，6人入选浙江省“千人计划”，10人入选宁波市“3315计划”，18人入选“创业鄞州·精英引领”计划。建成区级备案众创空间18家。

【中国工程物理研究院宁波军转民科技园】2016年，中物九鼎孵化器（运营公司为浙江中物九鼎科技孵化器有限公司）有注册企业90余家，其中科技企业占比超70%，省“千人计划”、市“3315计划”、区“精英引领计划”及其他政府支持的高端科技项目28个，获得政府资金支持9400余万元。园区租用面积14397平方米，占比约为商业可租赁面积的70%。全年入孵企业销售收入7357万元，实缴税收211.70万元；入孵企业申请专利31件，其中发明专利18件、发明专利授权9件。年初，园区被科学技术部火炬中心认定为国家级专业科技企业孵化器。中物光电所各项支出累计8038万元。其中，仪器设备等各类固定资产购置支出998万元，研发及相关场地购置支出3516万元，实验室建设及办公场地改造支出376万元，共建实验室投资支出658万元，项目研发投入支出266万元；人才引进及运行经费支出2224元，引进各类人才约90人。开展技术创新活动，开展技术难题对接近百项；累计申请专利130件，其中授权32件。

【浙江清华长三角研究院宁波创新中心和科技园】 2016年，浙江清华长三角研究院宁波创新中心（简称“清华长三角创新中心”）累计引进国家“千人计划”3人、省“千人计划”5人、市“3315计划”4人、区“精英引领计划”5人，以上人才均落户并创办企业。建成17个应用技术实验室，创办10家孵化企业。其中，浙江中纳晶微电子科技有限公司申请专利16项（国际专利5项、国内发明专利7项、国内实用新型专利4项），该团队获评宁波市“3315团队计划”C类创业团队和“创业鄞州·精英引领计划”B类创业团队。清华长三角科技园年底交付使用。清华大学启迪孵化器引进企业34家，产值1亿余元。

【摩米创新工场】 2016年，摩米创新工场构建起科技信息、科技设施、科技金融、科技交易、科技孵化器、安创科技产业研究会和摩米学院转移转化联盟7大子平台，形成先进装备智造、老年人智慧大健康、光通信、智能车联网4大主题孵化器。装备智造主题产业链上下游培育项目10余项，其中天工智造智能装备孵化器与宁波荣大昌办公设备有限公司于7月组建宁波华高能源科技有限公司，致力于研发工业用高速扫描仪。老年人智慧大健康主题孵化器产业链上下游培育项目15项，其中老年人智能翻身床项目申报发明专利6项、实用新型专利5项，进入宁波3家养老院。智能车联网主题孵化器产业链上下游培育项目16项，其中宁波麦迪森智能科技有限公司全年销售收入约4000万元，在上海股权交易中心挂牌。国家军民两用技术中心60余项军民融合项目在摩米创新工场科技成果交易中心挂牌转移转化。

【科技信息孵化园】 2016年，鄞创孵化器指导和帮扶全区科技孵化基地建设，推动各基地争创市级以上创新创业载体。恩科科创基地被认定为浙江省电子商务实践基地，中物九鼎孵化器晋级为国家级光电信息类专业孵化器并争取到200万元市级科技经费支持，大学生（青年）创业园通过国家级孵化器认定评审。鄞创孵化器和大学生（青年）创业园获评宁波市文化创意产业园区并获得250万元市级文化经费支持。全区有在孵企业218家，毕业企业114家，孵化企业年产值14.70亿元，增长17.60%，3家企业产值超过亿元，企业当年增加自主知识产权300余件。10月，毕业企业宁波杉工智能安全科技股份有限公司在“新三板”挂牌，49家孵化企业在宁波股权交易中心挂牌，占全区挂牌企业总数的47.50%。鄞创孵化器在科学技术部火炬中心2015年度国家级科技企业孵化器考核评价工作中获优秀（A类）评级。

【众创空间】 2016年，鄞州区组织区内众创空间主要负责人到苏州、南京、武汉等地考察调研，学习借鉴众创空间扶持政策、建设经验和成功做法。全区基本形成传统孵化器提升改造，企业自主创办，高校、社会团体、投资力量兴办等众创空间建设多元格局。建成区级备案众创空间（创客服务中心）18家、备案创客（创客团队）数量近2000个，直接服务5000个以上创客（创客团队），帮助14家创客企业获得4490万元融资。有2016年度省级优秀众创空间1家（全市3家）、2015年度市级优秀众创空间和创客服务中心4家（全市9家）。中物科技园“SOS空间站”、鄞州区大学生（青年）创业园“7号众创空间”、浙江万里学院“万里笃创”和宁波一舟电商园“创梦未来”4家单位获国家级众创空间备案。

【鄞创科技孵化器获评A类国家级科技企业孵化器】 2016年11月2日，科学技术部公布2015年度国家级科技企业孵化器评价结果，鄞创科技孵化器获评A类国家级科技企业孵化器。鄞创科技孵化器管理服务有限公司成立于2008年，采取政府引导、多元投资、企业化管理、市场化运作的运营模式，负责整合全区科技孵化资源，承担

7号梦工厂

全区科技企业孵化器（众创空间）统一宣传与招引、统一管理与服务的职能，2009年成为鄞州区首家国家级科技企业孵化器。至2016年11月，鄞州区建成6个区级以上孵化器基地，有市级专业孵化器3家、市级综合孵化器2家、省级留学人员创业园1家、国家级孵化器2家、国家小型微型企业创业创新示范基地1个。鄞创科技孵化器在孵企业218家，毕业企业114家；累计有留学归国人员118人，1人入选国家"千人计划"，5人入选浙江省"千人计划"；企业每年新增自主知识产权300余项。全区49家孵化企业在宁波股权交易中心挂牌。

【浙江清天地环境工程有限公司获评浙江省小微企业成长之星】 2016年11月29日，浙江省服务小微企业成长暨2016民企"双对接"活动周启动仪式上，表彰2016年"服务民企创新优秀项目"和"小微企业成长之星"，鄞州区科技孵化企业——浙江清天地环境工程有限公司获"浙江省小微企业成长之星"称号，由代省长、省委副书记车俊颁奖。该公司成立于2010年，是一家集环保工程设计、施工、安装调试、运营管理、核心工艺技术研发等为一体的高科技环保公司，2011年入驻鄞州科技中心孵化器，2014年毕业，公司获评国家高新技术企业、浙江省生态科技型企业、浙江省工商企业信用A级单位等，2016年7月在宁波市股权交易中心挂牌。公司核心技术围绕废水治理与资源化利用，产品涉及废水和固废两大领域，包括废水治理、黑河臭河生态治理、生活垃圾生态化治理以及高效微生物菌种和环境治理生态处理剂的研发等。获得国内发明专利授权1项、实用新型专利授权15项，有德国外观专利51项。

（夏伟奔）

高新技术产业

【概况】 2016年，鄞州区高新技术产业增加值214.90亿元，比上年增长4.80%，高于全区平均水平2.10个百分点。高新技术产业产值、销售、利税、利润分别为1137亿元、1109.80亿元、113.40亿元和83.50亿元，分别增长4.80%、4.60%、8.90%和8.50%，分别高于全区平均水平3.20、2.70、8.10和9.90个百分点。

全区战略新兴产业实现产值、销售和利润分别为327.30亿元、323亿元和26.50亿元，分别增长10.20%、12%和15.50%。新材料、高端装备制造、新能源与节能、电子信息、生物医药的产值分别占全区战略新兴产业总产值的40.10%、29.50%、9.50%、21.20%和11%。新材料领域主要产品为合金材料、新型金属材料、新型纺织材料等，实现产值、销售、利润分别为131.30亿元、128.70亿元、10.20亿元，其中产值占全区战略新兴产业产值的40.10%；高端装备制造领域主要产品为注塑机、数码一体机、电梯及配件、物流搬运设备及系列压铸机等，实现产值、销售、利润分别为96.50亿元、94.10亿元和10亿元，其中产值占全区战略新兴产业产值的29.50%；新能源与节能领域主要产品为太阳能电池组件、锂电池、LED光源灯具等，实现产值、销售、利税分别为31.20亿元、32.90亿元和1.90亿元，其中产值占全区战略新兴产业产值的9.50%；电子信息领域主要产品为软件、微电子技术、计算机新产品及其网络技术等，实现产值、销售、利润分别为69.40亿元、69.70亿元和2.40亿元，其中产值占全区战略新兴产业产值的21.20%；生物医药领域主要产品为医药生物技术、中药和天然药物、化学药研发技术等，实现产值、销售、利润分别为36.10亿元、34.80亿元和4.30亿元，其中产值占全区战略新兴产业产值的11%。

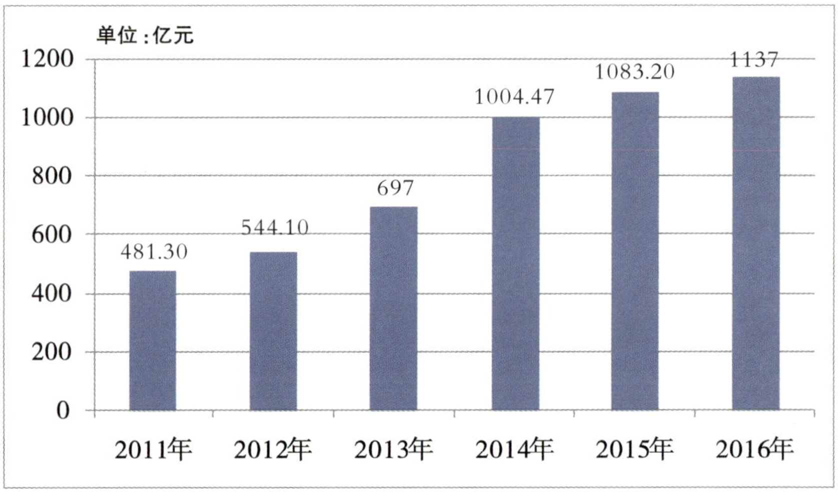

图2 2011—2016年鄞州区高新技术产业产值增长趋势图

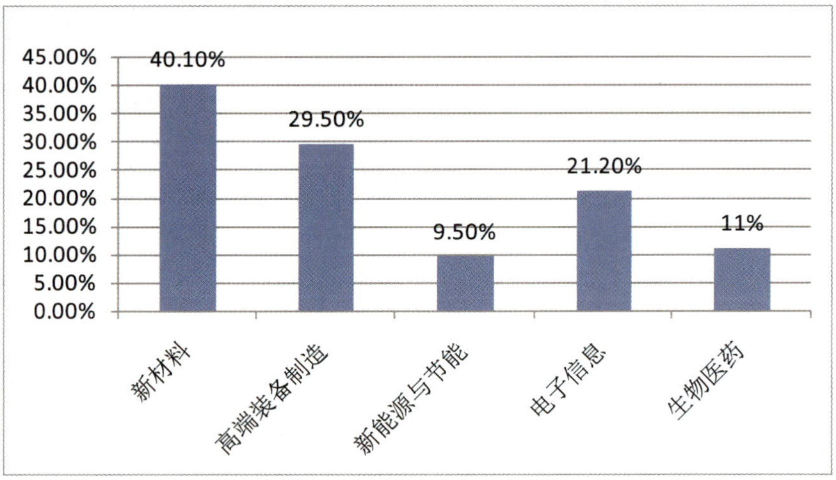

图3 2016年鄞州区战略新兴产业领域产值比重分布图

【企业创新载体建设】2016年，宁波美康生物科技股份有限公司技术中心创建为国家级企业技术中心，宁波杉杉新材料科技有限公司、宁波三星医疗电气股份有限公司、宁波先锋新材料股份有限公司、浙江一舟电子科技股份有限公司4家企业创建为浙江省企业研究院，宁波市阳光汽车配件有限公司、宁波巨神制泵实业有限公司、君禾泵业股份有限公司、宁波精成车业有限公司、麦克英孚（宁波）婴童用品有限公司5家企业创建为宁波市企业研究院，全区市级及以上企业研究院总数21家。创建浙江省高新技术企业研究开发中心8家、宁波市工程技术中心18家、鄞州区工程技术中心76家，累计有国家级企业技术中心7家、省级高新技术企业研究开发中心82家、市级工程技术中心151家、区级工程技术中心455家。增加企业研发机构151家。规模以上企业有国家级、省级、市级、区级工程中心以及区级研发机构形成的创新载体梯队企业总数1365家，规模以上企业建立研发机构数占比达到82%。

表15　2016年鄞州区国家级企业技术中心

序号	中心名称	依托单位	创建年份	归口
1	雅戈尔集团国家企业技术中心	雅戈尔集团股份有限公司	2004	石碶街道
2	奥克斯集团国家企业技术中心	奥克斯集团有限公司	2006	鄞州工业园区
3	博威集团国家企业技术中心	宁波博威集团有限公司	2007	云龙镇
4	宁波圣龙（集团）有限公司技术中心	宁波圣龙（集团）有限公司	2012	潘火街道
5	东睦新材料集团股份有限公司技术中心	东睦新材料集团股份有限公司	2014	鄞州工业园区
6	宁波音王电声股份有限公司技术中心	宁波音王电声股份有限公司	2015	潘火街道
7	宁波美康生物科技股份有限公司技术中心	宁波美康生物科技股份有限公司	2016	下应街道

表16　2016年鄞州区省级企业研究院

序号	研究院名称	依托单位	创建年份	归口
1	浙江省广博文具新材料研究院	广博集团股份有限公司	2013	石碶街道
2	浙江省宁波欧琳有限公司节能、环保、智能化整体厨具研究院	宁波欧琳厨具有限公司	2013	潘火街道
3	浙江省东睦新材料粉末冶金研究院	东睦新材料集团股份有限公司	2013	鄞州工业园区
4	宁波宏大电梯研究院	宁波宏大电梯有限公司	2014	东吴镇
5	宁波立华风湿免疫药物研究院	宁波立华制药有限公司	2014	高桥镇
6	宁波美康生物体外诊断系统研究院	宁波美康生物科技股份有限公司	2014	下应街道
7	宁波圣龙汽车泵研究院	宁波圣龙汽车动力系统股份有限公司	2015	潘火街道
8	宁波帅特龙轿车饰件研究院	宁波帅特龙集团有限公司	2015	洞桥镇
9	宁波康强电子封装材料研究院	宁波康强电子股份有限公司	2015	潘火街道
10	浙江杉杉锂离子电池材料研究院	宁波杉杉新材料科技有限公司	2016	望春工业园区
11	浙江三星智能计量研究院	宁波三星医疗电气股份有限公司	2016	鄞州工业园区
12	浙江先锋高分子新材料技术研究院	宁波先锋新材料股份有限公司	2016	集士港镇
13	浙江一舟楼宇智能综合布线研究院	浙江一舟电子科技股份有限公司	2016	姜山镇

【宁波美康生物科技股份有限公司技术中心创建为国家级企业技术中心】2016年12月15日，国家发展和改革委员会、科学技术部、财政部、海关总署、国家税务总局联合发布第23批国家企业技术中心及分中心名单，宁波美康生物科技股份有限公司技术中心被认定为国家级企业技术中心。该中心致力于新型体外诊断试剂及临床检验仪器的研究，中心占地面积6333平方米（含分研发中心），设有诊断试剂和诊断仪器两大方向、9个研发技术平台、12个研究实验室、3个检测中心和3个中试基地；拥有团队人数208人，其中高级工程师及博士研究生16人、硕士研究生51人、本科生124人、在站博士后3人。中心被认定为“浙江省高新技术企业研究开发中心”“浙江省企业技术中心”“浙江省重点企业研究院”，并建有国家“博士后科研工作站”和市级“院士工作站”，2016年研发中心的参考实验室获国家认可实验室资质；承担国家海洋经济示范项目1项、国家创新基金2项、国家火炬计划1项、国家重点新产品1

项、浙江省装备制造业首台（套）产品1项、宁波市重大科技攻关3项、宁波市国际科技合作项目1项；申请专利145件（其中发明专利99件）、软件著作权23件，获授权专利102件（其中发明专利65件）、软件著作权23件，参与制定国家行业标准6项。

（夏伟奔）

科技项目与科技成果

【概况】2016年，鄞州区参与国家重点研发计划项目2项、市重大科技专项15项（产业技术创新重大专项5项、产业技术应用重大专项6项、生命健康产业重大专项2项、石墨烯产业化应用开发专项2项）、区重大产业技术创新专项6项，总金额810万元。签订科技合作合同482项，合同金额5.60亿元，比上年增长28.70%。“双作用大排量往复式高压泵关键技术的研究及产业化”等6个项目获鄞州区重大产业技术创新专项资助。

【区政产学研战略合作联盟】2016年，鄞州区与国内“四院十四校”签订全面科技合作关系，区政产学研联盟挑选国内33家、市内13家作为鄞州区政产学研合作科技资源库。全年核实技术需求287项，走访企业364次，组织小型交流会89次，技术对接113次，解决难题65项，举办大型科技活动1次，合同成交额8600万元，签约项目12项，发布项目16项，邀请国内高校专家80位，汇编科技成果44项。

【著名高校院所——鄞州科技合作洽谈会】2016年7月28日，“智汇鄞州•共创未来”著名高校院所——鄞州科技合作洽谈会开幕式举行。活动由区政府主办，区科技局承办，区领导陈国军、戴华祥、徐梦周等出席开幕式，高校院所专家、企业代表等200余人参加开幕式。12个全国各大高校、科研院所的科技项目与鄞州区企业签约，签约总额1500余万元，签约项目涉及机械制造、新材料、新能源、电子信息等领域。会上，鄞州区与浙江大学签署《共建浙江大学鄞州技术转移中心合作协议》。清华大学、浙江大学等国内10余所知名高校、科研院所携最新科技成果与鄞州企业对接。区政产学研战略合作联盟有150家以上企业与高校院所合作，实施产学研合作项目169个，转化高科技成果13项。

（夏伟奔）

知识产权保护

【概况】2016年，鄞州区专利申请量和授权量分别为20774件和12223件，发明专利申请量和授权量分别为5181件和1509件，分别比上年增长13.50%和4.50%，4项数据位居全市第一，其中授权专利数连续7年全省第一。发明专利申请量占专利申请总量的24.90%，下降3.10个百分点；授权发明专利占专利授权总量的12.30%，提高1个百分点。

【知识产权优势企业培育】2016年，鄞州区认定国家级知识产权优势企业3家、省级专利示范企业5家、市级专利示范企业7家，累计培育国家级知识产权优势企业12家、省级专利示范企业53家、市级专利示范企业43家；认定的国家级知识产权优势企业和省、市级专利示范企业有授权发明专利211件、实用新型615件、外观设计172件、授权PCT专利11件，发明专利占比21.10%。

【区知识产权贯标联盟成立】2016年4月26日，区知识产权协会联合区科技信息服务中心，成立鄞州区知识产权贯标联盟。区知识产权贯标联盟目标是通过对贯标企业和贯标咨询服务机构的跟踪、监督、管理和服务，使企业在知识产权贯标实施工作中更加规范化、有序化和具备可持续性，促进企业知识产权战略的实施，使政府在管理和政策实施上具有可控性，从而实施鄞州区知识产权战略。区知识产权贯标联盟牵头单位为区科技信息服务中心，咨询服务机构为宁波鄞州甬致专利代理事务所、宁波协众知识产权服务有限公司和宁波鄞州盛飞专利代理事务所，技术支撑机构为国家知识产权局知识产权出版社责任有限公司、市科技信息研究院，协助服务机构为区知识产权协会、鄞州高新技术促进会；职责为对贯标企业管理、贯标咨询服务机构的跟踪、监督、管理，企业知识产权管理体系认证服务平台、企业专利数据库建设平台和企业知识产权管理平台3大平台建立的建设、维护、运行和服务，协助做好对知识产权贯标工作支持政策的实施，负责知识产权服务市场上的服务收费、服务质量、后续跟踪等方面的管理协调工作，开展各项培训服务工作，对贯标实施企业进行需求调研，向技术支撑服务机构和认证机构提出服务需求。

（夏伟奔）

2016年7月28日，著名高校院所——鄞州科技合作洽谈会开幕式举行

科协工作

【概况】 2016年，鄞州区有镇乡（街道）科协23个、村（社区）科协456个、企业科协27个，区级学会（协会）27个、科普教育基地11个，科普志愿者1200人。成立浙天集团有限公司企业科协，指导科普电影放映协会、老科技工作者协会换届。邀请中国工程院院士俞梦孙作“重新认识动脉血压”健康养生讲座，中国工程院院士陈剑平作“农业综合体的研究和实践”学术讲座，中国科学院院士姚建铨和中国工程院院士徐志磊举办“基于工业物联网的先进制造院士论坛”活动。

省作物学会鄞州区服务站有粮油作物、经济作物及综合类专家20人，举办培训班2期，109人参加；组织学习考察活动2次，25人参加；申报市级科技计划项目3个。组织中国光学工程学会5位专家与鄞州区5家企业进行技术对接，征集企业需求10项。开展区级星级学（协）会评比，设置学术活动、科普服务、社会效益等5个评分指标，评选五星级学（协）会6家、四星级学（协）会8家。评选省高级农民技师1人、市巾帼科技人才1人，利用报纸、微信、广播、电视等媒体宣传52名优秀科技工作者先进事迹。

投资45万元，分别在鄞江镇清源村文化礼堂、塘溪镇施村文化礼堂和章水镇郑家村文化礼堂建设科普场馆3个。认定区级农村科普示范基地19家，周尧昆虫博物馆等8个基地通过2016—2020年市级科普教育基地验收。宁波星箭航天机械有限公司和易中禾生物技术有限公司面向社会免费开放。在全区约1400辆公交车上开通“科普小巴”公交广告媒体、306个城市综合体LCD和健康联播网两大媒体平台。

【院士工作站建设】 2016年，全区建有市级及以上院士工作站18家，其中国家级1家、省级6家。宁波易中禾生物技术有限公司俞梦孙院士工作站申报为市级院士工作站，中淳高科桩业股份有限公司陈肇元和龚晓南院士工作站获评国家级示范院士工作站。中淳高科桩业股份有限公司、宁波甬嘉变压器有限公司和鄞州区第二医院3家院士工作站被评为宁波市优秀院士工作站。

【中淳高科桩业股份有限公司院士工作站获评全国示范院士工作站】 2016年10月25日，中国科学技术协会企业工作办公室下发《关于公布2016年推进院士专家工作站建设项目评选结果的通知》，中淳高科桩业股份有限公司院士工作站获评全国示范院士工作站。中淳高科桩业股份有限公司于2012年成立市级院士工作站，引进陈肇元、龚晓南两位院士。陈肇元是清华大学土木工程系教授，长期从事钢筋混凝土结构、抗爆结构、防护工程设计理论、高强与高性能混凝土等领域的研究工作；龚晓南任教于浙江大学，主要研究领域为软黏土工程学、土塑性力学、地基处理技术与复合地基理论、深基坑工程和土工计算机分析等。公司为工作站配套安排工作人员57人，其中省“千人计划”专家1人、高级工程师9人、工程师12人、其他技术人员25人，以及外聘专家10人。每年院士及其团队年均服务企业8人次，形成文字性报告6篇。2014年，获评浙江省院士专家工作站。

【剑桥社区获“全国优秀科普示范社区”称号】 2016年6月16日，中国科学技术协会、财政部下发《关于公布2016年“基层科普行动计划”奖补单位和个人的通知》，中河街道剑桥社区获“全国优秀科普示范社区”称号。剑桥社区成立于2004年2月，由剑桥一期、二期、三期3个小区组成，总户数3302户。社区党组织重视科学技术普及工作，明确领导分工，有科普工作计划，把科普工作纳入社区精神文明建设的总体规划；全年科普经费人均5元以上，2016年科普经费30余万元。建立由社区科普志愿者、科普宣传员、科技辅导员、科普工作积极分子等94人组成的科普工作队伍，其中科普楼群配有兼职科普宣传员62人，并开展评选科普墙门和科普家庭活动。

【“甬创·鄞造”鄞州区第一届创客大赛】 2016年7月，“甬创·鄞造”鄞州区第一届创客大赛启动。比赛由区政府主办，区科技局、科协承办，全国各地创客报名项目316个，41个优秀项目进入复赛，10个项目进入决赛路演。9月25日，“中行杯”鄞州区第一届创客大赛决赛路演暨创新创业主题论坛举行。市科技局局长黄利琴，副区长戴华祥，中国银行宁波分行副行长毛俊平，区级机关、镇乡（街道）、高校、双创平台、投融资机构、企业代表和创客等约200人参加活动。大赛评选一

2016年9月25日，鄞州区第一届创客大赛决赛路演暨创新创业主题论坛举行

等奖1个、二等奖2个、三等奖3个，成都的凡米小豆育儿神器项目获得一等奖及10万元奖励，6家小微企业获得奖金44万元。组委会为每个决赛团队提供10万元“创新券”礼包，联合中国银行宁波市鄞州分行、杭州银行宁波科技支行给予最高500万元的“银投联贷”信用贷款，并对落户项目给予科技和人才政策配套。在签约仪式上，凡米小豆育儿神器等2个项目获得启迪之星投资、中国银行宁波鄞州分行投融资；海绵城市渗透材料等2个项目与姜山镇政府、鄞创科技孵化器管理服务有限公司签订落户意向；免充电桩汽车无线充电等2个项目与甬舟科技股份有限公司等签订合作意向。

（任 萱）

气象科技·防震减灾

【概况】 2016年，区气象局发布霾、大雾、寒潮、暴雨、雷电、台风、大风等气象灾害预警信号100则、气象内参84期、重要天气报告37期。接受电视台采访50余次，向报社供稿100余次，发布各类服务短信500余条，“96121”声讯电话拨打量约32万人次，微信、微博访问量80余万次。

12月31日，鄞州国家基本气象站迁至石碶街道黄隘村东侧奉化江边。“基于PM2.5的鄞州区灰霾预报研究”项目结题并正常运行。区气象台承担的“‘智慧气象’精细化监测预报预警系统”项目获宁波市气象科技研究开发与成果转化奖一等奖。在区科技局申请“浙江地区对流和层云降水及云内温湿结构特征分析”项目。开展“不同下垫面积雪条件及预报技术研究”和“浙江地区台风降水及影响降水因素的气候分析”项目研究。

区气象局作为被考核单位列入区总体考核、新农村考核、生态考核、“五水共治”考核等，鄞州区“十三五”气象事业发展规划被列入区专项规划。所有审批项目在省政务网上审批，工商物流企业防雷审批提速到1天办结，实现宁波行政审批在线监管平台与省政务网审批平台的对接。窗口现场办结率和提前办结率100%。完成危化企业及易燃易爆场所防雷安全检查工作，并对企业负责人进行防雷安全政策法规宣教，督促相关企业完成整改。

在单位微信公众号、网站、科孵园内电子屏幕和社区广场LED大屏幕上宣传地震科普知识，利用“全国科普日”“地震纪念日”向社会宣传防震减灾法规知识。开展防震减灾宣传“进社区、进学校、进乡村、进机关事业单位、进企业”活动，“全国防灾减灾日”期间在区内中小学校、行政服务中心和图书馆等人员聚集单位、社区及企业开展科普知识巡展和应急避险短片放映活动，发放地震应急包和《青少年防震减灾知识手册》《城乡防震减灾实用指南》等宣传资料。制作防震减灾专题片，举行地震应急疏散演练。

【气象现代化设施建设】 2016年1月1日，区农业与生态气象综合观测基地项目一期观测场投入业务运行，面积1924平方米；二期工程科技监测楼、实验楼工程结顶。宁波（鄞州）气象科技馆更换场馆内老化播放设备、投影设备及投影灯泡。迁移岐阳村、洞桥镇、龙观乡、五乡镇、赫德学校5个区域自动站，包括站址迁移、护栏安装等；改造高桥镇、大雷村、鄞江镇、潘火街道、洞桥镇、下应街道6个区域自动站，包括仪器移位、护栏安装、周边探测环境改造等。启动“五水共治”县域暴雨预警工程、突发公共事件预警信息发布试点建设。

【灾害性天气服务】 2016年初，鄞州区遭受“霸王”级强寒潮袭击，造成强降温、严重冰冻，山区严重积雪。区气象局发布大风黄色、山区道路积雪、道路结冰等各类预警信号10次、决策材料12期，及时更新发布预警信号、雨雪低温实况及天气提醒等。全年台风“尼伯特”“莫兰蒂”“马勒卡”“鲇鱼”和“海马”影响鄞州区。9月14日10时因“莫兰蒂”和“马勒卡”台风接连影响启动四级应急响应，15日15时升级为三级响应，17日19时30分升级为二级响应，19日16时20分解除；9月26日14时因“鲇鱼”台风启动四级响应，27日16时30分升级为三级响应，28日18时升级为二级响应，30日9时解除；10月21日14时因“海马”台风启动四级应急响应，23日10时解除。

【气象防灾减灾体系建设】 2016年6月17日，鄞州区召开防汛抗旱暨气象工作会议，区三防办举办鄞州区山洪灾害防御演练。将全区所有行政村（社区）灾情信息员（511人）纳入气象应急服务短信平台，免费发布气象信息和应急信息，气象灾害监测预警和信息发布等全面实现镇乡（街道）全覆盖。与各乡镇、村、社区气象协理员、信息员沟通，召开气象协理员总结会议，举办气象防灾减灾知识培训。增加气象灾害防御重点单位5家，创建浙江省气象防灾减灾示范村（社区）21家，增设全彩LED大屏1块、单色LED大屏3块、单色LED小屏3块，发放突发事件预警信息接收机22台。将气象防灾减灾工作列入镇乡考核，与区目标管理考核办公室联合印发《2016年鄞州区镇乡（街道）气象防灾减灾工作考核办法》。

【海创社区创建为国家地震安全示范社区】 2016年12月23日，中国地震局印发《关于认定北京市海淀区四季青镇郦城社区等205个国家地震安全示范社区的通报》，下应街道中海国际海创社区获认定命名。海创社区有44幢高层和1个别墅区，常住居民6000余户，人口约2万人。居民以“80后”居多，儿童较为集中。区地震办公室与社区沟通，在资金上支持地震安全示范社区基础建设，指导社区建立地震安全示范社区活动领导小组，制订实施方案和应急预案；成立20名以社区保安队长为组长的志愿者队伍，并将防震减灾任务纳入平安建设“网格员”队伍；建设社区亲子地震科普馆，在科普馆内进行漫画解说，播放地震及应急歌谣，引入VR设备和可穿戴设备；开展地震科普及应急知识宣传进学校、进家门活动，举办地震知识竞赛3场，发放防震减灾急救包300余个、宣传本600余册，组织居民地震疏散演习5次。

（王 雷 夏伟奔）

教 育

宁波高教园区南区

概 述

【概况】 2016年，鄞州区有普通中学43所。其中，普通高中14所，在校学生12299人；初中29所，在校学生29980人。中等职业教育学校8所，在校学生11850人。小学71所，在校学生81536人。特殊教育学校1所，在校学生206人。幼儿园175所，在园儿童50722人，专任教师9048人。全区小学入学率、巩固率和升学率均为100%；初中入学率100%、巩固率100%，初中升高中比例98.90%；学前三年纯入园率99.95%。

潘火街道德培小学、横溪镇中心小学、下应街道中心小学、鄞州中海实验小学投入使用，华泰小学孙马校区、堇山小学二期、华东师范大学宁波艺术实验学校东校区等学校建设推进，民办蓝青小学建设启动。创建浙江省标准化学校6所，省标准化学校占比98%。五乡贵玉小学、鄞州中海实验小学、云龙前徐小学等7所学校塑胶跑道建成，鄞州实验中学等12所学校LED灯改造项目完工，更新公办义务段学校课桌椅8万套。推进食堂原材料集中采购配送制度，实现学校阳光厨房、直饮水、食堂量化等级、五常法管理全覆盖，全区B级以上等级食堂占比达95%，食堂管理做法在省教育后勤工作会议上作典型交流。德培幼儿园被评为市垃圾分类示范幼儿园。

中国教育科学院教育综合改革实验区收官，国家课题结题，《高位提升 惠及全民——鄞州教育综合改革的理论与实践》交由教育科学出版社出版。出台《鄞州区教育局党委落实党风廉政建设主体责任实施细则》。建立教育系统法律顾问制度，实现直属学校（单位）、镇乡（街道）教辅室法律顾问全覆盖。

宁波南高教园区有宁波诺丁汉大学、浙江万里学院、浙江大学宁波理工学院、宁波服装职业技术学院、宁波卫生职业技术学院、宁波城市职业技术学院、浙江医药高等专科学校7所，在校大学生8万人。

【全国中小学德育纵深发展与班级管理质量提升专题研讨会在鄞州举行】 2016年5月13—14日，全国中小学德育纵深发展与班级管理质量提升专题研讨会在鄞州外国语中学举行。会议由中国德育报社学术交流与培训中心、全国名班主任工作室创新与发展联盟主办，区教育局承办，特邀当代著名教育家魏书生、全国著名德育专家苏学恕、浙江名校长钦国强出席，各学校德育干部、教师代表等200余人参加研讨会。魏书生作题为“班级管理艺术：科学化、民主化”报告，并提出“松”“静”“匀”“乐”注意力体操法；苏学恕作题为“主题班会设计与实施的创新理念”报告，为导师对主题班会课的实施和评价指明方向；钦国强作题为“把德育做到学生的心里去——德育导师制的探索与实践”报告，介绍学校德育导师制的先进经验，并提出思考；北京、重庆、海南、广西、山东、江苏等10个省、市德育干部围绕“现代班级德育管理的艺术创新”问题展开交流和探讨。

【4所学校投入使用】 2016年，潘火街道德培小学、横溪镇中心小学、下应街道中心小学、鄞州中海实验小学投入使用。其中，潘火街道德培小学于5月投入使用，总投资1.70亿元，位于新佳苑小区北侧，占地面积27990平方米，建筑面积33822平方米，学校配备教室、功能室、标准化游泳馆、室内体育馆、智慧校园系统和市公办小学首个拥有的学生地下接送系统；横溪镇中心小学于9月1日投入使用，总投资1.48亿元，位于横溪镇奉前线，占地面积41517平方米，建筑面积26504平方米，设计规模36个班级；下应街道中心小学新校区于9月1日投入使用，总投资1.60亿元，占地面积53000余平方米，建筑面积46303平方米，设计规模45个班级；鄞州中海实验小学于9月1日投入使用，位于下应中海国际社区内，由中海地产集团有限公司承建，占地面积21878平方米，建筑面积13584平方米，配有36个教室及相应功能教室。

【潘火街道德培小学地下接送系统启用】 2016年9月，潘火街道德培小学为解决新校区地下停车位不足难题，开始建设地下接送系统，划分机动车停车区、非机动车停车区、接人区、闸机、步行通道、残疾人通道、图书角和休息室8个区块，面积5000平方米。实施接送单循环模式，家长将车停至地下负一层停车区后到接送区旁休息室等候，休息室内液晶电视滚动显示各个班级离班信息，接送区用油漆刷成绿色，通过闸机实现分离，安装刷卡安检通道12个，每个通道有数字标号，学生按照学号对应通道出站。10月13日，交通运输部督导工作组实地

2016年9月，潘火街道德培小学地下接送系统启用

参观该校地下接送系统，并给予高度评价。

【五乡中学、鄞江中学60周年校庆】2016年11月19日，五乡中学举行建校60周年校庆活动，2700余名校友参加。五乡中学累计毕业生2万余人，其中杰出代表有中国工程院院士、省农业科学院院长陈剑平，中国科学院大气物理研究所研究员徐永福，上海财经大学会计学院院长、“长江学者”特聘教授陈信元等。11月20日，鄞江中学举行建校60周年校庆活动，主题为“风华绽放六十载，铸就多彩鄞江梦”，2000余人参加。中国信达资产管理股份有限公司副总裁、研究员庄恩岳作为校友代表发言，中国山水画最具代表性画家、中国美术学院教授杜巽为鄞江中学60周年校庆创作《腊梅图》。

（麻万掌）

基础教育

【概况】2016年，鄞州区完成第二轮学前教育三年行动计划，建设潘火街道中心幼儿园、下应街道中海幼儿园、姜山镇望府幼儿园、首南街道罗蒙环球城幼儿园4所公办园，开展中心城区幼儿园“十三五”布局规划调研，编制完成《鄞州区“十三五”基础教育设施专项规划（学前教育篇）》。落实《鄞州区普惠性民办幼儿园管理办法》，增加普惠性幼儿园2所，在全市率先探索非事业编制教师、保健医生和保育员年收入补助经费。推进“名园带一般园”“总园牵分园”等集团化办园模式，鄞州经济开发区与宁波教育学院合作共建宁波教育学院附属滨海幼儿园。培训园长和骨干教师，落实保育员持证上岗，鼓励保育员参加职称考试。推进幼儿教育课程改革，评选钟公庙中心幼儿园等省一级幼儿园9所、潘火街道殷家花园幼儿园等省二级幼儿园5所。

落实《鄞州区深化义务教育课程改革的实施意见》，完善中心级以上小学、初中课程改革方案，召开全区民办学校义务教育课程改革推进会、幼小衔接教学研讨会、义务段拓展性课程专题研讨会、“生动课堂”教学改革展示评比月活动等。李关弟中学等6所学校成为教育部课程中心改革实验学校，鄞州实验中学等6所学校成为宁波市义务教育课改样本学校。推进“空中课堂”“名师讲堂”建设，构建学生“八点钟微课堂”平台，智慧校园建设成果在全国智慧教育高层论坛进行专场展示。

制订实施新一轮普高三年提升计划，推进普通高中学校学科教室、创新实验室建设，实行“一学年两学期四学段”，完成新高考第二、三次学考选考工作。评选浙江省一级特色示范高中1所、二级特色示范高中2所。鄞州高级中学等6所学校被确定为宁波市普高特色创新项目承办学校。全区普高高考本科上线率82%，一本上线率30.30%，其中鄞州中学文理科一本率91.23%、鄞州高级中学一本率79.70%。

蓝青小学效果图

【钟公庙中心小学挂牌教育部基础教育课程改革实验学校】2016年3月22日，教育部基础教育课程教材发展中心与市教育局共建“基础教育课程改革示范实验区”合作项目签约仪式在宁波第四中学举行，钟公庙中心小学成为教育部基础教育课程改革实验学校，校长俞宏伟向教育部汇报学校取得的研究成果，得到专家肯定。钟公庙中心小学自2014年2月起开始“自主课堂”教学改革，结合主题化校本教研，探索与实践课堂改革要素，将学习单研究（包括预学单、学习单、检测单不同学科的分类研究）编制成册，供循环使用，形成4~6年级导学案集。学校多次承担区级以上课改教学公开活动，受到与会教师好评；举行3场“自主课堂”教学研讨公开展示活动，受到杭州四季青学校和台州、黄岩学校同行肯定；构思设计包括国家基础课程、自主研发的各项拓展课程在内的“钟秀课程”，并逐步推行实施，其中包括歌舞类、器乐类、书画类、科技类等“贸城学堂”社团课程，国学吟诵、数学乐园和英语绘本等学科类课程，校园节日活动、春游课程、红领巾义工实践体验活动等综合实践活动和班队活动、入学教育课程、毕业课程、安全教育等专题教育；实施长短课制；“基于课标的小学一至三年级学业评价研究与实践”课题在市级立项。

【江元旸获第32届中国数学奥林匹克竞赛一等奖】2016年11月21—25日，第32届中国数学奥林匹克竞赛在长沙雅礼中学举行，中国大陆31个省、自治区、直辖市代表队，香港、澳门特别行政区代表队，俄罗斯和新加坡代表队共35个代表队389名中学生参赛。鄞州中学301班江元旸获一等奖（金牌）并入选国家集训队，指导教师为陈军杰。江元旸是鄞州中学理科创新班学生，初中就读于蓝青学校，后被北京大学一本线录取。

【堇山小学获"浙江省中小学亲子辅导示范校"称号】 2016年3月15日，省中小学心理健康教育指导中心办公室发文公布全省首批亲子辅导示范校评审结果，堇山小学入选。堇山小学自2012年9月开办起，将家校共建工作作为学校德育工作的重要组成部分，成立校务理事会，定期举办家长开放日，开设"爸爸妈妈课程"，开展主题性活动等；创建家长学校，聘请在各行各业有突出成就的家长为社会实践导师，参观气象站、博物馆、消防大队、生态农庄、科学探索中心等基地；聘请各行业精英人士成立家长讲师团，定期"请进来"送教到校，开展助教活动，内容涉及科学、茶文化、饮食文化等方面。

【华泰小学获"浙江省评价改革典型学校"称号】 2016年4月14—15日，培育和推广评价改革典型学校启动会议在嘉兴召开，华泰小学被省教育厅教研室授予"浙江省评价改革典型学校"称号。华泰小学自2014年10月起启动低段期末评价改革试验，确定以"玩转学科嘉年华"为主题的一年级期末评价模式。活动以游园的方式，把"春、夏、秋、冬"定为主旋律，融合语文、数学、音乐、体育、美术及实践操作、文明礼仪，对学科知识、道德素养、审美情趣等进行统筹检测。活动被《浙江日报》《浙江教育报》《东南商报》等10余家省、市级媒体刊物刊登报道；校长许颖在全国新生命教育叙事报告会上交流评价模式，得到山东、江苏、山西、河北、重庆等地与会专家及各实验学校校长肯定。

【鄞州中学教育发展基金成立大会暨基金捐赠仪式】 2016年5月27日，鄞州中学教育发展基金成立大会暨基金捐赠仪式在校音王报告厅举行。区教育局局长王建平，校友总会名誉会长、鄞州中学原校长方勋臣，鄞州中学校长王贤明，校友总会上海分会会长邵麒龙、杭州分会会长俞富裕、深港分会首任会长赵卓英等参会，会议由党委书记邱展峰主持。校友总会秘书长张雄刚介绍基金会的筹备情况，邱展峰宣布鄞州中学教育发展基金会第一届理事和监事名单，王贤明为其颁发证书。王建平及理事会代表徐春元、王志峰为鄞州中学教育发展基金揭牌。宁波鸿城置地有限公司董事长徐春元向基金会捐赠200万元，累计10位校友捐赠冠名基金1600万元。方勋臣为校友颁发荣誉证书。

2016年5月27日，宁波市鄞州中学教育发展基金成立大会暨基金捐赠仪式举行

【宁波教育学院附属滨海幼儿园成立】 2016年7月5日，宁波教育学院与鄞州经济开发区签署框架合作协议，鄞州区滨海幼儿园（宁波教育学院附属滨海幼儿园）挂牌成立。鄞州区滨海幼儿园是鄞州经济开发区配套幼儿园，性质公办，总投资3000余万元，占地面积10001平方米，建筑面积5252平方米，内设10个班级、5个幼儿专业活动室。宁波教育学院成立专家团队，指导幼儿园进行管理、教学指导和日常教师培训，提供幼儿园整体设计、玩教具配备方案等，委派1名教育专家到附幼担任合作办园副园长，参与园所的管理与建设。

（麻万掌）

职业教育

【概况】 2016年，鄞州区投入3732万元，完善鄞州职业教育中心综合实训大楼、鄞州职业高级中学宝马培训中心，东钱湖旅游学校电子商务实训室、古林职业高级中学艾威数码实训室和四明职业高级中学园林园艺实训室等完工并投入使用。古林职业高级中学成为世界技能大赛烹饪项目国家队集训基地，东钱湖旅游学校接受省改革发展示范校评估验收。开展职业学校实习实训质量提升工程，创建3个校企合作优秀企业基地，升级改造15个校内专业实训室。在省中职质量提升工程项目申报创建中，鄞州职业教育中心（名校）、潘美祥和徐春燕（名师）、何南炎（大师）、鄞州职业高级中学汽修专业（名专业）、古林职业高级中学烹饪（优势特色专业）获宁波市推荐。

推进职高选择性课程改革试点，开发各类选修课程142门。毕业生中有1377人参加省高职单考单招，1333人上线，上线率97%，其中本科上线432人，上线人数全省第一。参加市技能大赛，获49金、96银、104铜；参加全国技能大赛，获13金、8银、4铜。鄞州职业教育中心获市教育局表彰"十二五"期间全国技能大赛卓越组织奖。

【古林职业高级中学成为世界技能大赛烹饪项目国家队集训基地】 2016年11月14日，人力资源和社会保障部公布第44届世界技能大赛国家队集训基地名单，古林职业高级中学入选烹饪项目集训基地，负责组织培训国家队。古林职业高级中学烹饪专业是中央财政支持专业，开展"现代学徒制"教学模式。2015年8月，成为教育部首批现代学徒制试点中职学校。2016年6月，在全国职教技能大赛中，烹饪项目获4金、3银、1铜，包揽宁波代表队在该项赛事的金牌，金牌数在同类学校烹饪专业中列全省第一、全国第二。2016年10月，课题“三维课堂：现代学徒制培养地方面点传承人的新探索”获浙江省政府教学成果一等奖。

【鄞州职业教育中心在国际、国内大赛获奖】 2016年11月4日，“中望杯”全国机械职业院校“零部件测绘、三维数字建模与制图”技能大赛在东莞市技师学院举行。鄞州职业教育中心教师徐敏、周东东分别获教师组一等奖和三等奖；金国星指导的3名学生张鑫、俞威、徐力分别获一等奖，金国星被授予“全国优秀指导教师”称号。11月5—6日，中国普陀国际武术大赛在普陀全民健身中心举行。鄞州职业教育中心派出11名教师和6名学生参赛，其中该校教师武术队获集体项目金牌和2项个人项目金牌，学生武术队获2项集体项目金牌。

【“创新型教学模式”现场观摩研讨会暨全国汽车运用与维修教学改革联盟成立仪式在鄞州职业高级中学举行】 2016年12月17—18日，“创新型教学模式”现场观摩研讨会暨全国汽车运用与维修教学改革联盟成立仪式在鄞州职业高级中学举行。活动由中国汽车维修行业协会和全国交通运输职业教育教学指导委员会主办，中国汽车维修行业协会教育培训工作委员会和市智汇汽车运用与维修技术研究中心承办，教育部职业教育与成人教育司农村处处长刘杰，中国汽车维修行业协会技术和标准化委员副主任委员王凯明，省教育科学研究院副院长方展画、程江平，中国汽车维修行业协会副会长张京伟等出席观摩研讨会，全国各地职业院校200余名骨干教师参会。研讨会上，鄞州职业高级中学校长陈定定致辞，宁波智汇汽车运用与维修技术研究中心副主任汪胜国介绍“工程建模式学习法”创新型教学模式的内涵和特点，王凯明和方展画分别代表维修行业和教育行业肯定宁波智汇汽车运用与维修技术研究中心创建的教学模式，与会代表讨论该教学模式，并提出意见与建议。汽车维修教学改革联盟同期成立，以鄞州职业高级中学产学研中心为基地，以汽修行业协会、教育学会及鄞州职业高级中学为主导。刘杰肯定鄞州职业高级中学宁波智汇汽车运用与维修技术研究中心的汽车维修职业教育教学改革，支持成立教学改革联盟。

【宁波东钱湖旅游学校通过省教育改革示范校验收】 2016年12月16日，省教育改革示范学校验收专家组组长沈彬一行4人，到宁波东钱湖旅游学校视察验收。专家组肯定学校的建设，并提出希望。在3年省示范建设推动下，学校获“2014年度浙江旅游协会教育分会副会长单位”“浙江省第二批数字校园示范建设学校”“首批浙江省职业教育数字化资源建设示范单位”“宁波市2015年参加全国职业院校技能大赛特别贡献奖”“宁波市课改试点学校”“宁波市创业创新试点学校”等称号，旅游实训中心获“浙江省开放实训中心”称号，旅游服务与管理专业被评为浙江省“骨干专业”。

【中德（鄞州）汽车机电职业技能培训中心项目引进】 2016年10月16日，德国柏林职教集团董事长闫俊、集团主席Vogelsang与鄞州职业高级中学签订“中德（鄞州）汽车机电职业技能培训中心”合作协议，市教育局工委委员、副巡视员何琪得等出席签约仪式。双方合作项目包括开发汽车检测与维修技术专业课程体系、开展德国双元制教学理念及先进汽车维修技术类技能培训和提供员工培训。采用中德合作、校企合作新型办学模式，学制3年，鄞州职业高级中学开设的汽车检测与维修专业采取每班30人的小班教育，所有专业课程在按照德国标准进行实训设备和基础设施配备的实训课堂内完成。

【省中职学校“工业机器人技术应用专业建设联盟”在鄞州职业教育中心成立】 2016年6月14日，省中职学校“工业机器人技术应用专业建设联盟”在鄞州职业教育中心揭幕并举行授牌仪式，省职成教教研室主任崔陵和鄞州职业教育中心校长楼梦红共同为浙江省中职学校“工业机器人技术应用专业建设联盟”揭幕。联盟首批成员有15所学校，分别为鄞州职业教育中心学校、衢州中专、德清职业中专、江山职教中心、舟山职业技术学校、温岭太平高级职业中学、温岭市职业技术学校、缙云职业中专、新昌职业技术学校、温州职业中专、长兴职业高级中学、龙游职业高级中学、嘉善中专、江山中专、镇海职教中心学校。

【鄞州职业高级中学汽修专业名师工作室成立】 2016年4月20日，鄞州职业高级中学汽修专业名师工作室授牌仪式在鄞州职业高级中学举行，省汽修特级教师倪爱勤、市教研室闻达人、区教研室李庆及汽修专家何南炎、臧联防参加授牌仪式。授牌仪式由汽修部主任徐湖川主持，名师工作室总负责人王瑞君详细介绍汽修专业名师工作室建设情况；倪爱勤肯定名师工作室的建设，并对后期运作提出建议；闻达人、李庆、何南炎、臧联防等专家、学者肯定该项目，共同规划名师工作室今后发展。汽修名师工作室总负责人为王瑞君，陈建惠、王成波、陆志琴分别负责技能、科研、教学3个子项目，该团队成员包括陈旺、方作棋等教师13人。

（麻万掌）

社会教育

【概况】 2016年，鄞州区中职学校社会培训人员2.20万人次，为在校生数的1.90倍；职业技能培训中心、成人学校开展各类非学历教育培训41万人次，达到全年常住人口的39%。培训企业职工11210人、劳动预备力575人、成人双证制1575人、家政服务类8038人次，其中外来务工人员13.70万人次，达到常住人口的13%。

制订2016—2020年扫盲工作计划，形成扫盲工作档案和经典案例，获评浙江省2013—2015年度扫盲工作先进集体。

【华东师范大学职业教育与成人教育研究所"实验学校"在鄞州职业高级中学成立】 2016年12月22日，华东师范大学职业教育与成人教育研究所"实验学校"授牌仪式在鄞州职业高级中学举行，华东师范大学职业教育与成人教育研究所所长石伟平、区职业教育发展研究中心主任卢鹏程等出席授牌仪式。鄞州职业高级中学与华东师范大学职业教育与成人教育发展研究中心在课程改革、教学改革、师资专业化培训、课题与项目研究等领域开展合作。

（麻万掌）

教师队伍建设

【概况】 2016年，区教育局整合全区师训资源，应用学分制管理，通过培训平台申报和开设区级培训班109个，培训教师6000余人次；举办干部培训班6个，培训校（园）长358人次。全区年人均89.46学时，90学时完成率27.66%，教评学完成率100%，学评教满意率99%。鄞州区被评为浙江省"十二五"师干训工作先进集体。

实施第三轮高端教师培养工程和名校长培养工程，"浙派名师课例研习培训班"项目入选中小学教师国家级培训计划。4名校长获"宁波市名校长"称号，17名教师获"宁波市中小学骨干教师"称号，3名教师获"宁波市优秀'双师型'教师"称号。交流教师172人，其中骨干教师24人、普通教师148人（包括赫德学校支教2人）。公开招聘教师4批，录用免费师范生7人，聘用142人。

【第四届全国名校联盟校长高峰论坛活动在董山小学举行】 2016年11月7日，第四届全国名校长联盟高峰论坛在董山小学举行。论坛由中国教育出版网编辑部、海南教育期刊社、鄞州区教师进修学校主办，董山小学协办，全国各地200余名校长及教育专家参加论坛。海南教育期刊社副社长孟国泰就品牌学校建设作专题讲座，上海外国语大学松江外国语学校校长朱学清、衢州市衢江区第一小学校长陆忠正、董山小学校长茅晓辉等12名校长分享办学思想，并与代表互动交流。《新教育》杂志编辑部主任戴欣、海南师范大学继续教育学院分党委副书记吴一凡分别点评两场论坛。海南教育期刊社社长李捷发表讲话，向发言校长颁发荣誉证书。

2016年11月7日，第四届全国名校长联盟高峰论坛在董山小学举行

【在全国中等职业学校各专业课程"创新杯"教师信息化教学设计和说课大赛上获佳绩】 2016年3月29日，全国中等职业学校"创新杯"英语教师信息化微课设计大赛决赛在市职业教育中心学校举行，鄞州职业高级中学教师姚超群获大赛特等奖。11月2日，全国中等职业学校语文课程"创新杯"教师信息化教学说课大赛在宁波结束，鄞州职业教育中心语文组教师徐娜获一等奖。11月9日，全国中等职业学校体育与健康课程"创新杯"教师信息化教学说课大赛在合肥结束，鄞州职业教育中心体育组教师朱周嵩获一等奖。11月11日，全国中等职业学校商贸类专业"创新杯"教师信息化教学说课大赛在青岛结束，鄞州职业教育中心国商组教师朱琦晓获一等奖。11月12日，全国中等职业学校机械类专业"创新杯"教师信息化说课大赛在西安结束，鄞州职业教育中心机械组教师陈旭彬获一等奖。11月12日，全国中等职业学校物理、化学课程"创新杯"教师信息化教学说课大赛在长沙结束，鄞州职业教育中心电子组教师周佳获物理课程一等奖。

【区名校长培训班论坛活动】 2016年4月26日，鄞州区名校长培训班论坛活动在首南第一小学举行，区名校长培训班小学一组校长和宁波国家高新区林良富名校长工作室13名学员参加活动。论坛期间，各位校长围绕"我的办学主张"主题，从课程建设、课堂教学、学校德育工作、教师培养、学校文化、家校共建等方面展开研讨。其中，东吴镇中心小学校长施银川从以美化文、以美育德、以美启智、以美激趣、以美拓阈5个方面阐述该校"美育真人"的办学理念；董山小学校长茅晓辉重点介绍学校德育导师制、"三色董"课程、习惯教育课程等教育特色；横溪镇中心小学校长钱海涌从幸福课程、幸福课堂、教师幸福成长和学生幸福体验4个方面阐述"激活快乐，追寻幸福"的办学理念；首南第一小学校长章斌从横向和纵向两方面阐述"传承中惠精神，播种幸福的教育"办学主张；鄞州区实验小学校长毛剑东从课程体系、智慧课堂、教师成长、管理生长力等方面阐述"生长力教育：让每一个孩子茁壮成长"的办学理念。市教育学院干训中心副主任袁玲俊点评论坛，并针对校长们论上坛的仪表、语言、精神状态、阐述内容等提出要求。

（麻万掌）

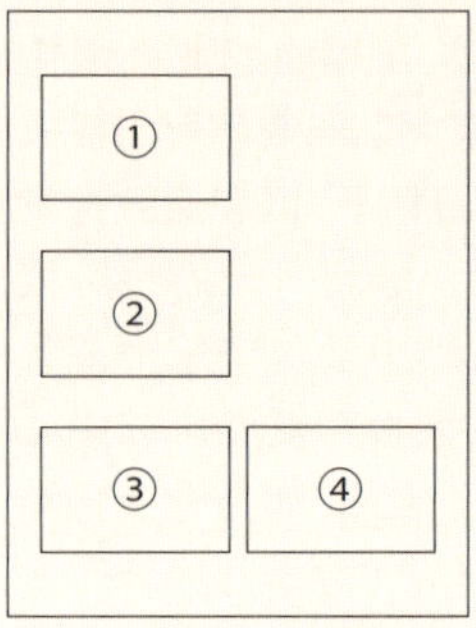

① 2016年9月，新城第一幼儿园（东院园）投入使用

② 2016年9月，潘火街道中心幼儿园投入使用

③ 2016年10月，姜山幼儿园望府分园投入使用

④ 2016年11月，首南街道中心幼儿园罗蒙环球分园开园

文化·新闻

宁波博物馆

公共文化

文物博物 · 图书 · 遗产保护

文化产业 · 文化市场

文学艺术

社科工作

沙孟海书学院工作

档　案

史　志

广播电视

鄞州日报

新　闻

公共文化

【概况】 2016年，云龙镇、集士港镇通过市第二批公共文化示范区（项目）验收，瞻岐镇、东吴镇取得市第三批示范区创建资格，下应街道取得市第三批示范项目创建资格，邱隘镇、横溪镇、云龙镇通过省文化厅“浙江省文化强镇”复查，湾底村等7个村（社区）通过省文化厅“浙江省文化示范村（社区）”复查验收，瞻岐镇元宵灯会入围“2016年度浙江省民间文化艺术之乡推荐名单”。鄞州区连续7年获浙江省公共文化服务综合评估第一。

区图书馆改造工程启动，计划总投入3000万元，完成投资1000万元。区文化艺术中心改造工程立项，预算8000万元。出台《关于加快基层综合文化服务中心建设的实施意见》。章水镇文化艺术中心建成，建筑面积7643平方米，用地面积11443平方米。鄞江镇文化艺术中心主体建成，建筑面积11979平方米，用地面积16714平方米。

开展“深化公共文化社会化发展机制创新”课题研究，该课题被列入区委2016年度重点改革项目。公益性画展暨爱心捐赠活动在汇港美术馆启动。全区民办艺术机构举办各类公益文化展览110余次、教育培训活动50余次、公益演出近20场、文化节庆活动3次。民间资本投资“蚂蚁”社区影院小院线在2个社区开始试点。

开展文化交流、文化走亲活动20余次，“春雨工程”边疆地区调音师培训班举办，参加宁波市举办的“东亚文化之都”相关文化交流活动，开展重庆、上海、浙江三地文化交流活动，天天文化志愿者开展文化交流活动。举办第十二届“长三角”民族乐团展演活动，承办纪念越剧110周年诞辰暨2016长三角越剧研讨会。社会公益组织“红牡丹”入选新华社《中国名片》。

宁波市甬剧研究传习中心在鄞州成立，在梅花奖得主王锦文的带领和指导下，业余团队骨干联合排演的传统名剧《呆大烧香》在省戏剧节上展演，并代表宁波市参加浙江省十台民营剧团经典剧目展演。区越剧团在保留剧目《琥珀泪》基础上，创作改编排演的《琥珀缘》在省戏剧节上展演。舞蹈作品《龙灯·龙舞·龙魂》获浙江省“群星奖”。默剧《卑微与光荣》获浙江省第27届戏剧、小品大赛金奖。龚建军作品《镜象·无语》获第11届全国水彩画展最高奖。重大历史题材类油画《王安石变法》创作完成，在中国国家博物馆永久陈列。

【公共文化创新】 2016年，鄞州区编制《鄞州中心城区“十三五”公共文化设施布局规划》，明确各类公共文化（体育）设施空间布点及建设规模、标准、时序等内容。启动数字文化馆总分馆体系建设，率先完成数字文化馆总分馆体系研究，该课题获省文化厅评比三等奖，被列入省公共文化服务体系制度设计研究课题。开展全民艺术普及工程，作为市全民艺术普及综合试点，启动中小学“一人一艺”三年行动计划，创建中小学艺术教育项目培育基地10个、中华优秀文化艺术传承学校5个。起草《关于鼓励社会力量参与“全民艺术普及工程”的实施办法》。补助边远地区及考核优秀单位，将原用于奖励先进、扶持经济薄弱镇乡的资金转变为可选择的“菜单式”服务项目。

【公共文化惠民工程】 2016年，“天天演”下基层演出1330场次，观众100万人次。区文化艺术中心大剧院引进高水准演出40场，观众2.30万人次。“天天读”为全区389家农家书屋配送图书6万余册；“天天听”举办讲座104场次，听众2万余人；“天天学”开展公益培训300余期次。天天文化志愿者协会探索建立“文化志愿者艺术培训基地”，建立朗诵、相声、小品、快板培训基地，筹建戏剧基地。在文化部2016年文化志愿服务工作评选中，鄞州区天天文化志愿者协会东吴分会的“乡镇公共文化场馆管理”被列入基层文化志愿服务项目典型案例，“鄞江镇德艺器乐俱乐部”被列入文化志愿服务团队典型案例。

【惠民文化品牌活动】 2016年，区图书馆“送书下乡”3万余册，举办“明州大讲堂”等读者活动300余场，完成“你点我购”1.80万册。区新华书店举办“周六悦读沙龙”15期、“悦读起跑线”20期。区文化馆开展“星光系列”公共文化艺术展览20余次。区越剧团演出大戏142场，举办“爱越吧”公益培训56次。15个市级公益电影放映基地放映电影1648场，“农村电影放映工程”放映4800场次，“天天看”电影惠民工程公益基地和市公益基地放映故事片4319场、科教片3236场，受惠群众203万人。

2016年5月7—8日，鄞州越剧团在浙江胜利剧院“周末戏剧金舞台”演出越剧大戏《琥珀缘》

【主题电影放映活动】 2016年5月13日，鄞州区举行第11届科普电影节，围绕“科技”“G20”等主题，放映科普影片《低碳生活》《碳排放和农业生产》《有机葡萄栽培技术》及迎接“G20杭州峰会”宣传片《做文明有礼浙江人》等2000场。9月18—24日，“2016全国科普日”电影放映活动在各镇乡举行，10个镇乡影剧院、农村文化礼堂等放映场所放映科教片、故事片等139场。12月29日，“百年小康路，长征再启程”主题电影放映活动启动仪式在东吴镇举行。启动仪式上，区文广新局向东吴镇12个行政村发放免费观影券12000张，宁波市新农村数字电影院线有限公司向鄞州区捐赠展映影片500场。现场近千名观众观看故事片《勇士》。

【中法文化艺术交流展在鄞州举行】 2016年5月1日，中法文化艺术交流展在宁波居家博物园举行，活动由巴黎当代艺术协会、中华陶瓷艺术大师联盟、宁波市节庆联合会、宁波十方文化发展有限公司联合主办。5月31日，交流展结束。其间，展出玛丽·罗兹、艾美丽、大卫·尚巴尔等6位法国艺术家和李云棋、张尧、刘邦一等10位中国艺术家的书画及陶艺作品近500件（幅）。参与作品展览的6位法国艺术家是巴黎、凡尔赛等著名美院毕业的专业画家，分别代表法国不同的画风和流派。其中，玛丽·罗兹展出《路》《云》《穿越时空》《屋顶的吹笛人》等代表作，以及到宁波后创作的《宁波桥》《宁波小桥》等油画；中国著名陶瓷艺术家张尧展出200余件瓷器作品，品种涵盖钧瓷、青瓷、白瓷等几大类，代表作有《春》《心法》等。

【纪念越剧110周年诞辰暨2016长三角越剧研讨会在鄞州召开】 2016年9月23—24日，纪念越剧110周年诞辰暨2016长三角越剧研讨会在鄞州举行。活动由省文化厅主办，省文化艺术研究院、区文广新局承办，北京、上海、江苏等地及省内近百位专家参会。区委常委、宣传部部长沈剑波出席并致辞。会议研讨主题是越剧的传承与发展，南京市越剧团、福建省芳华越剧团、宁波市演艺集团有限公司等结合各自改革和创新历程，从人才和观众培育、剧目创新、资源挖掘等谈体会心得；中国戏曲学院戏文系教授颜全毅、中国艺术研究院戏剧所副所长郑雷、上海越剧研究中心主任黄德君等，系统梳理从越剧发展历程中的改革实践到当代越剧面临的短板，并通过案例、数据等分析，对越剧下一步的发展提出指导意见。

【长三角国际民族乐团展演活动在鄞州举行】 2016年12月10日，第12届“长三角”国际民族乐团展演活动在鄞州中学举行。活动由上海音乐家协会、浙江省音乐家协会、宁波市音乐家协会、宁波中华文化促进会、区文广新局、区教育局主办，鄞州中学承办，江苏、浙江、上海、台湾等地及日本、马来西亚等国家的34支表演团队参加。上海音乐学院原党委书记董金平、台湾音乐活动家陈绍箕、宁波中华文化促进会主席傅丹及“长三角”地区、台湾地区及马来西亚、日本等国专家30余人出席活动。蓝青民乐团演出民乐合奏《丝绸之路》、江南丝竹《江南新韵》、二胡独奏《秦腔主题随想曲》、古筝独奏《晓雾》、笛子齐奏《扬鞭催马运粮忙》、琵琶协奏曲《草原英雄小姐妹》和民乐合奏《踏歌》等曲目，浙江临海丝竹乐团、上海徐汇区凌云街道阳光之家鼓艺队、上海市陆行南校民乐团、马来西亚槟城州钟灵中学等团队进行4场展演，演奏《和凤凰一起飞》《凤阳花鼓》《瑶族舞曲》《喜迎春》等曲目。展演期间，举行弘扬和发展民族音乐专题研讨会，30余位音乐界专家参会。

【全省幼少儿舞蹈题材讨论会在鄞州召开】 2016年6月28—30日，2016年全省幼少儿舞蹈题材讨论会在区委党校召开。会议由省文化馆主办，区文化馆承办，省文化馆党委书记王金吉，空军蓝天儿童艺术团、国家一级编导金英华，省歌舞剧院、国家一级编导、省舞蹈家协会副主席朱平，省文化馆国际专家库成员、研究馆员辛冠牛及全省文化馆舞蹈业务骨干40余人参会。会议立足“幼少儿舞蹈”，采取“理论和实践并重”的理念，鼓励各舞蹈骨干就实际创作、编排中出现的问题与专家直接对话，提出见解，根据幼少儿特点，加入幼少儿舞蹈编排技法基本练习等内容；结合2017年浙江省幼儿舞蹈大赛开展的幼少儿舞蹈作品题材，探讨和交流舞蹈编导论证题材、分析结构、作品创作和编排过程中存在的问题。

【重庆、浙江、上海三地文化交流展演在鄞州举行】 2016年10月11日，“同饮一江水·共筑中国梦”重庆、浙江、

2016年10月11日，重庆、浙江、上海三地文化交流展演活动在区非物质文化遗产馆举行

上海三地文化交流展演活动在区非物质文化遗产馆举行。活动由鄞州区文广新局主办，重庆、上海、宁波三地11个文化馆承办，100余人参加活动。活动由12个节目组成，其中有重庆川剧绝活《变脸吐火》、上海滚灯舞《炫彩贤城》和宁波原生态民谣《快乐河鱼人》、越剧《春香传·爱歌》、双人舞《梁祝情思》等。观众席两侧展示上海和重庆两地"非遗"项目。

【区第五届天天文化艺术节】 2016年6月26日，鄞州区第五届天天文化艺术节开幕式在区文化艺术中心举行。艺术节由区委、区政府主办，区委宣传部、区文广新局、区教育局承办，以"鄞州梦·义乡情"为主题，分"融合""共享""传扬"3大板块。11月，活动结束。其间，开展"越迷争锋"挑战赛、少儿艺术大赛、少年培训活动月、浙江省摄影高端理论培训班、庆祝中国共产党成立95周年红色电影展映、"薪火相传"2016鄞州区首届非遗文化节等16项赛事类、培训类、展演类系列活动，约10万人次参与。

（林　楠）

文物博物·图书·遗产保护

【概况】 2016年，鄞州区有全国重点文保单位5处、省级重点文保单位5处、区级文保单位139处、区级文保点268处、文物名录457处；收藏单位23家，库藏文物档案藏品20791件，其中珍贵文物689件，库房登记文物16815件。完成第一次可移动文物普查、鄞州区及东钱湖旅游度假区数据登记录入及审核工作。测绘、修缮古迹16处，补助镇（街道）文物保护工程12处。制定出台《鄞州区文物保护专项资金使用管理办法》，明确文物保护专项资金的补助范围、对象和标准，规范资金拨付程序。发现边文锦故居、沈祝三故居、共济会旧址、民国建筑群等近代建筑，鄞东南海防6组7处遗址整合成系列。开发地块考古勘探91.70万平方米，发现古窑址4处。开展石家村保护开发前期工作。5处文保单位（点）申报第七批省级文物保护单位。

开放博物馆33座，其中非国有博物馆19座。举办各类临时展览90余次、活动50余次，参观者280万人次。引导和鼓励社会力量参与博物馆建设，修订出台《鄞州区非国有博物馆补助经费专项资金管理办法》。全市第一家国字号民办博物馆——中国插花艺术馆开馆。区博物馆协会组织相关人员到安徽省含山县为当地非国有博物馆建设传授经验。宁波服装博物馆在北京红都集团公司总部举办"国之工匠——纪念'红帮'裁缝"进京60周年特展。

鄞州区（宁波大学园区）图书馆馆藏纸本图书入藏量增加117553种179602册，全馆图书总馆藏量达到1151710种1485464册，音像资料16154种44170盘。接待到馆读者313.30万人次，借还图书371万册次（其中馆内成人借还138.90万册，少儿图书166.50万册，乡镇村分馆62.50万册，汽车图书馆3.10万册），图书馆有效持证读者达55万人。建设图书分馆20家，累计180家，向图书分馆调拨图书61138册。汽车图书馆出车595次，借还图书30958册，制作借书证388张。区图书馆举办讲座、沙龙、展览及各种主题活动600余场，其中"明州大讲堂"讲座104场，听众21592人次。创新推出"尊享·阅读——你选·我买·速借"图书荐购个性化服务，全年"你选·我买·速借"接受读者图书点购16541册。引导和鼓励地方名人捐赠家藏文献等有价值私有文化资源，举行《睿思缠故里——纪念王重光先生文集》首发式和"鄞州地方名人——王重光家藏文献捐赠仪式"，累计接受地方名人有价值的赠书、资料近2万份。

鄞州区有非物质文化遗产（简称"非遗"）名录项目78项，其中国家级5项、省级21项、市级56项、区级78项；区级以上"非遗"代表性传承人81人，其中国家级3人、省级13人、市级64人、区级78人；市级"非遗"传承基地59个、区级91个；市级"三位一体"示范点10个；区级"非遗"教育传承基地31个；"非遗"专题展示馆13座，在建2座。"咸祥八月半渔棉会""赵大有传统糕团加工技艺""邱隘咸齑腌制技艺""陆氏伤科"申报第五批浙江省非物质文化遗产代表性项目。举办"薪火相传"首届"非遗"文化节、第三季"高手在民间"比赛、"81890盲人进非遗馆"体验活动、鄞州非遗馆"携爱同行"公益活动等10余个大型活动，全年举办"非遗"展览展示活动75项，开展技艺培训200余场次，区非物质文化遗产馆全年参观者10万人次。

【地方名人藏书馆设立】 2016年5月，鄞州区（大学园区）图书馆设立首个地方名人藏书馆。该馆位于区图书馆5楼地方文献部"明州阁"，面积40平

2016年5月10日，"鄞州地方名人——王重光先生家藏文献捐赠仪式"在区图书馆举行

方米，是为王重光特设的个人藏书专馆，珍藏有王重光捐赠的全部文献书籍，分历史、人物传记、风俗旅游、诗歌、地方文献、地图等，其中藏书3128册、手稿205包、地图581张，存放其编撰《三字经古本集成》时向全国征集的古本《三字经》100余本。

【中国城市遗产保护工作营·鄞江营活动】 2016年8月3日，中国城市遗产保护工作营·鄞江营开营。活动由上海阮仪三城市遗产保护基金会、宁波市规划局、鄞州区政府主办，法国遗产保护志愿者工作营联盟、宁波市历史文化名城保护研究会、鄞江古镇开发建设管委会承办。8月15日，活动结束。其间，法国8名志愿者和中国10名志愿者实地体验燕尾榫、箍头榫、重檐金柱等，学习了解中国传统古建筑构造形式、木结构搭建等相关知识及工艺技巧，共同参与修建具有中国传统特色的仿古建筑。

【市优秀非遗传承人交流研讨会在鄞州举行】 2016年1月15日，2015年度宁波市优秀非遗传承人交流研讨会在区非物质文化遗产馆举行。会议由市文化广电新闻出版局主办，陈盖洪、陈明伟、吴圣东、周静书等100余人参会。研讨会上，与会人员参观考察区非物质文化遗产馆，体验鄞州特色“非遗”项目，品尝赵大有龙凤金团、王升大年糕等传统小吃，欣赏“非遗”表演，探讨、交流“非遗”工作开展情况。文化部非物质文化遗产司巡视员马盛德作题为《我国非遗保护的现状、问题与对策思考》专题讲座，剖析“非遗”保护的发展现状与困局，并鼓励“非遗”工作者探索解决路径。

【中国插花艺术馆开馆】 2016年11月1日，中国插花艺术馆开馆。该馆位于下应街道湾底村天宫庄园内，由浙江蓝海绿业集团有限公司投资5000万元建造，主体建筑占地面积约8800平方米，四周有2万余平方米的草坪、果园、绿植、假山、荷池、拱桥、亭台等园林景观。浙江蓝海绿业集团有限公司董事长宋兆峰为馆长，王莲英为名誉馆长，秦魁杰、蔡仲娟、王绍仪为特聘顾问。该馆为区总工会职工插花艺术培训基地、区妇女联合会插花艺术培训基地、中国传统插花（宁波城市学院）师资培训基地、宁波鄞州天姿花艺职业培训学校基地。艺术馆第一期展示中国插花艺术的起源、历史沿革与类别、中国传统时令插花和在社会生活中的应用、江南地区古代插花的著名人物、东方式插花与西方式插花5个部分。

【区第六届“王应麟读书节”】 2016年4月23日，鄞州区第六届“王应麟读书节”开幕式暨“尊享·阅读——你选·我买·速借”活动启动仪式在鄞州新华书店举行。王应麟读书节为期3个月，以“阅读·分享·传播”为主题，推出15项主题活动，受惠群众20万人次。其中，“阅读”板块有“你选·我买·速借”、鄞州书市、鄞州区中小学生读书节等活动；“分享”板块有地方名人王重光赠书开放仪式暨研讨会、“明州大讲堂”系列讲座、周六悦读沙龙、“悦读起跑线”等活动；“传播”板块有“图书馆之夜”、全民“阅读存折”和“影像中的鄞州梦”摄影大赛、“爱我鄞州”征文比赛、“爱心漂流书库”、大型赠书相亲交友等活动。

【区首届非遗文化节】 2016年6月5日，鄞州区“薪火相传”首届非遗文化节在横溪镇文化广场启动。活动由区文广新局、横溪镇政府和宁波日报“乡下头”工作室主办，1000余人参与。现场展演舞龙、舞狮、三字经、马灯舞、内家拳、少年龙点睛等非遗节目，展示香包制作技艺、虎头鞋制作技艺、彩灯扎制技艺、草席编制技艺等区非物质文化遗产馆的22个非遗项目。11月，文化节结束。其间，开展宁波走书和宁波小调专场演出、鄞州区非遗项目图片展、宁波文化学者走进非遗小镇、非遗专家谈传统文化传承与创新、“老底子的娱乐”展演、百位市民端午佳节“灵秀横溪”访非遗、“中国好风光大咖行摄慢游小镇”等活动。

【“红帮”裁缝进京60周年特展在北京举行】 2016年11月8日，“国之工匠——纪念‘红帮’裁缝进京60周年特展”在北京红都集团公司总部举办。特展由北京红都集团公司和宁波服装博物馆联合举办，北京、宁波两地100余名老、中、青“红帮”代表出席开幕式。北京红都集团公司总经理张培向宁波博物馆捐赠公司为胡锦涛出席纪念中华人民共和国成立60周年阅兵式制作的中山装复制品，宁波博物馆向公司捐赠清代铜熨斗等10件珍贵“红帮”裁缝工具。特展分两部分，第一部分以“红帮”裁缝的创业史为主线，第二部分展出1956年进京后公司发展变迁以及作为老字号国有企

2016年6月9日，百位市民“灵秀横溪访非遗”活动举行

业作出的贡献和取得的成就。12月8日，特展结束。其间，展出宁波服装博物馆馆藏的中国第一部西服理论专著《西服裁剪指南》、“红帮裁缝”楼景康制作的“红都牌”阿沛·阿旺晋美中山装、邓小平赠送王庭淼的果篮、柬埔寨西哈努克亲王赠送王庭淼的围巾、毛泽东和周恩来等领导人穿过的中山装复制品、民国裁剪学院定制直尺、老式缝纫机、铜熨斗等珍贵藏品200余件，其中10余件著名的民国品牌服装均是首次公开露面。

【“国际博物馆日”公益活动】 2016年5月18日，“国际博物馆日”公益活动在南部商务区水街广场举行。活动由区文物管理办公室、区博物馆协会、宁波服装博物馆联合主办，宁波锡镴器熨斗博物馆、鄞州雪菜博物馆、宁波婚俗博物馆协办，以“博物馆与文化景观”为主题，1500余人参与。现场举办“鄞地乡愁，魅力古桥”慈善文物摄影艺术巡回展、私人捐赠藏品展览、专家现场鉴宝、《红帮研究索引》首发式、文艺会演等活动。其中，“鄞地乡愁，魅力古桥”慈善文物摄影艺术巡回展以“一桥一景，一桥一故事”展示鄞州古桥的倩影与魅力；宁波锡镴器熨斗博物馆与宁波服装博物馆联合主办的捐赠藏品展览展出民国蓝绸绣花背心、涂火金漆菱形锡茶叶罐、景泰蓝熨斗等80余件馆藏捐赠文物；文艺会演有箜篌演奏《云水禅心》、二胡《良宵》、琴箫合作演奏《阳关三叠》及茶艺、旗袍秀等表演。鹤鸣堂堂主周鹤鸣、宁波大学艺术学院院长助理方向前、瓷器鉴赏家杨真明等为藏家们鉴定金银彩绣花卉枕顶、清代黄起鹏山水画、民国时铜水壶等杂项、书画、瓷器藏品30余件。

【“中国文化遗产日”公益活动】 2016年6月8日，鄞州区“中国文化遗产日”公益活动在潘火街道蔡氏宗祠举行。活动由区文广新局、文管办主办，各博物馆协办，以“让文化遗产融入现代生活”为主题，400余人参与。现场举行“鄞地乡愁，魅力古桥”慈善文物摄影艺术巡回展第三站展览、“为文保员点赞，向守望者致敬”万人签名活动暨鄞州文物公众号发布活动、鄞州区第三批“业余文保员之家”授牌仪式、“乡愁里的文化遗产”业余文保员授课轮训、“薪火相传话文保”主题座谈会等活动。其中，宁波服装博物馆、宁波熨斗锡镴器博物馆等7家单位入选鄞州区“业余文保员之家”；严意娜作“历史建筑的社会力量参与保护与合理利用”经验介绍；徐雪英为业余文保员作“乡愁里的文化遗产”专题讲座。

（林 楠）

文化产业·文化市场

【概况】 2016年，鄞州区有文化企业3900余家，其中规模（限额）以上企业205家，注册资金千万元以上企业199家。增加文化企业约1000家，其中注册资金千万元以上企业50余家，注册资金千万元以上文化企业注册资金约12亿元。宁波陆宝食品有限公司（王升大）在深圳证券交易所挂牌；4家企业入选国家文化出口重点企业；广博集团有限公司获评浙江省文化产业示范基地；3家企业入选浙江省文化出口重点企业；5家企业入选首批宁波市文化出口重点企业，22家企业入选年度宁波市文化创意产业排行榜。修订出台《2016年鄞州区文化产业专项资金实施细则》。文化企业获各级财政文化产业补助资金3210万元。

召开鄞州区文创产品开发工作推进会，全区23家博物馆、10个“非遗”项目、10余家文化创意企业与3所高校艺术学院探讨文博单位开发文化创意产品思路，并建立宁波城市学院艺术学院、区大学生（青年）创业园2个区级“文博创意孵化基地”。举办古韵新姿——鄞州区文博单位与非遗项目文化创意产品展，展览展示水墨艺术馆书法团扇、黄古林草编创意手包、面塑戏曲人物摆件等博物馆与“非遗”项目文化创意产品200余种。

推进“五张清单一张网”（政府权力清单、企业投资负面清单、政府责任清单、职责清单、部门专项资金管理清单和浙江政务服务网）工作，94项审批事项通过浙江政务网审批。巩固市、县文化行政审批同权同批工作，调整下放事项审批。办理审批、年检1452件，承诺期办结率100%，群众满意率100%。举办印刷企业、网吧、游泳场所、地面卫星接收单位、娱乐场所等行业法律法规和安全生产培训班22期，培训2800人次，培训面100%。参加市文化行政审批技能比武，获团体总分第一名和个人第一、第三名。1个行政许可案卷被市文化广电新闻出版局评为2016年度“十佳”许可案卷，1个行政许可案卷被区政府法制办评为2016年度区“十佳”行政许可案卷。

开展境外电视网络接收设备专项

2016年8月8日，鄞州区文博单位文创产品开发工作推进会在宁波博物馆举行

整治行动，办理案件1起。鄞州台在全省广播电视对农服务工程考核中获广播对农节目鼓励奖，1个广播栏目获政府奖（广播对农栏目）二等奖。成立广播电视安全播出工作领导小组，制定安全播出相关制度，开展应急演练2次。新闻出版年度抽样统计上报率100%，内部资料出版物出版质量评估工作覆盖率100%，印刷企业网上年度核验、境外印刷品网上备案实现率100%。开展"送年检服务下乡"活动，增设年检点5个。开展软件正版化年度考核评议，同级政府机关年度使用正版软件情况书面报告率100%。

【文化市场监管】 2016年，鄞州区组织开展夏季消防安全大检查和节假日对重点文化娱乐场所的安全生产大检查，出动机关检查人员101人次，检查场所148家次。开展"扫黄打非""清源""净网""秋风""护苗""固边"等专项行动，召开全区"扫黄打非"和文化市场管理工作会议，重点开展"扫黄打非"系列专项行动和"两会"期间区文化市场专项执法检查行动和区艺术品市场、演出市场、印刷企业、出版物市场集中检查行动等。全年出动执法检查人员2369人次，检查各类文化经营场所1603家次，行政处罚立案调查22件，旧存7件，办结案件29件，警告12家次，罚款11.70万元，没收物品49件，取缔4家次，停业整顿1家次，吊销网络文化经营许可证1家次，申请法院强制执行2家次。开展平安经营场所创建，7家文化经营场所被评为2016年度鄞州区平安文化经营场所创建达标单位，6家被推荐参评宁波市平安文化经营场所创建达标单位。接到黑网吧举报28件，查证属实6件，取缔6家次，抄告电信部门断网6家次，立案调查2家次。

【重点文化产业】 2016年，浙江嘉上影视传媒有限公司投资的《清水里的刀子》获第21届韩国釜山国际电影节最高奖新浪潮大奖、夏威夷国际电影节评委会最佳摄影特别奖和亚洲电影促进奖、第16届马拉喀什国际电影节最佳导演奖，工夫影业股份有限公司出品的《火锅英雄》被选为第40届香港国际电影节开幕影片。宁波莱彼特文化传媒股份有限公司拍摄《再见美人鱼》《德扑女王》等网络电影10余部，宁波摩登视界文化传媒有限公司的电视剧《极品一家人》拍摄完成。宁波国家广告产业园区入驻新浪微课堂等广告及其关联企业502家，其中注册资金千万元以上企业50家，入选首批宁波市文化创意产业园区。主办第二届宁波国际城市艺术博览会，10余个国家艺术机构与40余家文化创意企业4000余件作品参展，成交600万元，中孚文化传媒有限公司艺术品微拍成交额约2000万元。全区有动漫游戏企业30余家，累计完成动画片备案产量94部9万余分钟，动画片备案产量约占宁波市的60%。鄞州区被认定为省级软件和信息服务业产业示范基地，有企业720余家，其中注册资金千万元以上企业110家。

【新兴文化产业项目引进】 2016年，华数数字电视传媒集团有限公司总部迁至鄞州区。宁波麦中林文化创意园投资2000余万元，以服装设计为基础，协作开发出版、动漫、衍生品等。投资8000万元的电视剧《潜龙》等重点项目签约。华侨城文化旅游综合项目等5个市级文化产业项目推进。依托区大学生（青年）创业园、青年文创空间等众创平台，采用"梯级"孵化模式，建立"创业导师库"，为创客提供"一对一"量身定制式指导，培育孵化文化创意企业79家，比上年增长14.5%。与鄞州银行合作开发"青年创业金融加速器"项目，融资460万元，发放贷款2000余万元。

【第二届宁波国际城市艺术博览会在鄞州举行】 2016年10月28—31日，"翻滚全球的艺术展"第二届宁波国际城市艺术博览会在南部商务区举行。博览会由市文化馆、市文化产业促进会、区文广新局主办，宁波一介文化传播有限公司、宁波修山文化传播有限公司承办。博览会期间，举办艺术品展览、活动互动、论坛讲座等。在墨憩酒店的40个艺术空间中，展出国内外40余家知名艺术机构的陶瓷、摄影作品、油画、水墨画、瓷版画、彩灯、灰雕、竹编等2000余件艺术品。其中，国际摄影家森山大道的10幅手工银盐摄影作品首次展出；"古韵新姿——鄞州区文博单位与非遗项目文化创意产品展"参展，10家文博单位、10余个"非遗"项目展出骨木镶嵌香盒、金银彩绣婚庆系列用品、书画抱枕、插花、箍桶、竹编等文化创意产品200余件。

（林　楠）

文学艺术

【概况】 2016年，姜山镇文联、五乡镇文联成立，全区累计有专业协会13家、镇乡文联9家、基层艺术社团25家，专业会员1872人。增加国家级会员14人、省级会员24人，省级及以上会员累计424人。鄞州艺术馆和鄞州画院挂牌成立，卖面桥社拓展空间建成万盛文创园，绿野仙踪艺术区开园，累计有8大品牌艺术区。

举行海商文学作品及理论研究成果发布会，《江东海商文化史料辑存》《海商文化与宁波（江东）城市转型发展研究》同期发布。专题采风研讨"海商"系列题材，创作《东方大港》《风雨宁波帮》《心海》等原创歌曲11首，并在全市举办首场以海商文化为题材的"丝路海韵"原创主题交响音乐会。开展鄞州大松石文化研究，筹建鄞州评论家协会"沙耆研究会"和"苏青文学研究会"。

联合李元摄影艺术馆、宁波美术馆、宁波画院、汇港美术馆、宁波水墨艺术馆、群星展厅等艺术机构举办展览20余场，有"相看两不厌——李元师生摄影作品展""堇山听泉——蒋明和夏军寅书法篆刻艺术展""心手双畅——首届鄞州篆刻艺术展""临水照花——鄞州·富阳两地书法展"等。

承办第四届人民文学新人奖颁奖典礼、"首届浙江少儿戏曲小金桂奖"决赛暨"第二十届中国少儿戏曲小梅花荟萃”选拔赛、市第三届市民文化艺术节系列活动之“曲艺情，宁波梦——张红坤曲艺专场”。邀请中国作家协会副主席李敬泽开设讲座，举办散文作品研讨会、人民文学新人奖获得者与年轻学子对话活动、鄞州青年作家改稿会等。鄞州散文学会成立，沙孟海书学院、区书法家协会、鄞州印社主办中国书法家协会高级培训班、余正篆刻讲座、蓝青工程书法研修班等培训学习活动，摄影家协会联合李元艺术馆开展M30艺术沙龙。徐海蛟、毕小龙等参加宁波市宣传文化人才高级研修班。其中，徐海蛟入选第四批宁波市文艺家工作室，毕小龙被评为宁波市宣传文化系统“六个一批”人才。钱利娜参加鲁迅文学院中青年作家高级研修班，陈元、马霞维、沈水琴、张欣就读书法学硕士，王振、天涯等作家参加浙江省青年作家高级研修班，饶佳、赵挺等青年作家参加陕西中青年作家培训班。

【文艺精品创作】 2016年，徐海蛟作品获第四届人民文学新人奖、浙江省青年文学之星优秀作品奖、於梨华青年文学奖优秀作品奖，由天涯、旅人联合创作的现实主义长篇小说《女船王》出版发行，钱利娜长篇非虚构作品《渡》完成创作，吕付平、高丽娜、应坚、张良芳、陈慧燕、朱田文等作家十几部文学作品出版，姚丽小说《五十而立》刊发于《文学港》头条并被《长江文学选刊》转载，饶佳诗歌在各项诗歌比赛中获奖，《鄞州当代作家优秀短篇小说选》《江东文艺·作家文丛》《走进四明的晨曦》等出版。由李学峰、吴琼文、龚建军联合创作的油画《王安石变法》通过中国文学艺术界联合会、财政部、文化部共同主办的“中华文明历史题材美术创作工程”验收，朱鹏宏、龚建军作品获第十一届全国水彩•粉画作品展优秀作品奖（最高奖），任昌久作品获第二届中国民族美术双年展优秀作品奖（最高奖），魏惠东作品获省委宣传部浙江美术创作精品工程创作奖，叶璐获“百年西泠·湖山流韵”西泠印社诗书画印大展篆刻单项奖第一名，夏军寅、蒋明、徐雪松、庞嘉奇、徐霞等分别在中国书坛兰亭雅集42人展、第二届沙孟海杯全国书法篆刻展、全国第二届篆书书法大展、“吴昌硕奖”第五届浙江省篆刻大展、“沙孟海奖”第九届全浙书法大展等入展获奖。陈绍余、张晋武摄影作品获全国及国际奖项，戚巧灵、徐高、张世华被《大众摄影》评为“中国十大优秀风光摄影师”。

【第四届人民文学新人奖颁奖典礼】 2016年4月24日，第四届人民文学新人奖颁奖典礼在鄞州中学举行。活动由人民文学杂志社和区委、区政府共同主办，区委宣传部、区文联承办。中国作家协会副主席李敬泽、《人民文学》主编施战军、省作家协会党组书记臧军及市、区领导翁鲁敏、沈剑波、崔伟高、夏素贞等出席仪式，200余人参加活动。活动期间举行鄞州中学学生器乐、舞蹈等才艺表演，获奖作品情景朗诵，鄞州作家阅读之旅第三季启动仪式和新人奖作家作品赠书仪式等。新人奖颁发长篇小说、中篇小说、短篇小说、非虚构、散文、诗歌6个奖项，获奖者及作品分别为马拉的长篇小说《未完成的肖像》、王甜的中篇小说《二声部》、彭敏的短篇小说《我的同桌李梅英》、魏玲的非虚构《大兴安岭杀人事件》、徐海蛟的散文《无法抵达》、包文平的诗歌《扁都口》。

【“首届浙江少儿戏曲小金桂奖”决赛暨“第二十届中国少儿戏曲小梅花荟萃”选拔赛在鄞州举行】 2016年5月7—8日，“首届浙江少儿戏曲小金桂奖”决赛暨“第二十届中国少儿戏曲小梅花荟萃”选拔赛在区文化艺术中心举行。活动由省戏剧家协会、市文学艺术界联合会主办，市戏剧家协会、区文联、区戏剧家协会承办，宁波、绍兴、嘉兴、舟山、温州、台州等地63名选手参加。按年龄大小分A、B组，薛金岭、翁国生、王滨梅、支涛、谈声贤、江瑶等戏曲专家担任评委，A组王宇晨、B组卢笑恬等20位选手获“首届浙江少儿戏曲小金桂奖”。

【李元师生摄影作品展】 2016年10月10日，“相看两不厌——李元师生摄影作品展”在李元摄影艺术馆举办。活动由区文联主办，李元摄影艺术馆承办，世界华人摄影学会会长杨绍明出席开幕式，100余人参加开幕式。展览为期15天，展出美籍华人风光摄影家李元及其学生最新摄影作品50幅，题材有中国的山川、湖泊，及美国、新西兰、土耳其、冰岛等国的自然风光、异域风情。

【鄞州艺术馆成立】 2016年8月4日，鄞州艺术馆揭牌仪式暨鄞州艺术馆艺术委员会成立大会在李元艺术馆举行，全体艺术委员会成员参会。会上

2016年4月24日，区青年作家徐海蛟获人民文学新人奖

陈述鄞州艺术馆及艺术委员会成立背景，并说明鄞州艺术馆的功能定位和发展规划，成立由区文联领导班子及下属各协会负责人21人组成的艺术委员会。鄞州艺术馆是区文联下属艺术研究机构，馆址设在李元摄影艺术馆内，面积50平方米，主要开展绘画、书法篆刻、摄影、民间艺术等视觉艺术展览、交流、收藏、研究等。

【鄞州画院成立】 2016年8月9日，鄞州画院成立大会及揭牌仪式在沙孟海书学院举行，100人参会。鄞州画院是区文联下属绘画艺术研究机构，主要开展绘画艺术创作、交流、展览和学术研究等，内容涉及国画、油画、版画、水彩画等画种，院址设在沙孟海书学院内，有画师40余人。

【区散文学会成立】 2016年4月24日，鄞州区散文学会成立大会在天港禧悦酒店召开，《人民文学》主编施战军、省散文学会会长陆春祥、散文家苏沧桑等60人参加会议。会议审议通过学会章程和会员代表大会选举办法，选举区散文学会第一届理事会、会长、副会长及秘书长，徐海蛟担任会长。陆春祥向区散文学会授牌。区散文学会为区作家协会下属二级分会，有会员40人。

【绿野仙踪艺术区揭牌】 2016年12月18日，绿野仙踪艺术区揭牌仪式在绿野艺术区举行，65人参加揭牌仪式。绿野艺术区位于东钱湖镇绿野村，由旧厂房改造而成，是由区文联主导开发的平台，主要开展绘画、书法、篆刻、摄影等艺术门类的视觉艺术创作、交流。通过公开招录和审核，贺圣思、叶璐等7位艺术家进驻绿野艺术区。

（徐海蛟）

社科工作

【概况】 2016年，区社科院（社科联）举办社会文化、健康养生、法律咨询等社科讲堂80余堂，受益8000余人次。鄞江镇养正堂“家训、家规、家风”、姜山镇走马塘村“保护生态环境，建设美丽乡村”、塘溪镇童村“开笔启蒙贺学礼仪活动”、横溪镇南山书院“社科普及大讲堂”、鄞州区图书馆“明州大讲堂科普进校园”5个项目获宁波市社科普及基地活动立项。联合区委宣传部举办“学书与家风”研讨会暨《陈启元书法教育课徒稿》首发式，承办宁波市2016年社科普及月义务咨询活动暨“吾心光明”书法教育成果展。评定首届优秀社科成果，评出区社科成果优秀奖5名。完成重点研究课题3项，出版《近代鄞西经济社会变迁》。区社科联被评为2016年全国社科工作先进组织。

【社会科学普及月活动】 2016年9月17日，宁波市2016年社科普及月义务咨询活动暨“吾心光明”书法教育成果展在宁波（鄞州）博物馆举行。活动由市委宣传部、市社科联主办，区委宣传部、区社科联承办，沙孟海书学院、区书法家协会协办。市委常委、宣传部部长万亚伟，省社科联副主席陈先春及市领导翁鲁敏、张明华、郁伟年等出席开幕式。开幕式上，省、市社科联领导向获批浙江省社会科学普及示范基地的横溪镇南山书院授牌，向宁波社科讲坛优秀授课点与宁波社科普及讲师团优秀教师颁奖，并向社科普及基地赠送社科普及读物。开幕式后，现场开展市社科界义务咨询活动及“吾心光明”书法教育成果展，其中书法教育成果展征集书法作品120余幅，展出作品80幅。10月底，社科普及月结束。其间，举办讲座、科普电影、咨询服务等活动150余场次，2万余人次受益。

【“学书与家风”研讨会暨《陈启元书法教育课徒稿》首发式】 2016年8月20日，“学书与家风”研讨会暨《陈启元书法教育课徒稿》首发式在南苑新城酒店举行。活动由区委宣传部、区社科联主办，沙孟海书学院、区书法家协会承办，宁波书法教育家陈启元、南京艺术学院美术学院副院长李彤、西泠印社副总编吕凤棠、宁波大学教授孔伟英、市社科院（社科联）副院长（副主席）陈利权等参加活动。区委常委、宣传部部长沈剑波出席活动并讲话。陈启元等专家学者专题研讨如何以学书与家风推进社会主义核心价值观落细落小落实，集中探讨学书与家风的内在逻辑和时代价值、以学书与家风为载体践行文化自信，与会专家观点在《宁波日报》刊出。研讨会上，还举行《陈启元书法教育课徒稿》首发式，与会领导嘉宾向市书法实验学校、农村文化礼堂等9家单位赠书。

【鄞南片区建设“田园城市”课题研究】 2016年5月，区社科院完成鄞南片区建设“田园城市”课题研究。该研究于2014年启动，针对宁波市新一轮城市规划修编即将启动，轨道交通3号线和宁波至奉化城际轨道交会于姜山镇，为该区域带来发展的“规划红利”“交通红利”和“空间红利”，区社科院组织专家团队进行研究，提出“将姜山镇打造成鄞南田园城区”的建议，建议将姜山镇建设成为“一核两区三节点”的鄞南“田园城区”。

【宁波鄞州服装时尚产业发展研究】 2016年6—10月，区社科院组织专家团队根据鄞州区产业基础及发展现状，选取具有鄞州当地基因的传统优势纺织服装产业，研究纺织服装产业转型升级，提出用时尚新概念，整合与纺织服装相关联的产业与业态，建设“更具专业特质、更显行业优势、更易于国际行业对接”的中国（宁波）服装时尚产业园。

【新鄞州发展战略研究】 2016年9—12月，区社科院组织专家团队对新鄞州未来发展战略进行研究，提出谋划实施“首善鄞州”发展战略，按照“经济至善、社会完善、文化向善、生态友善、治理改善”五位一体的要求，全方位、高水平建设在全国具有较好美誉度的“首位型、品质型、引领型”现代化国际名城和东方文明城区。

（乌晨平）

沙孟海书学院工作

【概况】 2016年，沙孟海书学院举办沙孟海书学院学术研讨会、第二届“沙孟海杯”全国书法篆刻作品展活动等，其中第二届“沙孟海杯”全国书法篆刻作品展活动收到投稿作品6494件，选出入展作品200件。参加“沙孟海研究委员会2016年年会”、中国书画名家馆联会第21届年会“回望经典”名家馆精品联展、“学习习总书记在文艺座谈会上的讲话精神”宁波·杭州培训班，出版《沙孟海谈艺录》和《沙孟海研究》季刊4期，接待参观者3万余人次。中国书法家协会书法培训中心宁波教研基地在沙孟海书学院挂牌。

周尧昆虫博物馆整馆迁建工作进行方案设计。维护标本406号，补充标本190号122种，藏品建档423号。参与2016年度周尧昆虫分类学奖励基金评选和奖金发放工作。配合中国蝶类监测项目，整理记录宁波地区蝴蝶部分种类。参加中国昆虫学会蝴蝶分会的学术研讨会，考察神农架地区昆虫分类采集工作。接待参观人数3.30万人，其中青少年2.10万人。

【书法培训】 2016年3月19—23日，中国书法家协会书法培训中心宁波市教研基地在沙孟海书学院授牌，并开展书法培训班，全市各县（市、区）书法家协会的书法创作骨干、兰亭艺术学院学员、南艺毕业生等50人参加培训，中国书法家协会书法培训中心导师刘文华、李有来、孙文佳、张跃飞等进行讲学、临帖、点评等专业培训。7月15—29日，沙孟海书学院与区文联联合启动“蓝青工程”，邀请南京艺术学院教授李彤到沙孟海书学院开展书法培训和创作活动，区书法爱好者40人参加培训。10月29日，沙孟海书学院在李关弟中学举办教学基地语文教师粉笔字培训活动，重点讲解写好粉笔字对于提升教师的基本素养、整体提高全体学生的书写水平及推进各所学校书法特色教育的推动作用等内容，并对各教学基地语文教师粉笔字培训作出整体规划，制订培训方案，30余人参加培训。

【书法作品展】 2016年9月17日，“吾心光明”陈启元师生书法教育成果展在宁波博物馆举行。展出陈启元作品80幅，陈启元向宁波博物馆赠送书法作品2幅。市委常委、宣传部部长万亚伟，市人大常委会副主任翁鲁敏，副市长张明华，市政协副主席郁伟年等600余人参观。10月30日，“满堂印相”包根满师生篆刻艺术展在宁波文化馆117艺术中心举行，西泠印社理事、创作室主任余正，江苏省书法家协会副主席刘灿铭，影视人张铁林等出席开幕式。艺术展展出包根满及其21位学生的81件作品，有鄞州地名诗、钱湖十景、金峨十景等。11月26日，“澹墨清砚·丙申之韵——汪平书法展”在宁波画院展出，展出其书画作品100余幅。

【《沙孟海谈艺录》出版】 2016年10月，《沙孟海谈艺录》由上海书画出版社出版。该书是“名家馆谈艺录”系列从书之一，由沙孟海书学院编著，为沙孟海谈艺文论的编选，将沙孟海的书法篆刻艺术文献著作、诗文、课稿和书信重新编选汇总，分成书法和篆刻两大章节，书末附沙孟海年表。

（马霞维　张小枝）

档　案

【概况】 2016年，区档案局专项指导甬金高速鄞州连接线古林至高桥公路等5个省、市级重点工程项目档案及茅山卫生院等4个区级重点工程项目档案，登记备份重点工程档案26个。指导农村文化礼堂档案的收集、整理和归档移交，全区108个村文化礼堂电子素材档案进馆。收集走马塘村等13个被列入中国传统村落名录、省级历史文化村落的电子资料，建立千村档案专题数据库。为6653人次提供利用服务，查阅档案10210卷次，复印31374页，远程查阅婚姻档案192例，为农村股份制改革、独生子女奖励扶持、群众购房等提供户口、招工、婚姻等原始凭证，为区级机关各单位编写党史三卷专题提供档案查询。制订档案分流处置工作方案，部署行政区划调整单位档案资料收集、整理和移交工作。

馆藏档案管理系统升级项目、电子文件中心升级项目等建成，“智慧档案”项目通过区智慧办专家组验收。建立全区出生医学证明档案专题数据库，接收、导入区妇幼保健所等13家单位出生医学证明档案93513件，实现2013年以前全区出生医学证明档案集中统一管理和一站式查阅。创建示范数字档案室3家、规范化数字档案室19家、数字档案室20家。推广运用区行政村（社区）档案管理平台，优化平台统计、年检、原件预览等功能，平台上有各类档案数据约42万条。接收区规划分局、农林局等8家重要涉民单位的专业档案数据605千兆。

出版发行《文翰书香走马塘》。拍摄460个行政村（社区），留存照片近3000张。开展“鄞州记忆”影像档案和地域文化项目抢救性拍摄工作，拍摄区内第三批9个历史文化名村，整理归档摄影作品1000余张。举办“小学生档案文化之旅”活动，邀请华泰小学50余名学生参观档案馆。向全区征集“最美兰台人”先进事迹，在《鄞州日报》刊发《优秀档案工作者人物》专版，报道获省档案局局长刘芸批示肯定。

开展区内机构、工作职能有较大调整单位的归档范围和保管期限的修订、审批工作，指导区慈善总会等单位确定归档范围。审核国有企业档案归档范围和保管期限，审批宁波市鄞州区国有资产经营发展有限公司等单位5家。联合区人大常委会教科文卫工委、保密局，检查塘溪镇等6家单位档案安全体系建设工作。开展培训活动20期，1127人次基层档案员参加交流。

【农村文化礼堂档案管理】 2016年7月8日，区委宣传部、区档案局联合出台《关于加强农村文化礼堂档案管理工作的通知》，制定农村文化礼堂档案归档范围，明确归档时限和归档责任单位，要求农村文化礼堂档案纳入村综合档案室统一规范管理，部分重要档案资料移交至区档案馆。8月3日，在下应街道湾底村文化礼堂开展农村文化礼堂档案整理专题培训，以下应街道湾底村为样板，培训160余个已建、在建文化礼堂村的档案员和各镇乡（街道）宣传干事。12月，辖区内19个镇乡（街道）108个村的文化礼堂陈列展览版面的电子素材资源均移交区档案馆集中管理，并将全部电子数据刻盘报送省档案局，数据总量60.33千兆。

【陈子元档案征集】 2016年3月，中国科学院院士、浙江农业大学原校长陈子元到姜山镇走马塘村访祖。区档案局工作人员赠送编研精品《鄞州家训家风故事》和用鄞州方言解说的鄞州宣传片《堇地协奏蝶变鄞州》，并征集到陈子元及其家族成员的个人档案资料。陈子元赞扬《鄞州家训家风故事》，题写"文翰书香走马塘"赠送给区档案局，并将其10余件个人珍贵资料交由区档案馆永久珍藏。

【《文翰书香走马塘》出版】 2016年10月，《文翰书香走马塘》由中国文史出版社出版发行。该书由区档案馆编撰，中国科学院院士、浙江农业大学原校长陈子元题写书名并作序，全书21万字。总论部分探究走马塘陈氏科第传世、名人辈出的根本原因和内在规律；"进士村进士风"记述常科进士76人和特科进士及第者14人的事略事迹；第三部分重在收集走马塘陈氏后裔中以陈露芗、陈愈枋、陈子元、陈效中、陈鹤鸣、陈烨等为代表的高级知识分子等52位近现代名人求学、工作历程。该书被省档案局列入省百项档案编研精品，并获得省优秀档案编研成果二等奖。

【"国际档案日"活动】 2016年，区档案局以"档案与民生"为主题开展"国际档案日"活动。其间，征集"最美兰台人"先进事迹，在《鄞州日报》刊登鄞州"最美兰台人"先进事迹；联合区档案学会，举办第二届"美丽鄞州·档案记忆"摄影比赛，评选出优秀摄影作品44幅，在鄞州图库平台集中展示，并推荐参加"美丽宁波·档案记忆"摄影比赛；与区民政局联合开展"见证幸福·记录成长——6·9国际档案日特别活动"，向区内6月9日登记结婚的新人免费赠送家庭档案纪念册30册；举行"走进档案馆"活动，邀请区内历史文化爱好者、机关干部、中小学生、社会公众等社会各界人士近百人到档案馆，体验查阅服务，参观档案展厅；开展"依法治档"宣传活动5次，发放资料近百份；以"档案与民生""档案安全体系建设"为主题，组织机关干部、档案工作者、普通群众参加主题征文和档案论文征集活动，征集到稿件30余篇，并将优秀作品推荐到省、市档案局。

（李　荔）

2016年6月9日，区档案局工作人员为新婚夫妻赠送家庭档案纪念册

史　志

【概况】 2016年，鄞州区委党史办公室（简称"区委党史办"）启动《中国共产党鄞州历史》第三卷（1978—2002）（简称"党史三卷"）编纂工作，以党史专题编写为重点，向全区77个机关、企事业单位布置专题209个，编撰形成专题集（一）初稿；启动编辑《中共鄞州区委大事记（2007—2011）》等地方党史文献丛书。

《宁波市鄞州区志（1978—2008）》通过复审和终审，正式出版并举行首发式。整理古籍旧志，影印出版《乾隆鄞县志》，举行区方志典籍整理出版座谈会暨《乾隆鄞县志》《同治鄞县志》影印再版首发式。修改完善《宁波市志·县市区卷·鄞州卷》。《鄞州年鉴（2016）》出版。

纪念中国共产党成立95周年，在《鄞州日报》推出史志专版及若干专题。联合区委组织部、区直机关党工委，举办全区纪念建党95周年党史知识竞赛。全区有市级以上党史教育基地5家，沙氏故居获评浙江省第三批党史教育基地。

【《宁波市鄞州区志（1978—2008）》首发】 2016年12月28日，《宁波市鄞州区志（1978—2008）》首发式举行。省地方志办公室主任潘捷军、区长陈国军、市地方志办公室副主任傅晓、区志编辑部全体人员、各收藏单位代表50余人参加，仪式由副区长卜明长主持。省、市方志界领导、专家对该志予以肯定。首发式上向省、市、区图书馆及天一阁博物馆、宁波大学地方志研究中心、区档案局等单位赠书。《宁波市鄞州区志（1978—2008）》由区地方志编纂委员会编、浙江古籍出版社出版，分4册，记述1978—2008年鄞州自然、经济、政治、文化、社会诸方面改革开放和现代化建设的发展和变化。全书500万

2016年12月，《宁波市鄞州区志（1978—2008）》出版

字，设44编、200章、711节、6篇专记，另设人物传略、大事记、索引和后记。

【区方志典籍整理出版座谈会暨《乾隆鄞县志》《同治鄞县志》影印再版首发式】 2016年3月29日，区方志典籍整理出版座谈会暨《乾隆鄞县志》《同治鄞县志》影印再版首发式举行。浙江古籍出版社总编辑寿勤泽、省地方志办公室市县处处长周祝伟、市地方志办公室副主任傅晓、区人大常委会副主任崔伟高和区政协副主席鲁定国等40余人出席会议。会上，省、市、区领导和专家肯定编写《乾隆鄞县志》《同治鄞县志》工作中所取得的成绩，并从鄞州区方志典籍文献保存、整理、出版及文化传播和地方文献梳理的关系等方面，探讨在新时代背景下如何高质量地做好地方典籍整理工作，为鄞州“文化强区”建设作出贡献。《乾隆鄞县志》始修于1785年，1787年成书，计8册，主纂者钱大昕，以内容翔实、考据精审、注重地理变迁而著称；《同治鄞县志》又称《光绪鄞县志》，始修于1868年，1877年成书，由张恕、徐时栋主修主纂，徐时栋病逝后，由董沛完成，以钱大昕《乾隆鄞县志》为蓝本，补疏辨误，考证精详，是清代晚期方志中的上乘之作。

【《鄞州年鉴（2016）》出版发行】 2016年12月，《鄞州年鉴（2016）》由方志出版社出版发行。该册年鉴设置37个类目、230个分目、1200余个条目，运用表格90个、照片430张、示意图20幅，全书约85万字。该书在彩页中采用鄞州区“十二五”时期主要数据和年度特色性大事照片，辅以“中国博物馆文化之乡”“鄞州区非物质文化遗产”图片专辑2个；在正文中设置“五水共治”“三改一拆”“文化礼堂”“森林鄞州建设”“鄞州制造”“动漫产业”等图片专辑9个。优化装帧和版式设计，除页眉处放置彰显鄞州特色元素图标外，每个类目前增设鄞州景观图辑封，计37个。

【纪念孙中山150周年诞辰活动】 2016年8月20日，纪念孙中山150周年诞辰暨视察宁波100周年座谈会在西山阁宾馆召开。会议由省社会科学院“专门史”重点学科团队发起，省历史学会、市地方志办公室、区政府地方志办公室共同举办，省社会科学院副院长陈野，历史研究所研究员张学继，市地方志办公室副主任傅晓，中国孙中山研究会副会长兼秘书长、《浙江社会科学》杂志社社长、主编俞伯灵等40余人出席会议。会上，专家学者围绕孙中山文化相关问题进行讨论，从孙中山与“宁波帮”、革命前孙中山的宁波印象、孙中山莅甬线路详考等角度进行阐述。与会专家重走江北岸火车站旧址、老外滩、宁属县立女子师范学校旧址、孙中山演说处旧址等地。

【《近代鄞县见闻录》出版】 2016年10月，《近代鄞县见闻录》由中国文史出版社出版。该书由区政府地方志办公室编，分上、下册，计95万字。全书以时间为序排列，分综合篇、政治篇、经济篇、文化篇、社会篇、人物篇6个部分，主要辑录晚清后《时事公报》《四明日报》《宁波民国日报》《上海宁波日报》《申报》等报刊有关鄞地及旅外鄞人的报道与记载。

【《河西村志》出版】 2016年12月，《河西村志》由宁波出版社出版。该志由《河西村志》编纂委员会编，全书约10万字，以志为主体，述、记、图、录、表、照并存，设概况、农业、工商金融业、村政建设、惠民工程、村级组织、文教卫生、人民生活、氏族信仰、民俗传说、饮食文化、民谚歌谣、荣誉录、文献、人物传15章68节。

（陈莹磊）

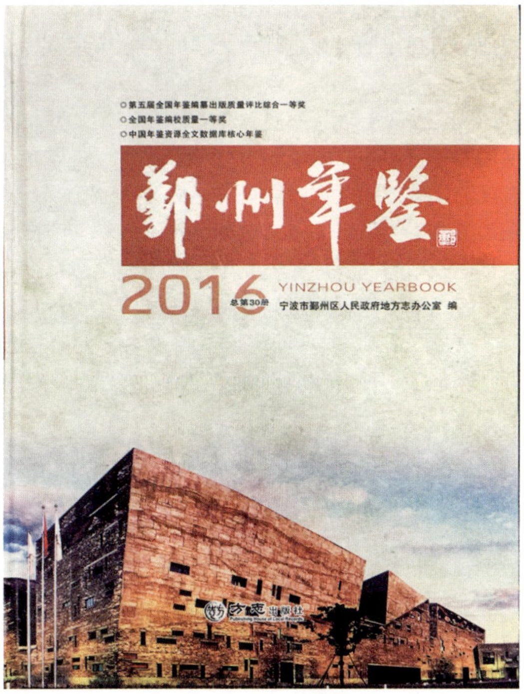

2016年12月，《鄞州年鉴（2016）》出版

广播电视

【概况】2016年，区广播电视台播出主题报道300余篇、“六创联动”类稿件130条、补短板类稿件70余条、“中国制造2025”工业类系列报道30余篇。推出“开局十三五”、“补短板、强优势”全面推进“六创联动”、努力践行“两学一做”、“全面对接中国制造2025”等重大主题宣传以及行政区划调整、文化礼堂、重点工程推进、道德模范、家风建设和“新鄞州、新机遇”“义乡鄞州”“五水共治”“三改一拆”等主题报道。其中，“补短板、强优势”访谈特别节目采访24位相关部门“一把手”，制作节目6期，累计12万用户收看。制作下应街道湾底村申报“全国先进基层党组织”汇报片和区首届道德模范颁奖礼候选人事迹VCR，摄制“G20杭州峰会”安保演练宣传片。广播FM105.2收听率在宁波落地22个（包括市级5个，省级、国家级4个）广播频率中，由原来的第17位上升至前7位。

打通电视采、编、播高清化各环节（包括高清节目摄像、高清虚拟演播室摄制、高清非编制作、高清媒资存储、高标清同播播出、高清传输），9月29日起实现全频道、全高清化播出，成为宁波市各县（市、区）首家实现全高清频道节目播出的县级电视台。

【广播电视精品节目栏目】2016年，广播对农栏目《阿平阿慧说农村》获2016年度浙江省广播电视政府奖二等奖，音乐类节目《一朵云》获2016年度浙江省广播电视节目技术质量“金鼎奖”二等奖。在“2016年度宁波市广播电视政府奖评选”活动中，新闻访谈节目《讲好党课也是一种担当》获广播电视新闻奖三等奖，广播服务类节目《共享单车的诗与远方》获纪录片·服务类节目二等奖，电视服务类节目《多彩澳门》获三等奖，广播音乐节目《红莲赞》获广播电视文艺奖二等奖，戏曲·曲艺节目《一声婉转听莺簧——张康夫和他的口技人生》获三等奖，电视音乐节目《用音乐留住乡愁——鄞州音乐人汪平的乡土情怀》获三等奖，广播公益广告《世界再大——回家篇》获广播电视广告奖二等奖，商业广告《金地艺境》获三等奖，电视公益广告《“Differentisbetter”系列》、商业广告《爷茶》获二等奖，电视公益广告《法律援助就在你身边》《不做低头族》获三等奖。

【广播电视台“台网分离”改革】2016年，区广播电视台按照区委、区政府、区网络整合领导小组部署，完成“台网分离”改革。11月，区广播电视台所属的宁波市鄞州广电网络有限公司注册变更为宁波市鄞州华数广电网络有限公司；分流涉网人员319人，2名在编人员被派遣至宁波华数广电网络有限公司工作，250名编外人员分流至宁波市鄞州华数广电网络有限公司，25名编外人员解除合同。推进过程中未发生一起信访、网上负面发帖。

（王杨乐）

鄞州日报

【概况】2016年，鄞州日报社改革办报机制，实施“每日谈版会”制度。调整出版流程，做强当地新闻，获评浙江省县市区域报最佳媒体奖中的“媒体影响力奖”。“七一”期间，推出7个版面，重点报道鄞州党史、全区“两学一做”活动开展情况及涌现出来的先进典型。派记者到北京采访湾底村党委获评全国先进基层党组织情况，推出“连线北京”连续报道。

推出“新鄞州新机遇新优势”系列报道、“新鄞州新地标”系列版面重要策划，系列报道获区委主要领导肯定。推出《一季度经济述评系列报道》《半年度经济述评系列报道》《精英人才风采录》《创青故事会》《鄞企技术创新团队系列报道》等专栏。其中，《弘扬工匠精神打磨鄞州制造》栏目报道采用“通讯+照片”形式；《精英人才风采录》《创青故事会》重点突出“创业创新”主题。全区半年度经济述评后，推出上半年经济述评系列报道，重点突出GDP增长提速、固定资产投资挑起重担、结构优化、出口逆境抗压、高新技术释放活力、财政收入平稳增长6个方面报道。配合区委《向先锋看齐》事迹报告会，重点报道获得全国先进基层党组织称号的下应街道湾底村党委和获得浙江省优秀基层党务工作者称号的博威集团有限公司党委副书记董国福、龙观乡龙谷村党支部书记许功茂、鄞州公安分局钟公庙派出所民警陈怡等典型。

鄞州新闻网运营“鄞州发布”微信公众号，关注人数75000余人。地方新闻部微信公众号“乡恋”关注人数4万人，“鄞州日报报业”关注量25000个，“鄞报小记者”微信平台关注量6500个。承接11个镇乡（街道）和局口的政府公众微信号服务业务。《鄞州日报》全年征订4.18万份，并投递到江东片区。

【重大主题报道】2016年，鄞州日报社推出《实施“五水共治”建设美丽鄞州》《“三改一拆”在行动》《推进“两学一做”建设名城强区》《贯彻全会精神，推进六创联动》《补短板强优势，推进六创联动》《安居宜居美居专项行动》《“义乡鄞州”家风建设年》《“最洁美村庄”评选》《关注镇乡（街道）2015年实事新事》《“四法四拳”打出二次转型新天地》《改革攻坚鄞实践》等栏目，有5篇稿件获市委常委、区委书记胡军批示。《区域调整“融通融合”系列组合报道》获2016年度宁波新闻奖重大主题报道策划创新奖，《“四法四拳”打出二次转型新天地系列报道》和《“义乡鄞州”家风建设年系列报道》分别获2016年度宁波新闻奖重大主题报道优秀作品二、三等奖。

【《今日关注》专栏设立】2016年5月6日起，《鄞州日报》开设《今日关注》专栏，每周三期推出整版。《今日关注》聚焦鄞州政治、经济、社会、民生等方面热点，采用图表、照片等形式呈现，全年刊发整版79个，其中《让村民拥有更多获得感——湾底村风雨三十载党旗引领强村富民路的经验与启示》《解读鄞州经济半年报》《鄞州23个重大项目昨集中开工/160亿元投向哪，怎么投？》《新常态下鄞州服装业如何再出发？》《鄞州电子商务何以跃上全省产业高地？》《G20背后的鄞州元素》《揭秘宁波廉价航空市场》《投资项目“快速审批”如何提速？》《服装销售何去何从》《当你老了，该如何养老——关注鄞州居家养老新模式》等稿件报道宽度和深度提升明显。

【《鄞州乡恋》《城市记忆》专版设立】 2016年5月29日起，《鄞州日报》开设《鄞州乡恋》专版，推出“我们的乡愁”系列报道，记者实地走访鄞州区古村落，全景式反映古村风貌，刊发《童夏家村：宁波的香格里拉》等稿件35篇，宣传乡愁文化、环境保护和普及法律知识。根据区划调整，于12月5日推出《城市记忆》专版，重点推介城市社区的文化传承，刊发《潜龙：旧小区里的新记忆》稿件1篇。

【区首届“最洁美村庄”评选】 2016年8月10日至10月19日，鄞州日报社首次尝试报网融合，联合区委宣传部和区文明办开展鄞州区首届“最洁美村庄”评选活动，收到300余份涉及50余个村庄推荐材料。10月12日，在《鄞州日报》刊登相关村庄详细信息，“乡恋”微信平台以“为你心目中的‘最洁美村庄’投上一票，顺带把大奖抱回家咯！”为题，发起为候选村庄投票活动，该条微信阅读量约10万人次。东吴镇勤勇村、咸祥镇南头村、姜山镇走马塘村、东吴镇小白村、古林镇前虞村、姜山镇陆家堰村、集士港镇岳童村、塘溪镇童夏家村、高桥镇民乐村、龙观乡山下村获评鄞州区首批“最洁美村庄”。

【鄞州日报社全媒体新闻采编系统启用】 2016年11月20日，宁波日报报业集团融媒体系统建成暨鄞州日报社全媒体新闻采编系统上线仪式举行，鄞州日报社全媒体新闻采编系统启用。该系统改变以往的采编模式，为新闻采编提供技术工作平台，实现平面媒体、网络媒体、移动媒体、户外媒体、社交媒体等24小时不间断发布新闻。12月，开通“两微一端”功能和移动采编功能，“鄞州新闻”APP具备上线条件。

表17 2016年鄞州日报社获奖作品一览

作品标题	作者	编辑	刊发时间、版面	获奖情况
鄞州在校职高生成为控股股东出作任“北径科技”技术总监（消息文字A系列）	应于波	刘立中 陈勇	10月14日第1版	宁波市新闻奖三等奖
答应过村民的事一定要做到——记龙观乡龙谷村党支部书记许功茂（通讯文字B系列）	吴海霞	刘立中 葛吉华	6月29日第1版	宁波市新闻奖三等奖 全国县市区域报新闻奖二等奖
《鄞州日报》2016年8月10日第2版（版面）		柴尔峰 陈勇	8月10日第2版	宁波新闻奖一等奖 全国县市区域报新闻奖二等奖
《鄞州日报》2016年9月13日第5版（版面）		沈杨雁 陈勇	9月13日第5版	宁波新闻奖三等奖
一对环卫夫妻的6年坚守（摄影）	史久阳	余峰	10月24日第3版	宁波新闻奖二等奖 全国县市区域报新闻奖三等奖
20对金婚伉俪秀（摄影）	史久阳	余峰	5月16日第1版	宁波新闻奖三等奖 浙江省县市区域报新闻奖二等奖 全国县市区域报新闻奖三等奖
一个古村落的去与留（副刊）	吴海霞	徐琼辉 祝永良	6月13日第2版	宁波新闻奖二等奖 浙江省县市区域报新闻奖三等奖 全国县市区域报新闻奖二等奖
鄞地之书，闪耀历史与未来——乾隆同治《鄞县志》再版背后故事（副刊）	吴海霞	包丹虹 祝永良	4月1日第4版	宁波新闻奖三等奖 全国县市区域报新闻奖三等奖
新时期环保新闻创作要点探究	蔡亚辉	陈娇利	《中国报业》2016年5月	宁波新闻奖二等奖 浙江省县市区域报新闻奖三等奖 全国县市区域报新闻奖二等奖
鄞企首创无人驾驶联合收割机（消息）	张文胜	徐琼辉 罗涟浩	12月9日第1版	浙江省县市区域报新闻奖一等奖 全国县市区域报新闻奖一等奖 宁波新闻奖（县市报作品）一等奖
鄞州小微企业全国首享政策性“巨灾险”（消息）	俞珠飞 张文胜	余峰 罗涟浩	4月11日第1版	浙江省县市区域报新闻奖二等奖 全国县市区域报新闻奖二等奖
鄞州教育综合改革释放红利 3名普高生就有1名上一本（消息）	应于波	邵永松 罗涟浩	6月24日第1版	浙江省县市区域报新闻奖三等奖 全国县市区域报新闻奖三等奖 宁波新闻奖（县市报作品）三等奖
1=6000=8亿（通讯）	俞珠飞 贵琛琛	邵永松 葛吉华	4月12日第1版	浙江省县市区域报新闻奖一等奖 全国县市区域报新闻奖一等奖 宁波新闻奖（县市报作品）二等奖
“义乡鄞州”家风建设年系列报道（系列报道）	吴海霞	孙永达 徐琼辉 余峰 宋健益	8月4—9日第1版	浙江省县市区域报新闻奖二等奖 全国县市区域报新闻奖三等奖 宁波新闻奖重大主题报道奖优秀作品奖三等奖

续表17

作品标题	作 者	编 辑	刊发时间、版面	获奖情况
一堂好课是怎样炼成的（重大主题报道）	汪 敏 胡 鸽	包丹虹 葛吉华	6月1日第2版	浙江省县市区域报新闻奖三等奖
区划调整"融通融合"组合报道（热点引导）	集 体	集 体		浙江省县市区域报新闻奖三等奖 宁波新闻奖重大主题报道策划创新奖
"四法四拳"打出二次转型新天地系列报道	俞珠飞 费琛琛 蔡亚辉 朱 东 汪 敏 张文胜	余 峰 刘立中 邵永松 徐琼辉 马文丰	8月1—20日第1版	宁波新闻奖重大主题报道奖优秀作品奖二等奖 全国县市区域报新闻奖二等奖
寒潮版面	余 峰 陈 勇	余 峰 陈 勇	2月2日第1版	浙江省县市区域报新闻奖三等奖
九旬夫妻病床上牵手永别（摄影）	蔡梦珠 王艳芳	柴尔峰 葛吉华	12月28日第4版	浙江省县市区域报新闻奖一等奖 全国县市区域报新闻奖一等奖
美国裁定日企两件核心专利无效 "同创强磁"领衔成功反击专利权滥用（消息）	任斌斌	邵永松 陈 勇	3月9日第1版	全国县市区域报新闻奖三等奖
一名村干部的三次治水抉择（通讯）	俞珠飞 汪 敏	余 峰 罗涟浩	2月22日第1版	全国县市区域报新闻奖三等奖
为22名贫困留守儿童寻"代理家长"（连续报道）	应于波	柴尔峰 宋健益	6月1日、6月18日、7月7日第2、4版	全国县市区域报新闻奖三等奖
个体"委屈奖"撑不起行业满意度（评论）	卢文华	刘立中 祝永良	1月12日第7版	全国县市区域报新闻奖二等奖
"五水共治"3年治出了什么（系列报道）	俞珠飞 汪 敏	刘立中 马文丰 徐琼辉	12月5日、6日、7日、9日第1版	宁波新闻奖（县市报作品）三等奖
宁波一渔民大海深处遭遇险情，惊心动魄15小时！一场200海里的救援如何展开（微信公众号、新闻客户端）	林幼娟		11月1日微信公众号"乡恋"	全国县市区域报新闻奖三等奖
我们的乡愁•走进古村落（专栏）	集 体	周 筠		全国县市区域报新闻奖一等奖
《鄞州日报》10月17日第8版（版面）	余 峰 陈 勇	余 峰 陈 勇	10月17日第8版	全国县市区域报新闻奖三等奖

（戴亚红）

新 闻

【概况】 2016年，区委宣传部组织区级新闻媒体策划推出"学习贯彻六中全会精神""治国理政新实践""推进'两学一做'建设名城强区""补短板强优势，推进六创联动""工匠精神在鄞州""五水共治""三改一拆""新鄞州新机遇新优势""喜迎党代会五年看变化""安居宜居美居专项行动""推进小城镇综合整治""义乡鄞州"等重大主题报道，在中央媒体刊发稿件20篇、《浙江日报》刊发重点稿25篇、《宁波日报》头版刊发重点稿40余篇。其中，新华社刊发《浙江宁波鄞州打造梁祝爱情特色小镇》，《光明日报》报眼位置刊发《党旗引领致富路——浙江宁波湾底村坚持发展集体经济》。在鄞州广播电视台推出《补短板、强优势"一把手"访谈》特别节目，邀请相关职能部门、镇乡（街道）和村企事业单位24位"一把手"到演播室接受访谈。区级层面召开新闻发布会3场，部门层面召开新闻发布会5场。举办全区新闻发言人素养提升班，组织全区新闻发言人及助理到浙江大学进行脱产培训。协调应对《第一聚焦》《今日聚焦》等栏目涉鄞州区内容，全年处理突发事件和曝光新闻20起。举办第7期"金蝶"新闻论坛，评选第六届"金蝶"优秀新闻作品10件。

【区第六届"金蝶"优秀新闻作品评选】 2016年11月8日，由区委宣传部和区新闻工作者协会主办的鄞州区第六届"金蝶"优秀新闻作品奖评选结果公布，鄞州日报社和区广播电视台各5件作品入选。其中，鄞州日报社获奖的5件作品分别为系列报道《"四法四拳"打出二次转型新天地》、消息《鄞州小微企业全国首享政策性"巨灾险"》、通讯《答应过村民的事一定要做到——记龙观乡龙谷村党支部书记许功茂》、通讯《1=6000=8亿——中基惠通创新外贸服务三级跳》、深度报道《一堂好党课是怎样炼成的》；区广播电视台获奖的5件作品分别为新闻访谈《补短板、强优势"一把手"访谈》、专题《信念的力量》、消息《鄞州慢病管理成效显著》、系列报道《全面对接中国制造2025》、专题《一个凝聚红色力量的声音——国福频道》。

（于玲玲）

卫生和计划生育

鄞州人民医院

概　述

医疗卫生管理

公共卫生

人口和计划生育

红十字会工作

鄞州年鉴

2017 YINZHOU YEARBOOK

概　述

【概况】 2016年，鄞州区初步形成基层首诊、双向转诊、急慢分治、上下联动的分级诊疗模式，实现基层医疗机构转诊大医院住院726条。其中，同意住院601条，同意率82.80%；预约检查1789条，检查1137条，检查率63.50%；通过平台诊间预约984条；出院随访推送1916条，随访1709条，随访率89.20%。累计组建家庭医生签约团队278个，参与签约卫技人员1122人，累计签约8.30万人，占户籍人口总数的10.42%，其中重点人群签约70428人，占重点人群总数的24.20%。

鄞州人民医院重症医学被列为第五批浙江省县级龙头学科，评选10名基层名医和6个基层特色专科。鄞州区第二医院二期综合大楼投入使用，石碶街道社区卫生服务中心迁建工程完成装修工程的95%，茅山卫生院扩建工程竣工验收，咸祥中心卫生院、横街卫生院迁建前期准备工作启动。在全市率先实现基层医疗机构实施门诊电子病历全覆盖，基层医疗机构门诊电子病历书写2340936份，书写率66.25%。门诊电子病历点评软件上线应用。拟定居民电子健康档案红黄绿等管理、档案二级点评和管理计划，全区24家社区卫生服务中心全部安装管理软件，实施分类管理和点评制度。

完善免疫规划信息一体化平台功能，推广应用电子监管码系统和手机APP软件。启动首届“万步有约”职业人群健走激励大奖赛，推广、培训《中国公民健康素养——基本知识与技能（2015年版）》。开展打击非法行医活动，查处非法行医60起，回头巡查213户次，上报“打非”黑名单31人。监管民营医疗机构，对64家医疗机构不良执业行为进行记分，立案16起，处罚40800元。星级孕产妇、儿童保健门诊评估验收完成，实现基层医疗卫生单位星级妇儿保门诊全覆盖。

【公立医院改革】 2016年5月，鄞州区出台《鄞州区区级公立医疗机构综合目标考核细则》，实施院长目标管理考核制度和绩效年薪制。成立鄞州区第二医院医联体和浙江大学明州医院医联体，全区24家基层医疗机构全部成为医联体成员单位。通过国家人口健康信息互联互通标准化成熟度测评，获“国家医疗健康信息互联互通标准化成熟度等级四级甲等（区县级）”称号。在鄞州人民医院、鄞州区第二医院及章水、杖锡、龙观、横街、塘溪、瞻岐、东吴7个镇卫生院部署宁波市云诊室，开展远程医疗服务。引入鄞州银行，开展“银医通”项目，在姜山试点投放自助机，并推进第三方支付。

【国家卫生和计划生育委员会调研督查组调研鄞州医改工作】 2016年5月26日，国家卫生和计划生育委员会党组成员李五四率领调研督查组一行7人到鄞州区调研深化医改工作，区委副书记、区长陈国军，副区长夏素贞陪同调研。督查组在鄞州人民医院分级诊疗服务中心观看双向转诊过程，了解全科签约健康档案电子文档的建立情况，考察鄞州区影像诊断中心，了解对乡镇卫生院进行远程影像诊断和教学情况，观看疑难病例库资料调取情况，听取鄞州区10年来的医改历程、亮点特色和鄞州人民医院等5家医院的相关建议，肯定鄞州区在医改过程中坚持改革与发展互动的路径，并提出要求。

【谢立平教授工作室在鄞州区第二医院成立】 2016年4月17日，宁波市泌尿肾病医院与吴阶平泌尿外科中心共同举办“第二届吴阶平泌尿外科浙东中心新技术论坛暨前列腺疾病治疗新进展研讨班”，开幕式上举行谢立平教授工作室揭牌仪式。谢立平是浙江大学医学院附属第一医院泌尿外科主任、吴阶平泌尿外科浙东中心首席医学专家，任中华医学会泌尿外科学分会副主任委员、浙江省医学会泌尿外科学分会主任委员和国际泌尿外科学会理事，其独创的“经尿道等离子纽扣式电切前列腺汽化剜切术”在国际上得到推广和应用。

【省眼科学学术年会在鄞州召开】 2016年5月20—22日，2016年浙江省眼科学学术年会在鄞州召开。会议由省医学会眼科学分会主办，温州医科大学附属眼视光医院、鄞州人民医院、市眼科医院协办，特邀黎晓新、翁林仲（台湾）、杨培增、毕宏生、刘奕志、刘祖国、许迅、何伟、陈有信、赵堪兴、袁援生、吕帆、史伟云等60余位国内外高层次专家作专题讲座，1000余名眼科专家参会。开幕式由省眼科学分会候任主委姚玉峰主持，省医学会副会长兼秘书长骆华伟、中华医学会眼科学分会候任主任委员姚克和省眼科学分会主任委员瞿佳分别致辞讲话。大会为14位获浙江省眼科工作突出贡献奖的眼

2016年4月17日，谢立平教授工作室落户鄞州区第二医院

科专家颁奖，其中鄞州人民医院院长陆勤康获奖。大会设置专家讲座、海西论坛、白内障超声乳化手术新进展、青年眼底病论坛、眼表疾病诊疗新进展、双眼视觉异常诊疗规范和进展、复合性眼外伤综合治疗及视神经挫伤治疗新进展、疑难案例讨论演示、省眼科学会青年委员会学术会议专场、3D屈光白内障手术示范及老视晶体论坛及白内障、眼底病、眼眶眼整形和眼鼻相关、屈光手术、角膜病、眼视光、眼外伤、斜弱视等专题讲座。

【鄞州区第二医院二期综合大楼投入使用】 2016年12月21日，鄞州区第二医院二期综合大楼投入使用。该工程是鄞州区“十二五”规划“十件民生实事”之一，是宁波市重点工程、中央资金重点扶持项目，由区政府全额投资建设。大楼总投资9.50亿元，建筑面积近10万平方米，一幢主楼24层、裙楼7层，集住院、急救创伤、医技、后勤保障等功能为一体，打造急救医学中心、脊柱外科中心、心脏病中心、胃肠病中心、甲乳中心、肝胆胰脾微创外科中心等区域诊疗中心。

【鄞州区第二医院通过美国医疗卫生信息与管理系统协会电子病历应用成熟度模型六级评审】 2016年11月21日，鄞州区第二医院通过美国医疗卫生信息与管理系统协会电子病历应用成熟度模型六级评审。评审组成员包括HIMSS Analytics医疗事业部全球副总裁John Daniels和北京大学人民医院信息中心主任刘帆。其间，评审组通过听取汇报、查看资料、调查访谈等，评估医院系统建设和应用情况，实地走访住院收费处、十三病区、静脉配置中心、药房、审方中心等科室及部门，确认鄞州区第二医院信息化建设达到HIMSSEMRAM六级要求。HIMSS副总裁兼大中华区执行总裁刘继兰祝贺医院通过HIMSSEMRAM六级评审，John Daniels肯定鄞州区第二医院信息化建设。鄞州区第二医院于2015年开启信息化建设，完成多项市、区卫生和计划生育局的互联互通及评审改造，双方完成全药品闭环流程开发与改造、高级临床决策支持改造、PIVAS系统开发与切换、移动护理等六级评审相关功能改造。

【鄞州人民医院主办“宁波市首届国际胃癌青年论坛”】 2016年7月30日，由鄞州人民医院主办的“宁波市首届国际胃癌青年论坛”在宁波威斯汀大酒店举行，100余名国内外胃癌领域专家、学者参加论坛。鄞州人民医院院长陆勤康担任大会主席，省抗癌协会胃癌外科学组委员兼秘书、鄞州人民医院甲乳、胃肠腔镜外科主任邬颖杰主持论坛。区卫生计生局副局长、教授朱宇，鄞州人民医院院长陆勤康分别在论坛开幕式上致辞。日本大阪红十字医院胃肠外科主任、医学博士金谷诚一郎，浙江省中医院副院长、肿瘤外科学主任医师程向东，温州医科大学附属第二医院副院长、主任医师沈贤，厦门大学附属第一医院胃肠外科主任、主任医师尤俊等10余名专家、学者，围绕全球治疗胃癌的热点问题交流国内外在胃癌诊治和研究上的最新进展。7月31日，与会人员在鄞州人民医院住院部二楼会议室观看腹腔镜胃癌手术演示。

（周银环）

医疗卫生管理

【概况】 2016年，全区（含东钱湖、高新区）有各级各类医疗卫生机构579家，其中综合医院9家（鄞州区公立4家、民营2家，属高新区公立2家，属东钱湖公立1家）、中医综合医院1家（民营）、中西医结合医院1家、专科医院6家、临床检验机构2家（鄞州区和高新区各1家）、中心卫生院5家、乡镇卫生院11家、社区卫生服务中心7家（鄞州区6家、属高新区1家）、社区卫生服务站85家（鄞州区67家、属高新区5家、属东钱湖13家）、村卫生室286家（鄞州区278家、属高新区2家、属东钱湖6家）、门诊部29家（鄞州区24家、属高新区4家、属东钱湖1家）、诊所90家（鄞州区民营80家、集体1家，属高新区民营7家，属东钱湖民营2家）、卫生所5家（鄞州区民营4家）、医务室37家（鄞州区25家、属高新区9家、属东钱湖3家）。鄞州区（不含东钱湖、高新区）实有床位3743张，卫技人员7602人，其中执业医师（含助理）3083人、注册护士2846人；每千人口拥有床位3.01张、卫技人员6.11人、执业医师（含助理）2.48人、注册护士2.29人。医疗卫生机构业务总收入（不包括东钱湖、高新区及浙江大学明州医院外的其他民营医疗机构、诊所、医务室、村卫生室，下同）42.62亿元，门诊1257万人次，比上年下降6.96%；总住院床日116.92万天，下降6.98%；平均住院床日9.05天，下降2.06%。居民期望寿命81.62岁，其中男性79.97岁、女性83.32岁。死因前三位依次为恶性肿瘤、脑血管病、呼吸系统疾病，分别占死亡总数的33.30%、19.36%和16.02%。

招聘卫技人员6批次，全系统录用200人，包含临床医学等16个专业。鄞州人民医院和鄞州区第二医院的县级龙头学科完成省卫生和计划生育委员会验收，鄞州区第一批4个医学重点（扶植）学科通过考核、评估和验收，确定第二批区级医学重点（扶植）学科。全区有省区域专病中心1个、省市共建医学重点学科1个、市医学重点（扶持）学科5个、省县级医学龙头学科5个、非公立医疗机构临床特色学科3个、区医学重点（扶持）学科8个。科研立项36项，18个科研项目通过验收。

鄞州人民医院五乡康复综合病区累计收治患者371人，年内出院197人，上升16.50%；实际占用床日9399天，上升27.70%。省级全科签约和分级诊疗信息化试点项目实施，并通过省级专家组评估和区智慧办终审验收。区域影像信息服务平台升级项目实施，实现区域质控、典型病例库、远程视频教学等功能。建立影像共享调阅中心，与市级影像平台互联实现鄞州区患者全市范围内就医影像资料集中存储，与区级居民电子健康档案库集成实现医生工作站的共享调阅。

鄞州人民医院设立"中西医结合肿瘤病区"和"中医康复病区"。巩固第二批省级基层中医药适宜技术示范基地成果，在全区范围内推广应用20项以上的社区中医药适宜技术。全区20家基层医疗机构均掌握6种以上治疗基层常见病、多发病的中医药技术方法，能开展中药饮片、针刺、艾灸、拔罐、刮痧、推拿、熏洗等服务。

【鄞州人民医院成为芙士得慈善援助项目定点医院】 2016年3月15日，中国妇女基金会指定鄞州人民医院乳腺多学科中心为"因爱得芙——芙士得慈善援助项目"合作定点单位，成为国内首批成员。"芙士得"是新一代乳腺内分泌治疗药物，使晚期乳腺癌患者平均能活到接近5年时间，但该药物价格相对昂贵，很多患者都因经济原因不能持续使用。"因爱得芙——芙士得慈善援助项目"指符合使用"芙士得"适应证的晚期乳腺癌患者，在持续使用半年时间后，经过申请、审核和中国妇女基金会的批准，可以享受半年慈善援助。鄞州人民医院介入与放疗中心主任徐正阳等成为中国妇女基金会有资格审核的注册医师。全年23位患者参加项目，获得慈善赠药。

【宁波大学医学院附属医院骨科鄞州分中心成立】 2016年1月15日，宁波大学医学院附属医院骨科鄞州分中心签约授牌仪式在鄞州区骨伤科医院举行。宁波大学医学院附属医院院长麦一峰与鄞州区骨伤科医院院长谢祖宏进行合作签约与授牌。宁波大学医学院附属医院骨科指导和协助鄞州区骨伤科医院研究制订骨科发展规划和年度实施计划，提高专科建设与管理水平；每年派1名骨科负责人任区骨伤科医院骨科总主任，派驻2名具有中高级职称的技术骨干提供临床诊疗、教学培训、重点专科建设等技术援助；开展专题讲座、教学查房、手术示教、疑难病例和死亡病例讨论、危重病例抢救等各种临床带教形式培训，并选派技术骨干进行护理业务指导。两家医院建立信息化网络系统，实现信息共享，开放CT、核磁共振等大型仪器资源，开展双向转诊工作。

2016年4月29日，2016年鄞州区护理技能竞赛暨"青年岗位能手（护理）"技能大赛举行

【宁波大学医学院附属医院与鄞州区第三医院妇产科开展帮扶协作】 2016年3月2日，宁波大学医学院附属医院与鄞州区第三医院妇产科协作签约仪式在鄞州区第三医院举行。鄞州区第三医院是农村基层医院、区平价接产定点医院，年分娩近600人次。宁波大学医学院附属医院专家开展临床诊疗、教学培训、专科建设等技术援助，以及专题讲座、教学查房、手术示教、疑难病例和死亡病例讨论、危重病例抢救等临床带教形式培训。全年开展三级查房76次、专题讲座10次、专家门诊803个；手术人数43人，其中Ⅲ类以上手术27人；转诊至宁波大学医学院附属医院15人。

【区胸痛晕厥中心成立】 2016年6月7日，鄞州区胸痛晕厥中心在鄞州人民医院成立，并举行诊治培训。诊治培训中，浙江大学附属第一医院心内科教授陈君柱介绍急性心梗救治项目，分享浙江大学附属第一医院在胸痛中心运行过程中的经验；鄞州人民医院心内科主任方裕讲述胸痛的鉴别诊断和处理；鄞州人民医院医患办主任王师讲述肺栓塞的早期识别；鄞州人民医院副主任医师黎良达介绍晕厥的诊断和治疗。至年底，鄞州胸痛中心微信平台有医务人员445人，为基层医务人员提供临床问题咨询，300余位病人提出的问题得到答复，30余位病人通过微信平台进行转诊，40余位急性冠脉综合征病人得到治疗。

【护理技能竞赛暨"青年岗位能手（护理）"技能大赛举行】 2016年4月29日，2016年鄞州区护理技能竞赛暨"青年岗位能手（护理）"技能大赛在鄞州人民医院举行，38名选手参赛。大赛由区卫生计生局和团区委共同举办，分区级单位组和基层单位组两个组别。其中，区级医院由鄞州人民医院、鄞州区第二医院、浙江大学明州医院组成，基层单位组由鄞州区第三医院、鄞州区第六医院、钱湖医院、骨伤科医院、16家乡镇卫生院和6家社区卫生服务中心组成。鄞州人民医院蒋江良和鄞州区第三医院周小燕分别获区级单位组和基层单位组第一名。区级单位组和基层单位组的前三名且年龄在35周岁以下选手被授予"鄞州区青年岗位能手"称号。

（周银环）

公共卫生

【概况】 2016年，鄞州区试点开展第二类疫苗接种费用网上支付工作，推进糖尿病肾病筛查及高血脂综合管理工作。筛查摸底严重精神障碍患者，协调解决严重精神障碍患者救助问题，完成重症精神病人维稳管控工作方案。救治H7N9型禽流感患者2例。

监管医疗美容机构，推进“口腔专项”和“母婴专项”工作，监督检查全区76家涉及口腔、28家开展母婴保健技术服务的各级各类医疗机构。推进“文明示范街”和公共场所量化分级管理工作，推进卫生管理员制度。与区教育局联合推出学校卫生评价指数，评价结果向社会公示。

推进妇幼保健和计划生育技术服务资源整合。妇女健康提升工程筛查率90.20%，婚检率99.06%，免费孕前优生检查率96.43%，产前筛查（21-三体、18-三体、NTD）血清筛查率84.94%。新生儿疾病筛查12637人，筛查率99.85%。农村妇女住院分娩3802人，住院分娩补助3802人，补助率100%。

通过国家卫生城市复查迎检省级考核。开展小城镇环境综合整治工作，提升农村城镇环境卫生面貌。启动东吴和咸祥镇国家卫生镇创建，指导横溪、云龙和咸祥镇创建浙江省卫生镇，五乡、咸祥等7个镇乡创建浙江省、宁波市卫生镇复评工作。创建浙江省卫生村3个、宁波市卫生村2个、宁波市卫生先进单位7个。

【血液管理】2016年，鄞州区机关开展“心系群众·血浓情深”无偿献血活动，169名机关工作人员捐血225.50单位；卫生系统开展“护卫生命·血缘情深”无偿献血活动，642名医护人员捐血794.30单位。组织各镇乡（街道）开展“血液联系你我”无偿献血活动，2700人次献血3338单位，其中300毫升以上41.26%，占全区总献血量的31.50%；高校无偿献血3067人3959单位，其中300毫升以上比例占54.19%。组织无偿献血志愿者联谊培训6次，其中户外急救知识培训1次。28名志愿者取得红十字会急救救护师资格证书，50余人次志愿者参观中心血站并接受血液知识培训2次。全年鄞州区实际参加无偿献血9196人次，累计献血量12377单位，一次性献血300毫升以上5232人次，机采成分血小板769人次8730单位。

【校园卫生安全健康行动】2016年，鄞州区启动校园卫生安全健康行动，主要是春、秋季开学前后及中高考期间开展学校日常卫生安全隐患自查、组织学校卫生重点监督检查、完善学校卫生管理机构设施、实行信息化管理、开展综合评价及健全学生健康状况教学环境监测体系等工作，涉及学校158所。卫生组织管理及突发公共卫生事件应对方面，所有学校均建立校长为第一责任人制度和突发公共卫生事件应急处理领导小组，均有突发公共卫生事件专职或兼职报告人；绝大部分学校制定有包含学校突发公共卫生事件应急内容预案和报告制度文件，能定期（每学期1次）开展包括防控突发公共卫生事件内容的健康宣传教育活动、每学年开展1次含突发公共卫生事件内容的应急演练；大部分学校卫生室或保健室设置、卫生专业技术人员或保健教师配备符合要求。传染病及常见病防控方面，全部学校都建立传染病防控制度、校长为第一责任人的传染病预防控制工作小组、传染病突发事件应急预案、专人负责疫情报告制度、健康管理制度，有传染病病例登记及报告记录，能定期开展预防传染病知识、学生常见病防治、预防近视专题等宣传活动，能将健康教育纳入年度教学计划，建立健全学生健康档案；大部分中小学校有学生晨检制度及记录、因病缺勤追查登记记录、疑似传染病病例及病因排查登记记录、复课证明查验制度等；被检查的小学均有新生入学预防接种证查验记录、新生预防接种证或漏种学生补证、补漏记录；持有效医疗机构执业许可证学校20所，从业人员均持有效执业资质证书，医疗废物处置均符合卫生要求，未发现超范围诊疗行为。生活饮用水卫生监督方面，绝大部分学校建立生活饮用水管理制度、应急预案，能定期开展学校饮水检测工作，有供水设备清洗消毒更换记录；大部分学校使用的饮水机等涉水产品有有效卫生许可批件；自建设施集中式供水、二次供水的学校均能按要求定期开展水质卫生检测、水质消毒记录等工作。教学与生活环境卫生监督方面，抽检34家学校中，绝大部分学校均能按要求及相关标准，做到合理配备设置课桌椅、黑板照度、教室采光、灯管垂直黑板、控照式灯具、课桌面照度等，设施设备符合卫生要求。

【区首届“万步有约”职业人群健走激励大赛】2016年6月8日，鄞州区全民健康生活方式行动促进大会暨鄞州区首届“万步有约”职业人群健走激

2016年6月18日，鄞州区首届“万步有约”职业人群健走激励大赛启动仪式举行

励大赛启动仪式在鄞州公园举行。活动由区卫生计生局、区爱国卫生运动委员会办公室主办，区疾病预防控制中心承办，20余人参加启动仪式。首届“万步有约”职业人群健走激励大奖赛至10月结束，有6家机关、企事业单位185人参加，开展健康讲座4次，实地健走活动8次，主题健走周活动1次，培养合格领队8人，发现健走场地8个，74人万步率达到100%，占40%。

【第五轮妇女健康提升工程启动】 2016年2月，鄞州区第五轮妇女健康提升工程暨“两癌”筛查工作启动。3月11日，召开妇女健康提升工程暨“两癌”筛查项目业务培训班，全区各基层医疗单位相关业务人员90余人参加培训。鄞州区第二医院主任医师葛小红、区妇幼保健计划生育服务中心副主任医师李红和周佩分别针对子宫颈癌筛查、乳腺彩超筛查及妇女健康提升工程项目管理质控开展专题讲座，特别讲解HPV检测在子宫颈癌筛查中的重要意义。至年底，全区妇女病普查人数80807人，普查率90.20%，其中宫颈癌筛查人数67398人、乳腺癌筛查人数75563人；妇女病患病人数24876人，患病率30.80%；确诊宫颈癌10例，CINⅠ级29例、CINⅡ级39例、CINⅢ级31例；乳腺癌37例，卵巢癌3例，子宫内膜癌1例，输卵管癌1例。完成HPV检测4000例任务数，筛查出阳性人数517例，其中低级别病变10例、高级别病变17例、浸润癌2例，全部进行有效治疗，并进行随访。

【第七轮孕产妇艾滋病哨点监测工作启动】 2016年5月12日，鄞州区第七轮孕产妇艾滋病哨点监测工作启动，主要对400名孕产期保健的孕妇进行免费艾滋病病毒检测，监测内容包括一般人口学信息（年龄、性别、婚姻、户籍、民族、文化程度等）、血清学信息（艾滋病病毒抗体检测和梅毒抗体检测情况）、行为学信息（性行为、吸毒行为等高危行为信息）、艾滋病防治有关信息（艾滋病防治知识知晓情况等）。监测方法包括血样HIV、梅毒、丙型肝炎抗体监测及问卷调查。至年底，全区对411名孕产期保健孕妇进行HIV、梅毒、丙型肝炎抗体监测及调查问卷，发现HIV阳性0例、梅毒2例、丙型肝炎抗体阳性2例，都得到有效治疗。

（周银环）

人口和计划生育

【概况】 2016年，鄞州区实施全面两孩政策，培训全区计生干部和优秀村（居委会、社区）计生服务人员187人。增加7786名对象享受奖励扶助政策，为42422人发放奖励扶助资金5871万元。

为6509对夫妇实施生育登记服务，其中一孩3611对、两孩2898对。实施流动人口怀孕、生育动态核查制度和“一人一档”等制度，与河南省商城县、福建省晋江市两个流入大县的人口计生部门签订双向协作协议书，累计签订双向协作协议地区达到78个。安徽省淮北市在潘火街道成立宁波市淮北籍流动人口计划生育协会组织。

联合区红十字会设立“博爱暖心基金”。为297名60周岁以上失独老人购买商业意外保险。组建专门服务于计生特殊家庭的社会组织——“小棉袄”社区服务社，“贴心小棉袄”获评宁波市2016计划生育创新项目。在鄞州区第三医院内建立青春健康俱乐部，组建鄞州—霍邱流动人口计生协会。

【流动人口婚育证明电子化改革试点】 2016年，鄞州区完善和规范流动人口育龄妇女婚育证明查验各项制度，核实、完善与日常维护流出育龄妇女的基本信息、配偶信息、计划生育信息、子女信息及外出管理信息。全年查验审核婚育证明8万余份。

【“博爱暖心基金”设立】 2016年5月27日，“5·29”纪念活动暨博爱暖心基金发放仪式在五乡镇仁久村文化礼堂举行。区红十字会与区卫生计生局、区计划生育协会联合设立“博爱暖心基金”，基金来源为区卫计系统工作者捐款及社会各界爱心人士捐赠，现场向5户困难家庭代表发放基金各2万元。全年走访审核特别困难的失独家庭23户，发放慰问金29万元，为30户特殊家庭开展生活照料4300余人次。

（周银环）

红十字会工作

【概况】 2016年，鄞州区有红十字会基层组织152个，其中镇乡（街道）23个、学校92个、医疗卫生单位31个、企业6个；村（社区）红十字会员小组445个；个人会员53008人，其中红十字青少年

2016年5月27日，博爱暖心基金发放仪式举行

会员41928人、红十字志愿者1058人。

增加造血干细胞捐献志愿者130人，累计789人；器官捐献志愿者24人，累计262人，实现器官捐献10例，累计32例；角膜捐献志愿者24人，累计48人，实现捐献1例，累计6例；遗体捐献志愿者13人，累计78人，实现遗体捐献1例，累计7例。

与鄞州区蓝海救援中心合作，建立鄞州区红十字应急救援志愿服务队，各镇乡（街道）均建立应急救援志愿服务队。购置水泵、安全帽、救生衣、救生圈、冲锋衣、担架等价值12万元的救灾物资。购置两台AED放于区体育馆和罗蒙环球城用于院前急救。扶持镇乡（街道）红十字会，下拨备灾物资6.80万元。举办红十字救护员培训班172场，培训救护员7124人，累计培训23865人，占户籍人口的3%。组织31人参加市红十字会举办的师资培训班。2人获浙江省一级救护师资证书，2人获浙江省二级救护师资证书，其中1人代表宁波市参加全省红十字应急救护培训师资教学技能大赛，并获团体一等奖。普及培训3.50万人。

在7辆公交车上发布全车体红十字公益广告，线路覆盖全区23个镇乡（街道）；在南部商务区地下车库发布公益宣传牌1幅；与电影公司合作，开展“百场电影进农村·红会知识送万家”活动，观众6万余人次。在鄞州电视台推出博爱之窗，每月1期，在黄金时段每天播放红十字公益宣传片；在《鄞州日报》上刊登“5·8”世界红十字日专版1期、世界急救日专版1期、新闻报道17篇；在《中国红十字报》、中国红十字会网站等国家、省、市媒体报道新闻27篇；在鄞州区红十字会网站发布当地信息106条。

【红十字会人道救助】 2016年，区红十字会发放人道救助款物168.66万元。依据《博爱暖心基金管理规则》，为23户家庭困难的失独家庭发放人道救助金29万元；依据《博爱星光基金管理规则》，为2名接受造血干细胞移植学生发放人道救助金10万元；依据《区红十字会社会救助规则》，为13户火灾村民发放人道救助金7万元；依据《博爱新生基金管理规则》，为10例器官捐献者家属、1例角膜捐献者家属和1例遗体捐献者家属发放人道救助金11.60万元；依据《博爱红丝带基金管理规则》，为10名艾滋病患者发放人道救助金5万元；依据《博爱心灵基金管理规则》，为14个镇（街道）350户精神心理疾患困难家庭发放人道救助金35万元。国际儿童节期间，慰问辖区内部分民工子弟学校，发放市红十字会下拨的救助物资约39万元，受益学生5000余人。至年底，救助困难群体32.56万元，慰问困难家庭420户。

【“红十字博爱送万家”活动】 2016年1月13日，区红十字会“情暖鄞州·2016年红十字博爱送万家”活动启动，慰问章水镇、龙观乡困难家庭100户，发放人道救助金8万余元，并实地走访特困家庭4户。全年，“红十字博爱送万家”活动采取区镇联动方式，覆盖全区23个镇乡（街道），全区投入救助款物158.60万元，慰问困难家庭1820户，受益人群5635人。其中区红十字会安排人道救助金67.56万元（含博爱心灵基金35万元），慰问23个镇乡（街道）困难家庭770户。

【“红十字博爱周”活动】 2016年5月6日，鄞州区纪念第69个世界红十字日暨造血干细胞捐献志愿者招募广场活动在中河街道东裕社区举行。现场有造血干细胞捐献志愿者招募、义务献血、红十字版面展示、红十字知识竞赛、红十字应急救护知识普及、义诊、健康咨询、理发和缝纫等志愿活动，300余人参与活动。“红十字博爱周”期间，全区红十字会系统在《鄞州日报》上刊登《隆重纪念第69个“5·8”世界红十字日》专版；在鄞州电视台推出“博爱甬城，人道力量”——隆重纪念第69个“5·8”世界红十字日公益宣传片；开展红十字运动知识传播、救护培训、义诊、健康咨询等志愿服务活动；举办救护员培训班；组织2万名红十字青少年开展2016年全国红十字防灾减灾知识竞赛等。

【红十字救护员培训“双百工程”完成】 2016年12月，鄞州区红十字救护员培训“双百工程”完成，实现全区中小学校（含幼儿园）教职员工和医疗卫生单位医务人员全覆盖。“双百工程”是2014年区委、区政府《关于加快发展红十字事业的意见》提出的明确要求，在教育、卫生系统实施，3年累计培训红十字救护员18993人，其中教育系统10140人、卫生系统8853人，投入经费150余万元。

（程 怡）

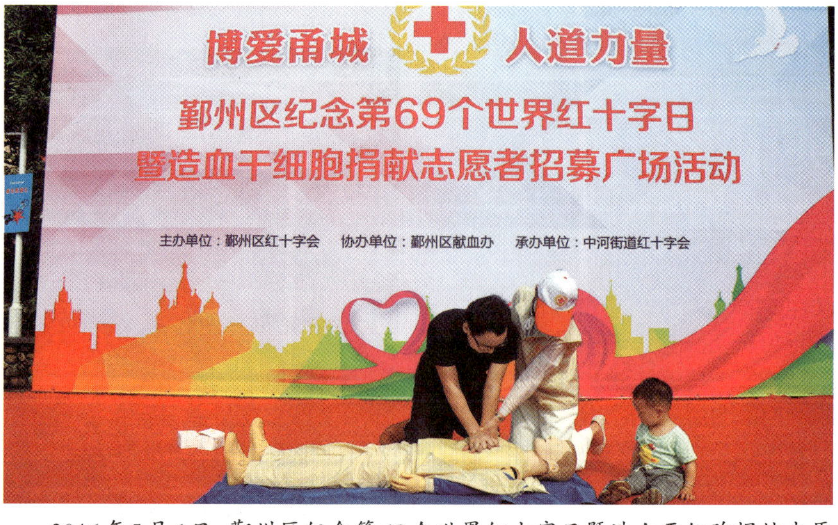

2016年5月6日，鄞州区纪念第69个世界红十字日暨造血干细胞捐献志愿者招募广场活动举行

体育

鄞州网球中心

鄞州年鉴

2017 YINZHOU YEARBOOK

概 述

【概况】 2016年，鄞州区实施“全民健身”战略，提升体育公共服务水平，增强竞技体育综合实力，扶持体育产业发展。区体育局在2016年全市体育工作考核中获第一名，并获评宁波市承办大型体育赛事突出贡献单位、宁波市体育彩票销售突出贡献单位、第31届夏季奥运会贡献单位，获浙江省体育宣传工作优胜奖。鄞州网球中心获评浙江省运动休闲旅游优秀项目，宁波惠风体育发展有限公司获评浙江省体育服务业示范企业。

全区有体育协会20个、镇（街道）级体育总会14个、体育类民办非企业21家，区老年人体育协会完成换届选举工作。各级各类协会举办赛事活动115次，涉及健身项目20余个，参与者50余万人次，筹集社会赞助经费100余万元，获新闻媒体参与报道近50次。各协会在国家级比赛中获团体冠军1个、团体亚军1个、个人冠军1个；在省级赛事中取得一等奖9项。

【区老年人体育协会换届选举】 2016年5月19日，区老年人体育协会七届三次会议在区委党校召开。副区长、区体育总会主席夏素贞等出席会议，区体育局、体育总会、老年人体育协会30余人参加会议。会议选举新一届协会领导班子，区政协原副主席王国定当选主席，董忠华任副主席兼秘书长，戴章锡任副主席兼辅导站长，邱香娣任副主席。区老年人体育协会原主席虞显河回顾上届工作，新当选主席王国定代表新一届领导班子部署协会下一步工作。副区长夏素贞祝贺新当选领导班子，并提出工作要求。

【5所学校入围青少年校园足球特色学校】 2016年6月27日，教育部公布2016年全国青少年校园足球特色学校及试点县（区）名单，鄞州区实验小学和鄞州区姜山中学入围全国青少年校园足球特色学校。11月15日，鄞州区华泰小学、鄞州区咸祥镇中学、鄞州区同济中学被认定为浙江省青少年校园足球特色试点学校。

（柴华艳）

群众体育

【概况】 2016年，《鄞州区全民健身实施计划（2016—2020年）》编制完成，“推进镇乡（街道）文体活动中心建设”被列入2016年《区政府工作报告》民生实事工程。《鄞州区中心城区体育设施专项规划》实施编制。

排查全区体育设施，投入使用镇级综合场馆2个，建成笼式足球场2个，开工建设笼式足球场2个，改造废弃厂房建成小型综合场馆1个，建设健身步道2条、灯光篮球场4个、门球场1个、羽毛球场4个，淘汰更新全民健身路径38套。创建浙江省体育现代化乡镇1个、浙江省体育示范幼儿园1个、宁波市青少年体育俱乐部14个、浙江省村级体育俱乐部3个，创建浙江省全民健身广场1个、浙江省体育休闲公园1个。

举办区级赛事活动50余次。举办“跑遍鄞州·乐享人生”全民健身系列长跑活动，组织参加浙江省第二届女子体育节9项比赛、浙江省美丽乡村奥运会2项比赛、宁波市百万市民健身大联动总决赛10项比赛和宁波十峰登山大联动等市级以上赛事近40次。

区社会体育指导员培训基地在浙江万里学院成立。增加二级社会体育指导员6人、三级社会体育指导员216人，累计有国家级社会体育指导员4人、一级社会体育指导员103人、二级社会体育指导员507人、三级社会体育指导员5255人。在镇（街道）和学校、幼儿园开展国民体质监测，监测3~69周岁群众460人。

【体育“一镇一品”特色项目】 2016年3月，章水镇举办“龙升杯”第四届鄞州区围棋等级赛；4月，举办第九届“穿越四明山心”自行车赛。6月，钟公庙街道举办鄞州区第十二届中国象棋赛，邱隘镇举办“邱隘杯”鄞州区女子气排球比赛，五乡镇举办“五乡杯”鄞州区第一届业余乒乓球排名赛。7月，钟公庙街道举办鄞州区首届镇乡（街道）羽毛球等级联赛。10月，首南街道举办鄞州区第十五届木球比赛。

【“跑遍鄞州·乐享人生”全民健身系列长跑活动】 2016年4—12月，鄞州区开展“跑遍鄞州·乐享人生”全民健身系列长跑活动，参赛选手8000余人，参与观众5万余人。活动共设8站，其中，4月9日，章水镇举办第二届“醉美樱花”全国女子半程马拉松赛；4月30日，咸祥镇举办咸祥镇半程马拉松赛；5月15日，塘溪镇举办“飞越

2016年6月26日，2016鄞州马拉松赛举行

塘溪”越野挑战赛；6月26日，新城区举办2016鄞州马拉松赛；9月15日，瞻岐镇举办2016“鄞州银行杯”宁波海上明月半程马拉松赛；10月22日，横溪镇举办2016灵秀横溪山地马拉松赛暨宁波市美丽乡村奥运会接力赛（鄞州站）；11月26日，鄞江镇举办2016“亚隆畔山”杯最忆鄞江半程马拉松赛；12月3日，东吴镇举办第三届“日月杯”宁波太白湖国际越野赛。

【区社会体育培训基地成立】 2016年5月28日，由区体育局与浙江万里学院合作建立的鄞州区社会体育培训基地在浙江万里学院成立。成立仪式上，双方代表签署合作协议，副区长夏素贞和浙江万里学院校长应敏为“宁波市鄞州区社会体育培训基地”揭牌。浙江万里学院为社会体育指导员的培训提供体育技能、竞赛组织和裁判培训等服务，区体育局给予必要的政策和资金扶持，在鄞州区举办的国际、国内体育赛事作为浙江万里学院学生实践平台。至年底，基地组织区级裁判员、教练员、社会体育指导员培训15期，涉及10个健身项目，培训人员1200余人次。

【区女子气排球赛】 2016年6月24日，“邱隘杯”鄞州区女子气排球赛在邱隘镇文体中心体育馆举行。赛事由区体育局、区体育总会、邱隘镇政府主办，12支镇乡（街道）、社会团体代表队103人参加比赛。邱隘镇代表队获一等奖，潘火街道队和中河街道一队获二等奖，中河街道二队、银羊女子队和集士港镇队获三等奖。

【区第一届业余乒乓球排名赛】 2016年6月25—26日，“五乡杯”鄞州区第一届业余乒乓球排名赛在五乡镇文体中心举行。赛事由区体育总会、五乡镇政府主办，各镇乡（街道）及企事业单位80名选手参赛，分分组循环赛和淘汰附加赛两个阶段，附加淘汰赛前八名予以奖励。洞桥镇华吉光列第一位，五乡镇陈伟和云龙镇徐良丰分列第二、第三位。

（柴华艳）

竞技体育

【概况】 2016年，鄞州区重新布局全区业训网络，重点保障足球、网球、游泳、乒乓球、重竞技等优势项目。全区有市高水平体育后备人才基地2所、市级训练点6所、市级体育传统项目学校8所、区级业余体育训练点47所，向上级训练单位输送运动员39人，输送量排名全市第一。钱智勇在2016年亚洲游泳锦标赛4×200米自由泳接力项目上获得亚军。

创新办赛模式，形成区级青少年体育竞赛体系。举办区中小学生“三棋”比赛、区小学生田径运动会、区中小学生健美操比赛、区中小学生篮球比赛、区中学生田径运动会、区中小学生羽毛球比赛等赛事；组队参加市青少年系列比赛18个项目中的13项比赛，获金牌46枚。

【区中小学生棋类比赛】 2016年3月24—25日，鄞州区中小学生棋类比赛在区委党校举行。比赛由区体育局、教育局、体育总会主办，区体育中心、围棋协会、中国象棋协会、国际象棋协会、青少年体育俱乐部承办。全区26所小学、9所中学的362名棋手参加3个组别3个项目比赛。宋诏桥小学、邱隘实验小学、中河街道堇山小学获小学围棋团体总分前三名，中河街道东湖小学、邱隘实验小学、鄞州区实验小学获小学国际象棋团体总分前三名，钟公庙中心小学、邱隘实验小学、古林镇中心小学获小学中国象棋前三名，洞桥镇中心小学、古林镇布政小学、鄞州区实验小学等7所学校获体育道德风尚奖。

【区第四届中小学生健美操比赛】 2016年5月11—12日，鄞州区第四届中小学生健美操比赛在五乡中学举行。比赛由区教育局、体育局主办，全区27所小学、7所中学500余名运动员参赛，分小学组全国全民健身推广等级规定套路四级有氧舞蹈、四级轻器械、自编花球啦啦操、自编有氧舞蹈、竞技预备套（男单、女单、五人）和初中组全国全民健身推广等级规定套路四级有氧舞蹈、自编有氧舞蹈、竞技国际年龄一组（男单、女单）。邱隘回龙小学、古林镇中心小学、中河街道华泰小学获小学组规定套路四级有氧舞蹈前三名，古林镇中心小学、宋诏桥小学、邱隘回龙小学获四级轻器械前三名，古林镇中心小学、东南小学、邱隘回龙小学获花球啦啦操前三名，中河街道华泰小学、古林镇中心小学和东湖小学分列小学组团体总分前三名。邱隘实验中学、古林镇中学、鄞州外国语中学获初中组规定四级有氧舞蹈的前三名；鄞州实验中学、鄞州外国语中学、古林镇中学获初中组自编有氧舞蹈前三名，鄞州实验中学、鄞州外国语中学、古林镇中学获中学组团体总分前三名。

【区小学生田径运动会】 2016年5月19—24日，鄞州区小学生田径运动会在鄞州职教中心举行。运动会由区体育局、教育局主办，区体育中心、教研室承办，学府青少年体育俱乐部、鄞州教育中心协办。全区44所小学510名运动员、128名教练员参加2个组别13个大项比赛。4人4次打破2项赛会纪录；石碶街道栎社小学、雅戈尔小学、古林镇布政小学分获甲组团体前三名，石碶街道冯家小学、邱隘镇中心小学、高桥镇望春小学获乙组团体前三名，东吴镇中心小学、邱隘实验小学、下应街道中心小学等8所学校获体育道德风尚奖。

【区中小学（高中）篮球联赛】 2016年5月26日至10月22日，鄞州区中小学（高中）篮球联赛举行。赛事由区教育局、体育局主办。17所学校的19支男、女代表队参加小学生篮球联赛，男子组邱隘实验小学获第一名，鄞州区实验小学、东湖小学分别获第二、第三名；女子组宸卿小学获第一名，首南第一小学和甲南小学分别获第二、第三名。26支男、女代表队约300名运动员参加初中组比赛，男子组鄞州实验中学获第一名，雅戈尔中学、姜山镇中学分别获第二、第三名；女子组

鄞州区2016年中小学篮球联赛

鄞州实验中学获第一名，高桥镇中学、鄞州外国语中学分别获第二、第三名。12支男队、9支女队参加高中（职高）组决赛，普高男子组五乡中学获第一名，鄞江中学、同济中学分别获第二、第三名；普高女子组同济中学获第一名，姜山中学、正始中学分别获第二、第三名。职高男子组区职教中心获第一名，东钱湖旅游学校、鄞州职业高级中学分别获第二、第三名；职高女子组区职教中心获第一名，鄞州职业高级中学、东钱湖旅游学校分别获第二、第三名。

【区中学生田径运动会】 2016年10月26—28日，鄞州区中学生田径运动会在鄞州职教中心举行。运动会由区体育局、教育局主办，区体育中心、教研室承办，学府青少年体育俱乐部协办，分普高、职高、初中3个组别，41支代表队561名运动员分别参加100米、200米、跳高、三级跳远、标枪等10余个项目比赛。姜山中学获普高组团体总分第一名，职教中心学校获职高组团体总分第一名，雅戈尔中学获初中甲组团体总分第一名，董玉娣中学获初中乙组团体总分第一名，鄞江中学、鄞州高级中学、樟村中学等8所学校获体育道德风尚奖。

【区中小学生乒乓球赛】 2016年11月5—6日，鄞州区中小学生乒乓球比赛在东吴镇中心小学举行。比赛由区教育局、体育局主办，东吴镇中心小学承办，全区高中、初中、小学的32支男、女代表队参赛。鄞州蓝青学校获高中组男子团体赛第一名，五乡中学、鄞州职业高级中学分别获第二、第三名；五乡中学获高中组女子团体赛第一名，鄞州高级中学、鄞江中学分别获第二、第三名；钟公庙小学和王笙舲小学分别获小学组男、女团体第一名，东吴镇中心小学获男、女团体第二名，集士港中心小学获男、女团体第三名；鄞州蓝青学校获初中组男、女团体第一名，东吴镇中学获男、女团体第二名，宋诏桥中学和云龙镇中学分别获男、女团体第三名。陈淏琛、林雨彤分别获小学组男、女单打冠军，裘翔、何赵莹分别获初中组男、女单打冠军，赵莘量、夏清韵分别获高中组男、女单打冠军。

【区中小学生校园足球联赛】 2016年11月23—26日，鄞州区中小学生校园足球联赛举行。比赛由区教育局、体育局主办，25支队伍343人参赛。茅山小学、鄞州区实验小学、邱隘镇中心小学、华泰小学获小学组一等奖，姜山镇中心初级中学、鄞州蓝青学校、华茂外国语学校（初中部）、逸夫中学获初中组一等奖。

【区中小学生羽毛球比赛】 2016年12月7—8日，鄞州区中小学生羽毛球比赛在宁波健翔体育运动俱乐部羽毛球馆举行。比赛由区体育局、教育局、体育总会主办，区体育中心、青少年体育俱乐部承办，宁波健翔体育运动俱乐部协办，11所小学、11所中学的183名运动员参加5个组别4个项目比赛。同济中学、鄞州中学、鄞州高级中学获高中组男子团体前三名，鄞州中学、东钱湖旅游学校、鄞江中学获高中组女子团体前三名；鄞州实验中学、宋诏桥中学、鄞州蓝青学校获初中组男子团体前三名，鄞州蓝青学校、宋诏桥中学、鄞州实验中学获初中组女子团体前三名；东湖小学获小学乙组、丙组男、女团体第一名，瞻岐镇中心小学、宋诏桥小学获小学乙组男子团体第二、第三名，宋诏桥小学、邱隘实验小学获小学乙组女子团体第二、第三名；鄞江镇中心小学、华泰小学获小学丙组男子团体第二、第三名，瞻岐镇中心小学、鄞江镇中心小学获小学丙组女子团体第二、第三名。

（柴华艳）

体育产业

【概况】 2016年，鄞州区重点培育、扩大和提升健身服务业、运动休闲业、竞赛表演业等核心产业，启动制订《鄞州区户外运动发展专项规划》。鄞州网球中心获评浙江省运动休闲旅游优秀项目，宁波惠风体育发展有限公司获评浙江省体育服务业示范企业。按照国家体育总局、省体育局要求，开展鄞州区体育产业专项调查工作，初步建立涉及323家体育企业名录库，完成285家体育企业和相关企业入户专项调查。举办（承办）国际、国内5项大赛，国际少儿乒乓球比赛、第24届中日韩青少年运动会网球比赛和手球比赛、ATP国际男子网球挑战赛、2016—2017WCBA联赛（中国女子篮球联赛）鄞州主场赛。

【区级体育场馆运营】 2016年，宁波惠风体育发展有限公司接管鄞州体育馆，盘活现有场馆资源，升级场馆功能，开辟出羽毛球功能区域。至年底，鄞州体育馆举办各类赛事活动21次，接待45000余人次；鄞州网球·游泳中心年接待健身人群约45万人次，开设培训班54期，受训者8000余人次，举（承）办各级网球和游泳赛事17个，参赛人数4000余人，并为区青少年网球队训练提供场地支持和后勤保障。

【体育彩票销售】 2016年，鄞州区体育彩票销售借助“奥运会”和“欧洲杯”两大赛事，优化体育彩票网点布局，升级和新增竞彩网点，提高竞彩普及率。全年体育彩票销售量3.66亿元，其中即开型1742万元、电脑终端机销售彩票3.49亿元，比上年增长27.96%，成为宁波市首个年销量突破3亿元的区域。

【国际少儿乒乓球比赛】 2016年7月21—23日，“鄞州钟公庙杯”国际少儿乒乓球比赛在鄞州体育馆举行。比赛由区政府主办，区体育局、教育局和钟公庙街道办事处承办，德国、新西兰、日本、韩国、新加坡和中国八一队、江苏队、上海曹燕华乒乓球学校队、浙江队、宁波市鄞州区钟公庙小学队等6个国家12支队伍参赛，60名13岁以下少儿乒乓球选手参加男子团体、男子单打、女子单打3个竞赛项目，世界冠军王皓、陈玘和曹臻到场指导。浙江队、韩国队和八一队获男子团体前三名；韩国队朴庆泰获男子单打冠军，浙江队祝佳祺、韩国队黄珍夏分别获亚军和季军；八一队郭轩琪获女子单打冠军，江苏队李泽彦和曹燕华学校队易爱川分别获亚军和季军。

【中国女子篮球职业联赛鄞州赛区】 2016年10月16日，2016—2017WCBA联赛八一女篮鄞州主场赛开赛。赛事由中国篮球协会主办，区体育局承办，鄞州区连续12年成为八一广博文具女子篮球队主场。与上赛季相比，赛程增加分段循环赛，球队引进国家队

2016年7月21—23日，国际少儿乒乓球比赛在鄞州体育馆举行

队员赵志芳，由马跃南出任主教练。八一广博队以第七名进入季后赛，先后战胜上海宝山大华队和沈部丹东裕龙队，总决赛负于北京女篮，获2016—2017赛季中国女子篮球联赛亚军。

【国际男子网球挑战赛】 2016年10月15—23日，“鄞州银行杯”国际男子网球挑战赛在鄞州网球中心开赛。赛事由国家体育总局网球运动管理中心和区政府主办，区体育局承办，区体育中心和宁波惠风体育发展有限公司执行承办，20余个国家和地区的约70名运动员参赛，其中包括卢彦勋、米尔曼、吴迪等知名运动员，分单打和双打2个项目，总奖金12.50万美元。赛事配备鹰眼和测速系统，148场比赛均由国外专业团队在ATP官方网站直播页面上进行现场在线视频直播。中国台北选手卢彦勋获单打冠军，法国选手埃塞里奇与乌克兰选手斯塔霍夫斯基获双打冠军。国际男子职业网球协会（ATP）授予该赛事“年度最佳赛事”称号。

（柴华艳）

2016年10月15—23日，国际男子网球挑战赛在鄞州网球中心举行

人力资源和社会保障

“硅谷·鄞州”才富沙龙活动

人事人才

劳动就业

社会保障

人事人才

【概况】 2016年，鄞州区嘉奖公务员(含参公)503人，105人获记三等功。开展军转干部“双考”安置工作，安置营以下及技术军转干部20人。实施事业单位公开招聘11批次(以发布公告时间为准)，推出招聘指标366人，接受报考3377人，录用213人。建立公务员管理信息系统，并进行日常维护。开展公务员“岗位对责、绩效对账”考核，优化升级考核系统，增加销假、各类数据统计等功能10余项，建立季度督查通报制度。排查各部门人员总数和基本情况，梳理各类人事政策，审核区划调整“两退”人员，核准61名科级及以下人员可办理提前退休手续，并享受相应待遇。机关事业单位养老保险制度改革完成180家，参保人员7013人(在职参保4853人、退休领取待遇2160人)。试点期事业单位养老保险仍参保273家，参保人员21882人(在职人员16643人、离退休领取待遇5239人)。

引进培养各类人才1.30万人，其中高层次人才600余人，增加高级职称人才477人，投入人才经费1.77亿元。开展市“3315计划”申报工作，受理申报个人计划项目14个、团队计划项目36个，入选个人计划项目3个、团队项目2个；申报省级以上“千人计划”，入选浙江省“千人计划”4人，入选市级以上“千人计划”总量位列全市各县(市、区)第一。开展第五届“创业鄞州·精英引领计划”，受理申报海内外高层次人才项目194个，精选资助高层次人才项目21个。在全省率先出台实用人才评价办法。落实《各级千人计划人才项目联系走访制度》，走访人才项目企业102家，统计归档“各级千人计划人才项目走访表”1442份。开展区第五届重才爱才先进单位、杰出人才、优秀人才及第二届优秀高技能人才评选工作，有15名人才及5家单位获奖。增加区级企业技术团队8家、市级企业技术团队4家，总量居全市第一。鼓励企业引进“海外工程师”及国外智力项目，择优给予11家企业“海外工程师”年薪资助计划，市、区两级资助经费300万元。发放高层次人才工作生活津贴533.66万元，惠及1774人次。累计培养专业技术人员2595人，其中高级职称477人、中级职称712人、助理级职称1376人。

【博士后工作站建设】 2016年，鄞州区编写《鄞州区企业博士后工作站管理手册》，规范博士后工作管理流程。全年增加企业博士后工作站5家，分别为中淳高科桩业股份有限公司、宁波中车新能源科技有限公司、乐歌人体工学科技股份有限公司、宁波立华制药有限公司、宁波同创强磁材料有限公司；进站博士5人，2名博士后出站留在鄞州。方亮被评为宁波市优秀博士后，宁波美康生物科技股份有限公司被评为宁波市优秀博士后工作站；王凯获2016年度中国博士后科学基金资助，唐宁等5位博士研究项目获得2016年度浙江省博士后科研项目择优资助。

【《鄞州区企业实用人才评价暂行办法》出台】 2016年4月，鄞州区出台《鄞州区企业实用人才评价暂行办法》。该办法采用企业推荐、行业参与、政府指导原则，分“鄞州金匠”和“鄞州银匠”两个类别进行评选，参评对象涵盖传统优势产业、战略新兴产业和生产性服务业企业(不含区属非生产经营性国有企业)一线从事技术、技能工作的人才，评选方式实现评价主体市场化、评价对象全业态化、评价要素实绩化、评价标准动态化4大突破。获评“鄞州金匠”“鄞州银匠”者，给予类似高层次人才标准的政策待遇，在生活、医疗、安居、服务4个方面享受相关保障待遇。

【第五届“创业鄞州·精英引领”活动周】 2016年9月21—25日，第五届“创业鄞州·精英引领”活动周举行。活动周以“海纳英才、创赢鄞州”为主题，突出“智能、众创、融合”，活动内容包括综合签约仪式、政策环境说明会2项综合活动和“甬创·鄞造”鄞州区首届创客大赛决赛、四明金融小镇“5+5论坛”、“硅谷·鄞州”才富沙龙、智能经济——光电装备产业高峰论坛、“精英人才创业行”5项专题活动，邀请“两院”院士、国家“千人计划”专家、海内外精英等近千人，300余家区内企事业单位、80余家中介风险投资机构参加，86个项目达成合作意向，评出第五批“创业鄞州·精英引领计划”人才项目21个。

【3人入选国家“万人计划”】 2016年8月1日，中共中央组织部办公厅印发《关于第二批国家“万人计划”领军人才入选名单的通知》，鄞州区朱召法、张日红、翁贞琼3人入选“科技创业领军人才”。“万人计划”全称“国家高层次人才特殊支持计划”，2012年起由中央人才工作协调小组组织实施。朱召法为留学归国人才，其创办的东蓝数码有限公司是宁波市第一家在伦敦交易所上市的企业和宁波市第一家软件上市公司。公司被认定为“国家规划布局内重点软件企业”，朱召法带领公司推出云计算与物联网品牌“云腾”。张日红为浙东建材集团有限公司副总裁，是国内第一代管桩的研发参与者。2009年加盟浙东建材集团后，公司建成国内首条自动化预制桩生产流水线，并在国内首创“静钻根植桩”及静钻根植施工技术。2013年投产后“静钻根植桩”被应用于80余个项目，累计实现销售额10亿元。翁贞琼，经济学博士，市“3315计划”和国家科技部创业创新人才。2010年回国后任宁波京琼机械制造有限公司总经理，推动公司完成新技术开发，并投入量产，由其领衔开发的精密微型注塑成型装备为国内首创。

【区“爱才重才”先进单位和“成就突出”人才评选】 2016年6月2日，区委人才工作领导小组办公室、区人力社保局下发《关于开展鄞州区杰出人才、优秀人才、优秀高技能人才和重才爱才先进单位评选的通知》，开展第五届鄞州区“杰出人才”“优秀人才”“重才爱才先进单位”以及第二届鄞州区“优秀高技能人才”评选活动。9月20日，区委、区政府授予东睦新材料集团股份有限公司、宁波美康生物科技股份有限公司、日月重工股份有限公司、中淳高科桩业股份有限公司、宁波金氏实业有限公司5家单位为鄞州区第五届“重才爱才先进单位”；涂虬、叶涛、吴江、王蔚国、傅科杰5人为鄞州区第五届“杰出人才”；陆滢、钱利娜、乔永民、胡林勇、顾开宇5人为鄞州区第五届“优秀人才”；潘超宇、蒋立忠、周炜彬、朱良军、苏铠5人为鄞州区第二届“优秀高技能人才”。

（余佳子）

劳动就业

【概况】2016年，鄞州区增加就业岗位24221万个、创业实体19396万家，开发（保持）公益性岗位700个，城镇失业人员实现再就业7001人，其中就业困难人员实现再就业1352人。城镇登记失业率控制在1.80%以内。

举办面向各类群体专场招聘会22场，推出高校毕业生就业岗位6018个、普通劳动力就业岗位24522个。依托宁波工业人才网（宁波鄞州人才网）等采集、发布求职者就业信息，在线推出岗位13250个。发放各类高校毕业生就业补助2234万元，发放就业困难人员各类补贴23448万元。全区累计有实践基地32家，其中国家级和省级1家（欧琳集团有限公司）、市级示范基地5家。“点对点”组织推荐毕业生到实践基地见习，1474名毕业生完成见习，其中留用629人。

举办“创业集市·鄞州专场”、2016中国（宁波）大学生创业大赛鄞州区初赛等活动。创新模式推动“全域孵化”，在24个镇级基层平台开辟创业服务专窗，统一设置标牌、配备“创业助理员”，形成覆盖区、镇、村的三级就业创业服务网络体系。与驻鄞州8所高校及知名企业合作，在高校成立“创业分园”“创业站点”，在10家企业建立孵化站点。鄞州区大学生（青年）创业园被科学技术部评为第二批国家级科技企业孵化器，被人力资源和社会保障部认定为第三批全国创业孵化示范基地。

【劳动监察与仲裁】2016年，鄞州区受理企业劳动用工违法违规举报投诉、来信及上级督办案件805件，处置群体性突发性事件58件，为3335名劳动者追讨工资2300余万元，办结率100%；立案查处劳动用工违法案件47件，结案率100%。推进规范化、标准化、经常化建设，实现70%以上案件在各镇（街道）中队快速规范办结。规范仲裁办案程序，建立联动调解机制，建成规模以上企业、村（社区）、镇乡（街道）三级网格化、全覆盖调解工作平台，全区1564家建立工会的规模以上企业劳动争议调解组织组建率达到96%。建立“仲裁进企业”预约走访服务制度，并将走访活动开展主体下移到各镇乡（街道）劳动服务站、各仲裁派出庭，全年走访企业128家。与区司法局联合制定出台《鄞州区仲裁委法律援助工作站律师值班制度》，由区司法局指派律师每周二、周四到区仲裁委法律援助工作站为当事人免费提供劳动法律咨询、仲裁程序介绍、法律援助申请接收等服务，全年服务1900余人次。

【区大学生（青年）创业园获评全国创业孵化示范基地】2016年12月14日，鄞州区大学生（青年）创业园被人力资源和社会保障部认定为第三批全国创业孵化示范基地。区大学生（青年）创业园成立于2006年，至2016年，园区成为集“宁波帮”创业文化传承、创业项目研发、创业教育、创业实践、创业服务、高校科研成果转化等功能于一体的全能型孵化“引擎”，在孵企业200余家，注册资金4.3亿元，企业年销售额2亿元，税收500万元；累计孵化企业700余家，培育成长企业500余家，先后被认定为国家级大学生创业见习基地、全国青年创业示范平台、国家首批小型微型企业创业示范基地、浙江省大学生创业示范基地、省级优秀众创空间、宁波市就业工作先进单位等。

【2016中国（宁波）大学生创业大赛鄞州赛区比赛】2016年6月30日，2016中国（宁波）大学生创业大赛鄞州赛区初赛预选启动。活动收到报名项目133个，“文化主题虚拟现实技术”“心血管影像造影软件”等15个优秀项目获初赛参赛权。7月11日，2016中国（宁波）大学生创业大赛鄞州赛区决赛在区大学生（青年）创业园举行。活动由市政府和中国青年天使会主办，区人力社保局与团区委承办。宁波市鄞州超影信息科技有限公司的“心血管影像诊断系统的开发和应用”获得金奖，并获8万元奖金及浙江（宁波）赛区入场券。

【“创业集市”鄞州专场】2016年3月19日，第9期“创业集市”鄞州专场在市人力资源大厦举行。活动由市人力资源和社会保障局主办，市创业指导服务办公室、区人力社保局、团区委、宁波创业联盟共同承办，区大学生（青年）创业园协办，以“圆梦青春，创在鄞州”为主题，90余个创业项目（企业）参展，1000余人参与活动。“创业集市”融汇“潮玩科技”“民间工艺”“农村电商”“人才招聘”以及“公益集市”等元素，开展“亲子畅玩”“青年访谈”“现场创业服务”等活动，有高新类的“中科机器人”“脑电波赛车”“3D打印”等项目和“剪纸工艺”“泥塑”等当地草根项目，涉及科技文化、生物医药、手工艺、农林畜牧及制造等产业。设置“人才招聘”及“金融对接”区块，为创业企业寻找适合的人才和资本。

【职业技能大赛】2016年7月2日，区总工会、人力社保局和交通运输局联合举办2016年度鄞州区职业技能大赛，比赛项目涉及汽车修理工、汽车维修漆工、服装制作工，等级中级，519名技术工人参加比赛，其中汽修类336人、服装类183人。赵辉获汽车修理工项目第一名，孙迪获汽车维修漆工项目第一名，司徒燕红获服装制作工项目第一名。10月16日，区人力社保

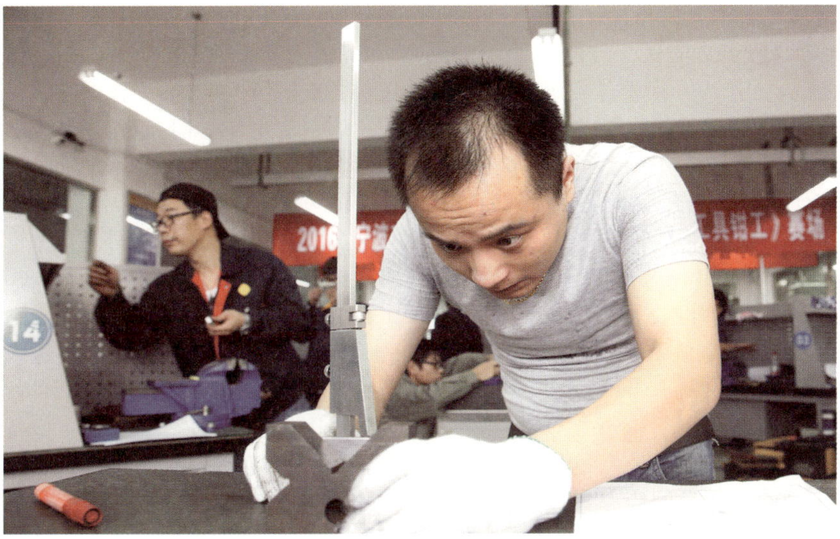

2016年11月13日，2016宁波“技能之星”职业（工具钳工）技能大赛举行

局举办鄞州区电子商务师职业技能大赛，182人参与。宁波每日报道电子商务有限公司的邵斌杰、边珂珺、朴南君获小组第一名。11月5—6日，区人力社保局、总工会联合举办2016年数控车工、维修电工、焊工职业技能大赛，等级为中级，303名技术工人参加，其中数控车工50人、维修电工144人、焊工109人。司壮获数控车工项目第一名，俞航获维修电工项目第一名，袁彦明获焊工项目第一名。11月12—13日，市人力资源和社会保障局、区人力社保局、鄞州职业教育中心学校联合举办2016年宁波“技能之星”职业（工具钳工）技能大赛，82名选手参赛。宁波天安集团股份有限公司吴兆争获第一名，并获评2016年度宁波市“技能之星”。

【技能人才培养】 2016年，鄞州区落实“技能宁波”三年行动计划，推进技能大师工作室建设。肖必龙、徐剑佩、徐小玲、戴琴、徐春燕5家工作室被评为鄞州区技能大师工作室，全区累计有区级技能大师工作室25家，其中潘超宇技能大师工作室被评为浙江省技能大师工作室，4家被评为宁波市技能大师工作室。全年培养高技能人才2439人，培训各类城乡劳动力3.30万人次。

【人力资源调查报告发布】 2016年11月18日，鄞州区2016年度人力资源调查报告发布。报告集中分析劳动力资源基本情况和主要特点，调查内容主要包括各类人员的性别、年龄、文化程度、劳动能力（健康状况）、技术特长和外来流动就业人员的来源地等基本信息，以及就业状况、就业类型、从事产业等就失业信息两部分。调查涵盖全区23个镇乡（街道）、479个村（社区、城镇居委会），调查总量115.34万人。其中，城镇劳动力14.85万人，农村劳动力25.02万人，省内、省外流动就业人员75.47万人。从人员结构看，鄞州区户籍劳动力增加3.25万人，有效劳动力资源占总户籍人口的50.06%。从性别和年龄分析看，男性22.66万人、女性17.20万人，女性占比增长0.83%；“4050”（处于劳动年龄段中女40岁以上、男50岁以上的，本人就业愿望迫切、但因自身就业条件较差、技能单一等原因，难以在劳动力市场竞争就业的劳动者）以下人员占比65.83%，增长2.73个百分点。文化程度和技术特长两方面的数据显示，初中及以下毕业人员下降7.55%，大专及以上毕业人员增长6.36%，高中及中专毕业人员增长1.19%。全区有技术特长人员10.27万人，增长1.49%。企业就业结构更趋合理，劳动力总量第一、第二、第三产业分布比为1:19:21，其中城镇劳动力第一、第二、第三产业分布比为1:45:137。外来劳动力总量75.47万人，增加9853人。其中，省外流动就业人数略有减少，江西、重庆减少人数比较明显，安徽、四川、贵州、河南等地人员有所增加；省内跨地区流动就业人数有所增加，主要来自浙江南部和西部地区及周边县（市）农村劳动力，衢州、丽水、舟山三地流动就业人数占比仍然不高。

（余佳子）

社会保障

【概况】 2016年，鄞州区基本养老保险、职工医疗保险、工伤保险、生育保险、失业保险参保人数分别为52.29万人、66.03万人、49.63万人、45.72万人和48.92万人，户籍养老保险和医疗保险参保率分别为95.60%和98%。

推进外来务工人员社会保险与基本社保保险并轨，保障城镇职工社会保险参保形势基本稳定，参保人数基本与上年持平。开展被征地人员养老保障政策风险排查工作，制定防范和化解风险的措施和建议。完成被征地60%以上全员参保253个村的复核工作，基本理清参保的基本数据。建立工伤认定引发的行政复议和诉讼案件镇乡（街道）调解机制，制定《关于建立基层工伤认定先予调解制度的通知》。

实施城乡居民基本医疗保险制度，1月1日起全区25.25万名原新农合参保人员并轨至市区城乡居民医保制度，年末参保人数40.83万人。推进阳光医保监管平台建设，督促区域内定点医疗机构规范诊疗信息上传，智能提醒、智能审核系统覆盖区域内所有定点医疗机构。制定《基层劳动保障工作人员考核办法》，基层经办率达到70%，代办率在50%以上。

修改实施《养老、工伤、生育保险基金财务管理和监督办法（修订）》《医疗保险基金财务管理和监督办法（修订）》《就业保险基金财务管理和监督办法（修订）》，按年度社保基金检查计划推进现场监督，并探索非现场监督，探索建立窗口工作人员量化考核办法和差错考核办法，全年履行社保基金检查17次，社保基金非现场监督3次，社保基金安全运行。

【职工基本医疗保险缴费比例调整】 2016年2月1日起，鄞州区下调职工基本医疗保险缴费比例，用人单位缴费比例从11%降到9%（其中按8.50%的比例缴纳基本医疗保险费，按0.50%的比例缴纳重大疾病医疗救助金），职工个人缴费比例2%保持不变。参加职工基本医疗保险的灵活就业人员和失业人员，医保月缴费金额从349.50元下调到295.60元，参保个人每月可减轻医保缴费负担53.90元。

【医保个人账户政策调整】 2016年5月1日起，45岁以下在职职工个人账户每月按本人缴费基数的3.40%计入；45岁（含）以上在职职工每月按本人缴费基数的3.70%计入。退休人员调整为按固定金额计入，70岁以下退休人员每月210元，2016年全年为2520元；70岁（含）以上退休人员每月235元，2016年全年为2820元，退休人员个人账户每年增加120元。参保人员就医的主要治疗或手术属于基本医疗保险支付范围，该次就医所使用的自费药品（指西药、中成药或中药饮片）、医疗服务项目（指《浙江省医疗服务价格手册》范围内）和医用材料可由本人的历年账户资金支付。参保人员在定点医疗机构配制中药膏方，膏方作为一项整体费用纳入历年账户资金支付范围。参保人员就医的治疗或手术不属于医保支付范围的，工伤、生育、美容手术等发生的各种自费费用不能在历年账户资金中支付。个人账户历年结余资金不再支付参保人员个人上年按月缴纳2%部分的费用，该资金继续留存于职工医保历年账户中。

【特殊病种治疗政策调整】 2016年5月1日起，恶性肿瘤患者在门诊进行化疗、放疗、内分泌治疗、免疫治疗、同位素治疗、介入治疗，在门诊使用中医药治疗恶性肿瘤，门诊发生的恶性肿瘤治疗相关的药品、手术、检查费用全部纳入门诊特殊病种治疗项目范围。5月1日起结算的医疗费和门诊进行特殊病种治疗项目的相关治疗，享受特殊病种医保待遇；住院进行同样项目治疗的按普通住院享受医保待遇，但免去1200元的住院起付线。

【转外地就医政策调整】 2016年，参保人员转外就医发生的医疗费，符合医疗保险基金支付范围的由先由个人自付一定比例费用调整为实行个人承担比例直接提高。办理转外地就医手续的，转往上海及杭州主城区的省、市医保定点三级医院就医，医保基金承担比例在宁波市基本医保待遇基础上下浮10个百分点；转往上海、杭州当地其他医保定点医院就医，下浮20个百分点；转往上海、杭州以外其他城市当地医保定点三级医院就医，下浮20个百分点；在当地医保定点其他级别医院就医，下浮25个百分点；参保人员未办理转外地就医核准手续而自行到外地医保定点医院就医，经审核就医情况属实，医保基金承担比例在上述基础上，再下浮10个百分点。

2016年11月，社保自助服务一体机投入使用

【职工医疗保险综合减负政策调整】 2016年5月1日起，职工医疗保险综合减负政策与现行的城乡居民大病保险办法进行统一，职工医疗保险参保人员的一般普通门诊医疗费不再纳入大病保险补偿范围，对住院和门诊特病治疗医疗费的补偿起付标准和补偿比例仍保持原综合减负的补助水平。为减轻大病、重病患者的当期医疗费负担，职工医疗保险的大病保险补偿实行即时减负，在住院或门诊特病治疗医疗费结算中直接给予补助。调整后的职工大病保险待遇：年度内住院和门诊特病治疗发生的医疗费，按基本医保待遇支付后，其个人累计负担的合规医疗费用超过3000元的，3000元以上至2万元部分，补偿80%；2万元以上部分，补偿90%，最高合规医疗费用限额50万元。

【外来务工人员社会保险与职工基本社会保险并轨】 2016年5月1日起，宁波市2008年起实施的外来务工人员社会保险政策停止实施，并轨至职工社会保险制度。养老保险和失业保险的最低缴费基数从上年社会平均工资的60%以下调整为60%以上；医疗保险单位缴费费率从5.50%上调为9%，个人从1%上调到2%；工伤保险和生育保险费率的基数不变。

（余佳子）

社会民生

省五星级居家养老服务中心——东柳街道阳光驿站

居民生活

民政事务

村居社区

老龄事业

老区开发建设

公积金管理

慈善公益

民族宗教工作

关心下一代工作

残疾人工作

鄞州年鉴

2017 YINZHOU YEARBOOK

居民生活

【概况】 2016年，鄞州区全体居民人均可支配收入47304元，比上年增长8.10%，增速高于全市平均水平0.20个百分点。其中，城镇常住居民人均可支配收入54199元，增加3984元，增长7.90%，增幅高于全市平均水平0.20个百分点，低于全省0.20个百分点；农村常住居民人均可支配收入为31568元，增加2458元，增长8.40%，增幅高于全市0.50个百分点，高于全省0.20个百分点。城乡收入比达到1.72∶1，城乡居民收入差距进一步缩小。城镇常住居民人均消费支出35714元，增长8.10%，恩格尔系数为28.50%，上升2.30个百分点；农村常住居民人均消费支出22907元，增长11.90%，恩格尔系数为36.70%，上升1.20个百分点。城乡居民基尼系数为0.30。

城乡居民收入分布重心依然偏低，分布不够合理。鄞州区城镇常住居民中65.90%的居民收入处于平均线以下，20%的最高收入者平均收入124831元，20%的低收入者平均收入仅25852元。农村常住居民中63.90%的居民收入处于平均线以下，20%的最高收入者平均收入86348元，20%的低收入者平均收入仅17790元。居民收入分组差距进一步拉大。

中位数增速、低收入群体增速均高于全区平均水平。从人均可支配收入的中位数增速来看，城镇居民收入中位数增长18.60%，农村居民增长12.90%，分别比可支配收入增速高10.70个百分点和4.50个百分点。收入分层数据显示，鄞州区城乡20%最低收入组家庭人均可支配收入分别增长21.70%和19.80%，增幅分别比全区平均水平高13.80个百分点和11.40个百分点。

表 18　　2016 年鄞州区居民收入与全国、全省和全市比较情况

单位：元

单位	全体			城镇			农村		
	2016年	2015年	增幅（%）	2016年	2015年	增幅（%）	2016年	2015年	增幅（%）
全国	23821	21966	8.40	33616	31195	7.80	12363	11422	8.20
浙江省	38529	35537	8.40	47237	43714	8.10	22866	21125	8.20
宁波市	44641	41373	7.90	51560	47852	7.70	28572	26469	7.90
鄞州区	47304	43743	8.10	54199	50215	7.90	31568	29110	8.40

【城镇常住居民人均可支配收入】 2016年，鄞州区城镇常住居民人均工资性收入31385元，增长4.80%，增速下降2.10个百分点，增收贡献率为36%，下降27.70%；人均经营净收入11299元，增长4.30%，增速下降5.50个百分点，增收贡献率为11.60%，下降53.50%；人均财产净收入7773元，增长19.60%，增速上升9个百分点，增收贡献率为32%，上升99.30%；人均转移净收入3742元，增长27.80%，增速上升13.60个百分点，增收贡献率为20.50%，上升119.30%。工资性收入、经营净收入占比分别下降1.70个百分点和0.70个百分点，财产净收入、转移净收入占比分别上升1.40个百分点和1.10个百分点。

【农村常住居民人均可支配收入】 2016年，鄞州区农村常住居民人均工资性收入19950元，增长6.50%，增速下降1.40个百分点，增收贡献率为49.70%，下降12%；人均经营净收入6351元，增长4.30%，增速下降5.50个百分点，增收贡献率为10.60%，下降52.80%；人均财产净收入1473元，增长15.90%，增速上升4.80个百分点，增收贡献率为8.20%，上升57.90%；人均转移净收入3794元，增长25.70%，增速上升11个百分点，增收贡献率为31.50%，上升97.80%。城乡居民收入比连续9年缩小，收入增速回落0.70个百分点，其中工资性收入和经营净收入增幅分别回落1.40个百分点和5.50个百分点。农村常住居民可支配收入总量31568元，比全市平均28572元高2996元。

【城镇常住居民消费支出】 2016年，城镇常住居民人均生活消费支出35714元，增长8.10%。其中，人均食品烟酒支出10169元，增长17.90%；居住支出7309元，增长4.20%，占生活消费支出比重分别为28.50%和20.50%。食品烟酒支出和居住支出仍是城镇居民生活消费支出中最大的两个组成部分，分别拉动生活消费支出增长4.70个百分点和0.90个百分点。每百户家庭拥有汽车55辆，增长11.30%；固定电话69线，下降12.70%；移动电话232部，增长5.90%，移动电话中可接入互联网的148部，增长27.20%；计算机107台，下降1.10%。

【农村常住居民消费支出】 2016年，农村常住居民人均生活消费支出22907元，增长11.90%。其中，人均食品烟酒支出8405元，增长15.70%；居住支出3564元，增长3.60%，占生活消费支出比重分别为36.70%和15.60%。食品烟酒支出和居住支出仍是农村居民生活消费支出中最大的两个组成部分，分别拉动生活消费支出增长5.60个百分点和0.60个百分点。每百户家庭拥有汽车27辆，增长15.60%；固定电话67线，下降6%；移动电话201部，增长5.60%，移动电话中可接入互联网的130部，增长31.70%；计算机55台，增长3.80%。

表 19　　2016 年鄞州区城乡居民收支数据表

单位：元

指标名称	城镇居民	增幅%	农村居民	增幅%
人均可支配收入	54199	7.90	31568	8.40
其中：工资性收入	31385	4.80	19950	6.50
经营净收入	11299	4.30	6351	4.30
财产净收入	7773	19.60	1473	15.90
转移净收入	3742	27.80	3794	25.70
消费支出	35714	8.10	22907	11.90
食品烟酒	10169	17.90	8405	15.70
衣着	2354	-9.30	1768	16.60
居住	7309	4.20	3564	3.60
其中：自有住房折算租金	5764	2.10	2477	2.50
生活用品及服务	2132	19.50	1074	13.10
交通通信	5607	3.40	3552	1.10
教育文化娱乐	4648	11.50	2388	13.30
医疗保健	2012	-3.10	1574	36.20
其他用品和服务	1483	10.70	583	11.40

（张鹏飞）

民政事务

【概况】 2016年，鄞州区有低保对象2443户3540人，发放低保金2543.40万元。5700余名困难群众享受价格补贴295万元。民政行政审批进驻区行政服务中心，承办社会组织、社会救助、地名命名等民政许可和审批事项，全年审批1.58万件。

创建市级及以上综合减灾示范社区12个，其中省级4个。全区有避灾场所320个，建筑面积107万平方米，可容纳灾民20余万人。宁波市（鄞州区）救灾物资储备库设于姜山镇茅山村区社会福利救助中心。完成全区317个村（社区）21万户居民巨灾保险水灾远程核灾定损理赔入户测量工作，在"莫兰蒂""鲇鱼"台风中，全区13个镇乡182个村（社区）1.30万户灾民报损，定损金额286.60万元。开展"全国防灾减灾日""国际减灾日"宣传活动。

清明节、烈士纪念日在樟村四明山烈士陵园举行社会各界悼念革命先烈活动。烈士陵园全年接待20余万人次，被民政部确定为"第六批国家级烈士纪念设施保护单位"。

完成钦寸水库移民安置工作，全区16个镇乡53个安置村实际安置移民906人。开展钦寸水库移民安置评估验收工作，完成市对区初验。出台鄞州区水库移民专项资金管理办法、水库移民专项帮扶管理办法，上报移民扶持项目35个，安排扶持资金1544万元。

全区有福利企业38家，安置残疾员工852人。建立福利企业考勤系统，对残疾职工上岗进行网络化实时考勤。开展福利企业年度专项督查工作，核查福利企业残疾员工岗位管理、无障碍设施安装、权益保障、档案管理等情况。落实福利企业补贴与奖励政策，向42家福利企业发放补贴684.80万元。

春节、建军节等主要节日期间，开展拥军优属、走访部队活动，向驻鄞部队赠送慰问金及慰问品价值312.50万元。镇乡（街道）举办军民文艺会演、拥军优属座谈会、茶话会等。解决驻鄞部队在后勤建设、子女就学等方面的实际困难，慈善"爱心固长城"项目资助103户驻鄞官兵家庭23.30万元。

免费火化遗体4776具，免费入葬生态墓园1622穴，区财政全额买单588.50万元。全区生态墓园投入管理、绿化资金328.70万元，投入建设资金621.18万元。清明节、冬至日期间，以"文明祭扫、生态安葬"为主题开展殡葬宣传，倡导骨灰撒海等生态葬法。

结婚登记6012对，离婚登记2360对，补领婚姻证件3131件。开展"幸福讲堂""亲子课堂"等活动。收养登记12件。

【专项救助】 2016年，鄞州区出台《关于进一步加大统筹力度完善新型社会救助体系的实施意见（试行）》《宁波市鄞州区社会救助实施办法》，发放社会救助资金1.30亿元。规范社会救助家庭经济状况认定流程，完善升级居民经济状况核对信息平台，核对家庭1.20万户。全区有贫困重度残疾人保障对象907人，发放救助金809.70万元；残疾人基本生活保障对象2196人，发放救助金1765万元；孤儿基本生活保障对象35人，发放救助金79.10万元；困境儿童基本生活保障对象294

人，发放救助金169.80万元；精简职工42人，发放救助金67.50万元；在乡革命老同志49人，发放救助金46.60万元；"五保"供养对象258人，年供养支出1192万元。医疗救助2230人次，发放救助金1917.20万元；教育救助119人次，发放救助金110.80万元；临时救助3173户次，发放救助金1770万元。

【养老服务】 2016年，鄞州区创建"浙江省养老服务业综合改革试点区"，扩建养老床位数1086张，累计有养老床位数9646张，每百位老人有养老床位约6张。建立完善养老机构三级责任追究机制，开展全区养老机构专项安全督查。落实养老服务机构常态化风险防控和养老机构政策性综合保险工作，城乡居家养老服务机构与养老机构参保率100%。中心城区老年乐园项目建设推进，东吴镇老年乐园投入使用，龙观乡老年乐园主体完工，塘溪镇鹳山村、姜山镇董家跳村、石碶街道后仓村村级老年乐园建成，居士林安养院二期项目、古林安乐园、古林镇郭夏村老年照护院3家养老机构完成扩建。古林镇区域性居家养老服务中心建成，累计有居家养老服务站401个。开展养老机构等级评定，确定A级养老机构4家、AA级养老机构8家、AAA级养老机构5家。全年下拨机构养老建设补助资金1092.56万元，运营补助资金424万元。下拨居家养老服务站点建设补助资金160余万元，运营资金1446万元，服务补助资金1019万元。享受政府购买服务5500人，支出998万元。开展护理培训养老护理员240人。推广"机构—日托—居家"三位一体养老服务信息系统。

【优抚安置】 2016年，鄞州区提高义务兵家庭优待金标准，发放义务兵家庭优待金822户2628万元。全区有重点优抚对象1566人，发放补助金3047万元；60周岁以上农村籍退役士兵5938人，发放补助金799万元；发放优抚"三难"(生活难、看病难、住房难)经费182人62.70万元、重点优抚对象基本生活价格补贴81万元。在钟公庙、横溪、下应、首南、中河、潘火6个镇（街道）开展"爱在优抚"社会化优抚服务试点，向35名6级及以上伤残军人提供免费巡诊服务。接收安置退伍义务兵333人，接收伤残军人5人，安置转业士官12人，发放自主就业退役士兵一次性经济补助金1556.14万元。231名退役士兵参加职业技能教育培训，支出171万元。

【福利彩票】 2016年，鄞州区销售福利彩票3.58亿元，比上年增加3109.80万元，增长9.50%，为国家筹集公益金1.01亿元。电脑票销售2.70亿元，增长3.80%；中福在线销售5938.30万元，增长72.50%；网点即开票销售2814.55万元，下降12.10%。全年使用福利彩票公益金2000余万元，用于全区福利机构改扩建、居家养老服务补助、公益性社会组织扶持等项目。

【地名管理】 2016年，鄞州区开展全国第二次地名普查资料补查与更新工作，报送地名数据8208条，其中历史地名343条，拍摄地名多媒体照片约8000张，制作地名标志登记表1800张，标注1:50000地图10张。举办《鄞州地名故事大观》首发式、《我的鄞州我的名》地名宣传片发行和鄞州地名图文展。开展"浙江省千年古镇（古村落）地名文化遗产"申报，首批申报2个"千年古镇"(高桥、横溪)、8个"千年古村"(新庄村、古林村、沙港村、走马塘村、天童村、韩岭村、陶公村、童村)。

【社会组织管理与培育】 2016年，鄞州区注册登记社会组织69家，累计有社会组织3000余家，其中社会团体207家、民办非企业单位446家、基金会1家、城乡社区社会组织2300余家。开展社会组织网上年检，580家社会组织参加年检。开展社会组织等级评估，30余家社会组织参评，评选AAA级1家、AAAA级7家、AAAAA级7家。开展社会组织人才培训，350名社会团体秘书长以上负责人、民办非企业单位负责人、社会组织财会人员参加培训。依托区3个孵化基地，重点培育、优先发展4类社会组织。与团区委合作，发挥"公益组织苗圃基地"功能，下拨社会组织基地建设补助、公益团队小额资金补助等27万元。开展社会组织公益创投活动，开启"党建+公益"创意投资新模式，投入111万元，扶持优质公益项目45个。

表20　2016年鄞州区核准登记的社会团体一览

单位名称	法定代表人	业务主管部门	登记日期
宁波市鄞州区平安建设志愿者联合会	潘明杰	区委政法委	2016年3月25日
宁波市鄞州区餐饮联合会	潘焕军	区市场监管局	2016年5月10日
宁波市鄞州区高桥镇新庄村商会	唐伟民	区工商联	2016年5月27日
宁波市鄞州区高桥镇古庵村商会	许伟峰	区工商联	2016年6月30日
宁波市鄞州区章水镇商会	周文勇	区工商联	2016年8月17日
宁波市鄞州区花卉盆景协会	朱国平	区农林局	2016年10月9日
宁波鄞州宁波大学校友联谊会	董建伟	直接登记	2016年11月7日
宁波市鄞州区瞻岐镇农民合作经济组织联合会	徐明星	区农办	2016年12月29日

【宫蒲光调研鄞州地名普查及社会救助工作】 2016年9月24日，国务院第二次全国地名普查领导小组副组长兼办公室主任、民政部副部长宫蒲光一行5人，到鄞州区调研第二次全国地名普查和社会救助工作。民政部区划地名司司长柳拯、副市长李关定、省民政厅副厅长罗卫红、市民政局局长杨雄跃、区长陈国军、副区长茅剑辉等陪同调研。宫蒲光听取鄞州区地名普查工作情况汇报，查看地名普查有关资料，翻阅地名文化成果书籍和地图，询问普查中遇到的困难和问题，肯定鄞州区地名普查工作，并提出要求。调研期间，调研组一行实地走访考察“千年古村”走马塘，详细了解当地基本情况和历史文化传承；走访慰问姜山镇2户困难家庭。

【宁波樟村四明山烈士陵园入选第六批国家级烈士纪念设施】 2016年9月6日，民政部公布第六批国家级烈士纪念设施名单，宁波樟村四明山烈士陵园入选。宁波樟村四明山烈士陵园有革命烈士718位，其中有100余位在抗日战争时期牺牲。2009年6月，鄞州区开始扩建烈士陵园，2011年3月底竣工，总用地面积101407平方米，总建筑面积6243平方米，分入口广场区、革命回顾区、瞻仰励志区、烈士墓区、爱国主义教育区、文物保护区6个区域。年均到陵园瞻仰20余万人次。2015年9月，宁波樟村四明山烈士陵园入选第二批100处国家级抗战纪念设施、遗址名录。

（钱怡丰）

村居社区

【概况】 2016年，鄞州区有88个社区和7个城镇居委会，其中全国和谐社区建设示范社区1个、省级和谐社区6个、市级和谐社区59个。建成锦丽、建庄、泰悦和樟蜜4个社区。招录社区工作者85人，举办全区社区干部培训班及新招录社区专职工作者岗前培训班。评选2016年度先进社区27个、先进社区工作者37人。钟公庙街道都市森林社区主任许文君和首南街道九曲社区主任徐艳入选浙江省首批社区工作领军人才人选。

首次将5个镇乡社工纳入全区统一招录平台。规范社工管理平台使用，实时更新社工基础信息、录用调动、工资变动等情况。统一印制社工工作证，实行佩证上岗制度，清理社区专职工作者混岗现象。与宁波社区参与行动中心合作，举办骨干社工能力建设系列沙龙5期，115名持证社工参加。探索创新“课题化+督导制”，由不同等级的督导就社区课题展开研究、制订方案并开展工作。

【社区建设工作会议】 2016年2月25日，鄞州区召开社区建设工作会议。区领导毛春阳、沈剑波、忻国龙、茅剑辉、鲁定国等出席会议。会议回顾总结2015年度社区建设工作开展情况，明确2016年重点工作，指出要改进社区治理体系，完善社区减负增能机制，强化城乡社区自治实践，深化“三社联动”（社区、社会组织、社会工作专业人才联动）工作，激发基层社会活力。会议表彰社区建设工作先进集体和“十佳”社区、社区工作者和社区社会组织。

【城乡社区对口见学示范活动】 2016年5月18日，区民政局组织开展第三次城乡社区对口见学示范活动，以城市社区、农村社区之间分类对口见学为主，城乡社区跨界见学为辅的方式组织实地考察和观摩学习。各镇乡（街道）根据区对口见学方案，自行制订对口见学活动计划，到宁波市各城区学习先进经验和做法。全年组织区级城乡社区对口见学活动3次、市级城乡社区对口见学活动3次。

（邵丹斌）

老龄事业

【概况】 2016年底，鄞州区有60岁以上老年人185019人（不包括梅墟街道和东钱湖镇），比上年增加10734人。老年人口占全区总人口的22.76%，增长0.87个百分点，其中80岁以上高龄老年人24740人，占老年人口的13.37%。实有百岁老人（含虚岁）56人，其中100周岁及以上老人26人。

【“敬老文明号”创建】 2016年，鄞州区开展第二届“敬老文明号”创建活动。以“关爱老人、构建和谐”为主题，择优确定12家单位作为省、市级第二届“敬老文明号”重点争创对象，涉及民政、交通、卫生、供电、社会组织等系统。实施“双关爱”活动，为失能半失能老人、贫困老人开展物质帮扶和精神关爱，组织爱心捐赠、志愿结对等活动。健康家园公益服务中心推出的“益起来——社区交互式健康沙龙”获第二届全国创新为老服务大赛银奖。全区获得浙江省“敬老文明号”表彰2家、宁波市“敬老文明号”表彰9家。

【老年电视大学教学】 2016年，鄞州区老年电视大学完成民办非企业登记，实行浙江老年电视大学鄞州分校和鄞州区老年电视大学两块牌子同一平台运转，区直属教学点建成并开班教学。瞻岐、咸祥、云龙、章水、区直属点5个教学点通过市老年电视大学示范点考评。组织老年电视大学第二课堂送课活动，与市健康家园公益服务中心合作，制定20门菜单课程供各镇乡（街道）、村（居）教学点自行选课并送课下乡，印发《老年健康手册》3000份。征订《老年配膳攻略》《睡出健康来》《浙江传统节庆》《发现身体的危险信号》4套省老年电视大学教材17600本。区老龄工作委员会办公室（简称“区老龄办”）与区财政局联合发文，一次性下拨10万元办学补助经费。

【老年人优待服务】 2016年，鄞州区印发《高龄津贴办理指南》5万份，审核审批6609人。其中，增加2801人，注销2628人，调整808人，数据变更372条，发放高龄津贴1603.91万元，其中区级财政支出917.13万元；发放百岁老人长寿补助金38.85万元。开展“白内障复明工程·鄞医行动”公益活动，区老龄办与区卫生计生局联合印发《关于开展“白内障复明工程·鄞医行动”公益项目活动方案》，对白内障老年手术患者实行费用减免，14个镇乡（街道）83个村（社区）4571名老年人得到检查，查出眼疾患者1135人。组织开展元旦、春节慰问困难老人活动，发放慰问金40万元，慰问困难老年人800人。制作老年人优待证12000余个。落实免费安装老年人“一键通”电话机政策，审核、发放“一键通”电话机约150台，累计3785台。

【“敬老月”活动】 2016年，鄞州区围绕“敬老爱老，全民行动”主题，开展公益宣传、走访慰问、先进表彰、为老服务、文体娱乐5大类活动。评选表彰敬老爱老助老模范人物25人、老有所为模范人物35人；区四套班子领导分5组走访慰问百岁老人、老有所为模范人物及老干部代表，向全区62名老人代表每人赠送1000元慰问金及物品；区民政局、老龄办、慈善总会联合开展助老济困送温暖活动，出资30万元补助600名基层老干部及生活困难的孤、寡、残老人，每人发放500元；各镇乡（街道）与村居（社区）分别慰问90~99岁、60~89岁老人；开展敬老电影巡映、送戏下乡活动，由区老龄办出资，为部分村（社区）及养老机构放映敬老电影45场，送戏下乡9场；联合市健康家园公益服务中心开展老年健康系列志愿服务，组织志愿者123人到25个村（社区）服务老人1000余人次；联合区茶道文化协会开展“茶语清心·养生妙道”敬老活动，组织“重阳品茶会”1场，茶健康养生知识推广活动5场，老年人培训班1期；开展《科技画廊·银龄专版》图版宣传。

（林晟莹）

老区开发建设

【概况】 2016年，全区有革命老区镇乡12个、革命老区行政村151个。鄞州区革命老区开发建设促进会（简称“区老促会”）向151个老区行政村、202户特困家庭、3个革命史迹点、4个民生项目发放补助资金347.34万元。参加中国革命老区促进会首次在北京举办的革命老区手工艺品、特色农产品、老区风貌展览会，征集革命老区村李家坑村、革命历史剧《李敏》及鄞州特色骨木镶嵌、朱金漆木雕、金银彩绣手工艺品和蔺草、雪菜、桂花等特色农产品的照片、文字及部分实物共52件。区老促会获2016年度全国老区宣传工作三等奖。

【“十三五”规划专项调研】 2016年，区老促会按照省革命老区开发建设促进会“十三五”规划专项调研任务，到区人力社保局、财政局、民政局、慈善总会、残疾人联合会、红十字会、总工会、团区委、妇联等单位和章水、龙观、塘溪、咸祥、东吴等镇乡的革命老区行政村，走访尿毒症、肝硬化、癌症、重伤致残家庭，开展问卷调查，向省革命老区开发建设促进会提出4条建议；在区十五届政协五次会议上提交《关于加强对整合后的涉村财政补助资金管理的建议》，被区政府有关部门采纳。

【革命老区电商扶持】 2016年4月中旬，区老促会联合区农林局，选择33个各类农业合作组织和专业大户，到南京参加中国老区建设促进会与苏宁控股集团有限公司联合实施的革命老区电商扶持计划培训。其间，特设鄞州区专场对接会。瞻岐镇农办组织9个合作社参加培训，培训后组织当地专业农户成立“农合联”组织，发展会员60余家，整合辖区内农产品资源建设统一地方品牌和销售平台；鄞南蔬果合作社培训后开发“吃鲜果”网络平台，当年产出蓝莓90%通过平台销售。12月23日，参加省革命老区开发建设促进会在乐清市召开的老区帮扶项目暨电商发展经验交流会，并进行考察交流。

（陆瑞康）

公积金管理

【概况】 2016年，鄞州区住房公积金归集18.74亿元，个人购房、归还贷款本息等支取公积金15.64亿元，累计住房公积金余额40.47亿元。发放公积金贷款1204户，金额7.73亿元，住房公积金贷款余额38.28亿元；发放“公转商”贷款2404户，金额16.19亿元，年底逾期贷款额51.75万元，公积金增值收益5041万元。至年底，全区增加缴存单位760家，缴存职工32206人，净增缴存职工13860人，汇缴人数110203人。

与相关银行签订“公转商”贴息贷款资金协议，全年发放“公转商”贴息贷款2404笔，金额16.19亿元。缩短贷款时限，从受理到审批7个工作日完成。

【公积金缴存基数调整】 2016年7月，区住房公积金管理中心根据《住房公积金管理条例》和市住房公积金管理委员会办公室有关文件通知，调整辖区内职工公积金缴存基数。实施住房公积金制度的单位均应以职工2015年月平均工资为基数，按比例计算月缴存额，缴存额见角、分进元。缴存基数下限为1860元，上限为28615元，缴存比例为5%~12%。

【住房公积金新系统上线运行】 2016年11月28日，宁波市住房公积金综合管理信息系统鄞州平台应用系统接入市本级系统，并对外运行。新系统优化住房公积金的归集、提取、贷款及财务等方面的操作流程和管理模式，特别是公积金提取方面，公积金提取资金由原来的建设银行开具存单变为可直接存入6家银行（工商银行、农业银行、中国银行、建设银行、交通银行、宁波银行）其中1家，并实时到账。

（张旭君）

慈善公益

慈善总会

【概况】 2016年，鄞州慈善募集善款7524万元，其中全区第十六次“慈善一日捐”活动募集慈善资金4725万元。发放各类救助款7918万元。区物资募救中心（慈善超市）募集物资折价11.70万元，发放救助物资36万元。

助困1300余万元，扶助7002户次；助医435万元，扶助2175户次；扶助公益项目432万元，扶助公益福利单位和敬老院17家；助孤支出6万元，扶助孤儿11人。赈灾扶助28万元，扶助受灾35户。

在国家、省、市级媒体上报道近百篇次，在《鄞州日报》上刊登《寻找空间发挥优势搭好慈善扶贫平台》慈善专版。开展慈善进社区活动，在6个社区建立慈善爱心书库。由省慈善总会主办的《浙江慈善》通讯员培训班在鄞州举办，全省40余名通讯员参加培训。雅戈尔集团股份有限公司、奥克斯集团有限公司获第四届宁波市“十大最具爱心捐赠企业”称号，陆信国、吴志光获第四届宁波市“十大慈善之星”称号。三生（中国）健康产业有限公司、雅戈尔集团股份有限公司获第五届浙江慈善奖“机构捐赠奖”。

公布“企业留本冠名基金”和“冠名基金”2015年度使用情况，及时向捐赠人（单位）汇报，接受捐赠人（单位）监督。审计2015年度的财务收支情况，并将审计结果以及2015年度各类救助情况在《鄞州日报》上刊登。

【慈善工程】 2016年10月，鄞州区举行“创业脱贫扶一把工程”扶助金发放仪式，区慈善总会、总工会和农林局向73户受助对象发放创业扶助金64.30万元；累计扶助514户，扶助次数1339户次，扶助资金1132.10万元；脱贫319户，占总数的62%，其中17户进入慈善扶贫基地；帮扶困难家庭350户，户均增收9658元。“关爱生命工程”对385户贫困重大病患者家庭发放助医金543万元。“同一片蓝天工程”发放149万元，扶助贫困外来民工家庭1055户，其中爱心午餐项目出资147万元，为全区28所外来民工子弟学校1050名贫困学生免费提供爱心午餐。“阳光育才工程”支出助学奖学金310余万元，扶助贫困生1326人。“慈爱光明工程”支出59.70万元，扶助贫困患者399人。“慈善夕阳工程”支出28.70万元，扶助公益单位8家。“爱心固长城工程”支出23.30万元，扶助72人。

【慈善基金】 2016年，企业留本冠名基金规模累计7亿元。其中，奥克斯集团有限公司增资1000万元，小额冠名基金、村企结对基金、企业慈善资金建立350万元。企业留本冠名基金增值捐赠应到位3025.10万元，到位2819.10万元，到位率93.20%。镇乡（街道）慈善扶贫基金增值1120万元。鄞州公安分局建立慈善爱警基金503万元，区供电局建立张亚芬慈善资金10万元。村级慈善扶贫基金增加225万元，413个村（社区）慈善扶贫基金累计1.45亿元，增值捐赠1102万元。其中，村企结对基金26个1780万元，村留本冠名增值91个1645万元，用以建标准房出租增值7个642万元，委托总会运作增值47个3206万元。

【春节送温暖活动】 2016年春节前夕，鄞州区举行慈善春节送温暖活动，向22119户贫困家庭发放扶助资金1686万元。通过中心区超市和各镇乡（街道）流动超市，向850户贫困家庭发放总价值36万元扶助物资。走访慰问洞桥镇因病致贫家庭3户，给予春节物资及慰问金。向云龙镇敬老院老人拜年，给予6万余元款物，与老人同吃慈善“年夜饭”，当地草根剧团义工为老人表演节目。组织全区孤儿开展“爱心助孤”温暖大家庭团圆活动，发放压岁钱、奖学金和大礼包。春节送温暖救助情况在《鄞州日报》上刊登。

【贫困大学生助学金发放】 2016年8月26日，区慈善总会举行2016学年贫困大学生扶助金发放仪式。扶助金由区慈善总会、宁波培罗成集团有限公司董事长史利英、麦克英孚宁波婴童用品有限公司、宁波市中瑞工程造价咨询有限公司、宁波舒普机电科技有限公司等共同出资。爱心企业代表向190名贫困在校大学生和107名贫困大学新生各发放3000元和5000元扶助金，12名优秀新老大学生各获得1000元奖学金。

（王冠宇）

善　园

【概况】 2016年8月，善园管理委员会成立，由宁波鄞州银行公益基金会、宁波市善园公益基金会、宁波778创业资源中心、浙江乐善公益园发起，共同愿景为“善善与共，天下大同”，并建立组成机构间的理事长联席会议制度。管委会由陈耀芳、李建国、孙建敏、周国富、严意娜等组成，陈耀芳任主任委员。善园入驻机构有宁波鄞州银行公益基金会、宁波市善园公益基金会、宁波778创业资源中心、浙江乐善公益园、宁波星星雨教育信息咨询中心、宁波市华文汉字应用研究院、家盟亲子演讲俱乐部和“甬派善园公益+”。宁波善园公益联合支部成立。

主办第九次中华慈善百人论坛，承办浙江省社会组织联合会基金会会员第十次联席会议、全国地方金融第二十次年会——公益慈善与社会责任主题研讨会、公益慈善税制半月谈等。联合发起浙江省慈善联合会，组团参展第五届中国公益慈善项目交流会，参加腾讯“99公益日”活动并认领公益项目15个，举办“公益成就梦想，商帮传承未来”公益讲堂、善园2017迎新慈善晚会，参与第三届中国青年志愿服务项目大赛暨2016年志愿服务交流会，与浙江大学宁波理工学院合作创办益立方公益创业班，与甬派合作创办“甬派善园公益+”。Code Club快乐代码项目签约运行，“牵手筑梦”甘肃支教项目第九期实施，乐漫土残障人士技能培训公益项目启动，乡土建筑（构件）保护公益项目首批25个保护、利用项目启动。与万向信托合作发起设立全国首例双受托人慈善信托，爱心旅游直通车公益基金设立，“播种绿色森林，用爱心展望未来”公益活动实施。协办“大爱无声”书画慈善拍卖会、奉化绿城玫瑰园客户答谢会暨慈善拍卖会等。

【宁波鄞州银行公益基金会】 2016年11月1日，中基透明指数FTI公布，宁波鄞州银行公益基金会并列排名全国第一。12月5日，浙江省首批全省性慈善组织公布，宁波鄞州银行公益基金会获省民政厅颁发的法人登记证书。2016年度公益资金收入16827456.58元，其中捐赠性收入9691084.47元，资金增益收入7136372.11元；公益项目支出15069935.54元，基金会行政管理费用支出1214917.17元，基金会筹资费用74267.76元。年末净资产112796397.37元。

【宁波市善园公益基金会】 2016年3月29日，以省道德模范、宁波善园公益基金会理事长严意娜命名的严意娜道德模范工作室在善园挂牌。11月9日，市首批慈善组织认定结果公布，宁波善园公益基金会获市民政局颁发法人登记证书和公开募捐资格证书。2016年度公益资金收入10991461.86元，其中捐赠收入10517224.81元，基金增益和利息收入474237.05元；公益项目支出8429164.20元，管理费用支出126518.96元，筹资费用支出31902.35元。年末净资产23390801.99元。

【善园网"急难救助"项目】 2016年，善园网上线"为独居老人筑起生命温暖的防护——爱心敲门，全城总动员"项目、"志愿者蔡明明有难，急需大家帮助"项目、"横溪古道维护——原来有你"项目、诺丁汉大学"东钱湖，为爱骑行——China Life Cycle6：Cycling for Education Equity"项目、陪您祛除眼中的雾霾——白内障复明工程项目等500余个"急难救助"项目，50余万人次参与捐款，募集善款6900459.28元，为6000余名求助对象救急解困。其中，"医疗救助"项目3904892.74元、"灾害救助"项目126806.73元、"教育救助"项目144670.97元、"贫困救助"项目37733.61元、"特殊群体救助"项目2666709.43元。

【企业（家族）公益慈善基金】 2016年，宁波鄞州银行公益基金会有企业公益基金14个，分别为杭州91.8幸福的士牵手公益基金、圣龙公益慈善基金、国骅公益慈善基金、华龙公益慈善基金、光汉堂书法艺术公益基金、高仕公益慈善基金、蓝海绿业（鄞州园林）公益慈善基金、鄞州区劳模公益慈善基金、刘佳芬特教基金、"红色力量献血队"公益慈善基金、贤风公益慈善基金、麦迪森公益慈善基金、金汇公益慈善基金、睿丰智投公益慈善基金；宁波市善园公益基金会旗下有企业（家族）公益慈善基金5个，分别为横溪古道公益慈善基金、通商公益慈善基金、康康特殊儿童公益慈善基金、爱心旅游直通车公益基金、抗战老兵救助基金。19个基金年度支出6207385.93元，累计支出15102102.93元，余额13909433.08元。

【第九次中华慈善百人论坛在鄞州举行】 2016年6月9—11日，第九次中华慈善百人论坛在鄞州举行。论坛由宁波鄞州银行公益基金会和中华慈善百人论坛主办，敦和基金会和宁波鄞州银行公益基金会共同赞助，主题为"慈善与商业"，海峡两岸暨香港、澳门学界、商界、政府及公益慈善界30位嘉宾及特邀嘉宾、列席人员50余人参加。宁波鄞州银行公益基金会秘书长严意娜主持论坛，理事长陈耀芳致辞。论坛包括"多元与共进：海峡两岸暨香港和澳门社会企业纵横谈""公益：行政化？市场化？道德化？""探索与共识：慈善与商业的伦理及组织的边界"3个主要议题的演讲和讨论，并形成5条共识。

【公益慈善税制半月谈第二期在善园举行】 2016年1月25日，公益慈善税制半月谈第二期在善园举行。活动由清华大学公益慈善研究院和北京大学非营利组织法研究中心共同举办，宁波鄞州银行公益基金会和明德公益研究中心承办，省民政厅、中国国际民间组织合作促进会、市民政局、北京师范大学、上海交通大学、诺丁汉大学等单位领导和专家30余人参加座谈会。清华大学公益慈善研究院院长王名就《中华人民共和国慈善法》草案中体现的税收政策、立法后的税制调整与改革、若干战略性的税收政策3个方面进行破题，省民政厅副厅长梁星心从个人捐赠免税的经历提出4点建议，其他与会专家就《中华人民共和国慈善法》的定位、《中华人民共和国慈善法》与《中华人民共和国税收征收管理法》的关系、《中华人民共和国慈善法》中公益慈善税收相关规定的具体落实、公益慈善税收征管体系改革、各部门间的协调、公益慈善组织的税收等具体问题进行讨论。

【善园2017迎新慈善晚会】 2016年12月26日，善园2017迎新慈善晚会在宁波罗曼丽舍宴会酒店举行。晚会由宁波市善园公益基金会主办，宁波罗曼丽舍宴会酒店捐赠会场及晚宴，市人大常委会副主任胡谟敦、市民政局局长杨雄跃和基金会捐赠人、

2016年12月16日，善园2017迎新慈善晚会举行

合作伙伴、志愿者等600余人参加。晚会现场，善园网成立5个“救急难”专项基金，专项用于医疗救助、教育救助、灾害救助、贫困救助、特殊群体救助5个项目的应急救助。宁波鄞州银行公益基金会捐赠50万元，分别用于5个专项，每项10万元。组织慈善拍卖，拍卖作品21件，均由爱心企业、爱心人士无偿捐赠，以书法作品、印石、木雕、版画等艺术文化形式为主，拍得善款179500元，全部注入教育救助、医疗救助、贫困救助、灾害救助、特殊群体救助5项基金。三生（中国）健康产业有限公司捐赠209万元，用于善园采购景观树、石等。

（徐清幽）

民族宗教工作

【概况】 2016年，鄞州区有少数民族36个，人口41832人，其中土家族14705人，占少数民族总人口的35.15%。有宗教活动场所136处。其中，佛教92处；基督教41处，信徒23425人；天主教1处，信徒175人。有宗教教职人员861人（备案456人）。

鄞州区民族宗教事务局（简称“区民宗局”）组织各镇乡（街道）开展少数民族特困户家庭情况调查，走访慰问少数民族特困户107户，发送慰问金5.35万元。指导区民族团结进步联谊会与咸祥镇妇联开展少数民族妇女庆“三八”妇女节联谊活动，指导音王集团有限公司成立少数民族联谊小组。为199名高考、中考少数民族学生办理加分手续，在章水镇郑家小学开辟民族知识进校园基地。联合区有关部门和镇乡文化站，组织天天文化志愿者到吉林省延边朝鲜族自治州开展“文化志愿者边疆行”活动。

在区“两会”期间，宗教界人大代表、政协委员参政议政，提出建议和提案，得到区领导好评。坚持领导干部联系宗教场所工作制度，开展走访交流。动员宗教界人士和信教群众投身于“五水共治”“三改一拆”“两美浙江建设”等工作。经审核，16处民间信仰场所登记编号。

【宗教活动场所管理】 2016年，区民宗局在全区佛教界开展以“提高僧人队伍整体素质，树立佛教良好形象”为主题的专项工作，学习宗教政策法规和佛教教义教规，开展常住僧人和认定备案的教职人员基本情况普查工作，健全各项制度。严格执行宗教活动场所基本建设审批程序，配合区政府“三改一拆”工作，创建“无违建区”活动。与134处宗教场所负责人签订2016年宗教场所安全工作管理责任书，主要在消防设施配置、消防安全措施、消防工作责任、举行非通常性大型宗教活动时预防重大伤亡事故等方面落实责任。统一制作安全工作小组和安全工作预案图板268块，下发到134处宗教活动场所。要求佛教寺（庵）举办奠基、上梁、佛像开光等法会必须履行报批手续，并控制规模人员，联合当地镇乡政府、街道办事处加强安全督查；基督教各堂点原则上每年只允许举办一次“培灵会”。

【宗教和民间信仰活动场所安全隐患整治】 2016年7月，区民宗局开展宗教和民间信仰活动场所安全隐患大抽查、大排查、大整治、严打非法宗教活动。制订出台《宗教、民间信仰场所安全隐患“三大一严”专项行动实施方案》，区民宗局、各宗教团体、镇乡（街道）宗教民间信仰专管员集中时段、集中力量排查重点环节和重点区域，突击检查和跟踪回访风险高、问题多的场所。开展监督抽查576批次，发现隐患47处，整改43处（4处因房屋墙体开裂房屋需拆除重建）。联合高桥镇相关部门劝阻取缔私设佛堂2处，取缔五乡镇新诚村伊斯兰教非法祈祷点。

【丁伟调研考察天童禅寺】 2016年12月9日，文化部副部长丁伟到天童禅寺调研考察，副市长张明华、副区长卜明长陪同调研考察。市佛教协会会长、天童禅寺主持诚信汇报天童禅寺弘扬1700余年禅宗文化、加强道风建设和开展平安宗教活动场所创建活动等情况。丁伟肯定天童禅寺在保护利用方面所做的工作，对天童禅寺申遗工作和东亚文化之都建设提出希望和要求。

【中韩日佛教茶道交流会】 2016年10月13日，中韩日佛教茶道交流活动在天童禅寺举行。活动由中国佛教协会指导，中国茶禅学会主办，省佛教协会、市佛教协会协办，天童禅寺承办，国家宗教事务局局长王作安，市、区领导余红艺、胡军、李关定及中、韩、日三国佛教代表团成员等300余人参加活动，中国佛教协会理事、市佛教协会会长、天童禅寺住持诚信主持活动。交流会分3部分。其中，中国代表吴钊、杜如松共颂曲目《关山月》，韩国代表大韩佛教曹溪宗全国比丘尼茶人会法师的禅茶一味，日本茶道表演千家茶道。与会大德法师瞻仰天童禅寺历代高僧大德画像，并合影留念。

【第三届天童禅宗文化研究交流大会】 2016年11月21—22日，第三届天童禅宗文化研究交流大会在天童禅寺举行，全国各地300余名法师、学者参会。学术研讨分5场，参会法师、学者围绕佛教文化展开研讨和交流，现场交流涉及《寄禅敬安禅师驻锡天童期间的贡献》《寄禅法师对近代中国佛教的贡献》《天童寄禅法师之诗文集中所映现的佛教思想》《天童寄禅与日僧交往事迹及其意义》等论文，并展示在天童寄禅禅师与民国佛教文化方面的研究成果。

（丁志国）

关心下一代工作

【概况】 2016年，鄞州区有基层关工委组织795个，其中村关工委349个、社区关工委88个、民营企业关工委322个、学校关工委36个，参与关心下一代工作的“五老”（老干部、老模范、老教师、老战士、老专家）2841人，区级思想道德教育宣讲团、关爱工作团、中小学校外辅导员、网吧义务监督员4支队伍148人。区教育局关工委获评浙江省关心下一代工作先进集体，区关工委、下应街道关工委、石碶街道关工委获评宁波市关心下一代工作先进集体，龙观乡关工委、云龙镇关工委被市关心下一代工作委员会命名为“五好”镇乡（街道）关工委，东吴镇平塘村等25个村（社区）关工委被命名为“五好”村（社区）关工委。

下发《关于做好2016年暑期“假日学校”工作的通知》，增设非物质文化遗产实践活动、地方文化教育、孝德教育和普法教育活动。全区举办“假日学校”149所，参与青少年9065人。其中，小候鸟及外来务工人员子女4082人，参与“假日学校”管理、教学工作的志愿者1824人（包括“五老”524人、大学生志愿者490人）。与区教育局关工委联合组织“感恩老师，超越自我”夏令营活动，100余位优秀学生和20余位“五老”人员参加。

【全区关工委系统培训】 2016年7月19日，区关工委召开全区关工委系统培训班。各镇乡（街道）关工委常务副主任、专职副主任，村（社区）关工委代表，“两团两员”代表，学校关工委负责人，民营企业关工委代表和区教育局关工委、区民营经济关工委负责人及秘书长等170人参加。重点学习习近平对关心下一代工作的重要指示，并对各项主题教育活动、关工委“五老”队伍建设和信息宣传提出要求。市关心下一代工作委员会副主任刘永成、象山县关心下一代工作委员会副主任张来伟、海曙区银发志愿者协会会长姜洪运分别就学习习近平重要讲话精神、做好镇乡（街道）关工委常务副主任工作和海曙区关心下一代银发志愿者协会工作开展情况进行授课。云龙镇关工委、龙观乡关工委负责人分别作经验交流。

【党史国史教育】 2016年，区关工委依托“爱国主义教育基地”“校外图书室”“假日学校”等关心下一代校外教育阵地，开展“弘扬爱国精神，追寻先烈足迹”“巧手编绘手抄报——‘两学一做’来宣传”“一部顽强的史诗，一个伟大的政党”等活动。与区新四军历史研究会联合，以“缅怀先烈、铭记历史”为主题，组织200余名青少年与30余名“五老”人员在咸祥镇芦浦暴动纪念碑前举行祭扫祭奠活动。各基层关工委邀请“五老”在各村（社区）开设专题教育讲座325场，讲述红军长征史、共产党发展历程及鄞西老区革命斗争史。开展“红色影片展播周”活动，播放爱国爱党教育影片106场次。组织“假日学校”师生看望“老战士”41人，听革命前辈讲述红色故事。石碶街道关工委邀请街道“两学一做”讲师团成员为各社区青少年讲述党史国史知识24场次。

【“关爱明天、普法先行”活动】 2016年6月，区关工委下发《关于开展“关爱明天、普法先行”——青少年普法教育活动的通知》，把“关爱明天、普法先行”主题活动与社会主义核心价值观主题教育等活动结合起来。在暑期举办的“假日学校”中，巡回播放《代号12348》教育动画片及普法影片149场次；开展青少年普法知识实践体验活动，发放《全国青少年普法教育读本》4228本；带领青少年参观区法治文化中心，邀请司法所干部、法律讲师、律师志愿者、民警等开展“法律知识进校园、进社区、进企业”普法宣讲活动149场。制作普法教育漫画宣传版面，在各村（社区）“假日学校”展示宣传。姜山镇关工委与市中级人民法院、姜山镇中学合作，建设“青少年法制教育基地”，开展“模拟法庭”实践活动。

【区关心下一代志愿者协会获批】 2016年3月，区关工委成立宁波市鄞州区关心下一代志愿者协会筹建小组，组织部分镇乡（街道）关工委负责人到海曙区学习银发工作室和银发志愿者队伍建设经验。筹委会到区委组织部、区民政局等单位，协调协会筹建事宜。拜访部分退休老干部、老教师，邀请其参与志愿者协会工作。选拔拟担任会长人选1人，副会长人选4人，首批会员82人。组织起草《宁波市鄞州区关心下一代志愿者协会章程（草案）》，并召开筹建小组会议进行讨论、修改和完善。10月中旬，区关工委向区民政局提交申请。11月2日，区民政局批准成立宁波市鄞州区关心下一代志愿者协会。

（陈 晛）

残疾人工作

【概况】 2016年，全区有持证残疾人28201人，其中视力残疾4973人、听力残疾6443人、言语残疾646人、肢体残疾10058人、智力残疾2817人、精神残疾2899人、多重残疾365人。全年增加残疾人1369人，自然减员1257人，实际净增112人。

开展残疾人基本服务状况和需求信息数据动态更新工作，了解残疾人家庭收入、住房、教育、就业、社会保障、医疗康复等方面需求，更新录入残疾人需求表2.80万份。开播残疾人手语电视节目。市残疾人工作委员会发文表彰2016年先进社会助残组织和自强之星，君乐阳光家园获评“最具爱心助残服务机构”，宁波卫生职业技术学院“爱撒无声”言语康复志愿服务队、浙江万里学院“随手微爱社”获评“最具爱心助残志愿组织”，“板凳厂长”张之钧获“最具影响力自强之星”称号。举办“蓝丝带·飘起来——鄞州区第三届关爱自闭症儿童公益倡导行动”。推进无障碍设施进家庭工作，为109户残疾人改造家庭无障碍设施。

举办浙江省残疾人艺术团专场文艺演出。组织开展区首届“自强杯”残疾人门球比赛，组队参加市残疾人健身季活动、第二届聋人运动会和“迎残奥”残疾人青少年游泳锦标赛。云龙镇残疾人运动员黄成和高桥镇残疾人运动员楼成泉参加第31届残疾人奥林匹克运动会。

“维护残疾人合法权益”有关内容被纳入年度全区“平安鄞州”考核评审条件。发放《残疾人旅游服务指南》600册。承办和受理残疾人区长信箱、区长热线5次，受理来访76人次、来电112人次、来信5件，受理区委主要领导批示件2件、区人大代表建议1件、区政协提案2件，办结率100%。全区无残疾人上访、群访事件发生。

【残疾人扶助】 2016年，鄞州区落实原残疾人生活补助金政策，16379名残疾人享受生活补助金1780余万元。实施残疾人基本生活保障工程，全区享受重度残疾人生活保障工程人数887人，发放补助金874万元。开展残疾人生活保障扩面工程，2298名残疾人享受生活保障完善工程，发放补助金1998万元。出台《关于加快推进残疾人全面小康进程的实施意见》《鄞州区困难残疾人生活补贴实施办法》和《鄞州区重度残疾人护理补贴实施办法》。为33名残疾人大学生学宿费实报实销，救助金额33.26万元；向15户困难残疾人家庭发放临时救助金。向贫困白内障患者实施医疗救助，425名患者重获光明；累计为1743名各类残疾人提供机构康复医疗救助；实施残疾人托（安）养工程，集中托养227名残疾人，居家安养491名残疾人；实施残疾人安居工程，40户残疾人家庭被列入安居工程补助对象（其中20户属于危房修缮，20户属于住房困难户享受租赁补贴）；元旦、春节和“全国助残日”期间，全区走访慰问5573名残疾人，发放慰问金（慰问品）465万元。全区38家福利企业集中安置872名残疾人就业，1134家企事业单位分散安置2155名残疾人就业。实施福利企业下岗职工社保补助，下拨社保补助款182.09万元，补助下岗残疾人662人。扶持15个市级以上残疾人种养业扶贫（示范）基地，带动275名农村残疾人就业。实施残疾人就业创业帮扶，帮扶28户残疾人“自强创业示范户”，下拨扶持资金23.90万元。全区23家残疾人庇护就业中心（阳光家园）中9家创建为省、市级，为436名中轻度智力精神残疾人提供生活照料、技能训练、康复护理、工疗娱乐服务。开展就业年龄段残疾人就业和职业培训实名制调查工作，录入10151名就业年龄段残疾人就业、培训状况和需求信息。组织62名残疾人参加省、市残联盲人保健按摩和网页设计等职业技能项目培训，组织9名高技能残疾人参加省残疾人工匠大赛。

【康复服务】 2016年，鄞州区实施残疾人康复工程，6280名残疾人受益，投入康复救助资金约690万元。其中，为2310名残疾人配发助听器、助视器、轮椅、护理床等辅助器具，为3970名残疾人实施白内障复明、孤独症康复、智残康复、听力言语康复机构医疗康复救助，完成新发0~6周岁疑似残疾儿童康复跟踪服务。在17个镇乡（街道）探索开展辅助器具适配需求调查，调查残疾人14297人。落实残疾人契约式家庭医生制签约服务工作，1747名残疾人签约家庭医生服务，签约服务率6.12%。建立省、市、区三级社区康复示范站30家，开展社区残疾人建档立册、功能训练、康复转介等社区康复服务。举办全区辅具适配培训班，9期康复机构专业人员及残疾人亲友康复知识培训，共培训各类人员3000余人次。13家残疾人服务机构安装独立式感烟报警器65个。区辅助器具服务中心开展辅具适配需求调查12314人，区启迪幼儿园为130名残疾儿童提供教育康复服务，鄞州慈善康复中心及其分部为220名精神残疾人提供康复托养服务。

【手语电视栏目开设】 2016年5月15日，区残联与区广播电视台合作，在鄞州电视台首播手语同步直播节目，每周1期，具体内容为《鄞视周刊》专栏的《一周新闻回顾》和《圈点》。鄞州一套播出时间19:30—19:45，重播时间22:00—22:15、次日12:00—12:15；鄞州二套播出时间8:00—8:15。全年播出25期。

【省政府残疾人工作委员会调研组调研鄞州残疾人工作】 2016年6月14日，省政府残疾人工作委员会副主任，省残疾人联合会党组书记、理事长郑瑶率领调研组一行6人到鄞州区调研，副市长李关定、区长陈国军、副区长茅剑辉陪同调研。调研组实地参观为孤独症（自闭症）儿童提供教育康复的小星星特殊儿童训练部和为听力言语障碍儿童提供教育康复的小雨点听力语言训练中心，走访君乐阳光家园、区残疾人辅具服务中心，了解“无障碍设施进家庭”情况，看望并慰问残疾人张爱芳。调研组肯定鄞州区在残疾人辅助性就业、儿童康复服务、残疾人无障碍设施改造等领域进行的各项探索，并提出要求。

【省残疾人艺术团专场文艺演出】 2016年5月13日，省残疾人艺术团专场文艺演出在区文化艺术中心举行。主题为“中国梦、两美情、残健行”，省残疾人艺术团表演舞蹈《千手观音》《潮》《姑苏好风光》等节目。市残疾人联合会和区委、区人大、区政府、区政协四套班子领导及嘉宾830余人观看演出。

（郑绿枝）

2016年5月13日，省残疾人艺术团专场文艺演出在区文化艺术中心举行

街道·镇乡

百丈街道全景图

下应街道

钟公庙街道

石碶街道

梅墟街道

中河街道

首南街道

潘火街道

福明街道

白鹤街道

东郊街道

百丈街道

明楼街道

东胜街道

东柳街道

新明街道

瞻岐镇

咸祥镇

塘溪镇

东钱湖镇

东吴镇

五乡镇

邱隘镇

云龙镇

横溪镇

姜山镇

高桥镇

横街镇

集士港镇

古林镇

洞桥镇

鄞江镇

章水镇

龙观乡

下应街道

【概况】 2016年，下应街道辖9个行政村、4个社区、1个渔业社和1个居委会。区域面积9平方千米，户籍人口15721人，流动人口16573人。实现地区生产总值16.150亿元，比上年增长15.20%。财政总收入6.19亿元，其中一般公共预算收入3.68亿元。农村常住居民人均可支配收入31968元，增长8.80%。

实现农林牧渔业总产值3556万元，减少2.90%。13个村（社）财务总收入14239万元。实现工业总产值24.09亿元。规模以上企业12家、规模以下企业257家，从业人员5487人。规模以上工业企业实现产值16.69亿元、销售16.34亿元、利润总额3.78亿元、利税总额4.75亿元。研究与试验发展经费投入0.42亿元，占GDP的比重为2.55%。全社会固定资产投资34.37亿元，其中房地产投资13.03亿元。实现服务业增加值3.35亿元，增长14.30%。限额以上商品零售额0.70亿元，社会消费品零售额2.55亿元。进出口总额1.93亿美元，其中出口总额1.52亿美元。专利授权量52件，其中发明专利27件。引进人才351人，其中“四高”（高学历、高职称、高技能、高级经营管理）人才12人。引进上海指南设计鄞州公司、斯贝公司氢能微型发电机等项目。“汇聚·创业里”孵化基地入驻科技、文化及电子信息产业100余家。宁波美康生物科技股份有限公司获首批国家“基因检测示范中心”设置批示及国家企业技术中心、国家知识产权局优势企业、浙江省安全生产二级企业、宁波市市长质量奖、区“大力神鼎”等荣誉。宁波培罗成集团有限公司完成工业4.0改造和智能信息化建设。宁波科达工贸有限公司在“新三板”挂牌上市。宁波德鹰精密机械有限公司被工业和信息化部评为第一批60家制造业单项冠军示范企业。

拆迁签约127户，总拆除面积17万平方米。史家码新村、洋江水岸幼儿园、智能健康产业中心、云龙互通连接线、迎祥路、虹麓路和胜利村地块7个区块拆迁“清零”，轨道交通4号线集体土地房屋全部拆除。景湖水岸二期建成并完成安置房抽签分配，洋江水岸一期基本建成，江六新村一期主体结顶，江六新村二期主体施工，万科桂语里项目主体施工，原培罗成厂房融创地块进

2016年11月29日，宁波市国家基因检测技术示范中心启动

表21　2016年下应街道各行政村（居委会）基本情况

行政村（居委会）	面积（平方千米）	户数（户）	人口数（人）	集体经济总收入（万元）	集体经济总费用（万元）	总资产（万元）
江六村	0.92	460	1185	890	824	7545
黎明村	0.83	336	861	657	655	5302
史家码村	0.89	303	804	516	508	4731
河东村	0.68	286	729	660	621	3444
河西村	0.62	299	746	319	320	4578
胜利村	0.77	348	835	672	546	5366
东升村	0.83	271	731	350	280	1144
姜村村	1.52	465	1302	2208	769	7240
湾底村	1.60	350	1034	5537	1412	56369
下应居委会	0.34	465	1165	—	—	—

说明：表格中数据为调查数

场施工，下应农贸市场桩基工程完工，美康智能健康产业中心项目开工建设。立德路建成通车，大明路项目完工。城市工业社区投入运营，文溯公寓引入上海景瑞物业实行市场化管理。"三改一拆"拆违10.46万平方米。"两路两侧"工作整治市定重点路段2条，整改问题点位8处。"蓝色屋面"整治7.50万平方米。疏浚河道11.90千米并通过验收。开展菜场内部及周边环境综合整治行动，菜场周边2处拆迁地块实行停车位改造，增加车位200余个。海创社区获评浙江省节水型社区。

增加被征地农民养老保险31人；失业、工伤、生育等参保人员2202人；城镇居民医保4503人，城镇居民医保参保率100%。困难群众大病救助41人次，发放资金47万元。向低保、贫困重度残疾人及残疾人基本保障对象发放资金62万元，发放医疗困难补助120万元。办理失业登记411人，发放失业救济金312万元。教育支出占财政总支出的46%。中国教育科学研究院附属鄞州中海实验小学、宁波市第一幼儿园鄞州分园建成并投入使用，下应街道中心小学新校区落成。李关弟中学被列入教育部课改实验学校。60岁以上农保老人体检率74.80%，常住人口电子健康档案建档率82%，当地户籍孕产妇建卡率94.70%，户籍儿童体检覆盖率97.30%。完成浙江省、宁波市卫生村复评和宁波市卫生单位、宁波市无烟学校创建。湾底村蝉联"全国文明村"称号。黎明村、东升村、河东村、胜利村和河西村完成村史编撰。开展"周日文化"、手艺·时光之旅等活动，推出曲艺表演、专题晚会、公益演出60余场，放映电影110余场，获宁波市文化礼堂大赛金奖。中国插画艺术馆开馆。海创社区创建为国家级地震安全示范社区，并获评宁波市科普示范社区。

【宁波科达工贸股份有限公司在"新三版"挂牌】 2016年5月9日，宁波科达工贸股份有限公司在全国中小企业股份转让系统（简称"新三板"）挂牌。证券简称：宁波科达；证券代码：837577，股本：1250万股。主办券商为华安证券，法律顾问为上海市锦天城（深圳）律师事务所，财务审计为天健会计师事务所（特殊普通合伙）。公司成立于2003年12月，是专业从事汽车铝合金配件新材料研发、生产、销售及服务的国家级重点高新技术企业，2016年营业收入11380万元，净利润2237万元。

【上海指南工业设计有限公司引进】 2016年6月6日，上海指南工业设计有限公司与区政府签约，落户下应街道。签约后，公司三年内至少服务当地制造业企业50家，为鄞州区域经济贡献千万元。上海指南工业设计公司是中国最早的工业设计公司，业务覆盖工业设计、创新咨询、设计落地与创新孵化等全产业链服务机构，获得包括红点、IF在内的创新设计领域全球最高奖项，2013年被认定为首批中国国家级工业设计中心。至年底，完成公司注册及办公用房装修。

【湾底村党委获"全国先进基层党组织"称号】 2016年7月1日，在北京举行的庆祝中国共产党成立95周年大会上，下应街道湾底村党委被中共中央授予"全国先进基层党组织"称号。湾底村党委把村庄整治与发展经济、保护农村生态环境结合起来，走出一条以城带乡、以工促农、城乡一体化发展道路，实现强村富民跨越式发展，曾获得"全国文明村""全国民主法治示范村""全国农业旅游示范点""国家生态村""省首批全面小康建设示范村""省'双强百佳'行政村""省先进基层党组织和'五好'村党组织"等称号。2016年底，湾底村村党委下设党支部5个，有党员100人；全村净资产7.80亿元，年可用资金3000万元。

【中国插花艺术馆开馆】 （参见"文化·新闻"类目"文物博物·图书·遗产保护"分目）

【景湖水岸（二期）项目建成】 2016年10月，景湖水岸（二期）项目建成。该项目位于下应街道黎明村，东靠河流，南、西至钱湖一号路，北接景湖水岸一期。项目总投资9021万元，总用地面积16560平方米，建筑面积23029平方米，其中住宅面积19000平方米。12月24日，举行安置房抽签活动，有不同套型房源210套，分5批次抽签安置94套房屋。

（王 静）

钟公庙街道

【概 况】 2016年，钟公庙街道辖12个社区、11个村股份经济合作社。区域面积11.37平方千米，总人口12万人，其中户籍人口2.83万人。实现地区生产总值34.68亿元，比上年增长27.90%。财政总收入11.65亿元，其中一般公共预算收入7.20亿元。

实现工业总产值49.36亿元。规模以上工业企业29家，实现产值47.55亿元，增长55.30%。全社会固定资产投资106.84亿元，其中服务业投资105.38亿元。合同外资6306万美元，实际利用外资2682万美元；引进内资24.46亿元；"浙商回归"资金7.99亿元。自营进出口企业129家，实现进出口3.75亿美元。限额以上社会消费品零售额36.64亿元，增长3.50%；限额以上商贸业销售额51.95亿元，下降3.30%。引进途今酒店中国总部、江西联创电子、博纳国际影城、沃尔玛山姆商店等项目。引进宁波易金云信息科技有限公司、浙江荔峰集团有限公司等金融企业10余家。创建国家级高新技术企业2家，市级创新型企业6家，区级工程技术中心5家。

拆除违法建筑和老旧厂房10.67万平方米。实施河长制，处理河道问题60余个。完成7家企业签协和长丰二村棚改意愿征询，傅家埭安置房和鄞州公园二期南侧5号地块净地交付。南部商务区三期B地块、大梁山北侧等9个地块挂牌出让。华侨城欢乐嘉苑、华茂悦峰等5个小区通过验收并交付。华侨城C地块、江山万里等5个重点项目开工建设。清理杭甬高速沿线各类垃圾430余吨，拆除违章搭建农棚30余间。落实14个城市节点的街景提升

表 22 2016年钟公庙街道各行政村（社区）基本情况

行政村（社区）	面 积（平方千米）	户 数（户）	人口数（人）	集体经济总收入（万元）	集体经济总费用（万元）	总资产（万元）
新林村	0.40	198	501	1224	132	14116
铜盆浦村	0.51	167	353	735	531	13982
铜盆闸村	0.72	391	874	1332	1352	30450
钟公庙村	1.53	898	2192	1405	1323	55888
都市森林社区	0.93	668	4096	—	—	—
繁裕社区	1.20	1413	4848	—	—	—
后庙社区	0.80	671	2088	—	—	—
金家漕社区	0.31	1407	3430	—	—	—
长丰社区	0.80	1534	3851	—	—	—
金宁社区	0.21	179	1054	—	—	—
钟裕社区	0.66	199	1979	—	—	—
凌江社区	0.24	367	2365	—	—	—
钟公庙社区	1.10	1605	3845	—	—	—
惠风社区	2.20	615	1536	—	—	—
泰安社区	0.23	1073	3474	—	—	—
金色水岸社区	0.80	1589	2627	—	—	—

说明：表格中数据为调查数

改造。完成施家塘、章家地块内房屋清零和围墙修补。投资建设“智慧钟公庙”项目，安装195个点位285个摄像头，实现辖区内主要区域监控无盲点。

公共服务中心办理各类事项7万余件。养老保险和社保参保率分别为97%和90%，劳动合同签订率90%。处置劳动仲裁70件，挽回经济损失385万元。发放民政低保金60.50万元、救灾救济扶助金82.94万元、残疾人救助金22万元。投入2600万元，维修与改建钟公庙中学、钟公庙小学等7所学校。启动金家漕小学改造工程，落实长丰小学、鄞州公园南侧九年一贯制学校筹建和钟公庙中学扩建工程。举办周日文化活动210场、周日课堂60场、公益演出活动94场、公益性培训66场。承办2016宁波市排舞教练员培训班以及宁波市排舞大联动，举办2016钟公庙街道羽毛球比赛和第十三届商贸文化艺术节。街道排舞队获浙江省第二届女子体育节健身排舞比赛团体一等奖和宁波市健身排舞总决赛规定曲目一等奖。

金家漕小学扩建项目效果图

【基层党建品牌“橙色25℃”揭牌】 2016年10月18日，钟公庙街道基层党建品牌“橙色25℃”揭牌。“橙色25℃”党建品牌以“党建有力度，城市有温度”为工作要求，通过3年时间，实现建设区块与管理区块全覆盖，构建社区、村（股份经济合作社）、“两新”、机关和破难领域5个重点区域的“二片五核”城乡融合党建先行区，将党建工作与街道重点工作相结合，破解每个区块工作难点，为建设“宜居、宜业、宜商”的品质钟公庙提供组织保障。至年底，开展“五水共治你我参与”“寻找社区十佳优秀劳动者”等活动10余次。

【钟公庙街道第十三届商贸文化艺术节】 2016年9月18日，钟公庙街道第十三届商贸文化艺术节启动。10月18日，在钟园文化广场举行艺术节开幕式暨"十二五"群文精品展演。艺术节结合鄞州区"义乡鄞州——家风家训建设年"活动，以"义乡鄞州·尚善钟公"为主题，历时2个月。其间，开展戏曲大观园、魅力好歌声、排舞精英赛、趣味运动会、购物美食节等活动50余场次，参与群众3万人次。

【繁裕四期安置小区开工建设】 2016年10月，繁裕四期安置小区开工建设。项目位于钟公庙村，东临保丰路，南临四明西路，西临广德湖北路，北临堇山西路，总占地面积77249平方米，总建筑面积约21万平方米，其中住宅面积约13万平方米，有住宅1410套，总投资84218万元。

【金家漕小学改扩建工程项目启动】 2016年7月，金家漕小学改扩建工程启动。项目位于长丰区域，东至鹅菜江，南至金家一路，西至金家漕公园，北至金家新村。学校总用地面积15997平方米，总建筑面积20770平方米，其中保留改建建筑5770平方米、新建教学及教学辅助用房6555平方米、办公用房682平方米、生活服务用房3263平方米、地下室4500平方米，并在建筑屋顶建设200米环形跑道等室外体育活动设施。改扩建后，学校规模由16班扩至36班。至年底，完成项目建议书立项、设计招投标等工作。

（施 南）

石碶街道

【概况】 2016年，石碶街道辖15个行政村、6个社区、1个渔业社。区域面积34平方千米（其中建成区9.30平方千米），常住人口5.10万人，外来人口登记在册7.90万人。实现地区生产总值94亿元，比上年增长0.30%。财政总收入17.80亿元，其中一般公共预算收入8.40亿元。

78家规模以上企业实现产值250.12亿元、销售242.66亿元、利润总额9.32亿元。固定资产投资39.40亿元，增长43.50%，其中工业投入11.32亿元。规模以上服务业增加值37.82亿元，增长35%；规模以上服务业营业收入273亿元，限额以上商品销售额250亿元，社会消费品零售额61亿元。引进内资30亿元、"浙商回归"资金30.94亿元。合同外资7567万美元，实际到位外资4394万美元。申报500万元以上技改项目13个，其中1亿元以上项目1个。批准高新技术企业1家，申请发明专利204件，授权专利491项，其中发明38件、实用新型94件、外观设计359件。优淘电子商务园和富港电商城开始运营，其中富港电商城总投资约10亿元，引进企业24家。

机场三期扩建工程签约拆迁户778户，拆迁面积11.43万平方米。奉化江堤防工程、214省道改建工程全部或基本完成拆迁。日中纺地块、皎河路工程、风棚碶泵闸工程、首南西路西延工程拆迁"清零"。黄隘新村一期进入竣工验收阶段；塘西新村B、C地块新村建设项目地下室施工完工，地上部分施工接近结顶；横涨村新村下水碶安置项目主体工程完工；庄湾沁园第一批大龄青年与无房户保障房抽签完成；万隆花苑安置小区通过验收；机场安置A地块全部结顶；建庄4号、5号地块开始施工。吴剑鸣医院迁建工程、石碶实验小学建设工程基本竣工。田莘耕中学教学楼和雅戈尔中学运动场改造工程投入使用。石碶北路、石泉路、雅源路电力排管新建工程及雅戈尔大道街景整治完工，塘西中路改造工程开工。铺设东杨村、车何渡村主要道路连接214省道污水主管和横涨村横涨桥截污管，车何渡村农村生活污水治理工程通过验收。清淤、疏浚千丈镜河和南江河等河道。集中关闭拆除畜禽养殖场4家。"三改一拆"拆违16.20万平方米。开展"两路两侧""四边三化"和"三居"专项行动，整治点位140个。开展"蓝色屋立面"专项整治，投入资金600余万元，整治107万平方米，整改点位141个。37家企业、1家医院和5所学校办理排水许可证。

4525家企业社保基数申报31164人，申报率98.10%。处理劳动争议仲裁案件101件，办理简易工伤案件22件，涉及金额339万元。发放各类救助金540余万元，救助6113人次。艺韵等4家幼儿园通过省优质园复评。创建为全国社区教育示范街道。举办浙江省首届社区好声音、宁波文化百科大讲堂、第六届王应麟读书节开幕式等活动。"天天演"演出45场，村文化礼堂演出10场。

2016年9月18日，钟公庙街道第十三届商贸文化艺术节开幕式暨"十二五"群文精品展演举行

表 23　2016 年石碶街道各行政村（社区）基本情况

行政村（社区）	面积（平方千米）	户数（户）	人口数（人）	集体经济总收入（万元）	集体经济总费用（万元）	总资产（万元）
石碶村	1.50	1071	2997	1145	199	8365
塘西村	1.50	849	2174	3892	429	21457
雅渡村	1.60	863	2278	796	160	6338
冯家村	1.20	931	2531	207	227	4209
后仓村	1.50	672	1744	353	199	2338
黄隘村	1.60	603	1591	547	166	16057
联丰村	1.50	540	1299	275	322	7632
星光村	1.30	1080	2607	605	300	5467
栎社村	1.50	1185	2701	264	278	2900
汪家村	1.80	813	2074	425	289	5899
东杨村	2.10	666	1641	479	298	1409
横涨村	2.50	1130	2660	897	409	9242
西杨村	2.10	751	1765	206	198	1433
上王村	2.50	586	1431	222	209	1440
车何渡村	2.60	880	2162	304	275	4228
建庄社区	1.50	598	1558	891	128	9460
石碶社区	—	3072	7675	—	—	—
东方社区	—	1629	4888	—	—	—
新区社区	—	1768	4585	—	—	—
丽洲社区	—	530	1409	—	—	—
锦丽社区	—	11	23	—	—	—

说明：表格中数据为调查数

【优淘电子商务产业园开园】 2016年4月19日，优淘电子商务产业园开园。该园位于石碶街道建庄工业园区，于2015年8月开始筹建，第一期建设规划面积3.10万平方米，2016年开园面积1.60万平方米。根据功能定位，产业园形成电子商务服务、电商人才培养输送、电商企业孵化、仓储物流服务、生活后勤服务5大功能板块。至年底，园区入驻企业20家。

【老旧小区改造完成】 2016年4月，北路二村改造工程完工，石碶街道老旧小区改造工程完成。石碶街道主城区老旧住宅小区改造始于2011年；2012年6月，包括万国新村、北路一村在内的3个老旧小区率先启动改造；2015年，梦江花园、北路二村等3个老旧小区的改造被列为民生实事工程。老旧小区改造涉及面积33万平方米，投资1.10亿元，惠及居民3516户。

【《石碶志》出版发行】 2016年8月，《石碶志》由宁波出版社出版发行。该书于2013年3月启动编修，由俞国平任主编，上限始于1949年5月25日，下限至2012年12月31日，设16编、49章、168节，约110万字；配照片250幅，分为上下两册，反映街道自然、政治、经济、文化和社会的变迁。

2016年8月，《石碶志》出版发行

【石碶街道建庄社区成立】 2016年8月29日，石碶街道建庄社区支部委员会、建庄社区居民委员会挂牌成立。建庄社区是该街道首个由村改成的社区。社区东起奉化江，南接鄞州大道，西至万泉路，北到万兴路，主要包括庄湾沁园和万隆花苑两个安置小区，有居民2424户。建庄社区原为建庄村，由3个自然村组成，总人口1582人。2010年9月，该村采用整体搬迁模式启动新村建设，2015年10月完成抽签分房工作。

（孔卫飞）

梅墟街道

【概况】 2016年，梅墟街道辖7个行政村、8个社区。区域面积18平方千米，户籍人口2.70万人，流动人口4万余人。实现地区生产总值31.70亿元，比上年增长23%。财政总收入4.10亿元，增长47%。

实现工业总产值39.30亿元。服务业总收入126.30亿元，增长37%。技工贸总收入165.60亿元，增长24%。实际招商引资25.05亿元，增长22.80%，其中市外内资6400万元、省外资金5700万元、协议外资1015.88万美元。引进新材料、电子信息、智能制造、科技服务、互联网+、商贸物流等相关产业研发、生产与服务企业513家，其中新材料企业10家。注册资本5000万元以上企业11家，1000万元以上62家，500万元以上78家。

实际拆迁面积14.40万平方米，其中住宅4.40万平方米、非住宅10万平方米。滨江一期、二期和梅北二期3个安置小区实际抽签4776套，抽签率99.50%。推进梅墟社区棚户区改造项目，两周内签约率80%。滨江三期安置房基本建成，滨江四期、梅南四期安置房主体完工。船舶交易市场、亿嘉商业广场项目主体完工，钢贸城项目二期基本建成。高新区党群服务中心投入使用，绿地公园、鄞州职高山体滑坡等项目通过竣工验收。开展“清爽梅墟”系列活动。贯彻“五水共治”工作部署，落实街道“河长”定期巡查制度。

举（承）办城乡统筹就业招聘会3场，推出就业岗位2300余个。发放6类就业创业补贴918.73万元，覆盖创业岗位93个，惠及群众2670人。受理劳动调解案件79起，涉及人数108人，涉及金额68.50万元。开展企业劳动保障审核，审核用工单位653家。办理社保医保申报与补缴1228人次，

表24　2016年梅墟街道各行政村（社区）基本情况

行政村（社区）	面积（平方千米）	户数（户）	户籍人口数（人）	集体经济总收入（万元）	集体经济总费用（万元）	总资产（万元）
庄前村	—	308	799	608	2936	7402
涂田涨村	—	222	571	1644	2090	8362
大漕村	—	406	1086	4549	3859	5758
上王村	—	425	1042	1186	2754	6840
钱家村	—	536	1483	438	4653	665
大池村	—	180	440	2887	2359	5185
澳嘉桥村	—	351	850	579	1902	318
龙山村	—	472	1234	3351	3944	576
方桥村	—	397	1003	3324	1971	13323
菁华社区	0.04	1584	73	—	—	—
梅苑社区	0.26	3103	3834	—	—	—
梅福社区	1.75	4326	4927	—	—	—
聚贤社区	0.23	1241	1467	—	—	—
广贤社区	0.30	3538	3015	—	—	—
梅沁社区	0.20	2884	2302	—	—	—
翔云社区	1.60	860	547	—	—	—
梅墟社区	0.80	637	2582	—	—	—

说明：1.龙山村与方桥村于2016年9月撤村并居

2.表格中数据为调查数

社保医保终止572人次，退休补办医保一次性补缴338人次。受理城乡居民医保参保4450人，其中免缴107人，个人缴费252.55万元。发放各类补助救助金400.97万元，涵盖学生、低保户、残疾人、老年人、困难军属等8大类30余项类别。实行生育登记分层管理制度，提高“一胎”“二胎”生育登记办理效率，实行“三胎”再生育“层级审批”流程。开设群星课堂，举办文化艺术节。宣传普高免费教育政策，167人申报普高免费教育。

【基层社会综合治理网格化管理试点】 2016年初，梅墟街道作为高新区网格化管理试点，启动基层社会综合治理网格化管理工作。1—4月，完成所有社区网格重整、网格划分、网格地图制作、人员招聘、系统安装、操作培训及综合指挥室各项设施、设备配置安装等事项，出台“一张网建设”及综治信息系统建设实施方案，成立基层社会综合治理网格化队伍。6月，成立梅墟街道网格化管理综合指挥中心，街道社会服务管理中心建成“四有”（即有专门场地、有电子显示屏、有2名以上专职人员、有完备工作机制）标准的综合指挥室。制订《梅墟街道基层社会网格化管理及综合信息建设实施方案（试行）》《梅墟街道社区网格长管理办法（试行）》《梅墟街道社区网格长考核奖惩办法（试行）》等文件。8月底，基本完成入户信息采集及E宁波系统信息录入工作。至年底，网格长上报事件1128起，办结1009起，办结率89.50%。

【梅墟社区棚户区改造启动】 2016年12月7日，梅墟社区棚户区改造项目开始签约。该项目征收范围涉及面积13.60公顷，拆迁住宅建筑面积4.09万平方米，涉及改造户数481户，人口1380人，项目签约期限为2016年12月7日至2017年2月14日。12月21日，征收协议生效。至12月31日，区块二签约252户，面积23103.34平方米，签约率86.90%；区块三签约161户，面积16639.47平方米，签约率84.30%。

2016年12月30日，梅墟街道志愿者开展垃圾捡拾环保行动

【“清爽梅墟”专项行动】 2016年，梅墟街道继续实施“清爽梅墟”专项行动。启动梅墟农贸市场污水纳管、梅江北苑路面下沉、停车位改造、公厕改造设计工程。联合城管、市政、拆迁、社管等部门开展全国卫生城市复审环境集中整治，制作垃圾分类宣传横幅7条、宣传窗版面26块、宣传牌120块。聚贤、广贤2个社区内5个住宅小区推广试点垃圾分类工作。整合辖区工会、妇工委、团工委等群团组织和志愿者队伍，轮流巡查、监督辖区环境，定期举行志愿服务活动。落实“河长”定期巡查制度，排摸河道周边污染源，实时监控河道水质变化。

【股份经济合作社换届选举】 2016年3月，梅墟街道启动股份经济合作社换届选举工作。指导各合作社建立换届工作领导小组，按相关程序制定股东代表、组织机构选举办法，审计各合作社资产，选举产生新一届股东代表以及董事会成员（董事长）、监事会成员（主席）。12月，滕园、大漕、涂田涨、宝桥金、梅墟和方桥6个股份经济合作社召开新一届股东代表大会，选举产生新一届“两委会”（董事会、监事会）成员，梅墟街道2016年股份经济合作社换届选举工作全部完成。

（夏　颖）

中河街道

【概况】 2016年，中河街道辖16个社区、3个行政村、10个股份经济合作社。区域面积8.80平方千米，总人口18.50万人，其中户籍人口7.81万人。实现地区生产总值54.97亿元，比上年增长4.40%。财政总收入5.45亿元，其中一般公共预算收入3.41亿元。

实现工业总产值7.03亿元，增长12.70%。17家规模以上工业企业实现产值11.90亿元、销售11.40亿元、利润总额1.04亿元。工业投入7220万元，增长41.50%。增加国家高新技术企业1家，发明专利授权39件。全社会固定资产投资13.09亿元，增长4.40%。第三产业总产值46.67亿元，增长3%，第三产业增加值占GDP的比重为84.89%。实现限额以上社会消费品零售总额24.71亿元，下降11.60%；限额以上商贸业销售额122.75亿元，下降16.40%；限额以上服务业企业营业收入150.39亿元，增长13.80%。合同外资2.23亿美元，实到外资2454万美元。引进内资5.59亿元、“浙商回归”资金5.60亿元。批准外资企业8家。增加各类人才964人，其中高素质人才18人。外贸进出口总额10.20亿美元，其中出口总额9.77亿美元。

恒达高电商园、利时·城市奥特莱斯、巴丽新地商业广场等重点商贸

表 25　2016 年中河街道各行政村（社区）基本情况

行政村（社区）	面 积（平方千米）	户 数（户）	人口数（人）	集体经济总收入（万元）	集体经济总费用（万元）	总资产（万元）
孙马村	0.56	275	703	880	686	8599
潘一村	0.55	222	617	1898	1198	8057
宋诏桥村	0.70	980	2391	2762	1069	30581
彩虹社区	0.14	2470	7400	—	—	—
城兴社区	0.26	3364	8500	—	—	—
春城社区	0.19	3512	8900	—	—	—
东城社区	0.98	3499	7251	—	—	—
东湖社区	0.46	5025	15000	—	—	—
东裕社区	0.39	4200	16309	—	—	—
飞虹社区	0.30	4006	13315	—	—	—
凤凰社区	0.18	2884	7600	—	—	—
剑桥社区	0.35	3302	10203	—	—	—
金馨社区	0.56	3009	7899	—	—	—
桑菊社区	0.40	2400	6300	—	—	—
宋诏桥社区	0.26	3270	10700	—	—	—
天城社区	0.35	4029	13500	—	—	—
汪董社区	0.50	3439	9717	—	—	—
兴裕社区	0.35	3732	9100	—	—	—
锦寓社区	0.18	1550	4700	—	—	—

说明：表格中数据为调查数

业项目建成运营。轨道交通3号线锦寓路站及钱湖路站工程开始施工，轨道交通4号线学府路站及金达路站工程启动。新城区电力设施“上改下”前期工程、鄞州区第二医院综合楼工程、110千伏潘鄞四明路端改造工程、东湖花园北侧临时停车场项目完工。凤凰社区、宋诏桥社区和飞虹社区地下管线及地面道路、绿化部分改造阶段性工程完工，春园小区改造项目基本完工。开展“清零攻坚”专项行动，签约12万平方米，钢材市场区域整体“清零”，轨道交通4号线地块、堇山东路地块、孙马安置房二期项目地块、中河初中项目地块等9个区级重点项目地块“清零”。“智慧中河”城市数字管控平台完成对社区监控资源数据整合，网格动态化管理实现全覆盖。处置“智慧城管”案件36378起，占全区总量的40%，月处置率100%，及时处置率在99.50%以上。开展“夜宵摊百日大整治”“集贸市场

中河街道御玺园小区

集中整治”“商贸街跨门整治”等专项行动，劝离流动摊贩13200余起，规范跨门占道经营7100余起，处置违规物品350余件。中塘河、前塘河、小洋江通过“清三河”验收。东裕片区污水管网建设一期工程基本完工，毛家河、汪董河、钱塘河周边85家餐饮店面完成截污纳管改造。52家企业申领排水许可证，学校排水改造项目进入Ⅰ标段招投标。拆除违法建筑10.75万平方米，增加拆后土地利用17处，创建“无违建社区”6个，无违建创建率62.50%。清理各类垃圾200余吨，整治各类“蓝色屋面（立面）”33处13.47万平方米。垃圾分类工作实现全覆盖，其中28个小区实施分类收集运输。

增加就业岗位585个，开发公益性岗位29个，增加大学生创业156家，“零就业家庭”实现基数归零、动态归零。区域就业率99%。办理失业登记938人次、失业保险金797.80万元，农民工一次性补助178人次94.30万元，“4050”就业困难人员社保补贴5890人次2055.88万元。户籍人口参保覆盖率97%。原农村社会养老保险制度退保并轨城乡居民基本养老保险制度1263人，被征地人员养老保障制度转基本养老保险制度35人，企事业单位社会保险基数申报35394人，城镇职工养老待遇资格认证7045人，被征地及城乡居民养老待遇资格认证2580人，社会保障卡申报12050人。发放各类临救款（善款）92.20万元，救助困难家庭126户。社区居家养老服务开展服务工作1.70万小时，服务对象4.60万人，实施政府购买养老服务6万余元。凤凰社区、宋诏桥社区居家养老服务站通过市级AAA级评定。城市花园幼儿园、金湾华庭幼儿园被评为浙江省一级幼儿园，华泰剑桥幼儿园、格兰云天幼儿园、兴裕幼儿园、东裕幼儿园、东湖馨园幼儿园通过浙江省二级一类幼儿园复评。堇山小学校长茅晓辉被评为宁波市第五届名校长，并获全国名校联盟校长高峰论坛一等奖；3名教师获全国“生动课堂，学为中心”课堂教学比赛一等奖。堇山小学南校区、华泰小区东校区在建项目推进，东裕小学综合楼、宋诏桥小学运动场建成。14个社区创建为浙江省卫生先进单位，2个社区创建为宁波市卫生先进单位。孙马肛肠专科医院（暂名）签约落户，浙东骨科医院建设推进。举办2016年城市生活周暨第八届文化艺术节系列主题活动，开展“一月一讲（评）”文艺讲座。打击乐重奏《城市味道》获第十一届全国青少年打击乐比赛浙江省选拔赛创作、表演特等奖（最高奖）。文化惠民工程“天天”系列推出戏剧演出40场、免费电影120场。更新体育健身路径4套。

【利时・城市奥特莱斯开业】 2016年9月14日，利时・城市奥特莱斯开业运营。利时・城市奥特莱斯地处鄞州中心区核心商圈，是宁波市首家城市奥特莱斯店。由利时集团股份有限公司与深圳印力商置商业咨询物业管理有限公司实施合作，对原利时百货重新进行定位与改造，投资4000余万元，总建筑面积3.20万平方米，经营面积2.60万平方米，共5个楼层，其中1~4层为经营楼层，于1月15日试营业。至9月，实现客流量100余万人次，营业额4000余万元。

【东裕商业街投入运营】 2016年10月1日，东裕商业街投入运营。东裕商业街前身是中河街道六村股份经济合作社村级留用地建造的工业厂房，通过商业化改造，建成集餐饮、购物、娱乐、休闲于一体的综合性生活圈，成为宁波市首例村级集体经济旧厂房模式转制商业的成功案例。该商业街总建筑面积约2万平方米，总投资约2000万元。至年底，有商家50余家，营业额2000余万元。

【鄞州钢材市场地块征迁完成】 （参见“城乡建设与管理”类目“房屋征收”分目）

【“传递零距离，越爱悦生活”五月活动】 2016年4月29日，中河街道以“传递零距离，越爱悦生活”为主题的五月活动在钱湖天地启动。活动以“关爱企业职工，零距离传递爱心”为主旨，分“爱心义卖”“微心愿接力”“职工健康大礼包”“致青春——你看电影我送票”“全家福定制”5大主题活动，送出爱心电影票180张、亲情电话卡200张、全家福拍摄18套、爱心体检套餐42份、爱心义卖捐助4255元，惠及企业20余家、职工1000余人。

【中河城市生活周暨第八届文化艺术节】 2016年9月24日，中河城市生活周暨第八届文化艺术节文艺晚会在钱湖天地音乐广场举行。活动延续“城市生活下一站——中河”主题，举行开幕式会演、社区大联欢、中河少儿才艺表演、创意集市、随手拍、电影之旅等9项活动。活动为期7天，参与者5000余人次。

（王　晶）

2016年9月24日，中河城市生活周暨第八届文化艺术节开幕式会演举行

首南街道

【概况】 2016年，首南街道辖11个行政村、4个股份经济合作社、10个社区。区域面积23.10平方千米，总人口约16万人，其中常住人口4.50万人、暂住人口3.50万人、在校大学生8万人。实现地区生产总值50.80亿元，比上年增长7.90%。财政总收入9.10亿元，其中一般公共预算收入6.82亿元。

规模以上工业企业实现产值33.70亿元、销售33.90亿元、利润总额2.30亿元。高新技术产业产值增速22.90%，高新技术产业增加值增速16%，引进高素质人才62人。完成社会固定资产投资47.88亿元，其中服务业投资42.35亿元、工业投资5.53亿元。社会消费品零售额13.26亿元，增长8%。银泰环球城、罗蒙乐园增加社会消费品零售额1亿余元，增加服务业增加值1.50亿元。中茵科技项目、龙泰医疗项目厂房基本建成，华中科技大学创业产业园项目运行。引进内资13.35亿元，实到外资1140万美元。"新三板"挂牌企业2家，宁波股权交易中心成长板1家、创新板28家。进出口总额10.90亿美元，增长62.40%。

宁南南路延伸段、鲍家埫高塘桥姚家地块、汪家地块等13个地块拆迁"清零"。轨道交通3号线工程、宁波至奉化城际铁路工程拆迁签约。"三改一拆"拆违20.03万平方米，完成"无违建街道"创建工作。推进三里村"城中村"改造和李花桥村、茶亭庵村一期货币安置工作。九曲二期安置小区B1、B2地块进入验收阶段，鲍家埫三期小区通过竣工验收，九曲三期桩基工程开始施工。首南第三小学完成立项批复，环球城幼儿园建成开园。九曲菜场升级改造工程完工。整改"蓝色屋面"19.80万平方米。省、市重点整治项目明州桥下空间整治全部腾空。高塘桥等8个村腾退种植户210余户、土地面积近100公顷，拆除农业管理用房268间、面积7224平方米。拆除河道两旁农业管理用房150间，基本完成城区畜禽禁养区拆除任务。区级重点工程九曲河整治工程首南段征用桃江、傅家等5个村土地9.07公顷。奉化江堤防整治工程首南段防洪墙基本建成。绘制文明创建墙体画3000平方米，复绿面积5000平方米。

参与五大保险人数2.20万人。发放就业补贴1200万元，惠及企事业单位461家3850人。办理城镇失业登记465人，农民工登记115人，被征地人员申请就业登记55人。发放农民工一次性生活补助金77万元。慈善救助基金支出113万元，惠及1300余人。扶持大学生创业企业138家，其中新增大学生创业76家、农村电商创业实体30家。调处劳动争议案子264件，涉

表26　2016年首南街道各行政村（社区）基本情况

行政村（社区）	面积（平方千米）	户数（户）	人口数（人）	集体经济总收入（万元）	集体经济总费用（万元）	总资产（万元）
肖皋碶村	0.50	175	442	336	194	3807
桃江村	1.80	596	1640	437	463	5105
傅家村	0.30	250	624	339	222	518
陈婆渡村	0.30	126	370	1128	284	8472
石路头村	0.70	200	516	396	183	6094
石家村	1.00	615	1223	412	404	783
三里村	0.70	208	647	680	218	1292
高塘桥村	2.20	534	1310	6347	642	10669
李花桥村	2.10	356	949	1038	516	7490
茶亭庵村	0.90	227	598	546	379	2679
前周村	1.80	445	1256	1183	504	3507
南裕社区	0.32	1695	4651	—	—	—
格兰春天社区	0.24	444	1166	—	—	—
陈婆渡社区	1.56	1235	3102	—	—	—
九曲社区	0.17	128	369	—	—	—
文华社区	0.10	25	63	—	—	—
学府社区	0.14	317	983	—	—	—
日丽社区	0.26	128	295	—	—	—

说明：表格中数据为调查数

及劳动者372人，涉案金额685万元。首南第一小学被评为全国五子棋特色学校，2名学生获五子棋青少年世界冠军。所有公办幼儿园获评浙江省二级一类幼儿园，首南中心幼儿园获评浙江省一级幼儿园。引进越剧、甬剧表演50余场，放映电影152场，增加图书馆藏书2000余册。开展文体活动400场次，参与居民8万人次。推进志愿者联盟建设，构建志愿者分队118支，参与志愿者人数4000余人。

【商住用地出让】 2016年10月19日，鄞州新城区陈婆渡东地段YZ09-09-C5/C7地块被广东美的置业有限公司挂牌摘得，成交楼面价每平方米11240元。该地块位于鲍家埭村，实际出让面积70229平方米。土地批准用途：商服和普通商品住宅混合用地；土地级别：五级；土地出让年限：住宅用地70年、商业用地40年；容积率大于1且小于等于1.95。11月10日，鄞州新城区陈婆渡东地段YZ09-08-C6/C9-A地块被四川新希望房地产开发有限公司挂牌摘得，成交楼面价每平方米10550元。该地块位于宁南南路延伸段（规划）东侧，句章路（规划）北侧，金峨路（规划）西侧。实际出让面积132947平方米。土地批准用途：普通住宅用地；土地级别：五级；土地出让年限：住宅用地70年；容积率大于1且小于等于2.20。

【九曲三期安置小区开工建设】 2016年10月，九曲三期安置小区开工建设。项目东至百梁路，西至宁姜路，南到句章路，北至萧皋西路，占地面积8.67公顷，总建筑面积22.61万平方米，其中地上部分建筑面积16.48万平方米，项目容积率1.80。总投资约9亿元，可供应住房1696套。至年底，九曲三期安置小区桩基施工完成75%。

【首南街道中心幼儿园罗蒙环球城分园开园】 2016年12月1日，首南街道中心幼儿园罗蒙环球城分园开园。幼儿园总占地面积3278平方米，其中建筑面积2580平方米，建有多功能活动室、图书室、科探室、美工室等，可容纳9个班、200余名幼儿。幼儿园首期开设班级2个，招收幼儿60人。

【首南第一小学获“全国第一批五子棋特色学校”称号】 2016年，首南第一小学被国家体育总局棋牌运动管理中心授予“全国第一批五子棋特色学校”称号。2011年3月，首南第一小学“五子棋社团”成立；9月，学校将五子棋项目列入校本课程。2013年4月，与国际连珠联盟秘书长、世界冠军教练安茨索索夫建立合作关系。2015年，被省体育局非奥项目运动管理中心授予“浙江省第一批青少年五子棋训练基地”称号。至2016年，学校在市级、省级、国家级五子棋赛事中获团体冠军10余人次，团体奖项30余个。

（张银飞）

2016年12月26日，经济适用房和顺家园交付

潘火街道

【概况】 2016年，潘火街道辖14个社区、13个股份经济合作社。区域面积14.25平方千米，户籍人口3.10万人，流动人口6万人。实现地区生产总值78亿元，比上年增长5.40%。财政总收入23.45亿元，增长6.90%。

规模以上工业企业实现产值256亿元，增长8.30%，其中年产值上10亿元企业6家、上亿元企业34家。10家企业入选区“双五十工程”企业。全社会固定资产投资额67亿元，增长20%。社会消费品零售总额97亿元，增长2%。22家汽车4S店25个品牌实现销售额70亿元，增长7%。引进大市外内资6.50亿元、“浙商回归”资金8.20亿元。实到外资1.12亿美元。引进高层次人才34人，3人入选省级“千人计划”，2人入选市“3315计划”。宁波圣龙汽车动力系统股份有限公司在上海证券交易所上市，街道上市企业累计3家。中国工程物理研究院宁波军转民科技园激光工程、光仪研究、机电产品设计、光通信技术4个技术中心基本建成。创新“128”园区注册企业200余家，实现销售收入25亿元。清华长三角科技园交付使用，签约入驻企业30家。增加授权发明专利89件。

推进省、市、区65项重点工程项目建设，配合开展金达路高架、环城南路快速路、东苑立交高架等工程的前期政策处理。王家弄安置小区项目完成整体工程的15%。泗港菜场星级化改造完成，潘火菜场立面改造完成90%。高发二期项目主体基本完工，圣龙研发中心投入使用，利诚物流、朗益机电、拓威陶瓷等项目竣工，大东南三期剩余1.67公顷土地厂房完成土建。德培小学整体搬迁，该项目被评为浙江省“钱江杯”优质工程。百宁街改造工程完工，轨道交通4号、5号线工程项目启动。拆迁签约收购1.49万平方米，7

表 27 2016年潘火街道各社区基本情况

社 区	面 积（平方千米）	户 数（户）	人口数（人）	集体经济总收入（万元）	集体经济总费用（万元）	总资产（万元）
东方丽都社区	0.13	2059	5344	—	—	—
东南社区	0.26	4133	12236	—	—	—
东莺社区	0.20	3539	9321	—	—	—
金桥花园社区	0.13	2405	6022	—	—	—
金谷社区	0.23	2635	5740	—	—	—
潘火桥社区	0.87	2020	5202	—	—	—
尚诚社区	0.38	4011	10316	—	—	—
世纪社区	0.20	1167	2907	—	—	—
同欣社区	0.13	1798	4585	—	—	—
星苑社区	0.29	1181	2978	—	—	—
殷家社区	0.61	1388	3481	—	—	—
宜家社区	0.87	1384	3525	—	—	—
雅苑社区	0.25	1180	3228	—	—	—
紫郡社区	0.19	2415	6432	—	—	—

说明：表格中数据为调查数

个地块和7个拆迁项目“清零”。出让地块3个，荣安、龙湖等房企入驻，回收资金7.30亿元。轨道交通4号线环城南路站、潘火站完成拆迁，王家弄安置地块征迁民宅2户，百宁街改造工程收购所涉企业。东方丽都新房交付2200余套，完成抽签98%。拆除违章建筑6.75万平方米，通过“无违建街道”验收。潘火特大桥桥下空间利用改造完成，整治“蓝色屋面”4.50万平方米。李家渔河、大朴庙江等河流复检达标。星苑和茶苑小区截污纳管工程完工，申领排水许可证130家。中塘河疏浚护岸、景观绿化工程和大洋江、金源路滨江绿化工程完工，洋江公园投入使用。整治福庆路、鄞县大道、环城南路、沧海路等主要道路及城市轨道交通高架沿线24处省、市定任务点，17处问题点位，拆除违法建筑3540平方米。清理广告牌、横幅等450余件。

街道公共服务中心受理各类事项27000余件，群众满意率99.99%。居民医保和农村医保合并参保5172人。企业留本冠名基金总额4800万元，下拨救济资金195万元，发放城镇大龄失业人员、就业困难人员和高校毕业生社保补贴400余万元。金桥花园社区获评全区物业工作示范区。处理职工劳资纠纷案件68起，解决欠薪72万元，调解工伤26起，调解金额180万元。德培小学搬迁、新幼儿园开办及学校课改、安保等教育投入7700万元。世纪花园幼儿园通过浙江省一级评估，德培幼儿园晋升为浙江省二级一类，东莺、东杰、紫郡、上上城和茶苑幼儿园通过浙江省二级复评和验收。卫生设施设备采购与信息化改造投入550万元。成立东方丽都社区卫生服务站，改造升级东莺社区卫生服务站。推进家庭医生签约制度，组建团队11个，签约全科医生32人、患者1661人，组织救护员培训6场，参加人员173人次。

【王家弄安置小区项目开工】 2016年8月18日，王家弄安置小区项目开工建设。王家弄安置小区是潘火街道最后一个大规模拆迁安置小区，主要用于安置王家弄村约700户拆迁户及街道其他村遗留拆迁户。项目位于沧海路与兴宁路东北角，总投资12.60亿元，总占地面积70666平方米，地上建筑面积19.70万平方米，建造住宅1673套。至年底，完成桩基施工。

【宁波首届潘火汽车文化节】 2016年11月4日，宁波首届潘火汽车文化节开幕式在下应北路潘火汽车街区举行。活动由潘火街道办事处（投创中心）主办，中国人民财产保险股份有限公司宁波市分公司协办，副区长梅益进、区政协副主席吴海平出席开幕式。开幕式上，潘火街道汽车一条街党组织和团组织成立，并进行授牌。汽车文化节活动时间为11月5—13日，宝马、奔驰、路虎、奥迪等15家汽车销售服务公司的21个品牌参加购车优惠活动。2016年，街区实现销售额70亿元，占全区汽车销售总量的51%。

潘火街道汽车一条街

【蚂蚁社区影院开放运营】 2016年9月29日，全市首家社区影院——蚂蚁社区影院在潘火街道金桥花园社区开放运营。社区影院占地面积约400平方米，有观影座位80余个，由社区委托第三方运营，音响、空调等设备由宁波音王电声股份有限公司、奥克斯集团有限公司等企业提供。影院票价为3元~9元，每天播放6场。至年底，累计播放174场次，观影人数7300余人次。

（苏文清）

福明街道

【概况】 2016年，福明街道辖11个社区、16个股份经济合作社。区域面积14.60平方千米，户籍人口40205人。实现财政税收4.88亿元，比上年增长6.40%。

固定资产投资116.50亿元。社会消费品零售额22.52亿元，增长20%。合同利用外资744万美元，实际到位1.20亿美元。引进内资企业575家，注册资本27.80亿元，其中注册资本5000万元以上企业21家、1亿元以上企业5家；引进“浙商回归”项目11个，资金4.66亿元；市外内资实收资本6.30亿元。在“上海·宁波周”及第十八届“浙洽会”上，签约投资总额过亿元的3个项目落地。“盛世方舟创业谷”建成开放，注册落户企业46家。“十一城”金融硅谷产业园注册落户企业15家。引进楼宇企业471家，楼宇去化面积62642平方米，千万元税收楼宇19幢，其中国际金融中心税收16.60亿元。增加文化广场朗豪酒店等职能型总部企业4家，限额以上社会消费品零售单位4家。宁波筑鸿纳米科技有限公司负责人入选第七批宁波市海外高层次人才引进“3315计划”创业个人。浙江华奕生态建设股份有限公司在“新三板”挂牌。

房屋签约15.43万平方米，拆除10.94万平方米。江南“两路一河”项目、中兴大桥接线工程、三号桥地块等签约“清零”，明一印洪碶、林龙码头南侧、江南滨江等地块拆除“清零”。效实中学东部校区项目和保利三期开工建设，城市之光一期、门户区北区等4个项目竣工。“三改一拆”拆违23.20万平方米。“五水共治”拆除涉水违建9.20万平方米，修缮补种绿化1100平方米。整改南余河沿岸公厕污水直排、明一河沿岸建筑垃圾堆放等环境问题20处。开展垃圾分类活动74场次，惠及群众3700余人次。实施福明家园停车综合整治改造工程，增加停车位600个。处置“智慧城管”案件528件，完成率100%。

实现就业15331人，就业率99.90%，就业困难人员就业率100%。居民医保参保5782人。开展用人单位专项检查6次，处理投诉案件61起，涉及金额83万元。福城社区、东城社区特色邻里中心完成阶段性建设，宁城社区建成全省首家以“创客”为主题的社区科普馆。建成AAA级居家养老服务中心4家，“一轴双中心”居家养老服务格局初步形成。“小娘舅握握团”项目获第三届全国志愿服务大赛全国银奖，邓山理获“全国先进保安员”称号。福明街道（宁波市人才集聚区）职工文化活动中心建成投入使用。宁波市甬剧艺术博物馆落户，甬剧微型博物馆动态馆建成启用。举办首届“福明杯”宁波最美乡音——甬剧票友群星汇活动，街道获“浙江省传统戏剧特色街道”“宁波市甬剧传承基地”称号。创作摄影文艺精品《俯瞰江东》并巡回展出。

【赛伯乐投资集团有限公司入驻国际金融中心】 2016年2月3日，宁波赛东资产运营管理有限公司注册落户国际金融中心。该公司由赛伯乐投资集团有限公司下属子公司赛伯乐绿科（上海）投资管理有限公司与宁波东部新城开发投资有限公司共同出资设立。赛伯乐投资集团有限公司是一家专注于中国科技产业化的国际化民营资本企业，是中国私募股权基金领导者之一，曾获评“2015年福布斯中国最佳创投机构”，全球管理资金总规模1000余亿元，其旗下主力赛伯乐绿科投资管理有限公司业务涵盖科技产业投资、创业投资、资产管理运营等领域。宁波赛东资产运营管理有限公司业务涉及资产管理、投资管理、实业投资咨询、展览展示服务等领域。

【浙江华奕生态建设股份有限公司在“新三板”挂牌】 2016年3月，浙江华奕生态建设股份有限公司通过全国中小企业股份转让系统有限责任公司审查，在“新三板”挂牌。证券名称：华奕生态；证券代码：836532；股本：3003.23万元。公司成立于2010年8月，注册资本1143万元，主要从事环保技术服务、市政公用工程施工、园林绿化工程设计及施工等业务，在象山、

表 28 2016年福明街道各社区基本情况

社 区	面 积（平方千米）	户 数（户）	人口数（人）	集体经济总收入（万元）	集体经济总费用（万元）	总资产（万元）
福明家园社区	0.21	4245	10320	—	—	—
新源社区	0.27	4082	8077	—	—	—
陆嘉社区	0.25	2662	5386	—	—	—
波波城社区	0.75	3394	7920	—	—	—
碧城社区	0.17	2664	6685	—	—	—
新城社区	0.40	6342	15000	—	—	—
福城社区	0.16	3250	7520	—	—	—
东城社区	0.28	1586	4209	—	—	—
江城社区	1.88	682	1427	—	—	—
宁城社区	0.14	600	1190	—	—	—
明城社区	0.20	971	1200	—	—	—

说明：表格中数据为调查数

高新区、舟山岱山设有3家分公司，多次承接大型市政工程。

【“小娘舅握握团”获第三届全国志愿服务大赛银奖】 2016年12月3日，东城社区社会组织——“小娘舅握握团”获第三届全国志愿服务大赛银奖。“小娘舅握握团”成立于2012年2月，由法律及跨界专业志愿者组成，运用“互联网+调解”“专业+志愿者”“私人定制+企划”等创新模式，化解基层纠纷。至2016年底，“小娘舅握握团”有线上、线下专业志愿者60人，调解各类矛盾纠纷300起，免费提供法律咨询456人次、法律援助3次，组织各类普法宣传活动57次，发放“法律服务卡”800份，处理其他法律事务52件，受益人群4000人次。

【福明街道获评浙江省传统戏剧特色街道（甬剧）】 2016年12月16日，福明街道被省文化厅授予“浙江省传统戏剧特色街道（甬剧）”称号。2013年，街道启动“甬剧之乡”建设工作，在新城社区成立以甬剧名家王锦文为社长的“锦文甬剧社”，建成甬剧微型博物馆静态馆。2015年，创作现代甬剧《最美阿姨》。2016年，甬剧微型博物馆动态馆建成启用，举办“最美乡音——甬剧群星汇”等特色活动，并启动宁波甬剧艺术博物馆建设。

（竺可心）

2016年5月23日，“福明杯”宁波最美乡音——甬剧票友群星汇在宁波文化广场举行

白鹤街道

【概况】 2016年，白鹤街道辖11个社区。区域面积3.20平方千米，常住人口5.80万人，流动人口2.60万人。实现税收3.40亿元，比上年增长3.30%。

固定资产投资2.01亿元。实现限额以上社会消费品零售总额21.22亿元，增长12.30%。出口额5.99亿美元，增长31.40%。世贸通获评国家级外贸综合服务试点企业，实现出口额3.13亿美元，拉动整体外贸增长33.10个百分点。实现市外内资6.12亿元，新引进企业211家。“浙商回归”资金2亿元。合同利用外资5034.51万美元，实际利用外资1亿美元。引进航运物流企业15家、互联网产业企业34家。第e物流平台、飞轮港通物流、汇

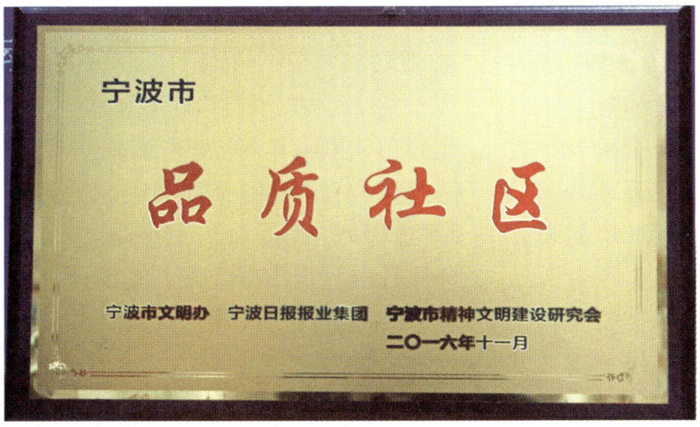

2016年11月，丹顶鹤社区获宁波市首批“品质社区”称号

恒国际物流等重点企业落户，工业产品智能设计平台和全市首个文化产业大数据平台浙朵云项目落地。办理京东众筹项目7个。

轨道交通4号线白鹤站及兴宁桥东站房屋征收签约2.90万平方米，拆除1.80万平方米。中山东路整治房屋征收拆除，永达路南2号地块竣工验收，市艺术剧院项目基本建成。处置违法违章建筑42处4.10万平方米，排查整治铁路两侧整治点8处。拆除涉河违建2处1.30万平方米。游龙河丹凤段、紫鹃段河岸提升工程完工，增加2处600米岸绿补绿。整治市果品市场、桃源街停车场等“蓝色屋面”3处6.60万平方米。开展市容环境秩序整治80余次，查扣无证摊贩160余个，处置跨门经营80余处，通过国家卫生城市复查暗访。丹顶鹤社区获宁波市首批“十佳品质社区”称号，“公益一条街”“暖心小棉袄”等4个项目入选宁波市社区文明创建百佳品牌。处置“智慧城管”系统案件12000余件。开展“护房安居”行动，鉴定丙类房屋165幢，白鹤新村106幢危房解危工程通过验收并交付。推进丹顶鹤、蓬莱、紫鹃和丹凤4个老小区停车位综合整治，增加停车位500余个。在33个小区17480户居民中推广垃圾分类，普及率60%。

紫鹃社区试点“小棉袄”公益项目，“小棉袄”爱心屋成为全省计生特殊家庭帮扶工作交流会现场观摩点。建设“静馨园”心智障碍社区康复站。“喜憨儿”阳光工坊开展“两新”联盟阳光助残广场及全市公益巴士进工坊活动，吸纳爱心单位和五色助残志愿服务队20余个。白鹤街道居家养老服务中心开业，投入210万元，是全市首家专业化医养结合的区域性养老服务中心。扩建黄鹂及丹顶鹤2个社区居家养老服务中心，其中丹顶鹤社区创建为AAA级居家养老服务中心及鄞州区家院互融养老服务示范点。王隘、周宿渡办公活动用房投入使用。开展“进网格·联万家”活动，居民走访率超过95%，重点人员建档率100%，梳理群众需求信息1441条，破解群众生活难题1377件。开展走访慰问、帮扶救助活动，发放各类救济保障及助困助学金170余万元。计划生育率97.82%，街道计生协会获评2015年度全国计生协会先进集体。增加10个小额冠名基金13.10万元，落实4.62万元。受理劳动监察投诉案件26起，追讨各类工资、补偿金18.90万元，结案率80%。紫鹃社区完成5‰人口抽样调查。甬剧小戏《车位》获“浙江省群星奖”。乐和敏家庭获评“全国五好文明家庭”，李治喜、黄菊芬获“浙江好人”称号。“四点钟学校”规范化运作实现全覆盖，街道及贺丞社区获评市级关心下一代工作先进集体。日月星城社区获评全国先进侨务工作集体、省级书法村。

【工业产品智能设计平台项目引进】 2016年1月，“新城杯”资助项目落户白鹤

表29　　2016年白鹤街道各社区基本情况

社区	面积（平方千米）	户数（户）	人口数（人）	集体经济总收入（万元）	集体经济总费用（万元）	总资产（万元）
紫鹃社区	0.10	1786	3263	—	—	—
丹顶鹤社区	0.17	1261	2603	—	—	—
黄鹂社区	0.60	5118	9696	—	—	—
日月星城社区	0.40	2446	4325	—	—	—
王隘社区	0.30	3441	7098	—	—	—
白鹤社区	0.36	3756	7142	—	—	—
周宿渡社区	0.56	990	1808	—	—	—
贺丞社区	0.21	2592	7307	—	—	—
镇安社区	0.21	2389	5059	—	—	—
孔雀社区	0.19	1830	3926	—	—	—
丹凤社区	0.14	2972	4779	—	—	—

说明：表格中数据为调查数

街道。该项目注册公司名为宁波至高点工业设计有限公司，注册资金500万元，选址和丰创意广场。该平台是国际上第一个工业产品线上设计、交易平台，是集互联网与传统工业相结合的新型互联网平台。平台建设成为世界首个围绕产品设计为中心的集公益选型、快速出图等功能为一体的综合平台。至年底，该公司实现销售额450万元。

【宁波世贸通国际贸易有限公司获批国家级“外贸综合服务试点企业”】 2016年9月，宁波世贸通国际贸易有限公司被商务部纳入外贸综合服务试点企业。该公司成立于2011年，是宁波市首家以外贸综合服务平台为运营体系的进出口服务企业、中国出口信用保险公司全国首批EDI数据对接平台、中国银行首个银企直连的外综服务平台，为中小微企业提供信息、物流、通关、保险、金融、展会、海外仓、跨境电商代运营等服务。2012年，经国家发展和改革委员会、商务部、国家海关总署、国家税务总局等8部委联合批复，成为国家首批电商试点企业。2015年，被商务部列为2015—2016年度国家电子商务示范企业。同年12月21日在“新三板”挂牌，成为全国外贸综合服务平台领域首个“新三板”挂牌企业。

【“小棉袄”计划生育特殊家庭志愿帮扶项目启动】 2016年4月20日，白鹤街道计划生育协会整合“失独筑乐园”和“温心家园”2个项目，启动成立“小棉袄”计划生育特殊家庭志愿帮扶项目，并建立“小棉袄”爱心屋。10月，“小棉袄”项目注册成为宁波市社会公益组织。“小棉袄”志愿服务由社工志愿者、计划生育协会志愿者、义工志愿者“三对一”结对帮扶1名失独对象，主要提供心理疏导、精神慰藉、生活照料和临终关怀4大类10余项服务。该项目相关工作经验在全省计划生育协会骨干人员培训班上作交流，“小棉袄”爱心屋成为全省计划生育特殊家庭帮扶工作交流会现场观摩点。2016年，开展上门陪护、家政服务近400次。

【乐和敏家庭获“全国五好文明家庭”称号】 2016年5月13日，中华全国妇女联合会下发《关于表彰第十届全国五好文明家庭标兵户和全国五好文明家庭的决定》，乐和敏家庭入选。乐和敏是白鹤街道居民，1995年起和妻子林丽君20余年如一日，照顾生活不能自理的邻居冯长生。乐和敏及其家庭曾获“浙江好人”“第四届宁波市诚实守信道德模范”和浙江“最美家庭”等称号，相关事迹被《浙江日报》《宁波日报》等媒体报道。“5·15”国际家庭日当天，乐和敏家庭到北京接受表彰。

【日月星城社区获“全国社区侨务工作示范单位”称号】 2016年10月30日，日月星城社区获“全国社区侨务工作示范单位”称号。日月星城社区有华侨、侨眷、归国留学人员及留学生眷属约200人。2007年起，社区组织当地华侨、侨眷成立“三胞眷属联谊会”，开辟侨务大讲堂，设立英语动感地带交流区、“侨心居”咨询室、侨界红娘热线，设置侨心便民驿站、侨之家医务室，建立七彩文化团队、侨艺书画社等阵地，并获评浙江省四星级侨界之家、浙江省级侨务明星社区、宁波市侨务工作示范单位。2016年，社区每周开展日常侨务活动2次，开展侨务专题活动6次，服务华侨、侨眷65人次。

【甬剧小戏《车位》获省“群星奖”】 2016年3月，省文化厅公布全省“群星奖”获奖名单，由区文化馆、白鹤街道文化站创作报送的甬剧小戏《车位》入选。甬剧小戏《车位》以协调“抢车位”为主线，讲述80岁的社区党员陈国荣，退休后长期坚持公益和社区服务事业，并发动社区居民参与的志愿服务故事。甬剧小戏《车位》曾获得浙江省新农村建设题材小戏会演双金奖，江浙沪现代小戏邀请赛会演创作金奖、表演银奖，华东六省一市小戏比赛银奖等省级荣誉，并入围全国“大年小戏闹新春”之“观众最喜爱的十部小戏”。

（张文理　范光明）

东郊街道

【概况】 2016年，东郊街道辖11个股份经济合作社和3个社区。区域面积2平方千米，户籍人口5500余人，股份合作社股民11500余人。实现地区生产总值39.30亿元，比上年增长8.30%，其中第三产业占GDP的比重为68.10%。财政总收入4.51亿元，增长11.10%。

固定资产投资42.17亿元。社会消费品零售额65.01亿元，增长32.87%。楼宇去化面积9.80万平方米，楼宇纳税率84.50%。上东国际等11幢楼宇产税突破千万元。引进总部梯队企业12家，总部分支机构10家。引进各类企业490家，注册资金3.81亿元，其中注册资金500万元以上企业98家、1000万元以上企业49家。引进合同外资9000万美元，实际到位1亿美元。宁波韵升股份有限公司“呼吸康复设备高速电机用稀土永磁转子”项目通过国家火炬计划项目立项。宁波斐戈集团股份有限公司被评为浙江省著名商标企业，宁波韵升股份有限公司、宁波轿辰集团股份有限公司、宁波斐戈集团股份有限公司入选宁波品牌百强榜，宁波君安物产有限公司、宁波港东南物流集团有限公司、恩凯控股有限公司和宁波轿辰集团股份有限公司获评宁波市服务业百强企业。楼友会·宁波云创空间启动运营。

拆迁区块签约面积14.85万平方米，拆除房屋7.21万平方米。宁丰区块和轨道交通3号线仇毕站拆迁“清零”，轨道交通4号线白鹤站完成房屋拆迁和土地平整，宁舟巷改造签约率、腾空率为92.10%。宁丰滨江地块完成土地出让。宁丰2-1号项目（江东金茂府）Ⅰ标段主体结构完工，Ⅱ标段主体结构六层施工；滨江商业广场（二期）主体结构完工；宁丰1号地块（中海寰宇天下一期）和宁丰2号地块（中海寰宇天下二期）交付；仇毕老年过渡房建成投入使用。开展“清三河”防反弹专项整治，毕家河、仇家漕、仇毕河3条河道达到V类水标准。

表 30　　2016 年东郊街道各社区（股份经济合作社）基本情况

社区（股份经济合作社）	面积（平方千米）	户数（户）	人口数（人）	集体经济总收入（万元）	集体经济总费用（万元）	总资产（万元）
宁丰社区	0.16	1312	2120	—	—	—
仇毕社区	1.50	1068	2761	—	—	—
海悦社区	0.34	972	1640	—	—	—
惊驾股份经济合作社	—	577	1694	5505	1626	82872
徐家股份经济合作社	—	229	604	1461	240	44365
戎家股份经济合作社	—	292	601	1018	190	17441
东升股份经济合作社	—	190	445	594	161	11059
甬升股份经济合作社	—	325	647	3269	327	19029
宁东股份经济合作社	—	250	557	1738	163	22003
宁舟股份经济合作社	—	454	836	1814	220	14282
宁江股份经济合作社	—	347	1197	1386	297	27874
矮柳股份经济合作社	—	883	1541	2336	313	27959
宁丰股份经济合作社	—	516	1136	5802	1152	51587
仇毕股份经济合作社	—	760	2207	4617	579	61029

说明：表格中数据为调查数

拆除中兴南路108号剩余违建，年度拆违面积累计8.65万平方米。巩固“两路两侧”“四边三化”专项整治成果，整治同三高速公路南侧和太古汽修厂西侧废品垃圾。对蔬果批发市场周边、舟宿云庭、福海花园小区店面跨门营业、乱堆放，开展集中整治行动20余次。全面开展垃圾分类工作，舟宿云庭小区被评为鄞州区垃圾分类优秀小区。

组建海悦社区，全区首个社区APP平台“智慧海悦”上线。组织开展“舟帆越剧艺术团”专场演出、“关‘星’下一代——公益文化车展”、“书香东郊”三八节系列活动、第七届职工运动会和元旦文艺展演等活动20余场次。宁丰村史陈列馆开馆，参观者300余人次。

【东郊街道海悦社区成立】 2016年1月，东郊街道海悦社区挂牌成立。该社区为东郊街道首个以新建商品房为主体的城市社区，东接天童北路，南临建兴西路，西至江宁路，北到悦盛路，区域面积0.33平方千米，辖福海花园、飞虹海苑以及中海寰宇一期、二期4个居民小区，入住居民2466户。

【仇毕安置房项目开工建设】 2016年1月，仇毕安置房项目开工建设。该项目是全市投资额最大、建设面积最大的单村改造安置项目，位于兴宁路以南、桑田南路以西、铁路以北、中兴南路以东，用地面积12.60万平方米，建筑面积41.56万平方米，规划建设37幢2768套住宅。项目总投资44.79亿元。至年底，完成地下室基坑挖掘。

【科研成果“矩阵球韵”展出】 2016年8月，由宁波韵升股份有限公司研发的世界级科研成果——“矩阵球韵”在国家知识产权局首次展出。矩阵球韵由792颗球组成，呈22行，每行36

海悦社区

楼友会·宁波云创空间

颗，以千百台伺服电机通过绳索带动装饰物做上下垂直运动，采用电脑程序控制，呈现各种立体图形。该科研成果集成运动控制、伺服技术、机械结构、计算机程序、图形像素、视觉艺术和音乐表现等学科技术。该项目获1项发明专利、1项实用新型专利，拥有3个软件著作权。

【宁波市第七中学新校区启用】 2016年6月30日，宁波市第七中学新校区落成启用。新校区位于滨江商业广场以南，东至江宁路，南至建兴西路，西至王隘路，北至悦盛路，占地面积8公顷，投资总额3.50亿元，于2013年12月开工建设，设计规模为75个教育班，可容纳近3000名学生就读。整个新校区呈对称分布，含教学楼、图书行政楼、音乐厅、实验楼、阶梯教室、艺体综合楼、食堂等10幢楼，还有小广场、400米标准田径场等。2016年9月1日开学。

【楼友会·宁波云创空间启用】 2016年1月，楼友会·宁波云创空间启动运营。云创空间是由宁波日报报业集团和国家级孵化器杭州楼友会共同搭建，以创业者、创业项目、投资人、创业资源为核心的创业生态圈。位于颐高数码广场，占地面积约2000平方米，内设170个开放办公位、数个会议室及大型演播厅、活动室、咖啡馆等。2016年，有高远文旅、婕飞科技、集品生物科技、我的校友、心宿、小也电台、翘课电台、鹿与少年等创业团队入驻，为创业者及投资人开展楼友会大课堂、产品创新总裁研习培训班、人才交流沙龙、“璞玉计划”等活动180余场次，解决难题60余项。

（蔡依宁）

百丈街道

【概况】 2016年，百丈街道辖10个社区。区域面积2平方千米，户籍人口5.10万人。实现税收8.85亿元，比上年增长13.40%。固定资产投资24.39亿元。限额以上社会消费品零售额2.21亿元。合同利用外资4357万美元，实际利用外资7820万美元。参与浙洽会、“上海·宁波周”，促成中铁国昌（宁波）供应链管理有限公司、宁波市仲裁委员会、江苏苏鹰人才科技集团有限公司等投资项目落地。全年增加职能型总部5家，梯队总部7家。金辉江海物流股份有限公司在“新三板”挂牌，中冠工程管理咨询有限公司1件商标获宁波市知名商标。街道通过宁波市三星级品牌工作指导站复评。新世界广场项目7-11号地块主体结构施工，天平保险总部大楼项目建筑主体结构开始地上施工。

潜龙社区危旧房改造项目签约1152户，签约率99.90%，货币安置率99.39%。开展“三改一拆”“两路两侧”“四边三化”“蓝顶整治”等专项行动，拆违12005平方米，获评宁波市“基本无违建镇乡（街道）”。巡查、管理内河4条，完善“一河一档”（为每条黑河、臭河、垃圾河建立档案）；集中开展“清污净水”、城区河道巡查等专项活动。中山东路综合整治工程房屋签约、拆除双“清零”，协调中山东路立面整治、彩虹北路道路及街景综合整治工程。楼道“亮灯工程”完工，朱雀、宁舟、舟孟、七塔4个社区点亮楼道440个。划船社区增加停车位110个。

开展“一社一特”社区品牌建设，

东航大厦

表 31　2016 年百丈街道各社区基本情况

社区	面积（平方千米）	户数（户）	人口数（人）	集体经济总收入（万元）	集体经济总费用（万元）	总资产（万元）
朱雀社区	0.09	3064	6800	—	—	—
宁舟社区	0.09	1885	4532	—	—	—
舟孟社区	0.10	1848	4265	—	—	—
划船社区	0.19	3891	10420	—	—	—
华严社区	0.07	2040	4320	—	—	—
演武社区	0.21	3761	8700	—	—	—
中山社区	0.35	2884	6234	—	—	—
潜龙社区	0.30	3633	5037	—	—	—
七塔社区	0.41	3036	7082	—	—	—
后塘社区	0.05	750	1200	—	—	—

说明：表格中数据为调查数

舟孟社区“邻里守望卡”、潜龙社区“小巷公议会”、划船社区“俞复玲道德模范工作室”、划船社区“一代四员”居民自治管理模式获宁波市“百佳社区”文明创建工作品牌，划船社区获宁波市“十佳品质社区”。推进朱雀社区综合改造提升项目，青少年活动中心、社区综合文化中心等阵地建成。实施社保年审和认证、劳动用工专项检查、入学生实名制调查等惠民工程。开展“护航G20社工大联勤”主题走访、“爱在优抚”系列主题活动。组织开展“花开仲夏夜”专题文艺晚会、“流光溢彩百花争艳”百丈基层精品团队展演等主题活动。引进中国曲艺家协会会员张红坤，建立张红坤曲艺工作室，张红坤及街道文联曲艺家协会会员田腾云获浙江省第六届故事会演讲金奖。街道获评宁波市“十二五”期间残疾人工作先进集体、宁波市首批慈善街道。

【潜龙危旧房改造项目启动】 2016年2月18日，潜龙危旧房改造项目启动。该项目征收范围东至舟孟北路，南至外潜龙巷，西至彩虹北路，北至中山东路，分7个区块，涉及房屋39幢，征收户数1152户，建筑面积6.50万平方米。4月1日，完成征收意愿征询，投票率100%。5月6日，启动为期45天的签约，签约期至6月29日。至7月12日续签期结束，签约1152户，整体签约率99.90%，其中货币化安置率99.39%。

【宁波新世界广场项目建设】 2016年7月19日，宁波新世界广场宁波塔项目开工典礼在三江口举行。该项目位于香格里拉酒店东侧，占地面积1.10万平方米，总建筑面积16.90万平方米，总投资30亿元，规划为主体56层的办公及商业综合式地标塔楼。12月20日，新世界广场招商体验中心——“城市客厅”揭幕。宁波新世界广场项目为市政府重点项目之一，于2013年启动建设，总投资100余亿元，项目规划为集艺术体验购物中心、国际超五星精品酒店、国际企业总部及甲级写字楼、高端城央住宅、地下立体交通及商业整合空间、城市中央生态公园于一体的大型城市综合体。

【俞复玲获“全国三八红旗手”称号】 2016年2月，2015年度全国三八红旗手标兵、红旗手（集体）评选结果公布，百丈街道划船社区党委书记俞复玲获“全国三八红旗手”称号。2003年起，俞复玲担任划船社区党委书记，将一个基础设施差、特殊群体多、管理难度大的老社区，建成管理有序、服务完善、文明祥和、平安和谐的全国文明单位、全国和谐社区建设示范社区。至2016年，社区先后建成居家养老服务中心、助残梦工坊等，为居民提供个性化服务；整合社区资源，以道德模范工作室、名师工作室、党代表工作室等特色平台为载体，服务社区居民、培养社区队伍。俞复玲作为党的十八大代表、浙江省第十四次党代会代表，先后被授予“全国优秀党务工作者”“全国道德模范”“中国‘小巷总理’之星”等称号，受到习近平等党和国家领导人的接见，有关事迹得到刘云山批示肯定。

（陈葛泉成）

明楼街道

【概况】 2016年，明楼街道辖11个社区。区域面积3.60平方千米，总人口60005人，其中户籍人口36277人、流动人口23728人。实现财政总收入2.05亿元，比上年增长9%。

固定资产投资15.20亿元。社会商品零售总额4.26亿元。引进企业366家，增长31.65%。市外资金3.86亿元，省外回归资金3.28亿元。外贸

表 32　　2016 年明楼街道各社区基本情况

社区	面积（平方千米）	户数（户）	人口数（人）	集体经济总收入（万元）	集体经济总费用（万元）	总资产（万元）
明东社区	0.25	2236	5500	—	—	—
明南社区	0.08	2061	5568	—	—	—
明北社区	0.09	2162	6514	—	—	—
常青藤社区	0.40	3824	10125	—	—	—
朝晖社区	0.29	1796	4190	—	—	—
徐家社区	0.08	2748	7250	—	—	—
徐戎社区	0.15	1850	4320	—	—	—
东海社区	0.10	1952	4690	—	—	—
惊驾社区	0.66	2948	6012	—	—	—
庆丰社区	0.81	2093	4776	—	—	—
和丰社区	0.69	350	1060	—	—	—

说明：表格中数据为调查数

出口总额1.02亿美元。引进500万元以上企业76家，注册资本超1000万元企业44家，海尔设计易平台、富德保险销售有限公司宁波分公司等企业落户。引进“六大经济”企业294家，其中文化创意企业113家。引进楼宇企业205家，消化楼宇面积76076平方米，其中摩尔大厦、和丰创意广场完成税收千万元楼宇指标。天伦广场、银亿东岸里两个综合商圈建成投入使用，其中东岸里商圈招商率95%。协助宁波舟山港集团有限公司总部迁入东部新城。全省首个创新设计众创空间——宁波市创新设计众创空间启用。在“新城杯”创业创新活动中有2个项目获资助认定并落户。

徐戎拆迁进入扫尾“清零”阶段。落实250套住房安置7815军工厂职工。保障轨道交通3号线，常青藤社区与中铁建设集团有限公司和谐共建经验在全市轨道交通大会上推广。全市生活垃圾分类收运规范化作业现场会召开，常青藤社区垃圾分类工作模式在全市推广。“三改一拆”拆违2.20万平方米。巩固“两路两侧”“四边三化”专项整治成果，建立“路长步巡”制度，拆除民安路、曙光路沿线违法建筑6处，民安路建设为“绿美洁畅”示范路。清理涉河垃圾20吨，封堵排污口13处，河道两侧覆绿2000平方米，加高重建沿河围墙152米。成立全市首家小区业委会联合会，明东社区建成市物业专项维修资金使用示范点。实施老旧小区整治提升三年行动计划，明东、明南、明北3个小区改造黑楼道970个，增加停车位1400个，安装防盗门150个，更换楼道钢窗1250个，补种苗木5万余株。推进“一路三区块”创建，成立“天伦商圈”综合治理办公室。

开展“百名社工进万户”活动，走访家庭24161户，收集民情民意1145条，解决群众实际困难1119件。开展“我行我秀”技能比武系列活动，成立全能社工演讲俱乐部，开设“书记讲堂”，举办全能社工成果展、情景模拟大赛。街道持证社工71人，持证率66.40%。成立全市首个“社会工作者关爱”慈善公益基金，补助困难社工家庭。10个社区全部建成综合服务中心，其中明南社区创建为AAA级居家养老服务中心，街道获宁波市“敬老文明号”称号。建成全市首个社区青春期俱乐部。发放救济保障及助困助学金178万元，“慈善一日捐”募集善款136万元。创建浙江省综合减灾示范社区1个。探索基层文化市场执法管理模式，并在全国文化市场管理工作会议上作经验交流。“聂艳群众文化工作室”获评宁波市A级文艺团队，1个志愿服务项目及2个志愿者典型入选宁波市五个“十佳”系列评选。开展“百场文化进东部”等活动40余次，3家微型博物馆入选鄞州区首批微型博物馆名录。

【全国文化市场管理工作会议考察组考察明楼街道基层文化执法工作】 2016年1月21日，全国文化市场管理工作会议考察组到明楼街道考察基层文化执法工作。文化部党组成员、副部长项兆伦，文化部市场司司长陈通、各省（自治区、直辖市）文化厅（局）分管文化市场工作副厅长及各文化市场执法总队队长等150余人参加考察。考察组参观位于常青藤社区内的街道综合文化站，听取街道文化市场综合执法工作情况汇报。2014年，明楼街道在全市首创街道文化市场综合执法中队，成立文化市场监管工作领导小组和文化市场监管协调小组，组建文化监管共建理事会，设立8个网格小队，聘请76位文化市场义务监督员，实施定期定人定岗巡查。至2016年，开展

众创空间展厅

巡查1160余家次，查处问题及消除隐患50余项，检查覆盖率、整改处置率均为100%。

【宁波市创新设计众创空间获评首批省级众创空间】 2016年8月，省科学技术厅公布首批省级众创空间名单，宁波市创新设计众创空间入选。该众创空间成立于2015年8月，由明楼街道联合和丰创意广场打造，依托和丰创意广场的平台优势，以"工业设计"为主要孵化对象，拥有孵化办公区、集中展示区、设计培训区、交流洽谈区4大功能区块，及3D打印中心、专利检索中心、知识产权保护中心、法律服务中心、投融资服务中心、设计交易中心6大服务中心，为创业者提供资源对接、展示交易、设计培训、沙龙和路演、设计大赛、知识产权保护、专利检索服务、3D打印、快速成型、投融资服务、工商注册、政策咨询、法律服务、税务咨询、会计咨询、项目申报和推荐等服务。至2016年底，众创空间出孵包括小盒智能科技、明锐工业设计等科技团队17家，并与浙江大学、宁波诺丁汉大学等高校共建专业课程实践基地、产学研转化基地和创业孵化基地。

【银亿·东岸里商圈开业】 2016年5月28日，银亿·东岸里商业广场开业。该商业广场位于甬江东岸文化走廊核心区块，江东北路以东、民安路以北、曙光路以西，建筑面积2.40万平方米，是集餐饮娱乐、购物休闲于一体的漫时尚轻生活休闲广场。项目总投资5亿元，于2012年9月开工建设，2015年12月竣工。2016年，银亿·东岸里入驻商户60余家，有星巴克、老宁波1381餐厅、乐慧树教育、乐派健身、四合网苑、良映影院等品牌。

【明楼街道群众艺术节】 2016年9月23日，明楼街道群众艺术节开幕演出暨常青藤社区邻里文化节活动在常青藤文化中心广场举行。活动以"创意明楼，百姓舞台"为主题，常青舞蹈队、和之风艺术团、金兰艺术团等文艺团队参与演出，有《欢乐秧歌鼓》《中国美》《我们一起走》《今天是你的生日，我的祖国》等12个文艺节目。艺术节持续到10月底，开展"歌颂祖国，赞美生活"广场演出、街道民星团队定级升星、"我是明楼大民星"文艺达人大赛等活动11场次，参加演出对象为社区基层文化业余团队和文艺爱好者，参加演出人员1000余人，观众5万余人次。

（葛行忠）

东胜街道

【概况】 2016年，东胜街道辖9个社区。区域面积2平方千米，常住人口3.90万人，流动人口1.10万人。实现财政税收6.41亿元。

规模以上工业产值2.64亿元，规模以下工业产值4173万元。固定资产投资5.27亿元。限额以上社会消费品零售总额10.08亿元，比上年增长4.70%。引进内资企业223家（不含变更项目），注册资本16.92亿元，增长27%。"浙商回归"资金3.20亿元。引进千万元以上重大项目36个，市外内资5.17亿元。引进外资企业3家，合同外资790万美元，实际外资512万美元。外贸出口5.72亿美元。铁建光大基金、阿里巴巴一达通平台、台湾百总建工、台湾永达理保险经纪等项目落地。引进楼宇企业215家，楼宇去化面积6.33万平方米，其中税收千万元楼宇6幢，楼宇纳税率80.20%。增加总部企业23家，其中梯队企业18家。培育上市企业1家，增加分支企业4家，合计产税1034万元。宁波集盒跨界产业园开园，并获评国家级众创平台、浙江省文化创意试点街区、宁波市大学毕业生实践创业基地。宁波书香文化园（宁波书城）获评首批宁波市级文创产业园区。

工人荷池危旧房改造项目启动，4个地块征收7.74万平方米，签约总户数1368户，总体签约率99.20%。二号桥地块搬迁完毕，进行施工。书城南侧地块25户住户完成清房、封房；中山东路拆迁"清零"，立面整治通过验收。凌江名庭景观灯工程完工。实施破墙开店专项整治，封闭店门215道。468套住宅房屋建立"一幢一档"，98幢丙类房屋建立治理专案，网格化日常巡查近15000次；丙类房屋入户查勘1867户，涉安维修40余处，丙类房屋鉴定2处。拆除违法建筑13处23066平方米，整治"蓝色屋面"10处28450平方米。创建为"无违建街道"，百官区域拆违入选全省"三改一拆"成果展。7个社区18个无物业管理低洼小区清理窨井3919个，疏通管道3652米，清理淤泥近30吨。垃圾分类增加普及小区15个3770户。开展"破冰行动"整治100余次，查处违法行为1500余起，暂扣物品259家次。

开发用工岗位1728个，帮助631名求职者再就业，发放自主创业小额

表 33　　2016 年东胜街道各社区基本情况

社　区	面　积（平方千米）	户　数（户）	人口数（人）	集体经济总收入（万元）	集体经济总费用（万元）	总资产（万元）
曙光社区	0.30	2611	6850	—	—	—
史家社区	0.10	2064	5120	—	—	—
庆安社区	0.32	2754	6342	—	—	—
大和社区	0.24	2045	5267	—	—	—
王家社区	0.24	1893	4436	—	—	—
戎家社区	0.25	2742	4797	—	—	—
泰和社区	0.13	1769	4500	—	—	—
张斌社区	0.13	3128	7245	—	—	—
樱花社区	0.17	2688	5416	—	—	—

说明：表格中数据为调查数

贷款125万元。受理劳动投诉36件，帮助追讨拖欠工资及经济补偿金等176万元。出台“一社一特”个性化社区建设指导方案及特色社区建设三年行动计划，实施“135梯次”（1个区级综合改造提升样板社区、3个街道重点打造社区、5个全面推进社区）特色化社区建设，初步形成“睦邻樱花”“和合泰和”“乐居史家”“诚信张斌”等社区品牌，“惇叙戎家”被列入区级第二批综合改造提升样板社区。建设曙光、大河、张斌、王家4个社区居家养老服务中心。“慈善一日捐”募集善款101.60万元，成立12个小额冠名基金。开展“五助”（临时救助、助困、助医、助学、助老）活动120人次，发放善款65.22万元。注册成立慈善义工队伍13支，创立东胜慈善义工品牌，实现区级慈善社区全覆盖，6个社区获“宁波市慈善社区”称号。开展线上线下互动助残服务，开通全市首条残疾人相亲热线（87818520）及“缘来是你”残疾人相亲网站，“大河妈妈红娘团”获宁波市十佳“最具爱心助残志愿组织”称号。成立全市首个由残疾人众筹的“至圣爱心助残基金”。街道“心桥坊”工作室为失独家庭提供“365必到”“私人定制”等服务10余项。通过“幸福1+N”形式，组织“心路”志愿者开展服务300余次。

廉政文化教育基地——庆安廉厅

【中山东路东胜段立面整治完成】 2016年12月，中山东路东胜段立面整治完成。东胜段立面整治范围为江东北路至中兴路，长2千米，涉及辖区居民住宅7处12幢约300户、商业建筑9处13幢800余家商户。2016年5月下旬启动。至8月，完成签约143户，拆除面积4836平方米；拆除建材大厦、中山天地、华侨大厦3幢大楼，面积16036平方米。11月底，完成第一期住宅与公共建筑立面以及第二期商业建筑立面整治，并于12月通过初步验收。

【宁波集盒跨界产业园开业】 2016年6月8日，宁波集盒跨界产业园启动仪式举行。该产业园位于宁波大学曙光路校区东片区，以设计、互联网、电子商务为主导方向，是集电商、文化创意、商业等多种业态于一体的新型跨界产业园区。一期占地面积25474平方米，总建筑面积21000平方米，由8幢楼宇组成，其中包括30%的电商园区、30%的文化创意园区及40%的商业配套。2015年4月28日，江东区政府、宁波大学和宁波集物堂实业有限公司三方签订合作协议，按照“创、住、吃、购、玩”生活需求模式，对其进行改造建设。至2016年底，园区注册入驻企业115家，并获评国家级众创平台、浙江省文创试点街区、宁波市大学毕业生实践创业基地。

【阿里巴巴浙江大区域跨境电商生态峰会（宁波）】2016年7月27日，由阿里巴巴（中国）网络技术有限公司宁波分公司主办的2016年浙江大区域跨境电商生态峰会在宁波文化广场大剧院举行。会上，全省近千位B2B生态圈中各个领域及业界领军人物，与全球中小企业探讨分享B类电商领域的新商机、新技术和新观点，其中阿里巴巴国际事业部副总裁余涌、APEC电子商务工商联盟专家王健，以“外贸转型新机遇”“中国制造新形势”等为主题进行交流探讨。2016年7月，公司旗下阿里巴巴一达通外贸综合服务平台落户街道，该平台为中小企业提供通关、结汇、退税、融资等一站式服务。

（寿施军）

东柳街道

【概况】2016年，东柳街道辖11个社区。区域面积5.20平方千米，常住人口79899人，流动人口22672人。实现税收3.40亿元。

固定资产投资1.16亿元。限额以上社会消费品零售额12.25亿元，比上年增长36%。外贸进出口6.80亿美元。金融业实现税收1.06亿元，全省首家综合性保险资产管理公司—永诚保险资产管理有限公司落户。专业服务业税收5518万元。引进万盛、博林等人力资源机构。引进企业302家。“浙商回归”资金6.35亿元。实现合同外资、实际外资975万美元。楼宇经济纳税率超过90%，产生税收千万元楼宇8幢，其中亿元楼宇2幢。增加职能型总部企业4家、总部梯队9家。宁波华高科防水技术有限公司实现集团化运作，扶持宁波福仕嘉汽车服务股份有限公司在“新三板”挂牌。4个“新城杯”创业创新活动项目获资助认定。

仇毕安置房地块拆迁“清零”。宁穿路三号桥地块（中兴路—桑田路）拆迁签约面积4.70万平方米，签约率86%。中山东路道路整治基本完成。安居、幸福苑和锦苑3个社区增加停车位1130个，幸福苑、中兴等6个社区670个楼道实现亮灯，轨道交通3号、4号线建设推进。“三改一拆”拆违1.25万平方米。桑田路与东柳坊周边区域立体绿化示范带初步形成。推广垃圾分类二维码、汇编投放地图等做法，月季社区获评宁波市生活垃圾分类工作示范小区。

建设华侨城、华光城等4个社区居家养老服务站点，实现社区居家养老服务全覆盖，街道区域性居家养老中心获评浙江省五星级居家养老服务中心、浙江省居家养老知名机构。实施助残服务暖心工程，依托“阳光驿站”建设全市首家开放式助残服务基地，成立残疾人“生活学社”。联合相关单位共建“8291就业创业助跑站”和就业创业助跑点，为失业人员和大学毕业生提供“普惠性+个性化”就业创业服务。开展幸福苑社区“根雕”非遗文化、安居社区健康养生文化、园丁社区慈孝文化品牌建设。举办第三届“乐居东柳”睦邻文化节，创新街居联动运动会模式。街道创建为浙江省科普示范街道，安居社区、华光城社区创建为浙江省科普示范社区。确立广告纸回家、乐派青年联盟等品牌服务项目12个。华光城社区、园丁社区综合服务中心建成投入使用。东柳坊社区“阳光驿站”入选宁波市“百佳社区品牌”，中兴社区获评全国防灾减灾示范社区。

【仇毕安置房项目开工建设】2016年1月22日，仇毕安置房项目开工建设。仇毕城中村改造为市重点民生项目，于2011年底启动，总投资44.79亿元，为全市投资额最大、建设面积最大的单村改造安置项目。项目位于兴宁路以南、桑田南路以西、铁路以北、中兴南路以东，分6个地块，总用地面积12.60万平方米，总建筑面积41.56万平方米，规划建设37幢2768套住宅，及公园、幼儿园、菜场超市、社区服务中心等配套设施。

【永诚保险资产管理有限公司引进】2016年8月3日，永诚保险资产管理有限公司获得营业执照，为全市首家保险专业资产管理类公司。该公司由永诚财产保险股份有限公司全资发起筹建，注册资本3亿元，公司经营范围包括受托管理运用股东的人民币、外币保险资金；受托管理运用股东控制的保险公司的资金；管理运用自有人民币、外币资金；中国保监会批准的其他业务；国务院其他部门批准的业务等。

【东柳街道第三届“乐居东柳”睦邻文化节】2016年6月17日，东柳街道

2016年6月17日，东柳街道第三届睦邻文化节主题晚会举行

表 34　　2016 年东柳街道各社区基本情况

社区	面积（平方千米）	户数（户）	人口数（人）	集体经济总收入（万元）	集体经济总费用（万元）	总资产（万元）
安居社区	0.13	2441	5202	—	—	—
东海花园社区	0.16	1300	4052	—	—	—
东柳坊社区	0.37	3787	8275	—	—	—
华光城社区	0.28	2512	7023	—	—	—
华侨城社区	0.40	3635	8650	—	—	—
锦苑社区	0.30	3374	8745	—	—	—
太古城社区	0.31	3961	8972	—	—	—
幸福苑社区	0.25	3184	7700	—	—	—
园丁社区	0.25	2925	6800	—	—	—
月季社区	2.00	3294	8528	—	—	—
中兴社区	0.25	2205	6088	—	—	—

说明：表格中数据为调查数

第三届“乐居东柳”睦邻文化节开幕式在泰富广场举行。文化节以“隔壁邻舍来串门”为主题，以街道、各社区、楼幢居民为主体，开展睦邻主题歌制作、微电影征集、邻里才艺大比拼、寻找“最美邻里”、街居趣味运动赛等活动10余场，参与者6000余人次。12月27日，在保利大剧院举行闭幕式，并表彰各社区的精品文化团队和“微先锋”“好邻居”等先进团队和个人。

【中兴社区获“全国防灾减灾示范社区”称号】 2016年12月7日，中兴社区被国家减灾委员会、民政部评为“全国防灾减灾示范社区”。2011年起，社区组建“文明小喇叭”、义务巡逻队等志愿者队伍，成立由社区党员、墙门骨干、物业保安、志愿者组成的抢险救灾应急网络，完善综合减灾工作机制，制订综合灾害应急救助预案，加强减灾设施和避难场所建设，提升居民减灾意识与避灾自救技能。结合每年“5·12”全国防灾减灾日、全民消防日、科普宣传周等活动，开展宣传教育培训和预案演练活动。至2016年，累计开展各类活动28次，参与者2000余人次。

【东柳街道获“浙江省科普示范街道”称号】 2016年11月，东柳街道被省科学技术协会评为浙江省科普示范街道，安居社区、华光城社区被评为浙江省科普示范社区。2015年，街道开始创建浙江省科普示范街道，吸纳有科普专长的人组成科普工作导师团，成立“中草药养生科普馆”“救在身边”应急救援科普团队等特色科普社会组织，建立安居社区“百草园”、华侨城社区青少年科技俱乐部、中兴社区膳食科普馆等科普阵地。在社区设立11家科普分会，在居民小区、企业楼宇和学校幼儿园等设立35个科普联络点。至2016年，街道有科普志愿者366人，开展“闻草、识草、知草、用草”、“我梦想中的智慧城市”演讲赛、“垃圾分类去哪了”、“美丽山水”科普摄影作品征集展示、“五水共治”宣传版面巡展、“滋味东柳，品质生活”百名金婚老人免费游科普示范基地等科普活动15次。

【东柳坊社区居家养老服务中心获评浙江省五星级居家养老服务中心】 2016年4月6日，东柳坊社区居家养老服务中心被省民政厅评为浙江省五星级社区居家养老服务照料中心。该中心位于宁东家园28号“阳光驿站”内，总面积800平方米，设有阳光厨房、成长体验馆、居家及康复体验馆、怀旧影院、365邻里互助中心、阳光书画室等9个服务场馆，于2015年8月开始运营，主要开展老年康复、日间照料、健康法律咨询、文化娱乐、电脑书画培训、图书阅览、金典电影观摩、公益服务、邻里活动等服务。2016年，设有床位16张，入住老人以日托为主，开展助残养老服务3000余人次。

（王梦云）

新明街道

【概况】 2016年，新明街道辖4个社区、2个股份经济合作社。区域面积5.32平方千米，户籍人口1.94万人，流动人口1.78万人。实现财政总收入3亿元。

技工贸总收入156亿元，规模以上工业总产值7.20亿元，限额以上服务业产值128亿元。当年引进企业实现税收3100万元，营业收入11亿元。引进信达财产保险股份有限公司宁波分公司、浙江中政物流科技有限公司、电集网络数据科技（浙江）股份有限公司等税源型企业项目及恩左（宁波）投资管理有限公司等重要外资项目18个。实际引资42.20亿元，引进企业817家，其中注册资本1000万元以上企业105家、5000万元以上企业16家。发放企业扶持资金2954万元，受益企业89家；发放“稳增促调”专项补助资金80万元，受益企业20家。

确定重点建设项目、民生实事工程项目12个。其中，涨浦庙整修项目、街道文体服务中心项目完成方案报批，朱一综合体项目完成方案设计，朱一配套幼儿园项目主体完工，公园里二期项目进行精装修，陆洲商业广场设计方案通过审批。整改清水桥菜场、社区、主次干道等重点区域公共环境和秩序，完成丁香苑二期低洼积水改造。落实“河长”巡查履职机制，开展“五水共治”民主监督活动。推进“无违建街道”创建，建立违法建筑防控网格化管理机制。拆除“三沿”区域违法建筑，绿化改造填平处理的土地3000平方米。出台《新明街道垃圾分类处理与循环利用工作考核办法》，开展垃圾分类公益宣传、主题晚会及推进垃圾分类进学校、进企业等活动。排查整改安置小区，规范业委会运作，落实物业企业考评管理。建立防汛物资储备仓库并制定管理办法。

通过服务外包、调动优质养老机构资源等手段，开展专业化、常态化居家养老服务。对重点贫困残疾人开展低保扩户，发放各类救助金约12万元。避灾安置网络实现全面覆盖。发放各类人员社保补贴159万元，办理医疗参保365人，收缴医保基金17万元。加大用人单位劳动保障信息采集、劳资隐患专项排查、劳资纠纷办案力度，组织协办招聘活动3场次。开展“三优”、计划生育协会宣传月等活动，计划生育符合率99%。

【浙江华聪新能源科技发展股份有限公司在“新三板”挂牌】 2016年11月30日，浙江华聪新能源科技发展股份有限公司在“新三板”挂牌。证券简称：华聪股份；证券代码：870225。该公司成立于2011年5月25日，集研发、采购、销售于一体，下辖浙华智慧能源、房屋建筑设计研究院、华聪建筑节能、华聪建筑信息4大主体，开展智慧能源集成、建筑节能评估、绿色建筑、建筑信息模型等业务，经营范围包括太阳能、空气能、地热能产品的研发、设计、制造等。

【新明街道基层社会治理“一张网”运行】 2016年1月，新明街道启动基层社会治理“一张网”建设。成立街道社会治理综合指挥室，配备工作人员2人、网格长51人，划分网格83个，实现网格化管理全域覆盖。实行分类管理工作机制，指导各网格及时收集网格内的各类社情民意和动态信息，及时解决社会稳定、公共安全、民生服务等领域各类问题，实现基础数据的动态监控。9月，街道基层社会治理“一张网”全线运行。12月，完成入户信息采集及E宁波系统信息录入工作。2016年，网格长上报事件1578起，办结率100%。

【明珠社区获“省级无邪教社区”称号】 2016年5月，明珠社区获“省级无

明珠社区便民服务中心

表35　2016年新明街道各社区（股份经济合作社）基本情况

社区（股份经济合作社）	面积（平方千米）	户数（户）	户籍人口数（人）	集体经济总收入（万元）	集体经济总费用（万元）	总资产（万元）
明月社区	0.64	2271	7347	—	—	—
滨江社区	0.66	2236	5876	—	—	—
新晖社区	2.30	1557	4398	—	—	—
明珠社区	1.20	761	1774	—	—	—
朱一股份经济合作社	—	—	—	1208	3456	10859
老庙股份经济合作社	—	—	—	2073	2812	48329

说明：表格中数据为调查数

邪教社区”称号。社区成立于2013年1月，面积1.20平方千米，有居民2756户，人口约5000人。社区实施网格化管理，建立健全群防群控网络机制，开展多种形式的反邪教警示教育活动。至2016年，利用社区网站、社区QQ群、社区图书室、宣传橱窗等，开展系列反邪教宣传活动38次；组织社区网格长、党员、楼道组长、志愿者等，向居民发放反邪教科普宣传资料2000余份；组织开展反邪教讲座、图片展览及“崇尚科学、反对邪教”主题广场宣教活动16次；成立舞蹈队、越剧队等9支文艺团队，结合各类节日举办文化教育活动40余次。

（邹一娜）

瞻岐镇

【概况】 2016年，瞻岐镇辖17个行政村和1个社区。镇域面积93.40平方千米，其中海域面积11平方千米。总户数10344户，户籍人口26135人。实现地区生产总值10.90亿元，比上年增长6.40%。财政总收入1.30亿元，减少13%，其中一般公共预算收入0.71亿元，减少19%。

试点成立镇级农民合作经济组织联合会。全镇有涉农企业、农民专业合作社30余家。实现工业总产值19.80亿元，增长6.30%。固定资产投资4.20亿元，增长3.50%。全社会消费品零售额2.70亿元，增长6%。进出口总额2884万美元，增长1%。引进内资项目2个，内资5000万元，其中“浙商回归”资金5000万元。引进外资项目1个，实到外资150万美元。

实施实事工程项目16个。其中，中心小学迁建工程主体完工，“瞻海佳园”安置房项目主体结顶，社会管理服务中心、新菜市场、合岙幼儿园交付使用。市级水环境一期建设项目基本完工，瞻岐隧道口等3个景观提升工程完工，宝瞻路复线、方桥村和岐西村环村公路建成通车。唐家村整理型改建和岐下洋村改建二期工程基本建成；周一村新村一期主体完工，二期拆旧购新签协基本完成；东二新村二期149套大龄青年房完成分房抽签。“五水共治”疏浚河道8.80千米。103家畜禽养殖场签订关停拆除协议100家，拆除94家。生活污水治理工程建设推进。铺设污水收集管网2.40千米。“三改一拆”完成“三改”面积3.30万平方米，拆后土地利用率82%。“无违建村（社）”创建实现全覆盖，获宁波市“无违建乡镇”称号。开展“两路两侧”“四边三化”和农村“三居”行动等专项整治，整治沿海中线、宝瞻公路等主干道沿线环境，拆除破旧农棚田舍22间、违章搭建2500平方米。

开展最低生活保障、助医助学助残等社会救助，发放各类救助金500余万元，惠及群众1600余人次。建设避灾安置点7个，完成巨灾保险居民基础数据采集。举办春季现场招聘会，提供就业岗位800余个。全镇户籍人员参保率94.40%。调解处置简易工伤和劳资纠纷案件150余起，结案率100%。构建居家养老服务体系，村级居家养老服务站实现全覆盖。举办第三届“山海瞻岐”文体艺术节，建成农村文化礼堂3个。试点推行“家庭医生”模式。

【第三届“山海瞻岐”文体艺术节】 2016年9月15日，第三届“山海瞻岐”文体艺术节启动。艺术节以“普惠，健康，传承”为主题，分体育赛事、艺术展览、群众文化3大板块，开展登山比赛、羽毛球赛、“鄞州银行杯”宁波海上明月马拉松赛、民俗用品风情展、“物语·风华”展销会、《岐山》杂志首发式、“爸爸去瞻岐”亲子活动、戏曲大赛等活动10余项。艺术节持续至12月，参加人数2.50万人。

【瞻岐镇农民合作经济组织联合会成立】 2016年12月12日，瞻岐镇农民合作经济组织联合会成立，并召开第一次会员大会，选举产生第一届理事长、副理事长和秘书长。该联合会是全区第一个镇级农民合作经济组织联合会试点单位，为非营利性社会团体，有会员单位60家，包括农民合作社、规模较大的家庭农场、合作农场、专业大户等新型农业生产经营户及涉农企事业单位和优秀农民等。联合会以生产、供销、信用为基本服务功能，为农民合作经济组织和农民提供各项服务。

【瞻岐镇方桥村文化礼堂启用】 2016年10月1日，瞻岐镇方桥村文化礼堂建成开放。文化礼堂于2015年1月开工，同年12月底竣工，总投资300余万元，面积700余平方米，设村史陈列室、民乐室、书画室、阅览室、民兵连、消防队、方桥讲堂等。至2016年底，文化礼堂举办活动5次，参加人数600余人。

（严桢立）

2016年10月1日，方桥村文化礼堂建成

表 36 2016 年瞻岐镇各行政村（社区）基本情况

行政村（社区）	面 积（平方千米）	户 数（户）	人口数（人）	集体经济总收入（万元）	集体经济总费用（万元）	总资产（万元）
卢一村	5.19	568	1411	138	240	1766
合一村	4.35	1107	2863	572	702	9614
岐下洋村	1.34	362	895	651	806	1340
张东周村	3.28	259	719	138	172	637
东一村	4.53	953	2408	301	600	3914
东二村	3.87	925	2373	193	519	7513
南一村	3.71	785	1999	323	400	2469
南二村	2.25	635	1538	324	526	3066
岐西村	3.72	470	1239	246	472	3148
唐家村	2.55	291	723	660	194	1517
姚家村	2.87	343	892	144	112	850
岐化村	1.71	580	1420	394	403	3343
东城村	2.77	858	2079	294	199	972
西城村	8.96	997	2420	262	310	1023
嵩一村	3.05	360	917	142	201	862
方桥村	7.73	560	1440	405	302	1055
周一村	2.54	231	581	474	98	1197
瞻虹社区	0.05	60	218	29	—	26

说明：表格中数据为调查数

咸祥镇

【概况】 2016年，咸祥镇辖17个行政村、1个村级公司和1个城镇居委会。镇域面积64.54平方千米，户籍人口27938人。实现地区生产总值14.40亿元，财政总收入1.48亿元。

农业总产值4.50亿元，比上年增长4.90%。开展市粮食绿色高产高效创建工作，采用冬绿肥种植、秸秆快速腐熟还田等技术措施，提升46.67公顷农田地力。宁81、秀水134、甬优杂交系列水稻种植面积167.60公顷，订单粮食45万千克。全镇有规模以上工业企业21家，销售上亿元企业3家。规模以上工业企业实现产值14亿元、销售12.20亿元、利润总额0.70亿元。4家企业入选鄞州“双五十工程”企业。宁波诺布尔制衣实业有限公司被评为鄞州区“机器换人”示范企业，宁波申江科技股份有限公司、宁波圣达精工智能科技有限公司、宁波安纳杰模塑科技有限公司、宁波普锐明汽车零部件有限公司4家企业通过高新技术产品领域确认，宁波平海建材有限公司等3家企业获批宁波市创新型初创企业，宁波市明达现代办公设备有限公司成为区级企业研发机构。宁波申江科技股份有限公司“甲醇重组燃料电池一体化发电系统的研发产业化项目”获鄞州区2016年度重大产业技术创新专项补助，宁波安纳杰模塑科技有限公司“用于对阻尼器底座滚边的滚边机项目”获第十二届宁波市发明创新大赛优秀奖。宁波安纳杰模塑科技有限公司投资9000余万元的铝金属制品项目开始施工。全社会固定资产投资8.05亿元。引进内资1.07亿元，增长106.60%。

总投资4500余万元的咸祥镇文化广场工程主体完工。竹山新村三期A地块大龄青年安置房封顶，咸四村村级安置房建设项目主体结顶。南头村新村建设基本完工，被评为浙江省农房改造示范村、宁波市“最洁美村庄”20强、鄞州区“最洁美村庄”10强。龙尾碶移建、咸三闸站建设、球山村球北点龚家沙塆碶拆建工程启动。投入191万元，整治芦浦村河道护岸和张湾小河。“三改一拆”拆除违法建筑7.80万平方米。“五水共治”疏浚河道9.10千米，拆除畜禽养殖场13家，清除地笼8000余顶、跃进斗17只、沉船7只，

表 37　　2016 年咸祥镇各行政村基本情况

行政村	面 积（平方千米）	户 数（户）	人口数（人）	集体经济总收入（万元）	集体经济总费用（万元）	总资产（万元）
芦浦村	3.33	662	1726	200	101	963
里蔡村	2.63	565	1329	51	59	979
外蔡村	1.26	393	952	49	37	715
横山村	1.79	630	1591	148	60	1195
咸一村	1.29	531	1567	135	52	567
咸二村	0.83	308	753	67	39	741
咸三村	1.37	478	1132	286	118	1478
咸四村	2.81	652	1627	324	111	2809
咸五村	1.32	460	1143	57	43	663
咸六村	2.13	670	1691	51	120	3295
西宅村	1.48	428	1047	188	35	2026
王家村	0.85	260	613	91	29	636
龚徕村	2.14	367	863	323	112	2502
球东村	1.17	702	1757	58	57	1176
球山村	2.15	1512	3399	130	111	1353
南头村	0.70	595	1392	54	90	2254
海南村	1.47	857	2035	91	70	1219

说明：表格中数据为调查数

回收尼龙薄膜、药瓶等15300余千克。完成“两路两侧”市定整改任务9项，“蓝色屋面”整改2.10万平方米。

全镇基本职工养老、医疗、工伤、失业和生育保险参保人数分别为6639人、7361人、4284人、4137人和3838人，参保率92%。举办《大松石》首发仪式、“圣达”杯咸祥半程马拉松赛、嵩江越剧团送戏进省城、省文联艺术家“走亲联心”、“周日文化”、第二届梭子蟹垂钓节与第二届甲鱼养生文化节等活动。“咸祥八月半渔棉会”入选浙江省非物质文化遗产代表性项目名录。“小友友”大提琴社团获浙江省中小学器乐合奏小学组一等奖，《咸祥渔腔 · 快乐担渔人》获评浙江省“国乐乡村”建设优秀团队。

【“圣达”杯咸祥半程马拉松赛】 2016年4月30日，“圣达”杯咸祥马拉松在咸祥举行。赛事由咸祥镇政府主办，区长跑协会承办，新浪宁波网协办，700余名长跑步爱好者参赛。比赛分设男、女半程马拉松和男、女欢乐跑，起点均设在咸祥中路，途经咸祥庙、沿河路、沿海中线等。其中，半程马拉松全程21千米，终点为天地生态农庄；欢乐跑全程10千米，终点为咸祥中

2016年5月18日，“圣达”杯咸祥马拉松赛举行

路。林鑫、李文杰分别获半程马拉松男子组与女子组冠军，朱东海、朱翠分别获男子与女子欢乐跑冠军。

【《大松石》首发】 2016年4月22日，《大松石》首发式在咸祥镇马友友祖居举行。该书由区文联编写，浙江人民美术出版社出版，编写时间1年。全书3万余字，收集大松石图片300余张，着重介绍大松石的文化背景及发展历史、大松石命名、大松石鉴赏等内容，其中印石样本多由民间收藏人士提供。

【"咸祥八月半渔棉会"入选浙江省非物质文化遗产代表性项目名录】 2016年12月30日，"咸祥八月半渔棉会"入选第五批浙江省非物质文化遗产代表性项目名录。咸祥八月半渔棉会始于清代，定于每年农历八月十五举行。旧时人们为庆祝鱼虾满载而归，棉花采摘丰收，感念唐朝浙东观察史裴肃平乱佑民，清朝县令杨懿围涂筑塘、改造田地之功，举行祭祀、演戏、迎神爵献、赛会等活动，并持续举行四五天，有纱船、彩车、抬阁、马灯等20余支方阵参加。2007年，彩船（纱船）制作技艺被列入浙江省非物质文化遗产保护名录；2009年，《蝶恋梁祝》抬阁获中国民间文艺"山花奖"；2011年，咸祥镇被命名为浙江省民间文化艺术之乡。2014年，咸祥八月半渔棉会被省文化厅列入浙江省第二批传统文化节日。

【嵩江民间音乐社获"浙江省'国乐乡村'建设优秀单位"称号】 2016年12月16日，在全省"国乐乡村"建设优秀单位命名暨团队展演活动中，咸祥镇咸六村嵩江民间音乐社获"浙江省'国乐乡村'建设优秀单位"称号。嵩江民间音乐社成立于2013年，最初成员12人，2016年发展到60余人，平均年龄70岁，由老渔民、农民、水产经营户组成。成员大多不识乐谱，靠口耳相传，演奏曲目都是长期流传在当地且有特色的民间音乐小调、号子、渔腔等。2015年，由嵩江民间音乐社排演的《咸祥渔腔·快乐扫鱼人》节目获宁波市"第二届农村文化礼堂才艺大赛金奖"。

（叶金洲）

塘溪镇

【概况】 2016年，塘溪镇辖17个行政村。镇域面积94.60平方千米，常住人口26792人，外来人口16319人。实

表38　　2016年塘溪镇各行政村基本情况

行政村	面积（平方千米）	户数（户）	人口数（人）	集体经济总收入（万元）	集体经济总费用（万元）	总资产（万元）
华山村	3.96	504	1194	174	91	3
东山村	7.32	1149	2642	257	109	71
北岙村	3.80	449	1189	379	82	15
上城村	2.86	412	1027	164	101	44
管江村	1.90	659	1554	120	70	29
前溪头村	2.60	415	937	190	66	5
育碶村	4.22	632	1554	170	100	18
东西岙村	9.31	567	1415	332	91	13
鹳山村	3.10	425	1065	387	60	7
大碧浦村	1.62	276	686	141	50	2
邹溪村	7.73	1356	3292	272	91	14
塘头村	2.42	555	1337	293	61	6
施村	7.36	915	2179	211	80	8
沙村	2.87	703	1524	182	56	8
童村	7.70	1049	2020	241	99	18
上周村	5.96	811	1957	188	78	71
童夏家村	4.64	404	920	178	66	4

说明：表格中数据为调查数

现地区生产总值14.35亿元，比上年增长5.70%。财政总收入1.83亿元，其中一般公共预算收入9043万元。

全镇有山林面积6000公顷，生态公益林保护面积2288.93公顷，森林覆盖率68%。购销粮食148万千克，实现农林牧渔业总产值1.44亿元。工业总产值35.95亿元，增长4.20%。工业增加值9.43亿元，增长6.10%，其中规模以上工业增加值3.36亿元，增长7.70%。增加规模以上企业5家、规模以上工业企业21家，其中销售上亿元工业企业4家、国家级高新企业1家。规模以上企业实现产值13.02亿元、销售12.22亿元、利润总额0.89亿元，分别增长3.69%、4.62%和17.70%。投入技改资金2.55亿元，实施500万元以上技改项目4个。实现高新技术行业增加值1.86亿元，增长21.90%。全社会固定资产投资4.54亿元，增长16.20%。引进内资3950万元、“浙商回归”资金2000万元。

粮食功能区建设项目、童夏家村综合楼、管江村老年活动中心项目进行验收，63公顷基本农田建设项目进场施工。东山村新村三期完成分房，上周新村主体完工，鹳山村新村完成招投标。关闭畜牧养殖场8家，拆除面积4322平方米。收集农资包装废弃物2吨、病死动物500头，清除地笼80顶。拆除违法建筑4.04万平方米，“蓝色屋面（立面）”整治119处17.73万平方米，整治公路环境20处。完成“两路两侧”省级重点问题点位整治1处500平方米，“三居”专项行动阶段性治乱65处77618平方米。鹳山村等5个村生活污水治理工程完工，上城村等8个村生活污水治理工程完成立项。

城乡居民医保参保人数13529人，医保实现全覆盖。发放各类社保补贴1267.77万元、失业金414.99万元。完成用人单位劳动保障850家，检查企业970家，受理企业工资投诉35件；受理劳动仲裁148件，监察企业180家，补订劳动合同1100份。“慈善一日捐”募集善款63.77万元，增加企业冠名基金1家。前溪头村被评为浙江省避灾场所示范先进单位。北岙村居家养老服务站和童夏家村、邹溪村文化礼堂建成。举办第六届名人文化旅游节，接待游客5000余人。前溪头村和童村开展“村晚”“入学启蒙礼”等文化活动。举办“天天演”节目51场。丰富“周日文化”活动，依托成人技术文化学校开展二胡、拉丁舞、民族舞、竹编、越剧教唱、太极拳等文体培训。接纳138名外来民工子女入学。落实优质教育奖励基金奖励办法，发放奖金17.34万元。聋哑青年油画家沙刚出版油画册。开展“清爽塘溪”行动，督查卫生30次，曝光问题215处，整改215处，童夏家村被评为鄞州区“最洁美村庄”。发放防治肺结核、艾滋病、登革热等宣传资料3000余份，村级层面开展健康教育活动146次。免费孕前优生健康检查350人，奖励扶助独生子女父母26.16万元，兑现独生子女父母奖励费754户1344人。妇女病健康体检受检人数3179人，受检率在60%以上。

【塘溪镇第六届名人文化旅游节】 2016年4月24日，塘溪镇第六届名人文化旅游节开幕式在鄞州公园李元摄影艺术馆举行。旅游节由塘溪镇政府主办，以推介“古村、故居、古道、民宿”为重点，开展旅游节开幕式暨“塘溪的乡愁”沙耆乡土风情画展、“飞越塘溪”越野挑战赛、“跑男，来塘溪寻宝啦”、“塘溪的乡愁”文化走亲采风活动、“爸爸，去塘溪吧”亲子活动、闭幕式暨堇山湖文化休闲长廊落成仪式6大主题活动。活动持续至5月15日，参与人数1万余人。其间，制作塘溪旅游宣传片和微电影，发放活动宣传册和塘溪手绘地图1000余份。

【“飞越塘溪”越野挑战赛】 2016年5月15日，“飞越塘溪”越野挑战赛举行，350余名全国各地选手参加比赛。越野挑战赛全程24千米，起点、终点设在堇山湖畔的象峰古村，赛道路线以公路、石板路、石阶为主，途经童村、童第周故居、上周村、周尧故居、童夏家村、菩提岭古道、白云驿站、风车长廊、大岭、堇山湖文化休闲长廊等10余个名胜景点和3条慢游道。比赛奖项设男子组、女子组各前6名，山东泰安的朱东海获得男子组第一名，当地选手陈尔芬获得女子组第一名。

【沙耆乡土风情画展】 2016年4月24—30日，“塘溪的乡愁”沙耆乡土风情画展在鄞州公园李元摄影馆举办。画展由塘溪镇政府主办，展出沙耆在塘溪不同时期留下的珍贵手稿60余幅，包括《放牛去》《牛耕田》《掏毛笋》《撑船》《喂鸡养猪》等油画作品，画作由童岳松、张明方、叶永平和沙浩雄等藏家提供。吸引200余位市民参观。

【“爱相随·情相伴·心相连”广场主题文艺活动】 2016年5月15日，“爱相随·情相伴·心相连”广场主题文艺活

2016年4月24日，塘溪镇第六届名人文化旅游节启幕

动在塘溪镇名人文化广场举行。活动由塘溪镇党委、政府主办，镇妇联、残联、文化站承办，结合和美家庭、家风家训、助残等内容，演出由村文艺队自编自演的快板书《人人都有养老的份儿》等文艺节目10个。同时，举办家风家训展览，观看群众300余人。活动现场，区妇联向塘溪镇妇女之家代表赠送《最美合家欢》等家风家训类书籍，童村青年聋哑油画家沙刚向区妇联、区残联赠送油画作品。

（戴庆来）

韩岭老街效果图

东钱湖镇

【概况】 2016年，东钱湖镇辖33个行政村、8个社区和4个城镇居委会。镇域面积129.90平方千米，总人口71042人，其中户籍人口47269人、暂住人口23773人。实现地区生产总值36.50亿元，财政总收入11.95亿元。

东钱湖蔬菜瓜果精品园、城杨铁皮石斛精品园、下水名贵药材精品园被评为宁波市精品园。实现工业总产值83.40亿元。兑现工业政策奖励资金534万元，“稳增促调”专项资金713万元，惠及企业近800家。产值3亿元以上企业4家，产值上亿元企业15家，增加规模以上企业5家。获得专利授权92个，其中发明专利18个，增长63%。上报技改项目20个，投入技改资金1.80亿元。固定资产投资55.20亿元。

拆迁签约296户64984平方米。其中，钱湖西路旧城改造（二期）、横街、高钱六期、供电路4个项目拆迁“清零”，湖影新村、养鱼场、钱湖医院等地块项目征收率在90%以上。君和酒店、明廷酒店、格林豪泰酒店等开业，宁立广场主体结顶。心宿福泉开业，官驿河头民宿主体完工。2个新农村建设试点村启动建设，韩岭古村保护开发建设推进。开展森林美化彩化工程，建成马山、上水、韩岭、陶公等地块风景林120公顷。关闭拆除东村南岙养牛场等散养户9家。农业设施用房排查摸底约4万平方米，清理拆除废旧农田管理用房约500平方米。推进沿湖村庄小工厂小作坊整治，整治“蓝色屋面”35万余平方米。完成8个村污水纳管工程和清泉山庄内河清淤、沿湖水泥船整治。全镇农村环境卫生集中整治通过市检查组验收。

推进契约式家庭医生签约服务，签约2485人。开展省精神卫生综合管理试点工作。民间资本进入养老服务领域，推动高钱、利民、启新3个养老机构建设。推进洋山、城杨村农村文化礼堂建设，开展寻找“最美家庭”、家风家训征集传播等活动。实施亲湖登山步道建设，拜祭岭登山步道竣工验收。

【首届亚太皮艇球俱乐部锦标赛在东钱湖举行】 2016年9月23—25日，首届亚太皮艇球俱乐部锦标赛在东钱湖举行。澳大利亚、新西兰、马来西亚、新加坡、日本、加拿大及中国台北、香港、宁波等10个国家和地区14支皮艇球俱乐部100名队员参加。新加坡SGCP队获女子公开组冠军，日本SAKURAINVERS队获男子公开组冠军；日本选手Kimura Ryota以35球成为该届大赛最佳射手。亚太皮艇球俱乐部锦标赛为亚太地区最高规格赛事，2016年起每年举办一次，且永久落户东钱湖。

【全国青年帆船锦标赛在东钱湖举行】 2016年7月6—10日，2016年全国青年帆船锦标赛在东钱湖举行。赛事由国家体育总局水上运动管理中心主办，省体育局、市体育局和东钱湖旅游度假区管委会承办，辽宁、山东、安徽、广西、浙江等地17支队伍近200名运动员参加。国家体育总局水上运动管理中心副主任韩建国、市体育局局长陈瑜等领导出席开幕式。比赛设置男女470级、男女雷迪尔级、男子激光级和芬兰人级等16个项目，浙江、上海、天津、青岛、山东等队分获16个项目的冠军。

【第八届中国湖泊休闲节暨第二届房车大会】 2016年5月26日，第八届中国湖泊休闲节暨第二届房车大会在东钱湖启动。休闲节由市政府、省旅游局、中国青年报社主办，东钱湖旅游度假区管委会、市旅游局承办。开幕式上，世界旅游博览会（WTF）组织向东钱湖授牌“国内最具魅力健康休闲度假区”。同时，举行“走不完的江南”首发启动仪式，上海房车协会授予东钱湖“2016年度十大华东房车露营目的地·东钱湖”。东钱湖旅游度假区管委会与浙江隐居集团有限公司、上海春秋国际旅行社、浙江工商职业技术学院达成战略合作。第八届湖泊休闲节以“湖泊休闲·幸福水岸”为主题，推出“湖泊休闲·共赢健康”“幸福水岸·共享健康”“东方财智·共倡健康”3大系列活动，

表 39　2016 年东钱湖镇各行政村（渔业社、农牧场）基本情况

行政村（渔业社、农牧场）	耕地面积（公顷）	林地面积（公顷）	户数（户）	人口数（人）	集体经济总收入（万元）	集体经济总费用（万元）
湖塘村	2.20	0	699	1611	60	25
莫枝村	3.27	3.00	472	1159	330	250
殷湾村	0	6.33	800	1041	804	863
青山村	7.89	56.53	147	341	67	16
庙弄村	7.06	0	87	206	1	11
红林村	5.33	0	395	936	285	278
红舒村	2.33	1.20	362	823	66	76
沙家垫村	73.33	0	543	1274	88	105
黄隘村	0	0	151	315	160	150
光辉村	0	0	300	722	155	78
郑隘村	0	0	252	671	26	16
建设村	5.67	9.33	321	741	113	103
陶公村	25.33	93.00	660	1599	325	316
利民村	38.67	64.33	640	1605	317	225
大堰村	25.33	19.33	588	1416	21	77
埼河村	39.80	0	421	1007	65	66
高钱村	50.00	120.00	801	1794	450	350
前堰头村	27.33	146.66	600	1393	200	200
梅湖村	13.33	40.00	235	527	100	280
方水村	25.33	33.33	319	738	120	160
章隘村	22.73	13.67	200	482	66	62
旧宅村	36.73	6.67	212	517	179	77
下王村	66.73	1.00	315	693	42	50
西村	18.67	519.20	517	1190	18	99
东村	43.73	397.80	461	1105	1325	322
绿野村	45.47	3866.66	407	996	15	55
洋山村	44.67	286.66	295	725	42	44
郭家峙村	17.65	17.65	3761	1437	312	384
象坎村	10.00	10.00	1400	684	600	350
韩岭村	44.40	44.40	8900	1729	232	200
横街村	52.13	52.13	5677	1191	41	30

续表39

行政村（渔业社、农牧场）	耕地面积（公顷）	林地面积（公顷）	户数（户）	人口数（人）	集体经济总收入（万元）	集体经济总费用（万元）
俞塘村	56.67	56.67	512	1652	263	245
城杨村	40.00	40.00	4200	953	8	55
钱湖外海社	0	0	108	211	15	15
大公渔业社	0	0	118	225	22	20
莫枝渔业社	0	0	166	421	59	59
高钱渔业社	0	0	167	373	57	52
农牧场	0	0	52	140	23	21

说明：表格中数据为调查数

包括全国青年帆船锦标赛、“Go！骑划跑”第二届骑游大会、2016亚太皮艇球俱乐部锦标赛、中国铁人三项联赛暨东钱湖国际邀请赛、开幕式暨第二届房车大会、国际青年体验营、第二届东钱湖帐篷露营大会暨“去爱吧”音乐会、“钱湖家宴”美食荟、长三角旅行商采购大会、首届国家级旅游度假区发展峰会10项活动。活动持续至10月，整合上水国际房车营地、帐篷营地、单车驿站、帆船基地、皮划艇基地等旅游新业态建设成果，推出“健康探索+主题住宿+运动休闲+特色景区”的一站式包价产品。

【中国铁人三项联赛在东钱湖举行】 2016年10月16日，中国铁人三项联赛在东钱湖举行。赛事由中国铁人三项运动协会、市体育局、东钱湖旅游度假区管委会主办，省体育局、市政府支持举办，北京奥天国际体育发展有限公司独家运营，600位铁人参赛。比赛设精英组、全程分龄组、半程分龄组和体验组。其中，精英组和全程分龄组游泳赛道1.50千米，自行车路线40千米，跑步路线10千米，总距离51.50千米；半程分龄组游泳赛道0.75千米，自行车路线20千米，跑步路线5千米，总距离25.75千米；体验组游泳赛道0.25千米，自行车路线6.67千米，跑步路线1.60千米，总距离8.52千米。此外，增设企业接力组。南京市铁人三项运动协会武昊田、保定市铁人三项运动协会李郴分别获得男子全程王、冲刺王，自由运动员于姝珺、沈阳鼎汇泉铁人三项俱乐部陆玉瑾分别获得女子全程王、冲刺王。

【宁波东钱湖水利风景区获评国家水利风景区】 2016年8月31日，水利部公布第十六批国家水利风景区名单，宁波东钱湖水利风景区入选。宁波东钱湖水利风景区位于东钱湖旅游度假区范围内，由东钱湖及周边陶公山、福泉山、鹰山等区域组成，面积48.09平方千米，外围保护区面积77.16平方千米，其核心东钱湖水域是浙江省最大的天然淡水湖和集防洪、灌溉、供水、旅游为主要功能的湖泊。

【中国东钱湖雕塑设计大展】 2016年12月3日，“看见钱湖”中国东钱湖雕塑设计大展在中国摄影家协会宁波艺术中心启动，国内外雕塑界、文化界100余位专业人士参加。启动仪式上，中央美术学院城市设计学院院长王中向南宋石刻公园授予“中央美术学院东钱湖实训基地”牌匾，并举行南宋石刻文化国际论坛。东钱湖国际雕塑设计大展从当日起，在全球范围内征集遴选作品方案，要求以观念化、地景化、装置化作为重点，结合东钱湖“文化摇篮、城市客厅”的地域特色。并于2017年5月组织开展国内艺术家采风活动，拟收集创作方案1000份（图片稿件），展出40件作品（30厘米~80厘米小样）。作品以巡展形式在全市展出。

（吴柯莹）

东吴镇

【概况】 2016年，东吴镇辖12个行政村和1个居委会。镇域面积71.40平方千米，户籍人口16420人。实现地区生产总值32.50亿元，比上年增长9.70%。财政总收入5.51亿元，增长7.70%，其中一般公共预算收入2.76亿元，增长13.60%。

订购粮食45万千克。投入2500万元疏浚河道、整治河岸、维修桥梁，投资357万元完成小流域治理项目。实现村级集体总收入2693万元，集体自营收入资金1600万元。实现工业总产值94.36亿元，其中76家规模以上企业实现产值72.58亿元。高新技术行业产值46.43亿元，高新产值占规模以上工业总产值比重为64%。固定资产投资13.50亿元，增长6.10%，其中工业技改投资8.22亿元，增长2.70%。实到外资1250万美元，内资2.32亿元，“浙商回归”资金1.34亿元。宁波欣达（集团）有限公司获评国家火炬计划重点高新技术企业。日月重工股份有限公司获评国家一级安全生产标准化企业，并在主板上市。翁贞琼入选第二批国家“万人计划”。宁波永峰环保工程科技有限公司在“新三

表 40　　2016 年东吴镇各行政村（居委会）基本情况

行政村（居委会）	面积（平方千米）	户数（户）	人口数（人）	集体经济总收入（万元）	集体经济总费用（万元）	总资产（万元）
东村村	5.29	383	859	203	48	11436
南村村	3.04	475	1080	279	64	725
西村村	8.18	695	1529	277	87	3538
北村村	3.49	531	1216	181	61	1628
生姜村	1.12	262	595	188	66	1475
小白村	4.52	836	1930	294	80	9116
平塘村	6.03	650	1493	381	67	2447
童一村	7.02	704	1524	237	125	4028
天童村	4.54	560	1310	208	92	2141
三塘村	3.49	525	1318	356	87	4617
勤勇村	6.58	547	1271	511	81	4527
画龙村	2.49	596	1353	245	42	592
东吴镇居委会	—	551	942	—	—	—

说明：表格中数据为调查数

板”挂牌，宁波普力升工贸有限公司、宁波百蔚电梯配件有限公司、宁波京琼机械制造有限公司3家企业在宁波股权交易中心挂牌。服务业投资总额5.07亿元，增长7.77%，7个第三产业投资项目（不含房地产）总投资8.37亿元。限额以上商贸销售额13.71亿元，增长38.40%；限额以上社会消费品零售额1.11亿元，增长23%。

大龄青年1号安置地块一期工程建筑主体结顶，勤勇小盘山农村公路、平塘村环村公路、三塘村农村公路投入使用，镇南路立面整治一期工程完成验收。小城镇建设拆旧1.32万平方米，建新4.91万平方米。全面推行环卫保洁市场化运作并实现镇域全覆盖。推进西村、童一、东村、小白、勤勇、天童、三塘7个行政村旧村改造，拆旧22510平方米，建新55142平方米。童一村首创农村“联户自建”模式，并在全区推广。“三改一拆”拆违3.73万平方米，“清爽行动”处理垃圾百余吨，“蓝色屋面”立面改造8.40万平方米，主干道沿线拆除“高炮广告”22个。平塘、小白村获评“浙江省森林村庄”。生姜垃圾中转站建成。实施三塘、西村、画龙村农村生活污水处理工程，建设镇区污水管网10千米，74家重点排水户申领排水许可证。

东吴镇中心幼儿园、天童小学完成改建。建成全市首个健康体验馆，创建成为浙江省文明镇、卫生镇。计划生育符合率100%。《凤鸣东吴》出版。完成画龙村文化礼堂创建，常态化管理西村、三塘、童一、勤勇、平塘5个村文化礼堂，举办各类活动、展览20余次。开展“周日文化”活动，举办第三届太白湖国际越野赛、“诗意太白”生态文化艺术节等赛事。城乡居民医疗保险参保率100%。组织企业用工洽谈会，46家用人企业860余名求职者参加，其中215人当场达成初

2016年12月3日，“日月杯”宁波·太白湖国际越野赛举行

步就业意愿。慈善捐款285.90万元，发放各类救助款337.80万元。12个行政村居家养老服务站建设实现全覆盖。社会服务管理中心和13个村级便民服务中心建成，实施“网格化管理、组团式服务”社会管理模式。

【“诗意太白”东吴生态文化艺术节】2016年10月14日，“诗意太白”东吴生态文化艺术节开幕式暨太白诗会在东吴镇文体中心举行。现场发布“禅意文化”“诗画山水”“美丽乡村”3条主题精品游线，举行诗歌朗诵、茶道和书法表演，“采菊东篱，诗吟太白”东吴原创诗歌大赛颁奖仪式。艺术节由东吴镇政府主办，以“诗意太白”为主题，为期3个月。其间，举办诗坛名家新秀太白采风行、太白诗会、“太白”乡野寻宝、“太白农家”一日游、第三届太白湖国际越野赛等活动。

【“日月杯”宁波·太白湖国际越野赛】2016年12月3日，“日月杯”宁波·太白湖国际越野赛在东吴镇太白湖畔举行。活动由东吴镇政府与区体育局共同主办，日月重工股份有限公司、区长跑协会、路越（上海）体育发展有限公司宁波分公司协办，130余个团队1000余名选手参赛。比赛分半程马拉松和9公里欢乐跑两个项目，赛道设置为环形，起点和终点设在东吴镇文体中心。半程马拉松男子组冠军由林鑫获得，成绩1:11:17；女子组冠军由胡晓燕获得，成绩1:32:44；团队赛冠军由李子成享跑营获得，成绩07:53:26；欢乐跑团队赛冠军由七七体育团队获得，成绩03:15:53；携手共赢奖由98六队、常跑队获得。

【东吴镇敬老院投入使用】2016年4月，东吴镇敬老院建成投入使用。敬老院位于东吴镇南村村，总投资768万元，占地面积3225.80平方米，总建筑面积2578.21平方米，地上建筑面积2460.28平方米，地下面积117.93平方米，有宿舍26间、床位56个，配有食堂、活动、服务及医疗用房等。

【东吴镇健康体验馆开馆】2016年5月20日，东吴镇健康体验馆开馆。体验馆位于东吴镇文体中心四楼，占地面积600平方米，是全市首个大型健康教育和人口文化体验馆。采用展板图文、实物模型展示、人机交互体验、多媒体查询及声光电现代技术等现代展馆手法，分设健康教育、内脏保健、生命之旅、体验互动4大参观体验板块，涵盖生命起源、人体知识、环境与健康、职业健康、心理健康、疾病预防、自我救护等内容。同时，专为青少年增设“男生的阳光地带”和“女生的秘密花园”区域，为妇女开设妇女之家心灵驿站咨询室。

（顾鹏翔）

2016年6月8日，东吴镇健康体验馆开馆

五乡镇

【概况】2016年，五乡镇下辖19个行政村、1个渔业社、1个居委会和1个社区。镇域面积47.38平方千米，户籍人口2.91万人，外来人口5.07万人。实现地区生产总值55.56亿元，比上年增长4.20%。财政总收入8.34亿元，增长21.70%。农村常住居民人均可支配28323万元，增长7.50%。

实现农林牧渔业总产值3.48亿元，增长3.20%。20个村（社）村级集体净资产2.60亿元，村级经营性收入8319万元，增长6.90%，其中14个村村级经营收入超百万元、2个村超千万元。实现工业总产值24亿元，增长6.18%。139家规模以上工业企业实现产值174.01亿元、销售162.76亿元、利润总额8.03亿元，其中4家中车企业实现产值20.18亿元，占规模以上工业企业产值的11.60%。现代电车小镇被列入第二批省级特色小镇培育类名单，小镇客厅和小镇漫步道系统项目推进。宁波凯信服饰股份有限公司、宁波安百利印刷有限公司、宁波英科特精工机械股份有限公司、宁波顺成机电有限公司4家企业入围区“双五十工程”企业，浙江恒达高电器有限公司、宁波旭力金属制品有限公司、宁波英科特精工机械股份有限公司等企业获鄞州区科技创新进步奖。全社会固定资产投资23.76亿元，其中工业投资13.54亿元。增加限额以上商贸企业19家，限额以上商品销售额33.90亿元，增长170.62%。社会消费品零售总额6.69亿元，增长22.55%。华东物资城入驻商户150余家。增加国家高新技术企业1家，各类授权专利1060个，发明申请量197个。获批省级工程中心1家、市级工程中心3家，区重点技改项目4个、节能降耗项目9个、清洁生产项目2个。合同利用外资4717万美元。宁波中车新能源科技有限公司博士乔志军入选“创业鄞州·精英引领”创新项目B类，阮殿波被授予2016年度浙江省“有突出贡献中青年专家”称号，宁波中车新能源科技有限公司获评省级博士后工作站。

重点工程和镇级拆迁涉及9个项目，征迁签约341户89156平方米。永乐浮中地块、轨道东外环站配套项目、省天然气管道隐患整改、项隘村宁东路4个项目拆迁“清零”。爱民南路（329国道至西街）改建工程、轨道站点临时接驳工程、贵玉小学东侧道路、龙兴路通途路交叉口改建等9个项目竣工，泰和馨苑四期主体完工，涵玉、五乡站、宝幢站等8个候车亭安装完成。五乡镇土地利用总体规划中期调整完善获批，镇级垃圾中转站、明伦村公交首末站、明伦村服务设施A等6个项目完成报批手续。关闭畜禽养殖场9户，拆除面积9828.37平方米。疏浚黑河、臭河3条，投入119万元疏浚河道9条。回收管理镇域养殖河面282.67万平方米，清理地笼110顶，打捞沉船15只。清理河道垃圾330余吨，获鄞州区河道保洁工作二等奖。回收处理各类病死动物1097头、农资包装废弃物13.10吨。10个村污水管网建设基本完工，铺设村内主管20903米、支管60751米，安装化粪池914座，完成接户7997户，获鄞州区污水收集管网建设一等奖。整治“两路两侧”省市点位30个、自查点位65个，清理“两路两侧”各类垃圾1200余吨，拆违8.87万平方米，整治“蓝棚”9.53万平方米，申领排水许可证企业69家。

举办镇级企业现场招聘会，提供岗位1200余个。办理各类就业社保补贴280余万元。小额担保贷款单位11家，金额190万元。增加大学生创业人

表41　2016年五乡镇各行政村（社区、居委会）基本情况

行政村（居委会、社区）	面积（平方千米）	户数（户）	人口数（人）	集体经济总收入（万元）	集体经济总费用（万元）	总资产（万元）
石山弄村	3.73	800	1854	367	654	1698
钟家沙村	2.19	647	1547	362	328	738
李家洋村	1.15	445	1165	141	159	341
仁久村	1.64	569	1529	630	407	2497
皎碶何村	1.43	447	1020	150	153	6144
蟠龙村	1.10	434	1084	346	449	2467
汇纤村	0.60	271	659	121	106	11483
四安村	1.71	572	1527	158	457	7380
天童庄村	0.94	301	827	331	335	1934
新诚村	0.90	291	791	433	414	1935
龙兴村	2.14	738	1837	409	525	1419
项隘村	1.18	530	1280	1063	576	1693
明堂岙村	8.37	514	1253	834	988	2559
沙堰村	3.72	420	1056	618	560	1407
明伦村	2.96	455	1094	654	1249	6370
永乐村	0.77	367	798	319	477	6853
宝同村	5.00	407	942	1949	1747	11865
联合村	4.31	796	2084	2016	1718	1587
涵玉村	3.50	665	1579	266	382	777
渔业社	—	427	804	517	442	6370
泰悦社区	—	1671	3861	76	40	69
宝居居委会	—	404	713	28	19	20

说明：表格中数据为调查数

音舞、戏曲艺术、民间艺术7个分会。

（汪益刚）

后塘河

数33人，帮扶大学生创业企业107家。增加农村电商创业实体25家，开发公益性岗位42个。20个村（社）居家养老服务站通过区级验收，18个村居家养老服务站通过等级评定，基本实现居家养老服务站全覆盖。创建村级人民调解委员会14家。推进贵玉小学三期项目和逸夫中学体艺馆内部装修建设，中心小学校、逸夫中学、逸夫小学、成人学校维修投入约1400万元。钟家沙小学并入贵玉小学，贵玉小学升格为点校。通过宁波市“学前教育示范乡镇”创建和浙江省卫生镇复评，逸夫中学、逸夫小学通过宁波市第三批“中小学规范化心理辅导室”创建，逸夫小学获“宁波市AAAA平安校园”称号，中心幼儿园被评为鄞州区卫生保健先进单位，宝幢幼儿园通过浙江省二级幼儿园复评。开展“最美家庭”创评活动，评出“爱心家庭”“绿色家庭”“文艺家庭”“美德家庭”等“最美家庭”10户。计划生育符合率98.80%，创建为浙江省级“三优”（优生、优育、优教）中心。皎碶何村、沙堰村农村文化礼堂建成。举办“群众大舞台”周日广场文艺晚会活动，综艺戏曲演出、电影放映280余场次。

【“群众大舞台”周日广场文艺晚会】 2016年5月8日，五乡镇“群众大舞台”周日文艺晚会在五乡镇文化中心广场举行。现场有舞蹈《琴心》、男声独唱《拉住妈妈的手》、古筝伴舞《青花瓷》、小品《谁是主角》、魔术《魔力世界》、少儿京剧《少儿京韵情》、模仿秀《无所谓》、相声《五乡赞》等12个节目。晚会由五乡镇政府主办，于每周日举行，至10月结束。其间，举办“群众大舞台”周日广场文艺晚会17场，19支镇级群众业余文体团队和20支村级业余文体团队1200余人次参加演出，参与观众2.50万人次。

【“五乡傅其芳杯”鄞州区第七届乒乓球等级赛】 2016年12月17—18日，“五乡傅其芳杯”鄞州区第七届乒乓球等级赛在五乡镇文化中心举行。赛事由区文广新局（体育局）主办，五乡镇政府、区体育总会承办。比赛按等级分设男子团体甲级队和乙级队两个项目，30支球队148名运动员参赛，其中甲级队代表队8支、乙级队代表队22支。五乡镇一队获男子团体甲级队冠军，飞轮港通队获男子团体乙级队冠军。

【五乡镇文联成立】 2016年12月30日，五乡镇文联成立大会召开，60名文联会员参会。文联第一次代表大会通过镇文联章程和选举办法，选举产生文联委员会及文联主席、副主席和秘书长。吴祈德当选镇第一届文联主席，李建龙、王荔和阮松杰当选副主席，李建龙兼任秘书长。区文联主席邵斌为镇文联授牌。镇文联有文体团队30余支，下设文学、摄影、书法、体育、

邱隘镇

【概况】 2016年，邱隘镇辖16个行政村、1个渔业社和3个社区居委会。镇域面积22.82平方千米，户籍人口3.90万人，外来人口6万余人。实现地区生产总值34亿元。财政总收入7.50亿元，比上年增长13.60%。

38家规模以上企业实现产值22.02亿元、销售21.39亿元、利润总额0.93亿元。全社会固定资产投资58亿元，其中服务业投资57.38亿元，增长13.70%。实到外资1800万美元，引进大市外内资54.24亿元、“浙商回归”资金13.36亿元。实现限额以上商贸业销售19.95亿元，限额以上社会消费品零售总额4.16亿元。高新技术产品产值5.18亿元。获发明专利授权7件、实用新型等专利授权83件。宁波龙源照明电器有限公司创建为宁波市企业工程（技术）中心，并通过高新技术企业复审；宁波微萌种业有限公司入选高新技术企业，并获鄞州区“创新团队”称号；宁波市鄞州锦格电器和宁波东电电力设备制造有限公司创建为鄞州区企业工程（技术）中心；宁波海太工贸有限公司和宁波龙源照明电器有限公司通过宁波市专利示范企业复审。

实施东部新城东片区拆迁三年行动计划，东苑立交项目、兴宁路周边地块、中山路延伸段、明湖以东等项目地块签约面积24.28万平方米，补偿金额25亿元。环城南路北侧前殷王家斗漕自然村完成签约，轨道交通1号线东外环站配套项目完成拆迁。邱一村香溢湾272套安置房、田郑新村583套安置房、汇福家园774套安置房、五都王和新乐村220套安置房完成抽签。万里路、新邱路、潘火路（渔金村段）等道路改造进场施工。渔金二期主体工程完工，后殷村1号居住B地块建筑物单体结构结顶竣工。邱中河、方庄河河道疏浚和下万龄村、汇头村农村生活污水治理工程完工。清理河道渔

表 42　　2016 年邱隘镇各行政村（渔业社）基本情况

行政村（渔业社）	面积（平方千米）	户数（户）	人口数（人）	集体经济总收入（万元）	集体经济总费用（万元）	总资产（万元）
邱一村	2.00	806	2077	1191	4729	10636
邱二村	0.50	1022	2665	12162	8805	20667
沈家村	0.71	425	1159	882	2476	5696
横泾村	0.90	520	1343	1496	2280	10974
后殷村	0.70	303	767	499	846	2885
前殷村	0.50	337	854	430	1127	2948
渔金村	1.04	734	1828	1300	1389	4673
回龙村	2.50	658	1619	942	2725	4058
田郑村	0.86	233	605	726	708	2913
张家瀛村	1.40	422	1041	546	937	3385
东雅村	1.10	286	681	1820	1678	38089
汇头村	1.00	377	940	753	724	1917
上万龄村	0.78	258	602	271	463	2290
下万龄村	0.91	329	858	332	594	2253
新乐村	0.89	441	1122	1153	3206	5321
五都王村	0.60	440	1063	635	3041	3394
邱渔村渔业社	0.02	42	91	77	333	1256

说明：表格中数据为调查数

业设施，拆除畜禽养殖场23家。“三改一拆”拆违40.64万平方米。环卫保洁采用市场化运作，垃圾清运实施“以箱换箱”“以桶换桶”模式。推行城市管理区域立体化巡查。镇区5条主要道路启用单向通行。开展夜宵摊、户外广告、马路菜场等整治38次，劝阻车辆违停3500余辆。查处倾倒建筑垃圾、夜间施工等问题42起。“四边三化”专项整治整改环境卫生问题124处，绿化修复面积560平方米，墙体粉刷修复600平方米。

成立“甬动爱心”服务中心，设立邱隘“甬动爱心”义基金。向东新学校捐赠7.50万元物资，发放慈善救助款215万元。户籍人口参保率96%。收集企业用工信息82条，向社会发布招聘岗位377个。举行“周日文化”“天天演”和第六届文化体育艺术节等活动，剧院专业演出35场、送戏下村41场。全镇有市名师5人、区名师20人，普高上线率62.80%。

2016年4月17日，邱隘镇第六届文化体育艺术节在邱隘文化广场启动

【《邱隘镇志》出版发行】 2016年1月28日，《邱隘镇志》由中国文史出版社出版发行。该书于2013年初启动编修，2015年3月定稿付梓。镇志主编由沈小宝担任，分上下两册，设23编131章，200余万字，记载年限上溯至唐代，下限至2013年，全面反映邱隘镇城镇形象、经济发展、社会管理的历史与现状。

【邱隘镇保洁船码头投入使用】 2016年4月17日，邱隘镇保洁船码头投入使用。该码头是鄞州区首个由镇出资兴建的保洁船停靠码头，位于邱隘镇邱二村安置房附近，占地约300平方米，投资60余万元，可满足河道保洁船日常停靠、维修保养等需求。

【邱隘镇第六届文化体育艺术节】 2016年4月17日，邱隘镇第六届文化体育艺术节开幕式在邱隘文化广场举行。现场举行舞龙舞狮、42式太极拳、拉丁舞、跆拳道、踩高跷、大头和尚等表演。艺术节由邱隘镇党委、政府主办，以"东部新城，筑梦未来"为主题，围绕"梦"系列开展摄影比赛、文体培训、体育赛事、青少年风采秀、曲艺展演和非物质文化遗产展示6大项活动。6月30日，在邱隘剧院举行闭幕式，并表彰艺术节10个优秀集体和10名先进个人。

（张　丹）

云龙镇

【概况】 2016年，云龙镇辖17个行政村、2个渔业社、1个居民委员会和1个社区。镇域面积40平方千米，户籍人口26392人，外来人口44222人。实现地区生产总值44.07亿元，比上年下降6%。财政总收入6.73亿元，增长11.70%，其中一般公共预算收入3.14亿元，增长15.30%。

实现农林牧渔业总产值1.84亿元，增长5.75%。启动农村土地承包经营权确权登记颁证试点工作，农村剩余电流动作保护器安装工程通过验收。开展第三次农业普查工作。实现工业总产值201.93亿元，122家规模以上工业企业实现产值169.28亿元、销售159.97亿元、利润总额9.29亿元，其中以博威集团有限公司为龙头的20强企业实现产值137.23亿元，经济总量占全镇规模以上工业的81.10%。增加上亿元企业1家，规模以上工业企业4家，限额以上服务业企业6家。全社会固定资产投资9.94亿元（含房地产），其中服务业投入3.48亿元。社会消费品零售额1.90亿元，增长27.50%。增加市级工程中心1家，区级工程中心4家。申报区级以上重点技改补助项目6个，获得各类项目补助资金1500余万元。宁波纬尚汽车零部件有限公司申报区重大科技项目，宁波今山电子材料有限公司和宁波巨神制泵实业有限公司申报区优秀发明专利产业化项目。增加发明专利授权93个。开展铸造企业专项整治，成立云龙镇铸造行业绿色发展引导基金。调整镇工业区管委会机构设置，回归企业3家，解决土地等历史遗留问题4起。

编制国有建设用地供应计划和土地储备计划。15个村建成村级垃圾中转站。云龙嘉苑三期工程结顶，云龙中学D级危房教学楼完成重建。修复危桥6座、破损路面6处。甲村大方桥道路改建工程实施拆迁，云达路延伸段拓宽改建工程前期道路线型测绘和设计完成。上李家村新村建设三期工程主体完工，云龙村新村建设一期工程进入收尾阶段，双桥村新村建设一期工程桩基施工。关闭畜禽养殖场1家，疏浚河道17千米。河道保洁实行市场化运作。甲村横河截污、荷花桥与云龙镇工业区污水管道工程竣工，南丰路、云莫路等5条污水主管网建设工程开工。建成污水收集管网10千米。石桥村农村生活污水治理工程竣工验收，荷花桥村等5个村农村生活污水治理工程完工，前徐村等4个村农村生活污水治理工程开工，增加接户5700户。申领排水许可证企业98家，排水许可工作获区委书记批示并在全区推广。探索"一把扫帚扫城乡"市场化保洁机制，率先实施镇区4个村保洁一体化。接管获江菜场保洁工作，落实建筑垃圾消纳场地1处。云龙村、上李家村、陈黄村试点垃圾分类，"清爽行动"考核全区第一。17个村创建为"无违建村"，拆违8万余平方米，整治"蓝色屋面"21万平方米。鄞城大道云龙段、沿山干河园垟段完成拆迁。

开展"我们的节日——端午看云龙"大型民俗系列活动，增设端午民间艺术展演、"水美云龙"摄影大赛优秀作品展、"画说云龙"——婆头山艺术区画展3个子活动。开展"周日文化"活动42期60余场，参与群众5000余人次。实施"天天系列"文化惠民工程，演出75场，放映电影250余场，惠

2016年6月7日，"我们的节日——端午看云龙"大型民俗活动在云龙镇举行

表 43　　2016年云龙镇各行政村（社区、居委会、渔业社）基本情况

行政村（社区、居委会、渔业社）	面 积（平方千米）	户 数（户）	人口数（人）	集体经济总收入（万元）	集体经济总费用（万元）	总资产（万元）
任新村	1.50	623	1476	122	232	3141
前后陈村	2.50	824	1927	724	795	9979
云龙村	1.20	293	683	269	255	9240
石桥村	4.00	1030	2287	165	310	5138
甲村村	7.50	1872	4172	419	616	5969
园堍村	1.30	358	816	51	152	1403
冠英村	2.30	869	1886	181	275	1662
上李家村	0.43	206	477	497	267	7032
荻江村	1.12	354	766	269	294	3787
徐东埭村	1.50	738	1716	107	244	7144
顿岙村	2.50	396	939	708	589	5124
姚家浦村	1.35	338	826	82	229	1395
前徐村	2.20	940	2058	360	293	2610
王夹岙村	1.50	282	653	167	203	4919
双桥村	0.36	225	477	741	162	3870
陈黄村	3.40	983	2407	186	650	4236
荷花桥村	2.50	573	1383	108	187	5134
云达社区	0.73	214	570	—	—	—
居委会	—	425	869	—	—	—
云龙渔业社	—	60	180	45	100	1179
甲村渔业社	—	23	52	54	57	903

注：表格中数据为调查数

及11个村。组织开展“家德家风代代传”“云龙正能量”主题活动，石桥村孙惠珍获“浙江好人”称号。荷花桥村、王夹岙村文化礼堂建成，王笙舲小学全国农村学校青少年宫建设项目推进。举办云龙镇第三届全民运动会。伦敦残奥会赛艇冠军黄成入选2016年悉尼残奥会赛艇项目比赛资格。云龙镇中心幼儿园特色小足球获浙江省幼儿足球表演大赛一等奖，甲南小学校学生体质测试成绩名列全区第一，王笙舲小学获宁波市青少年乒乓球比赛团体第三名。计划生育符合率99.50%。通过市卫生镇复评，启动浙江省卫生镇创建。农村医保与城乡居民医保全面接轨，参保率99.50%。规模以上企业外来务工人员社保参保率100%。发放失业救济金637万元。大学生创业实体登记52家，农村电商25家，达标率100%。受理各类劳资纠纷争议98起，调解各种工伤事故350起。成立“银辉”志愿普法教育工作室。

【农村土地承包经营权确权登记颁证试点】 2016年7月8日，云龙镇召开农村土地承包经营权确权登记颁证试点工作动员会。云龙镇全体机关干部及各行政村支部书记、村主任、农业社长和文书参会。云龙镇为全区农村土地承包经营权确权登记颁证工作的唯一试点镇，涉及11个行政村。试点工作包括前期准备（建立组织、制订方案、动员宣传培训、资料收集）、调查测量（权属调查、现场指界、地块测量）、公示确认（制作图表、审核公示、结果确认）、建档入库（完善土地承包合同、建立登记簿、颁（换）发权证、建立信息系统、成果归档）、检查验收（项目检查、成果验收）5个方面。至年底，11个村均完成前期准备和调查测量工作。

【"我们的节日——端午看云龙"大型民俗活动】 2016年6月7日，2016年"文艺与时代同行"系列活动之"我们的节日——端午看云龙"大型民俗活动开幕式在云龙镇嘉苑休闲广场举行。活动由省民间文艺家协会、市民间文艺家协会、区文联、区文明办、区文广新局（旅游局、体育局）、云龙镇政府主办，区民间文艺家协会、云龙镇文联、云龙镇文化站、云龙镇龙舟文化协会承办。以村、企为单位选拔出的12支队伍在云龙镇长山江举行龙舟竞渡活动，4支队伍进行表演，2万余名群众观赛。园垥村、云龙村、云龙渔业队分别获前三名。其间，举行端午民间艺术展演、"水美云龙"摄影大赛优秀作品展、"画说云龙"——婆头山艺术区画展3个子活动。

【云龙镇第三届全民运动会】 2016年11月6日，云龙镇第三届全民运动会开幕式在王笙舲小学举行。活动由云龙镇政府主办，云龙镇文化站、王笙舲小学、云龙镇商会承办，各村、社区、居委会、各企事业单位的23支队伍518名队员参赛。开幕式上，云龙镇音乐舞蹈协会、镇文化中心、镇武术协会分别表演《吉祥腰鼓》《快乐的跆拳小子》《武术太极功夫扇》等文艺节目。比赛设拔河、乒乓球、一分钟跳绳、一分钟投篮、象棋和武术6个项目。陈黄村获拔河比赛第一名，云龙村获武术比赛第一名，徐东埭村获乒乓球比赛第一名，王夹岙村获篮下一分钟投篮第一名，石桥村黄生华获象棋比赛第一名，上李家村王幼艳获女子跳绳第一名。云达社区、任新村、云龙镇商会、荻江村、双桥村获道德风尚奖。

（朱迪松）

横溪镇

【概况】 2016年，横溪镇辖15个行政村、1个居委会、1个社区。镇域面积87.53平方千米，户籍人口2.80万人，外来人口1.80万人。实现地区生产总值24.70亿元，比上年增长2.40%。财政总收入3亿元，下降11.40%。

实现农业总产值1.50亿元，增长5%。农业综合开发项目和喷滴灌节水系统建设项目实施，分别投入797万元、190余万元。建设高标准基本农田200余公顷，订购粮食72万千克。创建宁波市杨梅产业示范区200公顷，完成樱桃、果蔬等精品园项目3个。实现工业总产值72亿元。50家规模以上工业企业实现产值44亿元、销售41.30亿元、利润总额1.50亿元。其中，上亿元企业销售29.70亿元，占规模以上工业企业总销售的72%；高新技术企业销售18.20亿元，占规模以上企业总销售的44%。技改总投入超过5.40亿元，完成率100%。固定资产投资10.10亿元，增长17.20%，其中服务业投资4.60亿元，增长14.20%。社会消费品零售总额8000万元，增长14.20%。推进停车场、游客服务中心等旅游配套基础设施建设，增加市级古道旅游休闲基地1个，运营精品民宿1家。

完善乡村旅游总体规划和村庄布局、布点规划，推进梅岭山区异地迁建、1号地块昇泰和苑等新村建设项目。投资8000万元的河头新村建成，占地约2万平方米的孔家潭新村项目启动。教育中心南侧游步道项目完工，金鹅湖环湖游步道、杨山村岩山段农村公路开建。投资2500余万元的金峨片饮水安全提升工程主体工程完工，投资720万元的梅岭片区饮水安全提升工程开始施工。孔家潭公交场站、大岙村老年活动中心等项目建成。栎斜溪、金峨溪等河道清淤8千米，关闭畜牧场5家。推行市场化保洁，出台镇、村保洁工作考核办法，实施周夹、栎斜、金峨农村污水管网建设。整治铸造企业9家，办理发放排水许可证企业14家。

参保1.20万人，户籍人口参保率98%。调查适龄劳动力1.25万人，人力资源就业率99%，发放就业补贴450万元。仲裁劳动争议案件149件，结案率100%，涉案金额475万元。建成村级居家养老服务站5家，居家养老服务实现全覆盖。发放各类民政、残联救助款483万元，惠及2500余人次。发放慈善款246万元，惠及1200余人。完善国家级"乡村少年宫"建设，推进舞龙、朱金漆木雕等5个"非遗"传承基地落户中小学。南山书院创建为浙江省社科普及基地，引进遂昌经典国学学校。举办首届"非遗"文化节系列活动、"中国好风光——大咖行摄慢游小镇"等活动。市级"非遗"项目——大岙布龙基地投入使用。《万工花轿》纪录片在中央电视台1套和10套播出，彩灯扎制、箍桶技艺、打镴技艺3项市级"非遗"项目参加第三届中国宁波休闲娱乐博览会。

【鄞州区第四届古道文化节】 2016年10月22日，鄞州区第四届古道文化

2016年3月14日，大岙舞龙传承基地投入使用

节在横溪镇文化广场启动。文化节由区文广新局（风景旅游管理局、体育局）、横溪镇政府主办，区长跑协会、路越（上海）体育发展有限公司宁波分公司、市慈善基金会承办。现场举行舞龙、腰鼓、戏曲、太极、柔功等表演。横溪境内有古道26条，其中市级2条、区级12条、待开发10条。以古道为主线，串联起金鹅湖农业观光园、酒埕岩、茶马古道、朱金漆木雕艺术馆等景点。古道文化节期间，举行开幕式、国家AAA级旅游景区授牌仪式、《印象横溪》画册首发式、古道公益众筹活动颁证仪式、酒埕岩烧烤节、"你丢我捡"公益行动、横溪"十大名菜"评选、爱心文艺表演8大主题活动。

【第十二届"灵秀横溪"文体艺术节】2016年6月5日，第十二届"灵秀横溪"文体艺术节开幕式在横溪镇文化广场举行。活动由区文广新局（风景旅游管理局、体育局）、横溪镇政府、宁波日报"乡下头"工作室主办，横溪镇文化站承办。现场，向横溪镇文化顾问颁发聘书，分发文化遗产手绘地图1000份，表演舞龙、舞狮、大头和尚、马灯舞、三字经、内家拳、箜篌演奏、百米长龙等节目。艺术节于11月21日结束。其间，举行开幕式、非遗专家专题讲座、"年少时，那些玩过的游戏"比赛、欣赏"老宁波味道"的演出、百位市民"灵秀横溪访非遗"活动、"中国好风光·大咖行摄慢游小镇"活动、鄞州"非遗"图片展7大主题活动。

【"汉浦杯"宁波横溪山地马拉松赛】2016年10月22日，"汉浦杯"宁波横溪山地马拉松赛在横溪镇举行，900余人参加比赛。赛事由市体育局、市人民政府农村工作办公室主办，区体育局、横溪镇政府、市社会体育指导中心承办。比赛设5公里迷你跑（美丽乡村奥运接力跑）、12公里欢乐健康跑、21公里半程马拉松3个项目。起点均设在横溪镇文化广场，途经横溪水库、景观大道、车岭庵古道、观音岭古道、金峨寺等景点。其中，半程马拉松终点为金峨寺，12公里欢乐跑终点为横溪水库西侧道路出口，5公里迷你跑（美丽乡村奥运接力跑）终点为横溪水库大坝。朱东海、陈云芳分别获欢乐健康跑男子组、女子组第一名，祁敏、王小夏分别获21公里半程马拉松男子组、女子组第一名。

【大岙舞龙传承基地投用】2016年3月14日，横溪镇大岙舞龙传承基地投

表44　2016年横溪镇各行政村（社区、居委会）基本情况

行政村（社区、居委会）	面积（平方千米）	户数（户）	人口数（人）	集体经济总收入（万元）	集体经济总支出（万元）	总资产（万元）
横溪村	8.90	1164	2815	1134	828	8057
周夹村	7.70	468	1238	1605	910	5609
栎斜村	7.00	617	1591	986	166	7613
金溪村	3.50	726	1764	2317	394	17634
吴徐村	4.00	428	1016	89	73	898
金山村	3.60	407	1010	334	299	1384
梅山村	2.30	429	1103	328	569	2017
梅岭村	2.50	395	936	82	131	1230
梅溪村	3.20	458	1156	230	425	883
梅福村	7.10	666	1694	109	110	1132
大岙村	15.20	1276	3183	310	800	6124
上任村	4.00	547	1246	261	206	2647
金峨村	5.60	569	1440	540	239	6200
道成岙村	7.00	937	2383	170	179	1736
杨山村	2.60	248	642	252	72	818
丰乐社区	0.30	335	748	—	—	—
居委会	—	1613	3473	—	—	—

说明：表格中数据为调查数

用。该基地于2015年开始建设，占地面积1000余平方米，由舞龙教学馆和舞龙博物馆组成。教学馆用于舞龙队的日常训练及教学；博物馆位于基地二楼，展出大岙布龙的历史、荣誉、实物和舞龙道具。横溪镇是省"龙舞之乡"，传承自大岙布龙的"东海长龙"2008年被列入宁波市第二批"非遗"保护目录，并获"陆家杯"江浙沪舞龙大赛金奖、第十届民间文艺山花奖全国舞龙大赛山花奖·民间艺术表演奖。至2016年，全镇15个村有舞龙队14支，其中成年男子队9支、成年女子队3支、少年队2支，直接参与舞龙人员1000余人；舞龙训练场地总面积1.80万平方米；舞龙队每年参加全镇或各村节假日表演活动20次以上，观摩人数2万余人。

（陈凯跃）

姜山镇

【概况】2016年，姜山镇辖55个行政村、6个社区、1个居委会、1个良种场和1个渔业社。镇域面积88平方千米，户籍人口8万人，登记在册外来人口6.80万人。实现地区生产总值100.40亿元，比上年增长6.30%。财政总收入14.75亿元，增长15.70%。

建成华山畈等粮食功能区313.33公顷，顾家畈农业综合开发300公顷。完成粮食订单1.60万吨。土地流转面积110.67公顷。全镇有工业企业2067家，其中规模以上工业企业200家，销售上亿元工业企业53家，国家级高新技术企业44家，上市企业3家。实现规模以上工业总产值364亿元，规模以上企业增加值60.15亿元，增长6%。高新技术产业增加值31.81亿元，增长8.90%。全社会固定资产投资总额44.21亿元，增长4.25%，其中服务业投资28.80亿元，增长5.10%。实到外资1961万美元，引进内资25亿元。培育海港城等新型城市经济，实现社会消费品零售总额21.70亿元，增长9.30%。推进景瑞三期、雅戈尔雅旭花苑等商业地产项目。

调整全镇土地利用总体规划和控制性详细规划，启动全镇总体规划、朝阳片集聚区规划和小城镇综合整治规划编制。出让核心3号地块、5号地块土地。小城镇建设整片拆旧6万平方米，整片建新48.60万平方米。新村建设拆旧2.40万平方米，建新15.40万平方米。明东小区、朝张新村二期等3个镇级项目和东光新村四期、侯家新村一期等5个村级项目建成。建设道路12.80千米，建成纬一路、姜环路、经二路等道路10条。北大路电力排管、高阳路热力管移位、35千伏姜村线、中心小学北校区改造一期等电网基础设施项目完工。清淤疏浚河道45.60千米，拆除畜禽养殖场2家，扩面整治4家。建设茅山片、翻石渡工业区等污水管网17.30千米，花园、定桥等11个村推进农村生活污水治理。发放排水许可证22家。组织拆违行动155次，拆除违建21.40万平方米。整治"蓝色屋面"154万平方米，总量全区第一。"无违建村"创建达标28个。开展环境卫生考核专项行动，清理卫生死角700余个，清运垃圾近8万吨。处理跨门占道1215起，乱设广告灯箱1150起，无证设摊1337起，违章停车2173起。

公共事务服务中心窗口办理各类服务事项71324件。调处各类劳资、工伤案件226件，结案率100%。公共资源交易站受理各类工程建设招投标项目114宗，标后实际节约资金2480万元。改造提升姜山幼儿园、姜山镇中心小学北校区。推进学前教育生活化、义务教育办学行为规范化、社区教育创新化。开展健康讲座进基层活动109次，培训人员6480人。开展"姜山如画"群众文化艺术节、"姜山之星"评选等活动，推进市、区两级"洁美村庄"评选。

【全省春耕备耕助农增收服务月活动暨宁波市春耕生产现场会在姜山镇举行】（参见"农业·农村·水利"类目"农业经济"分目）

【东江堤防加固工程鄞州段主体工程完工】2016年8月10日，东江堤防加固工程鄞州段Ⅰ标段项目通过验收。该项目位于东江右岸姜山镇境内，上游起于原东江管理所，下游至钱家山闸下游，全长3.79千米。工程投资9000余万元，于2014年10月开工建设，2016年6月完工。东江堤防加固工程鄞州段Ⅰ标段主体包括防洪堤和东江管理所闸、管道出口闸、刘家闸、孙家山闸、钱家山闸5座水闸，防洪标准为20年一遇。东江堤防加固工程分两个标段，Ⅱ标段于2015年12月完工并通过验收。

【"姜山如画"首届群众文化艺术节】2016年6—11月，"姜山如画"首届群众文化艺术节举行。艺术节由姜山镇党委、政府主办，镇文化站、工会、团

鄞州区实验小学

表 45　2016 年姜山镇各行政村（社区、居委会、良种场、渔业社）基本情况

行政村（社区、居委会、良种场、渔业社）	面积（平方千米）	户数（户）	人口数（人）	集体经济总收入（万元）	集体经济总费用（万元）	总资产（万元）
夏施村	0.70	182	445	216	143	2865
上何村	1.10	298	731	382	244	3200
郁家村	0.50	281	692	447	236	3062
姜山头村	1.00	217	568	467	161	2565
东光村	1.36	491	1196	666	681	10164
仪门村	1.50	500	1210	526	474	9496
墙弄村	0.19	329	748	325	110	1209
曙光村	0.80	244	618	1540	148	4582
狮山渔业村	—	411	867	240	205	1799
后鄞村	1.20	393	1006	214	117	638
景江岸村	0.76	221	528	335	296	618
乔里村	1.17	352	893	649	218	2303
新汪村	1.98	604	1458	188	80	1721
陈家团村	1.35	513	1214	300	244	843
侯家村	0.50	166	418	263	53	29752
张华山村	0.98	324	857	300	270	1635
励江岸村	1.70	581	1496	148	130	390
定桥村	3.80	524	1257	583	654	5097
宏洲村	3.00	612	1414	329	686	1390
陆家堰村	1.20	368	865	582	488	1272
井亭村	1.54	614	1454	287	311	2067
上张村	1.80	665	1508	126	120	1302
陈介桥村	2.50	693	1692	370	47	909
周韩村	2.18	584	1586	457	99	2779
翻石渡村	1.50	420	1130	945	594	17597
奉先桥村	0.75	250	626	281	186	544
东西郑村	1.20	438	1105	139	43	1084
和益村	2.10	490	1235	123	47	600
新张俞村	3.00	808	1962	293	50	1755
张村庙村	2.20	604	1469	141	107	781
甬江村	1.50	407	987	285	62	1691
顾家村	1.80	490	1202	185	230	377

续表45

行政村（社区、居委会、良种场、渔业社）	面积（平方千米）	户数（户）	人口数（人）	集体经济总收入（万元）	集体经济总费用（万元）	总资产（万元）
蓉江村	2.10	629	1604	253	47	1377
山西村	2.50	456	1238	258	257	2670
五龙桥村	3.80	1052	2515	260	254	1600
姜南村	2.10	583	1462	145	90	673
黎山后村	2.50	712	1712	155	66	5273
联荣村	0.18	600	1464	222	217	356
蔡郎桥村	1.80	520	1152	180	766	1879
上游村	2.47	588	1448	738	433	1455
阳府兴村	1.57	539	1337	377	248	761
董家跳村	2.10	534	1312	267	54	1055
同三村	4.00	887	2100	281	223	455
沈风水村	1.50	546	1315	345	89	2081
走马塘村	2.00	634	1458	37	204	98
茅山村	3.00	663	1563	135	130	807
南林村	2.60	703	1683	100	110	390
花园村	1.70	350	880	181	99	871
唐川村	1.50	483	1219	239	278	12860
胡家坟村	3.50	551	1309	152	42	504
杨家弄村	1.04	292	705	288	77	615
王伯桥村	1.60	414	993	3385	235	4913
东林寺村	0.90	309	751	80	160	280
虎啸漕村	2.30	570	1365	157	125	675
茅东村	1.67	628	1539	127	60	541
姜山社区	2.00	1356	3410	—	—	—
狮山社区	2.50	2119	5043	—	—	—
星城社区	0.30	2760	6900	—	—	—
小城春秋社区	2.30	2147	5580	—	—	—
明南社区	0.31	253	662	—	—	12
望府社区	0.20	79	213	—	—	—
茅山居委会	0.18	178	469	—	—	8
良种场	1.10	100	226	373	152	2820
淡水渔业社	—	139	274	274	82	1502

说明：表格中数据为调查数

委、妇联承办，各村（社区）、企事业单位协办。其间，举行"党旗颂·姜山情"——纪念建党95周年暨"姜山如画"首届群众文化艺术节开幕晚会、"爱国爱党爱家"主题书画活动、"姜山如画"摄影比赛、"姜山之星"30佳评选活动、"放歌迎国庆，共筑中国梦"大合唱比赛、鄞州区首届"越迷争锋"成人挑战赛6大主题活动，6400余人参与活动。

【鄞州区实验小学获"全国书法实验学校"称号】2016年11月9日，鄞州区实验小学以满分成绩通过验收，获"全国书法实验学校"称号。鄞州区实验小学又名姜山镇中心小学，创办于1913年，1990年确立以书法为办学特色。除每天安排20分钟的写字课外，三至五年级每班每周开设一节由专职书法教师执教的书法课。开发拓展性课程，组织开展"迎新送福送春联""新年优秀作品台历制作""百年校庆书画明信片制作""重阳书画敬老""六一书画展示""低段硬笔字书写展示"等活动。成立"晋韵流殇"书法社团，社团成员获得全国、省、市、区各级比赛一等奖近60项。学校获"全国九年制义务教育写字教育先进集体""省书法教育实验基地""省书法教育研究会实验学校"等称号。

【姜山镇农民合作经济组织联合会成立】2016年12月19日，姜山镇农民合作经济组织联合会成立，并举行第一届会员大会，涉农部门、种养殖大户等68名首批会员参加。大会选举产生姜山镇农民合作经济组织联合会第一届理事会成员9人、监事会成员3人。姜山镇农民合作经济组织联合会是在姜山镇党委政府领导下，由镇内农民合作经济组织、大户等新型农业经营主体和涉农企事业单位等组成的，具有生产、供销、信用等服务功能的联合组织，为非营利性社会团体。

【姜山镇文联成立】2016年12月16日，姜山镇文联第一次会员代表大会召开，84位文艺工作者参会。大会选举产生第一届镇文联委员主席、副主席和各委员。严频燕当选镇文联主席，原江东区文联副主席、作协主席陈云其为顾问。镇文联有会员175人、代表95人，下设文学、书画、戏剧曲艺、音乐舞蹈、摄影和民间文艺6个协会。

（楼文元）

高桥镇

【概况】2016年，高桥镇辖20个行政村、1个渔业社和4个社区，镇域面积53平方千米，总人口约15万人，户籍人口52988人。实现生产总值51.95亿元，财政总收入8.08亿元。农民人均可支配收入29879元。

实现农业总收入248.20亿元，村级集体净资产10.20亿元。流转土地面积1033公顷，占全镇耕地面积的75%。建成粮食功能区700公顷。增加规模以上企业7家，其中5000万元以上3家，规模以上企业总数109家。实现规模以上企业产值102.45亿元、销售96.91亿元、利润总额5.77亿元，规模以上工业增加值19.80亿元。纳税超千万元以上企业9家，纳税500万元以上且增幅30%以上企业9家。梁祝爱情小镇被列入宁波市特色小镇创建名单。岐阳新材料产业园区入驻企业9家。开展"精心巨匠"系列评选，宁波燎原电器集团股份有限公司、宁波三峰机械电子股份有限公司在"新三板"挂牌。镇商会大厦结顶，浙海商业广场开业，梁祝产业园、恒威国际城等项目推进。高新技术企业实现产值43.70亿元、销售41.90亿元、利润总额3.70亿元，高新产业增加值占工业增加值比重为57%。有市级及以上工程技术中心15家。浙江元创控股集团有限公司、宁波华缘集团有限公司获评鄞州区"工业企业50强"，宁波市阳光汽车配件有限公司、宁波三峰机械电子有限公司、宁波市鄞州雪利曼电子仪表有限公司获评鄞州区"成长型工业企业50佳"。2家企业获评鄞州区优势总部企业，4家企业获宁波市、鄞州区科技进步奖。实现授权专利344件，其中发明专利38件。引进人才877人，其中高层次人才4人。全社会固定资产投资41.26亿元，其中工业投入8.28亿元。限额以上社会消费品零售额8.10亿元。进出口总额5.30亿美元。

推进甬梁线（中山西路）、姚江堤防等重点工程建设，其中姚江堤防一期完工，二期完成工程量的70%以上。兴乐佳苑、蒲家兰庭完成分房，上施家园、峰锦丽庭、横河家园和苏家小区三期基本建成。投入7亿余元，整治、疏浚河道173千米，建成污水管网51千米，完成88家企事业单位截污纳管、10个村农村生活污水治理。西塘河、轨道交通1号线"一线四站"治水景观

2016年5月27日，首届"高桥好声音"比赛"十佳"颁奖活动举行

工程完工，并创建为浙江省河道生态建设示范工程。新丰路一期、杨家路、岐湖村大岙至缸窑弄农村公路建成。开展轻轨高架沿线、高速公路沿线、甬梁线岐阳段及宕山等环境专项整治，累计拆违84.60万平方米，整治废品回收站435家、“僵尸车”463辆，关闭畜禽养殖场79家，拆除农棚田舍146户，增加绿化面积106.67万平方米。

全镇有省农村示范学校2所、省标准化学校6所、市现代化达纲学校8所，中学普高升学率53%。获评宁波市卫生镇。召开大型招聘会3场。五大保险参保率96.50%。调解工伤52起、劳动纠纷89起，审理劳动纠纷案件127件。发放各类困难补助1646万元。建成村级文化礼堂8个。开展“高桥好声音”“高桥寻踪”油画展、“美丽乡愁”摄影图片巡展等活动，举办“周日文化”活动70余场次，“天天演”“天天看”等文化惠民活动502场次。

【西塘河水环境综合整治工程获评浙江省优秀示范工程】（参见“农业·农

表46　2016年高桥镇各行政村（渔业社、社区）基本情况

行政村（渔业社、社区）	面积（平方千米）	户数（户）	户籍数（人）	集体经济总收入（万元）	集体经济总支出（万元）	总资产（万元）
宋家漕村	1.70	820	2127	978	620	48416
藕缆桥村	0.70	411	1124	944	285	5389
新庄村	1.20	539	1408	553	233	3374
古庵村	2.20	995	2626	979	606	18957
联升村	1.10	539	1464	52	31	44296
秀丰村	2.10	890	2343	477	167	4807
新联村	1.80	716	2113	435	237	6707
蒲家村	1.80	617	1844	252	247	7453
长乐村	1.10	1124	2737	998	349	42414
合心村	1.20	552	1529	329	233	4170
望江村	3.30	1147	3010	1371	481	4316
梁祝村	1.80	809	2135	196	102	9717
芦港村	2.30	1164	3100	607	205	16538
高峰村	1.40	638	1770	428	127	60162
高桥村	3.40	1350	3903	352	201	12968
江南村	3.90	1220	3389	333	292	21048
石塘村	2.60	825	2372	394	273	4334
岐阳村	4.70	884	2261	632	272	9782
岐湖村	6.90	848	2243	1162	294	5312
民乐村	4.90	594	1538	743	238	17016
渔业社	—	80	177	152	26	806
长居社区	—	976	2226	—	—	—
高居社区	—	1100	2820	—	—	—
紫薇社区	—	478	1164	—	—	—
学院社区	—	497	1565	—	—	—

说明：表格中数据为调查数

村·水利”类目“水利工作”分目）

【大西坝村入选浙江省历史文化名村】 2016年7月12日，省政府公布第五批浙江省历史文化名镇名村街区名单，大西坝村入选浙江省历史文化名村。大西坝村为高桥村下属自然村，位于西塘河与姚江的“T”字形交汇处，村名以坝为名。该坝建于南宋，北枕姚江，是杭州至宁波的水路要道，因建造高大坚固，被后人称为“大西坝”。南宋迁都至临安（今杭州）后，宁波成为杭州的外港，来往于临安、明州（宁波）间的商旅交通日益繁忙，大量官船通过浙东运河进出宁波府。作为进入宁波府城最后一段航程的起点，大西坝成为运河船只从姚江进入内河的重要节点。2013年，大运河—姚江水利航运设施大西坝旧址被列为全国重点文物保护单位。

【“高桥好声音”比赛】 2016年4月8日，首届“高桥好声音”举行。赛事由高桥镇政府、鄞州银行高桥支行主办，镇文化站、工会、团委及新联村承办，百余名选手报名参赛。经过网络视频海选、公众投票、现场复赛，15位选手进入决赛。5月27日，“好声音”决赛在高桥公园（风荷园）举行，徐玉芳、郑霞霞、橙子等获评“十佳”好声音。其间，9100名网友参与初赛投票，5万余人次点击阅读“鄞州高桥”微信公众号系列推送内容，3000余人现场观看决赛。

（毛科杰）

横街镇

【概况】 2016年，横街镇辖28个行政村、2个居委会。镇域面积121.70平方千米，在册常住人口4.20万人，暂住人口1.20万人。实现地区生产总值38.26亿元，比上年增长2.02%。财政总收入3.55亿元，增长7.07%。

落实早、中、晚稻种植面积1000公顷153万千克，推广调入优质良种1万千克。绿化造林16.67公顷，其中珍贵树种造林3.53公顷、一般树种造林13.13公顷。增加生态公益林2446.67公顷，抚育中幼林133.33公顷。建成山区村饮用水项目10个，关闭拆除畜牧场所43家，拆除面积5.70万平方米。申报无公害农产品基地2个。全镇66家规模以上工业企业实现产值88.20亿元、销售84.10亿元、利润总额4.80亿元。全社会固定资产投资6亿元，增长27.60%。企业获得上级政策补助1600万元。浙江德利福科技股份有限公司在“新三板”挂牌，3家企业在宁波股权交易中心挂牌。小微工业园区建设推进，水家、林村等4个村级工业地块动工建设。

小城镇整片建新6.10万平方米。镇级中心菜场和原电影院地块主体基本完工，原供销社地块完成方案预算编制。新村建设整片建新6.96万平方米。桃源、水家、林村等6个村的新村建设项目推进。其中，凤林、雷庄村完成分房，桃源、林村、毛岙村主体工程结顶，水家村完成整村改建。云洲、半山等村村级公路建设项目竣工验收，大雷、万华、应山等村村级公路建设项目完成招投标。“无违建创建先进乡镇”通过区级验收，累计拆违4.45万平方米。开展“两路两侧”“四边三化”专项行动，处置高速高炮广告牌12处，清理主干道两侧问题点位21处，“蓝色屋面”整治17万平方米。镇区环境卫生整治处置无证摊贩260户，占道经营154处，乱涂乱贴132处，广告灯箱112处。集中式开展“清爽行动”5次，清运垃圾1.80万吨。徐王工业区污水管网建设基本竣工，回收处理农资包装废弃物44.50吨。

完善就业创业服务平台，组织职工培训455人次。社保参保5.53万人。劳动监察72次，监察企业412家，补签劳动合同380份。组织开展安全生产培训527人次，检查企业279家，责令整改隐患876处，处罚违法企业1家。镇小学教学楼和镇中学图书综合楼修缮工程基本完工。全镇61名学生考入普通高中，升学率32.50%。组织213人参加义务献血，采血4.20万毫升。老年人体检6886人，妇女病体检3216人。竹丝岚、乌岩等4个村村级文化礼堂建成。“天天演”等文化惠民演出110场次，放映电影256场次。

【浙江德利福科技股份有限公司在“新三板”挂牌】 2016年10月，浙江德利福科技股份有限公司通过全国中小企业股份转让系统有限责任公司审查，在“新三板”挂牌。证券名称：德利福；证券代码：839671；股本：5028万元。该公司成立于2005年3月，注册资本150万元，主要从事卫生洁具、水暖配件、五金件、塑料件、橡胶件、冲件的研发、制造、加工、批发、零售等业务，在象山县、宁波国家高新区设有3家子公司。

【山区饮用水工程竣工】 2016年12月4日，横街镇饮用水工程最后一个

横街头新村

表47　2016年横街镇各行政村基本情况

行政村	面积（平方千米）	户数（户）	人口数（人）	集体经济总收入（万元）	集体经济总费用（万元）	总资产（万元）
东村村	1.51	427	1058	238	308	12166
凤岙村	5.44	426	1062	201	139	813
梅梁桥村	3.49	261	648	191	144	1140
水家村	1.01	330	838	848	432	2932
万华村	3.34	881	2231	383	363	3190
桃源村	2.72	561	1365	474	485	12539
应山村	3.30	437	1200	285	363	1152
横街村	0.75	189	480	134	38	1045
凤林村	1.44	290	738	147	89	1830
林村村	1.89	322	766	231	218	3054
盛家村	2.64	347	844	156	110	913
溪下村	3.65	583	1584	166	193	2915
上阵村	2.50	577	1465	211	120	1582
半山村	3.95	726	1906	254	134	790
雷庄村	3.66	441	1119	251	212	9396
芝溪岙村	1.99	226	585	144	111	7579
芝岭村	3.10	267	703	279	172	1084
毛岙村	4.41	372	907	1118	641	1854
新洞山村	1.76	194	507	159	111	3394
大雷村	8.55	1083	2727	197	156	995
凤凰村	5.19	716	1887	159	86	404
云洲村	7.77	1047	2666	264	180	408
竹丝岚村	4.84	515	1402	756	368	1214
惠民村	3.38	509	1257	374	245	1077
乌岩村	6.89	938	2292	180	211	659
朱敏村	2.12	1056	2797	418	195	2255
爱中村	3.02	763	1845	128	106	544
爱岭村	4.25	568	1405	159	124	741

说明：表格中数据为调查数

项目——云洲村饮水工程完工。该工程于2015年底动工，总投资450余万元，涉及半山、乌岩、上阵、盛家、爱中、大雷、朱敏、凤凰、云洲、毛岙10个行政村。至2016年，对21个蓄水池点进行建设和改造提升，建设消毒房、水处理设备房及过滤池3个，埋设DN100钢塑复合引水管1100米。

【横街镇中心幼儿园课题研究成果获省一等奖】 2016年12月12日，省教育科学研究院公布2015年度省教育科学研究优秀成果获奖名单，横街镇中心幼儿园的"'玩转甬剧'幼儿艺术活动的开发与实践"课题获一等奖。该课题由教师钦凯红主持研发，投入课题经费30余万元，于2015年3月立项，2016年9月结题。该课题突破市地方戏曲教学对象的年龄低限，克服以往戏曲进校园中基于成人作品即成人视角开展教学的弱点，跨越传统戏曲教育"只重表演"的界限。

（刘　飞）

集士港镇

【概况】2016年，集士港镇辖19个行政村、3个社区和2个渔业社。镇域面积47.10平方千米，总人口8万人，其中户籍人口4.28万人。实现地区生产总值49.90亿元，比上年增长4.20%。财政总收入6.10亿元，增长42.70%，其中一般公共预算收入3.94亿元，增长74.90%。

播种粮食1584公顷，粮食总产量10579吨，百亩以上土地流转面积894.40公顷。87家规模以上工业企业实现产值145.60亿元、销售139.40亿元、利润总额9.79亿元。年销售规模上亿元和上10亿元企业分别有26家和2家。研发费用占GDP比重为3.22%。高新技术行业产值49.50亿元，增长3.30%。固定资产投资20亿元，下降25.90%。限额以上商贸业销售额85.40亿元，增长14.90%。限额以上社会消费品零售额27.50亿元，增长14.20%。杉井奥特莱斯广场商圈营业额约17亿元。杉杉永达国际汽车城捷豹路虎4S店开业，中高端汽车4S店数量达到5家。房地产投入3.70亿元，碧桂园集团、中梁地产集团等国内大型房地产开发企业进驻集士港镇。

星城湾小区一期竣工交付，水木年华、星城湾二期等小区建设推进。岳童村、丰成村、祝家桥村、横港村、杨家村实施新村建设，新村建设建新11.10万平方米。卖面桥新村小区建成交付，广昇新村小区、董家桥新村C地块项目、四明山安置小区主体工程完工。危旧房成片改造工程启动，向阳新村危房改造工程完成协议签订，作

表 48　　2016年集士港镇各行政村基本情况

行政村	面 积（平方千米）	户 数（户）	人口数（人）	集体经济总收入（万元）	集体经济总费用（万元）	总资产（万元）
集士港村	1.03	636	1647	236	83	1953
元禾村	0.82	561	1483	134	57	2623
董家桥村	2.23	844	2251	385	115	1251
祝家桥村	2.25	1335	3557	385	148	3544
杨家村	1.73	649	1814	695	128	10124
丰成村	2.02	749	1974	126	109	34656
横港村	2.13	608	1571	256	84	1114
卖面桥村	2.32	1300	3213	311	123	2428
西陆村	1.43	409	1066	266	96	1027
翁家桥村	1.92	524	1394	419	74	2032
湖山村	3.03	701	1780	388	85	3946
四明山村	4.72	499	1299	481	89	6456
深溪村	4.83	622	1486	459	165	1001
双银村	2.42	446	1142	332	82	1906
山下庄村	4.23	631	1457	876	359	2928
万众村	3.72	1184	3113	329	176	6895
新后屠桥村	3.13	817	2145	360	126	669
岳童村	3.42	669	1691	338	86	5290
广昇村	1.62	723	1834	222	186	1688

说明：表格中数据为调查数

为配套安置房项目的井亭3号地块开工建设。仕港变电站迁建工程竣工，投入资金约2亿元。白岳变电站建设工程开工，望春变电站建设工程启动前期流程。镇区两条南北向主干道建成，广泽路建成通车，广蔺路完成工程进度90%。镇农贸市场竣工交付。高速公路沿线绿化提升工程和立面整治工程完工，"蓝色屋面"整治59.3万平方米。疏浚河道20千米，生态河道整治及河道水质提升工程投入780万元，申领排水许可证企业150家。

审批服务事项按时办结率99.9%，户籍居民养老保险参保率95.7%。开展低保、"五保"和灾害、医疗、临时、教育、住房等专项救助，安排救助资金562万元，惠及2000余人。金色童年幼儿园通过浙江省二级幼儿园评定。推动健康教育"进企业、进社区、进工地"活动，举办健康教育培训班89期，惠及群众8000余人。推广"善满集士港"文化品牌，建设"一村一品"文化特色村。建成及在建文化礼堂9个。湖山书院获评浙江省优秀视觉艺术群体。镇天天文化志愿者482人。举办首届田螺姑娘文化节、第三届广德湖读书节。广德湖城乡演出院线举办各类演出70余场次，举办"周日文化"活动80余场次。

【卖面桥小区竣工】 2016年8月30日，卖面桥小区通过竣工验收。小区位于卖面桥村徐家自然村，占地面积68726平方米，建筑面积133048平方米，其中住宅面积104289平方米，建有住房1154套，项目总投资5亿元，于2013年10月16日开工建设。至年底，安置住房332套，安置面积30357平方米。

【集士港镇综合指挥室建成】 2016年8月30日，集士港镇综合指挥室投入使用。指挥室面积约80平方米，投入80余万元，配置高清显示屏15台，接入镇区视频监控探头120余处，实现镇区主要道口监控全覆盖。配备移动终端267台，运行网格人员专用移动终端APP，对浙江政务服务网及部门流转、媒体曝光、投诉举报等各类渠道接收的信息实行统一归集、分流。镇党委副书记担任综合指挥中心主任，并配备常务副主任1人和专职工作人员2人。

2016年10月23日，集士港首届"田螺姑娘传说"文化艺术节举行

【第三届广德湖读书节】 2016年4月19日，第三届广德湖读书节在集士港镇中心小学开幕。读书节由集士港镇党委、政府主办，区新华书店、镇文化体育中心承办，镇总工会、镇团委、镇妇联、集士港社区教育学院、镇教辅室协办。6月16日活动结束。活动设"书市""书香""书缘"3大板块，开展小主持人演讲比赛、新华书店周年活动、"你点我购"点读活动、儿童文学名家人文校园行、赠书活动、汽车图书馆进校园进企业进社区活动、广德湖讲堂"中国美劳动美"劳模走进卫星城宣讲活动、"我的一本好书"读后感征文比赛、中小学生观看儿童剧等活动，参与者5000余人次。

【首届"田螺姑娘传说"文化艺术节】 2016年10月23日，"善满集士港"——首届"田螺姑娘传说"文化艺术节开幕式在集士港镇广德湖剧院举行。文化节由集士港镇政府主办。其间，开展宁波市民间舞蹈展演、"探寻踪迹"宁波市画家走进广德湖主题画展暨《善若水·水汇港》集士港画册首发式、寻田螺姑娘传说印迹全省书画名家邀请展、甬剧《广德湖田螺姑娘传说》首演暨经典戏剧会演七天、田螺姑娘传说高端论坛会、寻找"真善美"田螺姑娘传说故事演讲赛、善满集士港——天天文化志愿者专场演出7项大型活动。艺术节持续到12月5日结束，近万人参与活动。

（袁浩杰）

古林镇

【概况】 2016年，古林镇辖24个行政村、2个居委会、2个渔业社和4个社区。镇域面积47平方千米，户籍人口5万余人，在册流动人口约10万人。实现地区生产总值75.40亿元，财政总收入8.51亿元，其中一般公共预算收入4.72亿元。

实现农业产值近4亿元，村级集体净资产10.36亿元。建成1200公顷粮食功能区及2个33公顷粮食高产示范方。启动蜃蛟片现代生态农业综合区建设，土地集中流转面积608公顷，建成亲水漫步道13千米。实现规模以上工业总产值165.30亿元。固定资产投资33.90亿元，增长26%。限额以上社会消费品零售总额39.20亿元，增长11.20%；限额以上商品销售额79.40亿元，增长24.20%。启动途众汽车城改造升级项目。

布政、张家潭、仲一、葑里、俞家5个村完成农村生活污水治理，机场三期拆迁安置2号地块启动建设。编制小城镇环境综合整治规划。新村建设

表 49　　2016 年古林镇各行政村基本情况

行政村	面 积（平方千米）	户 数（户）	人口数（人）	集体经济总收入（万元）	集体经济总支出（万元）	总资产（万元）
西洋港村	2.50	746	2532	566	192	3359
葑里村	2.50	879	2279	793	223	3678
古林村	1.60	755	1768	586	290	9498
施家村	1.10	457	1206	365	136	3581
俞家村	1.30	647	1632	736	348	7404
郭夏村	1.00	430	1128	483	226	4267
鹅颈村	1.10	631	1629	1290	507	14620
戴家村	1.30	929	2321	496	103	4194
共任村	3.50	977	2481	367	199	2777
仲一村	1.80	619	1629	737	247	5486
布政村	1.60	879	2279	965	247	4928
葑水港村	1.80	507	1327	1325	299	10166
张家潭村	3.50	985	2673	521	206	21525
宋严王村	1.20	655	1641	969	250	5702
陈横楼村	1.00	435	1196	1230	348	23386
藕池村	1.00	476	1292	1484	400	15079
礼嘉桥村	1.70	910	2113	2765	549	28597
薛家村	2.80	1630	4585	1960	776	23009
包家村	1.60	746	2039	470	171	25206
蜃蛟村	2.20	957	2476	942	284	1378
龙三村	2.30	615	1563	496	137	884
茂新村	1.60	641	1742	1131	453	3031
三星村	2.30	580	1473	461	182	2420
前虞村	3.20	925	2261	257	88	669

说明：表格中数据为调查数

投入2.80亿元，拆旧12688平方米，建新130567平方米，安置新房144套。布政片区8个村社实施一体化市场保洁。“蓝色屋面”整治99.30万平方米。清理垃圾3.50万吨，疏浚河道36千米，建造生态河道8千米，拆除农棚田舍8000平方米，关闭低小畜牧养殖场2家，铺设污水管网10千米。

慈善救助1442人，追缴拖欠工资400余万元。布政幼儿园建成，古林镇成人学校改建完成。古林镇中心小学、古林镇薛家小学创建为浙江省书法实验学校，古林镇中心初级中学创建为浙江省健康促进学校。居民体检24359人次，签约家庭医生9953人

前虞村

次。古林镇卫生院成为浙江省责任医生培训基地，并获2015—2016年度全国“群众满意乡镇卫生院”称号。创建宁波市“文明家庭”15户，鄞州区“最美家庭”32户。开展“周日文化”活动76次。

【古林镇青年企业家联合会成立】 2016年3月18日，古林镇青年企业家联合会成立。该会由古林镇新生代青年企业家组成，有会员20余人，以“80后”为主。日常活动由古林镇商会统一安排组织，分别于5月17日、7月25日开展大型交流活动2次。

【“廉韵琴箫”赏月晚会活动】 2016年9月10日，古林镇“廉韵琴箫”赏月晚会在茂新村文化礼堂举行。活动由古林镇政府主办，镇文化站和茂新村委会承办，市、区、镇领导及日本文化人士、村民近1000人参加。茂新村党支部书记林亿聂致欢迎词，市工艺美术专家杨古城、日本文化友人代表致贺词。晚会有舞蹈《春天的故事》、现场书法表演、小合唱《御史故里梦中甜》、越剧表演唱、旗袍走秀、诗歌朗诵、民间舞蹈《渔翁捉蚌》等16个文艺节目。

【第二届古林米食节】 2016年12月10日，第二届古林米食节在蜃蛟村举行。活动由古林镇政府主办，蜃蛟村委会、镇文化站、镇科协承办。米食节以“传统米食，舌尖古林，相聚蜃蛟”为主题，开展非物质文化遗产项目展示、宁波走书专场、传统米食制作、开设传统米食街等活动。活动时间持续20天，接待游客6000余人次。

（李 斌）

洞桥镇

【概况】 2016年，洞桥镇辖20个行政村和1个社区。镇域面积31.27平方千米，户籍人口21931人，外来人口1.84万人。实现地区生产总值25.70亿元，比上年增长7.20%。财政总收入3.56亿元，其中一般公共预算收入1.60亿元。

实现农林牧渔业总产值2.08亿元。土地流转总面积111.30公顷，占耕地面积的87.10%，规模经营面积926.80公顷。举办“水稻高产栽培技术”培训班8期，参训学员450人次。示范方单季晚稻亩产905.20千克，获高产攻关全区第一名、全市第二名。石臼庙村、三李村、李家村实施“一事一议”工程，前王村中横河河道砌石850米，百梁桥村、洞桥村、宣裴村建成桥梁各1座。建成农业综合开发粮食功能区高标准农田246.67公顷，总投资500万元。建设进水渠2052米、排水沟8976米、机耕路4011米、硬化道路1887米、桥梁2座。实现工业总产值95亿元，其中76家规模以上工业企业实现产值68.90亿元、销售67.20亿元、利润总额5亿元。增加高新技术企业3家，“小升规”企业7家。实现高新技术行业产值41亿元，增长5.20%，占规模以上工业产值的比重提高到59.50%。企业研发投入占GDP比重为6%。全社会固定资产投资11.60亿元，增长14.90%。其中，工业投资7.40亿元，增长9.20%；服务业投资4.20亿元，增长27.30%。规模以上服务业企业营业收入12.30亿元。社会消费品零售总额3.30亿元，增长14.80%。实现外贸自营进出口2.01亿美元，增长4.86%。引进市外资金14.7亿元，到位外资850万美元。宁波帅特龙集团有限公司入选鄞州区“突出贡献企业”。宁波新思创机电科技股份有限公司、宁波阿帕奇电器科技股份有限公司、宁波爱乐吉电动工具股份有限公司在“新三板”挂牌，宁波培源电器制造有限公司、宁波功成电气有限公司、宁波赤马绞盘有限公司在宁波股权交易中心挂牌。企业获专利授权681项，完成市级新产品9项，申请市级知名商标1项，引进高素质人才4人。

小城镇建设整片建新2.49万平方米；新村建设整片建新3.27万平方米，拆旧0.98万平方米。1433盏路灯进行LED灯外包节能改造，工业园区和鱼山头工业区A、B线道路建成，章远东路延伸段（洞欣路东）建成通车。宁波市垃圾焚烧发电项目完成土建施工，安置房工程完成前期手续。214省道扩建和鄞城大道延伸段工程完成征迁，剡江堤防加固工程收尾，洞桥邻里中心完成方案设计和土地审批。沙港新村三期交付使用，沙港新村四期开工建设，三李村整体改建型新村二期开工建设。推行垃圾收集“以桶换桶”及中转压缩管理模式。孙王村、上凌村、百梁村纳入市场化保洁，行政村市场化保洁率75%。拆除违建30.05万平方米，孙王、上水碶、李家、罗家漕、百梁桥和鱼山头6个村创建为“无违建村”。关闭畜禽养殖场17家，拆除禽舍6625平方米。整治“三

表 50　　2016 年洞桥镇各行政村（社区）基本情况

行政村（居委会）	面 积（平方千米）	户 数（户）	人口数（人）	集体经济总收入（万元）	集体经济总费用（万元）	总资产（万元）
王家桥村	1.80	612	1523	208	145	8752
沙港村	1.90	686	1702	1014	196	23844
上水碶村	1.00	299	738	191	102	3422
洞桥村	2.60	574	1356	231	111	4086
石臼庙村	2.50	319	752	281	70	1777
程家村	1.70	302	759	317	47	2197
李家村	1.30	259	700	102	27	2655
孙王村	1.20	279	685	105	35	3012
上凌村	1.10	240	622	232	81	1533
周公宅村	0.90	271	643	330	107	1854
树桥村	1.80	490	1176	216	149	2639
张家垫村	1.80	469	1105	162	55	5777
前王村	1.00	294	705	154	56	2180
鱼山头村	2.30	474	1188	265	112	4998
三李村	1.70	330	763	488	208	6339
宣裴村	2.90	532	1283	481	106	7457
蕙江村	1.30	403	956	283	51	2999
百梁桥村	2.30	578	1360	216	70	5988
罗家漕村	1.01	189	432	209	133	1219
潘家埁村	1.18	339	866	118	66	1927
明苑社区	0.20	1506	2617	146	173	26

注：表格中数据为调查数

居”（安居宜居美居）治乱问题点42处，涉及8个村。7个村开展农村生活污水治理。

洞桥镇中心学校食堂改建维修工程完工，投资300万元。洞桥卫生院预防保健楼和门诊二楼中医馆改造完工，投资200万元。洞桥中心幼儿园张家垫分园投入使用，形成“一中心两分园”办园模式。百梁小学通过浙江省B级食堂验收。投资90万元的各校校园监控系统安装完成。洞桥镇中心小学轮滑场地投入使用，投资30余万元。举办“多彩民俗闹新春——三李·最年味”原味文化年俗活动、“岁月如歌”金婚大典、“我们的年代记忆”洞桥镇第二届歌手大赛等大型文体活动，实施“天天演”文化惠民工程58场、“天天看”电影惠民工程240场、农村电影放映192场。孙王村和李家村文化礼堂建成。宁锋小学创建为宁波市卫生单位，百梁小学创建为宁波市无烟单位。百梁社区卫生服务站完成搬迁，并创建为五星级社区卫生服务站。受理各类劳资纠纷73件，追发劳动者工资261.80万元，调解各种工伤事故38起，涉及金额184.25万元。参加五大保险人数59563人。发放各类救助资金1508万元，惠及5322人次。开展消防演练和安全教育培训，培训从业人员700人次。

【中华全氏族谱研讨会在洞桥镇召开】2016年11月8日，中华全氏族谱研讨会在洞桥镇沙港村举行，全国各地近200名全氏后人参会。会议由沙港村党支部书记全华钧主持。村主任全益刚代表宁波恒溪全氏介绍新编修的《恒溪全氏族谱》相关情况，以及全祖望、全元立、全天叙、全山石等历史文化名人事迹，解读沙港村“重文、义行”等家范祖训。全氏各族分支代表就各支族情况作交流讨论，并为家乡发展建言献策。其间，与会人员到全祖望墓祭拜，并走访参观全祖望故居和沙港村文化礼堂。会后，全氏支族族谱被天一阁收藏。

【“多彩民俗闹新春——三李·最年味”原味文化年俗活动】2016年1月28日，“多彩民俗闹新春——三李·最年味”原味文化年俗活动在三李村文化礼堂举行。活动由洞桥镇政府主办，镇文化站承办，三李村协办，上千名村民参加活动。现场举行贺岁舞龙、威风锣鼓、马灯调、大头娃娃、写春联、猜灯谜、剪窗花、做年糕、包汤团等民俗活动。当晚，举行“我们的村晚”文艺演出。1月29日至2月1日，举行经典戏剧曲日演出，有《王老虎抢亲》《红丝错》《琼浆玉露》《民女封后》等曲目。

【“金婚季”系列活动】2016年5月15日，“岁月如歌”金婚大典暨国际家庭日庆祝活动在树桥村文化公园举行。活动由洞桥镇政府、区妇联共同主办，全镇20个村、居委会的20对金婚夫妇代表参加庆典仪式。现场，老人们穿上旗袍，拍摄金婚纪念照。“金婚季”系列活动，由“春”“夏”“秋”“冬”4大篇章组成，开展欣赏洞桥四季文艺演出、传唱金婚老人世纪爱情故事、表彰模范金婚夫妻并赠予爱心礼物、全家欢聚共享天伦之乐等活动。活动持续到11月结束。

【洞桥镇第二届歌手大赛】2016年5月4日，“我们的年代记忆”洞桥镇第二届歌手大赛举行。赛事由区总工会、洞桥镇政府共同举办，75名选手报名参赛。经过预选赛，评选出“70后”“80后”“90后”3个年龄段的优胜选手各3人。5月28日，洞桥镇第二届歌手大赛总决赛在洞桥镇影剧院举行。通过专业评审和大众评审相结合的评选方式，评选出冠、亚、季军各1名，优秀奖6名以及最佳人气歌手奖1名，其中沙港村的支瑶瑶获得冠军。

2016年5月4日，“我们的年代记忆”洞桥镇第二届歌手大赛举行

（谢　魁）

鄞江镇

【概况】2016年，鄞江镇辖12个行政村和1个居委会。镇域面积63.90平方千米，户籍人口23063人。实现地区生产总值17.50亿元，比上年增长5.70%。财政总收入2.39亿元，下降0.10%，其中一般公共预算收入1.12亿元，增长1.50%。农民人均可支配收入26822元。

实现农业产值3.73亿元，村级可用资金5205万元。投入约400万元，建成建岙溪整治工程三期和金陆、清源饮用水提升工程等水利项目。建成粮食功能区高标准农田300公顷。全镇土地流转面积672.87公顷，占耕地面积的67.70%。百亩以上规模经营户17户，经营面积234.13公顷，占耕地面积的25%。推进渔业精品园区（郭斌锦鲤养殖场）和杨梅、白茶、浙贝、芋艿等基地建设。完成行政村经济合作社股份合作制改革。争取上级资金2000余万元，用于新农村建设、扶贫工业园区、村级道路、公园、古道等民生、旅游项目建设。实现工业总产值32.80亿元，增长4.06%。工业总投资3.34亿元，增长11%。出让工业区1号、九龙桥宕山等工业土地。开展企业“腾笼换鸟”、转资重组，引进各类企业60家，培育“小升规”企业15家，增加规模以上工业企业4家、高新技术企业1家、销售上亿元企业1家。规模以上企业实现产值18.40亿元、销售18.20亿元、利润总额0.95亿元。申报各类专利147项，引进人才197人。实现外贸自营进出口1.29亿美元，增长24.50%。第三产业投资5.40亿元，实现消费品零售总额4.08亿元，限额以上商贸业销售额5.26亿元。趣湾银杏庄园投资800万元，年营业额180余万元。锡山草木间投资460万元，有住宿床位34张。

小城镇整片拆旧1.56万平方米，建新2.84万平方米；新村建设整片拆旧2.70万平方米，建新3.90万平方米。古镇东入口停车场进场施工，投资约6000万元；“两江四岸”整体改造工程开工，投入1200万元；光溪西路、它山堰西路道路立面管网初步建成；岗山岭路、光溪东路修旧如旧、联

表51　　2016年鄞江镇各行政村基本情况

行政村	面 积（平方千米）	户 数（户）	总人口（人）	集体经济总收入（万元）	集体经济总支出（万元）	总资产（万元）
清源村	5.80	429	1024	173	228	2347
金陆村	3.96	380	971	374	276	11563
芸峰村	4.90	415	1025	173	160	1015
悬慈村	6.60	1158	2748	246	577	2837
它山堰村	3.50	750	1769	849	550	4879
鄞江村	4.67	667	1710	490	336	1606
光溪村	4.60	922	2242	461	453	7169
东兴村	2.92	651	1638	839	462	11762
建岙村	8.50	996	2493	185	142	3273
大桥村	2.20	424	1025	188	218	3613
梅园村	5.60	510	1300	510	410	1360
沿山村	2.50	312	799	150	130	705

说明：表格中数据为调查数

户自建工程开工建设。推进集中居住地块、鄞江菜场扩建工程等项目，总投资3.94亿元。建成下清源环村道路、建岙至寻芝岭古道等农村联网公路3千米、桥梁3座，铺设集中式污水管网5千米。邮政大楼、官池北路、它山堰西路南侧、郎官第古建筑群等地块完成拆迁。推进市体育训练工作大队、明州变电站等市、区重点建设项目。金陆新村一期、梅园新村一期交付使用，东兴新村一期住宅主体结顶。投入配套资金500万元，完成大桥村老年活动中心等8个村级项目，创建以清源、金陆、悬慈、芸峰4个村庄为节点的市级精品线。投入3000余万元，整治南塘河、清源溪等河道，疏浚梅梁桥河等河道15千米。关闭畜禽养殖场10家，拆除棚舍1.50万平方米，复耕1.07公顷。投入550万元，完成鄞横线、荷梁线及环镇东路3条主干道景观、绿化、立面提升工程，拆除违章建筑3万平方米，整治“蓝色屋面”32万平方米。沿山、芸峰等8个村通过区级“无违建村”验收。

社保就业、“三农”（农村、农业、农民）等民生领域财政支出4500万元，占财政总支出的36%。举办企业联合招聘洽谈会，提供就业岗位231人次。“慈善一日捐”募集善款122万元。发放各类社会救助、扶贫帮困资金169万元，惠及1000余人次。全镇村实现居家养老服务及村邮站全覆盖。调处劳动纠纷51起，涉及金额164万元。通过浙江省卫生镇复评，镇中心卫生院被评为浙江省“群众满意乡镇卫生院”。建成村级文化礼堂4个，建岙村、鲍家墈村创建为宁波市历史文化名村，梅园革命史迹陈列馆被评为宁波市爱国主义教育基地。成立镇武术协会、镇文联、天天文化志愿者鄞江分会。举办“三月三”“六月六”“十月十”它山庙会和鱼文化节、鄞江半程马拉松等传统节庆活动、体育赛事，“天天演”等文化惠民演出57场次。

2016年10月，纪录片《它山堰》杀青

【纪录片《它山堰》拍摄】 2016年3月，纪录片《它山堰》启动拍摄工作。该片由区委宣传部、区水利局、鄞江古镇开发建设管理委员会联合出品，邓建永执笔撰稿，分上下两集，每集40分钟，讲述它山堰传奇故事、设计艺术、工艺之谜，以及建成后如何发挥阻咸、泄洪、蓄淡、灌溉等作用。4月，该片开机。经过宁波、横店等地5轮实景拍摄，于10月拍摄完成，将在中央电视台科教频道《探索·发现》栏目播出。

【鄞江“十月十”庙会】 2016年11月5日，鄞江“十月十”庙会在鄞江镇原中心小学启动。庙会以“民艺荟——匠心传承，最忆鄞江”为主题，设鄞江镇原中心小学1个主会场和鄞江镇澄浪潭路（环镇东路）、廊桥、它山遗德庙、养正学堂、鄞江镇陈列馆和鄞州鱼文化博物馆6个分会场。活动分“会鄞江”“赏鄞江”“观鄞江”3个篇章。其中，“会鄞江”部分举行2016鄞江“十月十”开街仪式、老手艺集市、货郎巡游、商贸物资交流展销会、特色农产品展销会、“亚隆畔山杯”最忆鄞江半程马拉松等活动；“赏鄞江”部分举行匠人工坊展示、民艺手工体验、民祭它山堰功臣、“相聚它山共创辉煌”——鄞江招商投资会等活动；“观鄞江”部分举行甬剧表演《呆大烧香》《借妻》、宁波走书剧场《八巧珠》、德艺俱乐部专场演出、庙会社戏专场演出、“着墨山水，共绘鄞江”绘画行动、郭斌锦鲤秀等活动。庙会持续到11月9日，约20万人次参加。

【“亚隆畔山杯”最忆鄞江半程马拉松赛】 2016年11月26日，“亚隆畔山杯”最忆鄞江半程马拉松赛在鄞江镇镇区举行。赛事由鄞江镇政府主办，亚隆它山郡冠名赞助。比赛设21公里半程马拉松和12公里欢乐跑两个项目，奥运冠军石智勇参与领跑，近900人参加。半程马拉松起点与终点设在四季它山温泉酒店，途经澄浪潭路、水中东路、前王畈村、南塘河南岸景观带、水中东路、水中西路、晴江岸、它山堰公园、它山堰、老街、廊桥、岗山东路、澄浪潭路、金李线、金陆村、张鄞线、畔山公馆等。赵国虎获半程马拉松男子组冠军，徐玲君获女子组冠军。

【古灯艺术展】 2016年7月11日，“红红火火——古灯艺术展”在鄞州鱼文化博物馆举办。展览为期40天，展出古灯百余盏，有西周三鼎油灯、商代双管烛灯、春秋兽爪网纹油灯、荷兰青花烛灯、民国绿釉油灯等。材质有石、陶、瓷、青铜、铁、铜、锡、木、玻璃等。汉代灯具多为动物造型，唐代古灯雕饰华贵，明清古灯融合精湛的制作技法和精美的艺术。

（马亚峥）

章水镇

【概况】 2016年，章水镇辖20个行政村和1个居委会。镇域面积146平方千米，户籍人口26160人。实现地区生产总值7.66亿元，比上年增长0.60%。财政总收入7228万元，增长7.10%，其中一般公共预算收入3766万元，增长8.72%。

实现农林牧渔业总产值2.34亿元。23户政策性农业保险投保586万元。实施畜禽防疫12000余头（羽），市售农产品抽检合格率100%。实现工业总产值8.32亿元，其中9家规模以上工业企业实现产值4.27亿元、销售4.25亿元、利润总额0.57亿元。固定资产投资2.14亿元，其中服务业投资1.78亿元、工业投资0.36亿元。限额以上商品销售额3770元，社会消费品零售额1.50亿元。成立章水镇商会，吸纳首批企业会员45家。推进宁波大隆机器制造有限公司、宁波市鄞州樟溪电力有限公司、宁波市鄞州樟溪二级水力发电站等集体企业转制。培育“小升规”企业2家。与宁波市旅游投资发展有限公司等企业开展招商引资，签约引资额度2亿元，待签约引资额度5亿~8亿元。

实施通远路“白改黑”和景观提升工程，樟溪河景观提升工程立项。推进镇文化中心、两中心学校等工程建设。箭峰新村安置房交付，1号移民安置地块开建，2号移民安置地块立项。实施“三改一拆”“五水共治”和坟墓整治、“蓝改灰”等专项整治，拆违15712平方米，拆迁9330平方米，坟墓覆绿3000余座。区重点工程毛家岙公路建设推进，建成农村联网公路5条。香榧谷、李家坑村道地小筑、浴心谷等特色民宿建成营业。推出四明心农特品牌，建设杖锡樱花示范区、李家坑高山蔬菜基地等特色园区。整治河道及小流域4处，9个村实施饮用水提升工程。

宁波鄞州四明山经典学校开班教学。普高录取率55.80%。建成村级

宁波鄞州四明山经典学校

表 52　　2016 年章水镇各行政村（居委会）基本情况

行政村（居委会）	面积（平方千米）	户数（户）	人口数（人）	集体经济总收入（万元）	集体经济总费用（万元）	总资产（万元）
章溪村	3.13	596	1308	591	531	696
郑家村	5.31	1069	2415	1471	1033	6372
樟村村	5.43	1342	2904	488	600	1013
崔岙村	5.83	734	1619	275	319	859
朱梅村	4.16	741	1597	326	318	530
许岩村	4.09	659	1419	143	122	255
蜜岩村	7.02	734	1628	159	181	813
童皎村	9.23	488	1091	245	346	731
大皎村	10.23	483	1014	164	110	4413
杜岙村	7.32	592	1305	425	284	865
赤水村	4.56	337	743	300	279	510
宇岩下村	3.67	254	554	139	104	429
梅龙村	6.76	540	1202	156	116	436
茅镬村	1.88	143	319	109	86	500
低坪村	2.67	171	333	138	88	572
箭峰村	2.98	147	334	97	39	4104
杖锡村	4.98	493	1069	363	182	1169
李家坑村	4.05	372	754	1385	620	3494
燕麻村	6.49	283	651	186	98	338
里梅村	4.83	273	639	311	126	519
居委会	0.40	2270	3262	—	54	—

注：表格中数据为调查数

文化礼堂5家，在建2家。举办2016宁波四明山清凉避暑节、宁波四明山（杖锡）樱花节。组织“天天演”送文艺下乡9次，主办“龙升杯”围棋赛。办理城乡社保医保12228人次，参保率99%。救补助及慰问1326人次262万元。募集慈善款525910元，惠及千余人。经（代）办各项民生服务3000余人次，办理“一卡通”861张。推行村（社区）退休人员社会化保障体系，实现4000名退休人员100%全覆盖。公共事务中心及时反馈和解决群众反映问题100余次，满意率98.50%。

【茅镬古树群公园项目开工建设】 2016年6月，茅镬古树群公园项目开工建设。项目分山体生态观赏区、休闲观景区、茅镬古村落遗址公园、原始生态保护区4个区块，总投资1000万元。茅镬村古树群位于四明山茅镬古村村口，有金钱松、红枫、香榧、银杏等树种，其中树龄400年以上的古树52棵，被市林业局列入保护对象的古树96棵。至年底，景区内土地平整工作完成，公园内栈道施工完成50%，服务中心主体工程结顶。

【宁波四明山清凉避暑节】 （参见“旅游”类目“旅游营销与节庆”分目）

【第十届宁波四明山（杖锡）樱花节】2016年4月9—30日，第十届宁波四明山（杖锡）樱花节在章水镇举行。活动由章水镇政府、区供销社主办，区文广新局（风景旅游管理局、体育局）、团区委、区妇联、区农林局协办。樱花节以“春红章水，樱为杖锡”为主题，举行“醉美樱花”女子半程马拉松赛、樱花节开幕式、“万人带福”赏樱踏青古道行、“花朝赏红”、“我比樱花更灿烂”手机自拍有奖征集、“花神幸运签”、“樱花小花神”网络评选、农副产品展销会、“穿越四明山心”自行车爬坡赛、民宿论坛等活动。主办方通过微信、微博等全媒体方式向游客发布活动信息，并与之互动。

【第二届“醉美樱花”女子半程马拉松赛】2016年4月9日，第二届“醉美樱花”女子半程马拉松赛举行。赛事由宁波市鄞州四明山心旅游开发有限公司主办，宁波江南一百体育文化有限公司、市长跑协会承办，区妇联、团区委等单位协办，全国21个省（市）及荷兰、德国、巴西等11个国家的830余人报名参赛。比赛设半程马拉松（22公里）和迷你跑（8公里）2个项目。起点设在皎口水库湖堤大坝，半程马拉松终点设在西山阁宾馆，迷你跑终点设在童皎村，途经荷梁线、童皎、细岭、蜜北线、蜜岩村。李文杰获半程马拉松项目冠军，柯回波获迷你跑项目冠军。

【第五届宁波李家坑吊红采摘节】2016年10月13日，第五届宁波李家坑吊红采摘节在李家坑村启动。现场，600余名游客采摘吊红，游玩古村。活动由章水镇政府主办，李家坑村委会承办，至30日结束。其间，举行吊红采摘、古村游览、古道探幽、户外休闲、民俗体验等活动。李家坑村种植吊红有600余年历史，吊红以个小、皮薄、汁多、味甜而闻名。2016年，吊红产量约3万千克，产值30余万元。

（余稼祥）

龙观乡

【概况】2016年，龙观乡辖10个行政村和1个居委会。乡域面积73平方千米，户籍人口11320人。实现财政总收入4780万元，比上年增长20.10%。其中，中央收入2370万元，增长10.40%；地方收入2410万元，增长31.50%。

投资320万元，升级改造李岙桂花观光园。汇亨农业精品园种植湖景蜜露水蜜桃、蟠桃等优质水果及2公顷以薰衣草为主的观赏花卉，五龙潭有机茶园开发研制郁金香、五龙香茗等高端绿茶，茶文化博览园投入试运营，五龙潭高山农场种植蓝莓、水蜜桃、樱桃等特色果蔬。实现工业总产值9.03亿元，9家规模以上企业实现产值4.53亿元、销售4.20亿元、利润总额3000万元。获授权专利14件。开展工农业技术培训讲座11次，培训390余人。固定资产投资3.28亿元。全乡接待游客33万人次，实现旅游收入3000万元，其中五龙潭景区接待游客15万人次，实现旅游收入550万元。

投入366万元，建设完善五龙潭景区配套项目。半山伴水度假村项目一期综合接待中心主体完工，天然气站、污水处理、综合管线落地等配套设施开工建设，中国首家国际青少年户外探索公园项目落户签约。“龙观禅那”精品民宿项目主体结顶；汇亨精舍、向阳舍、半山人家等休闲民宿建成，提供客房36间。推进全域化美丽乡村建设。投入3000万元，完成2号、3号地块民房改建和路面浇筑。小城镇拆旧2007平方米，建新2.05万平方米；新村拆旧8.5万平方米，建新7.87万平方米。创建为首批浙江省美丽乡村示范乡。开展“三改一拆”“两路两侧”“四边三化”“清爽行动”和农村环境卫生整治等专项行动，拆违3.4万平方米，关闭畜禽养殖场11家，建成并提升改造农村生活污水治理项目3个。

建成农村文化礼堂2个。开展“二月二龙抬头”文化旅游节、“小候鸟文化乐园”等活动。举行“健康宣教进山村”、义诊咨询等志愿活动18场次。办理养老、医疗等五大险种4094人次。完善社会救助体系，发放慰问金69.5万元，涉及684户。搭建就业创业平台，与鄞江镇、章水镇联合举办企业招聘会，提供就业岗位1200余个。扶助小微企业5家，提供小额担保贴息贷款97万元。

【龙兴路改造项目完工】2016年12月30日，龙兴路改造项目完工，实现通车。该项目全长1.80千米，累计投入8000余万元，于2013年启动。项目按全乡第一条特色精品示范街区标准进行改造提升，道路由原先9米拓

改造后的龙兴路

表 53　　2016 年龙观乡各行政村（居委会）基本情况

行政村（居委会）	面 积（平方千米）	户 数（户）	人口数（人）	集体经济总收入（万元）	集体经济总费用（万元）	总资产（万元）
金溪村	1.90	409	1006	83	83	698
后隆村	6.10	873	2123	115	115	4212
龙谷村	17.50	605	1463	480	102	248
桓村村	5.90	617	1632	874	274	10013
龙溪村	15.20	508	1177	829	102	1491
龙峰村	9.80	262	633	373	95	2307
大路村	4.10	324	777	237	86	4802
山下村	2.50	200	520	770	286	10698
李岙村	3.60	250	599	776	65	8193
雪岙村	6.40	343	599	214	58	1471
居委会	0.09	425	600	42	42	28

说明：表格中数据为调查数

宽至13米~16米，并完成2号、3号地块的民房改造，拆迁1.70万平方米，建新2.20万平方米，铺设管线2.60千米，更新景观小品89个。

【李岙村新村分房】 2016年5月27日，李岙村新村进行抽签分房。新村有房源337套，其中联排别墅247套，分160平方米、170平方米两种套型；多层住宅90套，分给大龄青年和无房户。9月20日，253户拆迁户完成抽签。李岙村新村建设为统一规划、整村拆建，于2012年启动，2016年建成，投入资金约1亿元，总用地面积56133平方米，建筑面积54095平方米。

【"二月二龙抬头"文化旅游节祭龙大典】 2016年3月10日，龙观乡"二月二龙抬头"文化旅游节祭龙大典在五龙潭风景区举行。活动由龙观乡政府主办，龙观乡文化站承办，宁波五龙潭旅游开发有限公司协办。鼓号队、全猪全羊供品队、舞龙队、旗锣队等祭龙队伍从五龙潭三潭停车场出发，到龙母娘娘潭（润泽潭）举行祭龙仪式。现场，举行传统的舞龙、宣读祭文、祈福祭拜等活动，近300名群众参加仪式。

【龙观乡获评浙江省美丽乡村示范乡镇】 2016年11月6日，在全省美丽乡村和农村精神文明建设现场会上，龙观乡获评第一批浙江省美丽乡村示范乡镇。龙观乡于2007年起实施拆迁并举，启动美丽乡村建设。按照"统一规划、整体拆建"建设步骤，对山下、李岙、大路、雪岙4个村实施全拆全建，建成别墅482套、多层210套。按照"成熟一批、实施一片"的模式，推进桓村、龙溪等4个村整理改造。按照"分片迁移，集中安置"方法，将半山、茶埣等高山村迁移到建成区。至2016年，累计拆旧15.10万平方米，建新18.50万平方米，涉及农户1525户。

（朱锦良）

大庄至观顶公路

人物·先进集体

全国“五一劳动奖章”获得者厉忠听

全国和省级“五一劳动奖章”获得者

市级劳动模范

其他典型人物

先进人物

先进集体

全国和省级“五一劳动奖章”获得者

【厉忠听】 男，汉族，1970年6月出生，慈市观海卫镇山海村（原六陞村）人，中共党员，大学本科学历，高级技师，鄞州区江东环卫中心汽车队队长。1993年入职环卫汽车队。20余年潜心研究，累计帮助企业攻克机械维修难题40余项，每年节约经费约10万元。曾获评浙江省优秀城市美容师、宁波市优秀城市美容师、宁波市首席工人等荣誉。2016年获评全国“五一劳动奖章”。

【陈国琴】 女，汉族，1961年8月出生，姜山镇人，中共党员，大专学历，区总工会工资集体协商指导员。1977年7月毕业后，在姜山镇陆家堰村小学任教。1980年1月始，先后任职于宁波地毯厂和姜山镇政府，从事计划生育和妇女工作等。她以“恒心”“热心”“决心”“耐心”“诚心”为准则，得到领导和群众赞誉。曾获评浙江省计划生育先进工作者、浙江省优秀工会积极分子。2016年获全国“优秀工会工作者”称号和浙江省“五一劳动奖章”。

市级劳动模范

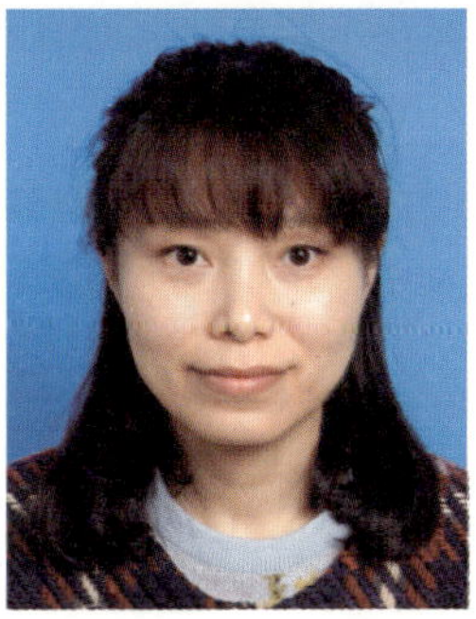

【姚佩君】 女，汉族，1980年6月出生，中河街道人，中共党员，大学本科学历，浙江一舟电子科技股份有限公司车间主任。构建区域化职工精神家园，以“同舟会”为载体，营造以“一舟为家、风雨同舟”的企业文化氛围。推动职工文化建设，建立车间读书角，将一舟工会办成职工的学校和乐园。开展“争先创优”活动，以公司工会“安康杯”竞赛为载体，组织车间员工进行岗位练兵、知识竞赛。贯彻落实上级工会“金点子”活动，选择车间骨干组成“金点子”小队，建议并实施金点子8条。组织车间职工参加集团工会活动，组建车间文艺队。参与工会心灵工作室工作，了解员工心声。曾获评鄞州区优秀工会工作者、鄞州区优秀妇女工作者、鄞州区“十佳”工会干部，获宁波市“五一劳动奖章”。2016年4月被评为宁波市劳动模范。

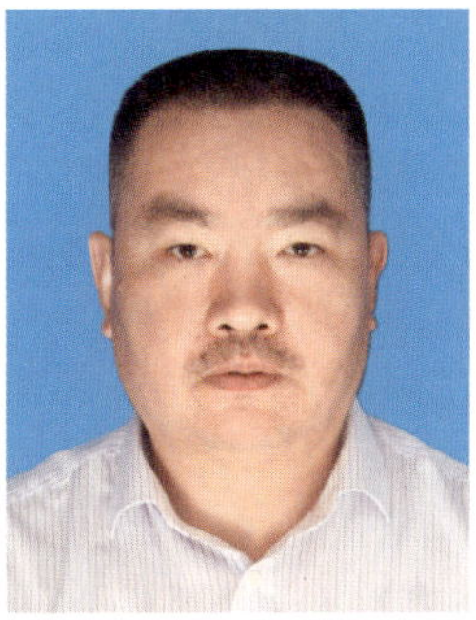

【屠益民】 男，汉族，1972年8月出生，东钱湖镇高钱村人，大专学历，宁波高发汽车控制系统股份有限公司装备部部长、研发中心副主任。1999年2月参加工作。2003年开展国外合作并引进技术，在国内首家开发的电子油门踏板总成（2007年完成），2005年获得第二届全国客车大赛“中国客车优秀零部件奖”和国家重点新产品，2007年获宁波市科技进步三等奖及宁波市优秀发明创造奖，2011年被列入国家火炬计划项目，该项技术销售额超过1亿元。2005年研究开发的高效远程操纵软轴及分力式变速操纵控制系统，创新软性复甲软轴制造技术，替代传统的二轴式操纵系统，得到国内普及应用，并获得2005第二届全国客车大赛“中国客车最佳零部件奖”。2007年引进德国技术，突破电磁控制及热敏传感技术，开发的DC2三速电磁风扇离合器（2009年完成）取得专利3项，2009年获宁波市江东区科技进步三等奖。主持实验室工程改造，开发专用实验设备30余台（套），2011年和2013年分别建立上海通用GP10认证实验室和东风日产NDS标准认可实验室。组织实施公司技术改造项目多项，其中列入宁波市重点技术改造项目1项，国家专项1项，总投资1.20亿元。实现超声波清洗、高分子材料的超声波铆接、高效熔断技术、在线检测生产线改造等创造性新工艺、新工装和新方法，获得国家发明专利3项、实用新型专利12项。

【余文君】 女，汉族，1970年3月出生，五乡镇宝幢人，民建会员，大学本科学历，邱隘实验中学校长。1990年开始从教，经常利用节假日，上门家访，了解学生的家庭状况。探索语文课堂教学研究，在“高效轻负、基于疑问”的课堂教学研究上撰写论文多篇，发表在多家语文教学研究的核心期刊上。担任初三两个班级的教学任务，学生学业成绩名列鄞州区前三。心系年轻同志，5年中帮助指导学校3位新教师。曾到浙江景宁、贵州黔西南等地义教和支教。2011年、2012年担任宁波市高级评审学科评委，2013年担任宁波高新区名师和骨干教师评审评委；2012年、2013年获宁波市原创题评比一等奖，2014年被评为宁波市名师，2016年被评为宁波市劳动模范。

【李德龙】 男，汉族，1960年6月出生，云龙镇上李家村人，中共党员，云龙镇上李家村党支部书记。自担任村党支部

书记起，积极为村民办实事做好事。全村内河1200米河道全部砌石，河面和市农业科学院合作实施植绿净化水质，街弄浇筑水泥路，全村道路硬化率100%，绿化率35%。2008年建造标准厂房2.1万平方米，用于厂房租赁。2009年建造新村二期联排别墅122套，为全村村民房产增值8000万元。2010年建造村文化中心，后改为文化礼堂，内设娱乐大厅、村史馆、省级三星级居家养老服务站、健身活动场地等。2012年底整理村内闲散地块，建造廉租房2100平方米。2014年底，村级可用资金增加至265万元。该村先后被评为全国文明村、浙江省小康示范村、浙江省民主法治示范村、浙江省卫生村、浙江省绿化示范村，村党支部被评为宁波市先进党支部；李德龙当选浙江省人大代表，获评宁波市村庄整治建设十佳村书记、"中国十大杰出村官"，2016年被评为宁波市劳动模范。

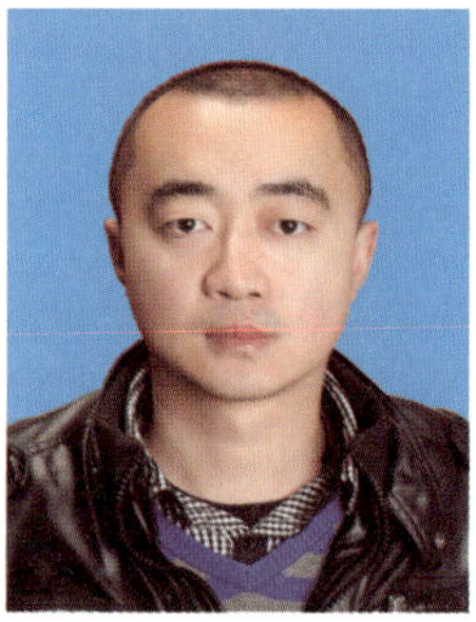

【龚文炜】 男，汉族，1985年7月出生，天台县平桥镇寺后村人，中共党员，宁波大学机械工程专业硕士研究生，宁波欣达集团有限公司技术员。2013年3月到宁波宏大电梯有限公司，从事电梯技术开发工作。与宁波市特种设备检验研究院合作，开发简易升降梯门锁机构，该项目获授权国家发明专利1项；协助扶梯部门完成自动扶梯桁架有限元分析计算，及相应计算书。开发电梯报价系统、电梯井道图自动出图系统、自动化和标准化绘制电梯井道图的CAD出图系统，其中标准化绘制电梯井道图的CAD出图系统申请发明专利1项，获浙江省首届电梯产业知识产权创新创业大赛三等奖。开发SUP-2乘客电梯，其结构创新可直接诞生至少3项专利。曾获公司"年度十佳员工""新产品研发先进个人"等荣誉。至2015年底，申请专利9项（其中发明专利5项），授权发明专利4项，软件著作权1项，并有5篇论文在《中国机械工程》《热加工工艺》《中国电梯》等期刊发表。2016年被评为宁波市劳动模范。

【翁国斌】 男，汉族，1970年3月出生，浙江省新昌县梅渚镇下田村人，中共党员，华中科技大学同济医学院在职硕士研究生，鄞州区第二医院院长、党委书记。1995年7月毕业于温州医学院临床医学本科专业，2005年7月获得华中科技大学同济医学院在职硕士研究生学位。2003年担任鄞州人民医院医务科副科长，2005年1月起历任宁波市鄞州区第二医院医疗业务部部长、器官移植中心主任、院长助理、副院长，2011年4月29日起担任鄞州人民医院院长、党委书记，2014年12月30日调任鄞州区第二医院院长、党委书记。从事泌尿外科、肾移植工作近20年，擅长腹腔镜等微创技术治疗肾癌、膀胱癌、前列腺癌等泌尿系肿瘤和泌尿系统畸形等疾病，尤其在肾门旁及肾实质内特殊部位肿瘤的保肾手术、前列腺癌根治术的保留性功能和尿控技术、膀胱癌根治手术等方面积累较好经验；应用自制单孔腹腔镜通道技术减少切口并发症取得显著疗效；擅长疑难肾移植手术、移植肾各类复杂并发症的内、外科处理。重点开展移植肾慢性失功的系列研究，对免疫高敏患者的预处理方案和IVIG的应用等系列研究达到国内较高水平。在浙江省较早开展胰肾联合移植技术，在宁波市最先开展夫妻间活体肾移植、腹腔镜下活体取肾技术，完成浙江省最小年龄供体供肾DCD肾脏移植，累计实施肾脏移植800余例次，肾移植规模和疗效达到国内较高水平。在国内外学术刊物发表论文40余篇，主持、参与研究的省、市各级课题近20项，获得科技成果4项；担任浙江省医学会器官移植学分会委员、宁波市医学会器官移植学分会副主任委员；2008年被评为宁波市首批优秀中青年卫生技术人才，2012年被评为宁波市领军和拔尖人才第一层次专家、宁波市第二轮优秀中青年卫生技术人才，2016年被评为宁波市劳动模范。

【陈浩】 男，汉族，1971年7月出生，横街镇人，鄞州区供电公司员工。1987年进入鄞州区供电公司，历任营销班长、供电所所长助理、安装鄞西分公司副经理、物资公司经理、永能电力产业投资有限公司副经理等职。2001年，在鄞县供电局组织的计量装接技术比武中率高压组获第二名，低压组获第三名。2003年，在宁波鄞州供电营销技人员岗位技能测试中，获个人二等奖。2005年，参与主持鄞州区电镀城谐波治理前期数据的测量、方案的确定及前期实施工作、全局有序用电工作方案的策划、有序用电考核办法的制定，草拟的110千伏横街变10千伏出线方案、110千伏高桥变应急有序用电工作方案，解决望春片区上千户企业与居民的用电紧张难题。2006年，在鄞州供电局"窗口"营销人员技术比武中，率领望春供电所代表队获第三名。2007年，参与主持电力客户信用评价、电费风险防范课题研究，制订鄞州区电力客户信用评价及风险防范方案；参与创建利用电力载波红外线抄表系统。2009年，参与主持公司329国道、34省道线路改造建设工程的前期大会战施工作业。2013年获得高级企业文化师资格证书。2016年被评为宁波市劳动模范。

【方亮】 男，汉族，1980年12月出生，慈溪市龙山镇凤浦岙村人，九三学社社员，英国帝国理工学院博士研究生，宁波美康生物科技股份有限公司研发总监。2011年毕业于英国帝国理工学院生物系。同年7月进入宁波美康生物科技股份有限公司研发中心，负责新型体外诊断试剂的研究开发工作，攻克公司重点试剂产品的关键技术难题，并使该重点产品正式量产，2016年该试剂产品销售额近5000万元。累计主持研发体外诊断试剂盒新产品20余项，其中12种新产品实现产业化，累计实现新增销售收入1.50亿元、创利税9000万元；承担的"新型免疫诊断试剂及配套仪器关键技术研究与产业化"项目被列入2013年宁波市产业技术创新及成果产业化重大项目，"荧光免疫层析定量快速检测系统关键技术研究与产业化"项目被列入2014年鄞州区重大科技创新专项，"胱氨酸蛋白酶抑制剂C检测试剂盒关键技术研究与产业化"项目获宁波市第十届创新发明大赛特等奖和2014年宁波市科技进步奖一等奖。2015年1月获宁波市科技进步一等奖，2015年12月获宁波市第十三届青年科技奖，2016年被评为宁波市劳动模范。

【郭安清】 男，汉族，1974年11月出生，江西省新余市渝水区水西镇下档村委郭家村人，大学本科学历，宁波远东化工集团有限公司财务总监。从事财务会计工作19年。在宁波远东化工集团有限公司工作期间，独立编写完成公司一整套财务管理制度和会计核算办法及业务流程，组建集团及分（子）公司信息化系统及网银系统；推动财务转型与管理会计实践，在集团内部建立全面预算管控体系，创新资金管控模式，设置3套预算报表样式。发表论文20余篇。其中，《企业分立业务会计与税务若干问题探讨》在《会计师》杂志发表；《企业政策性搬迁会计与税务处理若干问题探讨》获宁波市会计优秀论文二等奖；《营改增后工程总承包合同所涉税收问题的探讨》获宁波市会计优秀论文二等奖。2010年取得高级会计师职称，2011年入选宁波市会计领军（后备）人才，2014年获得宁波市会计领军人才合格证书，2016年被评为宁波市劳动模范。

【马维虎】 男，汉族，1964年5月出生，甘肃省张掖市沙井镇南湾村人，民革党员，医学硕士，宁波市第六医院骨科主任、脊柱外科主任。从医30余年，开展各种骨科常见病的临床手术，尤其擅长骨科疑难疾病的诊疗。其带领科室团队将PVCR技术应用于严重脊柱畸形的治疗，率先在省内开

展颈椎椎弓根固定手术，创新设计截骨矫形技术治疗重度脊柱畸形，截骨部位达到T4水平，突破教科书规定L2以下的手术禁区的规定等；带领的骨外科年门诊量16万人次，手术10000余台，所在脊柱外科年手术量2500余台。担任宁波大学硕士研究生导师，浙江中医药大学硕士、博士研究生临床指导教师，所在科室成为浙江省中医学院骨伤研究生教学基地、宁波大学骨科研究生基地、浙江省省市共建重点学科、浙东区域骨科专病中心。在《Spine》《中华骨科杂志》等期刊发表论文70余篇，其中8篇为SCI论文；参与编写《当代脊柱外科内固定图谱》等专著4部，主持并举办10届国家级"全国脊柱外科新技术学习班"继续教育项目；有15项科研成果获得省、市奖项；获得发明专利1项，实用新型专利3项；承担市科技局、市卫生局和省卫生厅多项科研课题。2015年申请到国家自然基金课题1项。曾获评宁波市卫生局首批优秀青年卫技人员、宁波市4321人才工程第一层次人才、宁波市优秀留学人才、宁波市卫生系统双优人才等，享受国务院政府特殊津贴，2016年被评为宁波市劳动模范。

【徐勇】 男，汉族，1974年10月出生，浙江省建德市下涯乡下涯村人，中共党员，大学本科学历，鄞州公安分局白鹤派出所民警。2011年10月从部队转业到白鹤派出所刑侦中队工作。2013年起任专职视频民警，创立辖区监控调取协调机制，构建点、线、面立体视频侦查工作机制，连续快速侦破"建都宾馆诈骗案""9·15抢劫杀人案""兴宁路手机店内被盗案"等，被誉为辖区平安的"守护神"。2015年，他上报视频信息695条，通过视频线索抓获犯罪嫌疑人员24人；为上级机关、兄弟单位提供有效破案线索100余次，破案30余起，抓获犯罪嫌疑人20余人。2014年被省公安厅评为"2014年度全省公安机关爱民模范"，2015年被评为全省优秀人民警察和"浙江好人"，2016年被评为宁波市劳动模范。

【竺晓东】 男，汉族，1979年12月出生，明楼街道人，中共党员，大学本科学历，宁波韵升股份有限公司董事长。潜心于现代企业管理实践，把美国留学时接触到的先进理念和管理经验融入韵升的经营中，并建立有韵升特色的现代企业管理制度。把"做一个受社会尊重的人，建一家受社会尊重的企业"作为韵升的核心价值观，把"文化+战略+管理+技术"作为探索未知"蓝海"的法宝。2016年被评为宁波

市劳动模范。在他的领导下，公司成为中国稀土永磁材料产业的领军企业，2015年经营业绩比2014年增长50%以上。通过自主研发、消化吸收引进技术和产学研合作3种途径，推进自主创新工作。公司先后承担国家“863”课题6项（1项获国家科技进步二等奖，4项获浙江省科技进步一等奖），被授予“全国企事业知识产权示范单位”“浙江省创新型示范企业”“高新技术企业”等称号。

【杜庆国】 男，汉族，1978年10月出生，吉林省松原市乾安县严字乡情字村人，中共党员，大学本科学历，浙江新中源建设有限公司项目经理。2003年到浙江新中源建设有限公司工作。2009—2010年参建海曙交警大队迁建用房项目，该工程获宁波市“甬江杯”优质工程。2012年担任联丰旧村改造安置房项目经理，带病坚持在施工现场指挥工程施工，带领的项目部成为公司“标杆”项目部，该工程获得“浙江省安全文明施工标准化工地”称号。2014年担任宁波工程学院新校区二期二阶段Ⅱ标段项目经理，在施工过程中解决单层高度24米、跨度30余米的超高层混凝土的浇捣工作，在工期、质量、安全管理等方面得到学校及代建单位好评。帮助公司完成宁波工程学院杭州湾汽车学院、鄞州区最大的保障性小区馨月家园等工程项目。组建QC质量攻关小组10余支，QC成果获得市建筑业协会和市质量协会奖项10余项，累计为公司节约成本3000余万元。2008年参加四川特大地震抗震救灾，获“援建四川广元过渡安置房先进工作者”称号。2016年被评为宁波市劳动模范。

【张宵华】 男，汉族，1967年11月出生，高桥镇芦港村人，高级管理人员工商管理硕士（EMBA），宁波华缘集团有限公司董事长兼总裁。1984年始参加工作；1989担任高桥工业公司副总经理；1994年10月创办高桥工贸公司，担任总经理；2000年创办华缘玻璃钢电器制造有限公司，担任董事长兼总经理；2003年创办宁波华缘复合新材料有限公司和宁波华缘气体控制设备制造有限公司；2006年成立宁波华缘投资有限公司；2008年成立宁波华缘集团有限公司，担任董事长兼总裁。宁波华缘集团有限公司辖属子公司6家，涵盖科技开发、材料生产、模具制作、产品制造、国际贸易等，产品应用于电力、通信、轨道交通、高速铁路、汽车等行业和领域，通过UL、CE、SGS等国际认证，远销30余个国家和地区，与美国GE、德国西门子、韩国LG等世界知名企业建立长期合作关系。公司建有市级工程技术中心——宁波华缘玻璃钢工程技术中心，有专职研发人员50余人，研发场地1000余平方米，有各项专利20余项。宁波华缘玻璃钢电器制造有限公司和宁波华缘气体控制设备制造有限公司被认定为高新技术企业，公司开发的“SMC光缆交接箱”产品被认定为国家级重点新产品，“复合材料地铁支架”被认定为浙江省建设科技成果推广项目。公司获“浙江省诚信企业”“浙江省学习型企业一百佳”“浙江省AA级重合同守信用单位”等称号。热心公益，出资设立“华缘慈善基金”，每年捐款50万元以上，并在公司内部设立华缘爱心基金，定向援助困难职工。曾当选政协十二届、十三届、十四届鄞州区委员会委员，任鄞州区工商联副会长、鄞州区民营企业协会副会长、鄞州区青年企业家协会副会长等社会职务；曾获评县级先进生产（工作）者、鄞州区拥军优属模范企业家、宁波市非公有制经济优秀企业家，有关事迹在《鄞州日报》、鄞州电视台、宁波电视台等刊登和播出。2016年被评为宁波市劳动模范。

其他典型人物

【翁贞琼】 女，汉族，1979年1月出生，邱隘镇方庄一村人，经济学博士，宁波京琼机械制造有限公司总经理。曾在日本留学、工作10年，2010年回国后创办宁波京琼机械制造有限公司。重视技术革新，投入2000万元，尤其是2012年后，每年将公司销售额的5%投入技改项目。重视企业科技创新，各类专业技术人员在企业所占比例超过30%，直接从事产品研发的人员比例占15%。建立“市级工程中心”“省级博士后工作站”和“产学研”高校合作平台。公司获评国家高新技术企业，累计申报宁波市级新产品40余个，获得专利20余项。曾获评宁波市“3315计划”创业人才、科技部科技创新创业人才。2016年入选国家“万人计划”科技创业领军人才，领衔开发精密微型注塑成型装备。

【张日红】 男，汉族，1963年6月出生，祖籍江苏泰州，博士研究生，宁波浙东建材集团有限公司副总裁。1983年7月毕业于南京工学院（现东南大学）土木工程专业，曾任江苏省建材局泰州水泥制品厂科长助理、广州经济开发区南方管桩有限公司总工程师。1993年1月到日本宫崎大学，先后学习土木工程和系统工程专业。1999年4月任日本和光混凝土工业株式会社开发部长，此后研发预应力高

强混凝土管桩项目，获得日本政府奖学金，并担任日本著名混凝土制品企业产品开发部部长、日本混凝土制品学会秘书长。2009年11月回国后进入宁波浙东建材集团有限公司工作，研发出高性能静钻根植桩及其静钻根植施工技术。2015年5月，该技术获得全国建材行业技术革新奖一等奖。静钻根植桩被应用于80余个项目，2013—2015年实现销售额10亿元。带领团队建成国内首条自动化预制桩生产流水线，使企业的生产效率提高50%，能耗下降60%以上，并为企业增加销售额近4亿元，年产值超10亿元。2016年入选国家“万人计划”科技创业领军人才。

【朱召法】 男，汉族，1965年1月出生，咸祥镇球山人，中共党员，大学本科学历，东蓝数码有限公司创始人、董事长、总裁。成都科技大学电力工程系信息工程专业毕业后，到日本长崎有益学院情报处理专业和美国斯坦福大学创新管理专业进修。具有28年IT业从业经验、11年政府部门工作经验，曾任香港联合交易所上市公司和伦敦交易所上市公司总裁、国家信息中心技术处处长。主持开发中国第一个中文互联网搜索引擎，参与SEIS项目的设计并获国家经济信息系统项目科技成果一等奖，完成镇海智慧水务一期和二期等项目建设；带领东蓝数码有限公司联合住房和城乡建设部、国家信息中心、国开金融、中国航天科工等机构，与多个省、市、区签署智慧城市合作协议，在智慧城市、生态环境、大数据等领域开展投资、运营和建设合作。曾被授予“2011年中国行业信息化领军人物”“2011年十大风云甬商”“宁波市优秀留学回国人员”等称号，获“宁波市华侨华人专业人士杰出创业奖”。2016年入选国家“万人计划”科技创业领军人才。

【陈绯绯】 女，汉族，1985年11月出生，明楼街道徐戎社区人，中共党员，白鹤街道社区卫生服务中心办公室负责人、团支部书记。2009年7月南方医科大学中医学专业毕业后，到白鹤街道社区卫生服务中心工作。历任白鹤街道社区卫生服务中心团支部书记，社区卫生服务中心办公室负责人、团支部书记。2011年参加世界红十字日广场活动，并报名参加造血干细胞采样，成为中华骨髓库造血干细胞捐献志愿者。2016年与患者初筛配对成功后，主动做好家人思想工作，并配合区红十字会完成高分辨采样、体检等后续工作；5月，到杭州捐献造血干细胞，成为宁波市第50例、浙江省第279例造血干细胞捐献者；5月24日完成采集和捐献，采集干细胞混悬液230毫升；10月被评为“中国好人榜”助人为乐好人。

【吕鸿鸿】 男，汉族，1952年11月出生，姜山镇东林寺村人，茅山片区流动人口协管员。曾是鄞州区种田大户，历任姜山镇东林寺村第四生产大队队长、农民技术员等职。2016年1月15日在村头清理垃圾时，发现一男孩坠河，将其救起后进行施救。事后前去看望，并赠送棉衣裤。因其经常帮助乡亲做力所能及的事，同村人称其为“鸿公”。2016年2月被授予“宁波好人”和“鄞州好人”称号；4月被评为“中国好人榜”见义勇为好人。

【俞复玲】 女，汉族，1956年11月出生，横溪镇梅岭村人，中共党员，百丈街道划船社区党委书记。1974年8月在宁波镇安小学任代课教师，后在宁波市四眼碶小学、宁波第十九中学校办工厂、宁波大昌布厂安保科、宁波万安酒店等单位工作，2003年12月起任划船社区党委书记。扎根基层，真诚服务，10余年写40余本民情日记；实行小区物业自治，成立社区物居联合党支部，老社区成立社会组织20余个；自带盒饭，随时接待群众来访，被戏称“盒饭书记”。从事社区工作10余年，将一个基础设施差、特殊群体多的老社区打造成管理有序、服务完善的全国样板，被居民称为“贴心的社区当家人、无私的小巷总理”。划船社区先后获全国文明单位、全国文明社区、全国和谐社区建设示范社区、全国精神文明建设工作先进单位、全国创建文明社区示范点等荣誉。俞复玲曾获全国“小巷总理”之星、全国优秀党务工作者、全国道德模范等荣誉，入选“中国好人榜”，当选党的十八大代表；以其为原型的音乐作品《小巷总理》在国家大剧院展演，以其名字命名的“俞复玲365社区服务工作法”得到中组部认可并在全国推广；2016年被授予“全国三八红旗手”称号。

【屠昱】 男，汉族，1982年9月出生，籍贯宁波海曙，出生地江北区中马街道，中共预备党员，大学本科学历，中级社会工作师，福明街道东城社区副站长。2001年9月就读于浙江工业大学法学院，2005年7月在宁波市兴港法律

服务所工作，2007年5月在福明街道司法所工作，2012年1月任福明街道东城社区副站长。2012年2月组建“小娘舅握握团”，致力于为社区居民调解纠纷，得到共青团中央书记处第一书记秦宜智肯定。后又成立宁波首个专业调解类志愿服务网站“小娘舅云在线”，推出“小娘舅握握团”微信公众号，挂牌成立“小屠调解工作室”。坚持参加志愿服务超过15年，累计参加志愿服务时间超过2000个小时，成功调解各类矛盾纠纷300余起，免费提供法律服务350余人次，举行各类普法宣传活动40余场，提供其他法律事务50余件，受益人群超过3000余人次，被称为“小娘舅”。曾获浙江省青年社会组织志愿服务项目大赛银奖、第三届中国青年志愿服务公益创业赛铜奖、第十一届中国青年志愿者优秀个人、第三届全国青年志愿服务项目大赛银奖、浙江省优秀网格员、浙江省青年社会组织志愿服务项目大赛银奖。2016年获第十一届中国青年志愿者优秀个人奖。

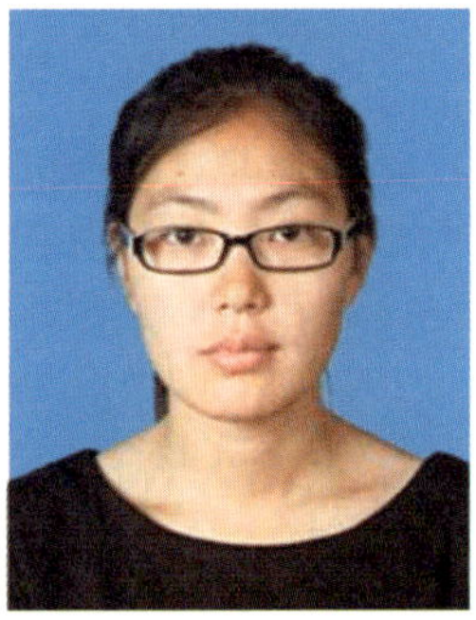

【姚春梅】 女，汉族，1986年2月出生，鄞江镇蓉峰村人，中共党员，硕士研究生，国良果蔬专业合作社负责人。2009年浙江万里学院毕业后，到家乡“务农”。报考浙江大学远程教育学院农业推广专业，参加农技培训，并向农业专家请教。借款30万元，贷款10万元，在洞桥镇梁桥村承租土地7.33公顷，种植樱桃树5000余棵、杨梅树1000余棵、枇杷树近1000棵；开发种植雷竹园8公顷。成为林业种植大户，有大学生农民成员5人、农户成员56户、非农户成员76户，下属横溪兴艺农场、洞桥甬康农场、鄞江雷竹基地，种植东魁杨梅、樱桃、白枇杷、桃子、雷笋等约84公顷，2016年产值812万元。成立鄞州国良果蔬专业合作社，吸收合作会员50余个，有固定客户会员3000余家，并为农产品注册“增春”“甬帮”商标。利用网络拓宽农产品销售渠道，依托种植基地，开设农家乐，推出采摘路线。其事迹被《浙江日报》《宁波日报》《鄞州日报》等报道。2016年获“第十届全国农村青年致富带头人”称号。

【董国福】 男，汉族，1961年5月出生，祖籍辽宁沈阳，中共党员，大学本科学历，博威集团有限公司党委副书记、高级政工师。1981年参加工作，历任沈阳矿务局高中团委书记、沈阳矿务局蒲河煤矿团委书记、沈阳矿务局第三子弟小学校长、党支部书记。1997年1月到宁波工作，历任宁波申菱电梯配件有限公司党总支副书记、工会主席，博威集团有限公司党委副书记（专职）、集团工会负责人。2006年4月

开始负责博威集团有限公司党组织工作，通过电子邮件和微信群推《博威先锋》、编辑《党员电子书》、创办“博威讲堂”、鼓励党员走上讲台等方式，将只有17名党员的党支部发展成有136名党员的浙江省“双强”党委。2013年组织集团党员开展“中国梦、博威梦、我的梦”微课比拼，他自己的梦想是：为党讲100场课，为党写100万字。至2016年底，其文字总输出量超过200万字，讲课场次超过200场，粉丝超过2000人；出版《种植人生幸福》《从易经中得智慧》《非公企业党建工作宝典》《“两学一做”永远在路上》；在个人微信公众号“红色竞争力”上更新推送富有正能量的文章；每天早晨7时30分，录制“喜马拉雅FM”平台中“国福频道”音频课程节目，听众收听数累计5.20万人次；19时，利用“千聊live”语音课堂平台，讲授“国学传承系列课程《大学》新解”。曾获浙江省第七届微型党课决赛特别奖、最佳网络人气奖，宁波市第八届微型党课大赛一等奖，“浙江省十大基层优秀宣讲员”“浙江省思想政治工作先进个人”“浙江省优秀党务工作者”等称号。2016年，其事迹被《光明日报》、新华网时政栏目、人民网等报道。

【邬佩珠】 女，汉族，1969年7月出生，姜山镇朝阳人，中共党员，大学本科学历，姜山镇朝阳幼儿园园长。1989年3月进入姜山二商公司工作，1995年起在朝阳气门嘴厂从事会计工作，2001年9月开始在姜山镇朝阳幼儿园任教师。1983年9月，朝阳乡创办幼儿园，创办者为邬佩珠的婆婆王惠娣。2000年，幼儿园面临体制改革，姜山镇政府鼓励王惠娣购买幼儿园，为支持婆婆教育事业，邬佩珠卖掉两套住房。2008年，王惠娣退休，由邬佩珠任园长。面对陈旧落后的设施，邬佩珠卖掉婚房，投资40余万元重新装修幼儿园，聘请6名教师和3名保育员，添置教学设备。朝阳幼儿园为农村民办幼儿园，有幼儿370余人，其中9成为外来务工人员子女。邬佩珠为20名特困孩子全免学杂费，并出资让教职工在职进修。朝阳幼儿园被评为鄞州区卫生文明幼儿园、宁波市现代化达标幼儿园、浙江省二级二类幼儿园，园内儿童在全区幼儿泥塑比赛、科幻画比赛中多次获奖。邬佩珠获鄞州区第六届“我身边的文明之星”和“甬城最美教师”等称号。2016年，其事迹被中央人民广播电台《中国之声》节目报道。

【吴祖楣】 男，汉族，1946年9月出生，下应街道湾底村人，中共党员，湾底村党委书记、湾底村股份经济合作社董事

长。1976年参加工作，1979年当选为五一生产大队（1981年更名为湾底生产大队）大队长。1982年11月担任大队党支部书记，开始发展村办企业，先后创办宁波天工工具有限公司等集体企业，产品扩大到20大类100余个品种，远销海内外。1991年担任湾底村党总支书记后，坚持村集体控股的股份合作制，引进4家乡镇企业。同时，将村民承包地集中起来，成立农业开发公司，实行种植业集约化经营。2001—2006年，湾底村将原7个自然村的6万余平方米老房子拆除，合并建设湾底新村。2004年起，湾底村成立天宫庄园休闲旅游有限公司，投资1.20亿元建起花卉基地，逐步开发植物园、天宫城堡、非遗博物馆等"近郊型"休闲项目，将贫困落后村建成浙江省新农村建设示范村。湾底村获全国文明村、全国民主法治示范村、国家生态村和国家AAAA级旅游景区、全国农业旅游示范点等荣誉。吴祖楣先后当选为宁波市第九至十一届党代表、浙江省第九至十一届人大代表，获浙江省新农村建设带头人"金牛奖"、浙江省为民好书记、浙江省劳动模范等荣誉。2016年该村党委获中共中央颁发的"全国先进基层党组织"称号，其事迹被中央人民广播电台和《光明日报》《经济日报》等报道。

【郑世明】 男，汉族，1959年4月出生，古林镇人，中共党员，民营企业家。1978年入伍，1981年退伍后在古林镇西洋港村生产队务农，1982年起先后在古林镇良种厂、鄞县水泵厂工作，1995年成为个体户，2003年创办古林镇舒明地板厂。2004年，成立慈善义工分队——红色力量，有鄞州、奉化、慈溪等8个支队，队员518人，其中夫妻队员50余对；献血6.45吨，足迹遍布宁波、上海、杭州、温州等地。1997年起，郑世明累计献血200余次，献血量约15万毫升；曾获"全国无偿献血奉献金奖"（5次）、第二届"中华慈善突出贡献（个人）奖、浙江省"五星级义工"等荣誉。2016年获"浙江省优秀共产党员"称号，其事迹被中央人民广播电台《中国之声》节目报道。

先进人物

表54　2016年鄞州区获国家级表彰的先进个人

姓 名	荣誉称号	工作单位
毛奕琴	全国"安康杯"竞赛活动先进个人	总工会
厉忠听	全国"五一劳动奖章"	综合执法局
夏　静	全国工商、市场监管部门企业登记工作成绩突出窗口工作人员	市场监管局
连策峰	质检总局直属系统优秀共产党员	检验检疫局
俞复玲	全国三八红旗手、中国好人榜	百丈街道

表55　2016年鄞州区获省级表彰的先进个人

姓 名	荣誉称号	工作单位
王松涛　叶　瑜	2016年度全省党委系统信息工作先进个人	区委办
潘　赛　陈露洁　钱　忠	法治浙江建设十周年工作先进个人	区委办　区委办　检察院
周　颖　夏　锋　全　首 谢贤芳　翟建超	浙江法院G20杭州峰会维稳安保工作先进个人	法院
李　铮　赵　敏	全省检察机关平安护航G20峰会先进个人	检察院
励　倩　叶兴鹤　袁　晴	全省检察机关民行检察业务标兵 全省检察机关网络安全业务标兵 全省检察机关案件管理业务能手	检察院
章燕飞　续大冶	2015年度浙江日报先进报道工作者	宣传部

续表55

姓名	荣誉称号	工作单位
张水跃　夏国芬　钱帅鸿 竺益忠　王小铮　陈红光	浙江省G20杭州峰会工作先进个人	政法委　信访局　安监局 瞻岐镇　下应街道　中河街道
傅文忠　王功伦　戴金旭 卢华丰　冯君平　骆后平	浙江省G20杭州峰会工作先进个人	姜山镇　公安分局　公安分局 公安分局　五乡镇　气象局
吴敏刚　邱　春　许国平 巩小亮　陆晓敏　陆文杰	浙江省G20杭州峰会工作先进个人	政法委　信访局　公安分局 综合执法局　白鹤街道　东柳街道
沈海琴　裘金杰　庞超静 邵鸿松　史碧霞　颜美丽	浙江省G20杭州峰会工作先进个人	东郊街道　福明街道　百丈街道 东胜街道　明楼街道　关工委
钱孝平	浙江省美丽乡村建设突出贡献者	农办
夏国芬　王力波	全省“百日维稳攻坚大会战”先进个人	信访局　东胜街道
蒋丽芳　王洪卫	全省先进老干部工作者	老干部局
张瑶红	浙江省第五批以职工名字命名先进操作法	总工会
康祖荣	浙江省关心下一代工作先进个人	关工委
周　杰　严世高	2015年度全省扩大有效投资工作先进个人	发改局
陈　诚	2013—2015年度全省科技工作先进个人	科技局
夏伟奔	2016年度省级防震减灾先进工作者	科技局
陈　怡	省优秀共产党员	公安分局钟公庙派出所
邱宁利　胡永齐　毕延斌	2011—2015年全省法治宣传教育先进个人	司法局　司法局　塘溪镇
余建明	全省司法行政系统做好G20峰会维稳安保工作个人三等功	司法局
董自龙　余佳子	2016年度全省人力资源社会保障宣传工作先进个人	人力社保局
金　晟　石丹琦	2015年度省级优秀团员	卫生计生局　综合执法局
王文甫　庄晓峰	G20杭州峰会交通运输服务保障工作先进个人	交通运输局
俞晔炜	2015年度实行最严格水资源管理制度工作成绩突出个人	水利局
吕飞龙　朱华鸿	G20杭州峰会森林消防安保工作先进个人	农林局　咸祥镇
郑国芳	全省新闻出版广播影视系统G20峰会维稳安保工作先进个人	文广新局
冯永峰	2016年度全省文化政务信息工作先进个人	文广新局
王　静	2016年度全省审计信息工作先进个人	审计局
傅　敏　叶伟杰　黄　栋	G20杭州峰会食品安全驻点保障监管工作作出贡献监管人员	市场监管局
康迎军	2011—2015年全省质监系统法治宣传教育先进个人	市场监管局
刘保锋	2015年度全省工商系统新闻宣传工作先进个人、优秀舆情监测员	市场监管局
蒋　慧	2015年度全省工商系统政务信息工作先进个人	市场监管局
杨志军　李小海	2016年全省外商投资企业服务年成绩突出个人	投资合作局
苏敏敏	全省住房城乡建设系统“六五”普法工作先进个人	规划分局
凌　列	国家土地督察机构土地利用和管理形势观测分析工作成效突出个人	国土分局
沈志君　陈　舜　杨良延	全省地税系统先进工作者	地税局

续表55

姓 名	荣誉称号	工作单位
廖桉桦	浙江省气象行业技术能手	气象局
张肖荣	浙江渔场修复振兴暨“一打三整治”专项执法行动先进个人	咸祥镇
卢明娟　高晓东	省优秀党务工作者	邱隘镇　东郊街道
朱　敏	浙江省第七届微型党课大赛优胜奖	云龙镇
葛欲栋	2015年度浙江省“五水共治”工作先进个人	东郊街道
陆晓敏	2014—2015年度全省社会治安综合治理先进个人	白鹤街道

表56　2016年鄞州区获市级表彰的先进个人

姓 名	荣誉称号	工作单位
严伟强、叶良华等118人	平安护航G20杭州峰会先进个人	
刘钰杰　傅利国	2016年度全市党委系统信息工作先进个人	区委办
蔡正元　夏时琴	2016年度全市党委系统督查工作先进个人	区委办
谢　影　张小军　谢红丹 乐艳丽　励　倩　王云芳 毛铁钢	法治宁波建设十周年工作先进个人	公安分局　区人大办　法院 司法局　检察院　五乡镇 市场监管局
张炎冰	2015年度政务信息工作先进个人 2016年度政务信息工作先进个人	区政府办
叶少艾	2015年度政务信息工作先进个人 2015年度政务督查工作先进个人	区政府办
王发振	2015年度政务督查工作先进个人	区政府办
陆晓敏　庞超静　刘芙蓉 秦永德　赵梁杰　周义宏 赵蓉婷	2015年度宁波市禁毒工作先进个人	白鹤街道　百丈街道　检察院 公安分局　教育局　财政局 民政局
杜兆亮　陈国君　周科峰 杨云昌　高央杰　闻咪波	2015年度全市优秀农村指导员	检察院　交通运输局　交通运输局 水利局　国税局　卫生计生局
舒国定　谢李军　毕校龙 汤红川	2015年度征兵工作先进个人	福明街道　人武部　卫生计生局 横溪镇
郎椰飒　朱　斌　巩小亮 胡张法　韩　洁　童高平	2015年度市级社会管理综合治理工作先进个人	政法委　公安分局　综合执法局 明楼街道　福明街道　信访局
任建明　谢华波　毕未辉 林子震　王晓晖　董嘉平	2015年度市级社会管理综合治理工作先进个人	公安分局　人力社保局　民政局 住建局　安监局　综合执法局
王丽萍　钱赛红　李俊婷 徐　辉　冯旋楷　朱琦伟 张　弦	2015年度“五水共治”工作先进个人	环保局　农办　农林局　五乡镇 东柳街道　“五水共治”办 “五水共治”办
钱赛红	2015年度全市农村生活污水治理工作先进个人	农办
尹雅希　朱贤威　裘峪磊 陈淑蓉	2015年度宁波市“无违建”创建工作先进个人	综合执法局
严立新　陶成坤　严志勇 汪飞鹏　姜亲友	2015年度宁波市“无违建”创建工作先进个人	公安分局　东郊街道　东胜街道 明楼街道　住建局
周宏杰　陈　磊　葛立邦 忻剑波	2015年度宁波市“无违建”创建工作先进个人	中河街道　五乡镇　云龙镇 瞻岐镇
史昊宇	2015年度生态文明市和生态文明建设工作先进个人	环保局

续表56

姓名	荣誉称号	工作单位
石志栋　乔幼民　蔡振翔 史海良	2015年度棚户区改造工作先进个人	住建局　住建局　征管办 明楼街道
张　琦　张　巍　曹剑定 徐晓峰	2015年度住房保障工作先进个人	住建局　住建局　住建局 城投公司
李　旭　李宏良　陈世能 葛欲栋	2015年度加快构筑现代都市工作先进个人	区政府办　住建局 征管办东郊街道
毛必林　张　明　彭元振	2015年度交通拥堵治理和公交都市创建工作先进个人	规划分局　住建局　住建局
邱　虹　汪碧君　王　虹	2015年度物业管理工作先进个人	住建局
朱银春　朱建杰　沈家瑜 俞文毅　韩　洁	2015年度国有土地上房屋征收和安置房建设工作先进个人	征管办　征管办　东柳街道 城中村改造办　福明街道
王旻舸　潘海亚	2015年度农房改造建设示范工程先进个人	住建局
许敏波	2015年度宁波市智慧城管工作先进个人	综合执法局
曹慧敏	宁波市第四届水利“大禹杯”重点工程建设先进个人	水利局
朱海燕　李　徽	2016年度宁波市历史文化名城名镇名村保护工作先进个人	文广新局　规划分局
蔡世鸿　刘　纲　魏文征	2015年度宁波市重点工程先进个人	卫生计生局　规划分局　重点办
崔春杰　屠时杰	2015年度全市国际招商标兵奖	投资合作局

先进集体

表57　2016年鄞州区获国家级表彰的先进集体

获奖单位	荣誉称号
检察院	2016年度全国检察宣传先进单位
江东职工职业培训学校	2016年度全国职工教育培训示范点
总工会	2015年度工会财务工作先进单位
鄞州区大学生创业园（人力社保局、团区委）	第三批全国创业孵化示范基地
鄞州区大学生创业园7号众创空间（科技局、团区委）	第二批众创空间
团区委	第十一届中国青年志愿者优秀组织奖 第三届中国青年志愿服务项目大赛银奖
鄞州区（妇联）	实施中国妇女、儿童发展纲要国家级示范县（市、区）（2016—2020年）
社科联	2016年度全国社科组织先进单位
红十字会	2016年度中国红十字会总会报刊宣传先进集体一等奖 全国红十字防灾避险知识竞赛最佳组织一等奖
老促会	2016年度老区宣传工作三等奖
教育局	全国第五届中小学生艺术展演活动优秀组织奖
鄞州区江东片区（科技局）	2016—2020全国科普示范区
鄞创科技孵化器管理服务公司（科技局）	2015年度国家级科技企业孵化器优秀（A类）
公安分局	全国公安信访窗口示范单位

续表57

获奖单位	荣誉称号
民政局	全国老年法律维权工作先进集体
司法局	2011—2015年全国法治宣传教育先进单位
市场监管局	2011—2015年全国法治宣传教育先进单位
鄞州区(农林局)	2015年畜牧业统计监测工作综合绩效考评优秀价格监测县
鄞州区(卫生计生局)	2014—2016年全国计划生育优质服务先进单位
卫生计生局	国家医疗健康信息互联互通标准化成熟度等级四级甲等
鄞州区(国税局、地税局)	全国百佳国税地税合作县级示范区
明楼街道	首批“全国城市街道区域化团建示范创建单位”
钟公庙街道	首批“全国城市街道区域化团建示范创建单位
下应街道湾底村党委	全国先进基层党组织
百丈街道划船社区党委	全国先进基层党组织
白鹤街道	全国计划生育协会乡级先进单位

表58　2016年鄞州区获省级表彰的先进集体

获奖单位	荣誉称号
鄞州区江东片区(区委办)	2015年度浙江省创建法治县(市、区)工作先进单位
区委办	2016年度全省党委系统信息工作先进单位
法院	全省网络司法拍卖工作先进法院 全省综合治理执行难先进法院 G20杭州峰会维稳安保工作记功集体二等功法院
检察院	2015年度省级先进基层检察院 2016年度省级先进基层检察院 全省未检工作先进集体
鄞州区(人武部)	2015年度全省征兵工作先进单位
鄞州区(组织部)	2015年市县党政领导人才工作目标责任制考核优秀县(市、区)
组织部	2015年度全省组织系统调研课题三等奖
“阳光8号”党员律师服务项目(组织部、司法局)	全省律师行业党建创新项目
集盒文化创意街区(宣传部)	浙江省文化创意街区创建工作试点
2015年度浙江日报先进报道组	鄞州区委报道组(宣传部)
政法委	2015年度平安县(市、区)
政法委	2011—2015年全省法治宣传教育先进集体
司法局	2011—2015年全省法治宣传教育先进集体
云龙镇	2011—2015年全省法治宣传教育先进集体
鄞州区(农办)	2015年省社会主义新农村建设优秀单位、千万农民素质提升工程优秀县(市、区)

续表58

获奖单位	荣誉称号
档案局	浙江省百项档案编研精品
鄞州区机关团工委	2015年度省级先进团委
福明街道团工委	2015年度省级先进团委
工商联	浙江省"五优"县级工商联 2016年度全省工商联系统先进单位
关工委、教育局关工委	浙江省关心下一代工作先进集体
鄞州区("五水共治"办)	2015年度浙江省"五水共治"工作优秀县(市、区)"大禹鼎"
鄞州区("五水共治"办、环保局)	2016年"清三河"达标县(市、区)
鄞州区江东片区(发改局)	2015年度全省扩大有效投资优秀单位
鄞州区(经信局)	2015年度全省工业强县(市、区)综合评价I档第一名 浙江省区域两化融合发展指数第二名 2016年浙江省软件和信息服务产业示范基地
教育局	2013—2015年浙江省扫盲工作先进单位
科技局	2013—2015年度全省科技工作先进集体 2016年度省级防震减灾工作先进单位 2015年度省科技宣传与信息工作先进单位
科技局(科协)	2016年全国科普日活动优秀组织单位
公安分局	2015年度全省公安队伍正规化建设优秀单位 连续六年执法质量优秀单位 G20杭州峰会安保工作成绩突出集体 全省公安信访考核县级优秀单位 全省公安机关命案全破县(市、区)公安局 2014—2015年度"全省优秀公安局"
民政局	2015年度全省民政工作先进县(市、区)
司法局	全省司法行政系统做好G20峰会维稳安保工作通报表扬集体 全省法律服务"三改一拆""五水共治"工作成绩显著单位
财政局	2016年度全省财政信息工作鼓励单位
人力社保局	2016年度全省人力资源社会保障宣传工作先进单位
综合执法局、姜山镇	2015年度浙江省"五水共治"工作先进集体
交通运输局	G20杭州峰会交通运输服务保障工作先进集体
水利局	2015年度全省市县水利工作综合考核优秀单位
农林局	G20杭州峰会森林消防安保工作先进单位 浙江省国有林场改革工作先进集体 2015年度浙江省农业行政执法绩效考核优胜单位 2015年度县级林业工作先进集体
鄞州区(商务局)	浙江省产业集群跨境电子商务发展试点县(市、区)、2016年省级实体商业转型升级试点城市
商务局(粮食局)	2015年浙江省粮食收购工作先进单位
鄞州区(文广新局)	全省基层公共文化服务综合评估第一 全省非物质文化遗产保护发展指数评估第二
鄞州区攀岩训练基地、鄞州网球中心(文广新局)	2016年度全省运动休闲旅游优秀项目

续表58

获奖单位	荣誉称号
文广新局	2015年度全省文化市场综合执法先进单位 2016年度全省文化政务信息工作优秀直报点
文广新局（体育局）	2016年度浙江省体育宣传工作优胜奖
卫生计生局	浙江省红十字人道促进奖
审计局	2016年度全省审计机关考核先进单位、内部审计业务指导和监督工作考核优胜单位
鄞州区（市场监管局）	2015年浙江省商标品牌示范县（市、区）
鄞州区政府（市场监管局）	千万学生饮食放心工程2013—2015年度校园食品安全宣传教育先进单位
市场监管局	G20杭州峰会食品药品安全保障工作作出贡献集体 2011—2015年全省质监系统法治宣传教育先进单位 2015年度全省工商系统新闻宣传工作先进单位 2015年度全省工商系统政务信息工作先进单位 2015年度全省基层市场监管（工商）部门创先争优先进单位
审管办	省级工人先锋号
广播电视台	2016年度浙江省广播电视科技创新项目金潮奖三等奖
投资合作局	2016年全省外商投资企业服务年成绩突出单位
供销社	2015年度全省供销社系统综合业绩考核特等奖
国土分局	2015年度全省国土资源系统政务信息工作先进单位
气象局	2015年重大气象服务先进集体
鄞州调查队	2015年度全省调查队系统综合考核一等奖
福明街道	第三批浙江传统戏剧之乡
东柳街道	第九批浙江省级基层科普示范单位、省一级综合档案室
明楼街道	第三批全省社区戒毒社区康复示范点

表59　　2016年鄞州区获市委、市政府表彰的先进集体

获奖单位	荣誉称号
区委办	2016年度全市党委系统信息工作先进单位、督查工作优秀单位
鄞州区江东片区（区政府办）	2015年度宁波市“三改一拆”工作先进县（市、区）、棚户区改造工作综合先进单位 加快构筑现代都市工作先进单位
鄞州区政府（区政府办）	2015年度宁波市旧住宅区改造先进单位、住房保障工作先进单位、交通拥堵治理和公交都市创建工作综合先进单位、物业管理工作先进单位、国有土地上房屋征收工作先进单位、安置房建设通报表扬单位、重点工程综合先进奖、2016年度宁波市政府系统优秀网站
鄞州区政府（区政府办）、供电公司	2015年度宁波市电网建设优秀单位
区政府办	2016年度政务信息工作先进单位、2015年度政务督查工作先进单位
法院、司法局、云龙镇、东柳街道	法治宁波建设十周年工作先进集体
鄞州区（组织部、人力社保局）	2015年度人才工作先进县（市、区）银奖
宣传部	2015年度全市宣传思想文化工作创新大奖

续表59

获奖单位	荣誉称号
网信办、政法委、信访局、公安分局、交通运输局、安监局、综合执法局、邱隘镇、潘火街道、钟公庙街道、东郊街道、福明街道、明楼街道	平安护航G20杭州峰会先进集体
政法委、宣传部、东吴镇、云龙镇、中河街道、钟公庙街道、司法局、东胜街道、百丈街道、东柳街道	2015年度市级社会管理综合治理工作先进单位
鄞州区（农办）	2015年度全市区域对口协作帮扶先进单位
鄞州区政府（农办）	2015年度对口帮扶（支援）工作先进奖铜奖
鄞州区（“五水共治”办）	2015年度“五水共治”工作先进县（市、区）
鄞州区（科技局）	2015年科技进步目标责任考核优秀单位
云龙镇、公安分局治安大队、东柳街道、福明街道	2015年度征兵工作先进基层单位
鄞州区江东片区、云龙镇、东胜街道、公安分局交警大队、综合执法局	宁波市2015年度安全生产工作先进集体
公安分局、公安分局交警大队、百丈街道	2015年度宁波市禁毒工作先进集体
住建局、公安分局交警大队、白鹤街道、明楼街道、潘火街道、中河街道	2015年度交通拥堵治理和公交都市创建工作先进基层组织
鄞州区（环保局）	2015年度生态文明市和生态文明建设工作先进集体
住建局、明楼街道	2015年度棚户区改造工作先进基层单位
综合执法局、水利局、瞻岐镇、环保局、福明街道	2015年度“五水共治”工作先进集体
综合执法局	2015年度智慧城管工作先进集体
综合执法局、中河街道、明楼街道	2015年度宁波市智慧城管工作协同先进单位
鄞州区政府（水利局）	宁波市第五届水利“大禹杯”竞赛“金杯奖”
鄞州区东江堤防加固工程鄞州段项目部（水利局）	宁波市第四届水利“大禹杯”重点工程建设先进集体
商务局	2015年度外经工作先进奖金奖、外包工作先进奖金奖、外贸工作先进奖银奖
商务局	2015年度商贸流通业发展大奖金奖、电子商务工作大奖银奖、商贸发展创新奖金奖
商务局、投资合作局	2015年度开放型经济工作大奖金奖
鄞州区政府（投资合作局）	2015年度经济合作工作综合大奖金奖、国内招商引资工作先进奖金奖、山海协作工作先进奖银奖
鄞州区政府（投资合作局）	2015年度国际招商工作金奖
鄞州区政府（投资合作局）	2015年度支持浙商创业创新促进宁波发展工作银奖
城投公司	2015年度重点工程立功竞赛模范集体
规划分局	2016年度宁波市历史文化名城名镇名村保护工作先进集体
瞻岐镇、百丈街道、白鹤街道、东柳街道、东胜街道、明楼街道	2015年度宁波市“基本无违建乡镇（街道）”
咸祥镇	2015年度全市农村生活污水治理工作先进乡镇（街道）
五乡镇、东柳街道、百丈街道、钟公庙街道	2015年度宁波市创建法治镇乡（街道）工作先进单位
姜山镇、明楼街道	2015年度重点工程先进集体
姜山镇	2015年度“五水共治”工作先进镇
潘火街道、东郊街道、福明街道	2015年度宁波市“无违建创建先进乡镇（街道）”

统计资料

环球银泰城

2016年鄞州区经济和社会主要指标

2016年鄞州区农村基本情况

2016年鄞州区农林牧渔业分项产值和增加值

2016年鄞州区规模以上工业企业基本情况

2016年鄞州区工业主要产品产量

2016年鄞州区自营进出口贸易情况

2016年鄞州区利用外资情况

2016年鄞州区旅游业基本情况

2016年鄞州区交通运输、邮电基本情况

2016年鄞州区财政分项目收入、全区及区本级财政支出情况

2016年鄞州区金融系统本级人民币年末存款、贷款情况

2016年鄞州区保险公司业务经济技术指标

2016年鄞州区学校基本情况

2016鄞州区文化、广播、电视基本情况

2016年鄞州区卫生事业基本情况

2016年鄞州区体育工作情况

2016年浙江省部分经济强县（市、区）主要经济指标

2016年沿海部分县（市、区）主要经济指标

2016年全国、浙江省、宁波市、鄞州区主要经济指标

表 60 2016 年鄞州区经济和社会主要指标

指标	计量单位	2016年	2015年
一、概况			
区域面积	平方千米	814.2	1346
年末总户数(户籍)	万户	33.03	34.57
年末总人口(户籍)	万人	84.16	86.59
其中:乡村人口	万人	27.49	32.86
城镇人口	万人	56.66	53.72
人口密度	人/平方千米	1034	643
人口出生率	‰	10.68	9.72
人口死亡率	‰	4.53	5.90
人口自然增长率	‰	6.15	3.81
二、生产总值			
地区生产总值	亿元	1358.83	1300.86
其中:第一产业	亿元	24.70	39.66
第二产业	亿元	523.22	690.42
其中:工业	亿元	457.11	629.74
第三产业	亿元	810.90	570.78
人均地区生产总值	元	171892	151448
三、农业			
农业总产值	亿元	36.22	58.07
粮食播种面积	千公顷	15.09	25.92
粮食总产量	万吨	10.26	16.80
蔬菜面积	千公顷	8.07	10.77
蔬菜总产量	万吨	26.09	37.44
水果总产量	万吨	9.97	17.31
生猪年末存栏数	万头	0.61	6.66
生猪年内出栏数	万头	5.11	16.34
家禽年末存栏数	万只	12.28	42
家禽年内出栏数	万只	22.99	55
肉类总产量	万吨	0.44	1.4
禽蛋产量	万吨	0.13	0.4
水产品总产量	万吨	1.38	1.68
四、工业			
全部工业企业家数	家	12103	23281
其中:规模以上工业企业	家	1016	1760
1亿元~10亿元企业	家	241	424
10亿元及以上企业	家	26	36

续表60

指 标	计量单位	2016年	2015年
全部工业总产值	亿元	1992.82	2986.55
规模以上工业总产值	亿元	1625.17	2401.65
规模以上工业销售产值	亿元	1585.55	2363.80
规模以上工业出口交货值	亿元	370.48	650.47
规模以上工业主营业务收入	亿元	1577.97	2335.53
规模以上利税总额	亿元	147.38	210.21
规模以上利润总额	亿元	104.83	146.14
五、固定资产投资			
固定资产投资额	亿元	772.66	693.09
合计中：工业投资	亿元	115.73	192.53
服务业投资	亿元	656.78	500.09
其中：房地产业投资	亿元	414.71	267.29
基础设施投资	亿元	103.45	117.09
六、国内贸易			
批发零售业商品销售额	亿元	3413.59	2240.50
住宿餐饮业营业额	亿元	104.93	65.33
社会消费品零售总额	亿元	655.51	498.08
其中：批零贸易业	亿元	574.08	456.54
住宿餐饮业	亿元	81.43	41.54
亿元以上商品交易市场成交额	亿元	370.62	199.74
七、外经外贸			
当年新签项目（合同）数	个	78	77
合同利用外资	万美元	162716	125432
实际利用外资	万美元	49172	54166
进出口总额	万美元	1427272	1469334
其中：出口	万美元	1204655	1231513
进口	万美元	222617	237821
八、财政、金融			
财政总收入	亿元	338.45	312.73
其中：公共财政预算收入	亿元	207.78	189.55
公共财政预算支出	亿元	202.85	212.79
金融机构年末存款余额（本外币）	亿元	—	1925.9
金融机构年末贷款余额（本外币）	亿元	—	1727.6
金融机构年末存款余额（人民币）	亿元	2058.52	1855.31
其中：居民储蓄	亿元	968.29	895.58
金融机构年末贷款余额（人民币）	亿元	1840.56	1672.95
保费收入	亿元	22.03	17.95

续表60

指 标	计量单位	2016年	2015年
九、电力			
全社会用电量	亿千瓦时	83.34	76.89
其中：工业用电量	亿千瓦时	54.54	52.06
城乡居民生活用电量	亿千瓦时	13.59	11.54
十、城乡居民收入			
城镇常住居民人均可支配收入	元	54199	50215
城镇常住居民人均生活消费支出	元	35714	33029
农村常住居民人均可支配收入	元	31568	29110
农村常住居民人均生活消费支出	元	22907	20470

说明：1.GDP和农业总产值增幅按可比价计算

2.由于户籍改革，自2015年起取消农业与非农业人口登记，统计口径改为乡村人口与城镇人口。因区域调整，概况统计数据为2016年新鄞州口径。地区生产总值2015年和2016年数据均为新鄞州口径

3.财政有关数据含高新区和东钱湖旅游度假区

4.（工业）2015年及以前数据含梅墟街道，2016年起新鄞州口径数据不含梅墟和新明街道

5.（国内贸易、餐饮和营利性服务业）数据均不含梅墟街道

表61　　2016年鄞州区农村基本情况

指 标	计量单位	数 值	指 标	计量单位	数 值
农村基层组织			**农村社会基础设施**		
镇乡政府	个	10	自来水受益村数	个	242
其中：镇政府	个	10	通汽车村数	个	242
乡政府	个	0	通邮村数	个	242
农村街道办事处	个	4	通电话村数	个	242
农村住户数、人口			通电村数	个	242
农村住户数	万户	17.13			
农村人口	万人	44.15			

说明：1.农村居委会住户数、人口数包括农村社区居委会住户数、人口数

2.从2010年开始，中河街道划分为城镇街道，不列入农村统计范围；从2014年开始，梅墟街道划分为城镇街道，不列入农村统计范围

表62　　2016年鄞州区农林牧渔业分项产值和增加值

单位：万元

指 标	产 值	增加值	指 标	产 值	增加值
合计	362172	−218488	谷物	43945	−9490
农业产值	258306	−170516	豆类	1076	−1253
其中：副产品产值	751	−263	薯类	1520	−576
粮食作物	46541	−11319	油料	583	−1614

续表62

指标	产值	增加值	指标	产值	增加值
棉花	22	-61	**牧业产值**	20026	-28768
甘蔗	1232	-1018	其中：牲畜	12832	-17775
药材类	7000	-23397	家禽饲养	1028	-1335
蔬菜	103910	-39821	活的畜禽产品	5333	-8946
花卉园艺	14905	-9772	捕猎野兽野禽	169	-120
茶、桑、果	82863	-53539	其他动物饲养	664	-592
其他	1250	-29975	**渔业产值**	65684	-4022
采集野生作物	312	-311	其中：海水产品	35236	48
林业产值	8277	-10362	淡水产品	30448	-4070
其中：人造林木生长	177	-186	农林牧渔服务业	9879	-4820
林产品	3600	-3883			
村及村以下竹木采伐	4188	-5982			

表63　　2016年鄞州区规模以上工业企业基本情况

单位：万元

指标	企业个数（个）	工业总产值	工业销售产值	主营业务收入	利润总额
总计	1016	16251675	15855506	15779731	1048275
按注册登记类型分					
国有企业	3	509805	510398	508710	4563
集体企业	1	27089	26670	26670	2245
股份合作企业	1	7892	6805	6805	977
有限责任公司	68	2066735	2051689	2035682	82588
股份有限公司	24	1472798	1410730	1461738	217999
私营企业	726	7624432	7415153	7356927	427217
港澳台商投资企业	113	3647972	3578284	3535039	254162
外商投资企业	77	894951	855776	848159	58525
在总计中：亏损企业	99	909850	880931	891329	-35692
在总计中：国有及国有控股	13	904898	864314	819711	14469
按轻重工业分					
轻工业	374	6324107	6213414	6206153	301997
重工业	642	9927569	9642093	9573577	746278
按规模分					
大型企业	13	3691697	3669746	3674640	261173
中型企业	109	5114785	4964579	4966246	428097
小型企业	864	7170154	6952804	6868619	357255
微型企业	30	275039	268377	270226	1749

续表63

指 标	企业个数（个）	工业总产值	工业销售产值	主营业务收入	利润总额
按工业行业分					
非金属矿采选业	1	16381	13808	13808	175
农副食品加工业	7	88519	87185	86605	3888
食品制造业	2	8262	8262	8262	90
酒、饮料和精制茶制造业	3	18462	18560	18568	164
纺织业	50	642523	622634	622238	29794
纺织服装、服饰业	89	1051262	1012207	979346	47217
皮革、毛皮、羽毛及其制品和制鞋业	1	5868	5721	5721	416
木材加工和木、竹、藤、棕、草制品业	4	20039	18987	19254	1028
家具制造业	25	318319	309286	315694	6643
造纸和纸制品业	9	209749	207624	207343	8423
印刷和记录媒介复制业	25	211744	201283	200512	28453
文教、工美、体育和娱乐用品制造业	34	286187	280523	272856	7574
石油加工、炼焦和核燃料加工业	1	2575	2715	2715	-1819
化学原料和化学制品制造业	19	784500	774079	776825	28538
医药制造业	6	121598	117575	117467	30608
化学纤维制造业	1	11939	11971	11971	555
橡胶和塑料制品业	46	1114459	1086412	1073981	67575
非金属矿物制品业	29	272017	271338	263723	14625
黑色金属冶炼和压延加工业	46	549736	542133	557793	64561
有色金属冶炼和压延加工业	24	751904	732732	730076	22201
金属制品业	79	765502	737429	752860	40335
通用设备制造业	132	1236010	1214185	1194314	89327
专用设备制造业	45	514913	482310	466251	41693
汽车制造业	104	1975044	1876870	1891385	220684
铁路、船舶、航空航天和其他运输设备制造	12	124269	115538	112710	3520
电气机械和器材制造业	107	2490809	2508832	2499663	78430
计算机、通信和其他电子设备制造业	85	1538052	1479824	1492122	158043
仪器仪表制造业	18	400703	396193	370900	43158
其他制造业	5	60465	59839	59638	902
废弃资源综合利用业	2	9176	8895	8895	270
电力、热力生产和供应业	4	523655	523527	522642	5529
水的生产和供应业	1	127032	127032	123591	5677

说明：1. 规模以上工业是指年主营业务收入2000万元及以上企业

2. 2015年及以前数据含梅墟街道，2016年起新鄞州口径数据不含梅墟和新明街道

表 64　　2016 年鄞州区工业主要产品产量

产品	单位	产量	产品	单位	产量
大米	万吨	0	水泥	万吨	0
冷冻水产品	万吨	5.23	散装水泥	万吨	0
罐头	万吨	0	铜材	万吨	0.31
精制茶	万吨	0.41	铝材	万吨	0.74
纱	万吨	3.15	液压元件	万件	106.91
布	万米	4883	气动元件	万件	280.96
印染布	万米	15398	粉末冶金制品	万吨	0
帘子布	万吨	0	塑料加工专用设备	万台	0.38
毛机织物（呢绒）	万米	107	摩托车	万辆	0
服装	万件	18465	民用钢质船舶	综合吨	0
梭织服装	万件	2436	变压器	万千伏安	0
羽绒服装	万件	0	电力电缆	万千米	3.17
西服及西服套装	万件	35	原电池（折一号电池）	万只	80153
衬衫	万件	523	家用洗衣机	万台	181.16
针织服装	万件	16028	家用电风扇	万台	12.31
机制纸及纸板	万吨	18.54	房间空气调节器	万台	796.00
纸制品	万吨	9.78	家用吸排油烟机	万台	3.39
化学药品原药	吨	0	光学仪器	万台	1.40
塑料制品	万吨	4.94	发电量	亿千瓦小时	3.64

表 65　　2016 年鄞州区自营进出口贸易情况

单位：万美元

类别	进出口		出口		进口	
	贸易额	增长率（%）	贸易额	增长率（%）	贸易额	增长率（%）
企业性质						
国有企业	7860	−18.30	5025	−34.30	2835	44
三资企业	293252	−9.40	256580	−8.50	36672	−15.20
合作	1727	−55.90	1531	−11.40	196	−91
合资	131240	−4.50	116543	−4.40	14697	−5
独资	160284	−12.20	138505	−11.70	21779	−14.90
集体企业	24228	−36	23953	−24	275	−95.70
私营企业	1099099	1	916481	1.40	182618	−0.90
其他企业	2833	26.20	2617	19.30	216	327.2
贸易方式						
一般贸易	1326756	−1.70	1138903	0.10	187853	−11.20
来料加工	16419	22.70	10027	2.40	6392	77.90
进料加工	65513	−24.20	53211	−30.50	12302	24.40
外商投资企业作为投资进口的设备、物品	99	−70.50	—	—	99	−70.50

续表65

类 别	进出口		出 口		进 口	
	贸易额	增长率(%)	贸易额	增长率(%)	贸易额	增长率(%)
保税仓库进出境货物	17627	48.40	2105	21.20	15522	53.10
其他	857	178.20	409	1624.40	448	57.90
地区						
亚洲	457687	-4.70	332017	-3	125670	-9
东盟	123813	-14.30	82574	13.60	41239	-42.60
中国香港	17492	-44.60	17000	-44.90	492	-31.50
日本	77707	-0.10	54917	-12.70	22790	52.90
韩国	47414	46.30	18176	19.80	29238	69.60
中国台湾	20778	3.20	10253	8.80	10525	-1.70
非洲	51583	-2.30	47353	-1.30	4230	-12.60
欧洲	408791	0.70	372627	0.30	36164	5.50
欧盟	360672	0.10	331239	-0.20	29433	2.90
拉丁美洲	113089	-1.10	93990	-11.90	19099	149.30
北美洲	323194	-0.10	307070	1.30	16124	-20.30
美国	295321	0.70	281649	2.20	13672	-22.70
大洋洲	72917	-14.40	51598	-5.10	21319	-30.70
合计	1427272	-2.40	1204655	-1.70	222616	-5.60

表 66 2016 年鄞州区利用外资情况

单位:万美元

指 标	新批项目数(个)	合同利用外资	实际利用外资
总计	78	162716	49172
外商直接投资	78	156613	46671
合资经营	22	26013	18970
独资企业	56	130600	27701
其他	0	6105	2501

表 67 2016 年鄞州区旅游业基本情况

指 标	指 标	数 值	指 标	指 标	数 值
国际旅行社(含分社)	家	7	台湾同胞	人	41240
国内旅行社	家	40	香港同胞	人	28283
旅游星级饭店	家	13	澳门同胞	人	4065
国内旅游总人数	万人次	2206	接待过夜境外旅游者人天数	人天	337362
旅游总收入	亿元	225.63	其中:外国人	人天	246428
其中:旅游创汇	万美元	7488	台湾同胞	人天	54637
国内旅游总收入	亿元	220.57	香港同胞	人天	39894
接待过夜境外旅游者人数	人	243153	澳门同胞	人天	6526
其中:外国人	人	169565			

表 68　2016 年鄞州区交通运输、邮电基本情况

项目	单位	数值	项目	单位	数值
货运量	万吨	4547	水路运输工具拥有量	艘	53
公路	万吨	3692	水路机动船	艘	53
水路	万吨	844	公路通车里程	千米	1983
航空	万吨	10.70	高速公路	千米	144
客运量	万人	2013	一级公路	千米	189
公路	万人	1234	二级公路	千米	203
水路	万人	—	三级公路	千米	289
航空	万人	779	四级公路	千米	1158
旅客周转量	万人千米	93400	国道公路	千米	128
公路	万人千米	93400	省级公路	千米	118
水路	万人千米	—	县级公路	千米	543
货物周转量	万吨千米	1104568	乡级公路	千米	324
公路	万吨千米	330070	村道公路里程	千米	870
水路	万吨千米	774498	内河通航里程	千米	281
公路营业性运输工具拥有量	辆	14136	邮政局、所	处	41
客运车辆	辆	297	邮路总长度（单程）	千米	5422
	客位	13340	农村投递路线	千米	6637
货运车辆	辆	13839	邮政业务总量	万元	6501
	吨位	52861	固定电话用户	万户	41.50

说明：公路货运指营运货车，客运指长途客车，全社会口径不作统计

表 69　2016 年鄞州区财政分项目收入、全区及区本级财政支出情况

单位：万元

指标	数值	指标	数值	
			全区	区本级
财政收入	5911798	公共财政预算支出	2028490	1576255
财政总收入	3384457	一般公共服务	162276	134768
中央财政收入	1306704	国防	4581	4524
消费税	4895	公共安全	106360	91604
增值税	660394	教育	304445	277301
公共财政预算收入	2077753	科学技术	92223	61697
增值税	574863	文化体育与传媒	49139	41848
营业税	288204	社会保障和就业	152789	134761
企业所得税	221371	医疗卫生	174559	163980
个人所得税	121525	节能环保	36222	31494
资源税	2955	城乡社区事务	303131	212597
城市维护建设税	112631	农林水事务	168218	156405
房产税	71350	交通运输	107507	90853

续表69

指标	数值	指标	数值	
			全区	区本级
印花税	27686	资源勘探电力信息等事务	136426	62693
城镇土地使用税	39951	商业服务业等事务	58074	21465
土地增值税	79481	金融监管等事务支出	4730	3757
车船使用税	9097	援助其他地区支出	6483	5171
耕地占用税	7066	国土资源气象等事务	11832	10330
契税	162611	住房保障支出	68837	54819
国有资产经营收益	—	粮油物资储备管理事务	—	—
国有企业计划亏损补贴	-20000	债务付息支出	18602	15326
行政性收费收入	33228	其他支出	62056	862
罚没收入	25130	政府性基金支出	2306945	1918197
专项收入	257952			
其他收入	62652			
基金收入	2527341			

说明：2015年1月1日起，文化事业建设费收入、地方教育附加收入、森林植被恢复费、地方水利建设基金收入、残疾人就业保障金收入、教育资金收入、农田水利建设资金收入从基金预算转列公共预算

表70　2016年鄞州区金融系统本级人民币年末存款、贷款情况

单位：万元

项目	数值	项目	数值
各项存款年末余额	20585199	各项贷款年末余额	18405569
储蓄存款	9682921	短期贷款	10119146
机关团体存款	1824063	中长期贷款	6991972
企业存款	8431556	企业贷款	12161986
代理财政性存款	183178	基本建设贷款	286014
其他存款	144883		

表71　2016年鄞州区保险公司业务经济技术指标

单位：万元

指标	保费收入		赔付支出	
	绝对量	同比增长（%）	绝对量	同比增长（%）
合计	220298	33.90	93468	-3.10
财产险	103839	-7.30	69628	-14.60
机动车辆保险	92729	-8.70	57960	-13.70
人身险	107790	155.10	23840	60.20
人身意外伤害险	6190	-2.20	1117	-16.20
健康险	3622	279.50	851	-6.90
寿险	97978	180.20	21872	73.10

表 72　　2016 年鄞州区学校基本情况

单位：人

项 目	学校数（所）	班级数（个）	毕业人数	招生人数	在校学生	教职工	专任教师
完　中	3	—	—	—	—	—	—
高　中	10	299	4136	4209	12299	4117	3905
初　中	30	775	8826	11853	31259		
职业中学	8	—	3827	4146	11850	1119	1072
小　学	77	2227	13643	14414	86706	4593	4413
幼儿园	179	1799	—	—	52822	7009	3767
特殊教育	1	12	13	23	135	—	—

说明：1.初中学校校所个数包含九年一贯制学校

2.本表数据不包含梅墟街道和新明街道

表 73　　2016 鄞州区文化、广播、电视基本情况

项 目	单 位	数 值	项 目	单 位	数 值
艺术表演团体	个	1	**电影放映单位**		
机构人员数	人	62	放映管理机构	个	1
国内演出场次	场次	142	电影院	家	9
国内观众人次	千人	135	放映队	个	23
公共图书馆	个	1	电影放映场次	场	117674
机构人员数	人	23	电影观众人次	万人次	598
总藏量	万册	183.42	**广播电视机构**		
古籍	千册	1.09	电台和转播台	座	1
图书	万册	183.32	电视台和转差台	座	1
群艺馆文化馆	个	1	**全年播出公共节目时间**		
机构人员数	人	22	广播播音时间	千小时	12
文化站	个	22	电视播出时间	千小时	17
机构人员数	人	36	**公共电视套数**	套	1
文物单位			**公共广播套数**	套	1
文物保护管理机构	个	1	**有线电视用户数**	万户	41.30
国家级文保单位	个	5			
博物馆纪念馆	个	31			

表 74　　2016 年鄞州区卫生事业基本情况

项 目	单 位	数 值	项 目	单 位	数 值
卫生事业机构数	个	579			
医院合计	家	17	专科医院	家	6
综合医院	家	9	口腔医院	家	3
中医医院	家	2	其他专科医院	家	3
中西医结合医院	家		社区卫生服务中心	个	7

续表74

项 目	单 位	数 值	项 目	单 位	数 值
卫生院	个	16	执业助理医师	人	355
街道卫生院	个	0	注册护士	人	3668
镇乡卫生院	个	16	药剂人员	人	641
中心卫生院	个	5	检验人员	人	394
乡卫生院	个	11	其他	人	866
急救中心(站)	个	1	其他技术人员	人	261
门诊部	个	29	管理人员	人	714
妇幼保健院(所、站)	个	1	工勤人员	人	795
专科疾病防治院(所、站)	个	1	每千人拥有卫生技术人员	人	7.56
疾病预防控制中心(防疫站)	个	1	每千人拥有医生	人	2.97
卫生监督所	个	1	每千人拥有护师、护士	人	2.95
诊所、卫生保健所、医务室、社区卫生服务站合计	个	218	卫生事业床位数	张	4858
其他卫生机构	个	2	医院床位	张	4453
计划生育技术服务机构	个	0	社区卫生服务中心床位	张	78
从业人员总计	人	11253	卫生院床位	张	327
卫生技术人员	人	9415	每千人拥有总床位	张	3.90
医生数	人	3691	每千人拥有医院卫生院床位	张	0.26
执业医师	人	3336			

表75　　2016年鄞州区体育工作情况

体育工作情况	单 位	数 值	体育工作情况	单 位	数 值
各类体校情况			参加游泳学生	人	120
业余体校个数	所	1	参加射击学生	人	50
其中:重点业余体校	所	0	参加篮球学生	人	100
业余体校在校学生数	人	112	参加排球学生	人	50
业余体校送入优秀运动队	人	4	参加足球学生	人	200
业余体校考入高等院校	人	5	参加乒乓球学生	人	100
传统项目布局情况			参加羽毛球学生	人	110
分布学校数	所	55	**游泳池情况(体育系统)**		
其中:中学	所	24	游泳池个数	个	3
小学	所	31	其中:室内游泳池	个	2
市区健身设施	套	37	**参赛获奖数**	枚	45
传统项目活动情况			其中:省级及以上金牌	枚	12
参加活动学生人数	人	910	省级及以上银牌	枚	18
参加田径学生	人	180	省级及以上铜牌	枚	15

表 76　　2016 年浙江省部分经济强县（市、区）主要经济指标

县（市、区）	生产总值（亿元）	人均生产总值（按户籍人口计算，元）	固定资产投资额（亿元）	社会消费品零售总额（亿元）	实际利用外资（万美元）	出口（海关数）（万美元）	进口（海关数）（万美元）	财政总收入（亿元）	其中：一般公共预算收入（亿元）	城镇常住居民人均可支配收入（元）	农村常住居民人均可支配收入（元）
鄞州区	1358.83	115075	772.66	655.51	49172	1204655	222617	338.45	207.78	54199	31568
柯桥区	1259.75	129391	746.67	260.91	18299	951680	40607	165.21	106.02	54410	31490
萧山区	1954.18	124748	1078.32	635.04	91442	897135	223554	345.99	195.16	55712	31849
余杭区	1447.84	110611	1040.32	433.16	103964	477435	42760	400.03	244.29	53215	31608
慈溪市	1276.17	85135	807.78	518.88	48547	877513	103569	244.93	132.10	50828	29547
余姚市	904.75	86954	584.97	390.17	50389	658850	272206	139.11	81.16	48831	28589
海宁市	767.92	92270	555.43	370.22	40467	554542	72166	123.88	72.00	51954	30200
桐乡市	717.95	86266	480.61	327.87	34408	321803	105091	100.45	58.00	48020	29623
上虞区	788.04	99841	548.12	301.81	18674	340471	41117	103.72	59.65	50910	27089
温岭市	899.14	65273	428.80	526.76	2825	—	—	103.20	61.69	48941	25922
诸暨市	1120.05	95413	741.05	395.20	24013	408936	48553	112.59	71.79	53547	30224
瑞安市	795.02	56298	564.15	351.75	3853	301200	29336	98.01	59.05	50904	25570
义乌市	1131.80	89146	581.67	586.36	9344	—	—	130.70	81.79	60773	30571
乐清市	861.52	60489	631.56	355.69	6377	—	—	128.19	72.23	50263	26943
平湖市	528.68	77073	365.48	181.66	41453	383590	295070	100.83	56.79	49775	29028
富阳区	712.65	96966	404.39	222.45	29142	140370	132936	97.17	57.61	47339	27236
永康市	527.00	70762	239.28	209.19	2629	368832	9916	81.80	48.53	46463	23625

说明:本表部分数据为快报数,最终以各地统计局公布数为准

表 77　　2016 年沿海部分县（市、区）主要经济指标

县（市、区）	地区生产总值（亿元）	全部工业总产值（亿元）	固定资产投资完成额（亿元）	进出口总额（亿美元）	其中：出口总额（亿美元）	实际到账外资（亿美元）	社会消费品零售总额（亿元）	财政总收入（亿元）	其中：一般公共预算收入（亿元）	农民人均纯收入（元）	城镇居民人均可支配收入（元）
鄞州区	1358.83	1992.82	772.66	142.73	120.47	4.92	655.51	338.45	207.78	31568	54199
武进区	1968.99	5194.81	1029.41	94.77	68.36	8.50	530.73	—	147.52	25392	48203
江阴市	3083.26	6603.70	1133.03	199.93	119.75	10.55	776.05	—	229.91	28181	54631
昆山市	3160.29	9093.53	757.42	722.66	463.21	8.96	815.04	—	318.92	28178	54728
柯桥区	1239.25	3845.05	746.67	99.23	95.17	1.83	260.91	165.21	106.02	31490	54410

续表77

县（市、区）	地区生产总值（亿元）	全部工业总产值（亿元）	固定资产投资完成额（亿元）	进出口总额（亿美元）	其中：出口总额（亿美元）	实际到账外资（亿美元）	社会消费品零售总额（亿元）	财政总收入（亿元）	其中：一般公共预算收入（亿元）	农民人均纯收入（元）	城镇居民人均可支配收入（元）
顺德区	2793.23	7288.58	764.85	254.10	205.90	4.41	975.45	700.59	201.90	29283	45948
常熟市	2112.39	4577.10	544.91	198.53	133.56	6.30	740.78	317.31	173.58	27956	54411
张家港市	2317.24	5120.50	724.77	274.17	142.02	6.00	534.96	428.56	190.00	27849	54602
通州区	1026.66	—	681.49	37.33	33.69	2.44	341.12	177.55	74.68	19929	40741
靖江市	801.75	—	500.00	27.18	19.36	0.23	177.24	134.91	58.93	19605	39713
启东市	881.85	2627.12	614.84	30.22	26.51	2.84	324.57	—	71.03	19875	37390
海门市	1005.06	—	613.19	39.14	35.79	5.92	344.60	—	72.41	20608	40509
宜兴市	1377.74	3510.60	537.31	37.00	30.17	1.58	556.37	188.95	108.65	23709	46092
江宁区	1680.52	—	915.40	113.84	74.51	7.88	469.42	386.86	210.24	21699	48526
太仓市	1155.13	2550.26	465.00	109.64	54.30	5.61	287.31	—	127.71	27766	54099
萧山区	1928.57	—	1078.32	—	—	—	635.04	345.99	195.16	31849	55712
慈溪市	1209.42	—	807.78	98.11	87.75	2.41	518.88	244.93	132.10	29547	50828
诸暨市	1099.06	3254.44	741.05	—	—	2.40	395.20	112.59	71.89	30224	53547
余杭区	1411.62	—	1040.32	52.02	47.74	10.40	433.16	400.03	244.29	31608	53215
南海区	2411.00	6200.59	1078.29	192.90	118.40	6.82	967.88	471.61	203.34	28241	43649
三水区	1083.21	3252.81	667.37	24.80	18.40	—	209.48	144.83	48.33	22632	31052
高明区	757.32	2961.39	401.52	—	—	0.12	117.65	94.21	32.09	18309	30015
荣成市	1078.02	—	828.28	—	—	10.10	363.01	127.87	68.83	19231	38084
莱州市	766.77	—	500.84	—	—	—	339.82	107.61	61.86	18135	38965
滕州市	1064.80	—	655.92	—	—	0.36	404.38	—	69.00	14005	30705
嘉定区	1875.90	—	430.30	—	—	5.00	989.50	846.90	227.30		44876
青浦区	939.70	—	388.80	—	—	4.20	538.70	423.90	160.20	26187	44309
晋江市	1744.24	4321.17	914.90	102.92	75.75	5.46	588.28	201.02	120.68	19882	42597
吴江区	1628.33	3900.00	681.02	213.50	140.20	4.80	467.66	—	165.25	27448	54321
锡山区	708.25	1371.08	713.88	42.73	33.55	3.51	164.65	145.58	72.24	26331	46295
惠山区	722.40	1507.42	656.53	27.19	23.41	3.03	176.32	147.05	81.41	26333	47190
义乌市	1118.10	1845.80	581.67	—	—	—	586.36	130.69	81.79	30570	60773
即墨市	1180.48	3151.28	1048.92	—	—	8.19	424.09	167.66	105.05	18199	39543

表 78　　2016 年全国、浙江省、宁波市、鄞州区主要经济指标

指 标	单 位	全 国		浙江省		宁波市		鄞州区	
		实 绩	增 长（%）	实 绩	增 长（%）	实 绩	增 长（%）	实 绩	增 长（%）
地区生产总值	亿元	744127	6.70	46485	7.50	8541	7.10	1359	7
其中：第一产业	亿元	63671	3.30	1966	2.70	305	2.10	25	0.50
第二产业	亿元	296236	6.10	20518	5.80	4240	6.50	523	4.30
其中：工业	亿元	247860	6	17974	6.20	3767	7	457	5.10
第三产业	亿元	384221	7.80	24001	9.40	3997	8.10	811	9
规模以上工业销售产值	亿元	—	—	67222	4.50	13886	4.10	1586	−3.30
规模以上工业利润总额	亿元	60334	9.40	4323	16.10	994	30.50	105	−3.20
固定资产投资总额	亿元	596501	8.10	29571	10.90	4961	10.10	773	13.70
其中：工业投资	亿元	227892	3.60	9097	4	1470	−2	116	−3
服务业投资	亿元	345837	10.90	20076	14.60	3446	16.50	657	17.30
社会消费品零售总额	亿元	332316	10.40	21971	11	3668	10.30	656	9.90
财政总收入	亿元	159552	4.50	9225	7.70	2146	3.40	338	8.10
其中：一般公共预算收入	亿元	87195	7.40	5302	9.80	1115	10.50	208	9.60
公共财政预算支出	亿元	187841	6.40	6976	4.80	1289	2.80	203	−4.70
全社会用电量	亿千瓦时	59198	5	3873	9	647	10.50	83	8.40
其中：工业用电	亿千瓦时	41383	2.90	2761	6.90	477	9.60	55	4.80
进出口总额	亿元	243386	−0.90	22202	3.10	6262	0.90	942	3.80
其中：出口总额	亿元	138455	−1.90	17666	3	4359	−1.40	794	4.50
合同利用外资	亿美元	—	—	281	0.90	80	4.40	16	29.70
实际利用外资	亿美元	1260	4.10	176	3.60	45	6.60	5	−9.20
农村常住居民人均可支配收入	元	12363	8.20	22866	8.20	28572	7.90	31568	8.40
农村常住居民人均生活消费支出	元	10130	9.80	17359	7.80	19313	8.50	22907	11.90
城镇常住居民人均可支配收入	元	33616	7.80	47237	8.10	51560	7.70	54199	7.90
城镇常住居民人均生活消费支出	元	23079	7.90	30068	4.90	31584	6.50	35714	8.10

说明：1.本表部分数据为快报数，最终以各级统计局公布数为准

2.全国财政支出数据为总支出

（区发改局）

附　录

钱湖天地广场

文件选编

媒体看鄞州

重点工程建设项目

鄞州年鉴

2017 YINZHOU YEARBOOK

文件选编

鄞州区推进农村环境卫生长效化建设行动方案

为加快改善农村面貌，打造“美丽鄞州”，根据区委、区政府“补短板、强优势”全面推进“六创联动”工程活动的统一部署，现就推进我区农村环境卫生长效化建设工作，提出如下方案。

一、指导思想

坚持以科学发展观为指导，创新理念，优化措施，突出重点，通过制定完善一批长效制度，落实解决一批难点问题，持续深化“城乡清爽行动”，全面提升农村生态环境，为实现“十三五”开门红、开局红，开创新一轮创新发展率先发展新局面，提供有力的生态环境支持。

二、总体目标

以建立“五大制度”为核心，以推进“十二项重点工作”为基础，巩固深化前阶段集中整治成果，逐步解决目前农村环境卫生工作中存在的多头管理、投入不足、设施滞后、标准低下、上热下冷等问题，力争到2017年底，建立起覆盖全区、责权清晰、运转高效、保障有力、全民参与的农村环境卫生长效化运作体系，营造“清爽、整洁、有序、优美”的农村人居环境，全面实现“城乡清爽行动”三年计划目标。

三、主要工作

针对农村环境卫生治理工作的长期性、复杂性和反复性特点，从五大制度建设着手，推进十二项重点工作落地。

（一）建立农村环境卫生工作体制，明确责任体系和权责边界

1.明确区、镇、村三级工作网络。建立农村环境卫生长效化建设领导小组，负责重大举措决策、出台相关政策；领导小组下设农村环境卫生整治办公室，设在区文明办，配强工作力量，具体负责相关政策研究、组织协调、督促检查和考核验收。各镇乡（街道）设立相应工作机构，明确镇乡长（街道主任）为第一责任人，将相关工作摆上重要议事日程，制订实施方案，明确工作职责，落实行动举措。明确村支部书记为第一责任人，划分片区网格，确保每个网格都有一名村干部担责。

2.厘清各类责任边界问题。明确属地为主、部门牵头的工作原则，镇乡（街道）为本次行动的责任主体，部门以包干形式牵头解决重难点问题。目前由交通部门负责保洁的县道及以上公路，能够下放的应逐步下放到镇乡（街道），相关经费同步移交。职能部门负责标准制定、协调处置和监管督查，实施保洁与监管分离。各镇乡（街道）应在2016年4月底前，厘清辖区内的保洁责任划分。镇与镇之间存在保洁范围交叉的，应于5月底前自行协商解决或提交区文明办（整治办）协调解决。

（二）建立农村环境卫生管理机制，完善保洁、清运和监管模式

3.创新农村环卫保洁社会化运作模式。镇域保洁方面，要求镇乡将道路保洁、河道管护、绿化养护、垃圾清运、“牛皮癣”清理等环卫项目“打包捆绑”，一体化外包，实现“一把扫帚扫到底、一把尺子量到边”的全域化保洁模式。村域保洁方面，在坚持因地制宜和村民自主选择的前提下，要求在城郊村和人口密集村推行市场化保洁，纳入镇区一体化保洁范围，以利于整合环卫资源，提高保洁效率。山区、半山区和本地人口占大多数的村，可实行自主保洁模式，执行与市场化保洁村一致的保洁标准。至2016年底，各镇乡（街道）市场化保洁村的比例，原则上不低于70%，各镇乡（街道）全面实行社会化保洁，全域实现8小时以上动态保洁。

4.健全农村垃圾规范化收运模式。继续推行定点放桶、以桶换桶（或定时收集）、专车收运、压缩中转的垃圾直运模式。在2016年底前，全面清理敞开式垃圾房，实现农村生活垃圾桶装化、密闭化，减少焚烧、滴漏等二次污染，减轻环卫工人劳动强度，加快垃圾压缩减量处理进度，提高收运效率。探索推进建筑垃圾（装潢垃圾）处理办法，采取场地建设与综合回收利用同步推进的模式，通过分类堆放、集中拆解、市场运作等手段，解决建筑垃圾（装潢垃圾）出路问题。

5.建立农村环卫“2+2+2”监管网络。区级层面，实行领导干部“包片联镇”和主要道路“路长制”，副区级以上领导干部联镇乡（街道）指导，对包干工作成效负责。在主要区级以上道路实行“路长制”，参照五水共治河长牌制作“路长牌”，公示责任领导、责任范围和投诉方式。镇级层面，实行领导干部“联村包干”和环卫巡查制度。要求每个班子成员联村包干，负责日常监管，并对工作成效负责。各镇乡环卫站（所）应尽快转变职能，把工作重心转移到市场化保洁区域的日常监管上来，落实专人开展巡查管理。村级层面，要求设立环卫监督小组，每个工作日开展村域环卫普查；落实保洁网格责任人上墙制度，接受群众监督。

（三）建立农村环境卫生保障机制，补齐资金、设施和政策短板

6.加强经费保障及管理。环境卫生长效管理经费采取区镇两级财政补助、企事业单位缴纳、村社自筹等方式筹措。区

镇两级财政补助资金应列入同级政府年初财政预算。区财政对建立环境卫生长效管理机制的镇乡和石碶街道（其他街道暂不考虑），按照实有人口（包括户籍人口和办证流动人口）人均每年20元的标准，通过以奖代补的方式发放（资金使用管理细则另行制定）。各镇乡和石碶街道以不低于1∶1的比例配套资金，建立专款户头，统筹安排补助村社。积极探索企事业单位保洁经费的收取办法，该项工作由环卫部门指导，属地按照实际情况决定收缴金额。各村社按照“群众自愿、民主决策、透明公开、引导为主”的原则自筹卫生费，自筹部分资金由村社自行管理和使用，其他资金由镇乡（街道）进行日常管理，区环卫部门保洁区域不纳入补助范围。

7.完善农村环卫基础配套设施。制订农村环卫近期、中长期的发展规划，参照城市化地区环卫基础设施的设置和建设标准，对农村环卫设施进行合理的规划布局。着重加大对垃圾收运配套设施的投入，要求各镇乡（街道）加快生活垃圾压缩中转站和建筑垃圾消纳场所的建设，原则上各镇乡（街道）应在两年内至少完成“一站一场”建设。合理增加行政村生活垃圾收集装置，增购不同类型的机扫车、冲洗车、密闭式运输车。同时，在亲水型河道、登山步道等人流密集区域，推进公共厕所等配套设施建设，实施老旧道路白改黑，及时补种缺损绿化，提升道路及周边面貌。

8.研究破除政策性障碍。进一步调研、调整我区农村环境卫生工作中不利于长效化建设的相关政策。外包合同方面，拟调整环卫合同的最长合同期限；财政补助方面，拟调整环卫设备购置补贴方式，由镇政府采购补助，调整为可向企业采购补助；保洁标准方面，拟逐步提高交通局公路段保洁范围的保洁经费标准；土地指标方面，强化对垃圾收集点、垃圾压缩中转站等环卫基础设施的土地指标保障。

（四）建立农村环境卫生治理机制，全面调动社会各界参与热情

9.建立深入的宣传发动机制。大力开展舆论宣传、环境宣传、社会宣传、典型宣传，提升公民文明素质。利用学校、村委等宣传阵地，组建各类志愿者队伍，优先发动干部、党员、志愿者等骨干力量开展环境卫生整治、宣传活动，结合长效机制要求制定新的村规民约，让群众养成良好的卫生习惯。提高“门前三包”履约率，发动企业、商户、农户签订门前环境卫生“三包”责任书，由镇村定期组织检查，公布履约情况，形成相互制约、相互监督机制。强化流动人口管理，在每个流动人口聚集区选派出一名有责任心、有威信的外来者作为组长，签订责任书，推进“以外管外”。开展环境卫生教育，把提升环境卫生保护意识与中小学德育工作结合起来。区级媒体要全程跟踪，宣传正面典型，曝光突出问题。

10.建立严格的考核奖惩体系。建立农村环境卫生综合治理目标责任制，设立农村环境整治工作考核单项先进，年终进行考核表彰奖励。区文明办（整治办）负责对各镇乡（街道）开展日常曝光、季度考核和年终第三方打分，考核结果与区级财政补贴发放比例挂钩（考核细则另行制定）。各镇乡（街道）参照区级细则，每月对辖区内行政村全面检查考核，量化评分，作为当月行政村考核经费的拨付依据。村级每月对保洁员保洁作业质量考核评比，及时通报考核结果，并与奖金报酬挂钩。突出“2+2+2”监管网络中联镇领导、路长、联村干部、督察员、网格长的责任，在各类通报中注明以上负责人姓名，对工作突出的负责人予以表彰奖励，对屡次排名垫底或经常被媒体曝光的有关责任人实行追责问责。

11.开展五大创建行动。以镇乡和涉农街道为对象，以环卫长效机制完善、基础设施完备、市容秩序良好、镇村环境优美为标准，开展“清爽镇乡”创建活动，每年评选3~4个。以主要干道为重点，以洁化、序化、绿化、美化为标准，开展“美丽公路”创建活动。以行政村为对象，以“四无一机制”为标准，开展“洁美村庄”创建活动，每镇每年至少创建2个，作为全区示范村进行推广宣传。区级层面开展“最洁美村庄”和“最脏乱村庄”评选。以主要道路两侧和工业区所辖企事业单位为对象，以门前环境美、庭院绿化美、遵章守规美、热心公益美为标准，开展“洁美单位”创建。以农村庭院为对象，以环境清洁、堆放有序、庭院优美、人文和美为标准，开展“美丽庭院”创建活动。（创建活动具体细则另行制定。）

（五）建立农村环境卫生协同机制，多方协力破解治理工作难题

12.建立环卫长效管理联席会议制度。由区文明办（整治办）召集，定期召开会议，各单位交流通报并协调解决有关问题，部署下步工作，协同推进部分区块、部分行业领域的重点整治工作。

四、重点工作责任划分

1.区文明办（整治办）：负责总体方案及配套文件制订，相关工作组织协调，开展日常检查和年终考核验收，定期下发简报与通报；推进“清爽镇乡”和“美丽单位”创建工作；评选“最洁美村庄”和“最脏乱村庄”。

2.区委办：负责落实区领导“包片联镇”工作机制。

3.区政府办：负责落实主干道“路长制”，协调推进相关资金、政策落地。

4.区委宣传部：负责开展舆论宣传、环境宣传、社会宣传和典型宣传，提升公民环境卫生意识。

5.区农办：负责推进全区农村废弃宅基地清理；牵头实施农村生活垃圾分类推广工作；配合推进“洁美村庄”与美丽乡村相关创建工作。

6.区妇联：负责推进“美丽庭院”创建工作，发动广大妇女参与环境整治。

7.区政研室：参与调研农村环卫工作相关政策，向区委、区政府提出调整建议。

8.区公安分局：加强农村区域私有房屋租赁监管，强化流动人口管理，配合开展各类环卫执法行动。

9.区交通运输局：负责落实“县道及以上公路”保洁权限下放工作；推进“美丽公路”创建活动，提高农村主干道路市场化保洁比例，加大农村区域非法营运车辆治理力度；与市级部门协调解决高速公路两侧红线范围内保洁问题。

10.区农林局：负责制定畜禽养殖户管理办法；牵头实施农棚田舍整治工作；进一步厘清森林办与镇村间的绿化养护、保洁职责边界。

11.区城管局：负责制定全区农村环卫设施发展规划，加强对农村环卫站所的技术指导，促进“一站一场”建设，协调农村环卫设施（设备）补助政策调整；配合镇乡（街道）开展集镇市容秩序整治，减少乱搭乱建、乱堆乱摆、乱涂乱挂、乱停乱放等不良现象的发生。

12.区水利局：负责推进农村河道环卫管理，进一步厘清穿镇河道的职责边界。

13.区商务局：负责推进全区农村菜场的管理，配合镇乡（街道）治理市场及周边“脏乱差”现象。

14.区供销社：协助指导镇乡开展农村无证废品回收点整治工作，完善全区农村再生资源回收站（点）建设标准。

15.区国土分局：配合做好全区农村废弃宅基地清理工作；协调上级部门保障农村环卫基础设施用地指标。

16.区交警大队：负责牵头开展农村区域“僵尸车”整治工作；加大执法力度，治理农村区域乱停车、乱变道等交通违法现象。

17.各镇乡（街道）、工业园区：负责辖区内的所有环境卫生工作。

五、工作要求

（一）强化组织领导。各地各部门要充分认识推进农村环境卫生长效化建设的重要性和必要性。区级层面要强化保障、加大投入，确保资金及时到位、人力配置到位。有关职能部门要落实分管领导和联络员，做到认识到位、精力到位。各镇乡（街道）要切实发挥主体作用，迅速建立相应的领导机构和工作队伍，建立健全内部检查、考核和日常监督机制。

（二）把握时间节点。农村环境卫生长效化建设是全区“补短板、强优势”全面推进“六创联动”活动的重要内容，各地各部门要按照“六找六补”工作的时间节点，尽快开展工作，落实任务。原则上，各镇乡（街道）的细化方案、各部门牵头负责问题的初步方案要在4月底前提交区文明办（整治办）。

（三）强化舆论宣传。区级媒体要开设专题专栏，大力宣传农村环境卫生长效化建设工作，要发挥舆论监督作用，坚持正面宣传和反面曝光相结合，让广大干部群众理解、支持环境卫生整治。各地各部门要采取多种形式、多种渠道，进村入户进行广泛宣传，切实发挥群众主体作用，做到让群众参与、让群众监督、让群众受惠，真正形成“全民参与、共建共享”的浓厚氛围。

——摘自《关于印发鄞州区推进农村环境卫生长效化建设行动方案的通知》（鄞党办〔2016〕31号）

推进公共法律服务体系建设的实施意见

为进一步完善我区公共法律服务体系，更好地为经济社会建设提供优质、高效的法律服务，根据司法部《关于推进公共法律服务体系建设的意见》（司发〔2014〕5号）、省司法厅《关于推进城乡基本公共法律服务体系建设的指导意见》（浙司〔2013〕92号），市委办、市政府办《关于加强公共法律服务体系建设的实施意见》（甬党办〔2015〕70号）文件精神，结合我区实际，制定本实施意见。

一、指导思想

以中国特色社会主义理论体系和党的十八大、十八届三中、四中、五中全会精神为指导，把建立覆盖城乡、惠及全民的公共法律服务体系作为加强社会主义法制建设的重要内容。围绕“法治鄞州”建设及服务经济社会发展的总体要求，着力解决人民群众日益增长的法律服务需求与公共法律服务不够完善的矛盾，保证人民群众共享法治建设成果，基本实现公共法律服务均等化。

二、基本原则

（一）以人为本、保障基本。有效满足人民群众日益增长的法律服务需求，不断提高法制宣传、人民调解、法律服务、法律援助等公共法律服务的供给能力和水平，切实保障人民群众的合法权益。

（二）政府主导、坚持公益。把涉及城乡居民公共利益的法律事务列入政府购买法律服务的范围，推动公共法律服务规模化、体系化，使公共法律服务实现广覆盖、高效能。

（三）统筹城乡、强化基层。建立公共法律服务资源向下延伸机制，特别是向农村和社会弱势群体延伸和覆盖，均衡布局、合理配置，资源共建共享，推动城乡统筹发展。

（四）改革创新、提高效率。积极引入竞争淘汰机制，形成多元参与、公平竞争的格局，形成公共法律服务规模化、一体化，形成区、镇乡（街道）、村居（社区）三级公共法律服务网络。

三、总体目标

以满足人民群众日益增长的法律服务需求为目标，按照“公益性、均等性、普惠性、便利性”的要求，在全区范围内构建政府主导、社会协同、覆盖城乡、可持续的基本公共法律服务体系。通过3~5年的努力和实践，使全区人民群众充分享受到方便、快捷、优质的法律服务，矛盾纠纷得到公正、高效的调处，全民普法宣传氛围日益浓厚，全社会学法遵法用法氛围进一步增强。

服务范围覆盖城乡。覆盖城乡居民的公共法律服务体系逐步完善，服务城乡居民的公共法律服务网络基本形成，宣传引导和实体工作平台基本建成，对城乡困难群众的法律援助需求实现应援尽援、应援优援。

服务能力显著提升。政府投入不断增加，公共法律服务预算支出比重逐步提高，法律职业人员储备稳步增长。公共法律服务标准体系和标准动态调整机制逐步健全。公共法律服务信息网络系统基本建立，“12348”法律服务热线、链接各法律服务站点的视频咨询服务水平显著增强。

服务资源趋于均衡。推进公共法律服务均等化取得明显进展。城乡法律服务资源布局更趋合理，全区公共法律服务均衡发展基本实现。优质法律服务资源共享机制加快建立，边远镇（乡）公共法律服务水平明显提高。

服务方式更加便捷。公共法律服务机构的设施标准化和服务规范化、专业化、信息化水平明显提高，服务可及性、便利性和高效性明显改善，城乡居民能够就近、方便快捷地获得公共法律服务。

服务评价机制进一步完善。公共法律服务需求调查和反馈工作机制基本建立，法律服务宣传趋向常态化，社会知晓率大大增加。以群众满意度为导向的公共法律服务评价体系不断完善，群众知晓率、满意度明显提高。

四、主要任务和工作措施

（一）夯实公共法律服务基础

1.全面构建公共法律服务三级实体平台。建立起以区公共法律服务中心为龙头、各镇乡（街道）公共法律服务站为重点、村（社区）法律服务点为触角、法律服务综合信息平台为纽带、广大法律服务工作者为主体的城乡一体公共法律服务网络体系，促进城乡人民群众共享均衡法律服务。

推进区司法行政法律服务中心转型升级，将区司法行政法律服务中心建设成为全区公共法律服务体系的综合枢纽和指挥协调平台，设立并完善法律援助、法律咨询、公证服务、基层法律服务、行业性专业性矛盾纠纷调处、社区矫正、信访投诉、司法鉴定指引等接待问询服务窗口；整合“12348”法律援助热线和链接各站点的视频咨询功能，将其扩容成为法律咨询、法律援助、信访投诉等功能的公共法律服务电话、视频热线，落实专门的法律服务工作人员进行电话接听和解答群众的法律问题。

镇乡（街道）建立公共法律服务工作站。按照“统一进驻、规范设置”的要求，纳入当地社会服务管理中心，并开设公共法律服务窗口。建立基层常用公共法律服务资料检索信息系统。通过政府购买服务的方式，向公共法律服务工作站派驻律师或基层法律服务工作者，确保每周不少于一天承担值班任务。镇乡（街道）要建成公共法律服务视频咨询和接待室，形成“前店后厂”的服务格局，方便群众获取深度法律服务。

村（社区）建立公共法律服务工作点（窗口）。整合村（社区）法律顾问和人民调解员等力量，突出“法律服务咨询导引”和“矛盾纠纷化解”两项基本功能，为村（社区）人民群众提供便捷的公共法律服务。在村（社区）人员密集场所设置公共法律服务产品项目公告栏或发放告知书，明确村（社区）公共法律服务联络员。村（社区）法律顾问每月至少一次到村（社区）开展公共法律服务。

2.进一步推进政府法律顾问制度。根据宁波市人民政府《关于加强政府法律顾问制度建设的意见》（甬政发〔2011〕81号）文件精神，健全完善区政府及部门、镇乡（街道）政府、各社会团体组织聘请法律顾问制度，实现所有镇乡（街道）政府均有律师或基层法律服务工作者担任法律顾问。协助政府运用法律手段管理经济和社会事务，为政府重大决策提供法律意见，参与党委政府主导的维护群众权益机制建设，引导当事人理性表达诉求，依法维护自身权益。全面建立教育系统法律顾问制度，加大依法治教、依法治校的工作力度，促进教育行政法治化、学校决策规范化水平。

进一步加强和规范一村（社区）一法律顾问制度。引导和鼓励区属律师事务所、基层法律服务所为镇乡（街道）、村居（社区）提供公益性法律服务，义务提供法律咨询，疏导化解矛盾纠纷，引导群众依法理性维权，维护基层社会稳定。

3.丰富公共法律服务手段。不断研发和补充公共法律服务产品。坚持以需求为导向，完善群众公共法律服务需求研判反馈机制。通过政府购买法律服务的方式，安排律师、基层法律服务工作者到镇乡（街道）公共法律服务中心值班，为群众提供法律咨询服务；引导法律服务机构采取挂帮方式开展“法律服务进乡村、进社区、进企业”活动，采取“定期坐诊”方式到村（社区）法律服务工作室或联络点开展法制宣传、法律服务、人民调解和法律援助等工作；鼓励律师参与政府非诉讼法律代理服务（含文书和证明）、行政调解辅助性工作、司法救助辅助性工作等；组织律师、基层法律工作者积极参与信访、调解、群体性案（事）件处置和社区工作等公益法律服务；组建有专业特点、有特色的律师服务团，服务当地经济社会发展，化解社会矛盾；组织法律服务机构挂钩政府的重大实事工程和重点项目，及时化解项目建设中的重大矛盾纠纷，及时跟进重大建设项目公证，建立项目建设过程中的法律服务机制。进一步把法律服务资源向就业、就学、医疗、环保、物业、住房、社会保障等民生领域倾斜，努力满足人民群众对法律服务的新要求、新期待。

4.加强公共法律服务质量体系建设。建立健全公共法律服务质量评价、监督反馈、失信惩戒等管理机制，推行服务公开、服务承诺、岗位职责、首问责任、限时办结、预约服务、一次性告知等服务制度，以优化法律服务、法律援助、人民调解、法治宣传等直接满足社会需求的职能为重点，加快公共法律服务核心业务建设，进一步细化服务项目的内容，规范公共法律服务行为。制定社会专业机构参与公共法律服务准入机制、考核机制和退出机制，明确准入标准、进入程序和退出程序，建立健全公共法律服务质量社会评价体系，保证公共法律服务质量。

5.增加法律人才数量，提高人员素质。加大律师人才的引进力度，使全区律师人数达到全区总人口的万分之二点五。进一步完善我区律师队伍培育机制，制定律师人才专项资金使用制度，对律师人才引进、律师培养和培训以及扶持律师事务所的发展进行补助，将该专项资金列入财政预算。在现有基层法律服务工作者数量的基础上，招聘具有一定法律知识的在职和离退休公职人员、“大学生村官”为基层法律服务志愿者，壮大公共法律服务力量。加快构建公、检、法、司等部门法律职业共同体，有计划、有针对性地组织律师、基层法律服务工作者参加职业道德和业务技能培训，提高法律服务人员的综合素质。

（二）完善城乡一体的法律援助制度

1.进一步健全法律援助服务网络。坚持以区法律援助中心建设为重点，加强工青妇老残等社会团体、劳动仲裁、法院、看守所及辖区部队等法律援助工作站、行政村（社区）法律援助联系点建设。实现法律援助服务网络全覆盖。充分运用“互联网+”法律援助信息化手段，依托微信、微博、公益屏幕、公交地铁视频等载体，广泛开展宣传《法律援助在您身边》资料片，不断提高社会知晓率和影响力。

2.进一步提高法律援助供给能力。认真贯彻落实中办、国办《关于完善法律援助制度的意见》和省委办、省政府办《关于进一步完善法律援助制度的实施意见》文件精神。进一步扩大法律援助覆盖面，将更多与人民群众生产生活息息相关的民生类案件列入援助范围，降低申请门槛，实现法律援助对象从低保人群向低收入人群延伸，致力于实现“应援尽援”；进一步提升法律援助案件质量，实行庭审旁听、回访、疑难重大案件集体讨论、案件卷宗抽查等制度，致力于实现“应援优援”；进一步打造“半小时法律援助服务圈”，加强法律援助站点建设，提高法律咨询服务的可及性，致力于实现“便民利民”；进一步理顺法律援助协作机制，会同侦查机关、检察机关、审判机关规范刑事案件法律援助工作流程，完善法律援助与会见、阅卷、庭审、诉讼费减免缓等方面的衔接机制，致力于实现“无缝衔接”。

3.创新人民群众迫切需要的服务载体和方式。进一步加强基层服务网络建设，延伸工作触角，填补法律援助薄弱区域的空白，探索建立“法律援助夜市”“网上法律顾问”便民服务新举措；探索建立“合同制”“签约制”“点援制”等指派方式；积极推广受援人在法律援助机构公布的法律援助志愿律师、法律工作者名单中选择承办人，再由法律援助机构指派该承办人的办案方式；积极推行信息系统建设，建立健全标准统一、功能完善、互联互通、安全可靠的法律援助信息管理系统，方便群众网上咨询和申请，实现网上受理、审批和指派。提高法律援助服务的公信力和群众满意度。

（三）构建城乡一体的法治宣传教育机制

1.健全完善普法工作机制。落实“谁执法谁普法”“谁主管谁负责”的普法机制，进一步完善普法责任清单制度。各部门各单位按照各自工作职责，结合实际，开展形式多样的法治宣传教育。健全政府主导与社会普法力量参与相结合的社会普法教育工作机制，充分发挥各类社会普法主体的作用，以政府购买服务、社会投入、公益赞助、市场运作等形式，推动普法教育社会化、项目化、多元化。

2.加强法治宣传教育阵地建设。逐步建立完善法治宣传教育公共设施体系、教育网络体系、文化媒体体系。努力打造具有鄞州特色的法治文化阵地。

3.深化“法律六进”活动，积极创新法治宣传形式。综合运用报刊、广播、电视、网络等现代传媒手段，提高法治宣传水平，创设基层群众喜闻乐见的形式和载体。

4.加强城乡普法骨干队伍体系建设。加强“七五”普法讲师团队伍建设；加强镇乡（街道）、村（社区）普法成员、普法骨干和普法志愿者的队伍建设；加强全区法治副校长和法治辅导员的队伍建设和业务培训力度。

（四）健全城乡一体的矛盾纠纷调处体系

1.加强调解组织建设，不断完善区、镇乡（街道）、村居（社区）三级人民调解网络建设。依托中心平台建立区级人民调解委员会，积极开展规范化建设，配齐配强人民调解员，着力落实区级人民调解委员会工作机制；巩固和提升镇乡（街道）、村居（社区）人民调解委员组织，切实提高我区人民调解工作的质量和水平；加强行业性、专业性调解组织建设，进一步规范交通事故、医患纠纷、劳动争议、物业纠纷等调解组织，形成以区社会矛盾联合调解中心为主导，以基层人民调解组织和专业性、行业性人民调解组织为支撑，民间调解组织为辅助，广大基层人民调解员为触角的全覆盖人民调解网络体系。

2.建立和完善以人民调解为基础，人民调解与行政调解、司法调解相互配合、有机衔接的体系。进一步规范“三级联动”“五调对接”的矛盾纠纷联动调处机制，定期召开各级调解组织联席会议，力求信息联通、纠纷联排、力量联动、矛盾联调，着力提高疑难矛盾纠纷的调处能力。

五、工作要求

（一）切实提高认识。公共法律服务是政府为民办实事项目和公共服务建设的组成部分，是政府履行公共服务职能的重要内容。区、镇乡（街道）两级政府要把加强公共法律服务体系建设摆到重要位置，纳入经济社会发展规划和公共服务建设体系。

（二）明确职责分工。要建立起政府牵头、司法行政机关具体实施、有关部门协调配合、社会各界共同参与的公共法律服务体系建设机制。区司法局负责公共法律服务体系建设的统筹协调、指导监督和具体实施工作；区发改局要把公共法律服务体系建设纳入政府公共部门体系建设，统一规划，对公共法律服务体系建设项目立项；区财政局负责做好公共法律服务体系建设、运行及政府购买服务相关保障，并加强资金监管和绩效考核；区智慧办负责做好公共法律服务体系信息化建设的指导、扶持和保障工作。各级新闻单位和媒体机构要组织开展宣传报道，及时总结和推广在推进公共法律服务体系建设中的先进经验和创新举措，大力宣传先进典型和服务成效，为建设覆盖城乡公共法律服务体系营造良好的舆论氛围。

（三）加大经费保障。完善公共法律服务的财政投入保障机制。各镇乡（街道）要把本地区的公共法律服务事项纳入本年度财政预算。加大政府购买力度，充分运用社会资源做好法律服务工作，切实提高法律服务的质量。探索编制公共法律服务产品“政府采购目录”，实施政府与法律服务机构签订《法律服务责任协议书》，通过购买服务，培育扶持和鼓励一批公信力强、功能完备、运作规范、作用显著的社会组织和法律服务机构参与公共法律服务，使之成为我区社会治理体系的重要力量。

——摘自《关于推进公共法律服务体系建设的实施意见》（鄞党办〔2016〕54号）

进一步降低企业成本减轻企业负担优化发展环境的实施意见

一、切实降低制度性交易成本

（一）深化行政审批制度改革。深化“四张清单一张网”改革，建立健全“权力清单”和“责任清单”动态调整机制。全面清理行政审批前置服务项目，没有法律法规依据的行政审批前置服务项目一律取消。深化行政审批中介服务改革，建立行政审批中介网上超市、行政机关委托开展的评估评审等中介服务，通过竞争方式选择中介机构，服务费用一律由行政机关支付并纳入部门预算，具体办法按照市里政策执行。推进行政审批服务标准化建设，精简审批环节，区级部门设定的证明、盖章等审批前置条件和材料一律取消。推进行业联合审批标准建设，强化联审机制。

（二）深入推进商事制度改革。全面落实注册资本登记改革，除国务院公布的银行、证券等27项暂不执行认缴登记制的行业外，其他全部实行实缴改认缴登记。进一步放宽我区市场主体住所（经营场所）登记条件，允许企业“一照多址”“集中办公”、住宅商用和“商务秘书企业托管”。全面落实“五证合一、一照一码”登记改革，全面执行国务院取消的148项前置项目，保留34项前置事项的决定，建立全区前置改后置事项的共同监管机制。完善简易注销改革，建立便捷的市场退出机制。

（三）完善公共资源交易管理。建立统一规范的公共资源交易平台，创新投标保证金收退模式，允许投标人依法使用工程投标保证金保险替代投标保证金。公共资源交易平台的各项交易服务费按50%收取，并免收信息服务费和场地租赁费，开放招标文件免费在线浏览功能，降低企业获得有效信息的成本。

二、切实降低企业税费负担

（四）全面推开“营改增”试点。从2016年5月1日起，将“营改增”试点范围扩大到建筑业、房地产业、金融业、生活性服务业，并将所有企业新增不动产所含增值税纳入抵扣范围。

（五）落实税收优惠政策。积极引进培育高新技术企业，对引进的高新技术企业享受本区高新技术企业同等政策。严格落实高新技术企业按15%税率征收企业所得税。支持符合条件的企业参加高新技术企业认定，对通过认定的企业按照国家税法规定享受相关税收优惠政策。落实企业研发费加计扣除政策，对企业开展研发活动中符合规定条件的研发费用，未形成无形资产计入当期损益的，在按规定据实扣除的基础上，按照本年度实际发生额的50%，从本年度应纳税所得额中扣除；形成无形资产的，按照无形资产成本的150%在税前摊销。企业符合研发加计扣除条件的工业设计费用，按照税法规定享受企业所得税前加计扣除政策。对符合条件的纳税人提供技术转让、技术开发和与之相关的技术咨询、技术服务免征增值税。落实固定资产加速折旧所得税政策，对规定领域重点行业小型微利企业2015年1月1日后新购进的研发和生产经营公用的仪器、设备，单位价值不超过100万元（含）的，允许在计算应纳税所得额时一次性全额扣除；单位价值超过100万元的，允许缩短折旧年限或采取加速折旧方法。

（六）取消、免（停）征、降低部分行政事业性收费。取消或停征征地管理费、企业注册登记费、个体工商户注册登记费、工业产品许可证审查费、组织机构代码证书费、计量认证费、海关知识产权备案费等56项行政事业性收费。落实按月兑现浙商回归项目墙体材料专项基金、散装水泥专项资金"即征即退"政策，对散装水泥专项资金和工业企业项目的墙体材料专项基金实行缓缴，除工业企业项目以外的墙体材料专项基金按规定标准80%征收，水土保持补偿费、船舶及船用产品设施检验费、特种设备制造过程监督检验收费等4项行政事业性收费按规定标准的80%征收，住宿餐饮业计量器具检定收费按规定标准的50%征收。按规定新菜地开发建设基金征收标准降为零。厂区范围内的各类建筑免收人防工程易地建设费，6B级人防工程易地建设费由每平方米2000元调整至1000元。残疾人就业保障金征收标准暂不作上调，维持2015年标准不变。自工商登记之日起3年内，对安排残疾人就业未达到规定比例、在职职工总数20人以下（含20人）的小微企业，免征残疾人就业保障金。对尚未建立工会组织的企业暂缓收取建会筹备金。减征地方水利建设基金，从2016年5月1日起，按现有费率的70%征收地方水利建设基金。

（七）实行部分企业稳增促调政策补助。按照相当于当年收取的土地使用税、水利建设基金总额的60%，建立稳增促调专项资金，用于企业转型升级补助。具体实施办法由区财政局、区经信局和区商务局牵头另行制定。

（八）降低小微企业税费负担。对月营业额不超过3万元（按季纳税9万元）的小微企业，免征增值税或营业税。对年应纳税所得额低于30万元（含）的符合条件的小型微利企业，其所得减按50%计入应纳税所得额，按20%的税率缴纳企业所得税。对金融机构与小微企业签订的借款合同免征印花税。免征小微企业不动产登记费、住房交易费等47项行政事业性收费。从2016年2月1日起，对按月纳税的月销售额或营业额不超过10万元（含）的缴纳义务人，免征教育费附加、地方教育附加、水利建设基金。税务机关要大力推广网上办税，积极推行企业涉税事项全区通办，优化办税流程，简并申报缴纳次数，根据企业实际情况和相关政策规定确定小微企业税收征收方式，不得强制要求小微企业进行税务代理。

（九）加大企业兼并重组支持力度。坚持"以兼并重组为主，破产清算为辅"的原则，全面落实国家和省、市支持企业兼并重组的相关优惠政策，减轻企业兼并重组过程中的税费负担，对非房地产开发企业实施的整体改建、合并、分立和以国有土地、房屋进行投资，符合国家政策规定条件的，暂不征收土地增值税。企业在资产重组中，通过合并、分立、出售等方式，将实物资产以及相关的债权、债务和劳动力一并转让给其他单位或个人，不征收增值税，涉及的不动产转让，转让方免征或不征收增值税，承让方免征或不征契税，企业兼并重组中涉及的房产过户，免收房屋交易手续费。支持行业优势企业和上市公司开展兼并重组，区按照与市财政分担比例给予企业重组所涉资产增值额2%补助，最高300万元。具体实施办法另行制定。

（十）清理规范涉企收费。建立行政审批中介服务收费、涉企进出口环节经营服务收费、执法检查、行政罚款等各类项目的清单。政府定价和指导价的涉企经营服务性收费，一律按下限执行。

（十一）清理规范社会团体收费。严格规范行业协会商会会费收取行为，严禁以各种方式强制企业赞助捐赠、订购报刊、参加培训、加入社团、指定服务。建立政府向行业协会商会转移委托职能的清单目录，严禁行业协会商会利用行政资源强制向企业收取费用行为。切实推进行业协会商会与行政部门脱钩。

三、适当降低社会保险费率

（十二）下调医疗、生育保险费率。从2016年2月1日起，城镇职工基本医疗保险单位缴费比例从11%降低到9%。

（十三）临时性下浮社会保险费缴费比例。按市政府的总体部署，做好部分企业临时性下浮社会保险缴费比例的实施工作。继续对"小升规"企业按规定实施临时性下浮社会保险缴费比例。

（十四）降低失业保险费率。继续执行失业保险费率从3%下降至2%，用人单位和职工个人缴纳费率各降0.50个百分点。在此基础上，对失业保险单位缴费实行临时性下调，费率由1.50%降为1%。

（十五）下调工伤保险费率。对不同工伤风险类别的行业执行不同的工伤保险行业基准费率，平均费率从0.95%降至0.61%。

四、切实降低企业财务成本

（十六）降低企业融资成本。完善政府对银行机构考评机制，将银行小微企业贷款利率和恶意抽压贷情况纳入考评，并通报恶意抽贷银行名单。

（十七）拓宽融资渠道。落实推进上市和新三板扶持政策。鼓励扩大股权、债券等直接融资，大力发展应收账款融资。加快建立各类政府性产业基金，推动各类私募股权投资基金的引进和组建。发展普惠金融，争取各银行总行、市分行对本区扩大信贷投放和资金配置。落实定向货币政策，加大信贷资源向中小微企业倾斜。逐步扩大政府应急转贷基金规模，大力发展贷款保证保险与信用保单融资业务。贯彻落实宁波市《促进融资担保行业加快发展的意见》，缓解小微企业融资难问题。

（十八）优化融资环境。切实加强对非法金融活动的防控和打击，引导资金回流实体经济。推进产业与金融融合发展，加强政银企对接，完善困难企业金融帮扶机制，加快长期停产停业扭亏无望的困难企业退出市场，腾出资源、空间给优质企业。全面推进社会信用体系建设，协调区公用信用信息平台与银行征信系统的信息交换共享机制，降低企业获取金融服务的门槛与成本。

（十九）加快出口退税进度。推行出口退税无纸化管理，实施新的出口税收函调管理办法，加大宣传力度，进一步做好服务提醒工作，帮助出口企业加快退税申报进度，尽快完成应退税款及时足额到位。

（二十）加快工程造价结算款支付进程。自2016年3月1日起，国有（政府）资金投资工程项目实施工程价款分段结算模式，及时支付无争议工程款项。创新审计手段，有效缩短审计时间，原则上应在一年内完成工程审计工作。探索在单价合同模式下以汇总审核后的计量款为结算款的方式，提高工程造价结算效率。

五、切实降低水电气等要素价格

（二十一）落实电价气价水价调整政策。贯彻落实省级部门电价政策，从2016年1月1日起，一般工商业用电价格每千瓦时降低4.47分。对农业服务业中的农产品初加工用电，执行农业生产用电价格。落实发电企业环保电价政策，对环保设施验收合格的热电机组执行每千瓦时上调2.7分（含税，下同），其中脱硫电价每千瓦时上调1.50分，脱硝、除尘电价每千瓦时分别上调1分、0.20分。对部分淘汰落后产业实施差别电价，地方差别电价增加的电费收入用于推动当地产业结构调整和节能减排等工作。积极推荐35千伏及以上工业企业（除造纸、印染、水泥、平板玻璃、黑色金属冶炼和有色金属冶炼等高能耗高污染行业）参与省电力用户与发电企业直接交易试点。对燃煤（油）锅炉电能替代改造完成后用电实行优惠电价，2016—2017年，燃煤（油）锅炉电能替代改造完成后用电价格，按大工业用电相应电压等级的电度电价执行，免收基本电费。从2015年11月20日起，非居民管道天然气最高价格由每立方米4.27元下降到3.42元。对列入我区战略性新兴产业培育的企业继续执行每立方米0.20元的优惠差别水价政策，视情进一步扩大水价优惠幅度。

（二十二）降低企业非生产使用要素资源成本。制订和实施公用事业部门打破行业垄断引入市场竞争的方案，促使企业的供电、供水、供气、供热、电信、有线电视等管道（线）预埋或改造费用有较大幅度下降。对单独装表计量的企业内部职工集体宿舍用电，集体宿舍和食堂用水、用气，企业可根据消耗量自行选择居民或非居民价格。已实施阶梯气价的，可按当地居民第一档气价的1.1倍执行。对企业消费电水气热和通信网络等垄断、准垄断要素资源，不得收取各种押金、保证金、担保金、预付款等费用。

（二十三）降低企业用地成本。在符合国家法律法规和军事航空限高等前提下，对于满足本区产业发展导向、土地亩均产出率不低于行业平均水平，且用于企业自身发展的工业项目，经相关部门审核同意，其容积率、建筑高度、绿地率指标按以下要求控制：在城乡规划建设用地外，存量工业用地新建、改建、扩建项目依据市、区相关规定执行。城乡规划建设用地范围内，工业项目与城乡规划建设用地性质相符，在满足消防、环保、交通等规范，能处理好周边关系的前提下，容积率、建筑高度原则上不再设定上限值，绿地率不再设定下限值。工业项目与城乡规划建设用地性质不相符，近期建设规划中暂不实施改造的工业项目，在属地镇、乡、街道征得区人民政府同意的前提下（或区政府授权给属地镇、乡、街道），可以进行改、扩建，容积率原则上不超过2，建筑限高小于等于50米。规划用地性质已经调整为城市道路、公共绿地、河道、轨道交通、管廊带等用地的，不得扩建，改建的不得超过原建设规模。生态带内的工业项目按照《宁波市人民政府关于进一步加强中心城生态带管理的实施意见》（甬政发〔2016〕13号）文件执行。支持标准厂房建设。将标准厂房建设用地纳入年度土地供应计划。鼓励利用“三改一拆”拆改土地、城镇低效用地建设标准厂房。鼓励标准厂房微利出租或按土地出让合同约定分割转让。结合上级国土资源管理部门的要求，逐步创新供地方式，组织开展工业用地弹性出让区域试点工作，鼓励采取长期租赁、先租后让、租让结合等出让方式，降低企业用地成本。完善工业用地政府回购、流转和收储机制，适当下调产业用地履约保证金比例。表土剥离费用由原来的每亩3万元调整为2.70万元。

六、积极引导企业提质增效

（二十四）推动企业减员增效。全面推进“机器换人”技术改造，支持企业通过自动化（智能化）设备改造提升劳动生产率，实现减员增效。引导企业协同创新与协同制造，支持企业通过组建技术创新战略联盟，实现上下游企业间的协作配套，实现技术和资源共享。鼓励企业加大研发投入，提高创新能力和水平，提升技术成果转化效率。

（二十五）推动企业降本增效。引导企业建立现代企业制度，推广先进管理模式，促进降本增效。指导帮助企业规范用工，构建和谐劳动关系，降低用工风险。推行产品全生命周期管理，加强信息技术推广应用，提升企业管理信息化水平。

（二十六）推进企业降耗增效。支持企业推广应用高效节能节水和环保安全的技术、工艺、装备，切实提高资源能源利用效率和安全保障水平。推动建设绿色工厂，实现厂房集约化、废物资源化和能源低碳化。加快企业和园区循环化改造，提高资源生产率。全面开展单位资源占用产出绩效评价，推进企业降耗增效绿色发展。

七、保障措施

（二十七）加强组织领导。成立鄞州区减轻企业负担工作领导小组，由常务副区长沈权担任组长，副区长梅益进、戴华祥担任副组长，区政府办、区发改局、区经信局、区教育局、区科技局、区公安分局、区民政局、区财政局、区人力社保局、区环保局、区住建局、区城管局、区交通运输局、区水利局、区商务局、区审计局、区市场监管局、区金融办、区审管办、区政研室、总工会、区规划分局、区国土分局、区国税局、区地税局、区出入境检验检疫局、海关鄞州办事处、区供电公司负责人为成员。领导小组下设办公室，办公室设在区经信局，杨奇伦任办公室主任，全面统筹协调全区帮助企业降低成本减轻负担工作。

（二十八）明确责任分工。建立降低企业税收负担、清理涉企收费、土地资源利用、企业兼并重组、金融支持实体经济5个专项行动工作小组，分别由区财政局、区发改委、区国土资源局、区经信局、区金融办牵头负责。各级各部门要切实落实责任，明确分工，抓好落实。

（二十九）提高服务水平。深入开展“践行‘三严三实’，精准服务企业”活动，坚持问题导向，健全工作制度，建立长效机制，积极营造宽松的市场经营和投资环境，保护各种所有制企业产权和合法利益，提高企业创新创业发展信心。

（三十）加强督促检查。以帮助企业降低成本减轻负担稳增促调为重点，定期开展督查检查，对政策执行不力、工作落实不到位的单位通报批评，并限期整改。加大对各种乱收费行为的查处曝光力度，坚决查处乱收费、乱摊派行为。

（三十一）加强宣传引导。各级宣传部门和新闻媒体要密切配合，广泛宣传各项惠企政策，营造全社会关心支持企业降本减负的舆论氛围。要加强对典型企业的正面宣传，鼓励引导企业敢于创新、做强主业，形成有利于推进实体经济稳增促调良好局面。

（三十二）实施期限。自2016年2月2日起至2018年2月2日，其中失业保险单位缴费临时性下调期为2016年5月1日至2018年12月31日。

上级若有新政策出台按上级政策执行。

——摘自《宁波市鄞州区人民政府关于进一步降低企业成本减轻企业负担优化发展环境的实施意见》（鄞政发〔2016〕38号）

加快推进残疾人全面小康进程的实施意见

一、总体目标

坚持普惠与特惠相结合，兜底保障与就业增收相结合，政府扶持、社会帮扶与残疾人自强自立相结合，统筹兼顾和分类指导相结合的原则，健全完善困难残疾人生活补贴、重度残疾人护理补贴、残疾人康复补贴和残疾人社会保险补贴制度，对符合条件的残疾人，确保应补尽补、精准施补，全面加强残疾人民生保障，全力推进残疾人创业就业，加快残疾人权益保障和基本公共服务体系建设，加快推进残疾人全面小康进程。到2020年，在全市率先建成比较完善的具有鄞州特色的残疾人社会保障和基本公共服务体系，促进残疾人共享经济社会发展成果，共享全面小康生活。

二、全面加强残疾人基本民生保障

（一）扩大残疾人低保覆盖面。对符合城乡低保条件的残疾人家庭，确保应保尽保；对依靠家庭供养的成年重度残疾人和成年三、四级精神、智力残疾人，本人按规定核定的收入低于低保标准且财产符合低保条件的，以及低保边缘家庭中的重度残疾人，可按照单人户纳入低保范围，并享受与低保家庭同等的和个人直接相关的专项社会救助政策。

（二）加大残疾人社会救助力度。对低保、低保边缘家庭中的未成年重度残疾人和未成年三、四级精神、智力残疾人，按照社会散居孤儿的养育标准全额或补差发放基本生活补贴。低保家庭残疾人初次就业、再就业的，3年内所获得的就业收入可不计入家庭收入。做好残疾人医疗救助工作，提高医疗救助标准，完善医疗救助即时即报机制；对纳入医疗救助的精神残疾人门诊服用基本抗精神病药物个人自付部分，实行全额保障。

（三）加大残疾人基本医疗康复保障。严格执行《浙江省基本医疗保险医疗服务项目》支付医疗康复项目的规定，努力提高医保医疗康复项目的服务能力，将低保家庭的残疾人和低保家庭以外的残疾儿童、精神残疾人和“三瘫一截”等成年重度残疾人纳入基层责任医生签约服务范围，服务费个人承担部分，低保家庭对象由社会救助专项资金全额支付，低保家庭以外对象由区财政给予80%补助。

（四）健全残疾人福利补贴制度。整合残疾人共享小康工程相关政策，建立完善残疾人生活、护理、康复和社会保险等补贴制度，并实行补贴标准的动态调整。

1.困难残疾人生活补贴。主要补助残疾人因残疾产生的额外生活支出，对象为生活困难的残疾人。对家庭人均收入在低保标准150%以下的残疾人或本人收入在低保标准150%以下的劳动年龄阶段残疾人以及按单人户纳入低保的残疾人，按照我区低保标准的30%发放生活补贴。原享受贫困重度残疾人基本生活保障工程和残疾人基本生活保障工程的残疾人，其中按单人户纳入低保的残疾人，按照我区低保标准30%发放困难残疾人生活补贴；原低保补差的重度残疾人，按照低保标准全额发放困难残疾人生活补贴；未按单人户纳入低保的残疾人，按照我区低保标准全额或差额发放困难残疾人生活补贴，差额发放不得低于我区低保标准的30%。

2.重度残疾人护理补贴。主要补助残疾人因残疾产生的额外长期照护支出，对象为残疾等级被评定为一级、二级且需要长期照护的重度残疾人以及非重度智力、精神残疾人。按生活完全不能自理、基本不能自理、部分不能自理三档，分别给予每人每月540元、270元、135元的补贴。对符合条件的在机构集中托养的残疾人，可在上述补贴标准基础上分别上浮50%。补贴标准根据护理支出变化情况适时调整，并逐步推动形成面向所有需要长期照护残疾人的护理补贴制度。

3.残疾人康复补贴。主要补助残疾人因残疾而产生的额外康复支出。加大康复救助力度，调整项目设置，扩大受益覆盖面。保障实施残疾人康复服务补贴项目，健全残疾儿童康复救助制度，对符合条件的0~6周岁视力、听力、言语、智力（孤独症）、肢体残疾儿童免费实施手术、配置辅助器具和康复训练等基本服务；对7~18周岁贫困家庭中的重度残疾儿童少年提供集中养育康复。对残疾人自费配置人工耳蜗的，按当年国家人工耳蜗项目采购价给予定额补贴，电动轮椅车等其他残疾人自费辅助器具按当年公布的同类型号政府采购价给予定额补贴。

4.残疾人社会保险补贴。残疾人参加城乡居民基本养老保险，个人缴费部分给予补贴。资助低保和低保边缘家庭残疾人、重度残疾人参加城乡居民基本医疗保险，个人缴费部分由区财政承担，其他残疾人参加城乡居民基本医疗保险个人缴费部分，给予适当补贴。对个体就业和自谋职业的残疾人，参加职工基本养老保险缴费有困难的给予一定的补助。推动建立残疾人补充保险制度，支持各类商业保险机构开展残疾人意外伤害保险，对残疾人集中就业单位、辅助性（庇护性）就业单位和残疾人托养机构参加综合责任保险和意外伤害保险，可给予一定的补助。

符合条件的残疾人，可同时申领以上四类残疾人福利补贴。对既符合困难残疾人生活补贴和重度残疾人护理补贴，又符合因公致残、离休等生活补贴（津贴）、护理补贴（津贴）条件的残疾人，可择高申领其中一类生活补贴（津贴）、护理补贴（津贴）。享受儿童福利基本生活保障政策的残疾儿童不享受困难残疾人生活补贴，可享受重度残疾人护理补贴。领取工伤保险生活护理费、纳入特困人员供养保障的残疾人不享受困难残疾人生活补贴和重度残疾人护理补贴。享受养老服务补贴的残疾人不享受重度残疾人护理补贴。原享受贫困重度残疾人基本生活保障工程的低保补差对象，保留残疾人生活补助金，其他享受困难残疾人生活补贴对象不再享受残疾人生活补助金。以上四类补贴不计入城乡低保和低保边缘家庭的收入。

（五）保障和改善残疾人住房。进一步完善残疾人住房长效救助机制，对符合住房保障条件的城镇残疾人家庭，优先提供公共租赁住房或发放住房租赁补贴。对农村残疾人危房建立“发现一户、改造一户”的动态消除机制，确保每个残疾人享有安全的住房，对困难残疾人家庭，可给予一定的资金补助。逐步推行残疾人宜居、亮居工程，进一步改善残疾人的住房居住条件。

三、全力推进残疾人就业创业

（一）依法推进按比例就业。建立用人单位按比例安置残疾人就业公示制度，将安置残疾人就业情况纳入企业信用信息公示范围。除创业3年内、在职职工总数不超过20人的小微企业外，对未达到安置比例要求的用人单位，严格依法征缴残疾人就业保障金；对超比例安置残疾人就业的企业，每多安置1人，每年按不低于4个月最低工资的标准予以奖励。各级党政机关、团体、事业单位、国有企业及所属机构应当为全社会作出表率，带头安置残疾人就业。区政府残工委成员单位要积极创造条件，安排一定数量的岗位用于残疾人就业。区残联至少要安排1~2名残疾人干部或职工。公办医疗机构应当积极吸纳符合条件的盲人医疗按摩人员就业。

（二）稳定发展集中就业。全面落实促进残疾人就业税费减免、社会保险补贴等优惠政策，支持社会各种投资主体创办福利企业和工疗机构，在同等条件下，政府优先采购残疾人集中就业单位的产品和服务。对福利企业安置残疾人就业的，每安置1人，每年按不低于1个月最低工资的标准予以奖励，并对残疾人职业技能培训、无障碍设施改造给予补助。对残疾人辅助性（庇护性）就业机构，除根据规模给予一次性开办经费补助外，每安置1人，每年按不低于2个月最低工资的标准予以补助，并对场地（所）租赁、技能培训、康复器材（设备）配置、无障碍设施改造给予补助。对盲人按摩机构等其他残疾人集中就业机构，可按安置残疾人人数给予一定的社保缴费补助。

（三）促进残疾人多渠道就业创业。全面落实促进残疾人就业的相关优惠政策，并对其从事个体经营、自主创业、灵活就业所需的场地（所）租赁、启动资金、设施设备购置等予以补助。推进残疾人电子商务就业，对安置残疾人就业的电子商务企业，每安置1人，每年按不低于2个月最低工资标准予以奖励，对辐射、带动残疾人从事电商就业创业的电子商务企业，给予适当资金补助。推动建立残疾人创业孵化机制，鼓励电子商务产业基地增设残疾人创业孵化区，对依托大众创业孵化平台或利用现有残疾人服务设施创办的残疾人创业孵化园（基地），可给予场地（所）租赁、无障碍设施改造、设施设备购置补助。对残疾人创业孵化工作突出的机构给予一定的资金补助。政府开发的公益性岗位，优先安排就业困难残疾人和残疾人家庭成员就业。要建立完善残疾人专职委员选拔聘用、教育培训、管理考核、激励淘汰等机制，配齐配强镇（街道）残联和村（社区）残协专职委员。镇（街道）残疾人专职委员工资待遇可参照社区工作者工资标准执行，村（社区）残疾人专职委员岗位可按照最低工资标准一定比例予以补助。

（四）推进农村残疾人增收。把农村低收入残疾人作为重点扶持对象纳入精准扶贫工作机制和贫困监测体系，将其生活水平提高和数量减少情况纳入新农村建设考核指标。加大农村残疾人扶贫开发支持力度，符合条件的农村残疾人优先享受产业扶贫、就业扶贫、小额信贷扶贫、异地搬迁等财政专项扶贫政策。鼓励农业龙头企业、种养业大户等吸纳低收入残疾人就业，按其规模及安置或辐射残疾人数，并被相关部门确认为市区级残疾人扶贫基地的，由市、区二级给予一定的资金补助，并可同时享受就业补助等其他政策。保障残疾人土地承包经营权和土地流转合法收益。

（五）加强残疾人就业服务。残疾人就业服务机构和公共就业服务机构要免费向残疾人提供职业指导、职业介绍等就业服务，对符合条件的残疾人提供就业援助。加强残疾人就业服务信息网络建设。加大残疾人职业技能培训力度，建立培训成效与补助资金挂钩的绩效考核制度，定期举办残疾人职业技能竞赛，推动和健全残疾人技能培训基地建设。对残疾人自主参加职业培训，符合条件的给予培训费用补助。

四、加快推进残疾人基本公共服务

（一）加强残疾人康复服务能力建设。加强和优化康复资源整合与配置，建立各级医疗机构和康复机构间的合作机制，实现机构间转诊转介有效对接。加强社区康复服务，加大社区康复在基层医疗卫生中的考核力度。提高儿童福利机构的康复服务能力，鼓励和扶持社会力量兴办残疾儿童康复服务机构。加强专业康复人才培养培训，实施康复从业人员各类培训和职业技能鉴定补贴。建立中高级专业人才引进激励机制，落实从事残疾人康复工作的高等院校和中等职业学校毕业生入职奖补政策。在临床住院医生规范化培训中强化医疗康复方面的内容。完善0~6周岁儿童残疾筛查工作，普及残疾预防知识，提高公众残疾预防意识。

（二）提高特殊教育发展水平。完善残疾儿童学前教育布局，特殊教育学校普遍开展学前教育，对家庭经济困难残疾儿童的学前教育训练和生活费给予补贴。支持儿童福利机构特殊教育学校（班）建设。规范送教服务，提高送教服务质量，完善随班就读，全面推行全纳教育，探索个性化与医教结合的教学模式，提高残疾儿童义务教育入学率和教学质量。大力发展以职业教育为主的残疾人高中阶段教育。到2020年，基本普及残疾少年儿童十五年教育。进一步提高残疾学生和困难残疾人家庭子女资助水平，建立完善残疾学生特殊学习用品、教育训练、交通费补助政策。鼓励特殊教育教师终身从事特殊教育事业，在评先评优时给予适当政策倾斜。全面落实特殊教育津贴制度，绩效工资分配向特殊教育教师倾斜。

（三）强化残疾人服务设施建设和管理。加快推进残疾人服务设施建设，鼓励、引导社会组织、民营资本等建设残疾人专业服务设施、参与无障碍设施改造等，各级政府要加大购买服务力度，对符合政策条件的，给予重点扶持。到2020年，全区建有1家示范性残疾人专业康复机构和1家示范性残疾人专业托养机构，平均每百名残疾人的康复和集中托养床位达到3张以上。每个镇（街道）至少建有1家残疾人庇护机构，鼓励、扶持村（社区）建立残疾人庇护照料机构。规范服务设施管理，制定残疾人康复、托养、庇护服务与评估标准。整合镇（街道）、村（社区）养老助残资源，为智力、精神和重度残疾人提供托养照料、居家安养服务。对民营机构开展的残疾人康复、托养、庇护、教育、文化体育等服务，参照养老服务业相关优惠政策执行。

（四）全面推进城乡无障碍环境建设。贯彻落实国家《无障碍环境建设条例》规定，按照《无障碍设计规范》国家标准要求，对新建、改建设施的规划、设计、施工、验收严格监管，开展无障碍区建设。深入实施“无障碍设施进家庭”建设项目。加快公共交通、公共场所和设施的无障碍改造，公共交通运营单位应当根据实际需要，逐步配置无障碍车辆，并设置便于识别的无障碍运营标志。进一步提高公共场所出入口的坡道平整覆盖率。公共停车场（库）和大型居住区的停车场（库），应当在便利位置按规定比例设置无障碍停车位。公共服务建设项目无障碍设施竣工验收时，应吸收残联组织和残疾人代表参加。逐步推进各级政府信息以无障碍方式发布、影像制品加配字幕、食品药品添加无障碍识别标识。进一步优化区电视台手语栏目，主要新闻及气象栏目加配手语解说或字幕。公共服务窗口设置醒目标志，为残疾人提供优先、优惠和辅助性服务。对残疾人凭爱心乘车IC卡免费乘坐市区公交车与地铁等交通工具，对视力、听力、言语残疾人使用通信、网络等设施资费减免优惠，对持有C5汽车驾驶证的残疾人驾驶专用汽车在公共停车场享受停车优惠照顾，对下肢残疾人在一定周期内购置（更换）符合我市注册登记车型的残疾人机动轮椅车补贴等参照市政府相关政策文件执行。

（五）发展残疾人文化体育。公共文化、体育设施建设，广播电视村村通、文化信息资源共享等文化惠民工程，要为残疾人参与提供便利。公共文化体育设施和游览参观点等公共场所对残疾人免费或优惠开放，并配备适合残疾人身心特点的文体活动器材。广泛开展群众性残疾人文化体育活动，每年组织开展残疾人文化艺术周和残疾人健身周活动。残疾人集中就业、康复托养、庇护照料等场所，配备适合残疾人康复健身的文体设施和用品，并定期开放开展各类文体活动。政府性组织举办的文体活动和比赛，要将残疾人纳入其中。完善残疾人文体人才的管理、保障和激励机制，对残疾人文体人才的就学、就业、创业给予优先安排和政策扶持，对作出突出贡献的残疾人文体人才给予奖励。到2020年，创建区级以上残疾人文化艺术示范基地（团队）和残疾人体育训练（健身）示范基地各3个以上，每个镇（街道）至少创建1个区级以上残疾人体育健身示范点，配备2名以上残疾人体育健身指导员，残疾人社区文体活动参与率达到65%以上。

五、充分发挥社会力量和市场机制作用

（一）积极推动政府购买服务。建立以残疾人康复、托养、护理、无障碍改造、文化体育、法律维权等服务为重点的政府购买残疾人服务指导性目录，加大政府购买服务力度，规范服务标准，为残疾人提供均等化、专业化、便利化的服务，健全监管机制，实现政府购买服务对残疾人服务供给的放大效应。

（二）大力发展残疾人慈善事业。鼓励和支持社会公众、社会组织通过捐款捐物、扶贫开发、助学助医等方式，为残疾人奉献爱心，提供慈善帮扶。鼓励支持服务残疾人的各类公益慈善组织发展，采取公益创投等多种方式，在资金、场地（所）、设备、管理、岗位购买、人员培训等方面给予扶持，引导和规范其健康发展。大力培育残疾人慈善项目品牌。倡导社会力量兴办以残疾人为服务对象的公益性医疗、康复、特殊教育、托养照料、社会工作服务等机构和设施。

（三）广泛开展志愿助残服务。突出需求导向和精准服务，健全志愿助残的招募注册、服务对接、服务记录、组织管理、评价激励、权益维护等制度。积极搭建志愿助残服务平台，广泛开展助残志愿者"阳光行动"，引导更多人参与助残公益活动和志愿助残服务。重点依托康复、托养等各类残疾人服务机构，建设以"残健融合、志愿助残"为宗旨的具有示范性和辐射力的开放式志愿助残服务基地，支持党群组织、社会组织进机构开展经常性的互动活动。到2020年，全区助残志愿者注册人数达到户籍人口的1.5‰以上。

（四）加大残疾人事业宣传力度。报刊、广播、电视和网站等主要新闻媒体要开设残疾人专版专栏专题，每年定期刊登播放助残公益广告。积极培育和宣传残疾人自立自强、创业致富和社会助残等先进典型。大力弘扬人道主义思想和残疾人"平等、参与、共享"的现代文明理念，在"全国助残日""国际残疾人日"等残疾人重大节日期间，广泛开展特色主题宣传活动，进一步营造全社会理解、尊重、关心、帮助残疾人的良好氛围。

（五）加快发展残疾人服务产业。充分发挥市场机制作用，加快形成多元化的残疾人服务供给模式，更好地满足残疾人特殊性、多样化、多层次的需求。统筹规划残疾人服务业发展，大力发展社会助残组织，培育一批服务品牌。完善残疾人服务业相关职业设置、专业技术人员和技能人员职业能力水平评价办法，加快培养残疾人服务专业人才。鼓励商业保险公司开发适合残疾人的康复、托养、护理等保险产品。扶持盲人读物、残疾人题材图书和音像制品出版。扶持发展特殊艺术，培育残疾人文化艺术品牌。制定残疾人服务行业管理制度，发挥残疾人服务行业组织自律监督作用，营造公平、有序的市场环境。

六、加强对推进残疾人全面小康进程的组织领导

（一）健全组织领导机制。各级政府要将加快推进残疾人全面小康纳入重要议事日程，列为政府目标管理和绩效考核内容，主要领导负总责，分管领导具体负责。区政府残疾人工作委员会要进一步完善工作机制，切实发挥统筹协调作用，明确各成员单位工作职责，及时解决突出困难和问题，对其年度工作任务完成情况进行考核和通报。对残疾人工作作出突出成绩的单位和个人，给予表彰和奖励。

（二）完善工作保障机制。建立完善多渠道、全方位的资金筹措机制，加强残疾人就业保障金的征收、使用和管理，保障残疾人事业发展所需经费。各级财政要建立稳定的残疾人事业经费保障机制，按照支出责任合理安排推进残疾人全面小康进程所需的经费。确保区级福利彩票公益金本级使用部分的10%以上用于为残疾人服务的福利设施、设备。加强信息化建设，建立完善民政、人力社保、卫生计生、教育、公安、税务、市场监管、残联等部门和单位之间相关数据信息的互通共享机制。建立健全各类残疾人专门协会，落实活动场所和经费。

（三）完善残疾人权益保障机制。深入贯彻落实《中华人民共和国残疾人保障法》和《浙江省残疾人保障条例》等法律法规，将保障残疾人权益维护纳入"平安建设"考核内容，加强对残疾人权益保障工作的督促检查，督导相关职能部门兑现职能范围内的助残政策规定。政府和有关部门研究制定重要政策和实施重大建设时，涉及残疾人权益的，要征询同级残联组织和残疾人代表的意见和建议。加强对残疾人的司法保护，严肃查处侵害残疾人合法权益的违法行为。加强对残疾人法律援助、法律救助和法律服务。畅通残疾人信访诉求渠道，保障残疾人合法权益，努力维护社会和谐稳定。

有关部门和单位要根据省市区加快推进残疾人全面小康进程实施意见精神和相关配套政策措施，做好贯彻落实。

区政府已有规定与本意见不符的，按本实施意见执行。

本意见自印发之日起施行。

——摘自《宁波市鄞州区人民政府关于加快推进残疾人全面小康进程的实施意见》（鄞政发〔2016〕106号）

鄞州区政策性小微企业财产保险项目实施方案

为探索建立财政引导的小微企业保险运营机制，提升小微企业防灾减损能力，培育小微企业保险意识，建立分层次、保障较为全面的风险保障体系，根据《开展“践行‘三严三实’、精准服务企业”活动实施方案》（甬党办〔2015〕58号）、《宁波市“小微企业三年成长计划”（2015—2017年）实施方案》（甬政办发〔2015〕208号）及《宁波市人民政府关于建设保险创新综合示范区的实施意见》（甬政发〔2015〕20号）等文件精神，结合我区实际，特制订本实施方案。

一、背景和意义

当前，小微企业面临的突出问题是保险保障覆盖面低，抵御风险的能力严重不足，进而影响到融资能力和发展能力的不断提升。作为国内首个面向小微企业的政策性保险产品，区政策性小微企业保险试点有利于建立健全保险保障体系，增强我区小微企业防灾减损能力，分散化解小微企业风险；有利于通过产品创新、运作机制创新试点，探索积累市场化的社会治理经验，逐步向全市甚至全国推广；有利于体现区政府服务小微企业，扶持和关爱小微企业的理念。

二、工作原则和工作目标

（一）工作原则

按照“政府引导、市场运作、基本保障、创新产品”的原则，以培育小微企业保险意识，提升小微企业保险覆盖率为目标，力争通过三年政府引导，小微企业自愿投保率提升至50%以上，分散化解小微企业火灾和自然灾害风险、提升小微企业防灾减损能力，同时加强政府资源和保险资源的整合与协同，促进小微企业良性快速发展。

（二）工作目标

利用2016—2018年的三年时间，通过试点扩面的方式，逐步建立具有鄞州特色、符合企业需求、覆盖全辖区小微企业的保险体系，完善小微企业风险防范化解体系，积极发挥保险的社会管理和经济补偿功能。

三、工作内容

（一）试点范围

根据我区产业政策导向，结合区域实际和产业现状，选取成长性较高、创新能力较强、行业总产值增长前景好、金融服务需求较大的工业企业试点。

（二）保险产品方案

1.保险标的。（1）房屋、建筑物、装修及其附属设备；（2）机器设备，包括生产机械设备、动力设备和传动装置；（3）存货，包含原材料、半成品、在产品、产成品及各种辅助材料。上述财产必须是属于参保小微企业所有或与他人共有而由参保小微企业负责的；或由参保小微企业经营管理或替他人保管的；或其他具有法律上承认的与参保小微企业有经济利害关系的。

2.保险责任。（1）火灾、爆炸；（2）雷击、暴雨、洪水、暴风、龙卷风、冰雹、台风、飓风、暴雪、冰凌、突发性滑坡、崩塌、泥石流、地面突然下陷下沉；（3）飞行物体及其他空中运行物体坠落。

3.保险金额

<table>
<tr><th>标 的</th><th>水 灾</th><th>其他保险事故</th><th>合 计</th></tr>
<tr><td>房屋、建筑物</td><td rowspan="3">10万元</td><td>4万元</td><td rowspan="4">20万元</td></tr>
<tr><td>机器设备</td><td>3万元</td></tr>
<tr><td>存货</td><td>3万元</td></tr>
<tr><td>合计</td><td>10万元</td><td>10万元</td></tr>
</table>

4.保险费。（1）每家企业每年保费6000元；（2）每年度根据上年赔付情况对下一年度保险方案进行调整，以保持盈亏平衡、可持续运作；（3）建立“区政策性小微企业保险项目”风险管理基金。风险基金用途包括但不仅限于大灾赔款准备、安全生产预防、宣传与培训、专家咨询指导、风险管理等其他与政策性小微企业保险相关的工作。政策性小微企业保险项目坚持“盈亏基本平衡、保本微利”的原则，收取的保费扣除再保险费支出、赔款支出、经营费用等各项费用及计提不超过5%经营利润后，如还有结余，盈余部分全额计提“区政策性小微企业保险项目”风险管理基金。风险管理基金每年计提，由首席承保人专户管理，长期滚存，基金的使用及管理受政府相关部门监督；（4）如保险机构在试点三年期间累计亏损，区财政则给予亏损部分一定比例的补偿。

5.资金来源。结合鄞州实际，在试点期间按区财政、镇乡（街道、工业园区）、企业各自承担一定比例，具体如下：

（1）针对小升规企业（经信部门认定）和科技企业（科技主管部门认定）：

试点年份	区财政	镇乡（街道、园区）	企 业
第一年	55%	35%	10%
第二年	50%	35%	15%
第三年	45%	35%	20%

（2）针对其他试点小微企业（酸洗拉丝行业和蔺草行业等"低小散"行业、高能耗行业、落后产能行业除外）：

试点年份	区财政	镇乡（街道、园区）	企 业
第一年	50%	30%	20%
第二年	40%	30%	30%
第三年	40%	30%	30%

6.补偿方式

（1）水灾补偿方式：企业坐落地址内生产区域平均水位线超过30厘米（含）起赔，30厘米~120厘米按照比例补偿，计算公式为：10%+（水位线高度-30）/100，120厘米及以上按照限额补偿。

（2）其他保险事故补偿方式：每次事故绝对免赔额为2000元或损失金额的20%，以高者为准。保险人根据保险标的的实际损失予以补偿，最高不超过各标的分项保险金额和总保险金额。

（3）赔款计算：其中自愿缴纳剩余保费20%的企业赔款按100%计算；对于经营困难、符合产业政策导向的试点小微企业经区经信局确认，可以减免自付部分保费，但是未缴纳20%的企业赔款按50%比例计算，以便引导企业主动投保。

7.试点期间。（1）试点期限：三年，逐年签单；（2）在保险责任期限内，双方均不得以任何理由任何方式解除本保险。

8.其他说明。（1）保险事故发生时，本保险项下的水灾补偿与企业通过其他途径购买的商业保险的理赔不存在重复保险情况；（2）本保险的保险财产发生部分损失，保险公司履行赔偿义务后，本保险的每个企业保险金额自损失发生之日起按赔偿金额相应减少，如被保险人请求恢复至原保险金额，应按原约定的保险费率另行支付恢复部分从投保人请求的恢复日期起至保险期间届满之日止按日比例计算的保险费。

（三）实施步骤

1.政府引导。成立由中国太保财险宁波分公司（首席承保人）等保险公司组成区政策性小微企业保险共保体（以下简称"共保体"），具体运作区政策性小微企业保险项目。由区经信局代表投保企业与共保体签订保险协议。首席承保人负责组建政策性小微企业保险管理中心，配置专业的承保人员、风险查勘人员、防灾防损人员以及理赔人员等，配套提供小微企业保险政策宣导、市场推广、业务承保、理赔、协助融资、防灾防损等服务。

区相关部门根据区政府政策，推动各镇乡（街道）、园区等开展组织发动工作，提供试点企业清单，同时出台小微企业保险保费补贴政策，与保险机构加强联系和合作，及时沟通对接，为承保机构和投保单位搭建合作平台。

2.市场运作。保险机构充分发挥风险评估、风险管理上的专业技术优势，根据小微企业实际需求，在承保方式和理赔上进行创新突破，以契合市场需求为导向，以"因地制宜、务实创新"为原则，制订符合我区实际的政策性小微企业承保方案，同时为参保的小微企业提供推荐融资渠道等附加服务。构建政府补贴基本保障和企业自主购买商业保障的"有机结合、保障全面"的保险保障体系。

3.分段推进。遵循"先试点后推广"的步骤分段推进，统筹安排，先期可在工业企业中试点，后再逐步推广至区内的其他小微企业，确保政策性小微企业保险制度的科学性和可操作性。

（四）期内服务

1.勘查定损服务。参保企业出险后，被保险人要及时报案，承保公司要严格依法规范经营，切实履行责任，提高服务水平。同时，要简化理赔手续，理顺操作流程，及时查勘现场，按保险合同约定支付赔款到投保企业，为企业提供优质服务。理赔结束后，现场查勘记录，拍摄现场照片，绘制现场平面图、灾害损失报告书等重要资料由承保公司建档并做好档案管理管理工作，确保小微企业保险工作规范、合理。

2.防灾防损服务。每年保险机构根据赔付情况，提取一定比例的利润用作协助政府开展小微企业的防灾防损服务以及培训、宣传等服务。具体如下：

（1）灾害数据平台和风险管理。设立专门的小微企业风险管理中心，建立小微企业灾害风险数据库，为政府相关部门提供灾害数据的统一管理和共享服务。同时每年就小微企业进行风险分析，并提供小微企业风险管理报告。

（2）风险查勘。每年主汛期，由牵头保险机构安排专家根据试点行业分布情况进行风险查勘（抽查），并提供书面查勘报告及防灾防损建议，在全行业培训讲座中作为经验介绍分享。

（3）风险培训。每年针对试点的小微企业中的重点行业以及风险集中的行业定期聘请权威的专家做好防火讲座、大灾预防讲座等。

（4）安全预警。保险机构在获知台风、暴雨等灾害性天气后，及时将所有试点企业进行短信通报，以便企业做好预防工作。

四、工作要求

（一）加强组织领导。成立区政策性小微企业保险工作领导小组，成员包括区经信局、区科技局、区金融办、区财政局等，负责研究决定有关重大事项和试点工作的组织实施。按照属地管理的原则，各镇乡（街道）、园区等要明确对口部门和具体负责人，主动联系各成员单位和共保体，抓好本辖区的推进工作。工作领导小组办公室设在区经信局。

（二）建立会商机制。建立政府、保险公司以及小微企业三方定期会商机制，定期总结政策性小微企业保险推进的情况、解决推进中存在问题，在实践中不断积累经验，加以完善。

（三）加强考核。将政策性小微企业保险试点工作纳入各级政府和相关部门的考核体系，加强各金融机构及相关部门的协同配合，落实督查考核措施。对参与政策性小微企业保险试点工作的保险机构，在行业及金融系统年度评优中给予加分。

（四）加强监督管理。邀请市保监局对政策性小微企业保险试点业务经营情况进行指导和监督，督促保险机构提升服务质量和水平。

（五）加强宣传引导。灵活运用各种载体，搭建多种形式的平台宣传推广政策性小微企业保险，提高小微企业对于政策和保险的认知度，确保试点工作的有效运行。

——摘自《宁波市鄞州区人民政府办公室关于印发鄞州区政策性小微企业财产保险项目实施方案的通知》（鄞政办发〔2016〕24号）

鄞州区社会救助实施办法

第一章 总则

第一条 为整合社会救助资源，建立统一、规范的社会救助体系，保障公民的基本生活权益，根据国务院《社会救助暂行办法》《浙江省社会救助条例》等法规、规章，结合本区实际，制定本办法。

第二条 本区行政区域内的最低生活保障、特困人员供养、受灾人员救助、医疗救助、教育救助、住房救助、就业救助和临时救助等社会救助活动，适用本办法。

第三条 社会救助制度坚持托底线、救急难、可持续方针，与其他社会保障制度相衔接，社会救助水平与经济社会发展相适应。

社会救助工作应遵循依法、公开、公平、公正、及时实施的原则。

第四条 区人民政府统一领导、组织本行政区域的社会救助工作。

区人民政府将社会救助纳入全区国民经济和社会发展规划，建立健全政府领导、民政部门牵头、有关部门配合、社会力量参与的社会救助工作协调机制，统筹各项社会救助政策和标准，推进社会救助制度城乡一体化。

区民政部门负责组织拟定社会救助政策和标准、建立社会救助家庭经济状况信息核对平台和社会救助统一受理机制等社会救助综合协调工作，以及相应的社会救助管理工作。

区卫计、教育、住建、人社等部门，按照各自职责负责相应的社会救助管理工作。

前两款所列行政部门统称社会救助管理部门。

第五条 区人民政府统筹救助政策、救助资源、人员管理和经办服务，健全完善社会救助管理服务工作模式。按照国家统一规划建立社会救助管理信息系统和申请救助家庭经济状况核对系统，实现社会救助信息在本级政府部门（机构）间的互联互通、资源共享。

区民政部门应当加强与其他社会救助管理部门的协作配合，整合、联通社会救助信息，为建立健全社会救助体系提供信息保障。

第六条 各级人民政府应当完善社会救助资金、物资保障机制，将政府安排的社会救助资金和社会救助工作经费纳入财政预算。

社会救助资金实行专项管理、分账核算、专款专用、及时足额支付，任何单位或者个人不得挤占挪用。社会救助资金支付，按照财政国库管理的有关规定执行。

第七条　乡镇人民政府、街道办事处应当加强社会救助能力建设，建立“一门受理、协同办理”救助申请服务窗口，落实专人负责社会救助工作，具体承办有关社会救助的申请受理、调查审核等事项。应当建立健全“政社联动”的社区网格化管理制度，及时了解掌握居民生活情况，发现符合相关救助条件的人员，应当主动帮助其提出救助申请，形成早发现、早介入、早救助机制。

村民委员会、居民委员会协助做好有关社会救助工作。

第八条　总工会、共青团、妇女联合会、残疾人联合会、红十字会、慈善总会等组织根据职责或者章程参与社会救助，开展社会帮扶活动。

鼓励、支持公民、法人和其他社会组织参与社会救助。

第二章　最低生活保障

第九条　健全最低生活保障制度。对共同生活家庭成员人均月收入低于最低生活保障标准，且符合本区最低生活保障家庭财产状况规定的家庭，给予最低生活保障。

第十条　最低生活保障标准，执行市人民政府确定的城区最低生活保障标准。

第十一条　申请最低生活保障，由共同生活的家庭成员向户籍所在地的乡镇人民政府、街道办事处提出；家庭成员申请有困难的，村（居）民委员会应当协助其提出申请。

乡镇人民政府、街道办事处应当自接到最低生活保障申请之日起十五个工作日内，通过入户调查、邻里访问、群众评议、信息核查等方式，对申请人的家庭收入状况、财产状况进行调查核实，提出初审意见，并在申请人所在村、社区公示七日后报区民政部门审批。

区民政部门自收到初审意见后，在十个工作日内对申请人家庭经济状况进行核对，并在五个工作日内予以审批。对符合条件的申请予以批准，并在申请人所在村、社区公布；对不符合条件的申请不予批准，并书面说明理由。

第十二条　对获得最低生活保障的家庭，区民政部门按照共同生活的家庭成员人均月收入低于本区最低生活保障标准的差额按月发给最低生活保障金。

第十三条　最低生活保障家庭的人口、收入、财产等状况发生变化的，应当及时告知乡镇人民政府、街道办事处。

区民政部门以及乡镇人民政府、街道办事处应当对最低生活保障家庭的人口、收入、财产状况定期核查。

最低生活保障家庭的人口、收入、财产状况发生变化的，区民政部门及时决定增发、减发或者停发最低生活保障金；决定减发、停发的，应当书面告知并说明理由。

第十四条　区民政部门将最低生活保障家庭的成员姓名、家庭收入、保障金额等信息，在最低生活保障家庭所在村（社区）的村（居）务公开栏内长期公示。

第十五条　未纳入最低生活保障范围，家庭成员人均月收入在最低生活保障标准1.5倍以下，且家庭财产状况符合最低生活保障条件的家庭，可以申请、认定为最低生活保障边缘家庭，并享受有关社会救助政策。

最低生活保障边缘家庭的申请、审批程序适用本办法第十一条规定。

第三章　特困人员供养

第十六条　健全特困人员供养制度，对无劳动能力、无生活来源且无法定赡（抚、扶）养义务人，或者其法定赡（抚、扶）养义务人无赡（抚、扶）养能力的老年人、残疾人以及未满16周岁的未成年人，给予特困人员供养。

第十七条　特困人员供养内容包括：

（一）提供基本生活条件；

（二）对生活不能自理的给予照料；

（三）提供疾病治疗；

（四）办理丧葬事宜。

特困人员供养标准，由区人民政府确定、公布。健全特困人员供养标准增长机制，按照不低于我区上年度农村常住居民人均可支配收入60%的比例，确定特困人员供养标准。

特困人员供养应当与城乡居民基本养老保险、基本医疗保障、最低生活保障、孤儿基本生活保障等制度相衔接。

第十八条　特困人员供养的申请、办理程序适用本办法第十一条规定。乡镇人民政府、街道办事处应当及时了解掌握居民的生活情况，发现符合特困供养条件的人员，应当主动为其依法办理供养手续。

第十九条　特困供养人员可自行选择供养形式，在当地供养服务机构集中供养或者以“户院挂钩”形式在家分散供养。

区民政部门可以指定符合条件的供养服务机构，为智力残疾或者患有精神障碍的特困供养人员提供供养服务。

第二十条　区民政部门应当对特困供养人员的姓名、供养形式、集中供养机构或者分散供养金额等信息，在特困供养人员所在村（社区）的村（居）务公开栏中长期公示。

第二十一条 特困供养人员不再符合供养条件的，村（居）民委员会或者供养服务机构应当告知乡镇人民政府、街道办事处，由乡镇人民政府、街道办事处审核并报区民政部门核准后，终止对其供养并予以公示。

第四章 受灾人员救助

第二十二条 健全自然灾害救助制度，对基本生活受到自然灾害严重影响的人员，提供生活救助。

自然灾害救助实行属地管理，分级负责。

第二十三条 根据本区自然灾害特点、居民人口数量和分布等情况，设立区自然灾害救助物资储备库，或与商场、仓储等社会力量签订自然灾害应急救助物资代储协议，保障自然灾害发生后救助物资的紧急供应。

自然灾害多发、易发地区的乡镇人民政府、街道办事处，应当设立自然灾害救助物资储备点。

第二十四条 自然灾害发生后，区人民政府或者自然灾害救助应急综合协调机构，应当根据情况组织、指导受灾乡镇人民政府、街道办事处做好紧急疏散、转移、安置受灾人员工作，及时为受灾人员提供必要的食品、饮用水、衣被、取暖、临时住所、医疗防疫等应急救助。

第二十五条 受灾乡镇人民政府、街道办事处应当在确保安全的前提下，采取就地安置与异地安置、政府安置与自行安置相结合的方式，对住房损毁严重的受灾人员进行过渡性安置。

对因灾住房损毁严重无房可住、无生活来源、无自救能力的受灾人员，受灾乡镇人民政府、街道办事处应当发放过渡期生活补助或者生活必需品，保障受灾人员基本生活。

第二十六条 自然灾害危险消除后，受灾乡镇人民政府、街道办事处应当统筹制定居民住房恢复重建规划和优惠政策，组织重建或者修缮因灾损毁的居民住房，对恢复重建确有困难的家庭予以重点帮扶。

第二十七条 自然灾害发生后，受灾乡镇人民政府、街道办事处应当为因当年冬寒或者次年春荒遇到生活困难的受灾人员提供基本生活救助。

第二十八条 区民政部门应当指导做好受灾群众过渡性生活救助及因灾倒损住房恢复重建，区财政部门应当负责做好救灾资金的拨付和监督检查，区住建部门应当为受灾人员重建、修缮因灾倒损住房提供技术支持，其他单位应当根据各自职责做好有关工作。

第五章 医疗救助

第二十九条 医疗救助对象包括下列人员：

（一）低保对象；

（二）城镇“三无”人员；

（三）农村五保对象；

（四）孤儿；

（五）重点优抚对象；

（六）城镇低收入家庭；

（七）贫困重度残疾人；

（八）低保边缘家庭；

（九）残疾人基本生活保障对象；

（十）持有《特困职工证》的企业特困职工家庭成员；

（十一）民政部门建档的其他特殊困难人员（包括在乡“三老”人员、精简职工）；

（十二）家庭人均收入低于区职工最低工资以内人员；

（十三）家庭年总收入扣除当年家庭成员个人负担的医疗费用总支出后，实际生活水平处于低保边缘家庭的成员；

（十四）区级以上人民政府确认的见义勇为者。

第三十条 医疗救助采取下列方式：

（一）对第二十九条第一项至第八项规定的救助对象参加基本医疗保险、大病保险的个人缴费部分，给予补贴；

（二）对医疗救助对象经基本医疗保险、大病保险和其他补充医疗保险支付后，个人及其家庭难以承担的规定范围内的医疗费用，给予补助。

医疗救助标准，由区人民政府按照本区经济社会发展水平和医疗救助资金情况适时调整。

第三十一条 医疗救助的申请、办理程序适用本办法第十一条规定。

第三十二条 区民政、卫计、人社等部门应当建立健全医疗救助与基本医疗保险、大病保险相衔接的医疗费用结算机制，为医疗救助对象提供即时扣除补助部分的便捷服务，实现医疗救助与医疗保险制度的人员信息、就医信息和医疗费用信息的无缝衔接，达到医疗救助与医疗保险“一站式”同步结算。

第三十三条　建立疾病应急救助制度，由区卫计部门对需要急救但身份不明或者无力支付急救费用的急重危伤病患者给予疾病应急救助。

第六章　教育救助

第三十四条　健全教育救助制度，对在学前教育、义务教育、高中教育（含中等职业教育）、普通高等教育阶段就学的家庭经济困难学生（含特困、特殊家庭学生），给予教育救助。

第三十五条　教育救助根据不同教育阶段需求，采取减免相关费用、发放助学金、给予生活补助、提供助学贷款等方式实施，保障教育救助对象基本学习、生活需求。

第三十六条　教育救助政策按照分段分类原则实施。区教育部门负责高中教育（含中等职业教育）及以下教育阶段家庭经济困难学生教育救助；区民政部门负责大专及以上教育阶段，低保、城镇低收入、低保边缘对象教育救助；区残联负责困难残疾学生和残疾人家庭子女教育救助；其他部门及社会组织可根据各自职责开展相关教育救助。

第三十七条　申请教育救助，按照本办法第三十六条规定向相关部门及社会组织提出，不得多头申请、重复救助，相关部门及社会组织按照规定程序审核、确认并实施救助。

第七章　住房救助

第三十八条　健全住房救助制度，对符合规定标准的住房困难家庭，给予住房救助。

第三十九条　住房救助通过配租公共租赁住房、发放住房租赁补贴、农村危房改造等方式实施。

第四十条　住房困难标准和救助标准，由区人民政府根据经济社会发展水平、住房价格水平等因素确定、公布。

第四十一条　申请住房救助，应当向户籍所在地的乡镇人民政府、街道办事处提出。经区住建部门审核家庭住房状况，区民政部门审核家庭收入、财产状况后，通过审核的由区住建部门公示，符合条件的由区住建部门及时给予保障。

鼓励村集体经济组织出资新建住房、收购改建空置住房，提供给农村住房救助对象居住。

第四十二条　住房救助对象的住房因公共利益需要被征收时，应当按照有关规定优先给予住房保障。

第四十三条　对住房救助对象中的残疾人，应当根据其身体状况给予房源、楼层等方面的优先选择权。有条件的地方应当实施家庭无障碍改造。

第八章　就业救助

第四十四条　建立健全就业救助制度，对困难家庭中有劳动能力、处于失业状态并符合条件的成员，通过创业贷款担保贴息、社会保险补贴、岗位补贴、培训补贴、职业技能鉴定补贴、费用减免、公益性岗位安置等办法，给予就业救助。

第四十五条　困难家庭中法定劳动年龄段内有劳动能力的成员均处于失业状态的，区人社部门应当采取有针对性的措施，确保该家庭至少有1人就业。

第四十六条　申请就业救助，应当向户籍所在地乡镇人民政府、街道办事处提出，公共就业服务机构核实后予以登记，并免费提供就业岗位信息、职业介绍、职业指导等就业服务。

第四十七条　低保家庭成员首次就业或者自主创业当月起12个月内所得收入不计入家庭收入范围。

第四十八条　吸纳符合条件的就业救助对象的用人单位，按照国家有关规定享受社会保险补贴、贷款贴息等就业扶持政策。

第四十九条　政府开发的公益性岗位，应当优先安置符合条件的就业救助对象。对符合救助条件的高校毕业生通过岗位推荐、公益性岗位安置等形式，优先扶持就业。

第九章　临时救助

第五十条　健全临时救助制度，对因特殊原因导致基本生活暂时出现严重困难但不属于本办法规定的其他社会救助范围，或者已接受其他社会救助但基本生活仍然困难的家庭，给予临时救助。

临时救助根据救助对象困难原因、种类、程度等因素，按照下列救助内容实施分类救助：

（一）贫病救助。本行政区域户籍的家庭成员患危重疾病，在扣除医疗保险、商业保险、医疗救助报销部分和其他社会帮困救助资金后，因负担医疗费而直接导致家庭基本生活难以维持的，可给予贫病救助；

（二）人身意外伤害救助。家庭成员遭遇车祸、溺水、触电、雷击等人身意外伤害，在获得各种赔偿、保险、救助等资金后，个人负担仍然较重，导致家庭基本生活难以维持的，可给予人身意外伤害救助；

（三）突发灾害救助。因火灾等突发性意外事件，造成家庭财产重大损失，在获得各种赔偿、保险、救助等资金后，仍然导致家庭基本生活难以维持的，可给予突发灾害救助；

（四）生活救助。其他特殊原因造成生活特别困难，经其他救助措施帮扶后，家庭基本生活仍然难以维持的，可给予生活救助；

（五）支出型贫困救助。对一定时期内，因患大病等特殊原因导致生活必需支出超出家庭承受能力，家庭实际生活水平低于区最低生活保障标准的本区户籍家庭，给予一定期限的基本生活救助。

临时救助的具体事项和标准，由区人民政府确定、公布。

第五十一条　临时救助的申请、办理程序适用本办法第十一条规定。情况紧急的，可以按照规定简化审批程序。

第五十二条　乡镇人民政府、街道办事处和村（居）民委员会应当及时核实辖区居民遭遇突发事件、意外事故、罹患重病等特殊情况，帮助有困难的家庭或者个人提出救助申请。

第五十三条　区民政部门及其救助管理机构应当遵循自愿受助、无偿救助原则，对生活无着的流浪、乞讨人员提供临时食宿、急病救治、协助返回等救助。

第五十四条　区公安、城管部门和其他有关行政机关的工作人员在执行公务时发现流浪、乞讨人员的，应当告知其向救助管理机构求助。对其中的残疾人、未成年人、老年人和行动不便的其他人员，应当引导、护送到救助管理机构；对突发急病人员，应当立即通知急救机构进行救治。

第十章　社会力量参与

第五十五条　鼓励依法设立的公益慈善类和社会服务类社会组织按照其章程，参与社会救助。

鼓励单位和个人通过捐赠、设立帮扶项目、创办服务机构、提供志愿服务等方式，参与社会救助。

鼓励报刊、广播、电视、互联网等媒体开展公益性宣传，参与社会救助。

第五十六条　社会力量参与社会救助，按照国家有关规定享受财政补贴、税收优惠、费用减免等政策。

第五十七条　社会力量参与社会救助，应当加强与社会救助管理部门的衔接，合理确定救助对象和救助金额，主动公开救助申请条件、程序和资金使用情况，接受社会监督，及时将参与社会救助的情况反馈社会救助管理部门。

第五十八条　建立激励机制，鼓励、支持社会工作服务机构、社会工作者和志愿服务者发挥专业优势和特长，为社会救助对象提供社会融入、能力提升、心理疏导等专业服务。

第五十九条　社会救助管理部门及社会救助经办机构应当建立社会力量参与社会救助的机制和渠道，主动提供社会救助项目、需求信息，为社会力量参与社会救助创造条件、提供便利。

加强与总工会、共青团、妇女联合会、残疾人联合会、红十字会、慈善总会以及其他有关组织和个人的沟通联系，协调开展社会救助、慈善事业、社会帮扶等工作，上述单位和个人应当及时将参与社会救助的情况反馈社会救助管理部门。

第十一章　监督管理

第六十条　区人民政府及其社会救助管理部门加强对社会救助工作的监督检查，完善相关监督管理以及责任追究制度。

第六十一条　申请或者已获得社会救助的家庭，应当按照规定及时、如实申报家庭人口状况、收入状况、财产状况，主动委托授权并配合社会救助管理部门和经办机构开展家庭经济状况核查。

第六十二条　区人民政府社会救助管理部门和乡镇人民政府、街道办事处在履行社会救助职责过程中，可以查阅、记录、复制与社会救助事项有关的资料，询问与社会救助事项有关的单位、个人，要求其对相关情况作出说明，提供相关证明材料。有关单位、个人应当如实提供。

第六十三条　区人民政府及其社会救助管理部门应当通过报刊、广播、电视、互联网、公共视听载体等媒体，宣传社会救助法律、法规和政策。

区人民政府及其社会救助管理部门应当建立健全社会救助信息披露制度，通过公共查阅室、资料索取点、信息公告栏、政府和相关部门门户网站等便于公众知晓的途径，及时公开社会救助政策、救助资金和物资的管理使用等情况，接受社会监督。

第六十四条　以货币形式给予社会救助的，除特殊情形需要发放现金外，应当通过金融机构实行社会化发放。

第六十五条　区财政、审计部门依法对社会救助资金、物资的筹集、分配、管理和使用实施监督。

第十二章　法律责任

第六十六条　违反本办法规定，截留、挤占、挪用、私分社会救助资金、物资的，由有关部门责令追回；有违法所得的，没收违法所得；对直接负责的主管人员和其他直接责任人员依法给予处分。

第六十七条　采取虚报、隐瞒、伪造等手段，骗取社会救助资金、物资或者服务的，由有关部门依法决定停止社会救助，责令退回非法获取的救助资金、物资，依法予以行政处罚；有关机构依法将其相关信息记入个人信用记录。

第六十八条　威胁、侮辱、打骂社会救助工作人员，扰乱社会救助工作秩序、构成违反治安管理行为的，依法给予治安管理处罚。

第十三章　附则

第六十九条　原社会救助政策与本办法不一致的，按本办法执行。

第七十条　本办法自2017年1月1日起施行。

——摘自《宁波市鄞州区人民政府办公室关于印发宁波市鄞州区社会救助实施办法的通知》（鄞政办发〔2016〕125号）

表 79　　2016 年中共宁波市鄞州区委部分文件目录

日 期	发文字号	文件目录
1月16日	鄞党办〔2016〕3号	关于深化和完善2016年度领导干部接待群众来访工作制度的通知
2月4日	鄞党办〔2016〕7号	关于加强重大突发事件和紧急敏感情况报告工作的通知
2月14日	鄞党办〔2016〕12号	关于印发《"补短板、强优势" 全面推进 "六创联动" 工程活动方案》的通知
3月24日	鄞党办〔2016〕27号	关于印发《2016年全区农业农村工作主要任务及职责分解》的通知
4月6日	鄞党办〔2016〕29号	关于印发《鄞州区实行干线公路、主要铁路、城市轨道交通高架沿线环境整治工作路（段）长负责制实施方案》的通知
4月6日	鄞党办〔2016〕30号	关于印发《鄞州区征迁 "清零攻坚" 专项行动实施方案》的通知
4月13日	鄞党办〔2016〕31号	关于印发《鄞州区推进农村环境卫生长效化建设行动方案》的通知
4月14日	鄞党办〔2016〕33号	关于印发《"六创联动" 工程主要工作任务分解及督查工作实施方案》的通知
5月9日	鄞党办〔2016〕36号	印发《关于在全区党员中开展 "学党章党规、学系列讲话，做合格党员" 学习教育的实施方案》的通知
5月11日	鄞党办〔2016〕38号	关于印发《2016年全面深化法治鄞州建设工作要点》的通知
6月20日	鄞党办〔2016〕48号	关于印发《"名城强区" 建设指标体系》的通知
7月19日	鄞党办〔2016〕54号	关于推进公共法律服务体系建设的实施意见
7月26日	鄞党办〔2016〕55号	关于进一步规范农村基层小微权力运行的通知
8月31日	鄞党办〔2016〕62号	关于印发《宁波市鄞州区农村 "安居宜居美居" 专项行动工作方案》的通知
10月20日	鄞党办〔2016〕68号	印发《鄞州区全面推进农村土地承包经营权确权登记颁证工作的实施意见》的通知
10月21日	鄞党办〔2016〕69号	关于进一步严明公务用车配备使用管理纪律的通知
11月2日	鄞党办〔2016〕70号	关于印发《鄞州区开展 "整洁田园、美丽农业" 建设行动方案》的通知
11月3日	鄞党办〔2016〕71号	印发《关于积极推进 "联拆联建" 的工作意见》的通知
12月13日	鄞党办〔2016〕75号	印发《关于加快推进镇（街道）"四个平台" 建设的实施意见》的通知

表 80　　2016 年宁波市鄞州区人民政府部分文件目录

日 期	发文字号	文件目录
1月4日	鄞政办发〔2016〕1号	宁波市鄞州区人民政府办公室关于印发宁波市鄞州区经济发展政策财政补助资金监管办法的通知
1月9日	鄞政发〔2016〕3号	宁波市鄞州区人民政府关于暂停全区活禽交易的公告
1月29日	鄞政办发〔2016〕10号	宁波市鄞州区人民政府办公室关于对征迁项目进行跟踪审计的意见
1月29日	鄞政办发〔2016〕11号	宁波市鄞州区人民政府办公室关于印发鄞州区征迁范围内未经登记建筑调查认定补偿实施办法的通知
3月4日	鄞政办发〔2016〕22号	宁波市鄞州区人民政府办公室关于印发鄞州区政府质量奖评审管理办法的通知
3月4日	鄞政办发〔2016〕24号	宁波市鄞州区人民政府办公室关于印发鄞州区政策性小微企业财产保险项目实施方案的通知
3月7日	鄞政办发〔2016〕26号	宁波市鄞州区人民政府办公室关于印发鄞州区 "浙江制造" 品牌培育试点实施方案的通知
3月17日	鄞政办发〔2016〕33号	宁波市鄞州区人民政府办公室关于印发《宁波市鄞州区社会救助家庭经济状况认定办法》的通知
3月28日	鄞政办发〔2016〕45号	宁波市鄞州区人民政府办公室关于停止执行2014年全区重点企业树强扶优若干政策意见的通知
3月29日	鄞政办发〔2016〕48号	宁波市鄞州区人民政府办公室关于推进征迁信息公开工作的实施意见
4月8日	鄞政办发〔2016〕54号	宁波市鄞州区人民政府办公室关于印发宁波市鄞州区2016年度地质灾害防治方案的通知

续表80

日 期	发文字号	文件目录
4月8日	鄞政办发〔2016〕55号	宁波市鄞州区人民政府办公室关于印发鄞州区新型职业农民认定和管理办法的通知
4月11日	鄞政办发〔2016〕56号	宁波市鄞州区人民政府办公室关于推进学校体育场地设施向社会开放工作的补充通知
4月18日	鄞政办发〔2016〕58号	宁波市鄞州区人民政府办公室关于印发鄞州区加快特色小镇规划建设的实施意见的通知
4月25日	鄞政办发〔2016〕60号	宁波市鄞州区人民政府办公室关于印发鄞州区企业实用人才评价暂行办法的通知
5月5日	鄞政办发〔2016〕66号	2016年鄞州区城区生活垃圾分类处理与循环利用工作实施方案
5月13日	鄞政办发〔2016〕68号	宁波市鄞州区人民政府办公室关于印发鄞州区镇乡污水收集管网和农村生活污水处理设施运行维护管理办法（试行）的通知
5月18日	鄞政办发〔2016〕70号	宁波市鄞州区人民政府办公室关于推进食品安全责任商业保险工作的指导意见
5月19日	鄞政发〔2016〕33号	宁波市鄞州区人民政府关于鄞州区涉案林地非诉行政案件强制执行组织实施工作的实施意见
5月24日	鄞政办发〔2016〕75号	宁波市鄞州区人民政府办公室关于完善物业管理纠纷人民调解机制的实施意见（试行）
5月31日	鄞政办发〔2016〕79号	宁波市鄞州区人民政府办公室关于做好2016年粮食收购工作的通知
6月1日	鄞政办发〔2016〕82号	宁波市鄞州区人民政府办公室关于进一步明确我区棚户区改造项目补偿安置政策的通知
6月6日	鄞政办发〔2016〕83号	宁波市鄞州区人民政府办公室关于印发鄞州区政府购买棚改服务管理办法的通知
6月12日	鄞政发〔2016〕38号	宁波市鄞州区人民政府关于进一步降低企业成本减轻企业负担优化发展环境的实施意见
6月12日	鄞政办发〔2016〕85号	宁波市鄞州区人民政府办公室关于印发宁波市鄞州区互联网金融风险专项整治工作实施方案的通知
6月12日	鄞政办发〔2016〕86号	宁波市鄞州区人民政府办公室关于印发鄞州区特色民宿发展暂行办法的通知
6月24日	鄞政发〔2016〕42号	宁波市鄞州区人民政府关于印发2016年全区经济发展若干政策意见实施细则的通知
6月27日	鄞政办发〔2016〕90号	宁波市鄞州区人民政府办公室关于印发鄞州区农民饮用水建设管理办法（试行）的通知
8月4日	鄞政办发〔2016〕109号	宁波市鄞州区人民政府办公室关于加快鄞州区科技服务业发展的实施意见
8月25日	鄞政办发〔2016〕114号	宁波市鄞州区人民政府办公室关于进一步加强政府信息公开工作的通知
8月26日	鄞政办发〔2016〕117号	宁波市鄞州区人民政府办公室关于进一步优化市场环境促进企业兼并重组的补充意见
9月5日	鄞政办发〔2016〕121号	宁波市鄞州区人民政府办公室关于切实抓好2016年粮食产销工作的通知
9月5日	鄞政办发〔2016〕122号	宁波市鄞州区人民政府办公室关于进一步加大统筹力度完善新型社会救助体系的实施意见（试行）
9月5日	鄞政办发〔2016〕123号	宁波市鄞州区人民政府办公室关于印发鄞州区畜禽养殖场（户）污染防治管理办法的通知
9月12日	鄞政办发〔2016〕125号	宁波市鄞州区人民政府办公室关于印发宁波市鄞州区社会救助实施办法的通知
10月24日	鄞政办发〔2016〕133号	宁波市鄞州区人民政府办公室关于印发宁波市鄞州区开展标本兼治遏制重特大事故工作实施方案的通知
11月8日	鄞政办发〔2016〕137号	宁波市鄞州区人民政府办公室关于印发鄞州区水利工程维修养护管理办法（试行）的通知
12月27日	鄞政发〔2016〕106号	宁波市鄞州区人民政府关于加快推进残疾人全面小康进程的实施意见
12月30日	鄞政办发〔2016〕143号	宁波市鄞州区人民政府办公室关于印发鄞州区落实企业安全生产主体责任工作方案的通知
12月30日	鄞政办发〔2016〕148号	鄞州区人民政府办公室关于印发《鄞州区困难残疾人生活补贴实施办法》和《鄞州区重度残疾人护理补贴实施办法》的通知

媒体看鄞州

党旗引领致富路
——浙江宁波湾底村坚持发展集体经济

周末的浙江省宁波市鄞州区湾底村总是熙熙攘攘。一个家庭、三五好友、远方游人在这里边采摘边休闲。一年的时光里，红了樱桃，紫了桑葚，绿了青瓜，艳了草莓……带走的，是游客满满的收获；留下的，是湾底村民幸福的笑容。

从传统农耕村到全国农业旅游示范点、全国十佳农庄、国家生态村，这个户籍人口1080人的寻常村落，走的是一条坚定党的领导的集体富裕路。

“干部干部，干出来就是不一样。”这是湾底村民对党员干部的评价。他们眼里的党员是这样的——禁烟禁赌；没有节假日；无论身兼几职，都只拿一份工资；每天早上一个例会；8小时工作时间外还要治安巡查、志愿服务。

对党员自身来说，从申请入党的那一天起，他们就必须遵守村党委的约法三章：先公后私、勤学实干、遵纪守法。近年来，党委在素质、廉洁、业绩“三能考评”的基础上，又提出了根据岗位、年龄进行分类量化考评。

湾底村党委下辖5个支部98名党员。“湾底的经济发展史，就是党组织引领集体经济的奋斗史。”湾底村党委书记吴祖楣说，“人民第一，创业万岁”这一理念让湾底村闯出了一条工业、农业、第三产业齐头并进，农、商、旅特色产业异军突起的新路，成为浙江新农村建设的先行者。

湾底村的第一桶金来自20世纪80年代，两个小作坊式的五金厂在党员干部的努力下实现了利润当年翻番。到了90年代，湾底村实行了村集体控股的股份合作制。“当时还有个精彩战役就是借鉴发达国家农场模式，将村民的承包地集中起来，实行了种植业集约化经营。”吴祖楣说，正是这个决策形成了花卉、蔬菜、果品及深加工产业格局，并把湾底村发展成拥有15个参观点、3条特色旅游线，集农业观光采摘、乡村休闲、科普教育于一体的农业庄园。2004年，湾底村由7家集体企业组建了天工实业有限公司，工业产品已经发展到20大类、100多个品种，95%以上销往国外。

村富民亦富。湾底村人住的都是别墅小区。村里设立了党群帮扶基金和教育基金，给村民统一办理了养老、医疗和财产保险，全村人均住房面积达到70平方米以上。67岁的村民张开永算了一笔账，村里分红加上每月退休金、逢年过节村里给的慰问金，一年收入也有5万多元。“我们还和城里人一样享受着5分钟生活服务圈。”他自豪地说。

与现代化别墅并存的，是江南特色的古建筑。老戏台、老店铺、水街错落有致，甚至还有别处拆掉迁来的古石桥。“这是根据村民的建议保留下来的。”吴祖楣介绍，当年拆掉老房盖别墅，有人说以后的孩子都不知道老祖宗住的房子什么样了。为了留住乡愁，村委会决定将7个自然村内有特色的建筑整体迁移到西江古村。在此基础上，还建起了鄞州非遗馆、宁波服装博物馆。

西江古村得以保留是因为湾底村有一项从1986年起就实行的制度——群众提议、干部承诺。每年年初，村委会就组织广大群众提议年度计划、需办实事项目，由村干部公开承诺、领办实办。湾底村就这样一年年地美丽起来。“今年，我们村的实事是建小学和包括体育馆、文化礼堂、社区服务中心在内的综合楼。”村党委副书记许明君说。

《光明日报》（2016年6月6日 头版）

光明日报

2016年6月6日 星期一 农历丙申年五月初二 今日16版

光明网网址：http://www.gmw.cn 国内统一刊号CN 11-0026 第24233号(代号1-16)

《习近平关于全面建成小康社会论述摘编》出版发行

新华社北京6月5日电 由中共中央文献研究室编辑的《习近平关于全面建成小康社会论述摘编》一书，近日由中央文献出版社出版，在全国发行。

全面建成小康社会的基本要求和重点任务，用新发展理念引领和推动经济社会发展，夺取全面建成小康社会决胜阶段的伟大胜利，实现“两个一百年”奋斗目标，实

加成熟更加定型；推进社会主义文化强国建设，显著提高国民素质和社会文明程度；保障和改善民生，维护国家安全和社会稳定；建设美丽中国，为人

党旗引领致富路
——浙江宁波湾底村坚持发展集体经济
本报记者 曾毅 本报通讯员 续大治

治国理政新思想新实践
新战略带来新气象

铸造之乡变身漫游小镇

“五一”小长假，浙江省宁波市鄞州区横溪镇亭溪岭登山步道成为远近游客的好去处，3天涌入横溪的游客达10万人次。横溪镇大力整修山间古道，新建停车场、旅游标识等设施，先后推出了12条精品古道，已成为远近闻名的古道健身场地。游客们说横溪空气清新、环境优美，是假日休闲健身的绝佳去处。

然而，几年前，横溪镇还是“白天烟囱林立，晚上黑雾缭绕”的“铸造之乡”。上个世纪末，横溪镇和附近几个乡镇集中了159家铸造企业，粗放式发展的铸造业，虽然产生了不错的经济收益，却让当地环境付出了沉重代价。2008年起，鄞州区以“壮士断腕”的决心，对以铸造业为重点的污染企业实行“关停并转”。横溪镇34家上规模的铸造企业，淘汰了23家，今年3月又关停了一家。对保留下来的铸造企业进行技术改造，限期达到环保排放要求。

“壮士断腕”治污虽然赢得一片叫好声，但地方经济发展往哪里走？横溪镇决定挖掘丰富的山林、水库、古道、古村、非遗等自然和人文资源的优势，主攻生态旅游休闲产业。几年来，横溪镇先后投入了十几亿元用于生态修复和古道建设。镇党委书记王志刚说：“青山绿水定能转化成真金白银。横溪镇要咬定青山不放松，大力发展生态旅游产业。”

横溪摘“黑”换“绿”，换得一片新天地。前不久，鄞州区横溪风景旅游区获评国家AAA级旅游景区。据了解，以整个乡镇区域成功申报3A级景区，在宁波市是第一家，在浙江省也不多见。

横溪的发展路径也是鄞州区推进产业转型升级和建设美丽乡村的一个缩影。鄞州是浙江省乃至全国的先发地区，也较早地遇到转型的困惑和生态的压力。以铸造、电镀、纺织服装等传统产业为主的地方经济越来越受到环境和资源要素的制约。鄞州以绿色发展理念为指引，加快传统产业转型，加大生态保护力度。一方面，鄞州加大力度关停了一批高耗能高污染的铸造、电镀企业，同时大力发展新材料、新能源、先进制造、电子信息和生物医药等高新技术产业。另一方面，鄞州千方百计修复保护农村生态环境，依托鄞州山水海湖自然资源，大力推进生态、产业融合，把生态红利转变为发展红利。如地处四明山区域的龙观镇凭借丰富的森林资源，发展民宿经济、养老产业；地处海边的咸祥镇凭借独特的海洋资源、滩涂资源，发展渔家乐、渔家游。与此同时，鄞州抬高环保准入门槛，去年对956个产业项目进行了严格的环保审查，因选址不当或不符合环保审批原则等原因否决的项目245个，项目否决率25.60%。

在亭溪岭下，一幢幢二层小楼整齐排列，掩映在绿树之中。横溪镇领导介绍说，这是村民们的新居。古道修复引来八方游客，也带富了乡亲们。每逢周末，村民们向游客销售甘蔗、青团等土特产，一年下来销售收入能达20多万元，远远超过当年在铸造厂的收入。由于环境优美，乡间的土特产也深受游客们欢迎，卖上了好价钱。在古道旁边，许多村民摆摊销售竹笋和土鸡蛋。一位阿婆告诉记者，细小的野竹笋每斤25元，土鸡蛋每斤25元，远高于市场价。而上海“空境”公司正在镇里打造“逐野”民宿项目。村民们的收入还将上一个台阶。

生态优先绿色发展让鄞州收获了美丽的环境、可观的效益。2015年鄞州实现国内生产总值1350.10亿元，城镇居民人均可支配收入5.02万元，农村居民人均可支配收入2.91万元，均居浙江省前列。如今，既要绿水青山也要金山银山，绿水青山就是金山银山已成为鄞州上上下下的共识。宁波市委常委、鄞州区委书记胡军说，鄞州要以绿色发展理念为指引，加快打造国家生态文明示范区，把城乡建设得更美，环境保护得更优，人民群众生活得更好，“十三五”时期高水平全面建成小康社会。

（《经济日报》2016年5月17日14版）

宁波鄞州区：“工匠型企业”带动制造业升级

位于浙江省宁波市鄞州区的东海集团从做水表机芯起家，到研制智能水表，再到走出国门承揽联合国建设项目，今年71岁的东海集团董事长袁利定40年如一日带领团队深耕计量仪表行业。他认为，做企业、做产品需要这种专注主业、精益求精的工匠精神。

鄞州区经信局最新数据显示，全区累计共有173家单位主持（参与）国家、行业标准制（修）订281项；鄞州企业在全国细分领域市场占有率位居前三位的达70多家。

宁波市委常委、鄞州区委书记胡军说，要在全社会弘扬“追求品质、精益求精”的工匠精神，发挥工匠企业集群崛起的优势，铸造“鄞州智造”的核心竞争力，打造鄞州“名城强区”品牌，推动鄞州产业转型升级跨越发展。

“唯有专，才能强，才能做大。”这是日月集团董事长傅明康理解的工匠精神。他的这份钻劲，引领企业斩获多项全国之最：生产出单体重量160吨的球铁铸件为全国最大，每吨铸件能耗降至155公斤标煤，为全国最低。

何为工匠型企业，宁波永嘉变压器公司总经理李莉说，要“踏踏实实做自己擅长的东西”。正是因为这份坚守，近10年来，企业规模效益年均保持5%至10%的增幅。

在鄞州采访，记者深深体会到：工匠未必能成为企业家，但多数成功企业家都具备工匠精神。

在广博纳米生产车间，30多条生产线正有序运行。2001年，在“广博文具”已成为国内文具行业龙头企业时，公司宣布进军全新的纳米新材料领域。为了得到颗粒均匀、大小一致的纳米级粉体，上百人的研发团队夜以继日地工作。历时8年，反复试验了上百次后，广博纳米技术终于取得重大突破。“要转型，要创新，切忌浮躁，一定要有‘工匠精神’的那份执著。”广博集团董事长王利平说。

越是经济形势不好，越是要转型升级，就越是需要工匠精神。鄞州区经信局局长杨奇伦说，打造工匠型企业队伍，是鄞州制造转型升级的时代命题。

鄞州区拥有3所国家级重点职高，完善的职业教育体系和优质的教育质量为区内企业输送了大批实用技术人才，培育了众多能工巧匠。

政府每年投入200万元用于企业家素质提升，这是鄞州区的一个“大手笔”。每季1次、一年4次组织企业家“走出去”，到制造业发达地区及科研院校观摩学习，鼓励企业运用“互联网+”打磨鄞州制造。

工匠型企业直接带动鄞州制造发生质的提升。正是有这样一批几十年如一日、心无旁骛、精益求精的工匠型企业支撑，鄞州才得以连续3年蝉联浙江省工业强县（市、区）建设综合评价第一档第一名。

（《经济日报》2016年5月18日2版）

宁波鄞州区：聚科技英才促产业转型

浙江省宁波市鄞州区是全国闻名的制造业基地、工业强区。近年来该区在转型发展过程中，通过广聚天下英才，大力提升科技创新对经济转型的支撑引领作用，高新技术产业发展迅猛。今年1至8月，全区高新技术行业以高于规模以上工业3.50个百分点的速度增长，产值达到754.20亿元，占全区规模以上工业的比重达到47.90%，对全区规模以上工业产出增长的贡献率达84.20%。

鄞州区目前共有各类工业企业近2万家。今年上半年，鄞州实现地区生产总值628.40亿元。与其经济实力相比，鄞州的科研资源相对薄弱。近年来，这个以传统纺织服装、金属制品、汽车配件为支柱的工业大区，不但受到土地、能源、环境和劳动力等要素的制约，更面临着发展动能不足、创新要素短缺的困难，加快经济转型升级迫在眉睫。

“鄞州要在新一轮竞争中继续保持领跑领先地位，人才与科技应该成为经济发展的主要驱动力，”宁波市委常委、鄞州区委书记胡军说，“我们要着力在质量优化、平台搭建、环境营造上下功夫，为鄞州实施‘名城强区’战略、争创践行五大发展理念先行区，提供强有力的智力支撑。”

鄞州根据自身产业特点，创新政策面向全球招揽英才，特别是“高、精、尖、缺”的杰出科技人才，以人才引领、科技创新推动经济转型发展。鄞州出台了“创业鄞州·精英引领计划”、青年英才培养工程、高技能人才队伍建设和高端人才服务机构引进培育计划，并连续5年举办“创业鄞州·精英引领活动周”，共引进国家“千人计划”专家21名、省“千人计划”专家23名、国家“万人计划”人才3名，各级“千人计划”人才已覆盖75%以上的镇乡（街道）。全区各类人才总量达到19.06万人。

为更大力度地使人才施展才能、让人才项目得到发展，发挥科技人才对产业转型的引领作用，鄞州一方面推动传统平台持续发力，用足用好鄞州科技信息孵化园资源打造“精英人才港”，积极发挥中物科技园、摩米创新工场、清华长三角研究院宁波科技园等平台作用；另一方面，助力特色平台能级提升，加大对浙江国千能源研究院的扶持力度，联动推进四明金融小镇建设。

目前，鄞州各级“千人计划”人才项目已累计实现销售15亿元、利税超1.50亿元，累计开发新产品或成果研发155项，填补国内空白74项，申请专利715项，承担国家省市各级项目51项。通过加大新技术、新产品的开发，逐步带动各行各业增强自主创新能力。省“千人计划”专家张日红入职宁波浙东建材集团公司9年来，所开发的新型静钻根植桩，不但填补了国内桩基础施工领域的空白，更为企业增加销售额近4亿元。

国家“千人计划”专家鲍海明被鄞州人才政策和创业氛围所吸引，11年前来鄞州创办了浙江泰来环保科技有限公司，公司自主研发的立式旋转热解气化技术不仅填补了国内中小规模垃圾处置技术空白，还走出国门，与伊朗达成造价14亿元的生活垃圾热解气化发电厂项目战略合作协议；今年更是一举揽下3.80亿元的EPC工程订单和总投资12.80亿元的PPP项目特许经营协议，直接拉动鄞州环保科技产业风生水起。

目前，以新材料、新能源、高端装备、激光与光电、新一代电子信息技术为代表的高新技术产业已成为鄞州区主导产业，科技人才对经济运行质量的贡献率正不断加大。

（《经济日报》2016年10月9日头版）

重点工程建设项目

表 81

2016 年鄞州区重点工程建设项目基本情况

单位：万元

序号	项目名称	建设规模	项目类型	建设期限	总投资	累计完成投资	2016年			工程形象进度
							计划投资	完成投资	百分比	
合计（120项）					12206779	5769153	2000000	1990776	99.5	
一	基础设施（42项）				3240196	1861014	579000	604414	104.4	
1	宁波栎社国际机场扩建三期工程	规划用地213.33万平方米，新建10.30万平方米的第二航站楼、3000平方米的公务机候机楼和5万平方米的货运站，并建设配套附属设施等	续建	2013—2017	845000	540000	70000	90000	129	T2航站楼地下室区域土方开挖全部完成，主楼区地下室结构完成80%，开展钢结构吊装；交通中心完成第二阶段土方开挖，开展地下二层墙柱施工；市政配套区（核心区）市政路基填筑完成；场道工程清表工作完成，开展堆载预压
2	鄞城大道（原明州大道）	长17.50千米，宽53米，一级公路	续建	2014—2018	315000	185000	60000	70000	117	总体工程完成56%，其中路基完成92%，路面完成51%，桥梁完成43%
3	甬金高速鄞州连接线横涨至高桥公路（古林至高桥段）	长7.58千米，宽40米，一级公路	续建并完工	2013—2016	130000	130000	20000	20000	100	工程完工
4	214省道（鄞州大道至奉化段）改建工程	长12.20千米，宽30米~44米，一级公路	续建	2015—2017	129000	50000	30000	30000	100	总体工程完成12%
5	鄞州区横街至章水（毛家岙至樟村段）公路工程	长5.29千米，宽8.50米，三级公路	续建	2015—2017	22800	19500	4000	4500	113	总体工程完成42%，其中路基完成92%，路面完成5%，桥梁完成89%
6	宁波市固废处置中心配套道路	长4千米，宽16米，三级公路	新建	2016—2017	13500	5000	5000	5000	100	总体工程完成41%，路基完成69%，桥梁32%
7	宁波铁路北环线平改立工程	10个铁路平改立项目	续建并完工	2013—2016	69300	69300	20000	21300	107	工程完工
8	鄞州区生态公交停保场	停车坪面积61360平方米，建筑面积2600平方米	新建	2016—2017	8400	4000	5000	4000	80	由于面临公交体制调整，项目暂停
9	集士港镇广蔺路（汇士路至云林西路）公路工程	长2.85千米，宽28米，二级公路	续建	2014—2017	18300	15300	2000	3300	165	人行道施工
10	姜山镇高阳路拓宽改建工程（翻石渡至明光路）	长2.60千米，宽18米，二级公路	新建	2016—2018	18600	4300	4000	4300	108	形象进度完成10%
11	宝幢西侧道路	长1.9千米，宽38米，一级公路	新建	2016—2018	24800	8000	4000	8000	200	形象进度20%
12	新典路（广德湖路—宁南北路）（城投代建）	长600米，宽36米（含地下通道）	续建	2015—2017	56000	35400	30000	34400	115	矩形顶管工作井和接收井的侧壁及顶板
13	滨江大道（杭甬高速—四明西路）及堇山西路工程	长1.20千米，宽28米，包括下穿杭甬高速U型槽1座和雨水泵站1座	续建	2015—2017	12500	3550	6000	50	1	雨水管完成300米
14	滨江南路（惠风西路—鄞州大道）	长1500米，宽28米	续建	2015—2018	15000	8025	1000	4525	453	2号桥接桩完成50%，河坎挡墙完成80%，水泥搅拌桩完成20%

续表81

序号	项目名称	建设规模	项目类型	建设期限	总投资	累计完成投资	2016年			工程形象进度
							计划投资	完成投资	百分比	
15	广德湖路（环城南路—董山西路）匝道及地面辅道	跨杭甬高速WS匝道长675.69米，SE匝道长617.35米，均宽9米	新建	2016—2019	31300	1200	2000	1200	60	西侧电缆排管、人行道路基、雨污水管道施工中
16	保余路（环城南路—宁姜公路）	长430米，宽12米 长380米，宽31米 长370米，宽16米	新建	2016—2017	12000		4000			完成泥浆池开挖，部分便道填筑
17	宁姜公路（董山西路—鄞县大道）改造	长1330米，宽24（31）米，桥梁2座	新建	2016—2017	12000	6000	6000	6000	100	完成四明西路—规划路段沥青、人行道，规划路—贸城西路西半幅泡沫轻质土完成
18	宁南南路（庆元大道—北大路）	长1600米，宽37米	新建	2016—2018	25000	15450	15000	15450	103	完成姜山段道路宕渣填筑及管线工程
19	首南路（滨江南路—宁南南路）	长1863米，宽37米	续建并完工	2013—2016	20000	20000	18000	18000	100	水泥稳定层完成70%，桥头搭板基本完成，侧平石完成40%
20	茶桃公路（金峨路延伸—同谷路）	长4390米，宽44米，含桥梁5座	续建	2013—2017	54300	6000	2000			即将复工
21	它山堰路南延（鄞州大道—庆元大道）	长1775米，宽24米	新建	2016—2018	15500	5000	5000	5000	100	K1+000—庆元大道竣工验收
22	四明路东延（宁横路—下应大道）	长1340米，宽36米，下穿S1甬台温高速公路	新建	2016—2019	21400		1000			因世纪大道南延方案未确定，暂缓实施
23	环城南路西延（机场路—甬金连接线）	长6800米，宽41（42）米	新建	2016—2018	168000		30000			前期准备。已移交宁波市市政工程前期办施工。方案涉及重大调整
24	首南东路（下应南路—福庆路）	长1932米，宽36米	新建	2016—2019	27996	9000	9000	9000	100	下应南路—金达路，塘渣填筑完成30%，挖土3000立方米
25	金达路二期（环城南路—富强路）	长1600米，宽48米，上跨杭甬高速，城市道路	续建	2013—2017	22000	20000	3000	4400	147	完成2号桥两侧的跨线桥承台施工，开始老桥桩拔桩施工
26	鄞东南沿山干河鄞州段	整治河道16.10千米，及配套隧洞、桥梁、道路、绿化等建设	续建并完工	2011—2016	103000	105000	1000	3000	300	基本完工
27	姚江堤防加固工程鄞州段	加固堤防13.30千米，修建水闸13座、泵站3座	续建	2012—2017	85000	60100	20000	20100	101	Ⅴ标完成合同工程量的80%；Ⅵ、Ⅶ、Ⅷ标主体工程基本完工
28	奉化江堤防整治工程鄞州新城区段	整治绕城高速至鄞州二桥段河道8.70千米，加固堤防18.59千米，修建水闸11座	续建	2012—2017	80000	78000	10000	10000	100	Ⅰ、Ⅱ、Ⅴ、Ⅵ、Ⅷ标段通过完工验收；Ⅲ标段完成工程量的75%；Ⅳ标段完成工程量的84%；Ⅶ标段工程建设完工，准备各项验收工作
29	奉化江堤防整治工程鄞奉交界段	整治堤防4.15千米，配套设施建设	续建	2015—2017	45500	38300	15000	15000	100	Ⅰ标段完成工程量的70%；Ⅱ标段基本完成主体工程
30	东江堤防加固工程鄞州段	加固东江堤防6.20千米，配套设施建设	续建并完工	2014—2016	42000	42070	16000	16070	100	基本完工
31	剡江维修加固工程	加固剡江堤防5.46千米，3座水闸等配套设施	续建并完工	2014—2016	24100	24400	7000	7300	104	基本完工
32	大嵩江堤防加固工程（沿海中线—大嵩江大闸）	加固沿海中线—大嵩江大闸两岸堤防4.17千米，配套水闸及绿化等	续建	2015—2017	40000	22235	15000	19235	128	Ⅰ标段完成工程量70.8%；Ⅱ标段完成工程量的62.2%

续表81

序号	项目名称	建设规模	项目类型	建设期限	总投资	累计完成投资	2016年			工程形象进度
							计划投资	完成投资	百分比	
33	风棚碶泵闸工程	泵站设计排水流量每秒80立方米，排涝闸设计总净宽18米	新建	2016—2018	35000		5000			完成初设技术咨询，编制初设报批稿，搭建临时施工项目部
34	鄞州滨海二期北2区陆域形成塘渣填筑工程	填筑面积235.40万平方米，填筑方量397.35万立方米	新建	2016—2018	36000		15000			初步设计阶段，统一打包PPP项目
35	鄞州滨海二期北1区塘渣填筑工程	形成+2.80米高程陆域240万平方米，塘渣总量325万吨	续建并完工	2015—2016	21000	23000	10000	12000	120	基本完工
36	新城区电力上改下项目	80平方千米区域的上改下工程和潘桥变迁建	新建	2016—2019	185000		5000			方案报省电力公司审核
37	望春变、白岳变	望春变占地2.27万平方米，220千伏；白岳变占地0.40万平方米，110千伏	新建	2016—2018	37000	1050	2000	1050	53	白岳变主体二层施工，望春变前期
38	鄞州区生活垃圾焚烧发电项目	用地面积6.67万平方米，建筑面积5.40万平方米，垃圾处理量每日2250吨	续建	2015—2017	212000	129054	80000	124454	156	主厂房、卸料平台区域土建框架施工完成，外墙粉刷完成80%
39	定桥垃圾中转站（鄞州区循环资源处置中心）	用地面积2.80万平方米，垃圾中转能力每日680吨	续建	2015—2017	11400	7000	6000	5000	83	主体施工
40	鄞西污水处理厂及配套管网一期工程	污水处理厂设计规模每日17万吨，实施规模每日8万吨，实施污水提升泵站14座，污水主干管88千米	续建	2011—2017	125000	124880	8000	7880	99	明州大道完成97%的年度计划投资；明辉路完成100%的年度计划投资
41	鄞州区滨海污水处理厂及配套管网一期工程	设计规模每日6万吨，实施规模每日3万吨，实施污水提升泵站4座，污水主干管24千米	续建	2011—2017	54000	43000	2000	2000	100	施工中
42	鄞西污水处理厂提标扩容及再生水扩容工程	处理能力从每日8万吨提升到10万吨，出水水质由一级B提升到一级A；再生水从每日2.4万立方米扩容至6.80万立方米	新建	2016—2017	16500	2900	6000	2900	48	提标改造工程正在准备招标，再生水扩容工程已进场开工
二	产业项目（40项）				6726800	2655471	819000	782871	95.6	
43	宁波中车产业基地	建设用地112.67万平方米，实施新能源超级电容生产线建设、电车公司储能式无轨电车生产线建设项目等	续建	2012—2018	500000	221114	40000	51114	128	超级电容项目施工招标完成，桩基进场；轨道交通项目竣工验收；杭能项目钢结构入场安装；无轨电车项目厂房建设完成95%，绿化工程开始实施，设备基础完成85%；国创项目附属设施安装
44	宁波时代全芯科技有限公司年产10万片相变存储器项目	用地面积6.72万平方米，建筑面积4万平方米	续建	2013—2017	153600	50400	20000	20400	102	设备选型中
45	宁波市鄞州北斗电子有限公司年产60000台北斗导航接收机、1000台（套）车载信息系统项目	用地面积4万平方米，建筑面积4.30万平方米	续建并完工	2014—2016	20000	20060	5000	5060	101	工程完工

续表81

序号	项目名称	建设规模	项目类型	建设期限	总投资	累计完成投资	2016年			工程形象进度
							计划投资	完成投资	百分比	
46	宜升照明年产4000万套LED灯具项目	用地面积4.89万平方米，新建厂房5.20万平方米，购置流水线、防静电设施、自动贴片机、自动卧式插件机等关键设备约210台（套）	续建	2015—2017	22000	14092	3000	6092	203	厂房建成，辅助设施即将完工
47	博格华纳年产1000万件汽车发动机关键零部件	用地面积5.60万平方米，总建筑面积3.30万平方米，主要进口设备有温合冷却管装配线、节温器芯子校验台，智能点火线圈装配机等	新建	2016—2018	22000	8500	5000	6000	120	所有建筑完工，内部机电工程收尾，内装修收尾，厂区内道路建设中
48	英诺梅乐年产100万只高压无气喷涂机	用地面积2.30万平方米，建设厂房2.30万平方米，购置精密加工中心，数控车床，检测仪器，建立ERP系统等	新建	2016—2017	14000	3000	3000	3000	100	主体厂房完成，开始辅助施工
49	宁江粉末年产4000吨汽车零部件粉末冶金制品	用地面积2.33万平方米，新建厂房及配套用房2.20万平方米，购置精密电加工设备、精加工设备等主要设备20台（套）	新建	2016—2017	12000	3100	3000	3100	103	主体厂房完成，正在辅助施工
50	杉杉股份公司年产35000吨锂离子动力电池材料项目	用地面积7.87万平方米，建筑面积7.70万平方米，包括锂离子动力电池负极材料的研发、生产、销售	续建	2015—2018	122000	35000	28000	26000	93	设备安装
51	杉杉股份公司新能源汽车关键技术研发及产业化项目	用地面积11.20万平方米，总建筑面积11.50万平方米，年产能动力电池组28000套、电机50800台、电控66800套、LIC90000套	续建	2015—2018	347000	76323	70000	65323	93	生产线安装调试
52	中集集团年产4万台冷藏箱项目	用地20万平方米，建筑面积24万平方米	新建	2016—2018	150000		28000			受公司战略决策影响，项目暂停
53	宁波福士汽车部件有限公司年产1500万根燃油管总成项目	用地9.60万平方米，建筑面积11.50万平方米	新建	2016—2018	50000	6000	6000	6000	100	开始基础建设
54	中茵年产300万平方米电子集群高端PCB板生产线项目	用地面积5.27万平方米，总建筑面积13.30万平方米，建成年产300万平方米电子集群高端PCB板生产能力	续建	2015—2017	56000	18148	10000	8148	81	厂房、办公楼科技馆主体工程结顶，正在外墙和内墙粉刷、门窗安装；污水处理厂施工中
55	龙泰医疗器械项目	用地面积2.40万平方米，总建筑面积2.60万平方米	续建	2015—2017	48000	8800	5000	5000	100	主体基本完成，市政附属配工程正在施工
56	东泓科技智能电网产业园	用地面积11.64万平方米，建筑面积14万平方米	续建	2013—2017	151200	105000	45000	45000	100	一期初验完毕，进行整改工作；二期施工收尾，准备初验

续表81

序号	项目名称	建设规模	项目类型	建设期限	总投资	累计完成投资	2016年			工程形象进度
							计划投资	完成投资	百分比	
57	浙江清华长三角研究院宁波科技园	用地面积4.47万平方米，建筑面积24.80万平方米	续建	2012—2017	85000	85000	10000	10000	100	附属工程施工，办公楼验收阶段，住宅楼完工交付
58	宁波三生电子科技有限公司健康家居用品产业园项目	建筑面积8.60万平方米，建设年组装10万台健康家居净化器、5万台净水器生产线	新建	2016—2018	19000	9500	2000	9500	475	进行生产车间上部结构及地下室防水、回土；分拣车间砖砌体；仓库一钢结构
59	宁波美康智能健康产业中心	用地面积3万平方米，建筑面积12万平方米	新建	2016—2019	75000	7000	9000	7000	78	桩基施工
60	宁波狮球通风机电有限公司年产400万台智能电机和年产80万台智能风机项目	用地面积1.63万平方米，建筑面积2.10万平方米	续建并完工	2015—2016	20000	20000	4000	4000	100	工程完工
61	鄞州骁业汽车零部件有限公司年产30万套汽车零配件项目	用地面积1万平方米，建筑面积1.50万平方米，购买20条汽车配件生产线	续建并完工	2015—2016	15000	15000	4000	4000	100	工程完工
62	宁波大甬照明电器有限公司年产600万只节能灯项目	用地面积0.67万平方米，建筑面积7774平方米	续建并完工	2015—2016	10000	10000	6000	6000	100	工程完工
63	宁波凌珂新材料科技有限公司年产6000吨钕铁硼项目	用地面积1.80万平方米，建筑面积4.60万平方米	续建并完工	2015—2016	10000	10000	4000	4000	100	工程完工
64	宁波日月重工公司年产2万吨海洋工程电站装备关键核心部件产业化技改项目	用地面积2.67万平方米，建筑面积1万平方米	续建并完工	2014—2016	10000	10000	3000	3000	100	工程完工
65	南部商务区三期及门户区	包括A地块、B地块、曼哈顿大厦、世贸中心等项目	续建	2015—2022	1100000	95826	50000	45826	92	A地块曼哈顿大厦尚未开工，B地块土地尚未出让。A地块地下室挖土完毕，浇筑底板
66	华侨城欢乐海岸	建设占地面积31.90万平方米，建筑面积69.40万平方米	续建	2013—2019	800000	246727	120000	66727	56	一期B4地块地下室粉刷完成100%，外墙涂料施工完成80%，内墙粉刷完成70%，室外市政工程施工，B5地块精装修施工完成，C2地块地下室施工
67	宁波斯玛特商业广场	用地面积4.53万平方米，建筑面积14.30万平方米	续建	2012—2017	80000	50000	5000			因业态调整，项目暂停
68	新城大厦（亚洲之窗）	用地面积2.88万平方米，建筑面积14.90万平方米	续建	2014—2017	80000	50300	25000	21000	84	1号楼36层楼面
69	宁波环球城	用地面积22.53万平方米，建筑面积约110万平方米	续建并完工	2012—2016	700000	700000	30000	30000	100	工程完工
70	旺角商业广场	用地面积3.33万平方米，建筑面积15.80万平方米	续建	2015—2017	40000	10000	5000			因方案设计调整，施工暂缓
71	华致大厦	用地面积1.20万平方米，建筑面积5.80万平方米	续建	2014—2017	30000	13822	5000	8822	176	幕墙龙骨安装及墙体粉刷

续表81

序号	项目名称	建设规模	项目类型	建设期限	总投资	累计完成投资	2016年			工程形象进度
							计划投资	完成投资	百分比	
72	首南商会大厦	用地面积0.51万平方米，总建筑面积3.90万平方米	续建并完工	2013—2016	20000	18000	2000			工程整体待区政府与罗蒙协调完成后复工。施工暂缓
73	飞越时光	用地面积0.81万平方米，建筑面积3.20万平方米	续建并完工	2013—2016	20000	21500	2000	3500	175	工程完工
74	银泰城	用地面积14.93万平方米，建筑面积40.50万平方米	续建	2014—2018	550000	338109	80000	174109	218	主体结构施工
75	宏泰商住房产项目	用地面积3.87万平方米，建筑面积11.50万平方米	续建	2014—2016	180000	100771	40000	43771	109	住宅部分主体结构全部封顶，外围工程开始
76	海港城	用地面积13.33万平方米，建筑面积13.30万平方米	续建并完工	2014—2016	80000	80000	20000	20000	100	工程完工
77	杉杉永达国际汽车城	用地面积6.93万平方米，建筑面积8.30万平方米	续建	2012—2020	50000	24590	3000	590	20	装修，其他品牌馆筹备中
78	奥特莱斯三期	总建筑面积2.10万平方米	续建并完工	2015—2016	15000	15000	7000	7000	100	工程完工
79	美的商住房产项目	用地面积6.13万平方米，建筑面积11万平方米	新建	2016—2019	170000	26300	20000	26300	132	主体施工
80	桃源湾休闲度假区项目	项目控制范围6.18平方千米，建设用地约148万平方米，其中山内建设用地约57万平方米，山外建设用地91万平方米	续建	2013—2023	500000	16500	11000	500	5	一期b地块开工
81	梁祝文化产业园	一期用地41.87万平方米，二期规划面积137.87万平方米	续建	2010—2018	250000	90137	15000	20137	134	外墙涂料完成，铝合金门窗扇完成至90%，地下室顶板防水工程完成，水电消防智能化安装完成至75%；东侧挡墙完成、市政、景观施工完成至50%；西侧道路完成至80%；变配电工程完成80%；河坎完成70%
82	鄞江古镇开发工程	宁波水利博物馆、古镇游客服务广场、两江四岸工程、古建筑群修缮、文创金融区、拆迁安置等项目	续建	2015—2020	150000	21852	15000	16852	112	东入口停车场地下室施工；光溪东路立面整治施工；庙会广场主广场、1号、2号、3号小广场、庙会广场周边道路及绿化两个项目选址完成
三	民生工程（38项）				2239783	1252668	602000	603491	100.20	
83	孙马学校（城投代建）	用地面积3.12万平方米，建筑面积4.10万平方米，42班	续建	2015—2017	24600	13400	10000	10000	100	土建施工
84	董山小学南校区（城投代建）	用地面积2.05万平方米，建筑面积2.40万平方米，24班	新建	2016—2017	15000	7000	7000	7000	100	地下室施工
85	首南三小	用地面积2.87万平方米，设计规模36+6班	新建	2016—2018	13000		4000			方案规划审批中，土地证办理中
86	潘火实验中学	用地面积3.52万平方米，建筑面积3.20万平方米，36班	新建	2016—2017	16800		8000			万科代建项目，手续办理推进迟缓。目前施工图完成，招标文件编制中

续表81

序号	项目名称	建设规模	项目类型	建设期限	总投资	累计完成投资	2016年			工程形象进度
							计划投资	完成投资	百分比	
87	蓝青小学	用地面积5.67万平方米，36~42班	新建	2016—2017	25000		13000			土地挂牌出让完成，设计招标进场勘查完成，总平面设计完成送规划审核，环评评估结束送环保审核
88	下应中心小学	用地面积4.67万平方米，建筑面积3.70万平方米，36班	续建并完工	2015—2016	18000	18000	4000	4000	100	工程完工
89	石碶实验小学	用地面积2.53万平方米，建筑面积2.20万平方米，36班	续建	2015—2017	11000	10300	5000	5300	106	附属工程施工
90	瞻岐镇中心小学迁建项目	用地面积4.20万平方米，建筑面积2.60万平方米，42班	续建	2015—2017	13200	9000	7000	8000	114	室内装饰装修工程
91	明州医院二期扩建工程	用地面积9.40万平方米，建筑面积8.10万平米，新增床位495个	续建并完工	2014—2016	30000	30000	5000	5000	100	工程完工
92	鄞州区第二医院二期综合楼工程（城投代建）	用地面积1.57万平方米，建筑面积9.40万平方米，新增床位850个	续建并完工	2013—2016	59000	59000	8000	8000	100	工程完工
93	宁波西部医院	用地面积11.33万平方米，建筑面积18万平方米，新增床位1200张	新建	2016—2019	100000		5000			由于投资方退出，项目暂停
94	石碶社区卫生服务中心迁建工程	用地面积1.91万平方米，建筑面积4万平方米，新增床位300个	续建并完工	2014—2016	21400	20000	10000	10000	100	工程完工
95	高速出入口环境整治项目	建设2个都市园林型出口、3个近郊生态型出口	新建并完工	2016	25000	25000	25000	25000	100	工程完工
96	甬新河中心西河	用地面积46.67万平方米，分3个区块进行建设	续建并完工	2013—2016	108777	108777	15000	15000	100	基本完工
97	环城南路（机场路—沧海路东）两侧综合整治（鄞州、江东段）	鄞州区23.60万平方米，江东区4.10万平方米	新建并完工	2016	20700	20000	20000	20000	100	基本完工
98	鄞县大道（机场路—镇岚路）综合整治	全长约11810米，宽50米道路综合整治	新建	2016—2018	150000		2000			办理选址立项
99	长寿东路（科技路—宁横路）河坎及绿化景观	长约850米，宽13米~37米，总面积2万平方米	新建并完工	2016	15000	15000	15000	15000	100	基本完工
100	高桥镇西塘河（鄞西后塘河）水环境综合整治景观绿化工程	总建设面积36.40万平方米，其中绿化面积33.30万平方米	续建并完工	2014—2016	30000	30000	15000	15000	100	工程完工
101	惠风西路菜市场（城投代建）	用地面积1.07万平方米，建筑面积2.40万平方米	新建	2016—2017	14300	7000	7000	7000	100	地下室底板浇捣完成，下步地下室墙、顶板
102	悦邻汇（邻里中心地块和住宅地块）	用地面积2.13万平方米，建筑面积6万平方米	新建	2016—2018	42906	25287	5000	25287	506	地下室底板混凝土浇捣完成；地下室顶板支模完成50%；地下室顶板钢筋完成30%

续表81

序号	项目名称	建设规模	项目类型	建设期限	总投资	累计完成投资	2016年			工程形象进度
							计划投资	完成投资	百分比	
103	鄞州中心城区老年乐园(城投代建)	用地面积0.49万平方米,建筑面积2.70万平方米,床位612张	新建	2016—2018	16100	5000	5000	5000	100	围护桩施工完成,围护支撑挖土做垫层
104	史家码外来务工居住区	用地面积2.04万平方米,建筑面积5.80万平方米	续建并完工	2014—2016	24000	24000	4000	4000	100	工程完工
105	鄞州经济开发区人才公寓二期(城投代建)	用地面积3.11万平方米,建筑面积5.50万平方米	续建	2015—2017	23000	6900	4000	5900	148	主体建设,南北商铺楼结顶
106	繁裕四期	用地面积7.47万平方米,建筑面积约20万平方米	新建	2016—2019	84000	10020	10000	10020	100	桩基工程完成,围梁施工开始
107	长丰拆迁安置2号(二期)地块	用地面积5.50万平方米,建筑面积18.60万平方米	续建	2014—2018	138000	49020	40000	41020	103	地下室完工
108	南裕三期	用地面积4万平方米,建筑面积14.30万平方米	续建并完工	2012—2016	64000	64000	3000	3000	100	工程完工
109	汇鑫大厦	用地面积1.24万平方米,建筑面积6.20万平方米	续建并完工	2012—2016	52000	52000	2000	2000	100	工程完工
110	九曲二期、三期安置地块	用地面积15万平方米,建筑面积40万平方米	续建	2013—2018	140000	72000	10000	12000	120	二期完工,三期桩基施工70%
111	下应洋江水岸一期	用地面积12.93万平方米,建筑面积41万平方米	续建并完工	2013—2016	170000	170000	40000	40000	100	工程完工
112	下应江六新村项目	用地面积15.13万平方米,建筑面积39万平方米	续建	2014—2019	155000	89000	50000	50000	100	一期内墙面粉刷,二期主体施工
113	石碶万隆花园安置小区	用地面积4.67万平方米,建筑面积11万平方米	续建并完工	2014—2016	55000	55000	17000	17000	100	工程完工
114	宁波栎社国际机场安置A地块工程	用地面积3.80万平方米,建筑面积12万平方米	新建	2016—2018	58000	15000	15000	15000	100	主体施工及部分楼体主体结顶
115	石碶街道建庄5号安置地块工程	用地面积4.47万平方米,建筑面积12万平方米	新建	2016—2018	64000	21000	10000	21000	210	主体施工
116	姜山核心1号地块拆迁安置小区	用地面积6.43万平方米,建筑面积约19万平方米	续建并完工	2014—2016	80000	80000	54000	54000	100	工程完工
117	姜山上何郁家安置房项目	用地面积5.11万平方米,建筑面积16.60万平方米	续建并完工	2015—2016	80000	80000	35000	35000	100	工程完工
118	集士港董家桥新村	用地面积8.37万平方米,建筑面积19.80万平方米	续建	2015—2018	71000	18900	10000	10900	109	B地块主体施工,C地块准备验收
119	四明山村拆迁安置小区	用地面积10.40万平方米,建筑面积14.90万平方米	续建	2015—2017	72000	39256	15000	24256	162	市政附属工程
120	横溪梅岭安置房项目	用地面积20万平方米,建筑面积38万平方米	新建	2016—2019	140000	3808	10000	3808	38	垃圾填埋场处置工程完工,厂房拆迁完毕,场地平整,桩基工程完成1/3

(区发改局)

索引

银亿东岸里

主题词索引

人名索引

缩略语和名词解释索引

鄞州年鉴

2017 YINZHOU YEARBOOK

说 明

一、索引采用主题分析法编制，全书各栏目均做索引，其中，“特载”“附录”两个栏目做简略索引，“大事记”等栏目均做详细索引。

二、个别标引词后有二级索引，二级索引标引词均缩进一个字符。

三、栏目名标引词用黑体，其他标引词用宋体，以示区别。

四、索引均按标引词汉语拼音升序排列。

五、标引词后的阿拉伯数字表示内容所在页码。

主题词索引

0～9

A

B

C

D

E

F

M

N

O

P

Q

R

S

X

Y

Z

人名索引

M

N

P

Q

R

S

T

W

X

Y

Z

缩略语和名词解释索引